주역周易, 타이밍의 지혜

주역周易, 타이밍의 지혜

2023년 2월 28일 초판 1쇄 펴냄

펴낸곳 도서출판 **삼인**

역해 김 근
펴낸이 신길순
편집 박장호

등록 1996.9.16 제25100-2012-000046호
주소 03716 서울시 서대문구 성산로 312 북산빌딩 1층

전화 (02) 322-1845
팩스 (02) 322-1846
전자우편 saminbooks@naver.com

디자인 디자인 지폴리
인쇄 수이북스
제책 은정제책

ISBN 978-89-6436-233-4 03140

값 40,000원

리더는 주역을 읽는다

주역周易,
타이밍의 지혜

김근 역해

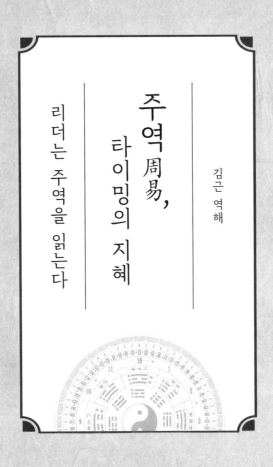

삼인

이 책을 나의 반쪽인
아내 최영복崔永福에게
바친다.

머리말

나는 중국 문학 연구의 첫걸음을 문자학(한자학)으로 디뎠다. 문자학의 기초 텍스트는 허신許愼의『설문해자說文解字』인데, 이 책을 제대로 이해하려면『주역』이 필수다. 글자 해석에『주역』의 구절이 빈번히 인용될 뿐 아니라 표제자의 편집 배열이『주역』의 원리를 모방해서 거대한 그물망을 형성하기 때문이다. 서문을 읽어 보면 허신이 얼마나 깊이『주역』의 정신에 기초해서 책을 지었는지를 짐작할 수 있다. 그래서 나는 어쩔 수 없이『주역』을 가까이 두고 자주 찾아보게 되었다. 가랑비에 옷 젖는다고, 그 덕에『주역』의 문장에 익숙해지자 온전히 텍스트를 읽고, 가능하다면 번역까지 해 보고 싶은 의욕이 생겼다. 왜냐하면 내가 찾아본 다양한 번역과 주석들에서 해석의 편차를 느꼈기 때문이다. 그러나 본업인 전공 연구가 언제나 더 시급했을 뿐 아니라 전공자가 아닌 사람이 젊은 나이에 함부로 주석을 달고 번역하는 일은 자칫 교만한 짓으로 비칠 수 있어서 후일로 미루고만 있었다. 게다가『주역』의 문장을 다시 읽으면 읽을수록 의미의 폭이 더 넓어지는 느낌은 이 생각을 더욱 굳히게 하였다.

그러다가 정년 퇴임 후 시간이 좀 넉넉해지니까 천천히 생각하며『주역』을 읽을 수 있었다. 여기서 나는 잠시 노년기의 의식에 대하여 나의 경험적인 의견을 피력해야겠다. 노년에 이르면 확실히 기억력이 쇠퇴한다. 어린 시절의 기억은 동네 지리는 물론 사람들의 얼굴까지도 죄다 그릴 수 있지만 당장 오늘 아침에 뭘 먹었는지는 가물가물하다. 사물의 세부적인 부분을 오래 기억할 수 없음을 스스로 알기에 되도록 본질적인 면을 파악해서 머리에 담아 두려 한다. 이는 인생을 오래 살다 보니 감성적으로 겉을 정교하게 꾸미고 즐기는 일이 궁극적으로 헛일임을 깨달았기 때문이기도 하다. 요즘 말로 정교한 '간지'를 이해하지 못하는 둔한 감성 때문에 노인이 종종 조롱거리가 되기는 하지만, 그래서 오히려 좋은 점도 있다. 이를테면 나무의 본모습은 가을에 나뭇잎을 다 떨구고 나목이 되었을 때 훤히 잘 보이듯이, 사물도 꾸민 겉모습을 걷어 내고 뼈대를 볼 때 진실에 더 가까이 갈 수 있는 여지가 생긴다. 여기서 진실이란 꾸밈의 뒤에 감춰진 세상 이치를 의미할 터인즉, 앞서 말한 노인의 속성은 이 이치를 들여다보고 터득하는 데 유리하다는 말이다. 노인의 지혜는 여기서 나오는 것으로 나는 판단한다. 이 말을 굳이 하는 이유는 『주역』을 보는 자세도 이와 같음을 말하기 위함이다. 『주역』이 읽히기 시작한 이후로 다양하면서도 화려한 해석이 나타나 수많은 사람을 현혹하였지만, '일언이폐지왈一言以蔽之曰', 즉 한마디로 다 덮어 말하자면 세상은 궁극적으로 이치대로 움직이니까 이치에 순종하라는 거다.

　『주역』을 어렵게 생각하는 가장 주요한 이유는 문장 자체가 난해하기 때문이다. 이들 문장의 원류는 은나라 갑골복사까지 거슬러 올라가는데, 당시는 기록하는 일 자체가 매우 어려운 환경이어서 점술가의 글쓰기 코드를 정확히 알지 않는 한 내용 파악이 어렵다. 이러한 갑골복사의 경험적 축적을 기초로 후대 사람들의 첨삭을 통해 만들어진 게 『주역』의 문장이다. 또 한 가지 염두에 두어야 할 사실은 중국어(한어)의 특성이다. 중국어는 고립어에 속하는 대표적인 언어로, 단어의 형태 변화가 없어서 단어와 단어 사이의 관계가 명확히 드러나지 않는다. 마치 시냇물을 가로지르는 징검다리처럼 단어들이 놓여 있어서 그들이 어떤 관계를 통하여 의미를 생성하는지 정확히 알기 어려우므로, 갖가지 상상이 동원될 수밖에 없고, 더욱 놀라운 것은, 약간의 과장을 섞어 말하자면, 각각의 상상이 모두 말이 될 수도 있다는 사실이다. 일찍이 왕안석은 『주역』을 일컬어 단란조보斷爛朝報, 즉 너덜너덜한 공문 쪼가리라고 비아냥거린 적이 있었다. 이처럼 고대 문헌은 기록의 형성과 보존이 완전하지 않아 이를 제대로 해석하려면 고대 중국어의 속성과 글쓰기 코드를 먼저 이해해야 한다.

『주역』의 문장이 어려운 두 번째 이유는 비유와 상징을 수시로 사용하였기 때문이다. 유가에서는 주 문왕이 팔괘를 64괘로 연역하고 여기에 괘사를 써 붙였다고 말한다. 괘에 해설을 붙인 것을 계사繫辭라고 하는데, 이러한 글은 진실에 관하여 말할 수밖에 없으므로 자칫 은나라 주왕의 비위를 건드려서 치명적인 화를 당할 수도 있었다. 따라서 저들이 눈치채지 못하도록 비유와 상징의 수사법을 자주 사용하였던 것인데, 이 때문에 후대에 와서는 괘사의 해독이 난해해졌다. 이러한 배경을 가진 『주역』에 대한 해석이 합리적이라는 평가를 들으려면 무엇보다 『주역』의 이치를 터득하여 이를 토대로 풀어서 일관성을 갖춰야 할 것이다.

『사기』 「공자세가」의 기록에 의하면 공자는 늘그막에 책을 묶은 가죽끈이 세 번이나 끊어질 정도로 『주역』을 즐겨 읽었다고 한다. 나는 이 사실을 매우 중요하게 본다. 나도 개인적으로 나이가 들어서야 '진즉에 『주역』을 좀 공부할 걸' 하는 아쉬움을 느꼈다. 우리가 막연히 알고 있듯이 『주역』은 그렇게 추상적이지만은 않다. 『주역』의 괘·효사는 일상의 사건을 비유로 들어서 이치를 서술하였으므로 반복해서 읽는 가운데 깨달음이 오게 되어 있다. 동아시아에서 고전을 공부하는 사람들이 흔히 말하던 이른바 '맹자백독'이니, '삼국지백독'이니 하는 독서 방식이 『주역』에도 그대로 적용된다는 말이다. "내게 몇 년의 삶이 더 주어진다면, 정말 그렇게 된다면, 나는 『역』에 대해서만큼은 문장과 그 의미를 제대로 파악할 수 있을 것이다"

라는 공자의 말은, 약간 과장하자면, 『주역』 해석은 노년에 이른 사람에게만 주어지는 특권이라고 말할 수 있지 않을까? 이 점에서 외람되게도 나는 『주역』 해석에 도전할 명분을 찾았다. 물론 '주역백독'을 마쳐서가 아니라, 중국 문헌언어학 전공을 살려 앞서 말한 단란조보와도 같은 불완전한 괘·효사의 문장을 우리말로 납득이 되도록 해석해 보겠다는 명분 말이다. 최소한의 상상만 동원하여 우리말로 문장의 뼈대라도 만들어 놓으면, 이를 읽고 여기에 살을 붙여 근사한 모양을 만드는 것은 인생을 더 많이 고뇌한 사람들의 몫이 아닐까?

나는 『주역』을 읽으면서 역이란 무엇인지 나름대로 정의해 보았다. 역이란, 한마디로 '기다림'이다. 나는 강가에서 물고기를 사냥하는 왜가리의 모습에서 영감을 얻어 이 같은 정의를 내렸다. 나는 집 앞 봉선사천에서 왜가리의 사냥을 자주 목격하는데, 이게 하도 신기해서 가끔 한가하게 앉아서 그 녀석이 먹이를 잡을 때까지 기다리곤 하였다. 그의 사냥 기술은 기실 별것 아니었다. 그냥 꼼짝하지 않고 서서 기다리다가 물고기가 다가오면 순식간에 부리로 잡아채는 방식이다. 다시 말해서 부동자세로 끈질기게 기다리는 게 사냥의 핵심인데, 그 원리는 다름 아닌 동물의 긴장과 이완의 반복적인 사이클에 올라타서는 이완기라는 국면이 올 때를 기다리는 것이다.

나는 『역』의 원리도 기본적으로 이와 같다고 생각한다. 각자의 삶을 미시적으로 보면 각기 다른 인생을 사는 것처럼 보이지만 조금만 더 높은 차원에서 보면 거의 다 '거기서 거기'인 삶을 산다. 그리고 속된 말로 아무리 '잘나가도' '열흘 가는 꽃은 없는 법'이다. 세상의 모든 것은 생장과 소멸의 큰 고리를 돌고 돌면서 변화하기에 '좀 튀어 보려 해도' 절대로 이 고리를 벗어나지 못한다.

문왕은 이 변화의 순환 고리를 64개의 패턴으로 나누어 형상화하였는데, 그것이 이른바 64괘라고 보면 된다. 다시 말해서 한 번의 변화 주기는 64개의 패턴을 차례로 거쳐서 제자리로 돌아오게 된다는 뜻이므로, 하나의 패턴은 곧 하나의 국면(phase)이라고 볼 수 있다. 하나의 사건은 64번의 국면 전환을 통해 일단 완결되었다가 다시 시작되므로, 내가 사건의 어느 국면에서 개입할지를 정하는 판단은 매우 중요한 계기라 볼 수 있다. 점占은 바로 이러한 판단을 내리기 위해서 고안된 것이 아닌가 싶다. 내가 어느 국면에서 개입하든지 나는 한 바퀴 돌아서 제자리로 돌아오게 되어 있다. 마치 리볼버 권총의 6개짜리 약실이 돌듯이 말이다.

문왕은 하나의 국면을 6개의 효로 구성하였는데, 이는 다시 상괘 3개와 하괘 3개로 나뉜다. 이것은 판단의 기초가 이분법일 수밖에 없기 때문이기도 하지만, 아무리 복잡한 사건이라도 그 해결은 크게 둘로 나누는 행위로부터 시작해야 하기 때문이다. 그리고 각 괘는 3개의 효로 이루어졌는데, 이는 판단은 이분법으로 할 수밖에 없다고 하더라도 현실에서의 변별은 셋으로 귀결되기 때문이다. 구조주의자 레비스트로스의 말대로 두 이항 대립 요소는 가운데의 매개를 통해 상호 교환하면서 문화를 형성한다는 사실을 상기하자. 이 세계도 하늘과 땅의 이항 대립을 사람이 매개함으로써 세상이라는 문화를 만들어 냈다. 따라서 천·지·인 삼재가 상·하 단괘의 3효를 구성하는 것이다.

각 효의 기초적 판단을 음양의 두 가지 자질로 구분한다면, 8개의 단괘 조합이 나오고 이를 다시 상·하 둘로 겹치면 모두 64개의 중괘 조합이 나온다. 이렇게 생성된 64괘의 중괘는 그저 수학적 조합에 지나지 않았을 테지만, 문왕과 같은 성인은 각 괘의 형상을 깊이 관찰한 후 이들을 변화의 과정에 따른 국면으로 인식하고 순서대로 연결하여 커다란 순환 고리를 만들었다. 그게 『주역』의 본질이다.

여기서 잠시 음반 감상법에 빗대어 변화하는 과정의 국면이 어떤 개념인지를 알아보자. 음반은 보통 스테레오 음반과 모노 음반으로 나뉜다. 스테레오 음반은 주로 임장감을 재현하는 것이므로 누구나 쉽게 감상할 수 있는 반면에, 모노 음반은 듣기에 밋밋해서 마니아가 아니면 잘 들으려 하지 않는다. 그러나 마니아들은 이 무미건조한 음반을 고가의 장비를 들여서 고집스레 듣는데, 이는 국면의 변화를 느끼며 들을 수 있기 때문이다. 모노 음반은 녹음할 때 연주하는 과정에서 그때그때 관심을 받아야 할 악기 앞에 각을 잡아 놓은 마이크를 살짝 강조하여 녹음한다. 따라서 녹음 기사는 지휘자나 연주자의 의도를 잘 파악하여 그때마다 연주의 국면을 적절히 연출한다. 이러한 국면들이 연주 내내 이어지므로, 이런 변화를 즐기는 게 모노 음반 감상의 묘미다. 물론 음반에서의 국면은 인위적으로 조성한 것이긴 하지만 말이다.

이러한 비유가 적절한지는 몰라도 하나의 사건이 전개될 때는 분명히 국면의 변화가 발생한다. 이 변화의 과정에서 내가 무엇을 해야 할 것인가를 판단하는 것은 매우 중요하다. 각자는 살아가면서 나름대로 터득한 이치를 갖고 있겠지만, 그래도 좀 더 보편적이면서 윤리적으로 옳은 원칙이 무엇인지 알고 싶어 한다. 인간의 이러한 근본적인 요구에 부응해서 성인이 내놓은 게 『주역』이다. 그러므로 『주역』을 터득한 자는 기다릴 줄 안다. 기다린다는 말은 요즘 말로 '타이밍을 맞춘다'는 뜻이다. 라켓, 클럽 또는 방망이 등으로 공을 치거나 때리는 구기 종목에서 공통으로 늘 듣는 잔소리가 '공을 끝까지 보라'라는 말이다. 이는 클럽이나 라켓을 되도록 공에 최대한 가까이 가게 해서 순간적으로 임팩트를 주라는 말이다. 미리 덤벼 치거나 뒤늦게 때리면 좋은 샷이 나오지 않는다. 때가 무르익을 때까지 충분히 기다리는 게 타이밍을 맞추는 것이고, 이것을 잘하는 사람을 시쳇말로 '멘탈이 강한 사람'이라고 일컫는다. 이는 모든 세상사에 그대로 적용된다. 왜가리도 물고기들의 긴장이 이완되어 충분히 가까이 올 때까지 끈질기게 기다리지 않는가!

2023년 1월
광릉수목원 옆 草廬에서
김근

머리말

Ⅰ 『주역周易』해제解題

1.『주역周易』의 저자와 명칭 17

2. 괘효卦爻의 명칭 18

3.『주역』괘의 배열 순서 19

4. 서점筮占의 방법 20

5. 팔괘와 상수학으로의 발전 21

6. 점술에 대한 회의와 의리학으로의 발전 29

7. 경학으로서의『주역』 33

Ⅱ 주역 64괘 강해講解: 상경上經

1. 건괘乾卦 ☰ 39

2. 곤괘坤卦 ☷ 51

3. 준괘屯卦 ䷂ 63

4. 몽괘蒙卦 ䷃ 74

5. 수괘需卦 ䷄ 85

6. 송괘訟卦 ䷅ 95

7. 사괘師卦 ䷆ 104

8. 비괘比卦 ䷇ 113

9. 소축괘小畜卦 ䷈ 122

10. 이괘履卦 ䷉ 132

11. 태괘泰卦 ䷊ 141

12. 비괘否卦 ䷋ 151

13. 동인괘同人卦 ䷌ 160

14. 대유괘大有卦 ䷍ 169

15. 겸괘謙卦 ䷎ 178

16. 예괘豫卦 ䷏ 188

17. 수괘隨卦 ䷐ 199

18. 고괘蠱卦 ䷑ 212

19. 임괘臨卦 ䷒ 223

20. 관괘觀卦 ䷓ 236

21. 서합괘噬嗑卦 ䷔ 252

22. 비괘賁卦 ䷕ 262

23. 박괘剝卦 ䷖ 275

24. 복괘復卦 ䷗ 285

25. 무망괘无妄卦 ䷘ 297

26. 대축괘大畜卦 ䷙ 308

27. 이괘頤卦 ䷚ 319

28. 대과괘大過卦 ䷛ 329

29. 감괘坎卦 ䷜ 340

30. 이괘離卦 ䷝ 350

Ⅲ 주역 64괘 강해講解 : 하경下經

31. 함괘咸卦 ䷞ 363

32. 항괘恒卦 ䷟ 373

33. 둔괘遯卦 ䷠ 384

34. 대장괘大壯卦 ䷡ 394

35. 진괘晉卦 ䷢ 404

36. 명이괘明夷卦 ䷣ 414

37. 가인괘家人卦 ䷤ 426

38. 규괘睽卦 ䷥ 437

39. 건괘蹇卦 ䷦ 449

40. 해괘解卦 ䷧ 458

41. 손괘損卦 ䷨ 467

42. 익괘益卦 ䷩ 478

43. 쾌괘夬卦 ䷪ 489

44. 구괘姤卦 ䷫ 499

45. 췌괘萃卦 ䷬ 510

46. 승괘升卦 ䷭ 520

47. 곤괘困卦 ䷮ 529

48. 정괘井卦 ䷯ 540

49. 혁괘革卦 ䷰ 549

50. 정괘鼎卦 ䷱ 559

51. 진괘震卦 ䷲ 571

52. 간괘艮卦 ䷳ 581

53. 점괘漸卦 ䷴ 591

54. 귀매괘歸妹卦 ䷵ 602

55. 풍괘豐卦 ䷶ 612

56. 여괘旅卦 ䷷ 622

57. 손괘巽卦 ䷸ 633

58. 태괘兌卦 ䷹ 645

59. 환괘渙卦 ䷺ 656

60. 절괘節卦 ䷻ 666

61. 중부괘中孚卦 ䷼ 676

62. 소과괘小過卦 ䷽ 687

63. 기제괘旣濟卦 ䷾ 699

64. 미제괘未濟卦 ䷿ 711

Ⅰ

『주역周易』 해제解題

1. 『주역周易』의 저자와 명칭

『주역』은 중국의 전통 사상과 종교의 근간이 되는 경전 중의 하나로서, 『한서漢書』「예문지藝文志」에 따르면 이른바 삼성三聖이 책을 완성한 것으로 전해 내려온다. 삼성이란 복희伏羲, 문왕文王, 공자를 가리키는데, 여기에 주공周公을 넣어 사성이라 부르기도 한다. 팔괘를 처음 만든 이는 복희씨이고, 팔괘를 64괘로 연역한 이는 문왕, 각 효爻마다 효사를 붙인 이는 주공, 이른바 십익十翼이라 불리는 전傳을 쓴 이는 공자로 본다.

한나라가 정권을 수립한 후, 유학儒學을 정책적으로 장려하자 경전해석학經典解釋學, 즉 경학이 발달하게 되었는데, 이때 생겨난 것이 오경五經이고 그 첫째가 『역』이었으니, 이로부터 『역경易經』이라 불려 왔다.

그래서 『주역』은 『경經』과 『전傳』의 두 부분으로 나누어진다. 『경』은 64괘와 384효의 괘·효사로 이루어졌고, 『전』은 괘사와 효사를 해석하여 기록한 총 7가지 저작으로 이루어졌다. 공자가 편찬하였다고 전해지는 이 7가지 저작을 구체적으로 거명하면 『단彖』(상·하), 『상象』(상·하), 『문언文言』, 『계사繫辭』(상·하), 『설괘說卦』, 『서괘序卦』, 『잡괘雜卦』 등이다. 이들은 총 10편으로 구성되므로 다른 말로 십익十翼이라고도 부른다.

그렇다면 『주역』이라는 명칭에 담긴 의미는 무엇인가? 먼저 '주周' 자에는 다음과 같은 두 가지 뜻이 들어 있다. 첫째는 '보편적으로 두루 갖추고 있어서, 세상의 만물이 모두 이 안에 들어 있다', 또는 '세상의 모든 경로를 두루 돌고 와서 다시 시작한다'라는 뜻이다.

둘째는 주周나라를 가리킨다. 주 문왕에 의해 책이 완성되었을 뿐 아니라, 주나라 때부터 보편적으로 읽히기 시작하였다는 뜻이다. 주는 원래 시조인 고공단보古公亶父가 처음 터 잡은 기산岐山 땅의 이름이다.

'역易' 자의 의미는 다음과 같다. '역' 자는 도마뱀의 모양을 그린 상형에 속하는 글자다. 도마뱀은 주위 환경에 따라 색깔을 수시로 바꾸므로 '변화하다'·'바뀌다'라는 뜻으로 파생되어 쓰인다. 동한의 정현鄭玄은 그의『역론易論』에서 '역' 자에 담긴 의미를 다음과 같이 세 가지로 꼽았다. "첫째, 쉽고 간단하다. 둘째, 변화하고 바뀐다. 셋째, 변하지 않는다."(易簡一也, 變易二也, 不易三也) 여기서 쉽고 간단하다는 것은, 역이 출현하기 이전까지의 거북점, 즉 귀점龜占은 복잡하고 어려워서 전문인만이 칠 수 있었는데,『주역』으로 하는 서점筮占은 누구나 할 수 있어서 쉽고 간단하다는 뜻이다. 그런데 변화한다는 뜻을 기본적으로 품는 '역'에 '변하지 않는다'라는 의미도 있다는 것은 무엇인가? 세상의 모든 것은 변화하지만, 그 변화에는 일정한 원리가 있으니 이는 절대 변하지 않는다는 뜻으로 이해하면 된다.

2. 괘효卦爻의 명칭

『주역』의 괘는 소성괘小成卦인 단괘單卦로부터 시작하는데, 이는 세 개의 효爻로 이루어지므로 3획괘라고도 부른다. 각 효는 음과 양이라는 두 개의 자질 중 하나를 가지므로 모두 8개의 조합이 나오게 되는데, 이것이 곧 건乾(☰)·태兌(☱)·이離(☲)·진震(☳)·손巽(☴)·감坎(☵)·간艮(☶)·곤坤(☷)의 팔괘다. 이 팔괘를 두 개씩 다시 조합하면 64개의 중괘重卦가 연역되는데, 이것이 이른바 64괘다. 이때 중괘는 팔괘를 위아래에 배치하여 나타낸다. 이를테면 몽괘蒙卦(䷃)의 경우는 '감하간상坎下艮上', 즉 감괘(☵)가 아래에, 간괘(☶)가 위에 각각 자리 잡고 있다.

64괘에는 각기 명칭이 있는데, 이를 부를 때는 보통 두 개의 단괘를 위에서 아래로 부르고 그 뒤에 괘명을 붙인다. 이를테면 준屯(䷂)괘는 '수뢰준水(☵)雷(☳)屯'이라고 부른다. 다만 위아래가 같은 괘로 중첩된 팔순八純괘는 '건위천乾爲天(䷀)', 또는 '중천건重天乾' 등으로 부른다.

효의 명칭은 음양의 자질과 처한 위치에 따라서 부른다. 먼저 양효와 음효는 각기 구九와 육六으로 나타낸다. '9'와 '6'의 의미를 『설괘전說卦傳』은 "세 개의 천수天數와 두 개의 지수地數를 정하여 수를 세운다"(三天兩地而倚數)라고 해설하였다. 즉 다섯 손가락을 엄지부터 천수(홀수)와 지수(짝수)로 번호를 매기면 '天1·地2·天3·地4·天5'가 된다. 여기서 천수인 1·3·5를 모두 더하면 9가 되고, 지수인 2·4를 더하면 6이 된다. 이를 근거로 양효는 '9'로, 음효는 '6'으로 각각 표시하는 것이다.

그리고 효의 위치는 맨 아래로부터 초初, 이二, 삼三, 사四, 오五, 상上으로 각각 부른다. 따라서 효의 명칭을 나타내려면 앞에 '九' 또는 '六'을 먼저 적고 그 뒤에 위치의 숫자를 적어서 '九二', '六三', '九五' 등으로 쓰고 부른다. 다만 처음의 초효初爻와 마지막 상효上爻만은 순서를 바꿔서 '初九', '上六' 등으로 쓴다. 예를 들어 몽괘(䷃)는 아래에서부터, '初六, 九二, 六三, 六四, 六五, 上九'로 읽으면 된다. 그러나 본서에서는 한자에 익숙하지 않은 사람들을 위하여 우리말로 완전히 풀어서, '제1 음효, 제2 양효, 제3 음효, 제4 음효, 제5 음효, 제6 양효'로 바꾸어 적었다.

효에만 음양의 자질이 있는 게 아니라, 위치에도 같은 의미가 들어 있다. 이를테면 홀수에 해당하는 제1·3·5효는 양의 자리이고, 짝수에 해당하는 제2·4·6효는 음의 자리이다.

3. 『주역』괘의 배열 순서

『주역』에 괘를 배열한 순서에 대해서는 『서괘전序卦傳』에 상세히 나온다. 『주역』은 상경上經과 하경下經으로 나뉘는데, 전자는 건乾괘부터 이離괘까지의 30괘, 후자는 함咸괘부터 미제未濟괘까지의 34괘를 각각 실었다. 상경은 건乾괘와 곤坤괘로 시작하는데, 이는 하늘과 땅이 생겨남으로부터 만물이 생성됨을 상징하고, 바로 뒤에 이어지는 준屯괘와 몽蒙괘는 탄생의 고통과 무지몽매함을 나타낸다. 이렇게 이어지면서 감坎괘와 이離괘로 마치는데 전자는 달을, 후자는 해를 각각 상징하므로, 이는 만물이 빛의 세상으로 나옴을 표상한다.

하경은 함咸괘와 항恒괘로 시작하는데, 이는 만물이 생성되어 나온 후, 남녀가 교감하여 짝을 짓고 변치 않는 윤리에 따라 살아가면서 번성함을 표상한다. 마지막은 기제旣濟괘와 미제未濟괘다. 전자는 변화와 발전이 완성에 이르렀음을, 후자는 완성 후에는 또 다른 변화와 발전의 순환 과정이 미완의 상태로 기다리고 있음을 나타낸다.

이러한 64괘의 배열에서 나타나는 또 한 가지 특성이 있는데, 각 괘가 두 개씩 짝을 지어 연쇄된다는 점이다. 이것을 당唐 공영달孔穎達은 "둘씩 서로 짝을 이루는데, (둘 사이의 관계는) 복괘覆卦 아니면 변괘變卦다"(二二相偶, 非覆卽變)라고 정의하였다. 복괘란, 이를테면 준屯괘(䷂)와 몽蒙괘(䷃)처럼 괘의 모양이 위아래가 완전히 뒤집힌 관계를 뜻하고, 변괘란 건乾괘(䷀)와 곤坤괘(䷁)처럼 모든 효에 변화가 생겨서 정반대가 된 관계를 가리킨다. 간추리면 『주역』 64괘의 32짝은 28짝의 복괘와 4짝의 변괘로 이루어진다. 변괘는 건괘와 곤괘를 비롯해 이頤괘와 대과大過괘, 감坎괘와 이離괘, 중부中孚괘와 소과小過괘 등이다.

4. 서점筮占의 방법

서점, 즉 『주역』에서 점치는 방법은 여러 가지가 있는데, 본서는 이것을 본령으로 하지 않으므로, 참고용으로 『계사繫辭(상)』에서 설명하는 방법만 원문을 통해 소개하고자 한다.

기수基數인 대연大衍의 수는 50인데, 그중에서 49개만 사용한다. 이를 두 무더기로 나눔으로써 두 개의 의儀, 즉 양의 범주와 음의 범주를 표상한다. 둘 중 한 군데에서 다시 하나를 떼어 옆에 놓는데, 이는 삼재三才를 표상하기 위함이다. 그러고 나서 네 개씩 세서 나가는데 이는 사시를 표상하기 위함이다. 이렇게 해서 남은 수를 손가락에 끼움으로써 윤달을 표상한다. 5년에 두 번 윤달을 두므로, (다른 무더기에서 남은 수를) 다시 손가락에 끼우는 과정을 하고 난 다음에 괘를 (한 효씩) 만들어 간다. (중략) 그러므로 네 개의 집짓기(營) 과정을 통해서 한 괘의 한 효가 나오는 셈이니, 열여덟 번의 변차變次를 거치면 하나의 괘가 이루어진다. (기본 괘인) 팔괘에 대하여 말하자면 이는 완전하지 않은 소성괘이므로, 이를 (64괘로) 확대하여 같은 이치로 다른 사물로 유추해서 발전해 나가면, 천하의 할 수 있는 일이 모두 완성된다.

(大衍之數五十, 其用四十有九. 分而爲二以象兩, 挂一以象三, 揲之以四以象四時, 歸奇於扐以象閏, 五歲再閏, 故再扐而後挂…… 是故, 四營而成易, 十有八變而成卦, 八卦而小成. 引而伸之, 觸類而長之, 天下之能事畢矣.)

5. 팔괘와 상수학으로의 발전

『사고전서총목四庫全書總目』에서는 역학을 이른바 양파육종兩派六宗으로 분류하였다. 양파란 상수학파象數學派와 의리학파義理學派를 말하고, 육종六宗이란 점복종占卜宗, 기상종襪祥宗, 조화종造化宗, 노장종老莊宗, 유리종儒理宗, 사사종史事宗 등의 여섯 가지를 가리킨다. 본서는 이 중에서 의리학파와 유리종을 기반으로 해서 『주역』을 해석하였다.

이러한 종파는 크게 상수학과 의리학으로 나뉘어 발전하였는데, 이들은 궁극적으로 해석학에 속한다. 이들 학술이 해석이라면 반드시 원전(text)이 있어야 하는데, 그 원전이란 말할 것도 없이 『주역』의 64괘 384효라는 기호와 거기에 딸린 괘·효사다. 인간은 이미지와 개념으로 사유함을 전제할 때, 전자인 기호는 상수학으로, 후자인 사辭, 즉 언어는 의리학으로 발전하였음을 짐작할 수 있다. 그렇다면 해석 이전의 『주역』은 어떻게 형성되었는 가를 알아볼 필요가 있다.

(1) 『주역』의 기원

중국의 상고 시대에 사람들은 신명이나 귀신에게 미래의 길흉화복을 묻고자 점을 쳤는데, 여기에는 두 가지 방법이 있었다. 하나는 귀복龜卜이고, 다른 하나는 서점筮占이었다. 전자는 거북의 갑이나 소뼈 등에 뜨겁게 달군 쇠꼬챙이를 꽂아서, 거기에 생긴 균열의 모양을 조짐으로 보고 예언하는 방법이고, 후자는 시초蓍草로 만든 산가지를 조작해서 나오는 숫자로 팔괘의 상을 얻고 이를 통해 길흉을 예측하는 방법이다.

은나라의 옛터인 은허殷墟에서 대량으로 발견된 복사卜辭를 통해 알 수 있듯이, 귀복은 멀리 은나라까지 소급된다. 주 무왕이 은조를 무너뜨릴 때 주나라 정권의 정당성을 내세우고자 은나라에 마땅히 멸망해야 할 미개한 정권이라는 프레임을 씌웠는데, 그 빌미가 바로 나라의 모든 행사에서 귀복으로 점을 친 후에 정책을 시행하던 관습이었다. 이른바 우환憂患 의식으로 대표되는 고대 중국의 인문 정신의 기초가 되는 천명관天命觀이 등장한 것은 바로 이때다.

주나라가 우환 의식을 이념으로 표방하기는 하였지만, 실제 생활에서는 여전히 점을 치는 관습을 이어 갔으니, 『주례周禮』「춘관春官」의 "무릇 나라에 큰일이 있을 때에는, 먼저 서점을 치고 나서 귀복을 쳤다"(凡國之大事, 先筮而后卜)라는 구절에서 이를 알 수 있다. 단, 서점을 먼저 치고 귀복을 나중에 한 것으로 보아, 귀복은 주류에서 밀려나고 대신 서점 방식의 『역』이 중심으로 등장하게 되었을 것으로 짐작된다. 귀복과 서점이 비록 서로 다른 방식의 점법이기는 하지만, 변천 과정에서 귀복의 형식이 상당 부분 『주역』

으로 계승된 것은 명백하다.

이를테면 귀복으로 점을 친 갑이나 뼈에는 복사卜辭 또는 주繇라는 글이 새겨져 있는데, 이는 보통 전사前辭·명사命辭·점사占辭·험사驗辭 등으로 이루어졌다. 전사는 점을 친 시간과 날짜 그리고 점을 친 사람에 대한 기록이고, 명사는 점을 쳐서 물어본 사건, 점사는 조짐을 보고 판단한 길흉에 관한 기록, 그리고 험사는 점을 친 다음의 결과를 적은 것이다. 『주례周禮』 「종백宗伯」에 "태복太卜이 세 가지 조짐의 방법을 관장하였다…… 가장 기본이 되는 조짐의 형태는 모두 120개가 있고, 그에 대한 송頌이 모두 1,200개가 있다"(其經兆之體, 皆百有二十, 其頌皆千有二百)라는 구절이 있는데, 여기서 말하는 송頌이 곧 앞의 복사에 해당하는 글이다. 이것이 후에 『주역』에 전승되어서 괘·효사의 형태로 정착되었다.

(2) 팔괘의 기원

팔괘의 기원에 관해서는 여러 가지 설이 분분하지만, 여기서는 의리학의 관점에서 해석하는 기원에 관해서만 설명한다. 이 기원에 관해서는 『계사繫辭(하)』에 다음과 같이 적혀 있다.

옛날 복희씨가 천하를 다스릴 때 위를 우러러보고는 하늘에서 여러 가지 현상과 모양을 관찰하였으며, 아래를 내려다보고는 땅에서 여러 가지 규칙을 관찰하고, 새와 짐승의 무늬와 땅의 본래 모습 등을 관찰하였는데, 가까이는 몸으로부터, 멀리는 사물로부터 각각 여러 형상을 가져와서는 처음으로 팔괘를 만들었으니, 이로써 귀신의 덕성에 통달하고 만물의 실제를 유형화할 수 있었다.

(古者包犧氏之王天下也, 仰則觀象於天, 俯則觀法於地, 觀鳥獸之文與地之宜, 近取諸身, 遠取諸物, 於是始作八卦, 以通神明之德, 以類萬物之情.)

이 구절은 관념적이어서 뭔가 심오한 이치를 말하는 것처럼 보이지만, 궁극적으로 팔괘란 하늘과 땅에 보이는 사물, 새와 짐승의 모양, 신체를 중심으로 하여 보이는 각종 사물을 형상화해서 만든 기호 체계, 즉 문자임을 가리키고 있다. 이러한 문자를 만든 이유는 '귀신의 덕성에 통달하게 함으로써' 윤리 의식을 고취하고, '만물의 실제를 유형화함으로써' 과학적(이성적) 사유를 하게 함이었다.

다시 말해서 백성을 교육하고 소통하고자 팔괘라는 원시적인 문자를 만들었다는 것인데, 나중에 이것이 본격적으로 발전하여 한자로 나아가자 팔괘는 본래의 기능을 잃게 되었다. 이때 팔괘는 형체만 남았지만 그래도 기호 체계인 이상 언제라도 다시 의미를 부여받을 수 있었고, 사람들은 여기에 주사繇辭를 붙여서 점술을 위한 텍스트로 정착시켰을 것이다.

미래를 예측하는 기호 체계가 하나의 텍스트를 형성하면, 이는 자연히 종교적인 텍스트로 발전한다. 유가에서는 주 문왕이 팔괘를 64괘로 연역하고 여기에 괘사를 써 붙였다고 주장한다. 문왕은 은나라 주紂왕에게 심한 핍박을 받아 목숨이 경각에 달려 있었으므로, 이를 극복할 영적인 힘이 필요하였을 것이고, 이때 팔괘는 영적 각성에 중요한 계기가 되었을 것이다. 그래서 팔괘를 연역하고 괘사를 지었을 것으로 추측할 수 있는데, 이는 자신에게는 시련을 견딜 영적인 힘을 주었을 테고, 폭정에 시달리는 관리와 백성에게는 고난을 지혜롭게 헤쳐 나갈 정신적인 줏대와 희망으로 작용하였을 것이다.

이렇게 64괘에 괘사를 다는 이른바 계사繫辭 행위는 주왕의 검열에 걸려서 자칫 위험해질 수도 있었으므로, 그들이 눈치채지 못하도록 비유와 상징의 수사법을 자주 사용할 수밖에 없었을 것이다. 이것이 괘사가 해독이 어려운 이유였고, 신비성을 증가시켜서 『주역』이 예언적 색채를 짙게 띠게 하는 원인이 되기도 하였다. 그러나 나중에 주공과 공자가 각각 효사와 십익十翼을 저술할 시기에 이르러서는 그러한 검열이 없었으므로 쉽게 이해할 수 있도록 씌었다. 공자가 십익을 써서 괘·효사를 언어로 보충한 것은, 기실 『주역』이 예언적 기능 쪽으로 발전하는 것을 경계하기 위함이었다. 그러나 언어로 해설하는 대상이 괘의 상象인 이상, 상수학象數學의 관심에서 벗어날 수 없으니, 십익은 상수역을 중시하는 사람들의 근거가 될 수밖에 없었다. 이러한 배경을 『계사(상)』은 다음과 같이 설명한다.

> 성인이 괘를 설정하고 거기에 보이는 상을 보고는, 거기에 말을 붙여 달아서 길함과 흉함이 어떤 것인지를 밝혀 주고 있는데, 이는 강직한 양의 기운과 부드러운 음의 기운이 서로 밀어 갈마듦으로써 변화를 일으키는 것이다. 길함과 흉함은 잃고 얻음의 모양이고, 후회함과 아까워함은 걱정과 주저함의 모양이다. 변함과 뒤바뀜이라는 것은 나아감과 물러남의 모양이고, 강직함과 부드러움이라는 것은 낮과 밤의 모양이다.
> (聖人設卦觀象, 繫辭焉而明吉凶, 剛柔相推而生變化. 是故吉凶者, 失得之象也, 悔吝者, 憂虞之象也. 變化者, 進退之象也, 剛柔者, 晝夜之象也.)

성인이 괘로써 상을 만들고 이를 말로써 해설한 것은, 어디까지나 옳고 그름을 변별하고 실천하기 위한 방도였지만, 상의 변화를 언어로 분석해서 말하는 이상 예언적 요소가 여기에 개입되는 현상은 어쩔 수 없다는 말이다. 『주역』에서 상수학과 의리학을 구분하는 게 별 의미가 없다는 일각의 주장은 기실 자신도 모르는 사이에 여기에 근거하였다고 봐야 한다.

팔괘는 하늘(天)·땅(地)·산(山)·못(澤)·바람(風)·우레(雷)·물(水)·불(火) 등의 여덟 가지 사물로써 그 속성을 상징한다. 이를 천·지·인을 상징하는 3효로 나누고, 각 효를 양과 음을 대표하는 '9'와 '6'으로 변별하면 여덟 개의 괘에는 숫자로 된 일정한 상象이 만들어진다. 이것이 이른바 상수이고, 여기에 개별적으로 이름을 붙인 것이 건乾-태兌-이離-진震-손巽-감坎-간艮-곤坤이다. 이렇게 팔괘는 현상을 숫자로 치환해서 보고 있지만, 궁극적으로 상, 즉 모양을 본다는 점에서는 귀복의 전통을 잇고 있음을 알 수 있다.

(3) 상수역象數易으로의 발전

① 귀복龜卜과 서점筮占의 차이

『좌전』「희공僖公 4년」에 "진 헌공이 여희驪姬를 부인으로 맞이하고자 하여 점을 쳤더니 불길하다고 나오자 서점을 쳤더니 길하다고 나왔다. 임금이 '서점의 결과를 따르라'라고 말하자, 점치는 관리가 '서점은 좀 부족하고 귀복은 더 나으니, 나은 편을 따르시는 게 좋습니다'라며 말렸다"(晉獻公欲以驪姬爲夫人, 卜之不吉, 筮之吉, 公曰从筮. 卜人曰: 筮短龜長, 不如從長)라는 구절에서 두예杜霓는 "사물은 태어나고 난 다음에 모양이 있고, 모양이 있고 난 다음에 늘어나고, 늘어난 다음에 일정한 수치가 생긴다. 귀복은 모양을 보는 것이고, 서점은 수치를 보는 것이므로, 모양으로 보는 게 더 낫고 수치로 보는 것은 부족하다"(物生而後有象, 象而後滋, 滋而後有數, 龜象筮數, 故象長數短也)라고 주를 달았다. 여기서 모양, 즉 상象이란 처음에 보이는 전체적인 모양, 속된 말로 하면 '싹'이나 '떡잎'을 뜻하는데, 여기서 조짐을 보는 게 귀복의 원리다. 이에 비하여 서점은 싹이 자라나고 발전하는 과정을 수치, 즉 음양의 양적 변화로 환산해서 보는 방법이라는 말이다.

인간의 인식은 크게 개념과 이미지를 통해 이루어지는데, 전자는 언어와 논리를 거쳐야 하므로 사유라는 노동을 해야 하는 반면에, 후자는 모양에서 오는 감각과 인상을 그대로 받아들이면 되기에 인식이 매우 직접적이고 관념 형성이 매우 용이하다. 그러므로 '모양으로 보는 게 더 낫고 수치로 보는 것은 부족하다'(象長數短)라는 결론이 나온 것이다. 다시 말해서 인간은 이미지에 매우 취약하므로 팔괘라는 텍스트에서 상수역象數易이 먼저 발전할 수밖에 없었다는 말이다. 여기서 상수는 괘효의 별명이므로, 상수학 또는 상수역이란 괘와 효에 딸린 언어, 즉 괘·효사보다는 괘와 효의 상 자체에서 의미를 생성해 내는 역을 가리킨다. 『주역』이 상수학으로 먼저 발전하였기에 진나라 분서焚書 사건에서도 사라지지 않고 살아남을 수 있었던 것이니, 이는 상수역의 기여라고 말할 수 있을 것이다.

②『좌전左傳』과『주역』의 신화화

이러한 배경에서『춘추좌전』의 몇 가지 사건 기록은 상수역을 더욱 공고히 하는 계기가 되었을 것으로 짐작된다. 다음에 소개하는「희공僖公 15년」의 기록은 그 대표적인 예다.

당초에 진 헌공이 맏딸인 백희를 진秦 목공에게 시집보내는 일에 대해서 점을 쳤더니, 귀매괘(☷)에서 변괘인 규괘(☱)가 나왔다. 사소史蘇가 이 괘를 풀어 아뢰었다. "불길합니다. 효사에 이르기를 '남자가 양을 잡아도 (피가) 나지 않고, 여자가 광주리를 이어받았지만 (채워) 받을 게 없다. 서쪽 이웃 나라에서 비난하는 말을 해도 받아칠 수가 없다. 귀매괘가 규괘로 변해도 여전히 서로 도울 상이 안 보인다'라고 하였습니다. (상괘인) 진괘(☳)가 이괘(☲)로 바뀌고, 이괘가 진괘로 바뀐다 해도, 우레가 되었다가 불이 되는 것일 뿐입니다. 이는 영嬴씨 성의 (秦나라)가 희姬씨 성의 (晉나라)를 패퇴시켜서 전차들은 (바퀴 축 위의) 복토가 빠지고 불이 깃발을 태우는 것이니, 작전 수행에 이롭지 않아서 종구宗邱, 즉 한원韓原에서 대패할 것입니다. 귀매괘와 규괘는 (위아래가) 서로 상종하지 않는 괘이므로, (딸의 나라와 친정의 나라가 서로 어그러져서) 적군이 되어 활을 당기다가 (태자인) 조카마저 고모(백희)를 따라 (秦나라에) 인질로 잡혀갈 것입니다. 6년 있다가 달아나 자기 나라로 돌아가고, 진나라에서 꾸렸던 가정은 버릴 것입니다. 그리고 다음 해에 고량의 옛터에서 죽을 것입니다." 진晉 혜공이 진나라에 끌려와서 말하였다. "선군께서 만일에 사소의 점을 따르셨다면, 내가 이 지경에 이르지 않았을 텐데." 그러자 한간이 옆에 모시고 있다가 아뢰었다. "거북점은 모양일 뿐이고, 서점筮占

은 셈일 뿐입니다. 사물이란 태어나고 나면 모양이 생기고, 모양이 생기고 나면 늘어나게 되며, 늘어나게 되면 수치가 생깁니다. 선군의 덕에 어그러진 행위는 그 수를 셀 수 있겠습니까? 사소의 그 점괘야말로 따르지 않든 따르든 무슨 이득이 있겠습니까? 『시경』에 이르기를 '백성이 받는 죗값은 하늘로부터 내려온 게 아니네. 만나서는 헤헤거리고 돌아서면 미워하고 있으니, 화를 다투어 부르는 일은 사람들로부터 비롯된 것이네'라고 하였습니다."

(初, 晋獻公筮嫁伯姬于秦, 遇歸妹之睽. 史蘇占之曰: 不吉. 其繇曰: 士刲羊, 亦无亡也. 女承筐, 亦无貺也. 西隣責言, 不可償也. 歸妹之睽, 猶无相也. 震之離, 亦離之震, 爲雷爲火. 爲嬴敗姬, 車說其輹, 火焚其旗, 不利行師, 敗于宗邱. 歸妹睽孤, 寇張之弧, 姪其從姑, 六年其逋, 逃歸其国, 而棄其家, 明年其死于高梁之墟. 及惠公在秦, 曰: 先君若從史蘇之占, 吾不及此夫. 韓簡侍. 曰: 龜, 象也. 筮, 數也. 物生而後有象, 象而後有滋, 滋而後有數. 先君之敗德, 及可數乎. 史蘇是占, 勿從何益. 詩曰: 下民之孽, 匪降自天. 噂沓背憎, 職競由人.)

이 기록은 진晉 혜공이 한원韓原 전투에서 패배하여 진秦나라에 끌려와서는, 옛날에 부친인 헌공이 사소史蘇라는 점쟁이의 말을 듣지 않아서 이 지경에 이르게 되었음을 한탄하였다는 구절이다. 여기서 점쟁이 사소는 맏딸을 진 목공에게 시집보내면 일어날 일을 매우 구체적으로 예언했는데, 신기하게도 한원 전투에서 패배하는 일과 태자가 진나라에 인질로 잡혀가는 일까지 정확하게 맞혔다. 이렇듯 영험하게 역사적 사실을 알아맞히는 것은 기실 나중에 꾸며 낸 소설 같은 이야기임에도 상수역을 중시하는 사람들은 이를 『주역』의 예언 기능이 탁월함을 입증하는 예로 자주 거론하였다. 마지막에 한간이 『시경』의 구절을 인용하며 이성적인 우환 의식을 강조했음에도 말이다.

뒤에 가서 다시 설명하겠지만, 주나라가 정권을 처음 세울 당시에 그들은 경천敬天사상에 입각한 인문 정신으로 정치에 임하였다. 그러나 인문 정신으로 정치를 한다는 게 쉬운 일이 아니라서, 군주의 일탈을 막으려면 부득이 길흉이라는 종교적인 방식을 도입하지 않을 수 없었다. 그래서 주나라 정권은 은나라의 거북점을 비판하면서도 역의 서점을 채택하였던 것이니, 그 목적은 임금의 일탈을 제어하는 것이었다. 『좌전』에서 점치는 이야기를 기록한 것은 바로 점의 영험을 말하려는 것이 아니라 역사의 교훈을 강조하려는 것으로 봄이 옳다. 『좌전』은 대개 끝에 가서는 하늘을 감시자로 상정하고 그 윤리에 복종하라는 이른바 인문과 의리義理를 강조하는 유가적 패턴을 상투적으로 보여 주는데, 그것이 이를 입증한다. 그런데도 『좌전』에 예언뿐 아니라 호괘互卦나 지괘之卦의 운용이 자주 등장하는 것을 보면, 당시에 이미 상수역이 크게 유행하였음을 짐작할 수 있다.

6. 점술에 대한 회의와 의리학으로의 발전

『서경』「서백감려西伯勘黎」에 은나라의 마지막 왕인 주紂가 죽어 가면서 "아아, 나의 운명은 (이미) 하늘에서 정해진 게 아니었나?"(吳呼, 我生不有命在天)라고 한탄하는 구절이 나온다. 이처럼 은나라까지만 해도 천명은 영원한 것이어서 정권을 무조건 비호庇護해 준다고 믿었다. 은나라를 대체한 주나라는 천명이란 영원한 것이 아니어서 군주가 덕을 잃으면 하루아침에라도 이를 덕 있는 자에게 옮겨 버리므로, 임금 된 자는 두려운 마음으로 경덕敬德을 게을리하지 않도록 경계하였다. 이때 하늘은 나를 지켜보고 독려하는 감시자의 위치에 상정된 것이므로, 이것이 천명을 믿지 않고 스스로 덕을 쌓는 이른바 우환 의식의 발로가 되는 셈이다.

그러나 주나라도 중·후기의 사회적 혼란과 위기를 겪으면서 천명에 대하여 회의하거나 나아가 부정하는 인식이 생겨나기 시작하였다. 『시경』에 원천우인怨天尤人, 즉 '하늘을 원망하고 다른 사람을 탓하는' 내용의 시가 자주 보이는 게 이를 입증한다. 『소아小雅』「절피남산節彼南山」의 "하늘은 일정하지 않아서, 이토록 견디기 힘든 재난을 내렸고, 하늘은 은혜롭지 않아서 큰 재앙을 내렸네"(昊天不傭, 降此鞠訩. 昊天不惠, 降此大戾)라는 구절이라든가, 『대아大雅』「탕蕩」의 "포악한 하느님은 그의 명령에 편벽됨이 많으시네. 하늘은 백성을 낳으셨음에도 그 명령은 믿을 만하지 못하네"(疾威上帝, 其命多辟. 天生烝民, 其命匪諶)라는 구절이 그 대표적인 예다.

이러한 예를 보면 하늘은 이미 당시 사람들에게 더는 신성불가침의 존재가 아니고, 오히려 저주의 대상이 되어 있었음을 알 수 있다. 하늘에 대한 경건한 마음과 관념이 이처럼 흔들렸다면 하늘의 뜻을 알려 주는 점술에 대한 믿음도 달라졌을 터인즉, 『사기』「귀책열전龜策列傳」에서 초나라 영왕 靈王이 점괘가 마음에 들지 않는다고 "점치는 도구를 던져 버리고 하늘을 저주하였다"라는 이른바 '투귀구천投龜詬天' 사건은 점술의 쇠퇴 현상을 여실히 증명한다.

점술에 대한 믿음이 무너져 가는 현상은 『좌전』의 여러 곳에서 발견되는데, 그중에서 몇 가지를 소개하면 다음과 같다.

(1) 희공僖公 16년(B.C. 644)

큰 돌이 송나라에 떨어진 게 다섯 개였는데, 그것은 운석이었다. 같은 달에 여섯 마리의 익조가 뒤로 날아갔는데, 그것은 송나라의 도읍 위를 지나갔다. 이는 바람 때문이었다. 당시에 주나라 내사內史인 숙흥叔興이 송나라를 방문하고 있었으므로, 송 양공이 그에게 "이게 무슨 조짐이오? 길흉이 어디에서 생기겠소?"라고 물었다. 숙흥이 "올해는 노나라에 장사 지낼 일이 많이 생기고, 내년에는 제나라에 난리가 날 것입니다. 임금님께서는 제후들의 지지를 얻겠지만 끝까지 유지하지는 못할 것입니다"라고 대답하고는 물러나서 다른 사람에게 말하였다. "임금님의 물음은 타당하지 않소이다. 이는 음양에 관한 일로서 길흉이 생기는 바와는 무관합니다. 길흉이란 사람으로부터 비롯되는 것이지만, 나는 감히 임금님을 거역할 수 없어서 그렇게 말한 것입니다."

(十六年春, 隕石于宋五, 隕星也. 是月, 六鷁退飛, 過宋都, 風也. 周內史叔興聘于宋, 宋襄公問焉, 曰: 是何祥也. 吉凶焉在. 對曰: 今茲魯多大喪, 明年齊有亂, 君將得諸侯而不終. 退而告人曰: 君失問. 是陰陽之事, 非吉凶所生也. 吉凶由人, 吾不敢逆君故也.)

(2) 애공哀公 6년

초나라 소왕昭王이 병이 들자 점치는 자가 "황하 신의 노여움이 원인입니다"라고 아뢰었다. 임금이 제사를 지내지 않으니까, 대부들이 성 밖에서 제사 지내기를 간청하였다. 그러자 임금이 "삼대로부터 제사에 대하여 명하기를, 제사는 자기 나라의 산천에 지내는 범위를 넘지 말라 하였소. 장강·한수·저수·장수 등은 초나라가 멀리서나마 제사를 지내는 곳이오. 재앙과 복이 온다 해도 이들 경계를 넘지 않소. 과인이 비록 덕스럽지는 못해도 황하는 죄를 얻을 데가 아니오"라고 대답하고는 끝내 제사를 지내지 않았다.

(昭王有疾. 卜曰: 河爲祟. 王弗祭. 大夫請祭諸郊, 王曰: 三代命祀, 祭不越望. 江漢雎漳, 楚之望也. 禍福之至, 不是過也. 不穀雖不德, 河非所獲罪也. 遂弗祭.)

여기서 『좌전』의 저자는 "초 소왕은 큰 도리를 아는구나, 그가 나라를 잃지 않은 것은 마땅하도다!"(楚昭王知大道矣, 其不失國也, 宜哉)라는 공자의 말을 인용함으로써 그의 이성적인 태도를 칭찬하였다.

점술이 신뢰를 잃게 되는 또 하나의 원인이 점의 예측과 결과가 맞지 않는 일이 자주 일어나는 것일 터인즉, 『좌전』에는 이러한 사건이 몇 군데 보인다. 소공昭公 17년에 초나라 영윤인 양개陽丐가 오나라와의 전투에 앞서 점을 쳤더니 불길하다고 나왔지만, 그런데도 장수인 사마자어司馬子魚는 이를 무시하고 싸워서 전투를 승리로 이끈 것이 대표적인 예다. 그리고 「희공僖公 19년」에도 위衛나라가 형邢나라를 치려 하면서 점을 친 사건이 나온다. 점괘가 불길하다고 나왔을 뿐 아니라 당시에 가뭄이 심해서 다들 주저하고 있었다. 그러자 영장자甯莊子가 "옛날에 주나라에 기근이 들었을 때 은나라를 쳤더니 그해에 풍년이 들었소. 이제 형나라가 마침 무도한 데다가 제후 중에도 (이를 제지할) 맏형이 없으니, 하늘이 아마도 우리 위나라로 하여금 형나라를 토벌하게 하려는 것일 게요"(昔周飢, 克殷而年豐. 今邢方無道, 諸侯無伯, 天其或者欲使衛討邢乎)라고 주장하였다. 이어서 『좌전』은 "이 말을 받아들여 군대를 일으켰더니 비가 왔다"(從之, 師興而雨)라는 말로 끝을 맺었다.

이러한 기록은 당시에 이미 점술을 미신으로 여기고 인간의 노력으로 이겨 내려는 우환 의식과 인문 정신이 상당히 퍼져 있었음을 보여 준다. 그래서 「환공 6년」에 계량季梁이 수후隨侯에게 "백성은 신명의 기둥입니다. 그래서 훌륭한 임금은 먼저 백성을 이룩하고 난 다음에 신명에게 공을 들이는 법입니다"(夫民, 神之主也. 是以聖王先成民而後致力于神)라고 말할 수 있었던 것이고, 「양공襄公 13년」에는 석귀石龜이 자낭子囊에게 "선왕께서는 정벌 전에 점치기를 5년이나 하셨는데, 해마다 상서로운 조짐이 반복되었소. 이런 조짐이 반복되면 출병하였지만, 반복되지 않으면 더욱 덕을 닦고 다시 점을 쳤소"(石龜言于子囊曰: 先王卜征五年, 而歲習其祥, 祥習則行, 不習則增修德而改卜)라고 말할 수 있었던 것이다.

이렇게 점치는 행위의 의미가 점차 쇠퇴하자, 사대부들 사이에서 『주역』의 점술 기능은 약화하고 대신 괘·효사에서 윤리적인 의미를 찾아내는 근거로서의 텍스트 기능이 강화되었다. 이것이 한대에 와서 이른바 의리학으로 발전하게 된다.

7. 경학으로서의 『주역』

앞서 언급한 바와 같이, 한대 경학에서 오경五經박사라는 관학을 설립하면서 『주역』이 제1 경서가 되었고, 이후부터 『주역』이 의리학 방면으로 본격적으로 발전하게 되었는데, 유가에서 『주역』을 경전으로 받들게 된 계기는 무엇인가?

이는 무엇보다 사마천司馬遷의 『사기史記』「공자세가孔子世家」의 다음 구절에서 그 단서를 찾을 수 있다.

> 공자는 늘그막에 『역』을 좋아하였다. 그래서 단·계사·상·설괘·문언 등에 서문을 썼고, 『역』을 (많이) 읽은 나머지 책을 묶은 가죽끈이 세 번이나 끊어졌다. 그러고 말하기를 "내게 몇 년의 삶이 더 주어진다면, 정말 그렇게 된다면, 나는 『역』에 대해서만큼은 문장과 그 의미를 제대로 파악할 수 있을 것이다"라고 하였다.
>
> (孔子晚而喜易. 序象·繫·象·說卦·文言. 讀易, 韋編三絕. 曰: 假我數年, 若是, 我于易則彬彬矣.)

공자가 『주역』을 좋아하여 너무 자주 읽은 나머지 책을 묶은 가죽끈이 세 번이나 끊어졌다는 고사는 너무나 유명하다. 따라서 유가에서 『주역』을 가장 중요한 경전으로 삼았을 것임은 쉽게 짐작할 수 있다. 그래서 한나라 초기에 오경五經박사 제도를 설립했을 때 『주역』을 제1 박사로 채택하였다. 이때만 해도 진나라의 분서 사건을 겪은 지 얼마 지나지 않았으므로, 의리학으로서의 『주역』은 점술에 가려서 주류에 들어오지는 못한 상태였다.

그러므로 『주역』은 시대적인 수요에 따라서 본격적인 예언술인 참위학讖緯學으로 발전하게 되었다.

의리학이 부흥한 것은 동한 시기에 들어와 마융馬融·정중鄭衆·정현鄭玄 등과 같은 대大유학자의 등장으로 가능하였는데, 여기에 크게 기여한 이가 바로 서한의 비직費直이다. 그는 오경박사 중 한 사람이었는데, 상수학이 주류였던 당시에 처음으로 『주역』의 괘·효사와 『단』·『상』·『계사』 등에 전傳을 달아서 경전經傳의 형태로 동한에 물려주었으므로, 그로부터 의리학이라고 하는 해석학이 부흥하였던 것이다. 따라서 비직은 한대 의리학의 종주宗主라고 부를 수 있다.

이들이 주류인 상수학에서 의리학 방면의 연구를 할 수 있었던 것은, 앞서 말한 바와 같이 공자라는 든든한 디딤돌이 있었기 때문이었을 것이다. 이를테면 『논어』「자로편」에 "남쪽 지방에 '사람에게 변치 않는 마음이 없으면, 그런 사람은 점쟁이가 되어서는 안 된다'라는 속담이 있는데, 참 좋은 말이다. (『주역』에도) '자신의 덕을 오래도록 유지하지 못하는 자는, 종종 치욕스러운 일을 당한다'라고 하였다. 선생님께서 또 '이런 사람은 점을 안 쳐도 (결과를) 안다'라고 말씀하셨다"(南人有言曰: 人而无恒, 不可以作巫醫. 善夫, 不恒其德, 或承之羞, 子曰: 不占而已矣)라는 공자의 말이 있는데, 이는 서점의 상을 읽는 일보다 점을 치는 사람의 인격이 더 중요함을 강조한다. 따라서 괘·효사에서 이러한 도덕과 윤리의 실천성을 찾아내는 의리에 관한 일이 그들에게는 사명처럼 느껴졌을 것이다.

이렇게 의리라는 해석의 방향으로 발전하자 위魏나라 왕필王弼에 이르러서는 『주역』을 노장老莊사상으로도 해석하는 대담한 시도까지 가능하게 되었다. 혹자는 이를 비판하기도 하지만 이는 기실 가능한 해석이기도 하다. 왜냐하면 노자의 사상은 실제로 『주역』으로부터 기원하였기 때문이다. 『역』이라는 변화의 변별은 양과 음, 즉 강剛과 유柔의 갈마듦으로 이루어지는데, 노자가 여기서 강직함을 버리고 유약함에 착안함으로써 '무無'라는 개념을 만들어 낸 것이 그 대표적인 예다. 그래서 유가의『주역』, 민간의 서점역筮占易과 함께 도가역道家易도 고대 역학의 3대 지파를 형성하였던 것이다.

한대의 이러한 의리학은 송대에 와서 이학理學의 영향 아래 도서圖書와 합침으로써 상수학과 다시 융합하게 된다.

II

주역 64괘 강해講解 ‥ 상경上經

1. 건괘乾卦

 乾爲天건위천: 건은 하늘에 해당한다.
건하건상乾下乾上

❖ 개관 ❖

　건乾괘는 64괘 중의 제1괘로서, '乾' 자는 '天천', 즉 '하늘'을 뜻한다. 건괘는 상·하괘가 모두 건괘(☰)로 이루어졌는데, '☰'은 '气(기운 기)' 자의 변형으로서 연기나 안개 같은 기운이 하늘 끝까지 올라가는 모양이다. 하늘처럼 너무 큰 것은 개념화하기가 어려우므로, 신체에 빗대어 정수리로 비유하였다. 그래서 허신許愼의 『설문해자說文解字』는 '天' 자를 "정수리로서 가장 높아서 그 위에 더 없다는 뜻이다. '一' 자와 '大' 자로 이루어졌다"(顚也, 至高無上, 从一大)라고 해설하였다. 여기서 '大' 자는 사람이 팔을 벌리고 서 있는 모양이고, '一' 자는 맨 위의 머리를 가리킨다. '乾'은 중국어로 '치엔qian'으로 읽는데, 이는 '天천'·'顚전' 등의 발음과 같다. 따라서 건괘는 지고至高·지대至大·지존至尊인 만물의 주재를 상징한다. 아울러, 덕과 재주를 겸비한 군자, 그리고 흥성興盛과 강건强健을 상징하기도 한다.

　『서괘序卦』는 공자가 편찬했다고 알려진 『역전易傳』 십익十翼 중의 하나로서, 64괘의 배열 순서를 해설한 책인데, "하늘과 땅이 있고 난 다음에, 여기에서 만물이 생겨났다"(有天地, 然後萬物生焉)라고 해설하였다. 이는 건괘가 하늘이고 곤괘가 땅이니, 건괘의 강건함과 곤괘의 공경함이 서로 어우러져서 만물이 생성된다는 뜻이다. 그렇다고 해서 만물이 하늘의 화신化身은 아니고, 살아가는 데 갖춰야 할 덕은 스스로 쌓아야 한다. 그래서 본 괘의 여섯 효는 각기 그 단계에서 수양해야 할 덕을 기술한다.

❖ 괘사 풀이 ❖

乾, 元亨利貞.
元: 으뜸 원. 亨: 형통할 형. 利: 이로울 리. 貞: 곧을 정.

'元원·亨형·利리·貞정'은 건괘의 조짐을 예견한 괘사卦辭로서, '大吉大利대길대리', 즉 크게 길하고 크게 이로운 괘다. 이 네 글자는 괘사에서 자주 나오는데, 조합 형식에 따라 의미가 약간씩 다르다. '元亨'과 '利貞'으로 각각 이어 쓸 때도 있고, 또는 '利~貞'으로 쓸 때도 있다. '元원·亨형·利리·貞정'의 의미는 대략 다음과 같다.

'元'은 '처음', '시작' 또는 '크다'라는 의미를 품고 있다. 하늘은 만물에 처음으로 생명을 주어 나오게 하는데, 그 힘은 바위도 뚫고 나올 만큼 강하므로 그 덕德, 즉 작용이 큼을 나타낸다.

'亨'은 '通(뚫릴 통)'과 같은 글자로서 '형통하다', '막힘이 없이 뚫리다'라는 의미를 지니고 있다. 아무것도 없는 무無에서 만물을 낳았으면, 이들이 스스로 유有를 만들어 소통하며 살아가도록 길을 활짝 열어 주어야 하는데, 이것을 '형통'이라고 부른다.

'利'는 '이익'이나 '이윤' 또는 '날카로운' 등의 의미를 지니는데, 사람들과의 소통이 잘되고 형통하면 이익이 발생한다. 이익은 이로운 것이어서 모든 생명을 잘 성장하게 해 준다. 그러나 다른 한편으로는 예민하고 날카로운 것이기도 해서 사람들 사이에 쟁송爭訟을 일으킬 수 있으므로, 진정한 이익이 되려면 반드시 조화를 이루어야 한다. 그래서 『설문해자』는 '利' 자를 풀이하면서 "조화를 이룬 다음에라야 진정한 이로움이 된다. 『역』에 이르기를, '이로움이란 의로움 중에서 조화된 것이다'라고 하였다"(和然後利. 易曰: 利者, 義之和也)라고 부연하였다. 의로움은 자칫 남을 해칠 수도 있으므로 조화를 갖추어야 진정한 이로움이 된다는 말이다.

'貞'을 『설문해자』는 "점을 쳐서 묻는다는 뜻이다. 'ㅏ(점 복)' 자와 '貝(자개 패)' 자로 이루어졌는데, 여기서 '貝' 자는 폐백을 나타낸다"(ㅏ問也. 从ㅏ, 貝以爲贄)라고 풀이하였다. 점을 칠 때는 마음을 가다듬어 순정純正함을 유지해야 하므로, 이를 위해 폐백을 드리는 것이다. 이로부터 '貞' 자에 '바르다', '곧다', '단단하다' 등의 의미가 생겨났다. 즉 앞서 말했듯이, 이로움이 있는 곳에는 다툼이 있게 마련인데, 이 다툼을 해결하려면 공정하고 치우침이 없어야 한다. 따라서 '利' 뒤에 '貞'이 수반된 것이다.

세상을 다스리는 일에서 임금이나 지도자는 하늘에 해당하므로, 건괘의 괘사인 '元원 · 亨형 · 利리 · 貞정'은 지도자가 갖춰야 할 네 가지 덕을 상징한다.

이 '元원 · 亨형 · 利리 · 貞정'에 대하여 『단전象傳』(이하 『단』)은 다음과 같이 구체적으로 해설하였다. "위대하도다, 하늘의 무한한 원천이여! 만물은 이를 바탕으로 움터서 하늘에 통괄된다. (그러면) 구름이 떠다니고 비가 흩뿌려져서 세상의 각종 사물별로 형체가 변이되어 정해진다. (이 형체로써) 처음과 끝의 순환을 명백히 밝혀 주고, 6효의 위치에 따라 그때마다 이루어야 할 일이 있고, 또 그때마다 타야 할 여섯 마리의 용을 타고서 하늘의 덕을 실현한다. 하늘의 도리는 변화하므로 그때마다 본성과 생명을 바르게 하고, 하늘의 덕을 몸 안에 간직해서 실천하면, 이것이 이롭고 올바른 것이다. (이렇게 '원 · 형 · 리 · 정'을 갖추면) 머리가 뭇사람들로부터 튀어나와 (제왕이 되어) 만국이 모두 평안하게 된다."(大哉乾元, 萬物資始, 乃統天. 雲行雨施, 流形品物. 大明終始, 六位時成, 時乘六龍以御天. 乾道變化, 各正性命, 保合太和, 乃利貞. 首出庶物, 萬國咸寧)

또한『상전象傳』(이하『상』)에서도 "하늘은 (어떠한 어려움이 있어도) 꿋꿋
하게 운행하므로, 군자는 이 이치로써 스스로 열심히 노력하면서 쉬지 않는
다"(天行健, 君子以自强不息)라고 해설하였다.

[건乾괘: 만물의 무한한 원천, 막힘없는 창달暢達, 이로움을 나누는 삶, 공정하고
치우침 없음 등 네 가지가 전개된다.]

❖ 효사 풀이 ❖

① 初九, 潛龍勿用.
初: 처음 초. 제1효 자리를 가리킴. 九: 아홉 구. 여기서는 양효를 가리킴.
음효는 '六(여섯 륙)' 자로 가리킴. 潛: 잠길 잠. 潛龍잠룡: 양기가 밑바닥에
갈무리되어 있어서 보이지 않음. 아직 때가 무르익지 않았거나, 또는 때를
만나지 못하여 속세에 묻혀 있는 성인이나 인재를 비유하는 말. 勿: 말 물.
금지사. 勿用물용: 쓰지 말라. 등용하지 말라.

제1효는 양의 자리에 양효가 있으므로 당위當位다. 본 효는 건괘의 가장
아래에 위치하고 있을 뿐 아니라, 바로 위 제2 양효의 압박을 받고 있다. 즉
재주와 능력을 소유하고 있지만, 위치와 환경이 순탄하지 않아서 인내와 각
고의 시간을 보내고 있다.

이것을 효사는 '潛龍잠룡', 즉 물속에서 꿈틀대는 용이라고 불렀는데, 모
든 사물은 설사 잠재력이 크다고 하더라도, 준비할 게 많으므로 경거망동하
지 말고 천천히 실력을 쌓아야 함을 말한다.

『수신기搜神記』의 저자로 유명한 동진東晉의 간보干寶는 이 구절을 주周
문왕文王의 유리羑里 유폐 사건으로 해석하였다. 즉 폭정을 일삼던 은나라
주왕紂王이 백성에게 신망받는 서백西伯, 즉 문왕을 자기에게 위협이 될 것
같아서 잡아 유리에 가두어 놓았는데, 그는 이에 저항하지 않고 조용히 힘

을 기른 일을 가리킨다는 말이다.

가을에 나무가 사람들에게 잠깐 보여 주는 열매의 탐스러움은 지난겨울부터 이제껏 이어지는 인고의 시절을 견딘 보람이다. 따라서 아직 제때가 오지 않은 인재는 때를 기다려야 한다. 이것이 '潛龍勿用잠룡물용', 즉 '아직 때가 차지 않은 인재는 쓰지 말라'라는 구절이다. 건괘처럼 모든 것이 길한 '元·亨·利·貞'의 세상이나 조직에서는 아직 성숙하지 않았거나 때 이른 인재까지 굳이 데려다 쓸 필요가 없다는 뜻이다. 아무리 잠재 능력이 우수하다 해도 때가 안 찼는데 데려다 쓰면 자칫 미래의 인재만 버리는 꼴이 될 수도 있기 때문이다.

[제1 양효. 아직 때가 차지 않은 인재는 등용하지 말라.]

② 九二, 見龍在田, 利見大人.

見: 나타날 현. '現나타날 현' 자와 같음. 田: 밭 전.

제2효는 음의 자리에 양효가 있으므로 실위失位지만, 하괘인 건괘(☰) 중에서 가운데인 중효中爻에 자리하고 있다.

팔괘의 세 효가 각기 천天·인人·지地를 가리키듯이, 여섯 효도 두 개씩 짝을 지어서 각기 천·인·지를 지시한다. 그러면 제1효는 땅 밑을, 제2효는 땅 위를 가리키는 셈이 된다. 따라서 '見龍在田현룡재전', 즉 '용의 나타남이 밭에서 일어났다'라는 구절은, 용이 드디어 깊은 못에서 나와 땅 위로 올라왔다는 뜻이 된다. 왕필王弼은 이것을 "물밑에서 나와 은거의 시기를 떠났다"(出潛離隱)라고 해설하였다. 다시 말해서 군자가 오랜 기간의 공부를 마치고 재주와 덕을 갖추어 세상에 나온 상태를 가리킨다.

군자가 이제 세상에 나왔으면 자신을 임용해 줄 고귀한 사람을 만나야 하는데, 하필 이때가 실위失位의 시기다. 그런데 캄캄한 밤에 별이 더욱 빛나 보이듯이, 실위의 시기가 오히려 군자에게는 고귀한 사람의 눈에 뜨이기가 유리하다. 왜냐하면 그가 가운데 중효에 있으니, 그의 공정한 자세가 절실히 요구되는 시기이기 때문이다. 이것이 '利見大人리견대인', 즉 '이로움이 고귀한 사람을 만날 때 생긴다'라는 구절이다. 여기서 '大人'이란 군자를 불러서 임용할 신분이 높은 사람을 가리킨다.

[제2 양효. 용의 출현이 밭에서 일어났으니, 이로움이 고귀한 사람을 만날 때 생긴다.]

③ 九三, 君子終日乾乾, 夕惕若厲, 无咎.

乾乾건건: 쉬지 않고 열심히 공부하거나 일을 하는 모양. 惕: 걱정할 척. 삼가다. 若: 같을 약. 厲: 위태로울 려. 위난危難. 若厲약려: 마치 큰 환난이 앞에 임한 듯. 无: 없을 무. '無(없을 무)' 자와 같음. 咎: 근심거리 구. 재앙.

제3효는 양의 자리에 양효가 있으므로 당위다. 그러나 『계사繫辭』에 "두 번째 효에는 명예로운 내용이 많고, 네 번째 효에는 두려운 내용이 많으며, 세 번째 효에는 사납고 험난한 내용이 많고, 다섯 번째 효에는 공적에 관한 내용이 많다"(二多譽, 四多懼, 三多凶, 五多功)라고 말한 것처럼, 본 효는 지나치게 강직할 뿐 아니라, 하괘의 상효上爻라서 한쪽으로 치우쳐 있다. 그래서 일은 열정적으로 하지만 결과가 누구에게도 적중하지 않는 단점이 있다.

달리 말하면, 본 효는 하괘의 가장 위에 있으므로 소성小成, 즉 작은 성취는 쉽게 이룰 수 있지만, 대성大成, 즉 큰 성취까지는 아직 멀었다. 따라서 자칫 작은 성취에 취해서 나태해질 수 있는데, 이는 그의 자리가 한쪽으로 치우쳐 있기 때문이다. 그가 대성을 향해 나아가려면 소성에 만족하지 않고 더욱 정진해야 하는데, 이것이 '君子終日乾乾군자종일건건', 즉 '군자는 종일토록 쉬지 않고 열심히 일해야 한다'라는 구절이다. 근면·성실하게 일하는 군자의 모습은 이른바 '過門不入과문불입'에서 찾을 수 있다. 우임금은 매일 전국을 돌아다니며 나랏일을 돌보았는데, 얼마나 열심히 돌아다녔으면 우연히 자기 집 대문 앞을 지나는데도 들러 보지 않았다는 고사다. 그래서 그는 성군이라는 대성을 이룰 수 있었다는 말이다.

군자는 낮에 종일토록 열심히 일하는 것에 그치지 않고, 밤에는 다시 미래에 혹시 닥칠지 모르는 재난을 걱정해야 한다. 이것이 '夕惕若厲석척약려', 즉 '저녁에는 마치 위난이 눈앞에 닥쳐 있는 듯 걱정해야 한다'라는 구절이다. 이렇게 미리 대비해야 '재앙이 없게'(无咎)된다. 앞의 제1·2효에서는 '용'이라 해 놓고서 여기서 '군자'라고 언급한 것은, 군자가 되는 데 가장 중요한 조건이 미래에 닥칠 걱정거리를 예상하고 미리 이성적으로 대비하는 능력이기 때문이다. 이것을 유가에서는 우환憂患 의식이라고 규정함으로써, 점술에 의존하던 은나라의 미개한 문명과 구분하였다.

십익 중의 하나인 『상』에서는 "종일토록 부지런히 일하였다는 것은, 도리를 되풀이해서 실천하였다는 뜻이다"(終日乾乾, 反復道也)라고 해설하였다. 이는 군자가 일을 가리지 않고 아무렇게나 열심히 하였다는 게 아니라, 일을 도리에 맞게 실천하였다는 뜻이다. 그래야 사람들에게 인정을 받아 대성을 이룰 수 있기 때문이다.

[제3 양효. 군자가 낮에는 종일토록 일을 열심히 하고, 저녁에는 마치 위난危難이 앞에 있는 듯 걱정하니, 장차 재앙이 없다.]

④ 九四, 或躍在淵, 无咎.
或혹: 어떤, 또는 일부 용들은. 躍: 뛸 약. 淵: 못 연.

제4효는 음의 자리에 양효가 있으므로 실위다. 앞서 말했듯이, 제3효는 작은 성취를 이루었기에 보통 사람들은 여기에 만족하지만, 큰 뜻을 품은 사람이라면 큰 뜻을 향해 더 나아가게 되는데, 이것을 흔히 도약跳躍, 즉 '껑충 뛰어오르다'라고 말한다. 이 도약의 단계가 본 효인 제4효다.

제1효와 제4효는 하괘와 상괘에서 각기 새롭게 시작한다는 점에서 같다. 그러나 『계사』에서 "제2효에는 명예로운 내용이 많고, 제4효에는 두려운 내용이 많다"(二多譽, 四多懼)라고 하였듯이, 제1효는 양의 자리여서 밝은 미래가 있는 시작이지만 제4효는 음의 자리여서 두려움이 있는 시작이 된다.

본 효는 상괘의 첫 효로서 군자가 새로이 마주하는 외부 환경을 뜻한다. 건괘가 상징하는 환경은 길하기에, 세상의 내로라하는 인재가 모두 나와서 높은 데로 오르려고 경쟁적으로 활약한다. 본 효가 실위인 것은 군자가 이러한 경쟁적인 세상에 나가서 두각을 나타내는 게 쉽지 않음을 나타낸다.

이렇게 치열하게 경쟁하다 보면, 다음의 제5효의 효사가 가리키듯 '飛龍在天비룡재천', 즉 '승천하여 날아다니는 용이 그가 있어야 할 자리인 하늘에 있을' 수도 있지만, 간혹 실패하여 다시 깊은 못으로 추락할 수도 있다. 그래서 '或躍在淵혹약재연', 즉 '간혹 (떨어져서) 뛰어오름이 깊은 못에 빠져 있을 수 있다'라고 말한 것이다. 즉 깊은 못에 추락하여 거기서 다시 오르려고 도약한다는 뜻이다.

대개 평범한 사람들은 이러한 추락이 무서워서 제3효의 작은 성취에서 멈추고 만족하는 경향이 있는데, 이는 큰 뜻을 품은 군자가 취할 행동은 아니다. 『논어』「위령공衛靈公편」에서 공자가 "나라에 도가 있으면 벼슬에 나아가고, 나라에 도가 없으면 거두어 품을 줄을 안다"(邦有道, 則仕, 邦無道, 則可卷而懷之)라고 말하였듯이, '元·亨·利·貞'의 공정한 세상에서는 인재는 나아가 경쟁하다가 실패하는 것을 두려워하지 말아야 한다. 그래서 효사는 설사 깊은 못에 떨어지더라도 '재앙이 없다'(无咎)라고 말한 것이다.

부례박傅隷樸은 그의 『주역이해周易理解』(1981)에서 한 고조 유방劉邦과 항우項羽는 바로 이러한 점에서 차별된다고 설명하였다. 즉 유방은 승승장구하였음에도 아직 때가 아님을 알아차리고는, 스스로 한중漢中에 들어간 후 다시 나올 잔도棧道를 불태워 버릴 줄 알았던 반면에, 항우는 유방과의 마지막 오강烏江 전투에서 패전한 후 자결하였는데, 나중에 당나라 두목

杜牧이라는 시인이 "흙먼지 일으키며 다시 왔더라면, 어찌 될지 몰랐을 텐데"(捲土重來未可知)라고 아쉬워했을 정도로, 그는 실패의 시기를 '거두어 품을 줄을' 몰랐다는 말이다.

이에 대하여 『상』은 "혹시 (떨어져서) 도약함이 깊은 못에 빠져 있더라도, 더 나아감에 재앙이 없다"(或躍在淵, 進无咎也)라고 해설하였다.

[제4 양효. 간혹 (떨어져서) 뛰어오름이 깊은 못에 빠져 있을 수 있지만, 재앙은 없다.]

⑤ 九五, 飛龍在天, 利見大人.

飛龍비룡: 승천하여 날아다니는 용. 지도자로서의 덕을 갖춘 사람을 상징함. 天: 하늘 천. 지도자의 자리를 상징함.

제5효는 양의 자리에 양효가 있으므로 당위다. 용은 임금의 덕을 갖춘 사람을 가리키고, 하늘은 이러한 임금의 덕을 갖춘 사람이 앉는 자리를 상징한다. 그리고 그 자리는 중효, 즉 가운데에 있어야 한다. 따라서 '飛龍在天 비룡재천', 즉 '날아다니는 용이 하늘에 있다'라는 구절은, 덕과 재주를 갖춘 사람이 그가 있어야 할 가장 높은 자리에 있음을 의미한다. 그는 오랜 기간을 조용히 은인자중隱忍自重하면서 실력과 공적을 쌓음으로써 이 자리에 도달하였으므로, 이제 마음만 먹으면 무엇이든 성취할 기회를 맞이하였다.

그러나 '호사다마好事多磨'라는 말이 있듯이, 좋은 일에는 이를 방해하는 일도 흔히 따르게 마련이다. 가장 높은 자리에 올랐을 때, 자칫 교만하면 좋은 형세를 망쳐서 후회할 일이 일어날 수도 있으니, 참으로 신중해야 한다. 그래서 효사는 '利見大人리현대인', 즉 '이로움이 대인이 나타날 때 생긴다'라고 말한다. 다시 말해서, 그 자리에 맞는 사람이 나타날 때 모든 사람에게 이로움이 생긴다는 뜻이다.

이에 대하여 『상』은 "날아다니는 용이 하늘에 있다는 말은 대인大人이 만들었다는 뜻이다"(飛龍在天, 大人造也)라고 해설하였다. 즉 자질을 갖춘 사람을 임금으로 만드는 것은, 운명이 아니라 사람의 작위라는 뜻이다.

[제5 양효. 날아다니는 용이 그가 있어야 할 자리인 하늘에 있으니, 이로움이 이러한 대인大人이 나타날 때 생긴다.]

⑥ 上九, 亢龍有悔.

上: 위 상. 여기서는 제6효를 가리킴. 亢: 높을 항. 맨 끝에 있는 극점. 亢龍항룡: 최고 정점까지 올라간 권력자. 悔: 뉘우칠 회. 잘못.

제6효는 음의 자리에 양효가 있으므로 실위다. 제6효는 모든 과정을 마치고 은퇴 또는 은거하는 사람의 자리를 상징한다. 그런데 여기에 양효가 있다는 것은, 은퇴하거나 은퇴할 시기에 아직도 권력이나 상승에 대한 욕망이 있음을 나타낸다. 권력의 꼭대기에 올라간 사람은 더는 올라갈 데가 없어 쇠퇴의 길을 걸어야 하므로, 더 욕심을 부린다면 후회할 일밖에 생기지 않는다. 이것이 '亢龍有悔항룡유회', 즉 '최고 정점에 올라간 용에게는 후회할 일이 생긴다'라는 구절이다.

건괘의 강건剛健한 상황은 임금의 자리를 우뚝 솟게 함과 아울러 굳건하게 만든다. 그러나 본 효는 실위이므로, 정점의 자리라 하더라도 그것은 혼자 있는 자리로서 주위에 아무도 없는 고독의 자리다. 왜냐하면 본 효는 제1효인 백성에게서 너무 멀리 떨어져 있기에 아무도 알 수 없을 뿐 아니라, 도와줄 수도 없다. 그러므로 본 효에 있는 사람은 욕심을 자제해야 한다. 이를테면 임금이 정사가 골치 아파서 왕위를 태자에게 양위하고 상왕으로 올라앉았다면, 더는 권력에 연연하지 말고 노년을 즐기는 일에만 힘써야 한다.

이에 대하여 『상』은 "최고 정점에 올라간 용에게 후회할 일이 생기는 것은, 꽉 찬 상태는 오래갈 수 없기 때문이다"(亢龍有悔, 盈不可久也)라고 해설하였다. 십익 중의 하나인 『문언文言』에서도 "'亢항' 자가 뜻하는 바는, 나아감은 알면서 물러남은 모르고, 살아남음은 알면서 멸망함은 모르며, 얻음은 알고 잃음은 모른다는 뜻이다. 오로지 성인뿐인가? 나아감과 물러남, 살아남음과 멸망함을 알면서, 올바름을 잃지 않는 분, 그런 분은 오로지 성인뿐인가?"(亢之爲言也, 知進而不知退, 知存而不知亡, 知得而不知喪. 其唯聖人乎, 知進退存亡, 而不失其正者, 其唯圣人乎)라고 부연하였다. 그런데도 굳이 정점의 자리를 누리려 하면 후회할 일이 생길 뿐이다.

[제6 양효. 최고 정점에 올라간 용에게는 후회할 일이 생긴다.]

⑦ 用九, 見群龍无首, 吉.

用: 쓸 용. 여기서는 '通(통할 통)'과 같은 뜻. 모두. 群龍군룡: 각 효에 있는 뭇 용들. 즉 잠룡부터 항룡까지를 가리킴. 无首무수: 머리가 없다.

이 구절은 여섯 개 효 외에 부가된 문장으로서 건괘에 보이는 특이한 경우다. '用九'는 '通九통구', 즉 여섯 효 모두가 양이라는 뜻이므로, 건괘를 전체적으로 가리킨다.

건괘는 각 효마다 한 마리씩, 총 여섯 마리의 용이 등장하는데, 이것이 '群龍군룡'이다. 용은 강건剛健함을 상징하는데, 여섯 효가 모두 용이라는 것은, 발전의 모든 단계에서 필수 불가결한 정신은 강건함이라는 뜻이다. 어느 한순간이라도 정신이 나약해지면 그 일은 성공할 수 없다. 그러나 이 강건함은 어디까지나 내면의 과제일 뿐, 결코 외부로 다른 사람에게 표현함으로써 고집하면 안 된다. 지도자가 강건함으로 사람들을 통솔하면 요즘 말로 독재자가 되거나 고집불통이 된다. 이것을 일컬어 '見群龍无首현군룡무수', '뭇 용으로 나타날 때 머리가 없어야 한다'라고 말한 것이다. 여기서 '머리가 없어야 한다'(无首)라는 말은 강건함을 자신의 아이덴티티identity로 내세우지 말라는 뜻이다.

이 이치를 잘 보여 준 게 『한비자韓非子』「주도主道편」의 다음 문장이다.

"그러므로 (임금은) 자신에게 지혜가 있다 하더라도 그것으로써 머리를 짜내지 말고, 만물로 하여금 자신의 자리에서 본성대로 살아가는 것을 알게 해 주고, 자신에게 현명함이 있다 하더라도 그로써 직접 실행하지 말고, 신하들이 어디에 바탕을 두고 일하는지를 살펴보고, 자신에게 용맹이 있다 하더라도 그로써 기세를 보여 주지 말고, 뭇 신하로 하여금 그들의 무용을 모두 발휘하게 하라. 이 때문에 지혜를 없애고도 총명해질 수 있고, 현명함을 없애고도 공적을 이룰 수 있으며, 용맹을 없애고도 강해질 수 있다. 임금과 신하는 각자 자신의 직무를 지켜야 하고, 모든 관리에게는 지켜야 할 법이 있으니, 능력에 근거하여 그들에게 일을 시키면 된다. 이를 일컬어 '법에 따라 하던 대로 한다'라고 말한다."(故有智而不以慮, 使萬物知其處; 有賢而不以行, 觀臣下之所因; 有勇而不以怒, 使群臣盡其武. 是故去智而有明, 去賢而有功, 去勇而有强. 君臣守職, 百官有常, 因能而使之, 是謂習常) 이처럼 임금은 내면의 강직함을 유지하면서 밖으로 신하들이 법과 능력에 따라 최선을 다하게 하면 된다. 이것이 '용에게 머리가 없다'라는 말의 뜻이다.

『상』에서도 이에 대하여, "효 전체가 양강陽剛인 것은, 하늘의 덕은 머리가 될 수 없기 때문이다"(用九, 天德不可爲首也)라고 해설하였다. 다시 말해서 하늘은 만물을 낳고 길러 주는 데 있어서 가장 중요한 지주支柱의 기능을 하지만, 결코 우두머리를 자처하지 않는다는 뜻이다.

[여섯 효가 모두 양이지만, 뭇 용으로 나타날 때 머리가 없으니, 길하다.]

2. 곤괘坤卦

坤爲地곤위지: 곤은 땅에 해당한다.
곤하곤상坤下坤上

❖ 개관 ❖

곤坤괘의 '坤' 자는 '땅'을 뜻한다. 곤괘는 상·하괘가 모두 곤괘(☷)로 이루어졌는데, '☷'은 고대인들이 대지의 크고 작은 돌이나 밭 등을 보고서 그 모양을 그린 부호다. '坤' 자의 중심 부분인 '申(늘일 신)' 자는 '㬰(부드러울 유)' 자에서 온 글자이므로, '順(유순할 순)'과 뜻이 같다. 건괘의 속성이 강건함이어서 임금(君)과 지아비(夫)를 상징한다면, 곤괘의 속성은 유순함이므로 신하(臣)와 지어미(婦)를 상징한다. 그래서 곤괘는 건괘를 본받아야 가야 할 방향을 정확히 알 수 있어서 길하게 된다. 또한 땅은 두터우므로 만물을 그 위에 실어 품을 수 있듯이, 지도자가 될 인재라면 이를 본받아 덕을 두텁게 쌓아 모든 사람을 끌어안을 수 있어야 한다.

모든 사물은 대체로 건괘와 곤괘라는 상대적인 속성으로 나누어지지만, 곤괘에 속한 사물이 현실에서는 반드시 유순하지만은 않다. 이를테면 곤괘의 속성을 가진 신하라 하더라도 목에 칼을 들이대도 두 임금을 섬기지 않는 충신이 있는가 하면, 앞에서는 복종하는 척하면서 뒤에서는 임금을 시해하는 간신이 있다. 이 두 부류의 인간형은 순종이라는 신하의 속성만으로는 설명할 수 없다. 순종이 미덕인 여인(지어미) 중에 정절을 지키려는 열녀가 있다는 사실도 마찬가지다. 이것은 제도와 관습이 건괘와 곤괘라는 관념의 잣대로 만들어졌기에 현실의 욕망을 충분히 반영하지 못한 결과이리라.

❖ 괘사 풀이 ❖

坤, 元亨, 利牝馬之貞. 君子有攸往, 先迷後得主, 利. 西南得朋, 東北喪朋, 安貞, 吉.

牝: 암컷 빈. 馬: 말 마. 攸: 바 유. '所(바 소)' 자와 같음. 往: 갈 왕. 미래. 先: 앞 선. 迷: 헤맬 미. 後: 뒤 후. 得: 얻을 득. 主: 주인 주. 西: 서녘 서. 南: 남녘 남. 朋: 벗 붕. 東: 동녘 동. 北: 북녘 북. 喪: 잃을 상. 安: 편안할 안.

곤괘가 상징하는 땅도 하늘처럼 시작할 때 반드시 있어야 하는 중요한 바탕이자 원천이므로, 막힘이 없이 뚫려 있어야 한다. 그래서 괘사는 '元亨원형', 즉 '무한한 원천으로 훤히 뚫려 있다'라는 말로 시작한다. 창업은 건괘의 굳건한 의지로 시작해야 한다. 이때 꼭 필요한 게 창업자의 의지를 잘 따라서 움직여 줄 조력자인데, 진정한 조력자는 창업자의 의지를 올바르게 실천해야 한다. 이것을 괘사는 암말에 비유하여 '利牝馬之貞리빈마지정', 즉 '이로움이 암말이 올바름을 견지할 때 생긴다'라고 묘사한다. 다시 말해서, 건괘는 용처럼 창업을 주도하지만, 곤괘는 암말처럼 유순하게 복종하면서 창업을 완성한다는 뜻이다.

군자는 임금의 명을 받들어 계획을 세우고 일을 추진하는데, 이것이 '君子有攸往군자유유왕', 즉 '군자에게 추진해 나아가야 할 바가 있다'라는 구절이다. 이때 주의해야 할 점이 '先迷선미', 즉 '임금의 의지보다 앞서 나가는 것'이다. 우리는 흔히 의도만 좋으면 수단이나 결과가 좀 바람직하지 않아도 용서할 수 있다는 잘못된 믿음을 갖고 있다. 그러나 자신의 의로움, 즉 선한 의도만을 믿고 임금(또는 지도자)의 명령보다 앞서 행동하면, 나중에는 무엇이 의로운 것인지 헷갈리게 되고, 따라서 잘못을 저지르게 된다.

이에 비해서 선한 의도인가의 여부를 따지지 않고, 임금의 명령에 순종하면 신하로서 주인의 신임을 얻을 수 있으니, 이것이 '後得主후득주', 즉 '임금을 뒤에서 따라가면 주인의 신임을 얻는다'라는 구절이다. 여기서 '後'자는 '뒤에서 따라가다'라는 뜻이다.

이어서 '西南得朋서남득붕, 東北喪朋동북상붕, 安貞吉안정길', 즉 '서쪽에서 남쪽으로 돌아가면 같은 유의 무리를 얻고, 동쪽에서 북쪽으로 돌아가면 같은 유의 무리를 잃으니, 안정되고 올바르게 되어서 길하다'라는 구절이 나온다. 이를 자세히 설명하면 다음과 같다.

팔괘의 방위는 다음과 같이 분류된다. 진震괘-동쪽-장남, 태兌괘-서쪽-막내딸, 이離괘-남쪽-차녀, 감坎괘-북쪽-차남, 건乾괘-서북-부친, 곤坤괘-서남-모친, 간艮괘-동북-막내아들, 손巽괘-동남-장녀 등이다.(양효▬는 아들을, 음효▪▪는 딸을 각각 가리킴. 따라서 각 괘마다 홀로 있는 효를 보면 자녀의 서열을 알 수 있음. 이를테면 ☳은 제1효가 양효이므로 장남, ☶는 제3효가 음효이므로 막내딸, ☵은 제2효가 양효이므로 차남임을 각각 알 수 있음) 즉 서쪽에서 남쪽으로 돌면 막내딸, 차녀, 장녀의 순서인데, 이들은 모두 음성陰性으로서 곤과 같은 유에 속한다. 그래서 "서쪽에서 남쪽으로 돌아가면 같은 유의 '무리'(朋)를 얻는다"라고 말한 것이다. 반면에 동쪽에서 북쪽으로 돌면 장남, 막내아들, 차남으로 이어지는데, 이들은 모두 양성陽性으로서 건과 같은 유에 속한다. 그래서 "곤이 동쪽에서 북쪽으로 돌아가면 같은 유의 '무리'를 잃는다"라고 말한 것이다. 즉 순종順從의 속성을 갖고서 강직하고 바른 행동을 하면 안정되고 올바름을 얻어 길하지만, 순종의 속성을 갖고서 음성의 사람들과 어울리면 안정되지도 않고 올바르지도 않아서 길하지 않다는 말이다.

그러므로 임금이나 지도자가 올바른 명령을 내리면, 순종함이 그 속성인 신하나 부하는 그 명령을 완성하지만, 바르지 못한 명령을 내리면 신하는 음험한 행위를 함으로써 주군이나 상급자를 곤경에 빠뜨리거나 배신하게 된다.

이에 대하여 『단』은 다음과 같이 해설하였다. "지극하도다, 곤괘의 근원이여! 만물이 이에 의지해서 삶을 이어 가니, 하늘의 덕에 순종하여 받드는 일이다. 곤괘는 두터워 만물을 다 실어 주고 있으니, 그 덕의 합당함이 끝이 없고, 널리 품음이 크게 빛나며, 만물이 모두 형통하다. 암말은 땅의 속성과 같은 유로서, 땅의 덕을 실행함에 끝이 없으니, 그의 부드러운 순종이 조화롭고 바르게 만든다. 군자가 시행할 일이 있을 때, 임금보다 앞서 나가면 도리를 잃게 되고, 임금의 뒤를 따라가면 근본을 얻게 된다. 서쪽에서 남쪽으로 돌아가면, 같은 유의 무리를 만나서 끼리끼리 유유상종하며 가게 되지만, 동쪽에서 북쪽으로 돌아가면 같은 유의 무리를 잃게 되어, 마침내 경사가 생기게 된다. 이렇게 해서 생긴 안정과 올바름이라는 길함은, 땅의 속성이 보응한 것이어서 그 끝이 없다."(至哉坤元, 萬物資生, 乃順承天. 坤厚載物, 德合无疆, 含弘光大, 品物咸亨. 牝馬地類, 行地无疆, 柔順利貞. 君子攸行, 先迷失道, 後順得常. 西南得朋, 乃與類行, 東北喪朋, 乃終有慶. 安貞之吉, 應地无疆)

이 괘사에 대하여 『상』은 "땅의 기세는 곤괘의 속성을 지니고 있으니, 군자는 이 이치로써 도타운 덕으로써 만백성을 실어 준다"(地勢坤, 君子以厚德載物)라고 해설하였다. 여기서 군자는 신하의 기능을 하기에 이렇게 말한 것이다. 따라서 원문의 '物물' 자는 '백성'으로 해석해야 한다.

[곤坤괘: 만물의 무한한 원천으로서 크게 형통하다. 암말이 올바름을 견지할 때 이롭다. 군자에게 추진해 나아가야 할 바가 있을 때, (스스로 의롭다고 해서) 임금보다 앞서 나가면 (무엇이 옳은지) 헷갈리게 되고, 임금의 뒤를 따라가면 주인의 신임을 얻어서 이롭게 된다. 곤괘가 서쪽으로부터 남쪽으로 돌면 동류의 무리를 만나게 되지만, 동쪽에서 북쪽으로 돌면 동류의 무리를 잃게 되어, (결과가) 안정되고 바르게 잡히기에 길하다.]

❖ 효사 풀이 ❖

① 初六, 履霜, 堅冰至.

履: 밟을 리. 霜: 서리 상. 堅: 굳을 견. 冰: 얼음 빙.

제1효는 양의 자리에 음효가 있으므로 실위다. 여기서 실위라는 것은, 겉으로는 아직 양기가 지배적인 자리에 음기가 나타나기 시작하였음을 나타낸다. 그것도 맨 아래에 있는 제1효이므로, 신체로 비유하자면 발에서 시작했음을 뜻한다. 얼음이 음기가 가장 많이 결집한 형태라면 서리는 그 시작이라 할 수 있다. 왜냐하면, 고대인들은 서리를 얼음의 작은 조각이라고 여겼기 때문이다. 그래서 효사는 '履霜리상', 즉 '서리를 발로 밟았다'라고 하고, 이어서 '堅冰至견빙지', 즉 '단단한 얼음의 시기에 이른다'라고 말한 것이다.

이 구절이 말하고자 하는 바는, 앞으로 일어날 큰일은 아주 미세한 사건으로부터 시작한다는 것이다. 『문언』은 이에 대하여 "선을 쌓은 집에는 반드시 나중에 가서 받을 경사가 있고, 선하지 않은 것을 쌓은 집은 나중에 가서 받을 재앙이 있다. 신하가 자신의 임금을 시해하고, 아들이 자신의 아비를 죽이는 일이, 하루아침이나 하룻저녁에 발생하는 사고가 아닌 것은, 여기까지 오게 되는 과정이 물 스미듯 한 것이어서 이를 알아내고자 해도 일찍 알아낼 수 없기 때문이다. 『역경』에 이르기를 '서리가 밟히니, 곧 단단한 얼음의 시기에 이른다'라고 하였는데, 이는 (일에는) 따라가는 순서가 있다는 뜻이다"(積善之家, 必有餘慶; 積不善之家, 必有餘殃. 臣弒其君, 子弒其父, 非一朝一夕之故, 其所由來者漸矣. 由辯之不早辯也. 易經曰履霜, 堅冰至, 蓋言順也)라고 해설하였는데, 바로 이 의미다.

『상』도 이에 대하여 "'서리가 밟히니, 곧 단단한 얼음이 닥칠 것이다'라는 말은, 음기가 응결하기 시작하였기 때문이다. 이러한 음의 길을 따라가다 보면, 단단한 얼음에 이른다"(履霜堅冰, 陰始凝也; 馴致其道, 至堅冰也)라고 해설하였다.

이러한 의미를 좀 더 부연하면 다음과 같이 해석할 수 있다. 곤괘는 신하의 괘이므로 먹고살기 위해서는 주인의 위치에 있는 사람에게 순종할 수밖에 없는 상황을 상징한다. 이러한 상황에서는 건괘에서와 달리 서리를 밟는 것 같은 어려움으로부터 시작한다. 주체란 본디 능동적으로 판단하고 움직여야 힘들어도 행복한 법인데, 복종으로부터 시작하기 때문에 마음에 응어리가 생기는 것이다. 이러한 마음으로는 주인과 화해하지 못하고 끝내 주인을 배반하는 단단한 얼음의 시기가 올 수밖에 없다.

[제1 음효. 서리가 밟히니, 곧 단단한 얼음의 시기에 이른다.]

② 六二, 直方大, 不習无不利.

直: 곧을 직. 정직하다. 方: 모 방. 네모난 땅의 모양. 習: 익숙할 습.

제2효는 음의 자리에 음효가 있으므로 당위다. 게다가 가운데에 자리한 중효中爻이므로, 본 효는 '直·方·大직방대', 즉 솔직함·공정함·관대함이라고 하는 땅의 덕을 상징한다. 당나라 공영달孔穎達은 이에 대하여 "생물은 삐딱하게 자라지 않으니, 이를 일컬어 '곧다'라 한 것이고, 땅의 몸통은 편안하고 고요하니, 이것이 (치우치지 않은) '모남'이며, 어떠한 사물도 실어 주지 않는 바가 없으니, 이것이 '관대함'이다"(生物不邪, 謂之直也. 地體安靜, 是其方也. 無物不載, 是其大也)라고 해설하였다. 이 세 가지 덕은 땅의 속성이자 신하가 지녀야 할 덕이다.

그리고 이어서 '不習无不利불습무불리', 즉 '익히지 않아도 이롭지 않을 게 없다'라고 하였는데, 여기서 '不習'이란 부단히 반복적으로 익히지 않는다는 뜻이다. 즉, 위에 말한 세 가지 덕목은 땅이 억지로 반복 연습해서 인위적으로 갖춘 게 아니라, 자연적으로 얻어진 것이라는 뜻이다. 따라서 여기에는 누구에게 보이려는 숨은 의도 같은 게 없으니, 앞으로 무엇을 하더라도 이롭지 않은 게 없다. 이것이 신하가 갖춰야 할 가장 근본적인 인성이다.

이에 대하여 『상』은 "제2 음효의 행동은 솔직하고 공정한 것인데, 이는 굳이 익히지 않고 얻은 것으로서 이롭지 않은 것이 없으니, 이는 땅의 도리가 광대하기 때문이다"(六二之動, 直以方也, 不習无不利, 地道光也)라고 해설하였다. 원문의 '光광' 자는 '크고 넓다'라는 의미로 쓰였다.

[제2 음효. 땅은 솔직하고, 공정하고, 관대한데, 이는 (땅이) 반복해서 익힌 것이 아님에도 이롭지 않은 것이 없다.]

③ 六三, 含章可貞, 或從王事, 无成有終.

含: 품을 함. 章장: '彰(문채 창)'과 같음. 아름다움. 貞정: 견고하게 유지하다. 或: 혹 혹. 여기서는 '그러나'라는 뜻. 從: 모실 종. 받들다.

제3효는 양의 자리에 음효가 있으므로 실위다. 여기서 실위라는 것은, 겉으로는 음유陰柔하지만 내면은 강직하다는 이른바 외유내강外柔內剛을 뜻한다. 다시 말해서 겉으로는 임금에게 부드럽게 순종하지만, 내면에는 곧은 성품을 지니고 있다는 말이다. 이 내면의 곧은 성품을 효사는 '含章함장'이라고 표현하였다. 여기서 '章장' 자는 '문채가 나서 아름답다'라는 뜻이므로, '含章可貞함장가정'은 '곧은 품성을 안에 품고 있어서 올바르다고 칭찬할 만하다'라는 의미가 된다. 신하는 모름지기 이러한 마음으로 임금을 보필하는 것이니, 『논어』 「선진先進편」의 "이른바 대신이라는 사람은, 도리로써 임금을 섬겨야 하니, 이렇게 못 한다면 그만두어야 한다"(所謂大臣者, 以道事君, 不可則止)라는 공자의 말은 바로 이를 가리킨다. 여기서 '도리'란 내면의 강직함을 뜻하는데, 이를 지키지 못하는 사람은 대신의 자격이 없다. 왜냐하면, 앞의 『계사』에서 "제3효에는 사납고 험난한 내용이 많다"(三多

凶)라고 하였듯이, 강직함을 겉으로 드러내면 어려운 일을 당할 위험이 있기 때문이다. 그래서 효사는 '함장'이라고 하여 능력과 재주를 안으로만 품고, 밖으로 내보이지 말라고 훈계한다.

그러다가 간혹 임금의 명령을 직접 받들어 모실 일이 있을 때는, 그 공로를 가로채지 말라고 당부하는데, 이것이 '或從王事혹종왕사, 无成有終무성유종', 즉 '어쩌다가 임금의 명령을 받들어 모실 때, (나에게 오는) 성취가 없다면, 자신의 직분을 끝까지 유지할 수 있다'라는 구절이다. 『한비자』 「주도主道편」에 "신하는 노고의 몫을 갖고, 임금은 그가 이룬 공적을 갖는다."(臣有其勞, 君有其成功)라는 구절이 있다. 이처럼 신하가 이룬 공적은 본디 주인의 자리에 있는 사람에게 돌아가는 것인데, 특히 곤괘의 상황에서 신하가 자신의 공을 내세우면 자리가 위험할 수 있다는 말이다.

이에 대하여 『상』은 "곧은 품성을 안에 품고 있어서 올바르다고 칭찬할 만한 것은, (임금이 명령을 내리는) 시기에 맞춰 움직이기 때문이고, 어쩌다가 임금의 명령을 받들어 모신다는 것은, 그의 지혜가 넓고 크기 때문이다"(含章可貞, 以時發也. 或從王事, 知光大也)라고 해설하였다. 원문의 '光광' 자는 '廣(넓을 광)' 자와 같다.

[제3 음효. 곧은 품성을 안에 품고 있어서 올바르다고 칭찬할 만하고, 어쩌다가 임금의 명령을 받들어 모실 때, (나에게 오는) 성취가 없으니, 자신의 직분을 끝까지 유지할 수 있다.]

④ 六四, 括囊, 无咎无譽.
括: 묶을 괄. 囊: 주머니 낭. 포대. 譽: 기릴 예.

제4효는 음의 자리에 음효가 있으므로 당위다. 제4효는 상괘의 첫 효이자, 위아래의 음효 사이에 끼어 있으므로, 새로운 세상으로 나가는 마당에 하늘과 땅이 모두 컴컴한 시기를 만났음을 나타낸다. 앞의 『계사』에서 말한

"네 번째 효에는 두려운 내용이 많다"(四多懼)라는 말은 이를 가리킨다.

신하란 누구든지 주인을 찾아 거기에 기대어 살아야 하는 존재여서, 주인을 잘못 만나면 인생을 망칠 수가 있다. 따라서 주인을 선택하는 일에 신중해야 하는데, 앞날이 불투명해서 불안한 나머지 너무 성급하게 다른 사람에게 자신의 재주와 능력을 함부로 보여 주면 이용만 당할 수 있을뿐더러, 더욱이 그것이 혹시라도 오점으로 남는다면 미래에 두고두고 발목이 잡힐 수가 있다. 이 음효의 시기에는, 앞의 괘사에서 말했듯이, 같은 유의 음험한 짓을 만나지 않도록 유의해야 한다. 그래서 효사는 '括囊괄낭', 즉 '자신의 포대를 함부로 열지 말고 단단히 묶어 두라'라고 당부한 것이다. 이렇게 하면 당장은 인정받을 기회가 사라질 수 있겠지만 그래도 재앙은 없을 터이니, 이에 만족하라는 것이다. 이것을 '无咎无譽무구무예'라고 묘사하였는데, 여기서 '譽예' 자는 다른 사람들에게 칭찬을 들어서 인정받는다는 뜻이다.

이에 대하여 『상』은 "포대를 단단히 묶으면 재앙이 없는 것은, 해를 당하지 않도록 신중히 하기 때문이다."(括囊无咎, 愼不害也)라고 해설하였다.

[제4 음효. 포대를 단단히 묶어 두니, 재앙은 없지만 인정받을 기회도 없다.]

⑤ 六五, 黃裳, 元吉.

黃: 누를 황. 황색은 방위 중에서 가운데를 표상하는 색깔이므로 중립을 상징. 裳: 치마 상. 치마는 아래에 입는 옷이므로 신하를 상징. 신하로서 중립을 지킨다는 뜻.

제5효는 양의 자리에 음효가 있으므로 실위다. 본 효가 실위이긴 하지만, 곤괘는 신하의 괘이므로 임금 자리인 제5효에 양효가 오지 않고 신하의 상징인 음효가 온 것은 당연하다. 그리고 이 신하는 가운데 중효에 처해 있어서 교만하지 않고 위로는 임금을 잘 모시고 아래로는 백성을 잘 어루만져 준다.

이러한 상황을 비유한 말이 '黃裳황상', 즉 '황색 치마'다. 황색은 곤괘의 색깔로서 오색 중에서 황색을 뺀 나머지 사색四色의 어느 색과도 대척을 이루지 않고 조화할 수 있으니, 곤괘의 속성에 그대로 부합한다.

일반적으로 '裳' 자는 '衣' 자와 함께 '衣裳의상'이라는 합성어로 많이 쓰인다. 여기서 '衣' 자는 '저고리'로서 위에 입는 옷을, '裳' 자는 아래에 입는 옷을 각각 가리킨다. 옛날에는 신분이 높은 사람들만 치마를 입었으므로, '의'와 '상'은 각각 귀족 신분 중에서도 높은 사람은 '의'로, 낮은 사람은 '상'으로 표상하였다. 따라서 이 구절에서 '황색 치마'는 임금에게 순종하는 신하를 지시한다.

이처럼 임금 자리인 제5효에 음효로서 중효에 있으니, 이는 신하가 자신의 본분을 지키면서 백성을 돌보고 임금에게 충성한다는 뜻이므로 '元吉원길', 즉 '크게 길한' 것이다.

이에 대하여 『상』은 "황색 치마가 크게 길한 것은, 문채 나는 아름다움이 그 (마음) 안에 있기 때문이다"(黃裳元吉, 文在中也)라고 해설하였다. 즉 신하가 임금의 자리에 있다는 것은, 그가 실세의 자리에 있다는 뜻인데, 그런데도 그는 어디에도 치우치지 않고 공정하게 일하기에 크게 길하다는 말이다.

[제5 음효. (신하가) 황색 치마로서 있으니, 매우 길하다.]

⑥ 上六, 龍戰于野, 其血玄黃.

戰: 싸울 전. 龍戰용전: 용들끼리 싸우다. 野: 들 야. 여기서는 곤괘의 밖을 뜻함. 玄: 검을 현. 하늘의 색. 임금을 상징. 黃: 누를 황. 땅의 색. 신하를 상징.

제6효는 음의 자리에 음효가 있으므로 당위다. 본 효는 곤괘의 최상위에 도달하였으므로 이제 물러나는 게 순리이나, 모든 사물은 세력이 극성해지면 지족知足하지 못하고 더 큰 욕심을 내게 마련이니, 곤괘라고 예외는 아니다. 일찍이 광무제光武帝가 고백하였듯이, '得隴望蜀득롱망촉', 즉 '농서隴西 땅을 얻고 나니 촉나라가 눈에 들어오는 법'이므로, 신하의 세력이 커지면 그 너머의 임금 자리를 넘보게 된다. 여기서 임금의 자리는 물론 양陽의 영역이다. 계절의 변화를 나타낸 12소식괘消息卦에서 곤괘 다음에 복復괘(䷗)가 오게 되어 있으므로 본 효는 처음 나타날 하나의 양효와 일전을 겨룰 운명이다.

이것을 효사는 '龍戰于野용전우야', 즉 '용들이 들에서 싸운다'라고 묘사하였다. 『문언』은 이에 대하여, "음이 양에 대하여 해볼 만하다고 여기고 있으니 반드시 싸우게 되어 있다. 왜냐하면 그가 자기에게는 양이 없다고 불만이기 때문이다. 그래서 자기에게 용이라는 이름을 붙인 것이다"(陰疑于陽, 必戰. 爲其嫌于無陽也, 故稱龍焉)라고 해설하였다. 여기서 '野' 자는 음기가 자신의 영역을 넘어선 양의 영역을 가리키므로, 자연히 양과 음은 다툴 수밖에 없다. 신하가 임금을 시해하거나, 임금이 신하를 주살하는 사건은 이 때문에 발생한다.

이 싸움을 효사는 '其血玄黃기혈현황', 즉 '그 피가 검고 누르게 뒤섞여 있다'라고 표현하였는데, 하늘에 두 태양이 있을 수 없으므로 이 싸움은 처절할 수밖에 없다. 여기서 '玄黃현황'은 『천자문千字文』의 첫 구절에 "天地玄黃", 즉 "하늘은 검고 땅은 누르다"라고 묘사하였듯이, 각각 하늘과 땅을 상징한다. 그러나 『문언』이 이어서 "(음이 강성해도) 아직 음의 부류를 벗어난 게 아니어서, 그에 대하여 '피를 흘린다'라고 칭한 것이다"(猶未離其類也, 故稱血焉)라고 말한 것처럼, 음이 강성해 봤자 음에 불과할 수밖에 없는 근본적인 한계는 어쩔 수 없다.

이에 대하여 『상』은 "용들이 들에서 싸우는 것은, 음의 길이 그 끝에 다다랐기 때문이다"(龍戰于野, 其道窮也)라고 해설하였다. '그 끝에 다다랐다'라는 말은 앞의 음이라는 한계를 벗어날 수 없다는 뜻이다.

[제6 음효. 용과 (양의 영역에 들어가) 용이 되려는 자가 들에서 일전을 겨루니, 그

피가 검고 누르게 뒤섞여 있다.]

⑦ 用六, 利永貞.

이 구절도 건괘의 '用九'처럼, 여섯 개 효 외에 부가된 문장으로서 곤괘에 보이는 특이한 경우다. '用六'은 여섯 개의 효가 모두 음효란 뜻이므로, 곤괘를 전체적으로 가리킨다.

곤괘는 신하의 괘이므로, 모든 음효는 시종일관 복종을 요구한다. 그런데 인간이란 복종만 하고 살 수는 없는 법이어서, 계속 복종만 하다 보면 마음속에 원한과 반항심이 쌓이게 된다. 이른바 '口是腹誹구시복비', 즉 입으로는 '예'라고 말하지만, 속으로는 비방하는 마음의 상태가 바로 이것이다. 그래서 신하가 세력을 쌓으면 앞의 제6효처럼 임금과 일전을 도모하게 된다.

본 효는 이러한 신하의 마음을 예상하고, '用六'이라는 '효 밖의 효'를 두어 신하의 도리를 강조하였는데, 그것이 바로 '利永貞리영정', 즉 '이로움이 영원히 올바름을 유지할 때 생긴다'라는 구절이다. 즉 신하에게는 한계가 존재하니, 다른 마음을 품지 않고 충성을 다하면 영원히 이로울 것이라는 말이다. 이러한 상황을 잘 말해 주는 예가 바로 주공周公일 것이다. 은나라를 멸망시키고 주나라 정권을 세운 다음 해에 무왕은 중병에 걸렸다. 그는 왕위를 믿음직한 주공에게 물려주겠다고 했지만, 주공은 한사코 이를 거절하였다. 무왕이 죽자 어린 조카를 성왕에 즉위시키고 자신은 신하로서 그를 보필하였다. 나라 안팎으로 상황이 엄중해지자 부득이 섭정해서 나라를 안정시킨 후, 성인이 된 성왕에게 권력을 돌려주었다. 이것이 특별히 '用六'을 부가한 이유일 것이다.

[여섯 효가 모두 음이지만, 이로움이 영원히 올바름을 유지할 때 생긴다.]

3. 준괘屯卦

水雷屯수뢰준: 물 아래에 천둥이 울림은 태어남의 어려움을 표상한다.

진하감상震下坎上

❖ 개관 ❖

　준屯괘는 하괘가 진震괘, 상괘가 감坎괘로 이루어졌다. 진괘는 우레의 울림이고 감괘는 험난함을 상징하므로, 하괘에서 생명의 태동이 상괘의 험난함을 헤치고 태어나는 모양이다. 만물은 어려움을 뚫고서 꽃을 피우기 위해 나아가므로, 이름을 '준屯'이라고 지은 것이다. '屯' 자는 식물의 싹이 흙을 뚫고 올라오는 모양을 그린 글자로서 여기서는 탄생의 험난함을 의미한다.

　준괘에서 제2 음효와 제5 양효를 서로 바꾸면 임臨괘(䷒)가 된다. 이는 창업 시에는 언제나 어려움이 있게 마련인데, 어려움을 피하지 않고 그 중심을 자신의 중심에 받아들이면, 그 장애물로부터 오히려 굽어살핌을 받아 마침내 꽃을 피울 수 있음을 뜻한다. 임괘는 임금의 굽어살핌을 백성이 기쁜 마음으로 받는 모양이다.

　그리고 제1 양효와 제6 음효를 서로 바꾸면 관觀괘(䷓)가 되는데, 이는 처음의 마음을 끝까지 가져가면, 다른 사람들의 모범이 되어 그들이 보고 배울 수 있음을 뜻한다.

　준괘가 곤괘 뒤에 놓인 것에 대하여, 『서괘』는 "하늘과 땅 사이를 채우는 것은 오로지 만물뿐이므로, 준괘로써 이를 이어받았다. '屯' 자는 가득 채운다는 뜻이자, 사물이 처음 생겨난다는 뜻이다"(盈天地之間者唯萬物, 故受之以屯. 屯者, 盈也; 屯者, 物之始生也)라고 해설하였다. 『서괘』는 준괘를 처음 탄생한다는 뜻에 방점을 두고 해설하였지만, 괘사와 효사는 험난함을 극복한다는 의미에 중점을 두고 기술하였다는 점에 약간의 차이가 있다.

❖ 괘사 풀이 ❖

屯, 元亨, 利貞. 勿用有攸往, 利建侯.

屯: 어려울 준. 태초. 勿: 말 물. 금지사. 攸: 바 유. 往: 갈 왕. 建: 세울 건. 侯: 제후 후.

앞에서 건괘는 양효만 있는 순양純陽이었고, 곤괘는 음효만 있는 순음純陰이었다. 준괘에 와서 처음으로 음과 양이 서로 교접하였으므로, '처음으로 태어나다'라는 뜻을 갖게 되었다. 아울러 태어난다는 것은 탄생의 고통을 겪어야 하므로, '어려움'의 의미도 동시에 갖는다. 처음 태어날 때는 작고 미미하지만, 이것이 어려움을 이기고 자라나면 미래의 세상을 채우게 되므로, 괘사는 '크게 형통하다'(元亨)라고 표현한 것이다. 또한 처음 시작이 순조로우면 긴장을 늦추게 되어 이후에 닥칠 큰 험난함에 대비할 수 없으므로, 처음이 어려운 것이 오히려 형통한 것이기도 하다.

따라서 창업의 어려움에 담대히 맞서면 크게 길할 터이니, '利貞리정', 즉 '이로움이 올바름을 견지할 때 생긴다'라고 충고한다. 다시 말해서, 속된 말로 꼼수를 쓰지 말고, 정공법으로 헤쳐 나가라는 말이다. 얄팍한 수를 써서 요행을 바라면, 당장은 효과가 있을지 모르나 나중에 발목을 잡힐 수 있기 때문이다.

본 괘의 제1 양효를 보더라도 제4 음효와 상응하고 있어서 비록 어려움이 있긴 해도 출발이 힘차다. 그런데 사람이란 어려움을 하나하나 헤쳐 가다 보면, 나름 자신감도 생기고 일이 재미있다는 착각을 순간적으로 하게된다. 그러면서 과잉 행동을 하게 되는데, 이는 매우 조심해야 할 일이다. 이것이 '勿用有攸往물용유유왕', 즉 '앞으로 뛰어나가고 싶은 일은 하지 말라'라는 구절이다. 여기서 '往' 자는 의욕적으로 밖으로 뛰쳐나가는 행동을 뜻한다. 일에는 과정과 때가 있는 법이니, 세가 아직 무르익지 않은 일은 손을 대지 말라는 뜻이다. 흔히 말하는 "싸우고자 할 때는 지지 않을 싸움만을 하라"라는 격언은 바로 이를 두고 한 말이다.

아울러 어려움을 극복할 때는 혼자 힘으로 해서는 안 되고, 반드시 다른 사람의 힘을 빌려서 해야 한다. 이것이 '利建侯리건후', 즉 '이로움이 제후를 세울 때 생긴다'라는 구절이다. 제후란 천자를 대신해서 지방을 다스리는 지역의 임금이다. 천자가 넓은 땅을 혼자 다스린다는 것은 불가능에 가까우므로, 이들에게 권력을 나누어 줘서 대신 다스리게 하면 통치가 훨씬 쉬워진다. 요즘 개념으로 바꿔 말하자면, 유능한 인재를 파트너로 받아들여서 그와 이익을 나누라는 말이다. 이익을 나눠 받은 사람은 어려움을 극복하는 일에 기꺼이 동참할 것이기 때문이다.

이 괘사에 대하여 『단』은 다음과 같이 해설하였다. "준괘는 강직한 양효와 음유한 음효가 처음으로 만나 겨룸으로써 어려움이 생겨난 것이다. 그러나 상괘의 험난함 가운데서 (신중히) 움직이고 있으므로 크게 형통하고 올바르게 될 것이다. 우레가 울려 비가 내리는 (괘상의) 움직임이 (천지를) 꽉 채운 것은, 하늘이 처음 만들어 낸 원시적 상태이니, 마땅히 제후를 세워 불안한 상태를 안정되게 만들어야 한다."(屯, 剛柔始交而難生; 動乎險中, 大亨貞. 雷雨之動滿盈, 天造草昧; 宜建侯而不寧) 여기서 '강직한 양효와 음유한 음효가 처음으로 만나 겨룸으로써 어려움이 생겨났다'라는 말은, 제2 음효가 제1 양효를 위에서 타고 누르는 상황을 말하고, 원문의 '而이' 자는, 정현鄭玄에 의하면, '能(견딜 내)' 자로 읽어야 하는데, 이는 '安(편안 안)' 자와 뜻이 같다. 따라서 '而不寧내불녕'은 '편안하지 않은 상태를 편안하게 만들다'라는 뜻이 된다.

이 괘사에 대하여 『상』은 "구름 아래에 우레가 있는 모양이 준괘의 괘상이니, 군자는 이 이치로써 천하를 다스린다"(雲雷屯, 君子以經綸)라고 해설하였다. '屯' 자에는 군대가 진을 친다는 뜻도 있으므로, 구름이 하늘에 진을 치고 있다가 아래에서 우레가 울리면 비를 내리듯이, 군자는 백성의 위에 거하다가 백성이 원하는 바를 호소하면 즉시 자신이 비처럼 되어 백성에게 은택을 내려 준다는 뜻이다.

[준屯괘: 크게 형통하니, 이로움이 올바른 길로 갈 때 생긴다. 앞으로 뛰어나가고 싶은 (충동적인) 일을 하지 말라. 이로움이 제후를 세울 때 생긴다.]

❖ 효사 풀이 ❖

① 初九, 磐桓, 利居貞, 利建侯.
磐: 너럭바위 반. '盤(머뭇거릴 반)' 자와 같음. 桓: 푯말 환. 磐桓반환: 목표가 명확함에도 앞으로 나아가지 않고 배회하는 모양. 居貞거정: 올바른 도리를 지키며 살다.

제1효는 양의 자리에 양효가 있으므로 당위다. 하괘인 진震괘의 첫 효이므로 이제 의욕적으로 움직이려는 시기인데, 앞에 험난함의 상징인 감괘가 버티고 있어서 머뭇거리고 있는 모양새다. 일을 시작하려다가 난관에 부딪쳤을 때, 무작정 밀고 나가기보다 잠시 멈추고서 유리한 때를 관망하는 자세는 나쁘지 않다. 이것이 '磐桓반환', 즉 '잠시 머뭇거리다'라는 구절이다.

그러나 여기서 조심해야 할 것은, 머뭇거리며 신중을 기하다가 겁을 먹고 아예 뒤로 물러서는 일이다. 그래서 효사는 '반환'의 '반' 자를 '盤(쟁반반)' 자로 쓰지 않고 '磐(너럭바위 반)' 자로 썼다. 즉 너럭바위처럼 목표 의식을 굳건히 가지라는 뜻이다. 여기서 목표는 '桓(푯말 환)' 자가 표상한다.

잠시 머뭇거리면서 시기를 관망할 때, 그냥 허송세월하지 않고 자신의 기량과 덕을 키움으로써 민심을 얻어야 하고, 아울러 앞으로 자기 일에 도움을 줄 수 있는 인재들을 많이 모아야 하는데, 이것이 '利居貞리거정, 利建侯리건후', 즉 '이로움이 올바르게 거할 때 생기고, 제후를 세울 때 생긴다'라는 구절이다. 이제 창업을 시작하는 사람이 제후를 세울 일이 현실적으로는 없겠지만, 앞으로 성공하면 함께 성과를 나눌 계획은 세워 놓아야 한다는 말이다. 그래야 그 사람도 동업자로서 열성을 다해 일할 것이기 때문이다.

이에 대하여 『상』은 "비록 잠시 머뭇거리고 있지만, 의지와 행동은 올바르다. 높은 신분으로서 낮은 사람들과 거처하는 것은, 백성의 지지를 크게 얻기 위함이다"(雖磐桓, 志行正也. 以貴下賤, 大得民也)라고 해설하였다.

[제1 양효. 잠시 머뭇거리며 관망한다. 이때는 이로움이 올바른 도리에 따라 살 때 생기고, 또한 이로움이 (사람을 모아) 제후를 세울 때 생긴다.]

② 六二, 屯如邅如, 乘馬班如, 匪寇婚媾, 女子貞不字, 十年乃字.

屯: 무리 지을 준. 如: 같을 여. '然(그럴 연)' 자와 같음. 邅: 머뭇거릴 전. 乘: 탈 승. 馬: 말 마. 班: 서성거릴 반. '盤(머뭇거릴 반)' 자와 같음. 匪: 대상자 비. 여기서는 '非(아닐 비)' 자로 쓰였음. 寇: 도적 구. 원수. 媾: 화친할 구. 婚媾혼구: 결혼을 해서 여자를 데려오다. 字: 정혼할 자. 결혼하기로 약속된 처자. 이미 결혼한 여자는 '婦(아낙 부)'라고 함.

제2효는 음의 자리에 음효가 있으므로 당위다. 본 효는 신하의 자리로서 임금 자리인 제5 양효와 상응한다. 그래서 제5효에게 가려고 하는데, 본 효의 아래에 있는 제1 양효에게 발목을 잡힌 형상이다. 이것이 '屯如邅如준여전여, 乘馬班如승마반여', 즉 '참으로 난감해서 앞으로 나아가지도 못하고,

말을 타고도 머뭇거리기만 한다'라는 구절이다.

이 구절은 원래 충성스러운 신하가 간신의 참언으로 임금에게 나아가지 못하는 상황을 결혼에 비유한 것이다. 즉 제2효의 규수가 자신의 배필인 제5효에게 나아가고자 하는데, 가까이 있는 제1 양효가 자기랑 결혼하자고 끈질기게 조르는 모양이라는 말이다. 속담에 "법보다 주먹이 가깝다"라는 말이 있다. 아무리 훌륭한 남자라 하더라도 그가 멀리 있으면, 차라리 이웃에 가까이 있는 평범한 남자가 현실적으로 더 끌리는 법이다. 자신과 상응하는 제5효에게 가자니 너무 멀리 있고, 제1효에게 가는 것은 현실적으로 가능하지만, 자신보다 아래에 있으니 성에 차지 않아서 갈등하고 있다. 그래서 '참으로 난감해서 앞으로 나아가지도 못하고, 말을 타고도 머뭇거리기만 하는 것'이다.

일상에서도 선택할 때의 갈등을 따지고 보면, 이러한 구조가 대부분이다. 다시 말해서, 지금 당장의 이득과 미래의 이득 중 어느 것을 선택하느냐의 갈등 말이다. 그래서 규수는 이러한 갈등의 탓을 이웃 남자에게 돌린다. 즉 "저 '웬수'만 없으면 갈등 없이 혼인할 텐데……" 하면서 말이다. 이것이 '匪寇婚媾비구혼구', 즉 '저 원수만 아니면 결혼할 텐데'라는 구절이다.

그러나 이러한 유혹에도 흔들리지 않고 조신하게 기다리면 끝내 좋은 신랑과 결혼할 수 있다고 격려하고 있는데, 이것이 '女子貞不字여자정불자, 十年乃字십년내자', 즉 '이 여자가 정절을 지키며 정혼하지 않고 있으면, 어느 정도 시간이 지난 후에 결혼하게 된다'라는 구절이다. 여기서 '字' 자는 여자가 시집가서 아이를 낳는다는 뜻으로 혼인을 의미하고, '十年'이란 꼭 10년을 뜻하는 게 아니라, 어느 정도의 시간, 즉 이웃 남자가 청혼을 포기하기까지의 시간을 뜻한다.

이에 대하여 『상』은 "제2 음효의 어려움은 제1 양효 위에 올라타고 있기 때문이다. 어느 정도 시간이 지난 후에 결혼한다는 것은, 다시 평상으로 돌아갈 것이기 때문이다"(六二之難, 乘剛也. 十年乃字, 反常也)라고 해설하였다. 속담에 "세월이 약"이라는 말은 이를 두고 한 말이리라.

[제2 음효. 참으로 난감해서 앞으로 나아가지도 못하고, 말을 타고도 머뭇거리기만 한다. 저 원수만 아니면 결혼할 텐데. 그러나 이 여자가 정절을 지키며 정혼하지 않고 있으면, 어느 정도 시간이 지난 후에 결혼하게 된다.]

③ 六三, 卽鹿无虞, 惟入于林中. 君子幾不如舍. 往吝.

卽: 나아갈 즉. 따라가다. 鹿: 사슴 록. 虞: 우인虞人. 주나라 때 산림을 관리하면서 천자의 사냥을 도와주던 벼슬. 惟: 홀로 유. 幾: '祈(구할 기)'와 같음. 찾기를 바라다. 舍: 버릴 사. '捨(버릴 사)'와 같음. 吝린: '遴(어려워할 린)' 자와 같음. 고생함.

제3효는 양의 자리에 음효가 있으므로 실위다. 맨 아래에서 시작된 진동이 위로 올라가 상괘인 세상과 만나려는 형세다. 음효가 양의 자리에 있으니, 이는 본 효가 제5 양효를 향하여 강직하게 다가가려 하지만, 능력이 없어서 의욕만 앞설 뿐이다. 게다가 제2·3·4효로 이루어진 아래 호괘互卦인 곤괘에서 볼 때, 위아래가 모두 음효여서 앞에서 길을 안내해 줄 앞잡이도 없고, 뒤에서 따르며 도와줄 사람도 없다. 그래서 효사는 이를 사슴 사냥에 비유하여 '卽鹿无虞즉록무우, 惟入于林中유입우림중', 즉 '사슴을 잡으러 나가는데 산림지기도 없이, 혈혈단신으로 숲속으로 들어간다'라고 묘사하였다.

여기서 사슴은 임금 자리인 제5 양효를 가리킨다. 능력이 부족한 사람이 권력이 있는 지도자의 자리에 오르면, 자신의 의지와는 별로 관계없이 타인들의 부추김에 의해서 최고 권력자의 자리를 향하게 된다. 그러나 현실적으로는 아무도 그를 이끌어 주거나 도와주지 않는 데다가, 제5효는 기실 제2 음효와 상응하므로, 이는 한낱 꿈에 지나지 않을 운명이다.

이러한 상황에서는 군자는 사슴을 따라가기보다는 차라리 포기하는 편이 낫다고 판단한다. 왜냐하면 안내자의 도움 없이 숲속에 들어가면 고생만

할 것이 빤하기 때문이다. 이것이 '君子幾不如舍군자기불여사, 往吝왕린', 즉 '군자는 찾으러 가기보다는 차라리 포기하는 게 나을 터인즉, 굳이 가면 고생할 것이기 때문이다'라는 구절이다. 여기서 '幾' 자는 앞 구절의 '卽' 자와 같은 뜻이다.

이에 대하여 『상』은 "사슴을 잡으러 갔는데 산림지기가 없는 것은, 새를 따라갔기 때문이고, 군자가 사슴 사냥을 포기한 것은, 가 봤자 고생이 극에 달할 것이기 때문이다"(卽鹿无虞, 以從禽也. 君子舍之, 往吝窮也)라고 해설하였다. 여기서 '새를 따라갔다'라는 말은, 사슴 사냥을 나가서 새를 따라다닌 것처럼 엉뚱한 짓을 한 것과 같다는 뜻이다.

[제3 음효. 사슴을 잡으러 나가는데, 산림지기도 없이 혈혈단신으로 숲속으로 들어간다. 군자는 (사슴을) 찾으러 가기보다는 차라리 포기하는 게 나을 터인즉, 굳이 가면 고생할 것이기 때문이다.]

④ 六四, 乘馬班如, 求婚媾, 往吉, 无不利.
班: 서성거릴 반. 求: 구할 구. 婚媾혼구: 결혼을 해서 여자를 데려오다.

제4효는 음의 자리에 음효가 있으므로 당위다. 본 효는 상괘인 감괘가 상징하는 어려움에 직면해 있는데, 이는 제5 양효와 상합하는 관계여서 여기에 마음을 두고 있지만, 경쟁자인 제2 음효가 상응하고 있어서 자신이 없다. 그래서 말을 탄 채로 나아가지도 못하고 머뭇거리고 있는데, 이것이 '乘馬班如승마반여', 즉 '말을 탄 채로 배회하고 있다'라는 구절이다.

본 효는 원래 제1 양효와 상응한다. 그런데 이것이 제2 음효에 꽂혀서 본 효에 마음을 주지 않아 실망하고 있던 차에, 제2 음효가 제5효에 대한 정절을 지키며 기다리니까, 이제야 안심하고 제1효에 접근해서 혼인하고자 하는 형국이다. 이것이 '求婚媾구혼구', 즉 '그와 혼인하기를 구한다'라는 구절이다. 이렇게 해서 앞으로 나아가면 이롭지 않을 게 없다는 것이 '往吉왕길, 无不利무불리'이다. 즉 본 효는 당위이므로 되지도 않을 일을 억지로 추구하지 않고, 기다리고 있다가 자연스럽게 짝이 될 사람과 결혼하는 게 순리라는 뜻이다.

이에 대하여 『상』은 "(때가 왔을 때) 구하여 나아가는 것은, 현명하다는 뜻이다"(求而往, 明也)라고 해설하였다.

[제4 음효. 말을 탄 채로 우물쭈물하고 있지만, 그와 혼인하기를 구하고 앞으로 나아가면, 이롭지 않을 게 없다.]

⑤ 九五, 屯其膏, 小貞吉, 大貞凶.

屯: 쌓을 둔. 膏: 은혜 고. 시혜. 小貞소정: 작은 절개나 의리.

제5효는 양의 자리에 양효가 있으므로 당위다. 강직하고 능력이 있는 자가 임금의 자리에 앉아 있음을 뜻한다. 또한 본 효는 상괘인 감괘의 중앙에 있는데, 감괘는 구름을 상징하므로 창업에 성공한 후 주위에 사람과 재물이 구름처럼 모여 있음을 나타낸다. 그러면 창업주에게는 창업에 공을 세운 사람들에게 재물과 자리를 나눠 주어야 하는 어려운 일이 남는다. 이러한 논공행상에서 가장 어려운 과제가 제5효의 가운데 자리가 암시하듯 지극히 공정해서 뒤탈이 없게 하는 것이다.

그런데 본 효는 신하의 자리인 제2 음효와 상응하므로, 임금 자신과 뜻이 잘 통하는 사람에게만 시혜가 치중되는 경향이 있다. 이것이 '屯其膏둔기고', 즉 '시혜가 (베풀어지지 않고) 쌓인다'라는 구절이다. 시혜가 베풀어지지 않고 쌓인다면, 이는 마음이 통하는 측근들에게는 좋은 일이지만, 멀리에서 보이지 않게 공을 쌓은 사람들에게는 불만의 원인이 된다. 그리고 이 불만은 나아가 반란으로 이어져 힘들여 세운 창업을 무너뜨리기도 한다. 이를 가리키는 말이 곧 '小貞吉소정길, 大貞凶대정흉', 즉 '작은 의리에는 길하지만, 큰 의리에는 사납고 험난해진다'라는 구절이다.

이에 대하여 『상』은 "시혜를 쌓아 둔 것은, 베풂이 아직 널리 이루어지지 않았기 때문이다"(屯其膏, 施未光也)라고 해설하였다. 원문의 '光광' 자는 '廣(넓을 광)' 자와 같다. 이 해설은 임금 자리에 있는 사람의 어려움은 공명정대한 논공행상에 있음을 말하고 있다.

[제5 양효. 시혜를 (베풀지 않고) 쌓아 두니, 작은 의리에는 길하지만 큰 의리에는 사납고 험난하다.]

⑥ 上六, 乘馬班如, 泣血連如.

泣: 울 읍. 血: 피 혈. 連: 눈물 흘릴 연. 如: 같을 여. '然(그럴 연)' 자와 같음.

제6효는 음의 자리에 음효가 있으므로 당위다. 준괘는 탄생의 어려움을 시작으로 창업 과정상의 어려움을 지나 성공한 이후까지의 어려움에 관하여 기술한 괘다. 본 효는 그 마지막 단계의 어려움이므로, 이것이 당위라는 것은 마지막까지도 어려움이 남아 있음을 나타낸다.

마지막 단계에서의 어려움은 자신을 도와주어야 할 제3 음효가 아직 어려서 능력이 되지 않는다는 사실이다. 더 안타까운 것은, 가까이에서 음양으로 상합하는 제5 양효가 도와줄 만도 하련만, 제5효의 효사가 말하듯, 권력을 가진 자는 자기의 주변 밖을 보지 못하는 한계에 빠져 있다는 사실이다.

여기서 더 중요한 사실은, 본 효에게는 마지막에 다다라서 미래가 없다는 것이다. 탄생에서 창업에 이르기까지 수많은 어려움이 닥쳐도 이를 극복할 수 있었던 것은, 미래가 있기 때문이었다. 고진감래苦盡甘來라는 말에서 알 수 있듯이, 미래의 달콤함이 있기에 현재의 고생을 달게 여기고 버틸 수 있었다는 뜻이다. 어려움 속에 이미 달콤함이 함께 내재되어 있었던 것이다. 그런데 마지막 단계에는 어려움이 있어도 달콤함은 빠져 있으니 슬플 수밖에 없다.

어려움이 있는 곳이라면 어디든 가야 할 텐데, 마땅히 갈 데가 없어서 말을 탄 채로 서성이는 상황을 나타낸 것이 '乘馬班如승마반여', 즉 '말을 탄채로 서성이다'라는 구절이다. 그리고 이제 어려움에서 벗어나도록 도와줄 사람이 없고 미래도 없어서 더는 달콤함을 느낄 수 없으니, 이 때문에 '泣血漣如읍혈연여', 즉 '피눈물이 줄줄 흘러내리는 것이다.'

이에 대하여 『상』은 "피눈물만 줄줄 흘리는데 어떻게 오래 버틸 수 있겠는가?"(泣血漣如, 何可長也)라고 해설하였다. 아무리 산전수전 다 겪고 성공했다 하더라도, 막바지에 이르러서 겪는 어려움은 어쩔 도리가 없다는 뜻이다.

[제6 음효. 말을 탄 채로 (갈 바를 몰라) 서성거리니, 피눈물이 줄줄 흘러내린다.]

4. 몽괘蒙卦

山水蒙산수몽: 산이 막고 물이 세우는 바람에 어찌할 바를 몰라 몽매해진다.

감하간상坎下艮上

❖ 개관 ❖

　몽蒙괘는 하괘가 감坎괘, 상괘가 간艮괘로 이루어졌으므로, 물 위에 산이 있는 모양이다. 물과 산은 모두 앞길을 가로막는 험난한 장애물이므로, 본 괘는 이러지도 저러지도 못하는 암담하고 몽매한 상태를 상징한다. '蒙' 자는 '艹(풀 초)' 자와 '冡(무덤 총)' 자로 이루어졌으므로, '풀이 무덤을 덮어서 어디가 어딘지 알 수 없다'라는 의미가 들어 있다. 따라서 본 괘는 꽉 막힌 상태를 뚫어서 빛이 들게 하는 '계몽啓蒙'의 의미도 함께 갖고 있다.

　몽괘를 준屯괘 뒤에 둔 것에 대하여, 『서괘』는 "사람이 태어날 때는 반드시 몽매하므로, 몽괘로써 이를 이어받았다. '蒙'이란 '어리다'라는 뜻이고, '희생으로 쓸 소의 새끼'라는 뜻이기도 하다"(物生必蒙, 故受之以蒙. 蒙者, 蒙也, 特之稚也)라고 해설하였다. 원문의 '物물' 자는 '사람'을 가리킨다. 인간은 유치하고 몽매한 상태에서 자라기 시작한다고 해서 옛날에는 어린이를 동몽童蒙이라고 불렀다.

　몽괘(䷃)의 괘상을 보면, 제3·4·5효의 음효들이 마치 물 위로 물안개가 피어오르는 모양을 하고 있다. 안개는 사물을 몽롱하게 보이게 함으로써 환

상적인 경치를 연출하지만, 사물의 진면목眞面目을 가리므로 안개를 걷어
내고 명쾌하게 보여 줄 필요가 있다. 이것을 격몽擊蒙이라고 하는데, 이는
다름 아닌 교육을 가리킨다. 율곡栗谷의『격몽요결擊蒙要訣』은 이러한 철학
에서 지어진 책이다.

노자老子는『도덕경』제65장에서 "옛날에 도를 실천하는 자는, 백성을
명석하게 하는 방법을 쓰지 않고, 백성을 어리석게 하는 방법을 썼다. 백성
이 다스리기 어려운 것은, 그들의 지혜가 많기 때문이다"(古之爲道者, 非以
明民, 將以愚之. 民之難治, 以其智多)라고 설파하였는데, 매우 일리 있는 말
이다. 그러나 이러한 정치는 엘리트, 즉 철인이 다스리는 봉건 사회에서는
가능할 수 있었겠으나, 민주주의 사회에서 우민愚民은 독재로 가는 첩경이
다. 노자의 정신으로 돌아가고자 하더라도 먼저 격몽이라는 교육의 단계를
거친 다음에야 가능할 것이다. 왜냐하면 노자의 말대로 "완벽한 지혜는 어
리석음과 같"(大智若愚)기 때문이다. 어리석음이 완벽한 지혜인 줄 스스로
알아야 어리석음을 떠나지 않는다.

❖ 괘사 풀이 ❖

蒙, 亨. 匪我求童蒙, 童蒙求我. 初筮告, 再三瀆, 瀆則不告.
利貞.
蒙: 어리석을 몽. 匪비: '非(아닐 비)' 자와 같음. 童蒙동몽: 철부지 어린
이. 筮: 점 서. 瀆: 업신여길 독. 告: 말해 줄 고.

몽괘는 '형통하다'(亨)라는 말로 시작하는데, 꽉 막힌 자가 자신을 깨우
쳐 달라고 찾아오니, 형통하지 않을 수 없다. 교육에서 가장 중요한 조건은
배우고자 하는 자가 스스로 찾아오는 일이다. '匪我求童蒙비아구동몽, 童蒙
求我동몽구아', 즉 '내가 철부지에게 오라고 부탁한 것이 아니라, 철부지가

내게 가르쳐 달라고 찾아온 것이다'라는 구절은 이 조건을 말한다. 교육은 배우려는 학생이 스스로 스승에게 찾아와야지, 스승이 학생을 찾아가서 비위를 맞추면 안 된다는 뜻이다. 『논어』 「위령공衛靈公편」에서 공자가 "'이를 어찌하면 좋을까, 이를 어찌하면 좋을까?'라고 말하지 않는 사람은 나도 그 사람에게 어찌해 줄 방도가 없다."(子曰: 不曰如之何, 如之何者, 吾末如之何也已矣)라고 말하였듯이, 스스로 깨우치기를 간절히 바라지 않으면 교육은 불가능하다.

이러한 교육의 원리를 괘사는 점치는 일로써 비유한다. 점을 칠 때는 마음을 가다듬고 신중한 태도로 임한 다음에, 나온 결과를 겸허히 받아들이고 묵상하는 것이 가장 중요하다. 점괘에는 완전히 길하거나 완전히 흉한 것은 없으므로, 그 추이를 깊이 살펴야 하기 때문이다. 그런데 점을 길흉에만 집착하면, 처음에 나온 결과에 만족하지 않고, 마음에 드는 결과가 나올 때까지 두 번 세 번 쳐 달라고 재촉하는데, 이는 점을 대하는 태도가 아니라는 말이다. 그래서 괘사는 '初筮告초서고, 再三瀆재삼독, 瀆則不告독즉불고', 즉 '처음에 점을 쳐서 점괘를 알려 줬더니, 마음에 안 든다고 두 번, 세 번 다시 쳐 달라고 요구하는데, 점 보러 온 사람이 이렇게 멋대로 굴면 아예 알려 주지 않는다'라고 말한다. 여기서 '瀆' 자는 점치는 사람이 실력이 없다고 깔보고 두 번 세 번 다시 쳐 보라고 요구한다는 뜻이다. 교육도 이와 같다. 학생이 신뢰하지도 않는데, 선생이 그의 수요에 맞춰 가르치면 교육의 성과를 얻을 수 없다.

선생과 학생이 각자가 취해야 할 올바른 태도를 가질 때 교육이 제대로 이루어지므로, '利貞리정', 즉 '이로움이 각기 올바름을 견지할 때 생긴다'라고 말한 것이다. 선생과 학생의 태도를 몽괘의 괘상은 다음과 같이 보여 준다. 즉 임금의 자리인 제5 음효는 학생을, 신하의 자리인 제2 양효는 선생을 각각 상징하는데, 왜냐하면 가르치고 보필한다는 점에서 선생은 신하의 기능을 하기 때문이다. 학생은 음효이고 선생은 양효라는 사실은, 강직한 선생이 유순한 학생을 가르친다는 뜻이니, 앞서의 '利貞'이 되는 것이다.

　이 괘사에 대하여 『단』은 다음과 같이 해설하였다. "몽괘는 산 아래에 물의 험난함이 있으니, 험난함과 가로막힘이 있다는 뜻이다. 몽괘는 '몽매한 자가 (스스로 찾아와서) 형통하다'라고 했는데, 이는 그가 갈 길을 뚫어 줌이 때에 딱 맞았기 때문이다. '내가 철부지에게 오라고 부탁한 것이 아니라, 철부지가 내게 가르쳐 달라고 찾아온 것이다'라는 말은, 그의 의지에 (선생이) 호응하였다는 뜻이다. '처음에 점을 쳐서 점괘를 알려 줬다'라는 말은, 강직하고 공정한 태도로 해 줬다는 뜻이다. '두 번, 세 번 다시 쳐 달라고 요구하는데, 점 보러 온 사람이 이렇게 멋대로 굴면 아예 알려 주지 않는다'라고 하였는데, 이렇게 선생에게 버릇없이 구는 것은, 그가 무지한 철부지라는 뜻이다. 철부지는 올바름으로써 길러 주는 게 성인의 공력이다."(蒙, 山下有險, 險而止, 蒙. 蒙亨, 以亨行時中也. 匪我求童蒙, 童蒙求我, 志應也. 初筮告, 以剛中也. 再三瀆, 瀆則不告, 瀆蒙也. 蒙以養正, 聖功也)

　『상』은 이 괘사에 대하여, "산 아래에 샘이 있는 모양이 몽괘다. 군자는 이 이치로써 뚫어 준 길을 과감하게 가고, 덕을 기르도록 해 준다"(山下出泉, 蒙; 君子以果行育德)라고 해설하였다. 여기서 '뚫어 준 길을 과감하게 가게 한다'라는 말은, 처음에 점친 결과가 마음에 들지 않더라도 과감하게 그 길을 가게 한다는 뜻이고, '덕을 기른다'라는 말은, 올바른 도리를 지키는 일이 쉽지 않은 일이므로 이를 지킬 수 있는 능력을 길러 준다는 말이다. 이것이 선생이 무지몽매한 학생을 가르치는 방도다.

　[몽蒙괘: (몽매한 자가 스스로 찾아오니) 형통하다. 내가 철부지에게 오라고 부탁한 것이 아니라, 철부지가 내게 가르쳐 달라고 찾아온 것이다. (점치는 일에 비유하면) 처음에 점을 쳐서 점괘를 알려 줬더니, 마음에 안 든다고 두 번, 세 번 다시 쳐 달라고 요구하는데, 점 보러 온 사람이 이렇게 멋대로 굴면 아예 알려 주지 않는다. 이로움이 (선생과 학생이) 각기 올바름을 견지할 때 생긴다.]

① *初六, 發蒙. 利用刑人, 用說桎梏, 以往吝.*

發: 필 발. 刑: 법 형. 형벌로 다스리다. 說: 벗을 탈. '脫(벗을 탈)' 자와 같음. 桎梏질곡: 차꼬와 수갑. 以: '如(만일에 여)' 자와 같음. 吝: 아낄 린. 안타까운 일.

제1효는 양의 자리에 음효가 있으므로 실위다. 게다가 본 효는 중앙에 있지 않고 치우쳐 있으므로, 몽매한 자가 아무것도 모르면서 앞으로만 나가려는 속성을 나타낸다. 그래서 이렇게 몽매한 자를 깨우치는 방법을 본 효는 말하고 있다. '發蒙발몽'은 '무지몽매한 자를 깨우치기 위해서는'이라는 뜻이 된다.

몽매한 자는 처음에는 설득하기 어려우므로 규범과 법을 정해 놓고 이대로 따르게 하고, 이를 위반하면 벌을 주는 방식을 써야 한다. 이것이 '利用刑人리용형인', 즉 '이로움이 사람을 법으로 다스리는 방법을 쓸 때 생긴다'라는 구절이다. 본 효의 위에 제2 양효가 있는데, 이는 보고 배우는 사표師表 같은 것이다. 몽매한 자는 일단 위엄을 알아야 하므로 법과 징벌을 먼저 가르치는 것이다. 여기서 부례박은 『예기禮記』의 "개오동나무와 싸리나무, 두 가지 물건은 위엄의 효과를 거둬들인다"(夏楚二物, 收其威也)라는 구절을 인용하였는데, 이는 교육에서 위엄을 인식시키는 게 가장 중요한 기초임을 말한다.

그러나 준법정신만으로는 교육을 완성할 수 없다. 몽매함의 단계를 일단 벗어나면 자유가 무엇인지를 알게 해야 하는데, 그러려면 그 자유를 속박하는 게 바로 자신을 덮고 있는 몽매함임을 깨닫게 해 주어야 한다. 이것이 '用說桎梏용탈질곡', 즉 '차꼬와 수갑을 벗겨 주는 방법을 쓴다'라는 구절이다. 즉 몽매함을 벗고 나니 새로운 세계가 펼쳐지는 경험을 하게 해 주면, 그다음부터는 스스로 공부해서 더 넓은 세상을 보게 될 것이라는 말이다.

요약하면, 몽매한 사람을 깨우쳐 주려면 두 가지 방법을 단계적으로 적용해야 하는데, 첫째는 위엄을 통해서 규범을 지키게 하는 것이고, 둘째는 은덕을 베풀어서 스스로 깨달아 공부하게 하는 것이다. 이것은 『한비자韓非子』에서 말하는 이른바 '이병二柄', 즉 '형벌과 은덕'이라는 두 가지 도낏자루로 백성을 다스려야 한다는 사상과 같은 맥락이라고 볼 수 있다. 위엄은 효과가 금세 나오므로 권력은 여기에만 집중하는데, 만일 은덕의 과정이 결여되면 교육의 의미는 사라진다. 그래서 '以往吝이왕린', 즉 '만일에 (이것이 없는 채로) 간다면 안타까운 일이 생긴다'라고 말한 것이다. 여기서 '以'자는 '만일에'라는 의미를 나타내는 허사다.

[제1 음효. 몽매한 자를 깨우치려 할 때는, 이로움이 사람을 법으로 다스리는 방법과 차꼬와 수갑을 벗겨 주는 방법을 쓸 때 생긴다. 만일에 (이것이 없는 채로) 나아간다면 안타까운 일이 생긴다.]

② 九二, 包蒙, 吉. 納婦吉, 子克家.

包: 포용할 포. 納婦납부: 아내로 맞아들이다. 克극: '可(가할 가)' 자와 같음. 家: 남편 가. 가장이 되다.

제2효는 음의 자리에 양효가 있으므로 실위다. 그리고 본 효를 중심으로 양쪽에 음효가 포진하고 있는데, 이는 다른 사람을 지도할 만한 강직한 자가 음의 자리에서 자신의 주장을 내세우지 않고 주위의 배우지 못한 사람들을 품어 안는 모양새다. 이것은 마치 『시경詩經』 「규목樛木편」에 "남산에 가지 축축 늘어진 나무 있는데 / 칡덩굴과 왕머루 덩굴이 마구 얽혀 올라가네"(南有樛木, 葛藟纍之. 樂只君子, 福履綏之)라고 표현한 것처럼, 큰 나무가 덩굴들을 모두 받아 주는 넉넉한 모습을 상기시킨다. 이것을 효사는 '包蒙吉포몽길', 즉 '몽매한 자들을 포용하니 길하다'라고 묘사하였다.

본 효 위에 있는 세 개의 음효는 곧 곤괘를 형성하는데, 이는 여자를 아내로 맞이할 것임을 나타낸다. 본 괘에는 본 효와 제6효 등 두 개의 양효가 있는데, 맨 위에 있는 제6 양효는 한쪽으로 치우쳐 있어서 포용력이 없고, 본 효는 중효에 있어서 관대하다. 그래서 배우지 못한 여인이라도 아내로 맞아들일 수 있다. 이것이 '納婦吉납부길', 즉 '아내로 맞아들이니 길하다'라는 구절이다. 그런데 여기서 '무지한 여인을 맞아들이는 게 길하다'라는 말이 무슨 뜻인가? 이는 집안에 현명한 사람은 남자 한 사람만 있으면 된다는 사상을 의미한다. 고대에는 '여자는 재주가 없는 게 덕'이라는 문화가 있었다. 요즘 사회에서는 상상조차 할 수 없겠지만, 옛날 폐쇄된 봉건 사회에서는 이것이 보편적인 생각이었다. 오늘날에도 부부가 둘 다 잘나면, 대체로 부부 갈등으로 조용할 날이 없지 않은 게 현실이지 않은가.

그래서 앞서의 가정에서 자란 아이는 현명하여서, 나중에 훌륭한 가장이 된다는 게 '子克家자극가', 즉 '그 아들이 (훌륭한) 가장이 될 수 있다'라는 구절이다.

이에 대하여 『상』은 "그 아들이 (훌륭한) 가장이 될 수 있는 것은, 강직함과 유순함이 서로 맞닿아 있기 때문이다"(子克家, 剛柔接也)라고 해설하였다. 여기서 '강직함과 유순함이 서로 맞닿아 있다'라는 말은, 본 효 주위에 제1·3 음효가 양쪽으로 맞닿아 있음과 아울러 음효 자리에 양효가 있음을 가리킨다. 이렇게 양효가 음효를 모두 품고 있으므로, 훌륭한 가장이 될 수 있는 것이다.

[제2 양효. 몽매한 자들을 포용하면 길하니, (무지한) 여인을 맞아들이는 게 길하다. (그러면) 그 아들이 (훌륭한) 가장이 될 수 있다.]

③ 六三, 勿用取女, 見金夫, 不有躬, 无攸利.

勿: 말 물. 금지사. 取: 장가들 취. '娶(장가들 취)' 자와 같음. 金夫금부: 돈과 권세가 있는 남자. 躬: 몸 궁. 不有躬: 처신을 버리다. 처신을 망각하다.

제3효는 양의 자리에 음효가 있으므로 실위다. 본 효는 제2 양효와 이웃으로 붙어서 음양으로 상합相合하므로 여자인 데다가, 맨 위에 있는 제6 양효와도 상응하므로, 많은 남자와 관계를 한 행실이 좋지 않은 여자임을 알 수 있다. 이러한 여자를 아내로 맞이하는 것은 절대 좋지 않으므로, 효사는 '勿用取女물용취녀', 즉 '이런 여자에게 장가들지 말라'라고 경고한다.

그리고 본 효와 상응하는 제6효는 양효라서 높은 자리에 있을뿐더러, 재물도 많은 사람이다. 이런 남자와 상응하니 이 여자가 어떻게 행동할지는 굳이 묻지 않아도 알 수 있다. 이것을 효사는 '見金夫견금부, 不有躬불유궁', 즉 '돈과 권력이 있는 남자를 보면, 처신을 망각한다'라고 묘사하였다. 여기서 '躬' 자는 '공손히 처신함'을 뜻한다. 이런 여자를 아내로 맞이하면 아무런 도움이 안 되므로, '无攸利무유리', 즉 '이로울 바가 없다'라고 말한 것이다.

몽괘는 교육에 관해 말하고 있으므로, 여기에 언급된 여자의 행실은 기실 스승의 도리를 비유로 묘사한 것이다. 본 효가 실위인 것은, 선생이 실력도 갖추지 못하였으면서 돈과 권력이 있는 사람만 찾아다니며 아첨하는 부조리를 경계하기 위함이다. 따라서 스승을 선택할 때 이런 사람은 반드시 피해야 한다.

이에 대하여 『상』은 "이런 여자에게 장가들지 말아야 하는 것은, 그 여자의 행동이 옳지 않기 때문이다"(勿用取女, 行不順也)라고 해설하였다. 원문의 '順순' 자는 '이치에 합당하다'라는 의미로 풀어야 한다.

[제3 음효. (행실이 좋지 않은) 여자에게 장가들지 말라. 돈과 권력이 있는 남자를 보면 처신을 망각하니, 이로울 게 없다.]

④ 六四, 困蒙, 吝.

困: 시달릴 곤. '捆(묶을 곤)' 자와 같음. 吝린: 안타까운.

제4효는 음의 자리에 음효가 있으므로 당위다. 몽괘에서 음효는 몽매한 자를, 양효는 이를 깨우쳐 주는 계몽자를 각각 가리킨다. 본 효를 중심으로 해서 보면 위아래로 모두 음효가 있다는 것은, 자기 주위를 전부 몽매한 자들이 둘러싸고 있음을 말하고, 제2효와 제6효에 양효가 있다는 것은, 자신을 깨우쳐 줄 수 있는 자가 멀리 있음을 말한다. 따라서 본 효는 어디 가서 배울 데도 없이 무지몽매함에 빠져 있음을 나타내니, 이것이 '困蒙곤몽', 즉 '무지몽매한 사람들 사이에 빠져 있다'라는 구절이다.

제4효는 상괘의 첫 효이므로 배움을 마치고 처음 사회에 나가서 닥친 상황을 나타낸다. 사회에 첫발을 디뎌 보면, 본인만 몽매한 게 아니라 세상 사람들이 생각했던 것보다 몽매하다는 사실을 깨닫게 된다. 그래서 대학원에라도 진학해서 더 배워 보고자 해도, 본 괘의 제2효와 제6효의 두 양효처럼 멀리 떨어져 있어서 현실적으로 쉽지 않다. 그러므로 스스로 배우려는 의지를 특별히 갖지 않으면, 몽매한 사람 중에 묶여서 함께 우매해지게 마련이다.

그러나 본 효가 당위인지라 몽매한 사람들 사이에서 몽매한 것이 재앙은 아니므로, '안타깝다'(吝) 정도로 말하고 있다.

이에 대하여 『상』은 "무지몽매한 사람들 사이에 빠져서 안타까운 것은, 진실을 가르쳐 줄 사람과 홀로 멀리 떨어져 있기 때문이다"(困蒙之吝, 獨遠實也)라고 해설하였다.

[제4 음효. 무지몽매한 사람들 사이에 빠져 있으니, 안타깝다.]

⑤ 六五, 童蒙, 吉.
童: 아이 동.

제5효는 양의 자리에 음효가 있으므로 실위다. '童蒙동몽'이란 어린아이가 아직 배우지 않아 무지하기는 하지만, 사악한 마음이 없이 천진난만하다는 뜻이다. 아이들은 호기심이 많아서, 알고 싶어 하고 배우고 싶어 하는 열망이 있다. 그래서 그들은 선생의 말을 겸손하게 사심 없이 잘 듣는다. 이런 점에서 자신의 아집에 빠져서 남의 말에 귀를 기울이지 않는 우매함과 질적으로 다르다.

본 효는 임금의 자리인데 여기에 음효가 있다는 것은 어린아이처럼 순진하고 순종적인 사람이 그 자리에 있음을 나타낸다. 이런 경우 나라에 어려움이 닥칠 수 있는데, 다행히 신하의 자리인 제2 양효가 본 효와 상응한다. 이는 강직하고 능력이 있는 신하가 순진하고 겸손한 임금을 보필한다는 뜻이므로 길한 것이다. 이처럼 군주가 능력이 부족하다면, 고집을 부리지 말고 능력 있는 신하의 조언을 겸손하게 듣는 게 오히려 성군이 될 수 있는 길이다.

이에 대하여 『상』은 "어린아이 같은 천진난만함이 길한 것은, 그가 순종적이고 겸손하기 때문이다"(童蒙之吉, 順以巽也)라고 해설하였다. 원문의 '巽손' 자는 '遜(겸손할 손)' 자와 같은 뜻이다. 임금이 겉으로만 순종적이고 겸손해서 그 속을 알 수 없다면, 신하가 마음 놓고 임금을 보필할 수가 없다. 그러나 사악한 마음이 없이 천진난만하게 신하의 말을 잘 듣는다면, 신하의 능력이 곧 임금의 능력이 될 수 있다는 말이다.

[제5 음효. (임금이) 어린아이와 같이 천진난만하니, 오히려 길하다.]

⑥ 上九, 擊蒙, 不利爲寇, 利禦寇.
擊: 때릴 격. 寇: 해칠 구. 禦: 막을 어.

제6효는 음의 자리에 양효가 있으므로 실위다. 제6효는 모든 과정을 마치고 조용히 물러나야 할 시기에 다시 적극적인 일을 추진하는 형국임을 말하는데, 교육에서 이런 경우는 이런저런 일련의 교육 방법이 효과가 없어서 최후의 방법을 쓰는 때를 뜻한다. 교육에서 최후의 방법은 때려서 깨우치게 하는 것이니, 이것이 바로 '擊蒙격몽'이다.

때려서 가르치는 방법은 분명히 효과도 있고 또 빠르기도 하지만, 동시에 부작용으로 해악도 일으킨다. 부작용을 감내하고 실행한다는 의미에서 최후의 방법이라고 말한 것이다. 이를테면 아이를 제대로 가르치겠다고 매를 마구 댔다가, 아이가 성격이 삐뚤어지거나 심지어 가출하는 일이 발생한다면, 이는 아니 때림만 못한 심한 해악이다. 이것을 효사는 '不利爲寇불리위구', 즉 '이롭지 않음이 해악을 저지를 때 생긴다'라고 묘사하였다. 여기서 '寇구' 자는 '해악'을 뜻한다. 따라서 아이를 때려서 가르칠 때는, 이러한 부작용이 생기지 않도록 조심해서 실행해야 할 것이니, '利禦寇리어구', 즉 '이로움이 해악을 막을 때 생긴다'라는 말이 이를 가리킨다.

이에 대하여 『상』은 "이로움이 해악을 막는 방법을 쓸 때 생기는 것은, (이렇게 하면) 윗사람과 아랫사람이 각기 때려서 가르치는 이치에 순종하기 때문이다"(利用御寇, 上下順也)라고 해설하였다. 즉 매를 든 선생과 가르침을 받는 학생이 매의 의미를 이해했다는 뜻이다. 충성스러운 신하가 우매한 임금에게 간언할 때도 마찬가지 일이 벌어질 수 있다. 간언의 의미를 임금과 신하가 모두 이해해야 해악 없이 임금이 깨달을 수 있다.

[제6 양효. (최후의 방법으로) 매로써 학생을 깨우치게 한다. (이때는) 이롭지 않음이 해악을 저지를 때 생기고, 이로움이 해악을 막을 때 생긴다.]

5. 수괘需卦

水天需수천수: 험난한 장애물을 끈질긴 기다림으로 극복한다.
건하감상乾下坎上

❖ 개관 ❖

수需괘는 하괘가 건괘, 상괘가 감괘로 이루어졌으므로, 물 앞에 강건剛健하게 버티고 있는 모양이다. 물은 험난한 역경을 상징하므로, 수괘는 역경에 굴하지 않고 버티면서 극복할 기회를 엿본다는 의미를 나타낸다. 지금 당장 장애물을 제거하겠다고 대드는 것은 만용일 뿐이니, 잠시 기다리고 있으면 반드시 기회가 온다는 뜻이다. 『설문해자』는 '需' 자를 "기다린다는 뜻이다. 비를 만나서 나아가지 않는다"(𡓗也. 遇雨而不進)라고 풀이하였다. 『단』에서 "'需' 자는 기다린다는 뜻이다"(需, 須也)라고 한 해설과 『잡괘雜卦』의 "'需' 자는 나아가지 않는다는 뜻이다"(需, 不進也)라는 해설과 같은 의미다.

수괘가 몽蒙괘 뒤에 놓인 것에 대하여, 『서괘』는 "사람이 어렸을 때는 잘 길러 주지 않을 수 없으므로, 이를 수괘로 이어받았다. '需' 자는 먹고 마시는 일의 도리를 뜻한다"(物稚不可以不養, 故受之以需. 需者, 飮食之道也)라고 해설하였다. 즉 군자는 비를 피하려고 기다리는 동안 가만히 있는 게 아니라, 먹고 마시면서 다시 출발할 힘을 비축한다는 말이다.

수괘는 앞에서 설명한 비를 만나 이를 피하려고 잠시 기다린다는 의미와, '需' 자를 '나약할 난' 자로 읽기도 하듯이 결단하지 않고 꾸물댄다는 의미를 함께 지니고 있다. 그러나 상괘에 감괘가 있고, 하괘에 건괘가 있다는 것은, 마른하늘 위에 구름이 떠 있음을 뜻하므로, 비 올 걱정하지 말고 과감하게 출발하라는 의미로 해석할 수도 있다. 즉 해야 할 일을 앞에 놓고 꾸물대며 기다리는 것은 군자의 자세가 아니라는 말이다. 옳은 일을 할 때 가장 바람직하지 않은 자세는 우물쭈물하며 결단을 미루는 일이다. 『논어』「학이學而편」에 "잘못이 있으면 고치기를 꺼리지 말라"(過則勿憚改)라고 하였듯이, 해야 할 일은 즉시 할 수 있도록 수양하는 게 군자의 태도다.

❖ 괘사 풀이 ❖

需, 有孚, 光亨貞吉, 利涉大川.
孚: 미쁠 부. 믿음. 光: 빛 광. 涉: 건널 섭. 川: 내 천.

감괘는 험난한 장애물을 상징하는데, 이를 돌파하려면 기다릴 줄 아는 인내심과 강건한 의지가 있어야 한다. 이 두 가지는 서로 다른 듯 보이지만, 기실 본질은 하나다. 왜냐하면 기회를 끈질기게 기다리려면, 강건한 의지에 기반한 인내심이 있어야 하기 때문이다. 이것을 우리는 흔히 '멘탈mental'이라고 부르는데, 이 힘은 굳건한 믿음에서 온다. 괘사의 '有孚유부'는 바로 이 뜻이다.

사람이 굳건한 믿음을 가지면, 어려움에 처해 있어도 희망의 빛을 보게 되고, 빛이 보이면 마음이 경건해져서 행동도 올바르게 하니 길한 것이다. 이것이 '光亨貞吉광형정길', 즉 '빛을 보고 형통하게 되면, 행동이 올바르게 될 터이니 길하다'라는 구절이다. 이러한 국면에서는 어떠한 난국도 헤쳐 나갈 수 있으니, '利涉大川리섭대천', 즉 '이로움이 큰 강을 건널 때 생긴다'라고 말한 것이다.

이에 대하여 『단』은 다음과 같이 해설하였다. "'需' 자는 기다린다는 뜻으로서, 험난한 장애물이 앞에 있기 때문이다. 이때 강건하면 위험에 빠지지 않고, 그가 지닌 의로운 생각도 바닥을 드러내지 않는다. 기다리려면 믿음을 가져야 하니, 그러면 (이로 인하여) 빛을 보고 형통해짐과 아울러 올바르게 행동하게 되므로 길하다. (본 괘의 제5 양효가) 천자의 자리에 자리 잡고 있어서 바르고 공정하니, 이로움이 큰 강을 건널 때 생기고, 앞으로 나아감에 공적이 있을 것이다."(需, 須也, 險在前也. 剛健而不陷, 其義不困窮矣. 需, 有孚, 光亨貞吉, 位乎天位, 以正中也. 利涉大川, 往有功也) 수괘에서 가장 중요한 부분은 제5 양효가 당위인 데다가 감괘의 중앙에 자리 잡고 있어서, 어떠한 어려움도 극복할 수 있는 국면이니, 염려 말고 굳건한 믿음을 가지라는 것이다.

이 괘사에 대하여 『상』은 "구름이 하늘 위에 있는 모양이 수괘의 괘상이다. 군자는 이 이치로써 먹고 마시며 잔치를 즐겨야 한다"(雲上于天, 需; 君子以飮食宴樂)라고 해설하였다. 하늘에 구름이 있으면 비가 올 것이고, 비가 오면 곧 그칠 때가 있을 터이니 기다렸다가 다시 가면 된다. 앞서 말했듯이, 기회를 기다릴 때는 조바심 내지 말고, 느긋하게 먹고 마시면서 체력을 비축하고 망중한忙中閑을 즐겨야 한다는 말이다. 난국을 헤칠 묘안은 밤새워 가며 머리를 짜낸다고 나오는 게 아니라, 여유 있게 즐기는 가운데 나오는 것이기 때문이다. 『노자』(제29장)에도 "잡으려는 자는 그것을 잃어야 한다"(執者失之)라고 하지 않았던가.

[수需괘: 굳건한 믿음을 가져야 한다. 그래서 빛을 보고 형통하게 되면, 행동이 올바르게 될 터이니 길하다. (그러면) 이로움이 큰 강을 건널 때 생긴다.]

❖ 효사 풀이 ❖

① *初九, 需于郊, 利用恆, 无咎.*
郊: 성밖 교. 用: '以'와 같음. 恆: 변치 않을 항.

제1효는 양의 자리에 양효가 있으므로 당위다. 상괘인 감坎괘는 험난한 장애물과 환난을 상징하는데, 본 효는 감괘로부터 멀리 떨어져 있으므로, 환난이 아직 코앞에 다가오지 않았음을 나타낸다. 제1효는 능동적인 자리이므로 어려워도 앞으로 나아가고자 하는데, 바로 위의 제2 양효가 버티고 있어서 나아갈 형세가 아니다. 이것을 비유로 쓴 것이 '需于郊수우교', 즉 '성 밖에서 기다린다'라는 구절이다. 공격 목표가 성이라면, 성으로부터 멀리 떨어진 '성 밖'(郊)은 제1효에 해당한다.

상괘인 감괘는 세 효가 모두 제자리인 당위當位에 자리 잡고 있는데, 이는 성을 공격하러 온 군대의 처지에서는 그 방어 태세에 압도된 상황이라고 볼 수 있다. 게다가 감괘의 제4효가 가리키듯, 성 주위에 커다란 해자까지 있으니 당황스러울 수밖에 없다. 반면에, 공격자인 하괘의 경우는 제2효가 음의 자리에 양효가 있는 실위이니, 겉으로는 강해 보이지만 실은 감춰진 약점이 있음을 나타낸다. 그러니 당황하지 않고 약점을 보완하며 의연히 때를 기다리는 것이 현명하다.

속어 중에 "없는 걱정을 만들어 한다"라는 말이 있다. 아직 어려움이 닥치지도 않았는데 미리 걱정하는 우매함을 비웃는 말이다. 험난한 장애물을 머지않은 장래에 만날 가능성이 있다 하더라도, 아직 코앞에 닥친 것은 아니다. 그사이에 어떤 변화가 있을지는 아무도 모르므로, 미리 걱정할 게 아니라 일단 느긋하게 기다려 보는 게 지혜롭다. 이것이 '利用恆리용항', 즉 '이로움이 평상심을 가질 때 생긴다'라는 구절이다. 여기서 '恆'이란 '평소의 자세'라는 뜻으로서 의연한 자세를 가리킨다. 위기에 부닥쳤을 때 가장 중요한 마음가짐은 믿음을 가지고 평소처럼 의연하게 대처하는 것이다. 지도자에게 의연함이 중요한 것은, 그를 따르는 사람들이 그의 자세를 보고 안정을 찾을 수 있기 때문이다.

이에 대하여 『상』은 "성 밖에서 기다린다는 것은, 어려운 길을 함부로 나서지 않는다는 뜻이다. 이로움이 평상심을 가질 때 생겨서 재앙이 없는 것은, 의연함을 잃지 않았기 때문이다"(需于郊, 不犯難行也. 利用恆, 无咎, 未失常也)라고 해설하였다. 어려움을 앞에 두고서도 움직이지 않고 기다린다면, 뭔가 얻는 건 없을 테지만, 그래도 경거망동했다가 실패할 재앙은 없을 거라는 뜻이다.

[제1 양효. 성 밖에서 기다려야 하는 형국인데, 이때는 이로움이 평상심을 가질 때 생기니, (그러면) 재앙이 없다.]

② 九二, 需于沙, 小有言, 終吉.

沙: 모래 사. '沙' 자는 모래는 '물'(氵)이 '적어지면'(少) 보인다는 뜻이므로 여기서는 '물가'를 뜻함. 言언: '愆(허물 건)' 자와 같음. 질책하다, 야단치다.

제2효는 음의 자리에 양효가 있으므로 실위다. 그러나 가운데 중효의 자리이므로, 강직함과 온유함을 두루 갖춰서 인내할 줄 아는 군자를 상징한다. 본 효는 앞의 제1효보다 험난한 장애물에 더 가까이 가 있는 상태다. 이것을 효사는 '需于沙수우사', 즉 '모래펄에서 기다린다'라고 비유하였다. 모래펄은 물의 양이 적어지면 나타나는 곳이니, 험난함을 상징하는 물에 아주 가까이 다가가 있음을 나타낸다. 그러나 펄은 기실 지반이 약해서 걷기가 쉽지 않으므로 물에 뛰어들기 전에 물의 깊이와 흐름 등 상황을 먼저 살펴야 한다.

이렇게 천천히 시간을 갖고 살피다 보면, 주위로부터 왜 빨리 안 뛰어드느냐고 힐난을 받는다. 이것이 '小有言소유언', 즉 '자질구레하게 책망하는 말들이 있다'라는 구절이다. 본 효와 제5효는 같은 양효로서 배척 관계에 있으므로 사이가 좋을 리 없는 데다가, 본 효의 양쪽을 양효가 둘러싸고 있어서 자연히 말이 많을 수밖에 없다. 이를테면 소진蘇秦이 때를 기다리며 공부하고 있는데, 형수가 언제까지 그러고 있을 거냐면서 구박하는 형국이 그 예다. 그러나 강직하면서 인내심이 큰 군자는 이런 힐난에 조금도 영향을 받지 않는다. 따라서 이렇게 기다리다 보면 '끝내는 길하게'(終吉) 된다.

이에 대하여 『상』은 "모래펄에서 기다리는 것은, 여유로움이 강직한 마음 가운데에 있기 때문이다. 비록 자질구레한 잔소리들이 있겠지만, (여유로움 때문에) 끝내는 길하다"(需于沙, 衍在中也. 雖有小言, 以終吉也)라고 해설하였다. 원문의 '衍(나머지 연)' 자는 물가에서 뭍으로 뻗은 모래펄을 가리키는 말로서, 마음의 여유를 상징한다.

[제2 양효. 모래펄에서 기다리다 보면, 주위에 자질구레한 힐난이 있겠지만, 끝내는 길하다.]

③ 九三, 需于泥, 致寇至

泥: 진흙 니. 수렁. 致: 불러올 치. 寇: 도적 구. 적군.

제3효는 양의 자리에 양효가 있으므로 당위다. 본 효는 하괘인 건괘의 가장 위에 있으므로, 매우 강직하고 의욕적이다. 그래서 앞에 있는 감괘의 험난한 장애물에 너무 바짝 다가간 것인데, 이것이 '需于泥수우니', 즉 '늪에서 기다린다'라는 구절이다. 늪은 아직 본격적인 물은 아니지만, 물 반, 흙 반의 진흙탕이므로 장차 위험에 처할 수 있는 곳이다. 아직은 물 밖이어서 험난함의 밖에 처해 있긴 하지만, 만일에 적이 본다면 작전을 짜서 공격하고자 하는 유혹을 느낄 것이다. 이것이 '致寇至치구지', 즉 '적군이 오도록 부른다'라는 구절이다.

본 효가 이렇게 하는 이유는, 본래 강직한 사람이 가장 강직해야 하는 험난한 장애물에 가장 근접해 있기 때문이다. 직접 대면하고 있는 제4효가 음효라 녹록하게 보여서 더욱 의욕적으로 행동하지만, 그 뒤에 제5 양효가 있으므로 기실 그리 쉬운 상대는 아니다. 그래도 제6 음효와는 상응하는 관계이므로 결말은 길할 것이다.

이에 대하여 『상』은 "늪에서 기다리는 것은, 재앙이 아직 바깥쪽에 있기 때문이다. 이때는 나로부터 적군을 불러오게 되므로, 겸손하고 신중히 해서 패하지 않아야 한다"(需于泥, 災在外也. 自我致寇, 敬愼不敗也)라고 해설하였다. 여기서 '재앙이 아직 바깥쪽에 있다'라는 말은, 감괘가 상괘에 자리 잡고 있음을 의미한다.

[제3 양효. (모래펄을 넘어) 늪에서 기다리니, 이는 적군이 오도록 부르는 일이 된다.]

④ 六四, 需于血, 出自穴.

血: 피 혈. 부상을 상징. 穴: 구멍 혈. 최전방에서 방어하는 진지.

제4효는 음의 자리에 음효가 있으므로 당위다. 본 효는 감괘의 첫째 효이므로 위험한 지경 안에 이미 들어가 있다. 아래의 제1·2·3 양효가 한꺼번에 음효인 본 효를 공격하므로 싸움의 양상이 치열할 수밖에 없다. 그래도 본 효는 이런 상황에서도 냉정하게 기다린다. 이것이 '需于血수우혈', 즉 '피바다 가운데서도 기다린다'라는 구절이다.

이렇게 다급한 상황에서도 기다릴 수 있는 근거는, 본 효가 당위일 뿐 아니라, 제1 양효와 상응하고 제5효와도 음양으로 상합하기 때문이다. 『계사』에 "네 번째 효에는 (임금의 측근 자리라서) 두려워해야 할 내용이 많다"(四多懼)라고 하였듯이, 본 효에서는 경거망동하면 안 된다.

치열해야 할 상황에서 일절 호응하지 않고 기다리면, 적군은 오히려 자신들의 약점이 드러난 것으로 여기고 사기가 떨어지기 시작한다. 『좌전左傳』「장공莊公 10년」의 "첫 번째로 울리는 진격의 북은 군사의 사기를 최고조로 진작시킵니다. (그러므로 이때는 대응하면 안 됩니다) 두 번째 진격의 북을 울릴 때는 사기가 시들어 버리고, 세 번째로 진격의 북이 울릴 때쯤이면 사기가 완전히 말라 버립니다"(一鼓作氣, 再而衰, 三而竭)라는 고사가 그 대표적인 예라 하겠다. 그러면 사기가 떨어진 적군은 저절로 진지로부터 기어 나와 투항하게 될 것인즉, 이것이 '出自穴출자혈', 즉 '(스스로) 진지로부터 기어 나온다'라는 구절이다.

이에 대하여 『상』은 "혈전의 상황에서도 기다리는 것은, (제4효가 처한 상황에) 순종하고 이치에 따랐기 때문이다"(需于血, 順以聽也)라고 해설하였다. 제4효가 처한 상황이란 당위인 제4효가 제1 양효와 상응하고 제5 양효와 상합해서 자신에게 유리한 처지를 가리킨다. 우리 속담에 "호랑이에게 물려 가도 정신만 차리면 산다"라는 말이 있는데, 이와 연관 지어 생각해 볼 만하다.

[제4 음효. 혈전血戰 가운데서도 기다리니, (적군이 스스로) 진지로부터 기어 나온다.]

⑤ 九五, 需于酒食, 貞吉.
食: 밥 사. 酒食주사: 술과 음식.

제5효는 양의 자리에 양효가 있으므로 당위다. 본 효는 임금의 자리이자 중효에 자리하므로, 수괘의 중심 효가 된다. 따라서 이때는 이미 모든 고난을 극복하고 전투를 마친 후, 승리에 도취해 있는 기간이다. 이때는 술과 고기를 내어서 참전한 군사들의 공로를 치하하고 수고를 위로해야 한다. 이것이 '需于酒食수우주사', 즉 '술과 음식을 즐기는 가운데 기다린다'라는 구절이다.

승리에 취한 지도자나 장군은 일반적으로 잠시 쉬면서 피로를 풀며 힘을 회복하기보다는, 내친김에 더 큰 공적을 이루고자 지친 군사를 무리하게 닦달해서 또 다른 전투에 투입하는 경향이 있다. 광무제의 "농서隴西 땅을 얻고 나니 촉나라가 눈에 들어오는 법"(得隴望蜀)이라는 고사성어가 그 대표적인 예다. 그러나 급히 서두르는 전투는 승리하기 어렵다.

본 효의 처지에서 보더라도, 본 효는 제2 양효와 상응하지 않으니, 일선의 하급 지휘자들이 이러한 강경 드라이브를 원치 않음을 나타낸다. 게다가 제6 음효와 상합하니, 천천히 쉬면서 후일을 기약하는 게 더 낫다. 따라서 이때는 군사들에게 술과 음식을 실컷 즐기도록 놓아두고, 자신도 즐기며 기다리는 게 현명하다. 임금 자리인 본 효에서는 먹고 마시는 즐거움을 향유하는 게 자연스럽기 때문이다.

그러나 이것이 과해서 주지육림酒池肉林으로 발전하는 것은 멸망의 길이다. 즐길 건 즐기더라도, 올바른 도리와 자세를 견지해야 길할 것인즉, '貞吉정길', 즉 '올바름을 견지해야 길하다'라는 구절이 이를 가리킨다.

이에 대하여 『상』은 "술과 음식을 즐길 때 올바름을 지키면 길한 것은, (임금이) 가운데에 바르게 자리 잡고 있기 때문이다"(酒食貞吉, 以中正也)라고 해설하였다.

[제5 양효. 술과 음식을 즐기는 가운데 기다리는데, 올바름을 견지해야 길하다.]

⑥ 上六, 入于穴, 有不速之客三人來, 敬之, 終吉.
速: 부를 속. '邀(초대할 요)' 자와 같음. 客: 손 객. 敬: 공경할 경.

제6효는 음의 자리에 음효가 있으므로 당위다. 본 효는 감괘의 마지막 효로서, 승전한 다음이므로 험난한 장애물도 없고 기다릴 것도 없다. 이제 남은 것은 승전 후의 후속 조치뿐이니, 이는 전란 통에 달아났던 적국의 임금과 귀족들을 처리하는 문제를 뜻한다.

이들이 달아났다가 돌아온 것을 효사는 '入于穴입우혈', 즉 '(달아났던) 진지로 돌아오다'라고 표현하였다. 제4 음효에서 '진지로부터 기어 나왔다'(出自穴)라고 하였으니, 패전 후에 달아난 곳으로 돌아왔다는 뜻이다. 돌아와 보니 반갑지 않은 불청객들이 들어와 점령하고 있은즉, 이것을 '有不速之客三人來유불속지객삼인래', 즉 '초대하지도 않은 손님 세 명이 와 있었다'라고 묘사하였다. 여기서 '速속' 자는 '邀(초대할 요)' 자와 같은 뜻의 글자로서, '초대하지도 않은 손님 세 명'이란 하괘인 건괘의 세 효의 침범을 가리킨다.

하괘의 건괘는 초대하지 않은 불청객이지만, 전투에서 이겨 점령하고 있으니, 어쩔 수 없이 그들에게 순종하는 게 당위인 본 효의 속성이다. 이것이 '敬之경지', 즉 '그들에게 공손히 허리를 굽힌다'라는 구절이다. 물론 일부 과격한 주전론자들은 죽을 때까지 싸우자고 주장할 수도 있지만, 본 효에서는 그럴 상황이 아니다. 패배를 인정하고 상대를 존중하면, 안정을 되찾고 그나마 나라의 명맥이라도 유지할 수 있으므로, '終吉종길', 즉 '마무리가 길하다'라고 말한 것이다. 즉 본 효는 패전국인 상대가 힘에 순종하면, 나라의 명맥은 이어 갈 수 있도록 마무리를 해 주는 게 지혜로운 일임을 시사한다.

이에 대하여 『상』은 "초대하지 않은 손님 셋이 왔지만, 이들을 공경하니 끝이 길한 것은, 비록 온당한 자리는 아니더라도 크게 잃은 것은 아니기 때문이다"(不速之客三人來, 敬之, 終吉, 雖不當位, 未大失也)라고 해설하였다. 여기서 '비록 온당한 자리는 아니더라도'라는 말은, 패전한 나라의 임금은 승전한 나라의 신하가 되는 것이므로, 명분상으로는 온당한 위상이 아니라는 뜻이다. 그래도 나라를 완전히 잃은 것은 아니므로, '크게 잃은 것은 아니다'라고 스스로 위로한 것이다.

[제6 음효. (달아났던) 진지로 돌아오니, 초대하지 않은 손님 셋이 와 있었다. 그러나 이들에게 공손히 허리를 굽히니, 끝이 길하다.]

6. 송괘訟卦

天水訟천수송: 하늘은 위로 오르려 하고 물은 아래로 흐르려 하기에, 둘은 서로 척질 수밖에 없으므로 송사로 이어진다.

감하건상坎下乾上

❖ 개관 ❖

송訟괘는 하괘가 감坎괘, 상괘가 건乾괘로 이루어졌다. 이는 물 위에 하늘이 있는 모양인데, 하늘은 위로 높아만 가고 물은 아래로만 흘러가므로, 서로 등질 수밖에 없는 상태를 말한다. 중국의 환경에서 말하자면, 하늘은 동쪽에서 서쪽으로 움직이고 강물은 서쪽에서 동쪽으로 흘러가는 양상을 표상하기도 한다. 또한 하괘인 감괘는 험난함을, 상괘인 건괘는 강직함을 각각 상징하는데, 험난함과 강건함은 어느 한쪽도 질 수 없으므로, 필연적으로 쟁송을 야기할 수밖에 없다. 개인에게 있어서 하괘는 내심을, 상괘는 겉의 표정을 각각 나타낸다면, 내심은 험악하고 겉모습은 강경하기 때문에 조금의 양보도 없이 싸울 태세다.

송괘가 수需괘 뒤에 놓인 것에 대하여, 『서괘』는 "음식에는 반드시 다툼이 있게 마련이므로, 송괘로써 이를 이어받았다"(飮食必有訟, 故受之以訟)라고 해설하였다. 사람은 누구나 먹을 것을 원하므로 이를 서로 차지하려는 다툼이 벌어진다. 둘 사이에 다툼이 해결되지 않으면, 결국 법정에 가서 판사에게 판결받는다. 그러나 법이 아무리 공정하게 판결해도 불만이 있게 마련이고, 이것을 어떤 방식으로든 해소하려 할 것이므로 송사는 결국 재앙으로 끝날 수밖에 없다. 부례박은 『논어』「안연顏淵편」의 "송사를 심리하는 것은 나도 다른 사람과 똑같다. 중요한 것은 근본적으로 소송이 일어나지 않게 하는 것이다."(聽訟吾猶人也, 必也使無訟乎)라는 공자의 말을 인용하였는데, 이처럼 소송이 없도록 하는 것이 가장 길한 것임을 이 괘는 말한다.

송괘의 상·하괘 배열은 수需괘(䷄)와 정반대이므로, 한 쌍씩 짝지어진 두 괘의 관계는 공영달孔穎達이 말한 '복괘覆卦 아니면 변괘變卦'라는 이른바 '非覆即變비복즉변'의 원칙에서 보면 복괘의 관계에 해당한다.

❖ 괘사 풀이 ❖

訟, 有孚窒惕中吉, 終凶. 利見大人, 不利涉大川.
訟: 송사할 송. 孚: 미쁠 부. 窒: 막을 질. 惕: 두려워할 척. 終: 마칠 종.

송사란 양립할 수 없는 강경함과 험악함이 다투는 것이라서 근본적으로 흉凶에 속하는데, 이것이 길하려면 네 가지 요소가 필요하다고 괘사는 말한다. 그것은 '有孚窒惕中吉유부질척중길', 즉 '孚부·窒질·惕척·中중'이다. 이 네 가지를 구체적으로 설명하면 다음과 같다.

고소장은 상대방의 죄를 구성하느라 날조의 유혹에 쉽게 빠지는데, 이렇게 하면 신뢰가 결여되기 쉽다. 따라서 재판에서 이기려면 명확한 증거를 통해 신뢰를 갖춰야 하는데 이것이 '孚부'다.

송사에는 재판 결과에 승복하지 않는 자가 늘 나오게 마련이므로 한번 시작하면 소訴가 끝없이 반복된다. 따라서 이 과정에서 누구 하나는 막아서 끊어 줘야 후환이 중단되는데, 이것이 '窒질'이다.

또한 한번 송사를 시작하면 쌍방은 보복에 보복을 이어 가다가 마침내는 대를 이어 싸울 수도 있다. 이처럼 송사는 무서운 일이므로 송사를 할 때는 두려운 마음을 갖고 진행하지 않으면 안 되는데, 이것이 '惕척'이다.

마지막으로 송사는 전 재산과 운명을 걸고 하는 것이나 마찬가지이므로, 상대방이 약점을 보이면 사정없이 치고 들어가기 때문에 쌍방이 늘 엄청난 스트레스에 시달린다. 이런 경우에는 마음 한편으로 그만 적당한 선에서 끝을 냈으면 하는 마음을 갖는 게 사실이다. 따라서 끝을 보려 하지 말고 적당한 선에서 멈추는 것이 현명한데, 이것이 바로 '中중'이다. 『맹자』「이루離婁(하)」의 "공자는 너무 과도하게 나가는 일을 하지 않으셨다"(仲尼不爲已甚者)라는 구절을 깊이 새겨야 한다.

위의 네 가지를 지키면, 험하고 힘든 송사가 길하게 끝날 수도 있겠지만, 송사란 궁극적으로 흉사이므로, '終凶종흉', 즉 '그 끝이 험하고 사납다'라고 말한 것이다.

괘사는 이어서 '利見大人리견대인', 즉 '이로움이 큰 인물을 만날 때 생긴다'라고 말한다. 여기서 '큰 인물'이란 재판장으로서 제5 양효를 가리킨다. 제5 양효가 가운데 중효에 자리함으로써 공정함을 지키고 있으므로 이롭다고 말한 것이다. 그러나 아무리 재판장이 공정하여도 억울함이 전혀 생기지 않을 수는 없다. 제5 양효 위에는 다시 제6 양효가 기다리고 있으니, 판사의 공정함과 관계없이 소송은 계속되어 깊은 심연으로 점점 빠져들 것이기에, 괘사는 '不利涉大川불리섭대천', 즉 '이롭지 않음이 큰 환난을 건널 때 생긴다'라고 말한 것이다.

이에 대하여 『상』은 "하늘과 물이 서로 어긋나게 가는 게 송괘의 모양이다. 군자는 이 이치로써 일할 때는 처음부터 갈등이 생기지 않도록 도모한다"(天與水違行, 訟. 君子以作事謀始)라고 해설하였다. 공자의 말처럼 애초에 갈등이 생기지 않게 하는 것이 중요하다는 뜻이다.

[송訟괘: 송사는 믿을 만한 증거, 중도에 진행을 막을 의지, 보복을 두려워하는 마음, 너무 나가지 않는 통제력 등이 있으면 길하지만, 그래도 결국은 재앙으로 끝난다. 이로움이 큰 인물을 만날 때 생기지만, 이롭지 않음도 큰 환난을 건널 때 생긴다.]

❖ 효사 풀이 ❖

① 初六, 不永所事, 小有言, 終吉.

永: 오래 끌 영. 所事소사: 일로 발전하는 것. 즉 송사로 발전하는 것. 송사에 말려드는 일. 小有言소유언: 약간의 말다툼 정도에서 그치다.

제1효는 양의 자리에 음효가 있으므로 실위다. 본 효는 맨 아래 음효이므로, 지위도 낮고 유약해서 누구와도 싸울 힘이 없는 사람을 나타낸다. 그러나 움직이고자 하는 강직한 자리에 있으므로, 자칫 강경하게 나갈 수도 있지만 이는 현명하지 않다. 따라서 송사로 번지지 않도록 하는 게 중요한데, 이것이 '不永所事불영소사', 즉 '처리해야 할 일로 번지지 않도록 하라'라는 구절이다. 여기서 '永' 자는 '사소한 것을 일로 번지게 하는 행위'라는 뜻이다.

이렇게 하려면 약간의 해명 정도만 있으면 되는데, 이것이 '小有言소유언', 즉 '해명의 말만 조금 있으면 된다'라는 구절이다. 별것 아닌 일이 크게 번지는 계기는 일상을 벗어날 때다. 이를테면 목소리가 조금 높거나 클 때, 또는 해명이 길어질 때, 말하면서 필요 없는 손짓을 할 때 등이다. 그저 평상만을 지키면 그 사소한 일은 송사로 번지지 않고 좋게 끝난다.

이에 대하여 『상』은 "처리해야 할 일로 번지지 않도록 하니, 송사는 길어질 수 없다. 비록 말은 적더라도, 그 해명은 명쾌해야 한다"(不永所事, 訟不可長也. 雖小有言, 其辯明也)라고 해설하였다.

[제1 음효. 처리해야 할 일로 번지지 않도록 하고, 해명의 말만 조금 있으니, 마무리가 길하다.]

② 九二, 不克訟, 歸而逋, 其邑人三百戶, 无眚.

克: 이길 극. 승소하다. 歸: 돌아갈 귀. 逋: 달아날 포. 숨다. 邑: 고을 읍.

대부大夫의 봉지. 300호면 하대부下大夫급임. 戶: 지게문 호. 호구. 眚: 흐릴 생. 자초한 재앙.

제2효는 음의 자리에 양효가 있으므로 실위다. 본 효는 신하의 자리인데, 상응해야 할 임금 자리인 제5 양효와 상응하지 않는다. 이는 임금과 신하의 관계에 있는 사람끼리 강경하게 대치해서 싸우는 국면을 말한다.

임금과 신하의 다툼에서 신하는 절대적으로 불리한 데다가 제5효는 양의 자리에 양효가 있는 당위인 반면에, 본 효는 실위에 있으므로 신하가 임금을 당할 재간이 없다. 이것이 '不克訟불극송', 즉 '소송에서 이길 수 없다'라는 구절이다. 이러한 소송이라면 절대 싸워서는 안 되고, 조용히 집으로 돌아와 숨어 지내는 수밖에 없다. 이것이 '歸而逋귀이포', 즉 '돌아와 숨어 지낸다'라는 말이다. 그는 신하라 하더라도 높은 직위도 아니고, 인구가 겨우 삼백 가구 정도에 지나지 않는 작은 고을의 영주에 지나지 않으므로, 아무리 억울하여도 그냥 포기해야 그나마 고을 주민에게 재앙이 미치지 않을 것이다. 이것이 '其邑人三百戶无眚기읍인삼백호무생', 즉 '그 고을 사람 삼백 가구에 재앙이 없다'라는 구절이 가리키는 바다.

이에 대하여 『상』은 "승소할 수 없으니, 돌아와 조용히 숨어 지낸다. 아랫사람이 윗사람에게 소송하면, 환난이 도래함이 (물건) 줍는 일처럼 쉽다"(不克訟, 歸逋竄也. 自下訟上, 患至掇也)라고 해설하였다. 작은 고을의 신하는 쥐 죽은 듯 조용히 지내면 잊히지만, 큰 고을의 신하라면 엄청난 보복이 가해져 고을 백성에게 큰 재앙이 생길 것이라는 뜻이다.

[제2 양효. 소송에서 이길 수 없으므로, 돌아와 조용히 숨어 지내면, 그가 다스리는 고을의 삼백 가구에는 (보복의) 재앙이 없을 것이다.]

③ 六三, 食舊德, 貞厲, 終吉, 或從王事, 无成.
食: 먹을 식. 舊: 예 구. 德: 덕 덕. 厲: 위태로울 려. 或: 어쩌다 혹. 從: 좇

을 종. 事: 일 사. 无: 없을 무. 成: 이룰 성.

제3효는 양의 자리에 음효가 있으므로 실위다. 본 효는 원래 제후의 자리로서 세력이 있는 사람이면 좀 나대고 싶어 하는 속성이 있다. 그러나 본 효는 음효로서 그럴 만한 세력도 없고, 제2 양효와 제4 양효 사이에 끼어서 위축된 상태다. 단지 옛날 선조의 공훈 덕에 근근이 먹고사는 처지일 뿐이다. 이것을 효사는 '食舊德식구덕', 즉 '옛날 선조의 공덕을 먹고 산다'라고 묘사하였다. 아마 옛날 선조가 받은 채읍采邑이 제후쯤 되었던 것으로 추측할 수 있다. 본 효가 송사에 휘말리지 않은 것은, 제6 양효와 상응하기 때문인데, 제6효는 은퇴 시기에 있는 높은 귀인으로서 그는 본 효의 선조를 잘 알기에 그 자손을 잘 돌봐 주고 있다는 뜻이 된다.

이렇게 조상이 이루어 놓은 공훈으로 먹고사는 후손이 조상의 이름을 들먹이지 않고 조용히 살면 누구와 싸울 일이 없다. 옛날의 공적은 사람들에게 이미 잊혔기에 그가 하는 일도 없이 호의호식하는 게 사람들에게 곱게 보일 리 없으니, 얌전하게 살아야 한다는 말이다. 이것을 효사는 '貞厲終吉 정려종길', 즉 '위태로운 가운데서 올바름을 유지하면 끝까지 길하다'라고 말하였다.

또한 어쩌다가 임금이 이들을 불러 특별한 일을 시킬 때가 있는데, 그럴 때 자기가 그 일을 해냈느니, 임금이 자기를 총애하니 등등의 말을 함부로 하지 말아야 한다. 자칫 주위의 시기 질투로 참소가 들어갈 수도 있기 때문이다. 이것이 '或從王事无成혹종왕사무성', 즉 '간혹 임금의 일을 받들어 모실 때는 자기의 성취라고 내세우면 안 된다'라는 구절이다.

이에 대하여 『상』은 "조상의 공훈으로 먹고살게 된 것은, (제6 양효의) 귀한 분을 잘 모셔서 길하기 때문이다"(食舊德, 從上吉也)라고 해설하였다. 앞서 설명하였듯이, 제6효는 노세대老世代로서 본 효의 조상을 잘 알기 때문이다.

[제3 음효. 옛날 선조의 공덕으로 먹고사니, 위태로운 가운데서 올바름을 유지하면 끝까지 길하다. 간혹 임금의 일을 받들어 모실 때는 (그 일이) 자기가 한 일이라고 내세우면 안 된다.]

④ 九四, 不克訟, 復即命, 渝, 安貞, 吉.

克: 이길 극. 復: 회복할 복. 소송 이전의 상태로 돌아가다. 即: 나아갈 즉. 命: 운명 명. 渝: 바꿀 유. 安: 편안할 안.

제4효는 음의 자리에 양효가 있으므로 실위다. 제4효는 측근 신하의 자리이므로 순종이 미덕이다. 그런데 본 효는 강건함을 상징하는 건괘의 첫 효이므로 이치에 순종하지 않고 소송으로 나아가려 한다. 더구나 본 효가 제1 음효와 상응하므로 자신감은 더욱 넘친다.

그러나 환경이 바뀌었으면 거기에 맞춰 행동해야 한다. 이를 역행하면 아무리 강력한 뒷배를 동원해도 이길 수 없다. 더구나 본 효는 가운데에 있는 중효中爻가 아니므로 공정함을 기대할 수도 없고, 이웃에 있는 제5 양효와도 다퉈야 할 처지이니, 전선을 양쪽으로 벌여 놓고는 이길 수 없다. 이것이 '不克訟불극송', 즉 '소송에서 이길 수 없다'라는 구절이다.

그렇다면 어떻게 해야 하는가? 당연히 이치에 따르는 게 현명하다. 제4효의 자질인 측근 신하가 지녀야 할 자세를 갖춰야 한다는 말이니, 이것이 '復即命복즉명', 즉 '임금의 명령대로 행동하는 자세로 돌아간다'라는 구절이다. 좀 더 포괄적으로 말하면, 운명에 순종하는 정신을 회복한다는 뜻이다.

이어서 효사는 '渝安貞吉유안정길', 즉 '자신의 (관점과 생각을) 바꾸면, 편안함이 올바름을 지키는 데서 생겨서 길하다'라고 말한다. 다시 말해서, 마음을 고쳐먹고 자신의 분수를 굳게 지키면 길하다는 뜻이다. 물론 현대에서는 권력과 끝까지 싸워 승소하는 경우가 종종 있긴 하지만, 소송 과정에서 승자는 이미 만신창이가 되어 있을 뿐 아니라, 재물도 엄청나게 낭비한 후이므로 승소는 그야말로 '상처뿐인 영광'이다. 소송에서 최후의 승자는 오로지 법 그 자체일 뿐이다.

이에 대하여 『상』은 "임금의 명령대로 행동하는 자세로 돌아가서 마음을 고쳐먹으면, 올바름을 유지할 때 생기는 안정을 잃지 않는다"(復即命渝, 安貞不失也)라고 해설하였다.

[제4 양효. (이치에 역행하는) 소송은 이길 수 없다. 임금의 명령대로 행동하는 자세로 돌아가서 (자기 생각을) 바꾸면, 편안함이 올바름을 지키는 데서 생겨서 길하다.]

⑤ 九五, 訟, 元吉.

제5효는 양의 자리에 양효가 있으므로 당위다. 본 효는 임금의 자리로서 가운데에 자리 잡고 있는데, 이는 불편부당不偏不黨, 즉 어느 쪽으로 기울지 않고, 누구의 편도 들지 않는 엄정한 법관이 소송을 주재하고 있음을 상징한다. 소송에서 이기기 위한 가장 중요한 요소를 꼽으라면, 공정한 판사와 조력자, 즉 변호사를 만나는 일이다. 괘사에서 '利見大人리견대인', 즉 '이로움이 큰 인물을 만날 때 생긴다'라고 한 말은 이를 가리킨다. 엄정한 법관이 임금의 자리에 있다면 '元吉', 즉 '크게 길한 일'이 된다.

이에 대하여 『상』은 "소송이 크게 길한 것은, (법관이) 가운데서 공정하게 판결하기 때문이다"(訟, 元吉, 以中正也)라고 해설하였다.

[제5 양효. (엄정한 법관이 판결하는) 소송은 크게 길하다.]

⑥ 上九, 或錫之鞶帶, 終朝三褫之.

錫사: '賜(줄 사)' 자와 같음. 주다. 鞶: 큰 띠 반. 鞶帶반대: 관복을 입을 때 두르는 허리띠. 고위 관직을 상징. 褫: 빼앗을 치. 옷을 벗기다. 終朝종조: 아침이 끝나는 시간. 즉 하루를 가리킴.

제6효는 음의 자리에 양효가 있으므로 실위다. 본 효는 소송의 끝에 와 있는 국면인데, 중효에 처해 있지 않으므로 수단과 방법을 가리지 않고 승소를 도모하는 형세다. 그렇게 해서 소송에 이기면 관직이나 재물을 얻을 수도 있을 터인즉, 이것이 '或錫之鞶帶혹사지반대', 즉 '혹시 그에게 높은 관직이 주어질 수도 있다'라는 구절이다.

그러나 얻는 게 있으면 잃는 것도 있다. 수단과 방법을 가리지 않고 이긴 소송은 많은 사람에게 좋지 않은 인상을 남긴다. 그래서 이것이 나중에 재앙이 될 수도 있으니, '終朝三褫之종조삼치지', 즉 '하루아침에 세 번 관복을 벗을 수도 있다'라는 말이 그것이다. 그러므로 소송은 무조건 이긴다고 능사는 아니다.

이에 대하여 『상』은 "소송에 이겨서 관복을 받았다고 해도, 그것을 존경하기에는 부족하다"(以訟受服, 亦不足敬也)라고 해설하였다.

[제6 양효. (부당하게 승소해서) 혹시 그에게 관직이 주어질 수도 있겠지만, 하루아침에 세 번 관복을 벗을 수도 있다.]

7. 사괘師卦

地水師지수사: 땅이 물을 저장하듯이 백성을 잘 품어 주어야 이들이 환난을 극복할 군대가 된다. 감하곤상坎下坤上

❖ 개관 ❖

사師괘는 하괘가 감괘, 상괘가 곤괘로 이루어졌다. 감괘는 '물'로서 외적의 침략과 같은 환난을, 곤괘는 '땅'으로서 농사를 지으며 살아가는 민중을 각각 상징한다. 따라서 사괘는 외적이 침입하면 민중이 일어나 이를 제압하는 형상이 된다. 여기서 '師' 자는 조직화된 많은 사람, 즉 군대를 가리킨다. 주나라 때 '사'는 가장 큰 군대 단위로서 2,400명의 조직이었다고 한다.

『노자』(제30장)에서 "군대가 머문 곳에는 가시나무가 자라나고, 대군을 일으킨 다음에는 반드시 흉년이 나타난다"(師之所處, 荊棘生焉; 大軍之後, 必有凶年)라고 말하였듯이, 군대란 흉측하고 위험한 것이어서 부득이한 경우가 아니라면 함부로 일으키는 게 아니다. 따라서 전쟁은 명분이 순리적이어야 하고, 백성의 동원은 자발적이어야 한다. 곤괘는 순리를 상징하고, 감괘는 민중이 땅 밑에 있는 지하수처럼 보호받아야 자발적으로 군에 지원함을 상징한다.

사괘가 송訟괘 뒤에 놓인 것에 대하여 『서괘』는 "소송에는 반드시 뭇사람들을 동원하는 일이 일어나게 마련이므로, 이를 사괘로써 이어받았다.

'師'란 많은 사람이라는 뜻이다"(訟必有衆起, 故受之以師. 師者, 衆也)라고 해설하였다. 즉 앞의 송訟괘에서 판결에 불복한 사람은 무력을 써서 이를 뒤집으려 할 것인즉, 이 경우 많은 사람을 동원하여 싸울 것이므로 송괘 뒤에 사괘를 붙였다는 말이다. 무력이란 가장 손쉽게 모순을 해결하는 방법이긴 하지만, 본질적으로 흉측한 것이어서 명분이 없으면 길하기가 어렵다.

❖ 괘사 풀이 ❖

師, 貞, 丈人吉, 无咎.

貞: 바를 정. 공정하게 통솔함으로써 민중을 일사불란하게 움직이다. 丈人장인: 노련하고 침착한 사령관 또는 지휘관.

사괘는 제1효가 음이고 제2효가 양이며, 나머지는 모두 음효다. 전체적인 형상을 보면, 군대가 좌우 제대梯隊로 나뉘어 위쪽, 즉 북쪽으로 진군하는 모양을 나타낸다. 맨 아래의 제1 음효는 평소에 덕을 쌓아서 민중에게 보이지 않게 배푼 모양이고, 제2 양효는 지휘부가 엄한 군율로 통솔하는 모양이며, 제3효부터 제6효까지는 좌군과 우군으로 나뉘어 북진하는 모양이다.

괘사의 '貞' 자는 군대를 공정하게 통솔한다는 뜻이고, '丈人장인'은 백전노장의 장수를 의미한다. 농사짓는 백성을 차출해서 조직하였다고 해서 바로 군대가 되는 게 아니다. 이들을 훈련시켜서 일사불란한 군대로 만들려면, 군율을 바로 세워서 실행하는 게 가장 중요하고, 또 이를 위해서는 백전노장 같은 능력 있는 장수에게 지휘와 통솔을 맡겨야 한다. 이것이 '貞丈人吉정장인길', 즉 '(군율대로) 바르게 통솔하고, 능력 있는 장수에게 맡기면 길하다'라는 구절이다. 괘사는 여기에 '无咎무구', 즉 '재앙이 없다'라고 덧붙였는데, 군대에서 재앙이란 전투에서 지는 일이므로, 패퇴란 없다는 뜻이다.

이에 대하여 『단』은 다음과 같이 해설하였다. "'師' 자는 '무리'라는 뜻이다. '貞' 자는 '바르다'라는 뜻이다. 능히 민중을 올바르게 통솔할 수 있다면, (이 민중으로) 천하를 지배할 수 있다. (제2 양효의) 강직함이 가운데 처하면서 (제5 음효와) 상응하고, (하괘의) 험난함에 도전하면서도 (상괘의) 이치에 순종하니, 이로써 천하를 다스리고 민중이 이를 따른다면, 길할 뿐이지 무슨 재앙이 더 있겠는가?"(師, 衆也. 貞, 正也. 能以衆正, 可以王矣. 剛中而應, 行險而順, 以此毒天下, 而民從之, 吉又何咎矣)

『상』은 이 괘에 대하여 "땅속에 물이 있는 게 사괘의 괘상이다. 군자는 이 이치로써 백성을 포용하고 뭇사람들을 길러 준다"(地中有水, 師. 君子以容民畜衆)라고 해설하였다. 땅이 지하수를 품듯 평소에 백성을 보호해 주니까, 나라가 위급할 때 백성이 자발적으로 군대에 지원한다는 뜻이다.

[사師괘: (군율대로) 바르게 통솔하고, 능력 있는 장수에게 맡기면 길할 터인즉, 패퇴할 일이 없다.]

❖ 효사 풀이 ❖

① 初六, 師出以律, 否臧, 凶.
出: 나갈 출. 律: 법 률. 否: '不(아닐 부)' 자와 같음. 臧: 착할 장. 여기서는 군율을 엄히 지키는 일.

제1효는 양의 자리에 음효가 있으므로 실위다. 군대가 처음 출정할 때는 마땅히 사기가 하늘에 닿을 듯 높아야 한다. 그러나 백성을 징집하여 처음 조직한 군대는 질서가 정연하지 않으니, 마음이 불안해서 사기가 높을 리 없다. 그래서 실위인 것이다. 이때는 엄정한 군율을 시행함으로써 군기를 세우고, 군인 정신을 주입해야 한다. 군인 정신은 반복 훈련을 통한 일사불란한 군기의 형식을 통해 생성되기 때문이다. 이것이 '師出以律사출이율',

즉 '군대의 출정은 군율로써 시작한다'라는 구절이다.

내용은 형식이라는 수단을 통해 결정되므로, 군기가 엉망인 부대는 사기가 높을 수 없다. 이것이 '否臧[凶부장흉], 즉 '군율을 지키지 않으면 험난하고 사나워진다'라는 구절이 가리키는 바다. 여기서 '否臧'은 '군율 지키는 일을 하지 않는다'라는 뜻이다.

이에 대하여 『상』은 "군대의 출정은 군율로써 시작한다는 말은, 군율을 잃으면 험난하고 사나워진다는 뜻이다"(師出以律, 失律凶也)라고 해설하였다.

[제1 음효. 군대의 출정은 군율로써 시작한다. 군율을 지키지 않으면 험난하고 사나워진다.]

② 九二, 在師中, 吉, 无咎, 王三錫命.

錫: '賜(줄 사)'와 같은 글자. 命: 명령 명. 작위.

제2효는 음의 자리에 양효가 있으므로 실위다. 사師괘는 본 효인 제2효만 양효이고 나머지는 모두 음효인데, 이는 용맹과 지략을 갖춘 장수가 가운데에 자리 잡고 내리는 명령에 일사불란하게 따르는 군사를 상징한다. 그런데 이 자리에 양효가 있어서 실위인 것은, 총사령관인 장수도 임금에게 순종해야 하는 신하임과 동시에, 군대를 통솔하려면 강직함과 유연함, 그리고 공정함을 두루 갖춰야 하기 때문이다. 이러한 장수는 임금에게 전폭적인 신임을 받을 것이므로, 본 효와 제5 음효는 상응한다. 그래서 효사는 '在師中吉재사중길, 无咎무구', 즉 '출정 부대의 정중앙에 자리 잡고 있으니, 길하여 패퇴함이 없다'라고 말한 것이다.

이러한 상황에서 전투에 이겨 공을 세우면, 임금으로부터 후한 상급을 받게 될 것이니, 이것이 '三錫命삼사명', 즉 '세 가지 상급을 내리다'라는 구절이다. 여기서 삼명三命이란 전공을 세운 장수에게 내리는 작위, 관복, 거마車馬 등의 세 가지 상급을 가리킨다.

이에 대하여 『상』은 "출정 부대의 정중앙에 자리 잡고 있으니 길한 것은, 천자의 은총을 입었기 때문이고, 세 가지 상급을 내린 것은, (천자에게) 천하의 열방을 모아 품게 해 주었기 때문이다"(在師中吉, 承天寵也. 王三錫命, 懷萬邦也)라고 해설하였다. 즉 임금의 전폭적인 신임을 받았기에 이길 수 있었고, 그 장수가 전승으로 천하의 열방이 천자에게 복속되도록 해 주었기에 상급을 받았다는 뜻이다.

[제2 양효. (장수가) 출정 부대의 정중앙에 자리 잡고 있으니, 길하여 패퇴함이 없고, (따라서) 세 가지 상급을 내릴 것이다.]

③ 六三, 師或輿尸, 凶.

或; 있을 혹. '有(있을 유)' 자와 같음. 輿: 수레 여. 수레로 운반하다. 尸: 시체 시.

제3효는 양의 자리에 음효가 있으므로 실위다. 본 효는 상괘인 곤괘와 맞닿아 있으므로 적과 가장 먼저 부딪쳐야 하는 선봉대에 해당한다. 선봉대는 강직하고 용맹해야 하는데, 음효로서 합당한 자질을 갖추지 못한 장수가 지휘하고 있음을 나타낸다. 이는 본 효가 감괘의 상효에 있음을 통해서 험난함에 빠져 있음을 알 수 있다.

게다가 제3 음효가 제2 양효 위에 타고 있어 선봉대가 총사령관의 명령을 듣지 않는 형상인 데다가, 제6 음효와 상응하지도 않는다. 그리고 상괘인 곤괘를 구성하는 여섯 개의 단선短線은 많은 수를 상징하므로 중과부적衆寡不敵의 형상을 나타낸다. 이러한 여러 가지 요소는 패전을 암시하므로, 효사는 '師或輿尸凶사혹여시흉', 즉 '출정한 부대에서 수레로 시체를 운반해 오는 일이 생기니, 사납고 험난하다'라고 말한 것이다. 여기서 '或' 자는 '有(있을 유)' 자와 같은 뜻이다.

이에 대하여 『상』은 "출정한 부대에서 수레로 시체를 운반해 오는 일이

생긴 것은, 전공이 하나도 없다는 뜻이다"(師或興尸, 大无功也)라고 해설하
였다.

[제3 음효. 출정한 부대에서 수레로 시체를 운반해 오는 일이 생기니, 사납고 험난
하다.]

④ 六四, 師左次, 无咎.

左: 왼쪽 좌. 次: 야영할 차. 『좌전』에 의하면, 부대가 하루 야영하는 것을
사舍, 이틀 묵는 것을 신信, 이틀 이상 묵는 것을 차次라고 각각 불렀음.

제4효는 음의 자리에 음효가 있으므로 당위다. 고대의 군대는 오른쪽은
공격을, 왼쪽은 후퇴를 각각 의미하였는데, 본 효는 당위로서의 음효이므로
방어 전술을 지칭한다. 본 효가 제1 음효와 상응하지 않음은 아직 위험한
상태에 처해 있음을 나타낸다. 그러므로 방어 진지를 잘 구축해야 하는데,
이것이 '師左次无咎사좌차무구', 즉 '출정 부대가 방어 진지를 잘 구축하면
패퇴함이 없다'라는 구절이다. 여기서 '次' 자는 '야영지'나 '진지'의 뜻으로
쓰였다.

한신韓信은 일찍이 방어 진지 구축에 대하여 "우측으로는 산을 등지고,
좌측으로는 물을 마주해야 한다"(右背山陵, 左前水澤)라는 대원칙을 설파하
였는데, 이는 방어 전선을 좁히는 데 유리하고, 또한 공수 전환이 쉽기 때문
이다(부례박). 이 원칙은 효사의 '左次'를 이해하는 데 참고할 만하다.

이에 대하여 『상』은 "방어 진지를 잘 구축하면 패퇴함이 없는 것은, 상식
을 잃지 않았기 때문이다"(左次无咎, 未失常也)라고 해설하였다. 상식을 잃
지 않았다는 것은, 방어 전술의 대원칙을 어기지 않았다는 뜻이다.

[제4 음효. 출정 부대가 방어 진지를 잘 구축하니, 패퇴함이 없다.]

⑤ 六五, 田有禽, 利執言, 无咎. 長子師師, 弟子興尸, 貞凶.

田: 밭 전. 자국의 영토를 상징. 禽: 새 금. 짐승. 여기서는 외적을 상징.
執言집언: 그럴싸하게 말을 만들다. 명분을 세우다. 長子장자: 맏아들. 帥:
거느릴 솔. 弟子제자: '차자次子'와 같은 말. 동생. 여기서 장자는 덕을 갖춘
장수를, 차자는 덕이 모자라는 장수를 각각 상징함. 輿: 수레 여. 尸: 시체
시. 輿尸: 시체를 수레에 싣고 돌아오다. 즉 패전하다. 貞정: '正(바를 정)'과
같음. 정당하다. 즉 맞서 싸우는 일이 정당하다.

제5효는 양의 자리에 음효가 있으므로 실위다. 따라서 임금이 강직하지
않고 유순한 덕의 소유자임을 알 수 있다. 그는 전쟁을 좋아하지 않으므로,
백성을 전쟁에 동원할 명분을 세우는 데 골몰하여 하나의 비유를 생각해
내었는데, 그것이 '田有禽전유금', 즉 '우리 밭에 들짐승이 나타났다'라는 말
이다. 즉 호전적이어서가 아니라 우리 강토를 침략한 외적을 몰아내려면 어
쩔 수 없이 싸워야 한다는 명분이다. 이렇게 하면 백성이 비분강개悲憤慷慨
하여 스스로 일어날 터인즉, 이것이 '利執言无咎리집언무구', 즉 '이로움이
명분이 서도록 말을 꾸밀 때 생기니, 패퇴할 일이 없다'라는 구절이다. 여기
서 부례박은 『노자』(제44장)의 "그러므로 서로 비등한 군대가 맞닿아 싸우
면, 비분강개한 마음으로 싸우는 편이 이긴다"(故抗兵相加, 則哀者勝矣)라는
구절을 인용하였는데, 바로 이를 가리킨다.

이렇게 유순한 임금일수록 승전하려면 총사령관 임명이 중요하다. 그래
서 '長子帥師장자솔사', 즉 '맏아들이 군대를 통솔해야 한다'라고 말한 것인
데, 맏아들과 같은 장수는 명분을 중시하고 포용력이 있으므로 군사들이 잘
따른다는 뜻이다. 이어서 '弟子輿尸제자여시', 즉 '둘째 아들은 시체를 수레
에 싣고 돌아온다'라고 말한다. 여기서 '弟子'란 '次子차자'와 같은 말이고,
'시체를 수레에 싣고 돌아온다'라는 말은 패전한다는 뜻이다. 즉 둘째 아들
은 명분보다는 실리를 따지기 좋아하므로 군사들이 화합하지 않아서 전투
에서 이길 수 없다는 말이다. 그러므로 맏아들 같은 장수를 사령관에 임명

하면 승리하겠지만, 둘째 아들 같은 장수를 앉히면 패전한다.

마지막에 '貞凶정흉'이란, 앞의 대구對句가 생략된 말로서, 맏아들 같은 장수가 군대를 통솔하는 것은 '올바르고 길하며'(吉貞), 둘째 아들 같은 장수가 통솔하는 것은 '사납고 험난하다'라는 뜻이다.

이 효사에 대하여 『상』은 "맏아들이 군대를 통솔한다는 것은, 가운데서 공정하게 시행한다는 뜻이고, 둘째 아들이 시체를 수레에 싣고 돌아온다는 것은, 온당치 않게 부대를 부린다는 뜻이다"(長子帥師, 以中行也. 弟子輿尸, 使不當也)라고 해설하였다.

[제5 음효. "우리 밭에 들짐승이 나타났다!" 이로움은 (이처럼) 명분이 서도록 말을 만드는 데 있으니, 패전할 일이 없다. 맏아들 같은 장수가 군대를 통솔해야 할 터이니, 둘째 아들 같은 장수는 시체를 수레에 싣고 돌아온다. (맏아들이 통솔함은) 옳고 길하며, (둘째 아들이 통솔함은) 사납고 험난하다.]

⑥ 上六, 大君有命, 開國承家, 小人勿用.

大君대군: 군왕, 천자. **開國개국**: 나라를 열다. 즉 제후에 봉하는 일을 가리킴. **承家승가**: 세습 가문을 이어 가게 하다. 즉 대부大夫의 작위를 주다. **小人소인**: 무공은 세웠으나 인품이 작위를 받기에 부족한 자.

제6효는 음의 자리에 음효가 있으므로 당위다. 전쟁의 마지막 종결 단계로서 논공행상이 이루어지는 시기다. 논공행상 시에는 공정하게 평가하여 상을 주어야겠지만, 사람이 하는 일이라서 간혹 만족스럽지 못한 부분이 있을 수 있다. 이로 인하여 자칫 불미스러운 일이 생길 수 있으므로, 논공행상은 천자의 명령으로 행하고 또 복종해야 한다. 이것이 '大君有命대군유명', 즉 '천자에게서 명령이 나온다'라는 구절이다.

본 효는 곤괘의 상효上爻인데, 곤괘는 땅을 상징하므로, 전공을 세운 자들에게 기본적으로 작위와 함께 땅을 준다. 이것이 '開國承家개국승가', 즉

'봉지封地를 주어 제후를 봉하고, 세습할 수 있는 대부大夫를 세운다'라는 구절이다.

제후와 대부라는 작위는 땅이 함께 따라가는 것이어서 인품을 고려하지 않고 주었다가는 반란의 근거지가 될 수도 있기에 각별히 주의해야 한다. '小人勿用소인물용', 즉 '인품이 부족한 자는 쓰지 말라'라는 말은 이런 사람에게는 상을 주지 말라는 뜻이 아니라, 봉지를 주는 작위가 아닌 벼슬이나, 재물로 주라는 훈계다. 이렇게 하는 것이 나라의 안녕을 고려한 공정한 방식이다.

이에 대하여 『상』은 "천자에게서 명령이 나왔다는 것은, 공이 정당하게 평가되었다는 뜻이고, 인품이 부족한 자는 쓰지 말라는 것은, (그들이) 반드시 나라를 어지럽힐 것이기 때문이다"(大君有命, 以正功也. 小人勿用, 必亂邦也)라고 해설하였다.

[제6 음효. 천자에게서 명령이 나왔으니, 봉지를 주어 제후를 봉하고 세습할 수 있는 대부大夫를 세운다. (이때) 인품이 부족한 자는 (제후와 대부에는) 쓰지 말라.]

8. 비괘比卦

水地比수지비: 물과 땅은 서로 주고받으며 친밀히 지낸다.
곤하감상坤下坎上

❖ 개관 ❖

'比(나란히 설 비)' 자는 자형이 두 사람이 어깨를 나란히 하고 한쪽을 바라보는 모양이므로, '친밀하다'·'보필하다' 등의 의미가 들어 있다. 비比괘는 하괘가 곤괘, 상괘가 감괘로 이루어져서, 땅 위에 물이 있는 모양이다. 물은 땅에 닿아 있어야 흘러서 강이 될 수도 있고 또 고여서 바다가 될 수도 있으며, 땅은 물이 있어야 촉촉이 젖어 부드러워져서 만물을 자라게 할 수 있다. 이처럼 물과 땅은 서로 의존하면서 또한 서로 보필한다.

비괘가 사師괘 뒤에 놓인 것에 대하여, 『서괘』는 "무리 중에는 반드시 서로 친근한 사람들이 있게 마련이므로, 비괘로써 이를 이어받았다"(衆必有所比, 故受之以比)라고 해설하였다. 즉 사괘는 전란이 발생하여 군대가 일어난 시기이니, 전란 중에는 뜻있는 사람들이 한데 모이게 마련이므로 사괘를 비괘로 계승하였다는 말이다. 그래서 『잡괘』도 "비괘는 즐겁고, 사괘는 근심스럽다"(比樂師憂)라고 해설하였다.

비괘(䷇)의 효 배열 순서는 사괘(䷆)와 상·하괘가 서로 바뀌어 있다. 그래서 똑같이 한 개의 양효와 다섯 개의 음효로 이루어졌지만, 사괘는 사령관인 제2 양효가 뒤에서 호령하는 모양이고, 비괘는 제5 양효가 임금의 자리에서 충성스러운 신하들을 향하여 남면南面하고 앉은 모양이다.

❖ 괘사 풀이 ❖

比, 吉. 原筮, 元永貞, 无咎. 不寧方來, 後夫凶.

原: 찾을 원. 추구하다. 筮: 점칠 서. 선택하다. 原筮: 주군으로 섬길 사람을 찾아서 선택하다. 元: 클 원. 포용력이 큰. 永: 길 영. 영원히 변치 않는 의리. 貞: 공정함. 不寧方불녕방: 소식이 늦어 미심쩍어하는 먼 지방의 제후. 後夫후부: 늦게 오는 자. 또는, 늦게 오면. '夫'는 '者(놈 자)'와 같음.

비比괘는 사師괘와 반대로 유일한 양효가 임금의 자리인 제5효에 있으므로 당위다. 이는 임금이 물처럼 신하들이 있는 낮은 곳으로 내려가 의지함과 아울러, 땅에 해당하는 신하는 임금의 은택을 받아서 세상을 윤택하게 하는 모양이다. 이것이 화목함의 형상이므로 '길하다'(吉)라고 말한 것이다.

화목함을 이루려면 가만히 있어서는 안 되고, 그러한 곳을 찾고 또 결단해야 한다. 이것을 괘사는 '原筮원서', 즉 '섬길 사람을 찾아서 선택하다'라고 표현하였다. 옛날에는 중요한 일은 점을 쳐서 결정하였기에, 주군을 선택하는 일은 운명으로 받아들이고 결단하였다. 다시 말해서, 물이 가장 낮은 바다로 향하는 것처럼 오랫동안 함께 화목하게 머물 수 있는 곳으로 찾아간다는 뜻이다.

주나라 이전까지는 주군을 점을 쳐서 결정하였지만, 주나라 이후에는 우환憂患 의식, 즉 이성적으로 기준을 정해 놓고 의탁할 주군을 판단하였다. 그 기준이 '元원·永영·貞정'의 세 가지라는 것이니, 즉 바다처럼 포용력이 크고, 변치 않는 의리가 있어야 하며, 공정해야 한다는 것이다. 이러한 주군이라면 '不寧方來불녕방래', 즉 '미심쩍어하는 변방 구석의 제후까지도 달려온다'라는 것이다. 그런데도 의구심을 버리지 못하고 더디 나오는 자가 있다면 그는 끝내 토벌을 당할 것이라는 게 '後夫凶후부흉'의 내용이다.

이에 대하여 『단』은 다음과 같이 해설하였다. "비괘는 길하다. '비' 자는 보필한다는 뜻이니, 아래의 신하들이 순종하기 때문이다. 섬길 주군을 선택할 때는 큰 포용력, 변치 않는 의리, 공정함, 이 세 가지를 보면 재앙이 없으니, 이는 (제5 양효의) 강직함이 (상괘의) 가운데에 있기 때문이다. 미심쩍어하는 변방 구석의 제후까지도 달려오는 것은, (제5 양효와 제2 음효가) 위아래로 상응하기 때문이다. 더디 오는 자는 사납고 험난할 터인즉, (이 기회를 놓친) 그의 앞길이 바닥을 드러냈기 때문이다."(比, 吉也. 比, 輔也. 下順從也. 原筮, 元永貞, 无咎, 以剛中也. 不寧方來, 上下應也. 後夫凶. 其道窮也)

이 괘사에 대하여, 『상』은 "땅 위에 물이 있는 게 비괘의 괘상이다. 선왕들은 이 이치로써 많은 열방을 세우셨고, 제후들을 가까이하셨다"(地上有水, 比. 先王以建萬國, 親諸侯)라고 해설하였다. 여기서 '이 이치'라는 것은, 물이 아래로 흘러 땅을 적시는 것처럼, 임금의 은택으로 열국과 제후를 세웠다는 뜻이다.

[비比괘: 길하다. 섬길 사람을 찾아서 선택할 때, (그가) 포용력이 크고, 변치 않는 의리가 있으며, 공정하면 재앙이 없다. (이런 주군에게는) 저 변방 구석의 제후까지도 달려올 터인즉, 더디 오는 자는 험난하고 사나워진다.]

❖ 효사 풀이 ❖

① 初六, 有孚比之, 无咎. 有孚盈缶, 終來有它, 吉.

孚: 미쁠 부. 진실한 마음. 盈: 채울 영. 缶: 장군 부. 질항아리. 它: 다를 타. 그것 외의 다른 어떤 것. 잉여.

제1효는 양의 자리에 있는 음효이므로 실위다. 게다가 제4 음효와도 상응하지 않고 이웃에 있는 제2효도 음효다. 이렇게 좋지 않은 상황에서는 같은 음효끼리라도 손을 잡고 연대해야 한다. 이렇게 남과 친근해지려면, 경계하는 마음을 버리고 밑바탕에 진실한 마음을 가져야 한다. 이것을 효사는 '有孚比之유부비지, 无咎무구', 즉 '진실한 마음을 갖고서 다른 사람과 친밀히 지내면 재앙이 없다'라고 하였다. 유약한 음효들을 연대시키는 것은 진실한 마음뿐이니, 진실한 마음이 없이 겉으로만 진실한 척하면 그 관계는 오래가지 못한다.

『열자列子』「황제黃帝편」에 보면 다음과 같은 이야기가 있다. 어느 바닷가에 갈매기와 친구처럼 어울려 노는 남자가 있었는데, 그 남자의 아버지가 자기도 갈매기와 놀고 싶으니 한 마리만 잡아다 달라고 하였다. 하는 수 없이 다음 날 갈매기를 잡으러 나갔더니 한 마리도 날아오지 않았다고 한다. 이처럼 신뢰는 친밀함의 가장 중요한 밑바탕이다.

믿음이란 그 어떤 것으로도 있는 척 꾸밀 수 없으니, 이것을 '有孚盈缶유부영부', 즉 '믿음이 있음은 질박한 항아리에 채워 넣음과 같다'라고 표현하였다. 여기서 '질박한 항아리'란 하나도 꾸미지 않은 실질적인 모습을 뜻한다.

이렇게 신뢰가 질박하면 '終來有它종래유타', 즉 '마침내 (다른 사람들을) 오게 할 뿐 아니라, 그 외의 다른 것을 덤으로 얻게 된다'라고 말한다. 여기서 '덤으로 얻는다'라는 말은, 기대하였던 것 이상의 효과를 본다는 뜻이다.

이에 대하여 『상』은 "비괘의 이치가 제1 음효부터 시작하면, 의외의 것까지 얻게 되어 길하다"(比之初六, 有它吉也)라고 해설하였다. '비괘의 이치'란 진실한 마음을 갖고 교제하는 일을 가리킨다.

[제1 음효. 진실한 마음을 갖고서 다른 사람과 친밀히 지내면 재앙이 없다. 믿음이 있음은 질박한 항아리에 채워 넣음과 같으니, 마침내 (다른 사람들) 오게 할 뿐 아니라, 그 외의 다른 것도 덤으로 얻게 되어 길하다.]

② 六二, 比之自內, 貞吉.

自: 스스로 자. 內: 안 내.

제2효는 음의 자리에 음효가 있으므로 당위다. 본 효는 신하의 자리로 중효中爻이면서 임금의 자리인 제5 양효와 상응한다. 임금은 양이고 신하는 음이므로, 신하는 임금이 부를 때까지 공정함을 유지하면서 조용히 기다려야 한다. 신하가 임금과 친해지려고 다가가면, 신하들 사이에 충성 경쟁이 일어나 공정함이 무너지게 된다. 그래서 '比之自內비지자내', 즉 '(임금과의) 친밀함이 안에서 (기다림으로부터) 일어나야 한다'라고 말한 것이다. 친밀함이 안으로부터 일어난다는 말은 신하가 스스로 나대지 않고 제 일을 하면서 기다린다는 뜻이다. 그래서 '貞吉정길', 즉 경쟁하지 않고 정도를 지키고 있으면 길하게 될 것이라는 말이다.

이에 대하여 『상』은 "(임금과의) 친밀함이 안에서 (기다림으로부터) 일어나면, 자기 자신을 잃지 않는다"(比之自內, 不自失也)라고 해설하였다. 여기서 '자기 자신을 잃지 않는다'라는 말은, 후회할 일이 생기지 않는다는 뜻이다.

[제2 음효. (임금과의) 친밀함이 안에서 (기다림으로부터) 일어날 것인즉, 정도를 지키고 있으니 길하다.]

③ 六三, 比之匪人.

匪: 비적 비. 떼도둑.

제3효는 양의 자리에 음효가 있으므로 실위다. 게다가 주위와 친밀하게 지내려 해도 가까이 갈 데가 없다. 이를테면 제2효와 친해지려 해도 제2효는 제5효와 상응하고, 제4효에 가까이 가려 해도 제4효는 임금의 자리인 제5효와 친밀한데 굳이 아래에 있는 제3효를 받아 줄 리 없다. 마지막으로 상응하는 위치에 있는 제6효와 친해지려 해도 제6효는 '无首무수', 즉 이미 끈 떨어진 연과 같은 신세이기 때문에 아무 의미가 없다.

하괘의 마지막 효가 상괘인 감(☵)괘를 앞에 두고 있는 처지이니, 이는 다시 말해서 물이라는 장애물을 만나 어디로도 빠져나갈 길이 없는 상황에 놓인 셈이다. 이럴 때 나타나는 것이 도둑, 즉 나쁜 친구들이다. 따라서 도둑놈들과 친밀하게 지낼 수밖에 없다. 이것이 '比之匪人비지비인', 즉 '친밀함이 도둑놈들과 있다'라는 구절이다. 이런 일이 재앙이라는 것은 굳이 말하지 않아도 알 수 있으므로 뒤에 길흉에 대하여 적지 않은 것이다.

이에 대하여 『상』은 "친밀함이 도둑놈들과 있으니, 어찌 다치지 않겠는가?"(比之匪人, 不亦傷乎)라고 해설하였다.

[제3 음효. 친밀함이 도둑놈들과 있다.]

④ 六四, 外比之, 貞吉.

外: 바깥 외.

제4효는 음의 자리에 음효가 있으므로 당위다. 따라서 바로 위에 있는 제5 양효와 친밀한 관계를 맺을 수 있다. 정당한 위치에 있는 음이 정당한 위치에 있는 양과 친밀한 관계를 유지하는 것은 바람직하기 때문이다. 실위에 있는 음과 양의 관계는 진정성이 결여된 허위의 관계일 수밖에 없다.

곤괘, 즉 땅의 측면에서 보면, 제4효는 이미 감괘, 즉 물과 교접이 일어난 상태다. 땅이 물의 은총을 받으려면 물의 중심에 있는 보이지 않는 힘, 즉 제5 양효를 만나야 한다. 그래야 그 힘으로 땅의 팬 곳을 메울 수도 있고, 돌출된 부분을 깎을 수도 있다. 이것이 '外比之외비지', 즉 '밖으로 (제5 양효와) 친밀해지려 한다'라는 구절이다. 본 효의 위치에서 보면, 아래쪽은 내內, 위쪽은 외外라고 각각 부를 수 있기 때문이다. 측근 신하의 자리인 본 효가 임금 자리인 제5 양효를 가까이하는 것은 옳은 일이므로, '貞吉', 즉 '올바름을 유지하니 길하다'라고 말한 것이다.

이에 대하여, 『상』은 "밖으로 현명함에 가까이 가는 것은, 윗분에게 순종하기 때문이다"(外比于賢, 以從上也)라고 해설하였다. 여기서 '현명함'이란 제5 양효에 있는 현명한 군주를 가리키는데, 이러한 군주에게 가까이 가서 그의 신하가 되는 일은 옳은 일이라는 뜻이다.

[제4 음효. 밖으로 (제5 양효와) 친밀해지려 하는데, 이는 올바름을 유지하는 일이니 길하다.]

⑤ 九五, 顯比, 王用三驅, 失前禽, 邑人不誡, 吉.

顯: 드러낼 현. 세상에 골고루 퍼지게 하다. 驅: 몰 구. 邑人읍인: 다스리는 고을의 백성. 不誡불계: 경계하지 않다. 무서워하지 않다.

제5효는 유일한 양효이면서 임금의 자리를 차지하고 있으므로, 모든 음효를 다스리는 제왕을 상징한다. 『시경』「북산北山편」에 "온 하늘 아래에 / 임금님의 땅이 아닌 곳이 없고, 온 땅의 물가까지 / 임금님의 신하가 아닌 자가 없도다"(溥天之下, 莫非王土; 率土之濱, 莫非王臣)라는 구절처럼 제왕은 세상의 모든 것을 소유한 사람이므로, 그에게는 바깥이라는 개념이 없다. 따라서 임금은 자신을 좋아하든 싫어하든, 모든 백성을 동등하게 대하여야 한다. 이를 괘상에서 보면, 제5효 아래 제1에서 제4까지의 음효들은 임금을 잘 따르는 백성을, 제6 음효는 임금에게 우호적이지 않은 백성을 각각 상징한다. 그래도 제왕이라면 이 모든 사람의 임금이어야 한다. 이것을 효사는 '顯比현비', 즉 '친밀함을 세상에 밝히 드러낸다'라고 표현하였다. 즉 모든 백성의 임금이므로 친밀함이 세상에 골고루 퍼지도록 해야 한다는 말이다.

이어서 '王用三驅왕용삼구', 즉 '임금은 (사냥할 때) 삼구三驅의 방책을 쓴다'라고 서술하였다. '삼구'란 고대 제왕들의 수렵 방법으로서, 숲을 포위할 때 '凵(입 벌릴 감)' 자처럼 3면만을 막고 전면을 튼 채 사냥감을 몰아가며 잡는 방식이었다. 그러면 대부분 짐승은 트인 쪽으로 달아날 터이니, '失前禽실전금', 즉 '앞쪽으로 달아나는 짐승은 놓아준다'라는 구절이 이것이다.

그러나 일부는 거꾸로 달려오기도 하는데, 이들은 순리를 거스르는 짐승이므로 사냥감이 된다. 다시 말해서 삼구의 방책은 순리를 거스르는 자만 제재의 대상이 된다는 통치 철학을 상징한다. 이 방책은 은나라 탕임금이 시작하였다고 전해진다.

백성을 이러한 철학으로 다스리면 그들이 두려워 떨지 않고 생업에 전념할 것이므로, '邑人不誡吉읍인불계길', 즉 '고을의 백성이 경계하지 않으니 길하다'라고 말한 것이다.

이에 대하여 『상』은 "친밀함을 세상에 밝히 드러내는 게 길한 것은, (제5 양효의) 자리가 공정하게 가운데에 있기 때문이다. 거스르는 자를 버리고 순종하는 자를 거둬 주는 것은, 앞으로 달아나는 짐승을 놓아주기 때문이다. 고을의 백성이 경계하지 않는 것은, 임금이 공정하게 해 주기 때문이다"(顯比之吉, 位正中也. 舍逆取順, 失前禽也. 邑人不誡, 上使中也)라고 해설하였다.

[제5 양효. 친밀함을 세상에 밝히 드러내므로, 임금은 (사냥할 때) 숲의 삼면만을 막고 짐승 몰이를 함으로써 앞쪽으로 달아나는 짐승은 놓아준다. 이리하면 고을 백성들이 두려워 떨지 않으므로 길하다.]

⑥ 上六, 比之无首, 凶.
首: 머리 수. 无首무수: 머리가 없다. 가장 중요한 부분이 없음.

제6효는 음의 자리에 음효가 있으므로 당위다. 가장 위에 있는 당위임에도 이 효는 외톨이로 남아 있다. 가장 높은 자리에 있어도 그 아래에 있는 양효를 이길 수도 없고, 그렇다고 아래로 귀순할 수도 없다. 왜냐하면 끄트머리에 처해 있으니 이미 늦었기 때문이다. 괘사의 "(이런 주군에게는) 저 변방 구석의 제후까지도 달려올 터인즉, 더디 오는 자는 험난하고 사나워진다"(後夫凶)라는 구절은 이를 두고 한 말이다.

그래서 효사는 '比之无首비지무수', 즉 '머리가 없는 자와 가까이하고자 한다'라고 하였는데, 머리가 없는 자란 비유컨대 끈 떨어진 연이라 부를 수 있다. 끈 떨어진 연은 하늘 높이 떠 있는 것처럼 보이지만, 연줄이 없으니 하늘에 떠서 이리저리 표류하다가 가라앉을 뿐이다. 이러한 외톨이와 친밀히 지내 봤자 얻을 것도 없을뿐더러 함께 가라앉을 터이니 이 상황이 '사납고 험난한'(凶) 것이다.

이에 대하여 『상』은 "머리가 없는 자와 가까이하는 것은, 어디 끝낼 데가 없기 때문이다"(比之无首, 无所終也)라고 해설하였다. '끝낼 데가 없다'라는 것은, 더는 갈 데도 없고 시작할 데도 없다는 뜻이다.

[제6 음효. 머리가 없는 자와 가까이하고자 하니, 사납고 험난하다.]

9. 소축괘小畜卦

風天小畜풍천소축: 하늘의 강건함을 바람의 힘
이 보이지 않게 길들이다.
건하손상乾下巽上

❖ 개관 ❖

소축小畜괘의 '畜' 자는 '蓄(쌓을 축)'과 같은 글자로서 '쌓다'라는 의미
외에 '제지하다'·'말리다'라는 의미도 지니고 있다. 앞의 비比괘는 물과 땅
의 상호의존을 통하여 임금과 신하 사이가 친밀함을 말하였는데, 군신 간
의 친밀함이 오래되면 인간관계가 두터워지기도 하지만, 다른 한편으로 신
하를 신뢰한 나머지 임금이 방심하여 정도를 벗어난 행위를 하는 수가 있
다. 그러면 신하는 임금의 잘못을 지적하여 더는 심해지지 않도록 저지해야
한다. 갑골문의 자형이 보여 주는 '畜' 자의 의미는 소의 코를 꿰어서 길들
이는 것이므로, 이는 곧 신하가 임금이 정도를 벗어나지 않도록 통제한다는
의미로도 쓸 수 있다.

소축괘는 가운데 제4효에 음효가 하나 있고 나머지 다섯 개 효는 모두
양효다. 이 하나의 음효가 위의 양이 아래로 내려가는 것과 아래의 양이 위
로 발전하는 것을 가운데서 막고 있는 형상이다. 원래 정치에서 부조리라
는 것은 '백성이 원한다면'이라는 명분을 내세우는 지도자와 우상 숭배에
사로잡힌 백성 간의 협잡으로 이루어지는 것이 아니던가. 이른바 오늘날의

대중 영합주의(populism)라는 것이 근대적 산물인 것처럼 인식되지만, 사실 수령이라는 제도가 생긴 순간부터 이 협잡의 원형은 작동했다. 이것은 깨어 있는 일부 신하나 지식인만이 막을 수 있다. 이처럼 아랫사람인 신하(小)가 윗사람인 군왕의 잘못을 저지한다는 의미에서 소축小畜이라고 명명하였다. 본 괘를 비比괘 다음에 둔 것에 대하여, 『서괘』는 "함께 친밀해지다 보면 반드시 제지할 일이 생기므로, 소축괘로써 이를 이어받았다"(比必有所畜, 故受之以小畜)라고 해설하였다.

내괘(하괘)와 외괘(상괘)의 측면에서 보면, 강건한 건괘가 순종적으로 보이는 손巽괘, 즉 바람을 맞대고 있는 형상이다. 바람을 직접 대면하고 있는 제4효는 음의 자리에 있는 음효이므로 매우 순종적인 속성을 지니고 있어서 바람의 방향을 타면 매우 순조롭지만, 바람을 거스르면 그 뒤에 있는 양효의 힘을 이기기가 쉽지 않다. 이러한 의미에서 제4 음효가 충성스러운 신하나 지식인의 위상을 상징한다고 볼 수 있다.

❖ 괘사 풀이 ❖

小畜, 亨. 密雲不雨, 自我西郊.

密: 빽빽할 밀. 雲: 구름 운. 密雲밀운: 짙은 구름. 我: 나 아. 즉 우리 고을을 가리킴. 西郊서교: 서쪽 성 밖.

소축괘는 일부 신하라도 임금의 일탈을 막아 주면 나라가 크게 잘못되지는 않을 것이므로 '亨', 즉 '형통하다'라고 말한다. 하괘인 건괘(하늘)의 방위는 서북쪽이고, 상괘인 손괘(바람)의 방위는 동남쪽이다. 중국은 지형상 내륙인 서북쪽에서 구름이 몰려오면 비로 연결되지 않고, 해안인 동남쪽에서 구름이 올라와야 비가 내린다. 여기서 '自我西郊자아서교', 즉 '우리 고을 서쪽 성 밖으로부터 온다'라는 말은 서북쪽에서 형성된 구름은 아무리 짙어도 비가 내리지 않음을 뜻한다. 즉 이 말은 일부 신하가 임금의 일탈을 간하면 나라에 큰일은 일어나지 않겠지만, 임금으로부터 은택이 내리기를 기대할 수는 없다는 뜻이다. 이것이 '密雲不雨밀운불우', 즉 '짙은 구름이지만 비를 내리지 않는다'라는 구절이다.

이에 대하여 『단』은 "소축괘는 (제4 음효가 유일한 음효로서) 당위이면서 제1 양효와 상응하므로, (작은 힘으로 제지한다는 의미로) 소축이라고 부른다. (괘상이) 강건하면서 유순하니, 이는 강직함이 중심에 있는데도 의지는 (유순하게) 시행된다는 뜻이니 형통하다. 짙은 구름이지만 비를 내리지 않는 것은, (유순해도 하괘의) 강직함이 구름 위로 올라갔기 때문이다. 우리 고을 서쪽 성 밖으로부터 온다는 말은, 은택의 베풂이 아직 시행되지 않았다는 뜻이다"(小畜, 柔得位而上下應之, 曰小畜. 健而巽, 剛中而志行, 乃亨. 密雲不雨, 尙往也. 自我西郊, 施未行也)라고 해설하였다. 즉 임금의 잘못을 제지하여 재앙으로 발전하는 일은 막았지만, '소축', 즉 아직 제지하는 힘이 모자라서 은택을 베푸는 일까지는 이루지 못하였다는 뜻이다.

『상』은 이 괘사에 대하여, "바람이 하늘 위로 부는 게 소축괘의 모양이다. 군자는 이 이치로써 글 쓰는 능력을 더 아름답게 키워야 한다"(風行天上, 小畜. 君子以懿文德)라고 해설하였다. 임금의 잘못을 간하는 일이 그리 성공적이지 못했던 이유가 신하가 글을 감동적으로 쓰지 못하였기 때문이므로, 글 쓰는 능력을 더 키워야 한다는 뜻인데, 이는 후대의 '주문휼간主文譎諫', 즉 '글쓰기에 주력해서 임금이 자신도 모르는 가운데 깨닫도록 간해야 한다'라는 말과 같은 맥락이다.

[소축小畜괘: (미약하게나마 간언해서) 형통하다. 짙은 구름이 피어올라도 비가 내리지 않는 것은, 그것이 우리 고을 서쪽 들녘으로부터 왔기 때문이다.]

❖ 효사 풀이 ❖

① 初九, 復自道, 何其咎, 吉.

復: 돌아올 복. 自: 원래 자. 道: 길 도. 何: 어찌 하.

제1효는 양의 자리에 양효가 있으므로 당위다. 제1 양효는 원래 의욕적으로 나아가려는 속성이 있는데, 앞에 제2 양효가 막고 있어서 제자리로 돌아올 수밖에 없다. 이것을 효사는 '復自道복자도', 즉 '원래 자리로 돌아오다'라고 묘사하였다.

소축괘는 건괘가 손괘 아래에, 즉 하늘이 바람 아래에 있으므로 위상이 잘못되어 있는데, 이는 신하의 간언으로 잘못을 뒤늦게 깨닫고 제자리로 돌아온 임금을 상징한다. 본 효는 원래의 속성이 강건하고 상응하는 제4 음효의 도움을 받고 있으므로 출발이 길할 수밖에 없다. 그래서 '何其咎吉하기구길', 즉 '어찌 이것이 재앙이겠는가? 길하다'라고 말한 것이다.

인간은 욕망으로 살아가기 때문에 거기에 사로잡힌 나머지 잘못을 저지를 위험이 언제나 존재한다. 이것을 깨달으려면 다른 사람의 솔직한 말을 들어야 한다. 강건함만을 고집하면 주위 사람들의 쓴소리가 들리지 않지만, 순종하는 마음으로 귀를 기울이면 잘못을 고칠 수 있다.

이에 대하여 『상』은 "원래 자리로 돌아온 것은, (순종하는) 그 일은 마땅히 길하기 때문이다"(復自道, 其義吉)라고 해설하였다. 원문의 '義(옳을 의)' 자는 '宜(마땅할 의)' 자로 풀어야 한다.

[제1 양효. 원래 자리로 돌아오니, 어찌 이것이 재앙이겠는가? 길하다.]

② 九二, 牽復, 吉.

牽: 강제로 끌 견. 牽復견복: 강제로 끌어서 제자리로 돌아오게 하다.

제2효는 음의 자리에 양효가 있으므로 실위다. 제1 양효는 제4효와 상응하므로 잘못을 저질러도 조력자의 도움을 받아 스스로 깨닫고 제자리로 돌아왔다. 이에 비해 본 효는 실위인 데다가 제5효와 상응하지 않아서 갈 곳이 마땅치 않아 방황하고 있는데, 주위에 있는 제1 양효와 제3 양효가 억지로 잡아끌어다가 가운데에 갖다 놓은 상태다. 이것이 '牽復견복', 즉 '억지로 끌어다가 제자리로 돌아오게 하다'라는 구절이다.

대개 첫 번째 잘못을 저질렀을 때는 주위에서 설득하면 순순히 말을 듣고 제자리로 돌아오지만, 두 번째로 같은 잘못을 저지르면 말을 듣지 않고 고집을 피운다. 이때는 강제로 끌어다 제자리에 앉혀야 하는데, 이렇게라도 하면 일을 그르치지는 않으므로 그나마 길하다고 볼 수 있다.

이에 대하여, 『상』은 "억지로 끌어다가 제자리로 돌아오게 했어도 가운데에 자리 잡고 있는 것은, 그래도 자신의 본분을 잃지 않았기 때문이다"(牽復在中, 亦不自失也)라고 해설하였다. '자신의 본분을 잃지 않았다'라는 말은, 실위이긴 해도 가운데서 공정함과 강직한 본래의 자질을 지켰다는 뜻이다.

[제2 양효. (같은 잘못을 두 번 저지르고도 말을 듣지 않자) 억지로 끌어다가 제자리로 돌아오게 하니, 길하다.]

③ 九三, 輿說輻, 夫妻反目.

輿: 수레 여. 說: 제거할 탈. '脫(빠질 탈)' 자와 같음. 輻: 바큇살 복. 反目 반목: 서로 마주 보지 않다. 불화하다.

제3효는 양의 자리에 양효가 있으므로 당위인 데다가, 건괘의 맨 위에 자리하고 있어서 기세가 매우 강직하다. 그러나 중앙에 있지 못하고 치우쳐 있으니, 나아가려는 고집이 여간 세지 않은 모양이다. 이러한 기세로 제4 음효에 바짝 밀착해 가는 상황에서는 제4효의 저항을 받지 않을 수 없다. 게다가 제4효는 음효이지만 당위라서 그의 저항을 이겨 낼 수도 없다.

제1효에서는 잘못을 스스로 고쳤고, 제2효에서는 강제로 고쳤는데, 제3

효에 와서는 너무나 고집이 강경해서 아무리 설득해도 듣지 않는 형상이다. 결국 말로 해서 듣지 않고 굳이 나아가겠다고 우기니까, 하는 수 없이 나아가는 방향에 있는 제4 음효가 수레에서 바큇살을 떼어 내는 극단적인 방법을 써서 주저앉혔는데, 이것이 '輿說輻여탈복', 즉 '수레에서 바큇살을 떼어 내었다'라는 구절이다.

이것은 마치 부부가 음양의 관계라 하더라도 반목할 때가 있는 것과 같다. 이것을 '夫妻反目부처반목', 즉 '남편과 아내가 서로 얼굴도 쳐다보지 않는다'라고 말한 것이다. 즉 반목해서라도 막을 것은 어떻게든 막아야 한다는 뜻이다.

이에 대하여 『상』은 "남편과 아내가 반목하는 것은, (남편이) 가정을 바로잡지 못했기 때문이다"(夫妻反目, 不能正室也)라고 해설하였다. 원문의 '室실' 자는 '가족' 또는 '가정'이라는 뜻이다. 남편이 제 고집만 피우면서 가정을 제대로 다스리지 못하니까, 아내가 과격한 방법으로 막았음을 말한다.

[제3 양효. (세 번째로 잘못을 저지르고도 고치지 않자) 수레의 바큇살을 빼어 버리니, 남편과 아내도 서로 반목할 때가 있다.]

④ 六四, 有孚, 血去惕出, 无咎.

孚: 미쁠 부. 진실한 마음. 血: 피 혈. 유혈 사태. 惕: 두려울 척. 공포.

제4효는 음의 자리에 음효가 있으므로 당위다. 하괘인 건괘가 강경하게 고집을 부리는 남편이라면, 상괘(외괘)인 손괘는 이를 길들이는 아내에 해당한다. 그중에서도 본 효는 상괘의 첫 효로서 남편의 옆에서 가장 먼저 마주치며 말려야 하는 아내의 자리가 된다.

아래의 양효 세 개가 밀고 올라가기 때문에 이를 막아야 하는 아내의 위치는 매우 위험하다. 그러나 다행히 본 효는 당위로서 도덕적으로 흠결이 없고, 게다가 그 위의 양효 두 개가 뒤를 받쳐 주기 때문에 음양의 힘으로 건괘의 거친 힘을 통제할 수 있다. '血去惕出혈거척출', 즉 '유혈 사태를 멀리하고, 두려움으로부터 나온다'라는 구절은 바로 이 뜻이다. '유혈 사태'라고 표현한 것은, 남과 여, 즉 음과 양의 관계라 하더라도 갈등에 돌입하면 한 치의 양보도 없이 피 터지는 싸움이 될 수도 있기 때문이다. 오늘날 이혼 소송의 예를 보면 이를 짐작할 수 있다.

그러나 강건한 양효의 기세를 온유한 음효가 제지하는 데에는 전제가 있는데, 그것은 제지하려는 자에게 반드시 '有孚유부', 즉 '진실한 마음'이 있어야 한다는 것이다. 지어미가 지아비의, 신하가 군왕의 잘못된 행위를 막으려면 반드시 충성심이 있어야 한다는 말이다.

이렇듯 약한 자가 강한 자의 의지를 명분에만 의지해서 억지로 막은 행위는 결과적으로 앞으로 발생할 재앙은 막은 셈이지만, 그렇다고 해서 강한 자의 불만이 완전히 잠재워진 것은 아니므로, '无咎', 즉 '재앙은 없다'라고 소극적으로 말한 것이다.

이에 대하여 『상』은 "진실한 마음이 있어 두려움으로부터 나온 것은, 임금이 (신하의) 의지에 부합했기 때문이다"(有孚惕出, 上合志也)라고 해설하였다.

[제4 음효. (아무리 강경하게 고집을 피워도) 진실한 마음이 있으면, 유혈 사태를 멀리하고, 두려움으로부터 나올 터이니, 재앙은 없다.]

⑤ 九五, 有孚攣如, 富以其鄰.

攣: 오그라질 련. 손을 꼭 움켜쥐다. 如여: '然(그럴 연)'과 같음. 어떤 상태가 지속되고 있음을 묘사하는 조사. 富: 재물 부. 鄰: 이웃 린.

제5효는 양의 자리에 음효가 있으므로 당위다. 하괘가 제지당하는 사람의 처지라면, 상괘는 제지하는 사람의 처지를 나타낸다. 제5효는 당위일뿐더러 가운데에 자리한 중효이므로 권위도 있고 도덕적으로도 흠결이 없는 대인이다. 그런데 상응해야 하는 자리의 제2효가 복종하지 않고 고집을 피우는 상황이다. 그러나 본 효는 대인으로서 그를 바로잡아 주기 위한 노력을 멈추지 않는다. 본 효에게는 그를 제압할 수 있는 강력한 힘이 있지만, 이를 쓰지 않고 진심으로써 그를 감화시킨다. 그래서 그는 본 효에게 잡혀서 옴짝달싹 못 한다. 이것이 '有孚攣如유부련여', 즉 '진실한 마음으로 그를 옴짝달싹 못 하도록 꽉 쥐고 있다'라는 구절이다.

원래 군자는 소인 때문에 골치가 아프고, 올바른 사람은 사악한 무리 때문에 곤욕을 치르는 법이다. 그런데도 이들을 불쌍히 여기고 인내하며 감화시키면, 마침내 이들은 모두 그의 진정한 이웃이 된다. 이것이 '富以其鄰부이기린', 즉 '그의 이웃으로 많이 모여든다'라는 구절이다.

이에 대하여 『상』은 "진실한 마음으로 그를 옴짝달싹 못 하도록 꽉 쥐고 있게 된 것은, 그가 자신의 여유 있는 군자 됨을 홀로 차지하지 않기 때문이다"(有孚攣如, 不獨富也)라고 해설하였다. 『맹자』「진심盡心 (상)」에 "벼슬길에 나아가지 못하면 홀로 자신을 수양하고, 벼슬에 나아가면 천하 백성을 한데 아울러 구제한다"(窮則獨善其身, 達則兼濟天下)라는 구절이 있는데, 이것이 군자의 여유 있는 모습이다.

[제5 양효. 진실한 마음으로 그를 옴짝달싹 못 하도록 꽉 쥐고 있으니, 그의 이웃으로 많이 모여든다.]

⑥ 上九, 旣雨旣處, 尙德載, 婦貞厲. 月幾望, 君子征凶.

旣: 이미 기. '旣A 旣B'의 형태로 쓰여 'A도 하고 B도 하다'라는 의미를 나타내는 접속 부사. 處처: '止(그칠 지)'와 같음. 尙: 숭상할 상. 載: 가득할 재. 婦貞부정: 지어미가 자신의 윤리에 너무 집착함. 厲: 사나울 려. 위태롭다. 幾: 거의 기. 望: 보름달 망. 征: 정벌할 정. 간하고 제지하는 일을 계속하다.

제6효는 음의 자리에 양효가 있으므로 실위다. 본 효는 음괘인 손괘의 가장 극단에 있으므로 음기가 최대로 성한 곳이다. 아래로부터 올라온 양기가 본 효에 올라와 짙은 구름을 형성해서 비를 내리는 상황에 이른 것이다. 다시 말해서 건괘의 양기가 제1효로부터 온갖 저지를 받으며 힘겹게 올라왔으나 음의 자리에 머물게 되었다는 말이다. 이것이 '既雨既處기우기처', 즉 '비를 내리면서 (한곳에) 머물게 되었다'라는 구절이다.

그간 쓸데없는 고집을 피웠지만, 아내와 훌륭한 신하의 도움에 힘입어 종국에는 잘못을 더 저지르지 않고 단비를 내려 주는 일까지 하게 되었다. 그래서 '尙德載상덕재', 즉 '덕을 가득 실은 사람을 숭상하는 것'이라고 말한다. 그러나 이어서 '婦貞厲부정려', 즉 '지어미의 올바름이 위태롭다'라고 하였듯이, 지어미가 도덕성을 너무 강조하다 보면, 오히려 위험해질 수 있으므로 조심해야 한다. 지어미가 지아비의 잘못을 기어이 고치겠다고 지나친 정의감을 발휘하면, 자칫 되돌릴 수 없는 부부 싸움으로 번질 수 있기 때문이다.

신하도 마찬가지다. 효사는 '月幾望월기망', 즉 '달이 보름달에 거의 가까이 갔다'라고 하였는데, 이는 달이 보름달에 이르면 그 밝은 빛이 해에 맞먹을 수도 있다는 뜻이다. 다시 말해서 신하의 간언이 자주 먹히다 보면, 권력이 임금에게서 신하로 옮겨 간 것처럼 보인다는 말이다. 이것은 권력에 대한 도전으로 비칠 수 있으므로 매우 조심해야 한다. 그래서 '君子征凶군자정흉', 즉 '군자가 (간하는 일로) 계속 나아가면 사납고 험난하게 된다'라고 말한 것이다. 여기서 '征' 자는 '그러한 길로 계속 나아가다'라는 뜻이다.

이에 대하여 『상』은 "비를 내리면서 (한곳에) 머물게 된 것은, (신하에게) 덕이 쌓여서 실려 있기 때문이고, 군자가 (간하는 일로) 계속 나아가면 사납고 험난하게 되는 것은, 의심을 받을 것이기 때문이다"(既雨既處, 德積載也. 君子征凶, 有所疑也)라고 해설하였다. 그러므로 어떠한 경우에라도 누구의 잘못을 제지하려는 사람은 이러한 지경까지 이르지 않도록 조심해야 한다.

친구를 설득하다가 의가 갈리는 것은 이 때문이다.

[제6 양효. 비를 내리면서 (한곳에) 머물게 되었으니, 덕을 가득 실은 사람을 숭상하는 것이다. 그러나 지어미의 올바름이 (오히려) 위태로울 수 있으니, 이는 (비유컨대) 달이 보름달에 거의 이르렀다고 해서, 군자가 (간하는 일로) 계속 나아가면 사납고 험난하게 되기 때문이다.]

10. 이괘履卦

天澤履천택리: 하늘 아래의 못을 걷더라도 신발
을 신고 조심해서 걸어야 한다.
태하건상兌下乾上

❖ 개관 ❖

이履괘는 '兌下乾上태하건상', 즉 하늘이 위에 있고 못이 아래에 있는 형
상으로서, 하늘에서 비가 내리면 땅의 못에 고이는 매우 자연스러운 현상을
나타낸다. 자연스럽고 당연한 환경이라 해서 마음대로 다니다가는 못에 빠
지는 수가 있다. 이처럼 세상은 살아가기가 어렵고 험난한 곳이다. 이런 곳
에서 살아남으려면 배워야 한다지만, 소동파蘇東坡가 "인생은 글자를 배우
면서 걱정거리가 시작된다"(人生識字憂患始)라고 설파하였던 것처럼, 지식
은 오히려 자신을 해칠 수도 있다. 그러므로 힘든 세상을 안전하게 살아가
려면 보호막이 있어야 한다. 거친 황무지를 걸으려면 신발을 신어 발을 보
호해야 하듯이, 험한 세상을 살아가려면 예禮를 실천해야 한다. '履리' 자는
'밟다'·'신발' 등의 의미를 담고 있을 뿐 아니라, 발음도 '禮례' 자와 같다.
따라서 이괘는 예의 실천을 상징한다.

이괘가 소축小畜괘 뒤에 놓인 것에 대하여, 『서괘』는 "사람은 (누구를) 제
지한 다음에는 예의를 갖춰야 하므로, 이를 이괘로 이어받았다. '履' 자는
예禮라는 뜻이다"(物畜然後有禮, 故受之以履. 履者, 禮也)라고 해설하였다. 앞

의 소축괘에서 남편을 제지한 아내와 임금을 간하여 말린 신하는 그 이후를 조심해야 한다고 끝을 맺었다. 조심하려면 예를 실천해야 하기에 이괘를 그 뒤에 놓았다는 말이다. '畜축' 자를 '재물을 쌓다'라고 해석해도, 재물을 모은 사람이 그것을 지키려면 자신과 자식들에게 예를 배우게 하는 일이 매우 중요하다. 예에 강제성을 부여하면 법이 된다는 의미에서 예와 법은 같은 것이니, 예와 법이 있어야 질서가 잡히기 때문이다.

이괘는 소축괘(䷈)와 정반대의 효 배열인 착종괘錯綜卦의 관계를 갖는다. 즉 똑같이 하나의 음효와 다섯 개의 양효를 갖고 있지만, 소축괘는 제4 음효가 당위에서 막고 있는 반면에, 이괘는 제3 음효가 실위에서 막고 있는 점이 다르다. 이는 다섯 개의 양효라는 강경한 상황을 막아야 하는 제3효가 음효여서 매우 조심해야 함을 나타낸다. 즉 거친 황무지를 걷는데 약한 신발 하나에 의지해야 하기 때문이다.

❖ 괘사 풀이 ❖

履虎尾, 不咥人, 亨.
虎: 범 호. 尾: 꼬리 미. 咥: 깨물 질.

이괘의 괘상을 보면, 건괘의 뒤에 태兌괘가 있는 모양인데, 건괘는 양효가 세 개라서 매우 강직한 사물을 상징하고, 태괘는 못을 상징하므로 즐겁고 온화함을 나타낸다. 따라서 태괘의 유일한 음효인 제3효는 강건한 호랑이 뒤에서 언제 꼬리를 밟을지 모를 위험한 처지에 있다. 이것이 '履虎尾리호미', 즉 '호랑이 꼬리를 밟을 곳에 있다'라는 구절이다.

그러나 태괘의 속성대로 긴장하지 않고 조심하면, '不咥人亨부질인형', 즉 '호랑이가 사람을 물지 않을 터인즉 형통하다'라고 말한다. 설사 그렇다 하더라도 꼬리를 밟지 않고 조심해서 살기란 정말로 쉽지 않은 게 현실이다.

이에 대하여 『단』은 다음과 같이 해설하였다. "이괘는 유순한 (제3 음효가) (다섯 개 양효의) 강직함을 대하는 이야기다. (태괘의) 온화한 태도로써 강직한 건괘를 응대하는 것이므로, 호랑이 꼬리를 밟을 곳에 있어도 호랑이가 사람을 물지 않을 터인즉 형통한 것이다. 강직한 (제5 양효가) 당위이면서 가운데에 자리 잡고 있으므로, 제왕의 위치에서 해야 할 일을 실천해도 부끄러울 게 없고, 널리 빛을 발한다."(履, 柔履剛也. 說而應乎乾, 是以履虎尾, 不咥人, 亨. 剛中正, 履帝位而不疚, 光明也) 원문의 '光(빛 광)' 자는 '廣(넓을 광)' 자로 풀어야 한다.

이 괘사에 대하여 『상』은 "위에 하늘이 있고, 아래에 못이 있는 게 이괘의 형상이다. 군자는 이 이치로써 위아래를 구분하여 백성의 의지를 정해야 한다"(上天下澤, 履. 君子以辯上下, 定民志)라고 해설하였다. 여기서 '위아래를 구분한다'라는 말은 예를 실천한다는 뜻인데, 예의 본질은 존비尊卑를 구분하는 데서 출발하기 때문이다. '백성의 의지를 정해야 한다'라는 말은 혼란한 국면을 속히 정리해서 질서를 세워야 한다는 뜻이다.

[이履괘: 호랑이 꼬리를 밟을 위치에 있으나, 호랑이가 사람을 물지 않을 터인즉 형통하다.]

❖ 효사 풀이 ❖

① *初九, 素履, 往, 无咎.*
素: 흴 소. 꾸미지 않은 본바탕. 往: 갈 왕. 세속에 섞여 살아가다.

'素소' 자의 원래 의미는 명주실로 짠 비단으로서 아직 어떤 무늬나 색깔을 넣지 않은 순수한 형태의 옷감이다. '履'는 '실천하다'라는 의미이므로 '素履소리'는 나의 꾸미지 않은 순수한 인성, 또는 내가 익힌 실력으로써 성실하게 실천함을 뜻한다. 제1 양효는 맨 아래에 있으면서 당위이므로, 자신의 실력에 맞는 가장 낮은 자리에서 어떠한 유혹에도 흔들리지 않고 성실하게 살아가는 모습을 나타낸다.

남을 착취하려는 교활한 자와 사기꾼이 득실거리는 세상을 살다 보면 매일 당하고만 살 것 같지만, 사기꾼이 가장 속이기 힘든 사람이 성실한 사람이다. 이들에게는 욕심이 없으므로 환상을 심을 틈이 없기 때문이다. 이런 방식으로 세상을 살아가면 재앙이 있을 수가 없다. 성실함으로 신뢰를 받은 사람은 세상의 어느 구석에 들어가도 언제나 재목감으로 인정받기 때문에 누구나 함께 일하기를 원한다. 그래서 '往无咎왕무구', 즉 '앞으로 나아감에 재앙이 없다'라고 말한 것이다.

이에 대하여 『상』은 "성실하게 살아가는 태도로써 나아가는 것은, 홀로 원하는 바를 실천하기 때문이다"(素履之往, 獨行願也)라고 해설하였다.

[제1 양효. 성실하게 실천하고 행동하면서 앞으로 나아가니 재앙이 없다.]

② 九二, 履道坦坦, 幽人貞吉.

坦: 평탄할 탄. 坦坦: 평평하고 넓음. 幽: 그윽할 유. 幽人: 조용히 숨어 지내는 은사.

제2효는 음의 자리에 양효가 있으므로 실위다. 본 효는 음의 자리여서 길이 평탄하지 않고 험난한 장애물이 도사리고 있을뿐더러, 제5 양효와도 상응하지 않아서 도움을 받지 못하는 상태이므로 위험이 잠재해 있는 길이다. 그러나 다행히 양효라서 능력과 재주가 있으니, 자신이 가고자 하는 길을 꿋꿋이 가면 된다. 이것이 '履道坦坦리도탄탄', 즉 '평탄한 길을 가듯이 꿋꿋이 자신의 길을 밟아 간다'라는 구절이다.

따라서 실력과 재주를 갖췄으면서도 자랑하지 않고 은인자중隱忍自重하는 은자의 태도를 굳게 견지하면 길할 터이니, '幽人貞吉유인정길', 즉 '은자처럼 군건한 태도를 유지하면 길하다'라는 구절이 그것이다.

제2효는 중효이므로 좌우 어느 쪽에도 치우치지 않도록 조심하는 것이 중요하다. 올바른 도리를 지키는 것이 당연히 좋은 일이지만, 그것이 너무 강직해서 지나치면 오히려 해를 입을 수 있다. 자신의 충절을 굳게 지키는 것은 칭찬받을 일이지만, 이것이 자칫 오만한 태도로 비칠 수도 있기에 다른 사람들의 공감을 얻기 힘들어진다. 이것이 간신배들이 충신을 모함하는 주요 단서가 된다. 사마천司馬遷의 말처럼 충신으로 이름이라도 역사에 남으면 그나마 다행이지만, 평범한 필부로서는 이를 견디기가 쉽지 않을 것이다.

이에 대하여 『상』은 "은자처럼 굳건한 태도를 유지하면 길한 것은, 중심을 잡고 스스로 무너지지 않기 때문이다"(幽人貞吉, 中不自亂也)라고 해설하였다.

[제2 양효. (길은 비록 험해도) 평탄한 길을 가듯이 꿋꿋이 걸어가면서, 은거하는 사람처럼 굳건함을 유지하면 길하다.]

③ 六三, 眇能視, 跛能履, 履虎尾, 咥人, 凶. 武人爲于大君.

眇: 애꾸눈 묘. 能: 능할 능. 跛: 절름발이 파. 武: 무인 무. 于: 닮을 우. '如(같을 여)' 자와 같음. 大君대군: 큰 임금. 여기서는 천자를 가리킴.

제3효는 양의 자리에 음효가 있으므로 실위다. 이는 자질도 안 되는 사람, 즉 소인이 양의 자리인 본 효에 앉아서 군자인 양 허세를 부리는 모양이다. 소인배가 재주와 실력을 갖춘 제2 양효가 어려운 환경에 놓여 있다고 해서, 그 위에 올라타서 깔보고 있다는 말이다.

그래서 '眇能視묘능시, 跛能履파능리', 즉 '애꾸눈 주제에 남에게 자세히 봐 주겠다고 하고, 절름발이 주제에 (먼 길을) 다녀오겠다고 나선다'라고 말한다. 이렇게 가운데 중효中爻에 처하지 못하고 한쪽으로 치우친 사람은 스스로 과대망상에 빠져서 군자의 도움을 받을 수 없으니, '履虎尾리호미, 咥

人凶질인흉', 즉 '(언제라도) 호랑이가 꼬리를 밟혀 사람을 물 수 있으니 사납고 험난한' 위험에 처한다.

이괘(☱)는 음효가 하나라는 점에서 소축괘(☴)와 같지만, 임금의 자리인 제5 양효의 아래에서 그의 지원을 받는 소축괘의 음효와 달리, 이괘의 음효는 군자인 제2 양효 위에 올라타고 있다는 점에서 늘 위험에 처해 있다.

이러한 사람이 무인武人이라면 마치 자신이 천자인 양 행동할 터이니, 얼마나 위태로운 처지인지 미루어 짐작할 수 있으니, 이것이 '武人爲于大君무인위우대군', 즉 '일개 무사가 천자인 양 행동한다'라는 구절이다. 따라서 이러한 처지라면 자기 능력과 분수에 맞춰 살아가는 것이 안전하다.

이에 대하여 『상』은 다음과 같이 해설하였다. "애꾸눈이 자세히 볼 수 있다고 하지만, 명쾌함을 얻기에는 부족하고, 절름발이가 먼 곳을 갈 수 있다고 하지만, 함께 가기에는 부족하다. (범이) 사람을 무는 위험은 (소인이 군자위에 있는) 자리가 온당치 않기 때문이다. 일개 무사가 천자인 양 행동하는 것은, 의지만 강하기 때문이다."(眇能視, 不足以有明也. 跛能履, 不足以與行也. 咥人之凶, 位不當也. 武人爲于大君, 志剛也) 원문의 '志剛也지강야'는 제3 음효가 '의지만 강할 뿐 능력은 부족하다'라는 의미를 담고 있다.

[제3 음효. 애꾸눈 주제에 정확히 볼 수 있다고 자신하고, 절름발이 주제에 (먼 길을) 속히 다녀오겠다고 자신하는 사람은, 호랑이가 꼬리를 밟혀서 사람을 물 수 있는 (위험에) 처해 있으므로, 사납고 험난하다. 이는 무사가 (자신의 무술만 믿고) 천자인 양 처신하는 것이다.]

④ 九四, 履虎尾, 愬愬, 終吉.
愬: 두려워할 색. 愬愬색색: 무서워서 부들부들 떠는 모양. 終: 마칠 종.

제4효는 음의 자리에 있는 양효이므로 실위다. 즉 임금 자리인 제5 양효 바로 아래에서 순종해야 하는 자리임에도 양효라는 말이다. 따라서 본 효는 강직하고 무서운 군왕 아래에 강직한 사람이 처해 있는 셈이니, 언제라도 호랑이 꼬리를 밟을 수 있는 상황이다. 그러나 본 효가 음의 자리이므로 아무리 두렵다고 하더라도 항상 스스로 낮추고 예의를 지키면 끝내는 길하니, 이것이 '愬愬終吉색색종길'이 가리키는 바다.

'愬愬색색'은 두려워 벌벌 떠는 모양으로서 이를 다른 말로 표현하면 '敬(공경할 경)'이다. 예는 궁극적으로 '敬'을 표현하는 것인즉, 무조건 두려워만 하면 이는 비굴한 것이지 공경하는 일이 아니다. '敬'이란 기본적으로 두려워하는 형식이긴 하지만, 임금에게도 경건한 마음을 갖게 해야 한다. 그러려면 신하가 용기를 가져야 하는데, 예를 잘 수행하면 오히려 두려움이 공경함으로 바뀐다. 옛날부터 충신들이 목숨을 걸고 간언할 수 있었던 이유는 예의 수행을 통하여 공경의 정신을 몸에 배게 하였기 때문이다.

이에 대하여 『상』은 "두려운 마음으로 공경하니 끝내 길한 것은, 지조를 지켜 행하기 때문이다"(愬愬終吉, 志行也)라고 해설하였다. 권력을 옆에서 모시면, 호가호위狐假虎威하여 위세를 떨칠 수 있지만, 언제든지 호랑이의 밥이 될 수 있으므로, 이를 면하려면 공경하면서 지조를 지켜야 한다는 말이다.

[제4 양효. 호랑이 꼬리를 언제라도 밟을 수 있는 위치에 와 있으니, 두려운 마음으로 공경하면 끝내 길하다.]

⑤ 九五, 夬履, 貞厲.
夬: 가를 쾌. '決(자를 결)' 자와 같음. 厲: 위태로울 려.

제5효는 양의 자리에 양효가 있으므로 당위다. 또한 중효이기에 양기가 왕성한 데다가 위아래의 효와도 음양으로 상합하지 않는다. 따라서 이 효는 제왕과 같이 홀로 독단적으로 우뚝 서 있으므로, 모든 일을 머뭇거림 없이 과단성 있게 결정하고 밀고 나가게 되어 있다. 이것이 '夬履결리', 즉 '결연히 이행하다'라는 구절이다.

이괘는 앞서 말했듯이, 얇은 신발 하나에 의지해서 거친 황무지를 걷는 처지이므로, 하괘인 손괘가 상징하듯이 겸손한 마음으로 조심스럽게 걸어가야 한다. 그런데도 이렇게 누구의 도움도 없이 과감하게 결정하고 행동으로 옮기는 것은 매우 위험하다. 그래서 '貞厲정려', 즉 주저하지 않고 꿋꿋하게 나아가는 태도는 위태롭다고 말한 것이다. 이런 때일수록 예법을 준수해서 정해진 절차를 따라가는 일이 중요하다.

이에 대하여 『상』은 "결연히 이행하는 일이 굳건하게 유지되면 위태로운 것은, 본 효의 자리가 온당하기 때문이다"(夬履貞厲, 位正當也)라고 해설하였다. 여기서 '본 효의 자리가 온당하다'라는 말은 제5 양효가 당위로서 기세가 결연하기에 아무도 거역하지 못한다는 뜻이다. 『논어』 「자로子路편」에 "나는 임금 노릇을 함에 있어서 다른 즐거움은 없고, 단지 내가 한마디 하면 아무도 이를 거역할 사람이 없다는 즐거움뿐입니다"(予無樂乎爲君, 惟其言而莫予違也)라는 구절이 있는데, 제왕의 이러한 태도는 나라를 망하게 하는 지름길이다.

[제5 양효. 머뭇거리지 않고 결연히 이행하면서, 이를 꿋꿋이 지키니 위태롭다.]

⑥ 上九, 視履, 考祥, 其旋, 元吉.
視: 볼 시. 관찰하다, 되돌아보다. 考: 파악할 고. 祥: 복 상. 旋: 돌아올 선.

제6효는 음의 자리에 있는 양효이므로 음양을 겸비한, 즉 재주와 덕을 겸비한 사람의 자리다. 그러므로 제1효인 '素履'에서 시작하여 세상의 온갖 풍상과 고난을 이기고 정상에 선 후, 이제는 퇴역한 백전노장을 상징한다. 이러한 사람은 인생의 마지막 노정에서 지나온 인생을 되돌아보게 되는데, '視履시리'가 이 뜻이다.

그리고 거기서 잘잘못을 깊이 파악한 후, 이를 후손들이 귀감으로 삼기를 원한다. 효사는 잘잘못을 파악하는 일을 '考祥고상'이라고 표현하였는데, 여기서 '祥'은 잘된 일, 즉 복만을 뜻하는 게 아니라, 잘못된 일, 즉 재앙도 포함한다. 왜냐하면 '祥' 자 안에 '화禍'라는 의미가 애초에 들어 있기 때문이다. 그래야 진정한 반성이 될 수 있을 테니 말이다.

반성의 과정에서 가장 중요한 것이 근본, 즉 처음의 '素履소리'의 정신으로 돌아가는 일이다. '其旋元吉기선원길', 즉 '성실하게 실천하던 시절의 태도로 돌아가니, 크게 길하다'라는 말이 이를 가리킨다.

이에 대하여 『상』은 "크게 길함이 (제6효인) 맨 위에 있다는 것은, 경사로움이 크게 있다는 뜻이다"(元吉在上, 大有慶也)라고 해설하였다. 여기서 '크게 길함이 맨 위에 있다'라는 말은, 끝마무리가 길하다는 뜻으로서, 이것이 곧 큰 경사라는 말이다.

[제6 양효. (인생의 마지막 노정에서) 지나온 인생의 역정을 살펴보고, 그중에서 잘잘못을 파악한 후, 처음에 출발하였던 정신으로 돌아가니, 크게 길하다.]

11. 태괘泰卦

地天泰지천태: 땅은 아래로 내려가 하늘에 순종하려 하고, 하늘은 위로 땅을 떠받들려 하니 나라가 태평하다.

건하곤상乾下坤上

❖ 개관 ❖

'泰태'는 '大(큰 대)'와 같은 뜻으로서, 땅이 크면 소출이 많아지고, 소출이 많아지면 사람들이 부유해진다. 사람들이 부유해지면 사회가 안정되고 나라가 평안해지므로, 태괘는 이른바 국태민안國泰民安의 상징이 된다.

태괘는 '乾下坤上건하곤상', 즉 하늘이 아래에, 땅이 위에 있는 형상이다. 원래 하늘은 위에, 땅은 아래에 각각 있는 게 당연하고 또 안정되어 보이는데, 이와 반대 양상인 태괘는 매우 불안해 보인다. 그러나 하늘의 속성인 양은 위로 오르려 하고, 땅의 속성인 음은 아래로 가라앉으려 하므로, '乾上坤下건상곤하'의 형상은 음과 양이 서로 만나서 교감할 기회가 없다. 반대로 태괘처럼 '乾下坤上건하곤상'이면 양은 오르려 하고 음은 내려가려 하므로 상호 교감이 잘 이루어져서 좋은 결과가 나온다.

이를 임금과 백성의 차원에서 보면, 임금은 세상의 아래로 내려가 자신을 희생함으로써 백성을 떠받들려 하고, 백성은 떠받들린 상태에 있지 않고 임금의 아래로 내려가 공경하고 순종하는 모습을 천하에 보여 주는 형상이 된다. 이것이 바로 국태민안의 형상이다.

이를 다시 개인의 차원에서 보면, 하괘인 건괘는 강건한 속마음이고 상괘인 곤괘는 부드러운 외표外表이므로, 이른바 외유내강外柔內剛의 성격이다. 이런 사람은 밖으로 사람들을 부드럽게 대하기 때문에 다툼과 갈등이 없는 사회적 관계를 유지한다. 아울러 강직한 지조와 흔들리지 않는 신념을 소유하고 있어서 믿음직스럽고 공사公私가 분명하다. 이러한 사람이 지도자가 되면 구성원들이 그를 믿고 따름으로써 그 조직이 평안해진다.

태괘가 이履괘 뒤에 놓인 것에 대하여 『서괘』는 "(예법에 따라) 절차를 밟아서 막힘이 없게 한 다음에 안정되는 것이므로, 이를 태괘로 이어받았다. '泰' 자는 막힘이 없도록 뚫는다는 뜻이다"(履而泰然後安. 故受之以泰. 泰者, 通也)라고 해설하였다.

태괘는 12소식괘消息卦 중의 하나로서, 24절기節氣 중에서 우수雨水를 대표하는데, 이는 입춘立春부터 경칩驚蟄에 이르는 30일을 지배한다(소식괘에 대해서는 본서 '19. 임괘臨卦'의 해설을 참조 바람). 괘상에서 땅의 기운은 위에서 아래로 내려가고, 하늘의 기운은 아래에서 위로 올라가므로, 이른바 '天地交천지교'의 형상이 된다. 하늘과 땅이 서로 교차하는 시기가 바로 생장이 시작되는 봄이라는 뜻이다.

❖ 괘사 풀이 ❖

泰, 小往大來, 吉亨.

태괘의 괘사는 괘상을 한마디로 '小往大來소왕대래'라고 묘사하였다. 음과 양을 비교할 때, 음은 작고, 양은 크다. 상·하괘로 이루어진 중첩괘에서 하괘에서 상괘로 올라가는 방향을 '나간다'(往)라고 하고, 상괘에서 하괘로 내려오는 방향을 '들어온다'(來)라고 부른다. 하괘인 건괘에서 상괘인 곤괘로 나가면, 큰 쪽에서 작은 쪽으로 가는 셈이고, 상괘인 곤괘에서 하괘인 건괘로 들어오면, 작은 쪽에서 큰 쪽으로 가는 셈이다. 따라서 본 괘처럼 밖으로는 적은 쪽으로 가서 채워 주고, 안으로는 큰 쪽으로 들어와 하나가 되어 나눈다면 길할 수밖에 없다. 이것이 '小往大來소왕대래, 吉亨길형', 즉 '작은 쪽으로 나가고, 큰 쪽으로 들어오면 길하고 형통하다'라는 구절이 가리키는 바다.

음양을 군자와 소인으로 환원하면, 군자는 넉넉한 힘으로 소인에게 다가가 베풀어 주고, 소인은 순종하는 마음으로 군자에게 안기는 모양이 되는데, 이것이 국태민안의 상징이다.

이에 대하여 『단』은 다음과 같이 해설하였다. "태괘는 작은 쪽으로 나가고 큰 쪽으로 들어오는데, 이는 하늘과 땅이 서로 교접하여 만물이 형통해진다는 뜻이고, 위아래(임금과 신하)가 서로 교접하여 그들의 의지가 하나가 된다는 뜻이다. 내괘(하괘)에 양이 있고 외괘(상괘)에 음이 있으니, 안으로(조정이) 강건하고 밖으로 (백성이) 복종하며, 군자가 중심으로 들어오고 소인이 밖으로 내쳐지니, 군자의 길은 자라나고 소인의 길은 사라진다."(泰, 小往大來, 吉亨, 則是天地交而萬物通也, 上下交而其志同也. 內陽而外陰, 內健而外順, 內君子而外小人, 君子道長, 小人道消也)

이 괘사에 대하여 『상』은 "하늘과 땅이 서로 교접하는 게 태괘의 괘상이다. 임금 된 자들은 이 이치로써 하늘과 땅의 도리를 본받은 법제를 조성하고, 하늘과 땅의 운행이 이루어지도록 보필함으로써, 백성을 도와주어야 한다"(天地交, 泰. 后以財成天地之道, 輔相天地之宜, 以左右民)라고 해설하였다. 여기서 '하늘과 땅의 운행이 이루어지도록 보필한다'라는 말은, 중국 고대의 천인상여天人相與 사상에 의하면, 정치를 잘못하여 땅의 질서가 어지러워지면 하늘의 운행도 어지러워져서 기이한 자연현상이 발생한다고 믿었으므로, 자연의 정상적인 운행은 전적으로 임금 된 자에게 달린 것이라는 뜻을 품고 있다.

[태泰괘: 작은 쪽으로 나가고 큰 쪽으로 들어오니, 길하고 형통하다.]

① 初九, 拔茅茹, 以其彙, 征吉.

拔: 뽑을 발. 茅: 띠 모. 茹여: '如(잡아끌 여)' 자와 같음. 서로 얽혀 있음.
彙: 모을 휘. 무리. 征: 정벌할 정.

제1효는 양의 자리에 양효가 있는 당위로서, 양효 전체의 상승을 선도하는 역할을 한다. 비유컨대, 띠 풀을 뽑으면 거기에 연결되어 있는 큰 뿌리와 잔뿌리들이 줄줄이 딸려 나오는 것과 같다. 이것을 '拔茅茹발모여', 즉 '띠 풀과 거기에 얽혀 있는 것들을 잡아 뽑다'라고 표현한 것이다. 그러면 '以其彙이기휘', 즉 '거기에 딸린 무리도 함께 건지게' 된다. 그때 딸려 나오는 것들은 기실 모두 같은 무리에 속한다는 게 '彙휘' 자가 가리키는 바다.

이 말은 비유컨대, 고구마 줄기를 당기면 거기에 붙어 있는 고구마는 물론, 잔뿌리들과 심지어 잡초들도 딸려 나온다는 뜻이다. 통속적으로 말하자면, "도랑 치고 가재 잡고"라는 속담이 이와 어울릴 것이다. 따라서 이때 불복종하는 자를 정벌해서 치면, 그에게 부화뇌동하던 자들도 자연히 다스려질 뿐 아니라, 이들의 전횡 때문에 숨어 지내던 인재들이 세상에 다시 나올 테니, 이는 일석삼조一石三鳥가 되는 셈이다. 그래서 '征吉정길', 즉 '정벌하면 길하다'라고 말한 것이다.

이에 대하여 『상』은 "띠풀을 잡아 뽑고 치러 나가니 길한 것은, 그 의지가 밖에 있는 곤괘로 나아감에 있기 때문이다"(拔茅征吉, 志在外也)라고 해설하였다. 여기서 본 효가 곤괘로 나아가려 하는 게 길한 것은, 제2·3 양효도 모두 자신을 따라나설 것이기 때문이다.

[제1 양효. 띠풀과 거기에 얽혀 있는 것을 잡아 뽑으면, 거기에 딸린 무리도 함께 건질 수 있으니, 이때 정벌하면 길하다.]

② 九二, 包荒, 用馮河, 不遐遺, 朋亡, 得尙于中行.

荒: 거칠 황. 아무 쓸모 없는 황무지. 또는 그러한 사람. 馮: '憑(의지할 빙)' 자와 같음. 馮河빙하: 어떠한 수단에도 의지하지 않고 황하를 건너다. 무모하고 우직한 사람을 가리키는 말. 遐: 멀 하. 먼 곳에 사는 사람. 遺: 버릴 유. 朋: 무리 붕. 패거리. 亡: 없을 무. 尙: 숭상할 상. 中行중행: 중효中爻를 가리킴.

제2효는 음의 자리에 있는 양효이므로 실위다. 순종하는 신하의 자리에 어울리지는 않지만, 본 효가 임금 자리인 제5 음효와 상응하므로 의지와 능력이 강건한 신하로서 임금의 전적인 신임을 받고 있다. 그래서 이 신하는 '包荒포황', 즉 황무지처럼 아무 쓸모 없는 사람도 포용하고, '用馮河용빙하', 즉 맨몸으로 황하를 건너는 무모하기 그지없는 사람도 용도에 맞춰 쓰며, '不遐遺불하유', 즉 손길이 닿지 않는 먼 변방에 사는 사람들조차 그냥 버려두지 않고 거둬 주니, '朋亡붕무', 즉 당이나 패거리를 짓는 일이 없다. 그래서 '得尙于中行득상우중행', 즉 '중심에 처해 있는 (제5효인) 임금에게 존중을 받는다'라고 말한 것이다.

이에 대하여 『상』은 "아무 쓸모 없는 사람도 포용하고, (만용을 부리는 사람도 용도에 맞춰 쓰며, 변방에 사는 사람들조차 거둬 줌으로써 임금에게 존중을 받은 것은) 그가 공명정대하기 때문이다"(包荒, 得尙于中行, 以光大也)라고 해설하였다.

[제2 양효. (신하가) 아무 쓸모 없는 사람들까지 포용하고, 배를 타지 않고 황하를 건너는 무모한 인재도 필요한 곳에 쓰며, 먼 곳의 백성도 그냥 내버려 두지 않아, (공명정대함으로 인하여) 패거리 짓는 일이 없으니, 중심에 있는 임금에게 존경을 받는다.]

③ 九三, 无平不陂, 无往不復. 艱貞, 无咎. 勿恤其孚, 于食有福.

陂: 비탈 파. 艱: 어려울 간. 艱貞간정: 어려운 가운데서도 지조를 지키다. 恤: 근심할 휼. 孚: 믿을 부. 성실한. 食: 먹을 식. 福: 복 복.

제3효는 양의 자리에 있는 양효이므로 당위다. 이 효는 아래의 건괘가 위의 곤괘와 처음으로 접촉하는 자리인데, 양이 음과 만나면 거기에는 반드시 변화가 일어나게 마련이다. 변화란 예측하기 어려운 것이어서, 지금까지 평탄한 길을 걸어왔다면 험난한 오르막을 만날 수도 있다. 그래서 '无平不陂무평불파', 즉 '평탄하기만 하고 비탈지지 않은 길은 없다'라고 말한다.

그러나 아무리 그렇다 하더라도 변화에도 한계가 있으니, 오르막은 내리막으로 돌아설 것이고, 나간 것은 반드시 되돌아오게 되어 있다. 이것이 '无往不復무왕불복', 즉 '가서 되돌아오지 않는 길은 없다'라는 구절이 가리키는 바다. 따라서 '艱貞无咎간정무구', 즉 '어려운 가운데서도 꿋꿋하게 지조를 지키면 재앙이 없다'라는 것이다.

여기서 본 효는 제6 음효와 상응하는데, 이는 상대방의 신뢰를 받고 있다는 뜻이다. 따라서 '勿恤其孚물휼기부', 즉 '(다른 사람들이) 자신의 성실함을 알아줄까 걱정하지 않고' 꿋꿋이 지조를 지키면, '于食有福우식유복', 즉 '먹고사는 데 있어서는 복이 있을 것'이라고 위로한다.

이에 대하여 『상』은 "한번 가서 되돌아오지 않는 게 없는 것은, 하늘과 땅이 그 끝을 서로 맞대고 있기 때문이다"(无往不復, 天地際也)라고 해설하였다. '하늘과 땅이 그 끝을 서로 맞대고 있다'라는 것은, 건괘와 곤괘가 각각 제자리로 돌아가는 즈음에 있다는 뜻이다.

[제3 양효. 평탄하기만 하고 오르막이 없는 길은 없고, 한번 가서 돌아오지 않는 길은 없다. 그러므로 아무리 어렵더라도 지조를 지키면 재앙은 없다. 상대방이 (성실한) 자신을 믿어 줄지 걱정하지 않아도, 먹고사는 일에 복이 있을 것이다.]

④ 六四, 翩翩, 不富以其鄰, 不戒以孚.

翩: 가볍게 날 편. 富: 재물 부. 鄰: 이웃 린. 戒: 타이를 계. 야단치다. 孚: 믿을 부. 자발적인 순수한 마음.

제4효는 음의 자리에 음효가 있으므로 당위다. 제1 양효가 하괘의 두 양효를 위로 선도하였듯이, 제4 음효는 이웃 음효인 제5효와 제6효를 아래로 선도한다. 또한 제1 양효가 그와 같은 부류인 두 양효를 힘껏 뽑아 올라갔다면, 제4 음효는 역시 같은 부류인 이웃을 사뿐히 데리고 내려앉는다. 이것을 '翩翩편편', 즉 '사뿐히 날아 내려앉았다'라고 표현한 것이다.

이들이 본 효를 따라 함께 내려오는 것은 '不富以其鄰불부이기린', 즉 '재물로 유혹해서 이웃을 데리고 온 것도 아니고', '不戒불계', 즉 '누가 타일러서 온 것도 아니다.' 단지 '以孚이부', 즉 '믿는 마음으로' 따라왔을 뿐이다. 왜냐하면 당위인 본 효는 순종이 본성이기 때문이다.

본 효사는 신하들이 하나같이 임금을 잘 보필하니까, 임금이 그들과 함께 진실한 마음으로 백성에게 다가가는 형상을 묘사한다.

이에 대하여 『상』은 "사뿐히 날아 (하괘로) 내려가는 게 재물 때문이 아닌 것은, (세 효) 모두가 채워야 할 속을 잃었기 때문이고, 누구의 타이름이 아니라 믿음으로 따라간 것은, 속마음이 원했기 때문이다"(翩翩不富, 皆失實也, 不戒以孚, 中心願也)라고 해설하였다. 여기서 '(세 효) 모두가 채워야 할 속을 잃었다'라는 말은, 원래 자신이 있어야 할 고향이 하괘인데, 그곳을 떠나 상괘로 올라와 있으니 마음속의 고향을 잃었다는 뜻이다. 그래서 가벼운 마음으로 원래의 자리로 돌아간다는 말이다.

[제4 음효. 새처럼 사뿐히 날아 내려가는데, 이는 재물로써 이웃의 무리를 유혹해서 따라나선 것도 아니고, 누가 타일러서 내려가는 것도 아닌, 단지 신실한 마음으로 나선 것이다.]

⑤ 六五, 帝乙歸妹, 以祉元吉.

帝乙제을: 은나라 고종高宗. 주紂왕의 아버지. 歸: 시집갈 귀. 妹: 누이
매. 歸妹귀매: 여동생을 시집보내다. 祉: 복 지.

제을帝乙이 주나라 문왕의 아버지인 계력季歷을 죽였지만, 문왕과는 좋
은 관계를 유지하고자 자기 여동생을 그에게 시집보냈다. 이것이 '帝乙歸
妹제을귀매', 즉 '제을이 여동생을 시집보냈다'라는 구절이다.

그녀는 천자의 여동생인 공주였지만, 제후인 문왕에게 시집가서 지어미
로서 지켜야 할 삼종三從의 예를 다하였다고 한다('三從'이란 옛날에 여자가
따라야 할 생활 규범으로서, 시집가기 전에는 아버지를, 시집가서는 남편을, 남편이
죽고 나서는 아들의 뜻을 각각 따른다는 뜻이다). 이렇게 함으로써 은·주 두 나
라의 선린 관계에도 이바지하였을 뿐만 아니라, 낙후한 주나라가 도광양회
韜光養晦할 수 있는 시간도 벌어 주었으니, 이것이 '以祉元吉이지원길', 즉
'이렇게 함으로써 복이 되었으니 크게 길하다'라는 구절이다.

제5 음효는 양의 자리에 음효가 있으므로 실위인데, 이는 천자의 여동생
인 공주가 임금의 자리에 있긴 하지만, 신하의 지어미라는 신분으로 순종하
고 있음을 상징한다. 이는 실위라 하더라도 중효에 있으면서 '임금에게 존
중받는'(得尙于中行) 제2 양효와 상응하므로 매우 길한 것이다.

이에 대하여 『상』은 "이렇게 함으로써 복이 되었으니 크게 길한 것은, 가
운데에 거함으로써 진심으로 원하는 바를 행하였기 때문이다"(以祉元吉, 中
以行願也)라고 해설하였다. '가운데에 거한다'라는 말은 제5효의 자리를 뜻
하는데, 이는 천자와 공주가 모두 진심으로 문왕을 예우하였음을 가리킨다.

[제5 음효. 제을帝乙이 여동생을 (문왕에게) 시집보냄으로써, 두 나라에 복이 되었
으니, 크게 길하다.]

⑥ 上六, 城復于隍, 勿用師. 自邑告命, 貞吝.

復: 되돌아올 복. '覆(뒤집힐 복)' 자와 같음. 隍: 물 없는 해자 황. 물이 담겨 있으면 '池지'라고 함. 師: 군대 사. 邑: 고을 읍. 여기서는 제왕이 사는 도읍지. 告: 고할 고. 命: 명령 명. 吝: 아까울 린.

제6효는 음의 자리에 음효가 있으므로 당위다. 태괘, 즉 태평성대가 오래되면 '乾下坤上건하곤상'의 괘상이 뒤집혀 '坤下乾上곤하건상'의 비否괘(☷)가 되는데, 이는 위기 국면으로의 전환을 뜻한다. 곤괘가 아래에, 건괘가 위에 있는 형상은 소인배들이 조정 내부에 득실거리고, 강직한 인재는 재야나 변방으로 쫓겨나는 모양이니, 멸망의 길이 얼마 남지 않았음을 나타낸다. 이러한 종말의 현상을 말하는 구절이 '城復于隍성복우황', 즉 '성벽이 무너져 해자를 다시 메웠다'이다.

도성을 태평하도록 지키려면 성을 높이 구축해야 하는데, 이는 성 아래의 땅을 깊이 파서 그 흙을 높이 올리고 그 자리에 해자를 만들면 된다. 그러나 시간이 오래 지나면 성벽이 무너져 해자를 메워 다시 평지가 되는 일이 벌어진다. 이것이 바로 제3 양효의 '평탄하기만 하고 오르막이 없는 길은 없고, 한번 가서 돌아오지 않는 길은 없다'(无平不陂, 无往不復)라는 구절의 결말이다. 나라가 이 지경에 이르면, '勿用師물용사', 즉 적국은 '군대를 동원할 필요도 없이' 승리할 수 있다. 소인배들이 득실거리는 조정에서 '自邑告命자읍고명', 즉 '도읍지로부터 임금의 명령이 내려와도' 그것이 성 밖으로 선포되질 못하니, '貞吝정린', 즉 '이런 상태가 지속되면 안타까운 일이 발생하게 될' 뿐이다.

이에 대하여 『상』은 "성벽이 무너져 해자를 다시 메운 것은, 임금의 명령이 어지러워졌기 때문이다"(城復于隍, 其命亂也)라고 해설하였다. 태괘가 극에 달하여 이제 막 비괘(☷)가 될 즈음이므로, 임금과 신하 사이에 소통이 안 이루어져서 임금의 영이 서질 않는다는 말이다.

[제6 음효. 성벽이 무너져 해자를 다시 메우면 (적국은) 군대를 쓸 일이 없다. 성안

에서 명령을 하달해 봤자 성 밖으로 나가질 않으니, 이것이 지속되면서 지난날을 아쉬워하는 일만 남는다.]

12. 비괘否卦

天地否천지비: 하늘은 위에서 위로 향하고 땅은 아래에서 아래로 향하므로, 하늘과 땅이 상호 교감하지 못하고 단절되어 있다.

곤하건상坤下乾上

❖ 개관 ❖

비否괘는 태泰괘와 반대로 상괘가 건괘, 하괘가 곤괘로 이루어졌다. 하늘이 위에 있고 땅이 아래에 있는 모양은, 사물이 각기 제사리에 있음으로써 질서가 잡혀 있는 지극히 자연스러운 형상이다. 그런데도 괘명을 '否(막힐 비)'로 쓴 것은 매우 역설적이다.

모든 사물이 움직이는 것은 근본적으로 불안에서 비롯된다. 즉 불안의 상태에서 안정으로의 회귀 또는 복원이 운동으로 나타나는 것인데, 이 운동이 우주를 운행하게 함으로써 생명을 순환시키고 인간에게는 새로운 것을 창조하게 한다. 그러나 이러한 운동을 반복하다가 안정의 상태에 도달하면 더는 운동하지 않는데, 이때가 바로 비괘의 상태다. 태괘의 마지막 제6 음효가 '사납고 험난함'(凶)으로 마치는 것은 이 때문이다.

마찬가지 원리로 비괘의 마지막 제6효는 길함으로 마친다. 이처럼 괘의 이름과 그 내재적 의미는 역설적 관계가 되므로, 겉으로 드러나는 모양으로 상황을 판단하는 것은 금물이고, 나아가 이 역설이 『역』의 묘미다.

비괘의 하괘는 곤, 즉 음괘이고, 상괘는 건, 즉 양괘이므로, 소인이 내부 권력을 장악하고 군자는 밖으로 밀려나 있는 형상이다. 불공정을 해소하고자 공정한 시험으로 관리를 선발하다 보면, 종국에는 시험만 잘 치르는 사람이 내부에 들어오게 되는 모순이 발생하는 현상이 그 예다. 개인도 불안한 미래를 해소하려고 재물을 모으다 보면 재물은 내부에 쌓이지만, 더 중요한 윤리가 밖으로 밀려 결국에는 재산 때문에 가정이 무너지는 것도 마찬가지 현상이다.

비괘가 태괘 뒤에 놓인 것에 대하여, 『서괘』는 "사람 일은 끝까지 형통할 수 없으므로, 비괘로써 이를 이어받았다"(物不可終通, 故受之以否)라고 해설하였다. 여기서 '否비' 자는 '막히다'라는 뜻이다.

❖ 괘사 풀이 ❖

否之匪人, 不利君子貞, 大往小來.

否: 막힐 비. 匪: '非(아닐 비)' 자와 같음. 匪人비인: 인륜·도덕적이지 않다. 大대: 군자를 가리킴. 小소: 소인을 가리킴.

사회나 조직이 안정된 상태에 도달하면 규범과 질서에만 집착하게 된다. 그러므로 규범과 질서 너머에 있는 인성과 윤리는 인식할 수 없게 되므로 자연히 계량적으로 파악할 수 있는 요소들로만 능력을 평가하는 사회가 된다. 이것을 괘사는 '否之匪人비지비인', 즉 '비괘의 시기는 인간적이지 않다'라고 표현하였다. 사회와 조직이 인간적이지 않기에 덕 있는 군자는 설 자리가 없어서 소외되게 마련이니, '不利君子貞불리군자정', 즉 '이롭지 않음이 군자가 올바름을 지킬 때 생긴다'라고 말한 것이다. 다시 말해서 군자가 올바름을 지켜 소외되면, 군자가 사라진 사회는 부패할 수밖에 없다는 뜻이다.

이러한 상황을 개괄하여 괘사는 '大往小來대왕소래', 즉 '큰 것은 가 버리고, 작은 것이 온다'라고 묘사하였다. 건괘는 위로 올라가려는 속성이 있으므로 군자는 바깥으로 소외되는 반면, 내부인 하괘는 오로지 겉치레에 열중하는 소인배들이 활개 치는 세상이 될 수밖에 없다.

이에 대하여 『단』은 다음과 같이 해설하였다. "비괘의 시기는 인간적이지 않으므로, 이롭지 않음이 군자가 올바름을 지킬 때 생긴다. 그래서 큰 것은 가 버리고, 작은 것이 온다. 이는 하늘과 땅이 서로 교접하지 않아서 만물이 서로 소통하지 않기 때문이다. 위아래가 서로 교접하지 않으면 천하에는 나라가 없게 된다. 하괘에 음이 있고 상괘에 양이 있음은, 속은 유순하고 밖은 강직하다는 뜻인데, 이는 소인은 안으로 받아들이고 군자는 밖으로 내치는 일이다. 따라서 소인의 길은 자라나고 군자의 길은 사그라든다."(否之匪人, 不利君子貞, 大往小來. 則是天地不交而萬物不通也, 上下不交而天下无邦也. 內陰而外陽, 內柔而外剛, 內小人而外君子, 小人道長, 君子道消也) 여기서 '위아래가 서로 교접하지 않으면 천하에는 나라가 없다'라는 말은, 위의 임금과 아래의 백성이 소통하지 않으면, 백성 없는 임금이 되고, 임금 없는 백성이 되는 셈이니, 그러면 나라가 성립할 수 없다는 뜻이다.

이에 대하여 『상』은 "하늘과 땅이 서로 교접하지 않는 게 비괘의 괘상이다. 군자는 이 이치로써 검소하게 살면서 덕을 지키고 환난을 피해야 한다. 결코 영달함과 벼슬에 나아가 녹을 받는 일을 추구해서는 안 된다"(天地不交, 否. 君子以儉德辟難, 不可榮以祿)라고 해설하였다.

[비否괘: 비괘의 시기는 인간적이지 않으므로, 이롭지 않음이 군자가 올바름을 지킬 때 생긴다. 그래서 큰 것은 가 버리고, 작은 것이 온다.]

❖ 효사 풀이 ❖

① 初六, 拔茅茹, 以其彙, 貞吉亨.
拔: 뽑을 발. 茅: 띠 모. 茹여: '如(잡아끌 여)' 자와 같음. 서로 얽혀 있음. 以이: '及(미칠 급)' 자와 같음. 彙: 모을 휘. 무리. 貞: '靜(고요할 정)'과 같음.

제1효는 양의 자리에 음효가 있으므로 실위다. 비괘의 전체 모양이 조직의 중심을 상징하는 내괘(하괘)를 소인배들이 장악한 형상인 데다가, 효의 차원에서도 군자가 소인배의 밑에서 명을 따르는 모양새를 보인다. 본 효는 실위이므로, 군자는 잘못된 자리에서 그들의 명을 받드는 수밖에 없다.

양효인 제4효와 상응은 하지만, 제2 음효와 제3 음효로 이어지는 복종의 흐름을 고려할 때, 더 위로 올라가고자 하는 노력은 재앙을 부를 수 있다. 비괘는 소인이 득세하는 시기이므로 이때는 자신이 처한 자리에서 올바른 덕을 지키는 것이 재난을 피하는 길이다.

띠풀을 잡아 뽑으면, 뿌리와 거기에 붙어 있는 잡초와 흙 등도 함께 딸려 나오게 마련이다. 이것을 효사는 '拔茅茹발모여, 以其彙이기휘', 즉 '띠풀과 거기에 얽혀 있는 것들을 잡아 뽑으면, 거기에 딸린 무리도 함께 뽑힌다'라고 묘사하였다. 군자가 권력을 장악한 소인배에게 붙어 있으면, 나중에 그들이 쫓겨날 때 같이 뽑혀서 버려진다는 말이다. 원문의 '彙휘' 자는 소인배에게 붙어살던 군자를 가리킨다.

그러나 가장 밑에 있는 본 효에서 조용히 자신의 덕을 지키면 길할 것인즉, '貞吉亨정길형', 즉 '올바름을 지키면 길하고 형통하다'라는 구절이 이것이다.

이에 대하여 『상』은 "띠풀을 잡아 뽑을 때 올바름을 지키니 길한 것은, 그의 뜻이 (나중에) 임금을 모시는 데 있다"(拔茅貞吉, 志在君也)라고 해설하였다. 언제까지나 소인배가 득세할 것은 아니므로, 자신의 재주와 능력을 그들을 위해 쓸 게 아니라, 나중에 그들이 물러난 다음 옳게 쓰기 위해서 기다린다는 뜻이다.

[제1 음효. 띠풀과 거기에 얽혀 있는 것들을 잡아 뽑으면, 거기에 딸린 무리도 함께 뽑히는 법이다. 따라서 조용히 올바름을 지키면 길하고 형통하다.]

② 六二, 包承, 小人吉, 大人否亨.

包: 찰 포. '滿(찰 만)'과 같음. 承: 아첨할 승. 包承포승: 만면에 웃음을 지으며 아첨하다.

제2효는 음의 자리에 음효가 있으므로 당위다. 본 효는 신하의 자리로서 순종이라는 측면에서는 소인의 자질로 볼 수 있지만, 가운데에 자리한 중효라는 측면에서는 대인의 자질도 갖추고 있다. 소인배가 득세하는 비괘의 시기에는 만면에 웃음을 띠고 권력자에게 아첨하면, 자신이 당한 환난에서 벗어날 수 있고 나아가 이득도 취할 수 있으므로, 소인배에게는 길한 것이다. 이것이 '包承小人吉포승소인길', 즉 '만면에 거짓 표정을 지으며 아첨하면, 소인은 길하다'라는 구절이다.

반면에 중도에서 올바름을 지키는 군자가 비괘의 시기를 만나면, 곤궁해지기는 하지만 소인배와 단절되어 자신을 지킬 수 있으므로 길하다. 이것이 '大人否亨대인비형', 즉 '대인은 (소인과) 막혀 있어서 형통하다'라는 구절이다. 『논어』 「위령공편」에 보면, "나라에 도가 없으면, (자신의 재주를) 둘둘 말아서 품어 감춘다"(邦無道, 則可卷而懷之)라는 구절이 있는데, 이것이 군자가 곤궁해져도 형통한 이유다. 그뿐 아니라, 본 효는 임금 자리인 제5효와 상응하므로 임금은 그의 절개를 분명히 알게 될 것이다. 그러므로 형통하다고 말할 수 있다.

이에 대하여 『상』은 "대인은 (소인과) 막혀 있어서 형통한 것은, 무리를 어지럽히지 않기 때문이다"(大人否亨, 不亂群也)라고 해설하였다. 청렴한 군자가 소인배 속에 들어가게 되면, 그 목적이 설사 그들의 불의와 싸우기 위해서라고 하더라도 백성들이 볼 때는 누가 군자이고 누가 소인인지 헷갈릴 수 있다. 이러한 행위는 궁극적으로 무리의 질서를 어지럽힐 수 있으므로, 군자가 취할 게 못 된다.

[제2 음효. 만면에 거짓 표정을 지으며 아첨하니 소인은 길할 것이고, 대인은 오히려 이들과 단절되니 형통하다.]

③ 六三, 包羞.

包: 쌀 포. 껴안다. 받아들이다. 羞: 부끄러울 수. 包羞: 창피함을 무릅쓰다.

제3효는 양의 자리에 음효가 있는 실위다. 위아래가 소통이 안 되는 비괘의 시기에 소인이 이 자리에 있으면 윗사람들로부터 소외될까 매우 불안해한다. 더구나 상괘의 첫 자리인 제4 양효로 진출하려고 안달이 난다. 이러한 상황에서 소인은 주위의 시선은 아랑곳하지 않고 무슨 일이든 감행한다. 자신의 이득을 위해서는 무슨 일이든 할 수 있기 때문이다. 이것이 '包羞포수', 즉 '창피함을 무릅쓴다'라는 구절이다.

하괘의 제3효는 상괘로의 신분 상승을 눈앞에 둔 즈음을 상징하는데, 여기서 보통 사람이라면 부끄러움을 무릅쓰고서라도 이익을 얻어 내자는 유혹을 떨쳐 내기가 쉽지 않은 게 현실이다.

이에 대하여 『상』은 "창피함을 무릅쓰는 것은, (제3효의) 자리가 온당치 않기 때문이다"(包羞. 位不當也)라고 해설하였다. 제3효는 양의 자리로서 앞으로 나아갈 의지가 강한 위치다. 그런데 여기에 음유한 자질을 가진 소인이 앉아 있으니, 기실 막혀 있는 비否괘의 상황인 셈이다. 그런데도 소인이 자신의 주제를 모르고 위로 승진하려 하니, 자연히 창피함을 무릅쓰는 무리를 저지르게 된다. 이것을 '자리가 온당치 않다'라고 말한 것이다.

[제3 음효. 창피함을 무릅쓴다.]

④ 九四, 有命无咎, 疇離祉.

有命유명: 임금이 명령을 내리다. 疇: '儔(무리 주)'와 같음. 같은 뜻을 갖고 모인 강직한 사람들. 離: 붙을 려. 또는 만날 리. 祉: 복 지.

제4효는 임금의 자리인 제5효 바로 밑에 있으므로 측근 신하를 가리킨다. 최측근에 있는 사람이 양효라면, 강직함의 자질로써 임금을 핍박할 위험이 있다. 그러나 이 양효는 음의 자리에 있는 실위이므로 음과 양이 서로 보완할 수 있다. 즉 강직한 윤리관을 갖고 있으면서도 명령에 복종하는 사람이야말로 권력의 최측근에 어울리는 인재다.

제1효부터 제3효까지는 소인배들 때문에 올바르고 강직한 윤리성을 갖춘 사람이 빛을 볼 수 없었지만, 제4효에서는 자기 능력을 마음껏 발휘하면서 임금을 모실 기회가 주어진다. 소인배가 판을 치는 비괘의 세상에서 강직한 사람에게 임금의 명령을 받드는 기회가 주어지게 되었으니, 이것이 '有命无咎유명무구', 즉 '(강직한 자에게) 임금의 명령이 내려졌으니, 재앙이 없을 것이다'라는 구절이다. 다시 말해서 충직한 신하가 임금의 명령을 받들게 되었으니, 명령이 왜곡되지 않고 잘 시행될 것이라는 뜻이다.

이렇게 명령이 강직한 자를 통해서 시행되면, 소인이 득세하는 비괘의 시기에 숨어 있던 강직한 무리에게 복으로 나타날 것이므로, 이는 자연히 백성의 복으로 번져 나갈 것이다. 이것이 '疇離祉주려지', 즉 '(강직한) 무리에게 복이 붙는다'라는 구절이 뜻하는 바다.

이에 대하여 『상』은 "(강직한 자에게) 임금의 명령이 내려졌다는 것은, (강직한 자들의) 의지를 실천하게 되었다는 뜻이다"(有命无咎, 志行也)라고 해설하였다. 제1 음효에서 강직한 자는 앞으로 나아가고자 해도 소인배 때문에 길이 막혀 있었는데, 이제야 비로소 뜻을 펼 수 있게 되었다는 말이다.

[제4 양효. (강직한 자에게) 임금의 명령이 내려졌으니, 재앙이 없을 것인즉, (강직한) 무리에게 복이 따라붙는다.]

⑤ 九五, 休否, 大人吉, 其亡其亡, 繫于苞桑.

休: 그칠 휴. 其: 장차 기. 바야흐로. 亡: 멸망할 망. 其亡: 바야흐로 멸망하려 하다. 繫: 묶을 계. 苞: 근본 포. 감싸 안듯이 깊게 내려간 뿌리. 苞桑포상: 뿌리가 깊고 견고한 뽕나무.

제5효는 양의 자리에 양효가 있으므로 당위다. 본 효는 임금 자리로서 가운데에 자리 잡고 있을 뿐 아니라, 강직하고 순종적인 측근 신하인 제4 양효의 보좌를 받고 있으므로, 그간 소인배에게 소외되어 온 군자들이 등장하여 자기 능력을 인정받기에 매우 유리한 기회다. 이것을 효사는 '休否大人吉휴비대인길', 즉 '소인배에게 막혔던 시기를 그치게 하였으니, 대인이 길하다'라고 묘사하였다. '休否', 즉 막힌 시기를 그치게 한 것은, 말할 것도 없이 강직한 임금의 출현이다.

그렇다고 해서 소인배가 하루아침에 모두 사라지는 것은 아니다. 따라서 임금은 '其亡其亡기망기망', 즉 '곧 망할지도 모른다, 곧 망할지도 모른다'라는 마음을 늘 갖고 스스로 경계하면, '繫于苞桑계우포상', 즉 '뿌리가 깊고 견고한 뽕나무에 묶여 있는 듯 안전할 것'이라고 권면한다.

이에 대하여 『상』은 "대인이 길한 것은, (제5효의) 자리가 온당하기 때문이다"(大人之吉, 位正當也)라고 해설하였다. 자리가 온당하다는 것은, 강직하고 공정한 덕의 소유자가 지존의 자리인 제5효에 앉아 있다는 뜻이다.

[제5 양효. 소인배에게 막혔던 시기를 그치게 하였으니, 대인이 길하다. 이때 (임금 된 자는) "바야흐로 멸망하리라, 바야흐로 멸망하리라" 하는 경계의 마음을 가지면, 뿌리가 깊고 견고한 뽕나무에 묶여 있는 듯 안전하리라.]

⑥ 上九, 傾否, 先否後喜.

傾: 기울 경. 先: 먼저 선. 後: 뒤 후. 喜: 기쁠 희.

제5 양효의 시기만 해도 소인배가 완전히 사라진 때가 아니었으므로 임금 된 자를 비롯한 대인들이 늘 조심해야 했지만, 제6 양효에 와서는 그들이 완전히 사라졌으므로, 강직한 인재들이 뜻을 펼 수 있는 시기가 되었다. 이것을 효사는 '傾否경비', 즉 '(소인배에게) 막힌 시기를 기울어지게 하였다'라고 한 것이니, 이는 단절과 불통으로 피폐한 비괘의 시기가 극에 달하고 나서, 이전의 태泰괘 시기로 되돌아간 것과 같다고 볼 수 있다. 우리의 일상에서도 고진감래苦盡甘來, 즉 쓴맛이 끝에 이르면 오히려 단맛이 느껴지는 경험을 흔히 한다. 효사의 '先否後喜선비후희', 즉 '막힘을 먼저 겪고 나면, 그 뒤에 기쁨이 온다'라는 말은 이를 가리킨다.

『역』의 원리는 이처럼 서로 대척이 되는 것처럼 보이는 두 요소가 서로 맞물려서 자연스럽게 순환·반복함을 역설한다. 세상에 영원히 변치 않는 것은 없다. 따라서 『역』을 터득한 사람은 하나의 사건에 집착해서 일희일비 하지 않는다.

이에 대해서 『상』은 "막힘이 끝나면 기울어지는 법이니, 어찌 그것이 오래갈 수 있겠는가?"(否終則傾, 何可長也)라고 해설하였다. 비괘의 발전 순서를 보면, 처음에는 세 개의 음효를 거치면서 소인들이 득세하였지만, 나중에는 강직한 세 개의 양효가 이들의 발전을 막고 나중에는 완전히 제거하였다.

[제6 양효. (마침내 소인배에게) 막힌 시기를 기울어지게 하였으니, 막힘을 먼저 겪고 나면, 그 뒤에 기쁨이 온다.]

13. 동인괘同人卦

 天火同人천화동인: 하늘의 태양과 땅의 불이 각각 고루 비추고 데워 줌으로써 사람들을 하나가 되게 한다.

이하건상離下乾上

❖ 개관 ❖

동인同人괘는 이괘가 아래에, 건괘가 위에 각각 있는데, 이는 하늘 위 높은 곳에서는 태양이 비추고, 아래의 땅에서는 불이 타고 있는 모양이다. 태양은 세상의 모든 사물을 고루 비춰 주고, 불은 그 주위에 모여 있는 사람들에게 고루 따뜻함을 안겨 주기에, 본 괘는 무엇보다 공정성을 상징한다. 세상이 공정하므로 모든 사람이 하나가 되기에 충분하다. 사람들이 모닥불을 피워 놓고 이른바 캠프파이어 행사를 하는 이유이기도 하다. 따라서 위아래의 불통과 단절로 인하여 질서가 바로 서지 못한 비否괘가 끝난 뒤에 동인同人괘를 둔 것이다. 『서괘』에서도 "사람은 끝까지 막힌 상태로 지속될 수 없으므로, 동인괘로 이를 이어받았다"(物不可以終否, 故受之以同人)라고 해설하였다.

여기서 '동同' 자의 의미를 자세히 살펴볼 필요가 있다. '동同' 자의 자형은 두 가지로 해석되는데, 첫째는 술 만드는 재료를 하나의 독에 넣고 담요를 덮은 모양이고, 둘째는 큰 돌을 여러 사람이 함께 들고 달구질을 하며 땅을 다지는 모양이다. '興(일어날 흥)' 자 안에 '同(같을 동)' 자가 들어가 있는 이유다. 아무튼 두 경우 모두 각기 다른 요소들이 자신의 개성과 역할을 가지면서도 같은 목적을 향하고 있음을 나타낸다. 이것이 바로 공자가 말한 바 '화이부동和而不同', 즉 전체가 하나가 되어 어울리지만 그렇다고 모두가 일률적으로 같지 않은 상태다. 이를테면 문관과 무관은 겉으로 보이는 모양은 다르지만, 나라를 위하는 충성심은 같아야 한다. 그래서 공영달孔穎達은 '同' 자를 '화동和同'이라고 해석하였다.

❖ 괘사 풀이 ❖

同人于野, 亨. 利涉大川, 利君子貞.

野: 들 야. 논밭으로 이루어진 성 밖의 들판. 涉: 건널 섭. 貞: 바를 정. '正(바를 정)'과 같음.

사람들이 뜻을 같이하여 하나의 목표를 추구하려면, 모두가 흉금을 털어놓고 서로 감추는 것이 없어야 한다. 그래야 사리사욕이 안 생기고 모든 것이 투명해진다. 이 투명함의 상징이 '野야'다. 성 밖의 들판은 논과 밭으로 이루어져서 멀리서 일하는 사람까지도 뚜렷하게 보인다. 일하는 모습이 서로에게 보이므로 게으름을 피울 수 없다. 또한 같은 목표를 지향하는 일에 힘을 합치려면 작은 차이를 극복해야 하는데, 그러려면 성 밖의 들판처럼 넓은 마음으로 상호 관용해야 한다. 이것이 '同人于野亨동인우야형', 즉 '탁 트인 들녘에서 사람들이 모두 하나가 되니 형통하다'라는 구절이다. 파당을 지어 사적인 이익을 도모하면 뜻을 함께하는 동지가 될 수 없다.

『역』에서 '대천大川', 즉 큰 강은 대개 험난한 장애물을 상징한다. 모든 사람이 하나가 되어 나아간다면, 큰 강도 무난히 건널 수 있음은 말할 것도 없다. 이것이 '利涉大川리섭대천', 즉 '이로움이 큰 강을 건널 때 생긴다'라는 구절이 가리키는 바다. 오늘날 힘을 합쳐 함께 어려움을 헤치고 건너자는 취지의 모임을 '공제회共濟會'라고 부르는데, 바로 이 '涉大川'에서 나온 말이다.

이처럼 '동인同人'이 되기 위해서는 공명정대하고 관용해야 하므로, 군자의 올바른 덕행이 꼭 필요하다. 그래서 '利君子貞리군자정', 즉 '이로움이 군자의 올바름을 견지할 때 생긴다'라고 말한 것이다.

이에 대하여 『단』은 다음과 같이 해설하였다. "동인괘는 (제2효의) 유순함이 당위로서 가운데에 자리 잡고 (상괘인 건괘의 제5효와) 상응하므로, 동인이라고 부른 것이다. 동인괘에 이르기를, '탁 트인 들녘에서 사람들이 모두 하나가 되니 형통하고, 따라서 이로움이 큰 강을 건널 때 생긴다'라고 하였는데, 이는 건괘의 작용이다. 본 괘는 (이괘의) 개명함과 (건괘의) 건장함이 있는 데다가, (제2 음효가) 가운데에 자리 잡고 (제5효와) 상응하므로, 군자가 올바름을 견지하는 상태다. 오로지 이러한 군자만이 천하 백성의 뜻과 하나로 통할 수 있다."(同人, 柔得位得中而應乎乾, 曰同人. 同人曰: 同人于野, 亨, 利涉大川, 乾行也. 文明以健, 中正而應, 君子正也. 唯君子爲能通天下之志)

이 괘사에 대하여 『상』은 "하늘이 불과 함께하는 것이 동인괘의 괘상이다. 군자는 이 이치로써 비슷한 것끼리 족속으로 나누고 사물을 분별한다"(天與火, 同人, 君子以類族辨物)라고 해설하였다. 하늘과 불이 모두 위로 오르는 속성이 있어서 같은 사물로 분류되듯이, 사람들을 군자와 소인으로 나누어 그 속성에 따라 다스리는 게 지혜임을 뜻한다.

[동인同人괘: 탁 트인 들녘에서 사람들이 모두 하나가 되니 형통하다. 따라서 이로움이 큰 강을 건널 때 생기고, 이로움이 군자가 올바름을 견지할 때 생긴다.]

❖ 효사 풀이 ❖

① 初九, 同人于門, 无咎.

于: 같을 우. '如(같을 여)' 자와 같음. 門: 문 문. 집안의 가족을 가리킴.

대문은 집 안과 집 밖을 나누는 경계인데, 집 안은 사적인 공간이고 집 밖은 공적인 공간이다. 집 안에서는 가족을 아끼고 편애해도 되지만, 집 밖에서는 공정하고 공평해야 동지를 얻을 수 있다. 큰일을 하려면 동지를 밖에서 구해야 훌륭한 인재를 얻을 수 있는 법이다. 작은 일에 필요한 사람은 문 앞 정도에 나가서 구해도 되지만, 더 큰 일을 하려면 성문 밖까지 나가서 사람을 구해야 폭넓게 인재를 얻을 수 있다. 그래서 고대에는 나라의 중요한 일을 해결하고자 특별한 인재를 구할 때, 성문 밖 곳곳에 커다란 방을 붙여서 사람을 찾았다.

제1효는 양의 자리에 양효가 있으므로 당위다. 이는 시작이 강직함을 뜻하는데, 시작부터 의지가 굳고 공정해야 사람이 모이기 때문이다. 이것이 '同人于門동인우문', 즉 '사람을 동등하게 대하기를 마치 집안 가족처럼 한다'라는 구절이 가리키는 바다. 그리고 제1효와 상응하는 자리에 있는 제4효가 양효로서 서로 배척하는 관계에 있다. 이 말은 곧 같은 의지로 모이는 동지란 기본적으로 동등해야 함을 의미한다. 동인 사이에 누가 누구를 지배하거나 누가 누구에게 복종하면 관계는 오래가지 못한다. 여기서 배척이란 실질적으로 견제를 뜻하는데, 어떠한 관계에서도 보이지 않는 견제—그것이 자의적이든 타의적이든—가 없으면, 관계는 무너지게 되어 있다. 따라서 동지 관계에 있는 동인으로 뭉쳐 있으면 그들에게 재앙이 없을 것임은 당연하다.

이에 대하여 『상』은 "문을 나가서 사람들을 동등하게 대하는데, 어느 누가 해를 입히겠는가?"(出門同人, 又誰咎也)라고 해설하였다.

[제1 양효. 사람을 동등하게 대하기를 마치 집안 가족처럼 하니, 재앙이 없다.]

② 六二, 同人于宗, 吝.

宗: 동성同姓 종. 일족. 吝: 인색할 린. 편협한.

제2효는 음의 자리에 음효가 있으므로 당위다. 다른 다섯 개의 효가 모두 양효여서 유일한 음효인 제2효와 상응하려 해도 이 효는 오로지 제5효하고만 상응한다. 따라서 제2 음효는 본질적으로 매우 배타적이며 편협한 속성을 갖는다. 군신 관계에서 불사이군不事二君, 즉 두 임금을 섬기지 않는다는 배타적 충절이라는 관점에서라면 바람직하겠지만, 사회적 관계에서의 배타성은 편협함을 면키 어렵다. 이러한 배타성이 가장 잘 드러나는 곳이 같은 조상을 모시는 종족 내에서다. 종족 또는 가족 내에서는 자기들끼리 사적인 이익과 혜택을 나누는 행위들이 관용될 뿐 아니라 장려되기까지 한다. 이것이 '同人于宗동인우종', 즉 '종족 내에서만 사람들과 뜻을 같이한다'라는 구절이 뜻하는 바다.

그러나 종족 내에서만 뜻을 같이하는 사람을 찾고 또 그들끼리 이익을 나누면 당장은 유리할지 모르나, 그 폐쇄성과 편협성으로 인하여 더 크게 발전하지 못할 뿐 아니라 그 생명도 오래가지 못한다. 그래서 그 결과가 '吝', 즉 안타까운 일이 벌어진다는 것이다. 사회나 국가도 종족 안에서처럼 폐쇄적으로 운영되면 멸망의 길로 가게 된다는 사실은 역사가 증명한다.

이에 대하여 『상』은 "종족 내에서만 사람들과 뜻을 같이하는 것은, 편협한 도리다"(同人于宗, 吝道也)라고 해설하였다.

[제2 음효. 종족 내에서만 사람들과 뜻을 같이하니, (편협함으로 인하여) 안타까운 일이 생긴다.]

③ 九三, 伏戎于莽, 升其高陵, 三歲不興.

伏: 엎드릴 복. 매복하다. 戎: 군사 융. 莽: 풀숲 망. 升: 오를 승. 陵: 언덕 릉. 歲: 해 세. 興: 일어날 흥.

제3효는 양의 자리에 양효가 있으므로 당위다. 하괘의 맨 위에 있는 양효이므로 매우 강건하고 호전적임을 나타낸다. 이 양효는 그 아래에 있는 유일한 음효를 자신의 동인同人으로 삼고자 하지만, 제2효는 상괘의 제5효에 마음을 두고 있으므로, 제3효는 밖의 제5효를 연적戀敵으로 보아 삼각관계를 형성한다. 즉 공간적으로 제2효는 제3효와 동인이지만 마음으로는 제5효와 동인이 되는 셈이다.

그러나 제3효가 적대적으로 보는 제5효는 자신보다 더 강한 상대이므로 함부로 대들 수 없는 처지다. 그래서 군사를 풀숲에 매복시키고, 높은 곳에 올라가 적의 동태를 살피며 호시탐탐 때를 기다리는 수밖에 없다. 이것이 '伏戎于莽복융우망, 升其高陵승기고릉', 즉 '군사를 풀숲에 매복시키고, 높은 언덕에 올라가 호시탐탐 기회를 엿본다'라는 구절이다.

하지만 이것도 여의치 않아서 '三歲不興삼세불흥', 즉 '삼 년을 기다려도 군사를 일으킬 기회가 오지 않는다'라고 하였다. 앞서 말했듯이 연적인 제5 양효는 자신의 상대가 될 만큼 만만하지 않으므로 감히 공격할 수 없기 때문이다.

본 효는 이괘의 맨 위, 즉 불의 겉면에 해당하는데, 불꽃이 제아무리 뜨거워도 태양이 비추는 공간에서는 아무런 힘을 미치지 못한다. 태양이 만물을 고루 비추듯이 공정한 세상에서는 사심이 있는 자가 아무리 기회를 엿보아도 끼어들 자리가 없다는 말이다.

이에 대하여 『상』은 "군사를 풀숲에 매복시킨 것은, 적이 강직하기 때문이다. 삼 년을 기다려도 군사를 일으킬 기회가 오지 않으니, 어떻게 행동하면 좋은가?"(伏戎于莽, 敵剛也. 三歲不興, 安行也)라고 해설하였다.

[제3 양효. 군사를 풀숲에 매복시키고, 높은 언덕에 올라가 호시탐탐 기회를 엿보지만, 삼 년을 기다려도 군사를 일으키지 못한다.]

④ 九四, 乘其墉, 弗克攻, 吉.

乘: 오를 승. 墉: 담장 용. 보조 성. 토성. 弗: '不+동사+之'와 같은 말. 克: '可(가할 가)'와 같음. 攻: 칠 공.

제4효는 음의 자리에 양효가 있으므로 실위다. 이는 겉으로는 질서에 복종하는 것처럼 보이지만 마음속으로는 다른 생각을 품고 있음을 나타낸다.

즉 바로 위의 제5효를 침으로써 거기에 상응하는 제2효를 차지하려는 욕심을 뜻한다. 그래서 군대를 이끌고 임금 자리에 있는 자를 치러 출정해서 토성土城까지 진출한 상황이다. 고대의 성곽 구조는 가운데에 성城이 있고 그 주위를 곽廓이 둘러싸고 있는데, 이를 합쳐서 성곽이라고 부른다. 그리고 곽 밖에 다시 보조 성을 쌓았는데 이것이 용墉이다. 이 용은 흙으로 낮게 쌓았으므로 토성이라고도 부른다. '乘其墉승기용', 즉 '토성에 올라갔다'라는 말은 군대가 토성까지 이르러 아직 공격은 시작하지 않고, 토성에 올라가 상황을 살핀다는 뜻이다.

토성에 올라가 상황을 보니, 공격 대상인 제5효는 상괘의 가운데에 처해 있는 양효여서 명분과 강직함이 있는 데다가, 제2 음효인 백성의 지지를 받고 있으므로 공격을 결정하기가 쉽지 않다. 공격 대상이 강직하니 이기기도 쉽지 않을뿐더러, 설사 이긴다고 하더라도 명분이 없으므로 백성의 지지를 받기 힘들다. 결국 '弗克攻吉불극공길', 즉 공격을 포기하고 돌아오니, 이는 길하다고 말한다.

이에 대하여 『상』은 "토성에 올라가 보니, 도리상 공격할 수 없었다. (공격하지 않은 게) 길한 것은, 이리저리 고뇌하다가 올바른 법도로 돌아갔다는 뜻이다"(乘其墉, 義弗克也. 其吉, 則困而反則也)라고 해설하였다. 여기서 '도리상 공격할 수 없었다'라는 말은, 백성의 지지를 받는 사람을 공격하는 게 부담스러웠다는 뜻이고, '이리저리 고뇌한' 것은, 음의 자리에 양효가 있는 실위여서 공격과 퇴각 사이에서 번민하였다는 뜻이다.

[제4 양효. 토성에 올라가 보고는 차마 공격하지 못하고 돌아오니, 길하다.]

⑤ 九五, 同人, 先號咷而後笑, 大師克, 相遇.

號: 부르짖을 호. 咷: 울 도. 號咷호도: 방성통곡하다. 師: 군대 사. 克: 이길 극. 相: 서로 상. 遇: 만날 우.

제5 양효는 제2 음효와 상응하는데, 앞서 보았다시피 제3효와 제4효가 각기 자신들이 제2효를 차지하려고 제5효를 공격하였다. 그러나 제5효가 당위이면서 가운데에 처해 있는 중효여서 공정하고 강직하다는 명분을 쥐고 있으므로 이들을 물리칠 수 있었다. 여기서 중요한 사실은 제5효가 무력으로써 적을 쳐서 승리하였다는 점이다. 임금의 자리는 당연히 덕으로써 백성을 포용하고 다스려야 하지만, 포용을 거부하는 자는 무력을 써서라도 복종시켜야 한다.

무력으로 이기려면 사람들을 규합해야 하는데, 그러려면 당연히 명분과 공정함이 먼저 있어야 한다. 그리고 신뢰를 쌓으려면 상호 간에 발생할 수 있는 여러 가지 어려움을 함께 극복해야 한다. 우리 속담에 "비 온 뒤에 땅 굳는다"라는 말이 있듯이, 아무리 제5효와 제2효가 상응해도 어려움을 함께 극복하는 과정이 없으면 신뢰가 쌓이지 않는다. 군대는 힘든 전투의 과정을 함께 겪으면서 이른바 전우애라고 하는 동인同人의 경지에 다다르게 되는데, 이것이 "임금의 군대가 이길 수 있었던 것은 어려움을 이기고 (제2 음효와) 의기투합하였기 때문이다"(大師克, 相遇)라는 구절과 "먼저 방성통곡하는 과정이 있어야 나중에 함께 웃게 된다"(先號咷而後笑)라는 구절이 뜻하는 바다.

이에 대하여 『상』은 "뜻을 함께한 사람들이 우는 과정을 먼저 하고 (나중에 웃을 수 있었던 것은), (제5 양효가) 공정하고 정직하였기 때문이다. 임금의 군대가 (제2 음효와) 서로 의기투합한 것은, 서로 참고 견디었다는 뜻이다"(同人之先, 以中直也, 大師相遇, 言相克也)라고 해설하였다.

[제5 양효. 뜻을 함께한 사람들은, 방성통곡하는 과정을 먼저 하고 나중에 함께 웃는다. 임금의 군대가 승리할 수 있었던 것은, (제2 음효의 백성과) 서로 의기투합하였기 때문이다.]

⑥ 上九, 同人于郊, 无悔.

郊: 성밖 교. 悔: 뉘우칠 회.

제6효는 음의 자리에 양효가 있으므로 실위다. 비록 제2 음효와 상합相合하고 싶지만, 이겨 내고 건너야 할 양효가 3개나 되어 너무 멀기도 할 뿐 아니라, 본 효가 실위여서 기력도 모자란다. 따라서 먼 곳에 있는 사람과 동인同人이 되기를 포기하고 가까운 곳에 있는 사람들과 조용히 지내는 수밖에 없다.

'교郊'는 임금이 사는 성 밖의 지역으로서 제5효의 바깥, 즉 임금의 관심으로부터 소외된 곳을 상징한다. 천하는 모두 임금과 동인 관계에 있으므로 본 효가 끼어들 자리가 없다. 따라서 본 효는 성 밖의 지역에서 역시 소외된 은자들과 함께 동무하며 지내야 후환이 없다. 이것이 '同人于郊无悔동인우교무회', 즉 '성 밖에서 은자들과 함께 어울리니, 후회할 일이 없다'라는 구절이다.

와신상담臥薪嘗膽의 고사로 유명한 월왕 구천이 오왕 부차에게 복수하자, 그에게 결정적인 도움을 줬던 범려范蠡가 토사구팽兔死狗烹, 즉 '토끼가 죽으면 사냥개는 요리된다'라는 말을 남기고 즉시 그 곁을 떠난 것도 이 때문이다. 군주가 백성 앞에서 군주 기능을 수행하는 것은 인간 실체로서가 아니라 '왕'이라는 관념적 군주로서 하는 것이기 때문에 그가 왕이 되기 이전까지 보여 준 인간의 추악한 업業과 역사는 지워져야 한다. 따라서 그것을 옆에서 줄곧 보아 온 참모와 가까운 부하는 사라져 주는 것이 순리다. 『사기』「고조공신후자년표서高祖功臣侯者年表序」에 의하면, 한나라 개국 초기에 공신으로 작위를 받은 자가 200여 명이 넘는데, 100년이 못 가서 5명만 남았다는 기록은 이 진실을 정확히 말해 준다.

이에 대하여 『상』은 "성 밖에서 은자들과 함께 어울리는 것은, 뜻을 얻지 못하였기 때문이다"(同人于郊, 志未得也)라고 설명하였다. 아무리 뜻을 같이한 동지라 하더라도 끝에 가서는 사라지지 않으면 안 된다는 사실을 실위인 본 효는 말해 준다.

[제6 양효. 성 밖에서 은자들과 함께 어울리니, 후회할 일이 없다.]

14. 대유괘大有卦

火天大有화천대유: 불이 하늘 위에 있는 모양으로서 광명이 세상을 널리 비추니, 만민이 그에게 귀의하므로 천하를 얻는다.

건하이상乾下離上

❖ 개관 ❖

대유大有괘는 동인괘와 반대로 하괘에 건괘, 상괘에 이괘가 각각 자리한다. 아래에 있는 건괘의 강건함은 내면의 아름다움을, 위에 있는 이괘의 불처럼 빛남은 외표의 멋을 각각 상징하므로, 이때의 대유는 겉과 속이 일치하는 진정한 소유가 된다.

본 괘를 동인同人괘 뒤에 둔 것에 대하여 『서괘』는 "사람들과 하나가 된 자는 모든 사람이 반드시 그에게 귀의하므로, (큰 소유를 뜻하는) 대유괘로써 이를 이어받았다"(與人同者, 物必歸之, 故受之以大有)라고 해설하였다.

이 괘는 다섯 개의 양효와 한 개의 음효로 이루어졌는데, 이 음효가 임금의 자리인 제5효에 있으므로, 이것이 다섯 개의 양효 전체를 통괄하는 형태다. 제5효는 실제로는 제2 양효와만 상응하지만, 전체 양효가 상응하려 할 것이므로 자연히 제5효는 모든 것을 소유할 수밖에 없다. 제5효는 양의 자리에 음효가 있으므로 실위이지만, 모든 양이 여기에 귀의하고자 하므로 이 효는 풍성한 덕을 상징한다. 임금이 천하를 소유하려면 양의 강직함과 아울러 관대한 덕을 갖춰야 함을 이 괘는 말해 준다.

따라서 대유괘에서 유일한 음효인 제5효가 이 괘의 주효主爻인데, 이는 아무리 천하를 얻는다고 해도 그것은 허공에서 일시에 타 버리고 마는 순간적인 빛에 지나지 않음을 암시하기도 한다. 즉 겉은 빛나는 양기들로 둘러싸여 있지만, 속에는 기실 아무것도 없다는 말이다. 소유라는 것은 이처럼 물질에 의해서 마치 속이 있는 것처럼 보일 뿐, 그 어디에도 속은 없으므로 허망한 것이다.

❖ 괘사 풀이 ❖

大有, 元亨.

元: 클 원. 亨형: 상호 간에 원망함이 없이 소통하다.

대유大有란 글자 그대로 '크게 소유하다', 즉 천하를 소유하였음을 뜻한다. 천하를 소유한다는 말은 창업創業과 수성守成의 양면에서 말할 수 있는데, 앞의 동인同人괘가 창업에 관한 것이었으므로 그 후속 괘인 대유괘는 수성에 관한 이야기가 된다. 창업 시에는 무력으로 강한 자가 임금의 자리를 차지해야 하지만, 수성 시에는 덕으로 다스려야 천하가 안정되고 소유된다. "말 위에 살면서 천하를 얻었다 하더라도, 설마 그것을 말 위에서 다스릴 수 있겠습니까?"(居馬上得之, 寧可以馬上治之乎)라는 『사기』 「육가陸賈열전」의 구절은 이를 가리킨다.

무력으로 천하를 소유하는 과정에서는 너나 할 것 없이 싸우려는 의지가 강하므로, 임금 자리인 제5효를 제외하고는 모두 양효로 이루어져 있다. 이렇게 양효로 가득 찬 천하를 설복시키고 안정을 유지하려면 강직함이 아닌 온유한 덕을 베풀어서 달래야 한다. 온유한 덕을 천하에 무한히 베풀려면, 그것이 인간이 아닌 초월적인 곳에서 오고 있음을 밝히는 게 중요하다.

그래서 고대의 모든 왕조는 천명을 강조하였던 것인데, 이는 자신의 조상을 모시는 제사를 통해 드러내는 게 보통이다. 이것이 임금 자리 위의 제6효가 양효인 이유다. 이처럼 자연스러운 이데올로기와 백성에 대한 복지가 이루어져야 이른바 '대유'가 달성되고, 아울러 임금과 백성 사이에 원망이 없는 완전한 소통이 이루어진다. 그래서 괘사는 '大有元亨대유원형', 즉 '대유괘는 지극히 형통하다'라고 말한 것이다.

이에 대하여 『단』은 다음과 같이 해설하였다. "대유괘는 유순한 음효가 임금 자리를 차지하고 앉아서 정중앙을 지키는 데다가, 위아래의 양효들이 이와 호응하므로 '양효들을 모두 소유하였다'라고 말한 것이다. 본 괘의 덕은 (하괘로) 강건하고 (상괘로) 밝게 빛나는데, 이는 강건한 하늘의 이치에 순응하여 아름답고 밝게 사시를 운행하는 것이니, 이 때문에 지극히 형통하다."(大有, 柔得尊位大中, 而上下應之, 曰大有. 其德剛健而文明, 應乎天而時行, 是以元亨)

이 괘사에 대하여 『상』은 "불이 하늘 위에 있는 게 대유괘의 괘상이다. 군자는 이 이치로써 악을 막고, 선을 위로 드러내 주니, 이는 하늘의 아름다운 명령에 순종하는 것이다"(火在天上, 大有. 君子以遏惡揚善, 順天休命)라고 해설하였다. 여기서 '악을 막고, 선을 위로 드러내 주는' 이치는, 불이 높은 하늘 위에 있으므로, 그 빛이 널리 비쳐서 선과 악을 분명하게 인식시켜 주기 때문이다.

[대유大有괘: 지극히 형통하다.]

❖ 효사 풀이 ❖

① 初九, 无交害, 匪咎, 艱則无咎.

交: 인접할 교. 交害교해: 지금 당장에 닥쳐 있는 어려움. 匪비: '非(아닐 비)' 자와 같음. 咎구: 여기서는 나중에 일어날 환난. 후환. 艱: 어려울 간. 일이 잘 풀리는 국면을 유지하는 일의 어려움.

제1효는 양의 자리에 양효가 있으므로 당위다. 괘의 전체적인 모양이 말해 주듯이, 대유괘는 맨 위에 강직한 정통성이 세워져 있고, 제5 음효의 임금 자리가 온유한 덕을 베풀어 주고 있을 뿐 아니라, 그 아래의 효가 모두 양효여서 사회가 공정하고 질서가 잡혀 있음을 나타낸다. 이렇게 안정된 사회에서는 시작하는 모든 일이 잘 풀리게 되어 있다.

위아래로 같은 짝인 제4효는 물론 어떤 효와도 상합하지 않아도 되고, 가운데(중효)가 아닌 한쪽에 치우쳐 있어도 당장은 어려움이 없다. 이것이 '无交害무교해', 즉 '당장에 닥친 어려움이 없다'라는 구절이 가리키는 바다. 질서가 잘 잡혀 있는 사회에서는 누구에게 구차하게 통사정할 필요 없이, 법대로 규범대로 행하면 모든 일이 잘 진행되지 않는가.

그러나 세상일이라는 것이 법과 규범이 잘 정비되어 있다고 해서 언제까지나 형통한 것은 아니다. "잘 달리고 있을 때 넘어짐을 조심하라"라는 격언이 있듯이, 잘 풀리는 국면을 잘 유지하지 못하면 언제 어려움이 닥칠지 모른다. 이것이 '匪咎비구', 즉 '나중에 후환이 없겠는가?'가 가리키는 말이다. 초심初心, 즉 처음의 마음을 유지하기란 어렵다. 따라서 '艱則无咎간즉무구', 즉 '(규범대로 움직이는 국면을 유지하는) 어려움을 염두에 두고 있다면, 후환은 없을 것'이다.

이에 대하여 『상』은 "대유괘의 제1 양효라서 가까운 시일 내에 일어날 어려움은 없다"(大有初九, 无交害也)라고 해설하였다. 처음에는 규범대로 잘 진행되기에 당장 걱정해야 할 일은 없지만, 장래에 일어날 일을 자연히 걱정하게 된다는 말이다.

[제1 양효. 당장 닥칠 어려움은 없지만, (그렇다고) 나중에 환난이 없겠는가? (규범대로 움직이는 국면을 유지하는) 어려움을 늘 염두에 둔다면, 나중의 환난은 없을 것이다.]

② 九二, 大車以載, 有攸往, 无咎.

載: 실을 재. 攸: 바 유. '所(바 소)'와 같음. 往: 갈 왕.

'大車대거'란 큰 짐을 실을 수 있는 우마차인데, 본 효는 하괘의 가운데에 있는 양효이므로 견고하게 잘 만든 수레임을 나타낸다. 그리고 임금의 자리인 제5 음효와 상응하므로, 신하로서의 이 수레가 갈 방향은 이미 정해져 있을 뿐 아니라, 튼튼하게 만들었으므로 임금을 향하여 얼마든지 멀리까지 갈 수도 있다. 이것이 '大車以載대거이재, 有攸往유유왕', 즉 '커다란 수레에 짐을 싣고서 나아갈 곳이 생겼다'라는 구절이 뜻하는 바다.

본 효는 음의 자리에 양효가 있는 실위라서 혹여 실패할지 모른다는 의구심을 가질 수도 있겠으나, 괘의 구성이 워낙 단단하므로 그럴 염려는 없다는 뜻에서 '无咎무구', 즉 '재앙은 없다'라고 확신을 준 것이다. 큰 수레에 임무와 방향이 이미 주어졌으니, 자신의 덕과 역량이라는 짐을 가득 싣는 일에만 온 힘을 기울이면 아무런 문제가 없을 것이라는 확신 말이다.

그래서 『상』에서도 "큰 수레에 짐을 실었다는 것은, 수레에 알맞게 쌓아서 망가지지 않았다는 뜻이다"(大車以載, 積中不敗也)라고 해설하였다. 다시 말해서 임금에게로 가는 큰 수레에 짐을 실었다는 것은, 자신의 학문과 역량을 갈고닦아서 그것으로써 봉사한다는 뜻인데, 그것을 적절히 쌓았다는 것은, 공부를 현실에 맞게 하였다는 의미가 된다. 공부를 너무 깊이 하면 자칫 비현실적이 될 수 있으므로, 이는 수레를 망가뜨리는 일이 된다.

[제2 양효. 커다란 수레에 짐을 싣고서 가야 할 곳이 생겼으니, 재앙이 없다.]

③ 九三, 公用亨于天子, 小人弗克.

公: 제후 공. 천자에게서 봉지封地를 받은 임금. 用: 쓰일 용. 임용되다. 亨: 형통하다. 小人소인: 덕과 교양이 없는 사람. 克: 이길 극. '可(가할 가)' 자와 같음.

제3효는 양의 자리에 양효가 있으므로 당위다. 본 효는 하괘의 맨 위에 있으므로 지방의 임금인 제후에 해당한다. 『계사』에 "제3효와 제5효는 공을 함께 나눈다"(三與五同功)라는 구절이 있으므로, 제5효가 천자라면 제3효는 제후, 즉 공公이 된다. 이 공(제후)의 자리를 받치고 있는 제1효와 제2효가 모두 양효이므로, 이 제후는 기반이 튼실하여 지역민으로부터 존중을 받고 있는데, 이는 곧 천자를 떠받치는 힘이 된다. 이것이 바로 '公用亨于天子공용형우천자', 즉 '제후에 봉하여 쓴 게 천자에게 형통하였다'라는 의미가 된다.

이러한 형통은 천자의 자리가 음효로서 온유한 덕을 발휘하여 인재를 우대한 덕분이다. 군자는 이러한 천자의 덕에 감응할 수 있어서 공을 세우지만, 덕에 감응할 줄 모르는 소인배들은 오히려 기회가 차단당하는 재앙을 맞게 된다. 『상』의 "제후에 봉하여 쓴 게 천자에게 형통한 것은, 소인배에게는 해가 된다는 뜻이다"(公用亨于天子, 小人害也)라는 구절은 바로 이를 가리킨다.

[제3 양효. 제후에 봉하여 쓴 게 천자에게 형통할 때, 소인배는 (이런 기회를) 가질 수 없다.]

④ 九四, 匪其彭, 无咎.

匪비: '非(아닐 비)' 자와 같음. 부정어. 彭: 부풀어 오를 팽. 여기서는 같은 발음의 '旁(곁 방)' 자의 뜻으로 쓰였음. 이웃.

본 효는 음의 자리에 있는 양효이므로 실위다. 즉 재주와 능력은 있으나 자리를 얻지 못한 인재인데, 그가 하필 천자인 제5효와 제후인 제3효 사이에 처해 있다. 여기서 음효의 천자는 덕은 있으나 강직하지 못한 반면, 제후는 강건하다. 이런 경우 그 가운데에 처해 있는 불우한 인재는 선택의 갈림길에 선다. 힘이 없어 얻을 것 없는 천자지만 충절을 지켜 따를 것인가, 아니면 권력이 있는 제후의 아래로 들어갈 것인가 하는 선택 말이다. 실위의 제4효는 이처럼 음과 양의 욕망에 모두 속한다.

이러한 갈림길에서 효사는 '匪其彭비기팽', 즉 '그 이웃과 거래하지 말라'고 말한다. 여기서 이웃은 말할 것도 없이 제후를 가리킨다. 힘없는 천자와 강건한 제후 사이에서 어떤 선택을 하든 앞날이 불투명하기는 마찬가지다. 둘 다 불안하다면 옳은 것, 즉 명분에 따르는 것이 현명하다. 그러면 길하지는 않더라도 최소한 재앙은 없을 테니 말이다. 그래서 『상』에서도 이에 대하여 "(도리에 맞지 않는) 이웃과 거래하지 않으니 재앙이 없는 것은, 슬기로울 정도의 명확한 판단이기 때문이다"(匪其彭无咎, 明辨哲)라고 해설하였다.

공자가 위衛나라 임금을 뵈려 하였더니, 권신인 왕손가王孫賈가 "안방 귀신에게 잘 보이기보다는 부엌 귀신에게 잘 보이는 편이 낫지 않소?"라며 자신과 거래하도록 유혹하였지만, 공자가 "그렇지 않소. 하늘에 죄를 얻으면 기도할 데가 없어집니다"라고 거절한 『논어』의 기록은 대표적인 예라 할 수 있다.

[제4 양효. 도리에 맞지 않는 이웃과 거래하지 않으니, 재앙이 없다.]

⑤ 六五, 厥孚交如, 威如, 吉.
厥: 다할 궐. 孚: 미쁠 부. 交: 사귈 교. 소통하다. 如여: '然(그럴 연)'과 같음. 威: 으를 위. 위엄.

본 효는 양효의 자리에 음효가 있으므로 실위다. 즉 강건한 사람이 있어야 할 자리에 유약한 사람이 앉아 있는 상황이다. 그러나 그의 위치는 상괘인 이(☲)괘의 중앙이어서 밝고 공정한 덕을 지니고 있을뿐더러, 위아래의 양효가 지켜 주므로, 유약한 덕일지라도 진심으로 실천하면 오히려 아랫사람들과의 소통에 유리하다. 이것이 '厥孚交如궐부교여', 즉 '성실함을 다하여 다른 사람들과 소통한다'라는 구절이다. 이를테면 약속을 지켜야 할 시기에 지키지 못하게 된 상황이 곧 실위의 처지인데, 이때 어떻게든 진심으로 약속을 지키거나, 아니면 적어도 지키려고 노력한다면, 상대방이 이해하고 감동한다는 말이다. 그렇다고 해서 유약한 덕이 언제나 통한다는 말은 아니고, 공명정대함이라는 질서가 잡힌 상황에서 가능한 것이다. 그렇지 않으면 사기와 착취에 노출될 가능성이 크다.

권력자의 위엄이라는 것은 '威(으를 위)' 자에서 알 수 있듯이, 공포심을 유발함으로써 만들어지는 게 보통이다. 그러나 진심과 신뢰를 통해서 소통이 이루어진다면, 굳이 허세를 부리지 않아도 저절로 '威如위여', 즉 '권위가 바로 서게' 된다. 이러한 권위로 다스리는데 길하지 않을 수 없을 것이다.

이에 대하여 『상』은 "성실함을 다하여 다른 사람들과 소통한다는 것은, 신뢰로써 자신의 의지를 밝힌다는 뜻이다. 권위가 바로 서서 길하게 된 것은, 쉬워서 무엇 하나 준비할 것이 없기 때문이다"(厥孚交如, 信以發志也. 威如之吉, 易而无備也)라고 평하였다. 신뢰로써 위엄을 세우는 게 쉬운 까닭은, 두려움을 일으켜 위엄을 세우려면 의전에 수많은 장비와 준비가 필요한 반면에, 신뢰를 얻는 데는 비용이 드는 의전이 필요 없기 때문이라는 말이다.

[제5 음효. 성실함을 다하여 다른 사람들과 소통하니, 저절로 권위가 세워져서 길하다.]

⑥ 上九, 自天祐之, 吉, 无不利.

自: 말미암을 자. ~로부터. 祐: 도울 우, 복을 받다.

대유괘가 크게 소유할 수 있었던 것은 제1효부터 제4효까지의 양효들이 임금 자리에 있는 제5 음효에게 상합相合하려고 서로 경쟁하였기 때문이다. 즉 각 효가 자신의 자리에서 적극적으로 작용함으로써 그것이 제5효에 쌓여서 '대유大有'의 효과를 나타냈다는 말이다. 이에 비하여 맨 위에 있는 제6효는 저 아래에 있는 양효들과 다툴 수 있는 위치가 아니므로, 홀로 고답적으로 처하려다 보니 그가 바랄 수 있는 것은 오직 하늘의 도움, 즉 복뿐이다. 하늘로부터 복을 받으면 '대유'가 완성되기 때문이다.

하늘의 복을 받으려면 조상을 잘 모셔야 한다. 하늘과 조상에 대한 제사 의식이 국사 중에서 가장 중요하게 취급되는 이유다. 제사 의식이란 오늘날의 개념으로 말하면, 정통성에 관한 이데올로기를 주입하는 정치적 행위에 해당한다.

본 효는 음의 자리에 양효가 있는 실위다. 이는 하늘의 복까지 받는다면 복의 극점에 도달한 셈인데, 물극필반物極必反, 즉 모든 사물은 극에 도달하면 되돌아가는 법이니, 복을 계속 유지하려면 언제나 하늘의 도리에 순종하는 자세를 잊지 말아야 함을 시사한다. 순종의 구체적인 방법이 겸손함이니, 대유괘 다음에 겸謙괘가 오는 이유다.

이에 대하여 『상』은 "대유괘의 제6효가 길한 것은, 하늘로부터 복을 받았기 때문이다"(大有上吉, 自天祐也)라고 해설하였다. 제6효가 '대유'의 마지막 단계이자 실위임에도 길한 것은, 하늘로부터 복을 받았기 때문인데, 이는 하늘과 조상에 대한 제사를 게을리하지 않았기 때문이라는 말이다.

[제6 양효. 하늘로부터 복을 받으니, 길하여 이롭지 않음이 없다.]

15. 겸괘謙卦

地山謙지산겸: 낮은 땅이 위에 있고 높은 산이 아래에 있으므로 겸손함을 상징한다.

간하곤상艮下坤上

❖ 개관 ❖

중국 속담에 "부유함은 사치함과 약속하지 않았는데도 사치함은 저절로 오고, 존귀함은 교만함과 약속하지 않았는데도 교만함은 저절로 온다"(富不與侈期而侈自來, 貴不與驕期而驕自來)라는 말이 있다. 부자가 되면 사치하고 싶고, 신분이 높아지면 교만해지는 것은 운명과 같은 인간의 욕망이다. 본 괘 앞의 대유大有괘는 큰 것을 소유하였으므로, 당연히 그 뒤에 사치와 교만이 오게 되어 있다. 사치와 교만이란 근본적으로 쾌락에 속하므로 인간은 이 순간이 영원히 지속되기를 바란다. 그런데 역설적이게도 사치와 교만은 멸망으로 가는 길이다. 이 모순을 어떻게 해결할 것인가?

모든 사물은 극에 이르면 반드시 되돌아간다는 순환론에 의하면, 멸망을 피할 수 없지만, 사람의 노력으로 멸망 속도를 더디게 만들 수는 있다. 이 노력이란 궁극적으로 쾌락을 억제하는 힘으로서, 이성으로써 감당하기가 현실적으로 쉽지 않다. 그래서 하늘로부터의 도움이라는 종교적 힘을 간구하게 되는데, 이것이 대유大有괘의 마지막 효사인 '하늘로부터 복을 받다'(自天祐之)가 의미하는 바다. 여기서 종교적 힘이란 『서괘』에서 말한바, "큰 것을 소유한 사람은 더는 채울 수 없으므로, 겸괘로써 이어받는다"(有大者不可以盈, 故受之以謙)에서처럼 겸손한 마음을 유지하는 힘을 가리킨다.

그렇다면 겸손은 어떻게 실현하는가? 『상』에서는 "많은 데서 덜어서 모자란 데에 더함으로써 사물의 양쪽이 평평해지도록 균형 잡으라"(以裒多益寡, 稱物平施)라고 가르친다. 즉 자신의 여유로움을 남에게 베풀라는 말이다. 『노자』(제81장)의 "남을 위하면 자신이 더욱 풍족해지고, 남에게 베풀면 자신이 더욱 많아진다"(既以爲人己愈有; 既以與人己愈多)라는 말의 근거다.

이처럼 겸손이란 자연스러운 것이 아니라 힘들여 만들어 내는 것이다. 따라서 사람이 정말로 겸손한지는 시간이 지나 봐야 알 수 있는 법이니, 당나라 시인 백거이白居易의 「방언放言」이라는 시는 이를 잘 말해 준다.

> 그대에게 의혹을 푸는 방법을 하나 알려 드릴 텐데
> 그러면 거북점을 치거나 박수무당과 점쟁이를 찾을 필요가 없을 것이오.
> 진짜 옥인지 알려면 사흘 밤낮을 꼬박 태워 보면 될 것이고
> 좋은 재목인지 가리려면 만 칠 년을 오롯이 기다리면 될 것이오.
> 주공은 두려워했다지요, 유언비어가 떠도는 기간 동안
> 왕망도 겸손하고 공손했지요, 왕위를 찬탈하기 전까지는.
> 만약에 바로 이때 이들이 죽어 버렸다면
> 그들의 일생이 진짜인지 가짜인지 누가 또 알 수 있으리?
> (贈君一法決狐疑, 不用鑽龜與祝蓍. / 試玉要燒三日滿, 辨材須待七年期.
> 周公恐懼流言日, 王莽謙恭未簒時. / 嚮使當初身便死, 一生眞僞復誰知.)

'주공이 조카의 자리를 탐내고 있다', '왕망은 겸손하다' 등은 요즘 말로 하면 '가짜 뉴스'인데, 그 진실의 증명은 그들이 얼마나 오랜 기간 겸손한 마음을 유지했느냐에 달려 있었다는 말이다. 이렇듯 겸손함이 힘들어도 이를 유지한다면, 본 괘의 여섯 효가 모두 길함을 말하고 있듯이 길하고 이로

울 것이다. 즉 하괘는 산이니 내실이 산처럼 듬직한 데다가, 상괘가 땅처럼 밖으로 튀지 않고 순종하는 자세를 취하고 있으니, 그 누가 이러한 사람을 표적으로 하여 비난의 화살을 쏠 수 있겠는가. 그러므로 '대유'를 지키려면 겸손을 유지하고 또 베풀어야 한다.

❖ 괘사 풀이 ❖

謙, 亨, 君子有終.
終: 마칠 종. 말년의 행복한 삶, 또는 천수를 누린 죽음. 좋은 결과.

겸謙이란 욕심이나 편견이 없는 겸허한 마음과 재주와 공적이 있어도 자랑하지 않는 마음을 가리킨다. 즉 포용할 줄 아는 관용과 스스로 가진 것에 만족할 줄 아는 지족知足의 지혜를 말하는데, 관용과 지족은 이미 성취하거나 가진 게 있기에 가능하다. 가진 것을 지키려면 역설적이게도 가진 것을 의식하지 않고 베풀어야 한다. 이것이 마음을 비우는 행위, 즉 '겸'이다.

산은 땅보다 높지만, 겸괘의 괘상이 말해 주듯이 산은 땅 아래에 거한다. 또한 산은 비를 하늘로부터 가장 먼저 받지만 모두 아래로 흘려보냄으로써 낮은 곳부터 채운다. 이처럼 높은 데를 헐어서 낮은 데를 채워 주는 것이 군자의 마음이다. 그래서 괘사는 '君子有終군자유종', 즉 '군자에게는 행복한 결말이 있다'라고 말한 것이다.

역사를 돌이켜 보면, 권력의 정점이나 그 근처에 올라가서 만족할 줄 모르고 욕심을 부리다가 자신은 물론 구족九族까지 멸문당한 예는 이루 셀 수가 없을 정도다. 노자도 "잡은 자는 잃는다"(執者失之)라고 하지 않았던가.

이에 대하여 『단』은 다음과 같이 해설한다. "겸괘는 형통하다. 하늘의 도리는 아래로 내려가 (만물을) 이루게 해 주고 빛을 밝게 비춰 준다. 땅의 도리는 낮은 데 있어도 (기운을) 위로 올라가게 해 준다. 하늘의 도리는 꽉 찬 곳을 헐어서 겸허한 곳에 더해 준다. 땅의 도리는 꽉 찬 곳을 바꿔서 겸허한 곳으로 흘러가게 한다. 귀신은 꽉 찬 곳에 해를 주고 겸손한 곳에 복을 준다. 사람의 도리는 꽉 찬 곳을 미워하고 겸손한 곳을 좋아한다. 겸손함은 존귀한 자를 더욱 빛나게 만들고, 아랫것들에게는 감히 선을 넘지 못하게 하니, 군자에게는 행복한 결말이 있다."(謙, 亨. 天道下濟而光明, 地道卑而上行. 天道虧盈而益謙, 地道變盈而流謙, 鬼神害盈而福謙, 人道惡盈而好謙. 謙尊而光, 卑而不可踰, 君子之終也.)

이 괘사에 대하여 『상』은 "땅 아래에 산이 있는 게 겸괘의 모양이다. 군자는 이 이치로써 많은 곳에서 덜어다가 부족한 곳에 더해 줌으로써, 사물이 균형이 맞도록 고루 베푼다"(地中有山, 謙, 君子以裒多益寡, 稱物平施)라고 해설하였다. 원문의 '稱物칭물'이란 사물들이 저울처럼 서로 대칭이 되도록 균형을 잡는 것을 의미한다.

[겸謙괘: 형통하다. (겸손함을 실천할 수 있는) 군자에게는 행복한 결말이 있다.]

❖ 효사 풀이 ❖

① *初六, 謙謙君子, 用涉大川, 吉.*

謙謙겸겸: 겸손하고 또 겸손하다. 특별히 겸손한 모양. 用용: '以(써 이)'와 같음. 이로써. 涉: 건널 섭. 大川대천: 큰 강.

제1효는 양의 자리임에도 음효가 있다는 것은 스스로 낮은 자세를 취한다는 뜻인데, 이 음효가 여섯 효 중에서 가장 낮은 자리에 처해 있으니 '겸손하고 또 겸손하다'라는 의미가 된다. 이것을 효사는 '謙謙君子겸겸군자', 즉 '겸손하고 또 겸손한 군자'라고 표현하였다.

이렇게 자신을 낮추고 튀지 않으면 경거망동하지 않을뿐더러 부질없는 모험도 하지 않게 된다. 내실이 군자인 사람이 튀지 않고 세상의 보통 사람과 함께하면 비난을 받지 않을 뿐만 아니라 오히려 도움을 받는다. 따라서 이러한 사람은 미래를 위하여 반드시 건너야 할 강을 어렵지 않게 건널 수 있으니, '用涉大川용섭대천', 즉 '(겸손함으로써) 큰 강을 건널 수 있다'라는 구절은 이를 가리킨다. '큰 강'(大川)은 『역』에서는 주로 재앙을 상징하지만, 여기서는 군자가 앞으로 큰일을 하기 위하여 건너야 할 고난을 상징하는 것으로 보는 것이 옳다.

이에 대하여 『상』은 "겸손하고 또 겸손한 군자는, 스스로 낮춤으로써 자신을 길러 간다"(謙謙君子, 卑以自牧也)라고 해설하였다. 따라서 가장 낮은 자세로 임하는 것은 길하지 않을 수 없다.

[제1 음효. 겸손하고 또 겸손한 군자는 (이 겸손함으로써) 앞으로 닥칠 큰 강을 건널 수 있으니, 길하다.]

② 六二, 鳴謙, 貞吉.

鳴: 울 명. (이름을) 날리다. '鳴'은 자동사인데, 자동사 뒤에 목적어가 오면 사동 용법으로 쓰임. 貞정: 공명정대하다.

제2효는 음의 자리에 음효가 있으므로 당위인 데다가 가운데에 처해 있으므로 어디에도 치우치지 않는 공정함을 상징한다. 즉 겸손함을 밖으로만 치장해 보이는 게 아니라, 명실공히 내심으로부터 겸손함이 우러나온다는 말이다.

그리고 본 효는 제3효로 이어지는데, 제3 양효는 제4 음효, 제5 음효 등과 더불어 상호괘上互卦인 진震괘를 형성한다. 그리고 진괘는 상괘인 곤괘에 걸쳐 있다. 즉 명실상부한 겸손함은 아무리 감추려 해도 지진이 일어나면 데까지 여파가 미치듯이 그 명성이 전해지게 된다는 말이다. 이러한 공감이 일어나게 되는 것은, 겸손함이 마음속에서 우러나왔기 때문이다. 이런 사람은 그 행동이 저절로 올바를 터이므로 길하다. 이것이 '鳴謙貞吉명겸정길', 즉 '겸손으로 공감을 일으킨 사람은 공명정대하니 길하다'라는 구절이 가리키는 내용이다. 여기서 '鳴' 자는 사람들의 마음을 같이 울리게 한다는 '공명共鳴'의 의미를 품고 있다. 따라서 이렇게 사람들이 공감하는 겸손은 길할 수밖에 없다.

이에 대하여 『상』은 "겸손으로 공감을 일으킨 사람은 공명정대하니 길하다는 말은, 그것이 정가운데의 마음으로부터 나왔기 때문이다"(鳴謙貞吉, 中心得也)라고 해설하였다.

[제2 음효. (명실상부한 겸손함으로) 널리 공감을 일으킨 사람은 공명정대하니 길하다.]

③ 九三, 勞謙, 君子有終, 吉.

勞로: 계략으로써 왕업을 도운 일.

제3효는 양의 자리에 양효가 있으므로 당위다. 제3효는 그 아래에 두 개의 음효가 있는데, 이는 군자가 그 아래로 순종하는 백성을 거느리고 있는 모양이다. 능력이 있는 리더라면 순종하는 백성을 토대로 제5 음효의 힘없는 임금을 넘볼 수도 있겠지만, 본 효는 제4효를 사이에 두고 멀리서 임금을 모시고 있다. 충성스러운 신하는 임금에게 가까이 가지 않고 임금으로부터 두 배倍 되는 거리에서 모시는 법이다. 그래서 이렇게 거리를 두고 모시는 신하를 배신陪臣이라고 부른다.

『사기史記』에서는 공신 중에서 두 번째 등급을 '노勞'라고 하였는데, 이는 계략으로써 왕업을 도운 공적을 말한다. 이러한 높은 등급의 공을 세운 사람은 아무리 교만함을 드러내지 않으려 해도 부지불식간에 드러내는 수가 있다. 공이라는 것은 일단 자랑하게 되면 과장하게 마련이고, 과장은 윗사람의 공을 깎아내리는 결과를 빚는다. 그러면 경쟁자에 의해서 참람僭濫하다는 참소를 당하기에 부족함이 없을 것이다. 그러므로 공로와 겸손은 함께 하나의 단어로 불려야 할 것인즉, '勞謙노겸'이 바로 이것이다. 그러면 앞의 괘사에서 말한 대로 '君子有終군자유종', 즉 '군자에게는 행복한 결말이 있게' 된다.

이에 대하여 『상』은 "공을 세우고도 겸손한 군자는, 모든 백성이 그에게 복종한다"(勞謙君子, 萬民服也)라고 해설하였다.

[제3 양효. 큰 공을 세우고도 겸손함을 유지하는 군자에게는 행복한 결말이 있고, 길하다.]

④ 六四, 无不利, 撝謙.

撝: 휘두를 휘. '揮(떨칠 휘)' 자와 같음.

제4효는 음의 자리에 있는 음효이므로 당위다. 그런데 이 음효가 양효인 제3효 위에 올라탄 형상이므로 좋게 보이지 않는다. 그것도 보통 양효가 아닌 높은 공로가 있는 군자의 형상 위에 말이다. 그러나 본 효는 당위이므로, 겉으로만 유순하지 않고 마음으로부터 진정하게 복종함을 의미한다.

제4효는 임금과 군자 사이에 끼어 있는데, 이는 진정 겸허한 마음으로 유순한 임금을 잘 모실뿐더러, 공적이 높은 군자를 함부로 대하지도 않는다. 이렇게 두루 겸손하게 대하는 모습이 바로 '撝謙휘겸', 즉 '겸손함을 주위에 흩뿌린다'라는 구절이다. 여기서 '撝휘' 자는 '물을 뿌리듯 떨쳐서 흩뿌린다'라는 뜻이다.

그리고 '无不利무불리', 즉 '이롭지 않을 게 없다'라는 말은 보통 맨 뒤에 붙여 쓰는데, 여기서 앞에 먼저 나온 것은 강조를 위한 수사상의 도치법으로 봄이 옳다. 다시 말해서 본 효의 위치가 자칫 양쪽으로부터 비난받을 수 있는 불리한 상황이기에 '이롭지 않을 게 없다'라고 미리 말한 것이다. 이처럼 겸손은 어떠한 경우에라도 자신을 지키는 방도가 된다.

본 효사에 대하여 『상』은 "'이롭지 않을 게 없다, 겸손함을 주위에 흩뿌리는 일이'라고 말한 것은, 이것이 법도를 어기지 않는 일이기 때문이다"(无不利撝謙, 不違則也)라고 해설하였다. 왜 법도를 어기는 일이 아니라고 강조했느냐면, 본 효가 음효로서 제3 양효 위에 있으면서 임금인 제5 음효를 측근으로서 모시는 모양이 자칫 국정을 농단하는 간신배로 비칠 수도 있기 때문이다.

[제4 음효. 이롭지 않을 것이 없다, 겸손함을 물 뿌리듯 사방으로 떨쳐서 뿌린다면.]

⑤ 六五, 不富以其鄰, 利用侵伐, 无不利.

富: 부유할 부. 재물, 금전. 鄰: 이웃 린. 여기서는 백성을 뜻함. 用: '以(써 이)'와 같음. 侵: 침노할 침. 살금살금 들어가서 점령하다. 伐: 칠 벌. 군대를 일으켜서 쳐들어가다.

제5효는 양의 자리에 음효가 있으므로 실위다. 그러나 상괘의 가운데에 처해 있으므로 임금이 강직하지 못하고 유약해도 겸손한 덕을 지니고 있음을 나타낸다. 상괘인 곤(☷)괘는 빈곤함과 아울러 수많은 대중의 모양을 상징하므로, 임금이 재물이 없어 인색하지만 겸손하기에 대중의 지지를 받고 있음을 나타낸다.

임금이 백성의 지지를 얻는 방법은 크게 두 가지다. 가장 손쉬운 방법은 벼슬과 재물을 나누어 주는 것인데, 오늘날로 말하면 취직을 시켜 주고 보편적인 복지 정책을 시행하는 일이다. 다른 하나가 백성의 마음을 사로잡아 진심으로 임금에게 충성을 바치게 하는 일이다. 후자의 경우가 지지력이 강력한 것은 말할 것도 없다. 그러면 이러한 지지력은 어디에서 오는가? 바로 겸손의 미덕에서 온다. 임금의 겸손은 유약해서 미미해 보이지만, 진심에서 우러나오는 것을 백성이 점차 인식하게 되면 그를 위해 바치는 충성의 힘은 무엇보다 강력하다. 벼슬자리와 재물을 나누어 주면 당장은 좋아할는지 모르지만, 시간이 조금 지나면 오히려 적다고 불평을 하는 게 사람의 마음이다. 그래서 효사는 '不富以其鄰불부이기린', 즉 '재물을 이웃(백성)에게 주지 않는다'라고 말한다.

이처럼 사람의 마음을 사로잡는 것은 미미한 행위에 불과한 겸손인데, 그 진실성을 알게 하려면 시간이 오래 걸린다. 그래서 효사는 '利用侵伐리용침벌', 즉 '이로움이 (겸손으로써) 서서히 사람 마음에 젖어 들어가 점령할 때 생긴다'라고 표현하였다. 이렇게 하면 아무리 뻐딱해서 복종하지 않으려는 사람도 정복할 수 있으므로, 『상』에서도 "이로움이 (겸손으로써) 서서히 사람 마음에 젖어 들어가 점령할 때 생기는 것은, 복종하지 않는 사람을 정복할 수 있기 때문이다"(利用征伐, 征不服也)라고 해설하였다.

[제5 음효. 재물을 이웃(백성)에게 주지 않아도 되는 것은, 이로움이 (겸손으로써) 서서히 사람 마음에 젖어 들어가 점령할 때 생기기 때문이니, 이롭지 않을 것이 없다.]

⑥ 上六, 鳴謙, 利用行師, 征邑國.

師: 군대 사. 규모가 가장 큰 천자의 군대를 가리킴. 行師행사: 군대를 움직이다. 征: 칠 정. 토벌하다. 邑: 고을 읍. 國: 나라 국. 천자의 속지인 제후국 또는 도읍都邑을 가리킴.

제6효는 음의 자리에 있는 음효이므로 당위다. 겸괘는 제1효부터 제6효까지 겸손의 연속으로 이루어져 있다. 게다가 마지막 효가 당위라는 사실은 평생 겸손함을 실천하며 살아온 사람을 상징한다. 이렇게 진실한 겸손함으로 평생 살아온 사람은 스스로 자랑하지 않아도 저절로 그 명성이 퍼져 나간다. 이것이 제2효에서와 같이 '겸손함의 명성이 저절로 널리 퍼져 나간다'(鳴謙)라는 말이 가리키는 바다.

이러한 이로움이 어떻게 발생하는가를 효사는 '利用行師리용행사', 즉 '이로움이 군대를 움직이는 방법에서 생긴다'라는 말을 통해 설명한다. 아무리 큰 군대라도 그것을 움직이는 최초의 힘은 대장군 한 사람의 호령에서 나온다. 대장군의 입에서 나온 한마디는 제대梯隊의 길을 따라 전달되어 마지막 군졸에게까지 다다라서 큰 군대가 하나처럼 움직이게 된다. 여기서 중요한 조건은 한번 하달된 명령은 절대 바뀌면 안 된다는 것이다. 이미 대장군의 입을 떠난 명령이 중간에 고쳐져서 다시 내려가면 마지막 군졸들이 어떻게 움직여야 할지 모르기 때문에, 아무리 큰 군대라도 오합지졸이 될 수 있다. 오합지졸로는 어떠한 공격이나 방어도 수행할 수 없다. 일관된 명령 체계를 먼저 세워야 군졸들이 명령을 신뢰하고 따를 수 있다.

이처럼 겸손함도 평생 일관되게 수행해야 그 명성이 저절로 알려지고, 이를 신뢰한 백성들이 그를 따를 것이므로, 임금의 속지인 제후국과 모든 고을이 그에게 복종하게 된다. 이것이 '征邑國정읍국', 즉 '(이로써) 다스리는 모든 고을과 제후국을 복종시킨다'라는 구절이 가리키는 바다.

그런데 하나의 조직에서 영도자가 겸손하면 조직의 구성원들이 자발적으로 규범을 준수하고 따르지만, 어떤 새로운 사업(projects)이나 운동(campaigns)을 일으키고자 할 때는 구성원들을 하나로 뭉치기가 쉽지 않다. 왜냐하면, 이런 경우에는 강력한 리더십과 독려가 있어야 움직이기 싫어하는 사람을 반강제적으로라도 참여하게 할 수 있기 때문이다. 따라서 수성守成의 시기에는 겸손만 갖고서도 조직을 다스릴 수 있지만, 창업의 시기와 제6효에서와 같은 노년의 시기에는 겸손만으로는 뜻이나 야망을 이룰 수가 없다. 그래서 『상』에서 "겸손으로 명성을 날려도, 뜻을 이룰 수 없다. 군대를 움직이는 방법을 써서 모든 고을과 제후국을 복종시킬 수는 있어도 말이다"(鳴謙, 志未得也. 可用行師, 征邑國)라고 말한 것이다.

[제6 음효. 겸손함의 명성이 저절로 널리 퍼져 나간 것은, 대규모 군대를 움직이는 방법을 쓸 때 생기는 이로움 때문이니, 이로써 다스리는 모든 고을과 제후국을 복종시킨다.]

16. 예괘豫卦

 雷地豫뢰지예: 하늘 위에서 우레가 앞서 울리고,
이에 순응하여 땅에서 만물이 깨어 소생하니, 조
화롭고 즐거운 모양을 형성한다.

곤하진상坤下震上

❖ 개관 ❖

'예豫' 자를 『설문해자』에서는 "코끼리 중에서 큰 것이다"(象之大者)라고
해설하였다. 옛날에 시장에서는 장사꾼들이 물건을 팔 때 가격을 크게 올려
서 사람들을 속이곤 하였으므로, 물건을 사러 갈 때는 미리 돈을 넉넉하게
준비해야 했다. 이것을 예비豫備라고 불렀다. 따라서 '예豫' 자에는 '넉넉하
다'·'미리'라는 의미가 생겨났다. 넉넉함은 편안하고 즐거운 일의 조건이므
로, 이로부터 '즐기다'·'안일하다' 등의 의미가 생겨났다.

예괘가 겸謙괘 뒤에 놓인 것에 대하여 『서괘』는 "큰 것을 소유하고서 능
히 겸손할 수 있으면 반드시 즐기게 될 터이므로, 예괘로써 이를 이어받
았다"(有大而能謙必豫, 故受之以豫)라고 해설하였다. 앞서 대유大有괘에
서 천하의 큰 것을 소유하고는, 이를 유지하기 위해서 겸謙괘에서 겸손함
을 실천하였으니, 이제 제왕으로서 넉넉함을 즐겨야 할 시기가 예괘라는 말
이다.

그렇다고 해서 미리 대비함을 게을리 한 채 넉넉함만 즐기는 것은 경계
해야 한다. 넉넉함만 즐기면 처음의 의지를 잃고 방탕해지기 때문이다. 그

래서 총 여섯 개의 효사 중에서 제2효를 제외하고는 흉凶, 즉 사납고 험난함, 그리고 인내와 검약에 관하여 언급하고 있다. 하괘의 곤괘를 복종하는 백성으로 해석하면, 상괘의 진괘, 즉 울림은 백성의 고된 노동으로 제공되는 군왕의 쾌락이 될 수 있으니, 이는 곧 멸망의 길이 된다.

상괘가 진괘, 하괘가 곤괘로 이루어진 예괘는 하늘에서 우레가 울려 움직이고, 땅에서는 이에 순응하여 만물이 깨어 소생하고 사시의 변화에 따라 생장하는 모양을 나타낸다. 인간도 만물의 이러한 이치를 본받아, 위에서 지도자가 먼저 뜻을 갖고 움직이면 백성이 이에 복종하여 열심히 일함으로써 거안사위居安思危, 즉 편안할 때 위기가 올 때를 미리 대비한다는 게 예괘에 담긴 함의이다.

❖ 괘사 풀이 ❖

豫, 利建侯, 行師.

建侯건후: 제후를 세워 다스리게 하다. 行師행사: 군대를 동원하다.

예괘는 아래의 기초가 순順, 즉 순종하는 백성이고, 이를 앞에서 움직이는 동動이 상괘에 있으므로, 정중동靜中動을 상징한다. 그러나 백성은 가만히 순종만 하는 것이 아니라 보이지 않게 움직이는데, 이것을 위에 있는 임금이 보이지 않게 장악하고 있어서 안정적으로 보이기도 하므로, 이 경우는 동중정動中靜이라고도 볼 수 있다. 이것은 마치 뿔뿔이 흩어지려는 머리카락을 비녀 하나가 잡고 있는 모양과 같다. 앞서 '예豫' 자에서의 설명처럼 시장에 물건 사러 가면서 장사꾼이 가격을 높이 부를 것에 대비하여 돈을 미리 넉넉히 준비하는 것이나, 거안사위居安思危, 즉 편안하게 지낼 때 위기에 대비하는 일 등은 정중동처럼 보이지만, 동시에 동중정이기도 하다. 왜냐하면 미리 준비해 놓으면 실제로는 위기가 관리되어서 우환이 없는, 이른바 유비무환有備無患이 되기 때문이다. 마치 움직이는 머리카락을 잡고 있는 비녀처럼 말이다. 그러므로 임금이 움직이는 민심을 비녀처럼 제대로 잡는 것이 선정善政의 요체다.

그렇다면 민심은 어떻게 잡아야 하는가? 그것은 매우 간단하다. 백성이 좋아하는 것을 좋아하고, 백성이 미워하는 것을 미워하면 된다. 그런데 백성이 좋아하고 미워하는 것은 지역마다 다르다. 따라서 지역 사람들이 좋아하는 사람을 제후에 앉히고, 아울러 그들이 미워하는 사람을 쳐내면 되는 것이다. 어차피 천자 혼자서 천하를 다스릴 수는 없으니, 지역마다 다른 민심을 읽을 수 있는 사람을 제후에 봉해서 대신 다스리게 하면 그것이 천자와 백성 모두에게 이로움이 된다. 이것이 바로 '利建侯리건후', 즉 '이로움이 민심을 아는 제후를 세움에 있다'라는 구절의 본뜻이다.

반대로 백성의 민심을 못 읽어서 백성이 원망하는 제후가 있다면, 이를 무력을 동원해서라도 내치면 그것도 모두에게 이로움이 된다. 이것이 '行師행사', 즉 '이로움이 군대를 동원해서 민심을 읽지 못하는 제후를 내침에 있다'라는 구절이 가리키는 바다. 여기서 '行師'는 앞의 '利' 자를 공유하므로, 실제로는 '利行師'로 해석하는 게 옳다.

이에 대하여 『단』은 다음과 같이 해설하였다. "예괘는 (상괘가 양괘, 하괘가 음괘로서) 강직함에 상응하므로 임금의 의지가 시행될 수 있고, 백성이 원하는 바에 순응하여 명령이 움직이니 (임금과 백성이 둘 다) 즐겁다. 그러므로 하늘과 땅처럼 각기 원하는 바대로 움직이는데, 하물며 제후를 세우고 군대를 움직이는 일쯤이야! 하늘과 땅은 이치에 따라 운행하므로, 해와 달은 그 궤도를 넘어서지 않고, 사시는 어긋나지 않는다. 또한 성인은 (백성이 원하는 바에) 순응하여 (명령을) 하달한즉, 법의 집행이 깔끔해져서 백성이 복종한다. 예괘의 시대가 함의하는 바가 크도다!"(豫, 剛應而志行, 順以動, 豫. 豫順以動, 故天地如之, 而況建侯行師乎. 天地以順動, 故曰: 月不過而四時不忒; 聖人以順動, 則刑罰淸而民服. 豫之時義大矣哉)

이 괘사에 대하여『상』은 "우레가 울리면 땅이 분발하는 게 예괘의 괘상이다. 선조들은 이 이치로써 음악을 울려서 하늘의 덕을 높였고, 상제에게이를 성대한 제사로 올렸는데, 이때 조상도 함께 배향하였다"(雷出地奮, 豫. 先以作樂崇德, 殷薦之上帝, 以配祖考)라고 해설하였다. 여기서 "우레가 울리면 땅이 분발한다"(雷出地奮)라는 구절을 좀 더 구체적으로 설명하면 다음과 같다. 땅은 유순하여 말이 없으므로 그 속뜻을 알 길이 없다. 그래서 땅을 움직이려면 먼저 반응할 수 있는 소리를 내어 공명하도록 유도해야 한다. 백성도 마찬가지여서 말이 없는 민심을 알려면 그들과 공명할 수 있는사람을 대신 세워야 하는데, 그 이로운 효과가 나오게 하려고 올바른 인재를 제후에 임명하는 것이다. 이렇게 하면 백성이 즐거워하게 되니, 이를 상징하는 말이 곧 '땅이 분발하다'(地奮)라는 구절이다.

[예豫괘: 이로움이 (민심을 아는) 제후를 세울 때 생기고, (민심을 모르는 제후를 내치기 위하여) 군대를 움직일 때 생긴다.]

❖ 효사 풀이 ❖

① 初六, 鳴豫, 凶.
鳴: 울 명. 스스로 울리다. 의기양양하게 자랑하다. 豫예: 넉넉하게 승승장구하다.

본 효는 양의 자리에 음이 있으므로 실위다. 즉 재주와 덕을 갖춘 사람이 있어야 할 자리에 그렇지 못한 사람이 있음을 나타내는데, 이러한 경우는 그 과정에 분명히 부조리가 있었음을 암시한다. 대개 부조리한 방법으로자리를 꿰차면 들키지 않기 위해서 조용히 있어야 하는 게 그나마 지혜롭다 할 수 있는데, 도리어 이런 사람일수록 자신이 '잘나가고 있다'라고 사방에 떠들어 댄다. 왜냐하면 본 효가 상응하는 제4효로부터 지원을 받고 있기 때문인데, 이 제4효도 음의 자리에 양효가 있는 실위라서 정상적이지는 않다. 즉 제4효는 임금 바로 밑에 있는 고위층으로서 임금을 가리지 않기 위하여 늘 겸손해야 하는 자리임에도, 재주가 좀 있는 사람이 이런 자리에 있으면 쉽게 드러나 보인다는 말이다. 제4효가 예괘에서 유일한 양효여서 그럴 수밖에 없을 터이다. 아무튼 이런 상황에서 본 효는 동네방네 자랑하고 다니게 마련이니, 이것이 '鳴豫凶명예흉', '(자신이) 여유롭다고 떠들고 다니지만, 사납고 험난하다'라는 구절이다.

그런데 실위인 제1효에 있는 사람은 자신이 부조리한 방법으로 그 자리를 차지하였으니, 계속 그 방식으로 나아가면 제4효의 자리도 충분히 가능하겠다는 언감생심焉敢生心의 엉뚱한 희망과 의지를 갖는다. 이러한 잘못된 지향志向 때문에, 그는 과도하게 과시하고 돌아다닌다. 그런데 과시하려다 보면 뭔가 있는 척하며 과소비를 해야 하고 또 즐겨야 한다. 그러다가 쾌락에 빠지면 그나마 이루려던 지향을 잃고 허우적대다가 자신의 바닥과 본색을 드러낸다. 이것이 『상』에서 말하는 "제1 음효가 자신이 잘나간다고 떠들어 대지만, (어느덧) 의지가 사라지고 나면 사납고 험하게 된다"(初六鳴豫, 志窮凶也)라는 해설이다.

[제1 음효. (자신이) 잘나간다고 떠들고 다니지만, 사납고 험난하다.]

② 六二, 介于石, 不終日, 貞吉.

介: 강직할 개. 곧고 바르다. 于우: ~와 같다. '如(같을 여)' 자와 같음. 終日종일: 하루해가 다하다.

제2효는 음의 자리에 음효가 있으므로 당위다. 게다가 하괘의 중앙에 처해 있으므로 어디에도 치우치지 않고 공정함을 유지하는 모양이다. 음효가 당위라는 것은 스스로 도덕적인 계율로 속박한다는 뜻이다. 그래서 제5 음효와 상응하지 않고, 바로 아래의 제1효를 업신여기지도 않은 채, 오로지 자신의 자리를 꿋꿋이 지키고 있다. 이것을 효사는 '介于石개우석'이라고 표현하였는데. '介'는 전사가 단단한 투구를 쓴 모양이므로 '강직하다'라는 의미를 나타낸다. 그 단단함이 마치 돌과 같다 하여 '于石'이라 한 것이다.

이 말은 주위의 누가 즐기든 말든 개의치 않고 자신의 올바른 도덕적인 마음가짐을 유지한다는 뜻이다. 왜냐하면, 제1효에서 쾌락에 탐닉하면 매우 위험하다고 경종을 울렸기 때문이다. 이렇게 스스로 경계하는 일은 당시에만 해서는 의미가 없고, 꾸준히 오랜 기간 견지해야 한다. 이것을 효사는 '不終日부종일', 즉 '하루해에 그치지 않는다'라고 말하였다.

본 효가 다른 사람들이 즐기든 말든 홀로 도덕적 마음가짐을 견지한다고 했지만, 이런 태도를 갖기란 기실 혼자의 힘으로는 힘들다. 물 자체가 혼탁한데 혼자만 맑은 상태를 유지할 수는 없기 때문이다. 이럴 때 힘이 되는 것이 어딘가 이웃에 맑은 물이 흘러들고 있음을 깨닫는 것이다. 예괘에서 이 기능을 하는 것이 바로 제4 양효다. 제4효는 임금을 보좌하고 백성을 직접 다스리는 고위 관리다. 바로 위의 하급 관리가 청렴해도 도움은 되겠지만, 그는 나와 밀접하게 이웃하고 있어서 청렴함의 이면도 비교적 상세히 알기 때문에 완전히 신뢰하기가 어렵다. 반면에 그 너머에 있는 고위 관리가 청렴하면 그 이면이 보이지 않기에 의지하고픈 신뢰가 생긴다. 따라서 세상이 아무리 힘들어도 고위 관리들이, 그 일부만이라도, 공정하고 절개가 굳으면 백성에게 큰 희망이 되고 힘이 되는 법이다. 이렇게 해서 본 효가 올바름을 유지할 수 있으니, '貞吉정길', 즉 '올바름을 유지하니 길하다'라는 말이 가능해진다.

이에 대하여 『상』은 "하루해에 그치지 않고 올바름을 유지하니 길한 것은, (제2효가) 가운데에서 공정하기 때문이다"(不終日, 貞吉, 以中正也)라고 해설하였다.

[제2 음효. (누가 무엇을 하더라도 개의치 않고) 굳건하게 공정을 유지함이 마치 돌과 같은데, 이것이 하루해에 그치지 않으니, 모든 것이 반듯하고 길하다.]

③ 六三, 肝豫, 悔, 遲有悔.

肝: 눈을 크게 뜨고 쳐다볼 우. 豫: 미리 할 예. 무엇을 즐길지 미리 알아 맞히다. 遲: 지체할 지. 여기서는 어찌할지 몰라서 망설인다는 뜻.

본 효는 양의 자리에 음효가 있는 실위이므로, 소인이 군자가 있어야 할 자리를 차지하고 있는 모양이다. 예豫괘의 중심 효는 제4효로서 겸손하지만 유약한 임금을 보좌하는 자리여서 어쩔 수 없이 드러나는 신하를 상징한다. 그런데 제3효에 있는 아래의 관리가 그 위에 있는 대신에게 붙어서 수시로 그에게 비위를 맞추려고 늘 준비하고 있는데, 이것이 '肝豫우예', 즉 눈을 크게 뜨고 윗사람이 무엇을 좋아하나를 예측한다는 말이다. 그러나 소인은 군자의 마음을 알아맞힐 수 없으므로 번번이 후회할 일만 생긴다. 소인은 여기서 그치지 않고 다시 예측을 시도하지만, 실패를 자주 하다 보니 나중에는 자신이 없어서 머뭇거리다가 다시 질책받는 일이 발생하는데, '遲有悔지유회', 즉 '우물쭈물하다가 다시 후회할 일이 생긴다'라는 구절이 이것이다. 여기서 '有' 자는 '又(또 우)' 자와 같은 음으로 읽히므로 '다시'라는 의미를 포함한다.

이에 대하여 『상』은 "(소인이) 눈을 크게 뜨고 비위를 맞춰 보려 하지만 번번이 후회할 일만 생기는 것은, 소인이 앉은 자리가 (실위여서) 온당하지 않기 때문이다"(肝豫有悔, 位不當也)라고 해설하였다. 다시 말해서 자신의 자리가 아닌 곳에 앉은 소인은, 군자의 마음을 도저히 알 수 없을 터이므로 아첨해서 출세할 생각을 아예 하지 말아야 한다는 뜻이다.

[제3 음효. 눈을 크게 뜨고 윗사람이 무엇을 즐기는지 예측해 보지만, 곧 후회한다. (어쩌나 하고) 우물쭈물하다가 다시 후회할 일이 생긴다.]

④ 九四, 由豫, 大有得. 勿疑, 朋盍簪.

由: 말미암을 유. 경유하다. 由豫유예: 즐거움이 경유해 오는 바. 有得유

득: 누리고 얻다. 勿: 말 물. 疑: 의심할 의. 朋: 벗 붕. 盍: 모을 합. '합합'과 같음. 簪: 비녀 잠.

본 효는 음의 자리에 양효가 있으므로 실위다. 제4효는 임금의 자리인 제5효를 보좌하는 자리이므로 겸손해야 하는 위치다. 그러나 예괘에서 유일한 양효인 데다가, 제5효가 음효여서 유약한 임금이므로, 겸손해야 하는 자리임에도 어쩔 수 없이 신하의 유능함이 드러날 수밖에 없다. 즉 그가 움직이면 위아래의 음효들이 모두 좋아하는 구조라는 말이다. 그래서 효사에 '由豫유예', 즉 '즐거움이 그(신하)로부터 말미암아 발생한다'라고 말하였다.

위로 유약한 임금은 그에게 전적으로 의지하고, 아래로 백성도 그에게 복종하니, 그의 움직임이 모두에게 희망이 된다. 예컨대, 유비劉備가 죽은 후 제갈량諸葛亮이 겸손하게 제2세인 유선劉禪을 섬기기만 했다면, 촉나라는 이내 지리멸렬해졌을 것이다.

이처럼 능력 있는 신하의 움직임은 임금과 백성에게 기쁨과 희망을 주기 때문에, 모두가 업무와 생업에 충실함으로써 나라 전체적으로 얻는 것이 많아진다. 이것이 '大有得대유득', 즉 '크게 누리고 얻는 바가 생긴다'라는 구절의 뜻이다. 그러나 이때 조심해야 할 것이 있는데, 그것은 강직한 신하가 유약한 임금을 모실 때 야기되는 의심이다. 신하에게 의존적인 임금은 그 신하의 눈치를 보지 않을 수 없으니, 그 때문에 늘 자존심이 상해 있다. 강직한 신하 밑에 있는 사람들은 그에게 늘 눌려 지내다 보면 그가 이른바 '갑질'을 한다는 피해의식에 사로잡히게 된다. 그래서 그가 사소하게 부주의한 행동이라도 할라치면, 즉시 임금에게 불충이라고 참소하고 이를 들은 임금은 그렇지 않아도 자존심이 상해 있던 차에 그 말을 덜컥 믿고 그를 의심하게 된다. 그래서 이러한 상황에서는 측근 신하는 의심받을 만한 일을 처음부터 하지 않도록 주의해야 한다.

그러면 많은 인재가 그와 함께 일하기 위해서 마치 비녀에 묶여 있는 수

많은 머리카락처럼 모여들 것이다. 이것이 '朋盍簪붕합잠', 즉 '무리가 비녀에 잡힌 머리카락처럼 모인다'라는 구절이 가리키는 바다.

이에 대하여 『상』은 "그로 인하여 즐거움이 야기되어 인재를 많이 얻었으니, 의지가 크게 실현되리라"(由豫, 大有得, 志大行也)라고 해설하였다.

[제4 음효. 그로 인하여 즐거움이 일어나니 크게 누리고 얻는 바가 생긴다. 이때 의심받을 일을 하지 않으니, 인재들이 비녀에 잡힌 머리카락처럼 모여든다.]

⑤ 六五, 貞疾, 恒不死.
貞정: '正(바를 정)'과 같음. 정가운데. 疾: 병들 질. 恒: 항상 항. 오래.

본 효는 양의 자리에 음효가 있으므로 실위다. 즉 유약한 임금이 그 자리에 앉아 있는 데다가 유일한 양효인 제4효의 신하에 얹혀 있는 형상이지만, 그래도 중효에 자리 잡았고 신하가 다른 마음을 갖고 있지 않으므로, 겉으로는 무사태평함을 보여 준다. 이런 경우, 임금이 능력 있는 신하의 말만 잘 따르면 자신의 위상이 보장됨은 중국 역사의 수많은 예가 입증한다. 동주東周의 천자들이 춘추오패의 호위하에 자리를 유지해 온 것이 그 대표적인 예다. 효사의 '貞정'이 이를 뜻한다. 즉 '貞'은 '正(바를 정)'과 같은 뜻인데, 이는 천자가 다른 생각 하지 않고 오로지 가운데에만 처해 있음을 의미한다. 그러면 밑에 있는 강직한 신하가 알아서 잘 모시기 때문이다.

그런데 효사는 '貞疾정질'이라 하여, 임금이 병을 앓고 있다고 말한다. 임금이 앓는 병은 어떤 병일까? 그것은 몸의 병이 아닌 마음의 병이다. 왜냐하면, 모든 결정을 신하가 대신해 주니까 편해서 좋을 것 같지만, 이것이 오랜 기간 반복되다 보면, 임금 자신이 허수아비에 지나지 않는다는 자괴감이 들기 때문이다. 신하 아래에 있는 관리들은 측근 신하의 말을 듣는 것이지 임금의 말을 듣는 게 아니라는 말이다.

이것을 괘상卦象의 차원에서 설명하면, 아래 호괘互卦인 제2효·제3효·

제4효는 간괘(☶), 즉 산을 만들고, 위 호괘인 제3효·제4효·제5효는 감괘(☵), 즉 물을 만든다. 다시 말해서 임금과 신하의 관계는 산 정상에 갇힌 물이 된다. 이 물은 산 아래에 있는 강이나 바다와 연결되지 않는다. 제5효가 제4효 아래에 있는 음효들과 상응하지 않는 이치와 같다. 여기서 간괘(☶)는 병을 상징하므로 임금이 자존심이 상한 나머지 마음의 병에 걸렸음을 지시한다.

그러나 임금의 이러한 병은, 오래가기는 해도 임금을 죽음에 이르게 하지는 않는다. 왜냐하면 신하가 아무리 강직하고 뛰어나도 중효中爻의 자리에 들어갈 수는 없기 때문이다. 아무리 패권을 장악한 자라도 정통성이 없으면, 임금을 쥐고 흔들 수는 있어도 임금이 될 수는 없다는 말이다. 그만큼 사회 조직에서 정통성이 갖는 의미는 막중하다. 이것을 효사에서는 '恒不死항불사', 즉 '오래가기는 하되 죽지는 않는다'라고 말한 것이다.

이에 대하여 『상』은 "제5 음효가 병을 앓는 것은, 강직한 신하 위에 올라타 있기 때문이고, 오래가기는 해도 죽지는 않는 것은, 가운데에 처해 있어서 지위는 멸망하지 않기 때문이다"(六五貞疾, 乘剛也. 恒不死, 中未亡也)라고 해설하였다.

[제5 음효. 임금이 병을 앓고 있는데, 오래가기는 해도 죽지는 않는다.]

⑥ 上六, 冥豫成, 有渝, 无咎.
冥: 어두울 명. 成성: '終(마칠 종)'과 같음. 渝: 변할 투.

본 효는 예괘의 마지막 효이므로 즐거움이 극에 달하였음을 나타낸다. 쾌락이 극에 달하면 거기에 탐닉한 나머지 이성적인 판단이 흐려지게 마련이다. 그래서 '冥豫成명예성', 즉 '쾌락으로 흐리멍덩함에 빠지는 일이 이루어졌다'라고 말하였다.

쾌락이란 끊임없이 추구하게 된다는 의미에서 적극적인 말처럼 들린다.

프로 스포츠 선수가 기록을 깨려고 사력을 다해 노력하는 것도 그렇고, 그를 응원하는 팬들이 천 리를 멀다 않고 달려가 열광하는 모습만 봐도 그렇게 보인다. 그러나 보기와는 달리 쾌락은 기실 매우 소극적이다. 이것을 제6효가 음효라는 사실이 암시한다. 쾌락이란 아무리 즐거워도 그것이 순간에 지나지 않는다는 사실을 깨닫는 순간, 또는 쾌락이 끝나고 공허함을 느끼는 순간, 슬픔이 밀려오게 마련이다. 이처럼 쾌락이란 종국을 담보하지 못하기에 슬플 수밖에 없다. 제6효가 음효로서 당위인 것은 바로 이 점을 상징한다.

허무와 슬픔을 안고 살아갈 수는 없으니 삶을 포기하지 않는 한 구원을 갈구하게 된다. 이 구원은 스스로 깨닫고 변화하는 데서 가능하다. 그것이 바로 '有渝유투', 즉 '변화가 일어났다'라는 구절이다. 여기서 '有' 자는 없던 것이 새로이 나타남을 표현할 때 쓰는 글자다. 그렇다면 허무와 슬픔을 깨닫는다면 그 순간 이미 반은 구원을 얻은 셈이다. 이러한 진실을 가장 잘 묘사한 말은 불교의 "고된 바다는 망망하게 끝이 없지만, 머리만 돌리면 그 순간 해안에 올라와 있다"(苦海無邊, 回頭是岸)라는 경구다. 쾌락의 순간에서 머리만 돌리면 구원받을 수 있다는 사실을 마지막 제6효는 음효 하나로 웅변한다.

이에 대하여 『상』에서 "쾌락에 빠져 흐리멍덩함이 저 맨 윗자리를 차지하고 있으니, 무슨 일이든 오래갈 수 있겠는가?"(冥豫在上, 何可長也)라고 해석하였듯이, 이 진실을 깨닫지 못하면 삶이 불가능할 테지만, 다행히 깨닫는다면 설사 한때 쾌락에 빠졌었더라도 큰 재앙은 없을 것이라고 효사는 말한다.

[제6 음효. 쾌락으로 흐리멍덩함에 빠지는 일이 이루어졌지만, 깨달음으로써 바뀌니 재앙이 없다.]

17. 수괘隨卦

❖ 개관 ❖

　수隨괘는 하괘가 진괘이고, 상괘가 태괘인데, 진은 획(막대)이 5개이므로 양괘에 속하고, 태는 획이 4개이므로 음괘에 속한다. 양괘가 음괘 아래에 처해 있다는 것은 양이 겸손해서 음을 잘 받아들이고, 아울러 아래에 있는 양의 움직임에 대응하여 음이 잘 따르고 있음을 뜻한다. 이렇게 상호 순종하는 관계를 수화隨和라고 하는데, 수隨는 수후隨侯의 구슬과 화和는 화씨和氏의 고리 옥으로서 서로 잘 어울리는 중국 고대의 전설적인 쌍벽雙璧을 말한다. 이렇게 서로 순응하고 따르는 일은 그러한 행위에 즐거움과 넉넉함이 있기에 가능한 것이므로, 예豫괘 다음에 수괘가 온 것이다. 『서괘』에서도 "즐거움에는 반드시 따르는 사람들이 있기에, 수괘로써 이를 이어받았다"(豫必有隨, 故受之以隨)라고 해설하였다.

　봄에 우레가 울려 못 물을 흔들면, 물이 따라 움직이면서 겨울잠을 자는 생물을 깨우고 움츠린 싹을 소생시킨다. 이렇게 진동이 파상적으로 퍼져 나가는 것은 이들 사이에 공명이 있기 때문이다. 이 공명은 즐거움을 생성하려는 두 물체 사이의 순응과 순종의 결과다. 즉 두 물체가 공명하려면 양쪽의 물질적 속성과 고유 주파수가 서로 맞아야 한다는 말이다.

『논어』「안연顏淵편」에 "군자의 덕은 바람이고 백성의 덕은 풀이니, 풀 위에 바람을 더하면 반드시 눕습니다"(君子之德風, 小人之德草, 草上之風必偃)라는 구절이 있다. 여기서 바람은 지도자의 속성을, 풀은 백성의 속성을 각각 상징한다. 즉 바람이 있어서 풀이 눕는 게 아니라, 바람과 풀의 속성이 같아서 바람에 풀이 눕는다는 말이다. 마찬가지로 지도자가 덕이 있어서 백성이 그의 명령에 순종하는 게 아니라, 백성의 속성이 온유돈후溫柔敦厚해서 온유한 지도자의 명령에 복종하는 것이다. 마르고 뻣뻣한 풀이 바람에 쉽게 눕지 않는 이치다.

이처럼 즐거움과 넉넉함은 여기에 참여한 개체들을 서로 순종하게 만들고, 이 상호 순종은 다시 더 큰 즐거움을 생성한다. "곳간에서 인심 난다"라는 우리 속담이 있는데, 바로 여기에 근거한 말이리라.

❖ 괘사 풀이 ❖

隨, 元亨, 利貞, 无咎.

'수隨' 자는 앞서 설명하였듯이, 내가 즐겁고 여유가 있으므로, 어떤 때에 다다르면 그때 해야 할 일을 그냥 하면 된다는 뜻이다. 즉 나의 개인적인 상황 같은 것은 고려하지 않고, 그저 나를 버리고 다른 사람들을 따라가서 협동하면 된다. 이러한 때에는 나를 비우고 나보다 나은 사람에게 배우고 그를 따른다. 그러다 보면 우레의 진동에 따라 파상적으로 만물이 깨어나듯이, 나도 모르게 변통變通, 즉 운행의 흐름을 타고 흘러간다. 이것이 괘사의 '元亨', 즉 '크게 형통함'이다.

그러나 자연스럽게 서로 따르는 게 아니라, 일부러 자신을 낮춰서 남에게 순종하는 것처럼 꾸미는 자들이 있다. 이를테면 부자에게 순종하는 척하는 사기꾼에게는 부자의 재산을 착취하려는 의도가 숨어 있고, 선거 때만 되면 나타나 각종 선심 공약을 남발하며 시민에게 봉사하겠다는 정치인들에게는 시민의 표를 결집하여 권력을 탈취하려는 사악한 음모가 숨어 있다. 이렇게 나쁜 의도를 갖고 남에게 순종하는 척하는 행위는 나중에 가서 들통이 나고 재앙으로 끝나게 마련이다. 그래서 '利貞', 즉 '진정으로 이롭고 올바름을 지켜야' '无咎무구', 즉 재앙이 없게 되는 것이다.

이에 대하여 『단』은 다음과 같이 해설하였다. "수괘는 양강陽剛으로서 왔지만, (자신을 버리고) 음유陰柔의 아래에 처해 있으니, 움직일 때마다 즐겁다. 수괘가 크게 형통하긴 하지만, (다른 숨은 의도가 없이) 진실함이 있어야 재앙이 없고, 천하의 백성이 따라오는 시기를 맞는다. 따라서 수괘의 시기가 갖는 의미는 크도다!"(隨, 剛來而下柔, 動而說. 隨, 大亨, 貞无咎, 而天下隨時, 隨時之義大矣哉)

이 괘사에 대하여 『상』은 "못 안에 우레가 있는 게 수괘의 괘상이다. 군자는 이 이치로써 해가 져서 어둠이 짙어지면 들어가 편히 쉰다"(澤中有雷, 隨. 君子以嚮晦入宴息)라고 해설하였다. 군자가 되겠다고 무언가 특별한 것을 성취하려 하거나 행동할 필요 없이, 단지 가장 일상적인 행위, 즉 낮에는 공부하고 밤이 되면 몸을 편히 쉬게 하는 일을 아무런 의도나 생각 없이 반복함으로써 우주의 운행을 따르면 된다는 말이다.

일상이란 매일 반복하는 생활 방식을 가리킨다. 이것을 루틴routine이라고 부르는데, 루틴은 아무런 의미도 없이 진부하게 반복되는 것이어서 사람들이 견디기 어려워한다. 이런 경우 루틴을 벗어나 뭔가 특이한 변화를 만들어 내어 특별한 의미를 추구하고자 한다. 이것이 이른바 재미(fun)라는 것인데, 이러한 재미는 얼마 가지 않아서 시들해지게 마련이다. 그러면 또 다른 재미를 찾아 떠나게 되는데, 이러한 행위는 기실 모두 환상에 속하는 것이어서 나중에는 허무함만 남게 마련이다. 이러한 환상의 본질을 이해하고 일상의 재미를 맛볼 줄 아는 사람이 바로 군자다. 이 진부한 일상을 다른 말로 중용中庸이라고 불러도 된다.

군자를 임금으로 본다면, '못 안에 있는 우레'가 이를 상징한다. 못, 즉 '兌태' 자는 즐거움이니, 임금이 즐거움 가운데 있다는 말로서, 임금이 백성이 좋아하는 일을 한다는 뜻으로 해석할 수도 있다.

[수隨괘: 크게 형통하다. 진정으로 이롭고 올바르면, 재앙이 없다.]

❖ 효사 풀이 ❖

① 初九, 官有渝, 貞吉. 出門交, 有功.
官: 벼슬 관. 직무. 渝: 변할 투. 貞: 바를 정. '正(바를 정)'과 같음. 門: 대문 문. 交: 사귈 교. 功: 보람 공. 효과. 업적.

수괘는 괘상이 비否괘(䷋)로부터 파생되었다. 비괘의 제1효와 제6효를 서로 바꾸면 수괘가 된다. 효사에 '官有渝관유투'라 하였는데, 즉 직위나 직무에 변화가 발생하였다는 뜻이다. 이때의 변화는 승진이나 영전은 아니고 좌천을 뜻하는데, 비괘의 제6 음효가 제1 양효로 바뀌어 떨어진 것이 이를 나타낸다.

일반적으로 어떤 사람이 고위직에 있다가 하위직이나 한직으로 좌천을 당하면 좌절감과 수치심으로 괴로워하게 마련이다. 제1효가 양효이기는 하지만 대응하는 제4효와 상응하지 않으니, 저 밑에 버려진 느낌이 들지 않을 수 없다. 그러나 이 괘가 수괘이므로 제1효가 제4효와 상응하든 안 하든 상관없이 마음을 비우면 된다. 마음을 비우고 단지 옳은 이치를 따르면 길하다. 이것이 '貞吉정길', 즉 '올바름을 견지하니 길하다'라는 구절이다.

효사는 이어서 '出門交출문교, 有功유공', 즉 '대문을 나가서 다른 사람들과 교제하면 보람이 있다'라고 하였다. 여기서 대문을 나간다는 것은 사사로움을 떠나서 바깥, 즉 공적인 영역으로 나감을 의미한다. 좌절된 사람이 대문 안쪽 자기만의 세계에 스스로 갇혀 있으면, 아무도 알아주지 않고, 아무것도 얻을 수 없다. 반면에 밖으로 나가 여러 사람과 어울리면 그간 자신이 몰랐던 지식이나 지혜를 그들로부터 배울 수 있다. 단, 이렇게 배울 때 자기 생각이나 지식을 고집하면, 더는 그들에게 배울 수 없음은 앞에서 말한 바와 같다. 아울러 그들과 어울려 배우다 보면 그들이 자신을 따라와 사람을 얻는 기회가 될 수도 있다.

고위직에 있던 사람이 좌천되어 시민과 가까이하는 일은 기실 더할 나위 없이 좋은 기회이기도 하다. 왜냐하면, 영감이나 중요한 해결책은 대부분 대중으로부터 나오기 때문이다. 대중을 모르고서는 정치도 경제도 할 수 없는 게 현실이다. 성공한 정치가는 물론, 사업가도 언제나 대중을 이해한 사람들이었다. 이를테면 망명길에 올라 국외를 떠돌던 제 환공桓公과 진 문공文公이 국내로 돌아와 춘추오패의 위업을 달성한 것은 그들이 백성을 밑바닥부터 이해하였기 때문이다. 오늘날에도 GE, GM, 스탠더드 오일 등과 같은 국제적인 대기업의 이름에 '제너럴general', '스탠더드standard' 등이 쓰인 것은 그들이 대중이 어떤 존재라는 것을 터득하였다는 증거다. 이처럼 밑바닥까지 떨어져 대중을 이해하면 오히려 '좋은 결과'(有功)가 있을 거라는 게 이 효사가 말하는 바다.

이에 대하여 『상』은 "직무에 (좌천의) 변화가 생겼지만, 올바른 것을 따르면 길하다. 대문 밖으로 나가서 사람들과 교제하면 보람이 있는 것은, 올바름을 잃지 않았기 때문이다"(官有渝, 從正吉也; 出門交, 有功, 不失也)라고 해설하였다.

[제1 양효. 직무에 (좌천의) 변화가 생겼지만, 올바른 이치를 따르면 길하다. 대문 밖으로 나가서 사람들과 교제하니, 보람이 있다.]

② 六二, 係小子, 失丈夫.

係: 이어 맬 계. 매달리다. 小子소자: 남자아이. 젊은이. 失: 잃을 실. 丈

夫장부: 남편. 성년 남자.

　제2효는 음의 자리에 음효가 있으니 당위이면서, 가운데에 있으니 중정 中正에 해당한다. 임금의 자리인 제5 양효가 이와 상응하므로, 제2효와 제5효의 관계는 떳떳한 부부 관계를 상징한다. 그런데 본괘가 수괘이므로 제2효가 제5효와 상응하더라도 상황에 따라서 선택할 수 있다. 따라서 제2효는 제1효와의 상응을 선택하는데, 여기서 제1효는 젊은 외간 남자를 가리킨다. 부부간의 예를 지키며 내조해야 하는 아내의 처지에서 보면, 밖에서 활동하는 남편은 멀게 느껴지지만, 가까이에 있는 젊은 남자는 친근하게 여겨지기 때문이다. 이것이 '係小子계소자, 失丈夫실장부', 즉 '젊은 남자에게 매여서 남편을 잃다'라는 구절이 가리키는 의미다.

　한 여인의 불륜을 관계적으로 묘사한 이 효사는 조직 생활의 이치를 구조적으로 비유한다. 즉 직장 생활을 어느 정도 겪은 사람은 언제나 두 개의 선택지 앞에 서게 된다. 하나는 직장의 우두머리를 따를 것인가이고, 다른 하나는 후배들을 대변해야 할 것인가이다. 전자가 제5효의 권력자와 상응한다면, 후자는 제1효의 소외된 자와 상합한다. 선택자인 '나'는 근본적으로 우두머리와 조직상으로 상응 관계에 있기에, 다시 말해서 그와 같은 명령 계통상에 있기에 응당 그의 명령을 따라야 한다. 그러나 최고 상사인 그와는 늘 소통하는 관계에 있을 수 없는 게 현실이므로 언제나 불만스러운 상태가 유지된다. 이에 비하여 자신을 따르는 후배들과는 일도 하고 술도 하면서 늘 소통하기 때문에, 그들과 함께하는 게 재미있을 뿐 아니라 그들이 내게 힘이 되기도 한다.

　그런데 갈등은 이 두 가지 선택을 동시에 할 수 없다는 데에서 발생한다. 이것을 『상』에서는 "젊은이에게 매달려 (남편을 잃은 것은) 이 둘을 겸하여 함께할 수 없기 때문이다"(係小子, 弗兼與也)라고 해설한다. 왜냐하면, 최고 상사는 '나'에게 자기 뜻을 받들어 후배들을 잘 장악하라 하고, 후배들은 최고 상사에게 자신들의 처지를 대변해 달라고 요구할 것이므로, '나'의 입장에서 양쪽을 모두 만족시킬 수는 없기 때문이다. 이러한 구조 때문에 본 효의 효사에 길흄한지에 관한 언급이 없다. 즉 양단 사이의 선택만이 있을 뿐인데, 그 선택의 기로 자체가 길한 것인지는 알 수 없기 때문이다. 최고 상사가 윤리적으로 옳고 그의 명령이 정당하다면 당연히 그를 따라야 하겠지만, 그렇지 않으면 아랫사람들의 절박한 상황 같은 것을 대변해 줄 수밖에 없을 것이다. 상사의 뜻을 기스르더라도 말이다. 이렇게 상황에 따라서 선택하게 되는 것이 수괘의 속성이다.

[제2 음효. 젊은 남자에게 매여서 남편을 잃는다.]

③ 六三, 係丈夫, 失小子. 隨有求得, 利居貞.
丈夫장부: 남편, 또는 출세한 남자. 대장부. 小子소자: 젊은이, 또는 소인. 평범한 남자. 求得구득: 구하여 얻다. 居貞거정: 바르게 살다.

제3효는 음효가 양의 자리에 있으므로 실위인 데다가 마땅히 상응하는 곳도 없다. 따라서 어디든 호응할 수 있는 곳을 찾아야 한다. 가장 쉬운 것이 아래에 있는 제1 양효일 텐데, 이미 제2 음효가 차지하였으니, 남은 것은 제4 양효밖에 없다. 제4효 역시 어디 딱히 상응하는 곳이 없으니 이를 기꺼이 받아들일 수 있다.

제3효가 실위의 음효라는 것은 신분은 존귀한데, 아직 짝을 찾지 못한 처자를 상징한다. 또는 존귀한 집의 부인이지만, 남편의 사랑을 제대로 받지 못하는 여인일 수도 있다. 또는 더 나아가 대기업의 회사원이지만 아직 윗사람들로부터 인정을 받지 못한 사람일 수도 있다. 이런 사람들 앞에는 두 가지 선택이 있을 수 있는데, 하나는 실제로는 현실이 불행해도 자신의 사회적 명예를 생각해서 그냥 참고 버티는 경우고, 다른 하나는 남의 눈을 의식하기보다는 자신의 진정한 행복을 위해서, 남이 부러워하는 좋은 자리지만 과감하게 박차고 나오는 경우다. 전자는 내실보다는 겉으로 드러나는 명예를 중시한다는 점에서 상향 선택이라 부를 수 있고, 후자는 겉으로의 명예보다는 내실을 중시한다는 점에서 하향 선택이라고 할 수 있다. 이러한 선택을 할 때, 사회적 경험이 많은 어른들은 대체로 전자를, 혈기 왕성한 청년 동기나 선배들은 후자를 각각 추천한다.

수괘의 제3효는 자신의 마음을 따르는 것이 아니라, '수隨' 자의 의미대로 상향의 제4효를 따른다. 사마천의 『사기』 「백이열전伯夷列傳」에서 "안회가 아무리 배움에 독실했어도 (공자라는) 천리마 꼬리에 붙어 있어서 그의 덕행이 더욱 드러났다"(顏淵雖篤學, 附驥尾而行益顯)라고 설파하였듯이, 어떻게든 큰 덩치에 붙어 있으면 그로부터 얻는 이득이 적지 않은 법이다.

이것이 수괘가 말하는 대중이 살아가는 현실적인 방식이다. 우리 사회에는 근대를 맞이하면서 한때 자유연애를 신봉하고, 사회적 신분과 학력 및 재력을 뛰어넘는 사랑이 깨어 있는 청년들 사이에서 숭상되었던 적이 있었다. 〈맨발의 청춘〉(1964) 부류의 영화들이 대히트한 사실이 이를 입증한다. 근대 이성이 유입된 덕분이다. 그러나 하향으로의 선택은 대체로 〈맨발의 청춘〉에서처럼 비극으로 끝나는 것이 부정할 수 없는 현실이다. 왜냐하면, 현실이란 생각처럼 그렇게 녹록하지 않아서 이성적으로 단단히 수양한 사람이 아니면 극복할 수 없기 때문이다. 감성만 갖고서는 어림도 없는 것이 현실이다.

그래서 '隨有求得수유구득', 즉 '(세력을) 따르면 구하는 것을 얻는 일이 생긴다'라고 부연한 것이다. 여기서 '따른다'라는 말은, 현실적인 힘에 복종한다는 뜻이다. 이렇게 천리마 꼬리에 붙어 갈 때는, 괜히 잘난 척하지 말고 조신操身하게 있어야 이로움을 얻는 법이니, '利居貞리거정', 즉 '이로움은 바르게 사는 데서 생긴다'라는 구절이 이를 가리킨다.

이에 대하여 『상』은 "권력 있는 남자에게 매달렸다면, 신분 낮은 남자에게는 뜻을 두지 말아야 한다"(係丈夫, 志舍下也)라고 해설하였다. 원문의 '舍

사' 자는 '捨(버릴 사)' 자와 같다.

[제3 음효. 권력 있는 남자에게 매달렸으면, 신분 낮은 남자는 버려야 한다. 가진 자를 따르면 구하는 것을 얻게 되니, 그 이로움은 바르게 사는 데서 생긴다.]

④ 九四, 隨有獲, 貞凶. 有孚在道, 以明, 何咎.

隨: 따를 수. 사람들이 따르다. 獲: 얻을 획. 貞凶정흉: 올바르게 행동하는 가운데에도 험난함이 있다. 孚: 미쁨 부.

제4효는 음의 자리에 양효가 있으므로 실위다. 강직한 임금인 제5 양효 아래에는 유순한 측근 신하인 음효가 오는 것이 순리(당위)인데, 여기서는 양효가 있으므로 위상이 적절하지 않다. 게다가 제4효는 중효가 아니라 한쪽에 치우쳐 있으므로, 능력이 있는 강직한 신하라면 임금과 원만한 관계가 이루어질 수 없는 구조에 처해 있는 셈이다.

수괘는 앞서 설명하였듯이, 세력을 따르는 움직임을 상징하는 괘이므로, 이 상황에서는 누군가를 따라야만 얻는 바가 있다. 이것이 '隨有獲수유획', 즉 '(세력을) 따라가는 일에는 얻는 게 있다'라는 구절이다. '따라간다'라는 말에는 따르는 주체와 따라가고자 하는 대상이 있는 법인데, 여기서 '隨' 자는 그 둘을 모두 가리킨다. 왜냐하면, 따르는 주체와 대상은 모두 그 따르는 행위에서 이득을 얻기 때문이다.

이러한 측면에서 보면, 제2 음효는 제5 양효를 따르고, 제3 음효는 제4 양효를 따르는데, 제4효만 어디 따를 데가 없다. 즉 자신을 따르는 세력은 많은데, 정작 자신은 어디 갈 만한 데가 없다는 말이다. 임금의 최측근에게 세력이 쏠릴 때, 제5 양효의 강직한 임금과의 관계가 원만하지 않을 것임은 불을 보듯 뻔하다. 이러한 신하는 아무리 행동을 올바르게 해도 의심을 받을 운명이므로, 효사에서 '貞凶정흉', 즉 '올바름을 견지해도 사납고 험난하다'라고 말한 것이다.

수괘의 전체적인 모양을 보면 아랫사람들에게는 따를 수 있는 세勢가 있어서 이득을 볼 수 있는데, 제4효와 제5효만이 따를 곳이 없어서 이득이 없다. 그나마 제4효는 그 아래의 사람들이 귀의해 오니 좀 나은 편이지만, 제5효의 임금은 자기 백성을 제4효가 중간에서 가로챈 셈이니, 제4효를 고운 눈으로 볼 수 없다. 이것을 임금과 신하 사이의 의리 측면에서 본다면, 옳지도 않고 길하지도 않다. 『상』에서 "(강한 세를) 따르고 (모이는) 일에는 이득이 생기지만, 의리의 측면에서 본다면 사납고 험난하다"(隨有獲, 其義凶也)라고 해설한 것은 바로 이 의미다.

따라서 제4효에 처한 사람은 이러한 제5효의 의심을 불식해야 한다. 그 방법은 오로지 하나, 즉 자신에게는 충성심 외에 다른 마음은 없다는 신뢰를 심어 줌과 아울러 철저히 규범을 지킨다는 사실을 보여 주는 것이다. 이것이 효사에서 말하는 '有孚在道유부재도', 즉 '진심을 갖고서 도리 안에 있음'이다. 여기서 '孚부' 자는 그 어원이 '어미 새가 알을 품은 모양'으로서, 정성을 다하는 충성심을 가리키고, '도道'는 신하로서 해야 할 도리와 규범을 가리킨다. 그래서 '有孚在道유부재도, 以明何咎이명하구', 즉 '충성심을 갖고서 도리와 규범 안에 있음으로써, 이를 밝히 드러내면 무엇이 위험하겠는가?'라고 말한 것이다.

이에 대하여 『상』은 "(강한 세를) 따르고 (모이는) 일에는 이득이 생기지만, 의리의 측면에서 본다면 사납고 험난하다. 진심을 갖고서 도리 안에 있으려면, (따르고 모이는 일의) 효과를 밝히 드러내야 한다"(隨有獲, 其義凶也, 有孚在道, 明功也)라고 해설하였다. 원문의 '功공' 자는 힘써 싸우거나 일하여 쌓은 결과물을 가리키므로, '明功也명공야'란 신하의 처지에서 "따르고 모이는 일에서 얻어지는 이득은 모두 폐하의 힘과 공적으로 인하여 일어난 것이니, 이 모든 게 나라의 이득입니다"라는 의미를 밝힌다는 뜻이다.

[제4 양효. (세력을) 따라가고 모이는 일에는 얻는 게 있지만, 올바름을 견지해도 사납고 험난하다. 충성심을 갖고서 도리와 규범 안에 있음으로써, 이를 밝히 드러내

면 무엇이 위험하겠는가?]

⑤ 九五, 孚于嘉, 吉.
孚: 미쁠 부. 嘉: 아름다울 가.

제5효는 양의 자리에 양효가 있으므로 당위인 데다가, 상괘의 가운데에 처해 있어서 중정中正을 견지한다. 게다가 밑의 백성도 순종적이어서 임금으로서는 무엇 하나 빠질 것이 없는 양호한 상황에 처해 있지만, 단지 아쉬운 것은 아래의 순종적인 백성이 자신을 따르는 것이 아니라 측근 신하를 따르고 있다는 점이다. 즉 제5효와 제4효의 관계는 음양으로 상응하는 관계가 아니라서 긴장이 조성되고 있다는 말이다. 따라서 아랫사람들의 복종이 임금에 대한 직접적인 복종은 아니지만, 임금이 측근 신하를 장악한다면 그것은 곧 임금에 대한 복종으로 귀결될 것이다.

그렇다면, 어떻게 해야 측근 신하를 장악할 수 있을까? 그 방법을 효사는 '孚于嘉吉부우가길', 즉 '아름다운 사람에게 신뢰를 주면 길하다'라고 말한다. 이때 아름다운 사람이란 측근에서 자신을 보좌하는 현인(신하)을 가리키는데, 그는 현명하므로 앞의 제4효에서 오해를 당할 위험에서 벗어나기 위하여 진실한 마음을 보인다고 했다. 따라서 임금은 그에게 신뢰만 주면 그는 충신의 위치를 벗어나지 않는다. 그를 믿지 못하고 계속 의심하면, 그도 살기 위해서 다른 마음을 먹을 수밖에 없을 것이다. 『열자列子』에 나오는 고사처럼, 사람이 무심히 있으면 갈매기가 접근하지만, 속으로 한 마리를 잡아야겠다는 기심機心이 있으면 가까이 오지 않는 법이다. 동물도 아는 인간의 속마음을 인간이 모르겠는가.

측근 신하를 믿으라고 해서 믿고 그냥 맡겨 두라는 의미는 아니다. 정무는 그에게 맡기더라도, 자신은 중정中正의 자리를 굳게 지키면서 공정함을 잃지 않아야 한다. 힘 있는 사람의 세를 따라가는 사람들의 심정에는 자신이 이용만 당하고 나중에 내쳐지지 않기를 바라는 마음이 자리하고 있다. 즉 따르고자 하는 대상 인물이 공정하기를 바라는 것이다. 그 공정을 임금이 주도하면, 측근 신하가 다른 마음을 먹을 틈이 없을뿐더러 그를 따르는 모든 사람이 궁극적으로 임금을 따르는 셈이 된다. 이것을 『상』에서는 "아름다운 사람에게 신뢰를 주니 길한 것은, 이는 임금의 위치가 정중앙에 있기 때문이다"(孚于嘉吉, 位正中也)라고 해설하였다.

[제5 양효. 아름다운 사람에게 신뢰를 주니, 길하다.]

⑥ 上六, 拘係之乃從, 維之, 王用亨于西山.

拘: 잡을 구. 係: 묶을 계. 維: 밧줄 유. 유지하다. 亨형: '享(제사 향)'과 같음. 用亨용형: 제사를 드리다. 西山서산: 서쪽의 기산岐山. 문왕의 나라인 주周를 가리킴.

제6효는 음의 자리에 음효가 있으므로 당위다. 수괘의 상황에서는 당시의 세勢에 따르는 것이 순리다. 그러나 아무리 따라야 하는 상황이라도 그것이 마지막 국면에 도달하면, 당위가 가리키듯이, 임금이 불러도 따르지 않고 은거하는 것이 자연스러운 행위이고, 임금 역시 그런 사람은 가서 쉬도록 놓아주어야 한다.

그러나 권력 욕심이 강한 임금은 조용히 쉬려는 사람을 그냥 놓아두지 않는다. 나라 안 구석구석까지도 모두 자신을 따라야 한다고 굳게 믿기 때문이다. 『시경』 「북산北山편」의 "광대한 하늘 아래에 / 천자의 땅이 아닌 곳이 없고, 이 땅의 끝에 이르도록 / 천자의 신하가 아닌 사람이 없다"(溥天之下, 莫非王土; 率土之濱, 莫非王臣)를 철저히 확인하려는 임금이리라. 이런 임금은 자연히 폭군이 될 수밖에 없다.

이런 임금 중에서 대표적인 사람이 은나라 주왕紂王이다. 당시 삼공三公 중의 한 사람이었던 귀후鬼侯가 자신의 딸을 주왕에게 바쳤는데, 그는 그녀가 아양을 떨며 모시지 않는다고 죽였을 뿐 아니라 그 아비도 죽여서 육장을 담가 버렸다. 이를 본 악후鄂侯가 그 부당성을 직간하자 그도 역시 죽여서 육포를 만들어 버렸다. 이를 모두 지켜본 서백西伯(나중의 문왕)이 작은 소리로 탄식하였는데, 이를 숭후崇侯가 고자질하니 주왕은 그를 유리羑里 땅의 감옥에 가두었다. 그래도 문왕은 저항하지 않고 묵묵히 순종하였더니 나중에 그를 풀어 주었다.

문왕은 당시 서쪽 기산에서 자기 백성만을 돌보면서 조용히 살아가던 충성스러운 제후였는데, 주왕은 굳이 그를 잡아 가두어서 강제로 복종시키고 자신의 절대 권력을 확인하고 싶었다. 효사의 '拘係之乃從구계지내종, 維之유지', 즉 '그를 잡아 묶어서는 강제로 복종시키고, 억지로 충성심을 유지하게 하였다'라는 구절은 바로 이를 가리킨다. 그러나 억지로 따르게 하는 행위는 결국은 실패할 수밖에 없다. 주왕도 이 사건으로 정권이 무너지면서 그 후손이 주나라에 복속되어 주나라 종묘에서 제사를 도와주는 신세로 전락하였다. '王用亨于西山왕용형우서산', 즉 '주왕이 (주나라) 기산에서 제사를 지내게 되었다'라는 구절은 이 사건을 가리킨다. 이러한 사실은 『시경』 「문왕편」에 자세히 기술되어 있다.

이에 대하여 『상』은 "(이렇게 더는 따르지 않겠다는 사람을) 억지로 잡아 묶어 놓는 행위는 (수괘의 국면이) 극도에 도달하여 바닥이 드러났기 때문이다"(拘係之. 上窮也)라고 해설하였다.

[제6 음효. 그를 잡아 묶어서는 강제로 복종시키고, 억지로 충성심을 유지하게 하였지만, 주왕(의 자손)은 (주나라) 기산岐山에서 제사를 지내게 되었다.]

18. 고괘蠱卦

山風蠱산풍고: 산 아래에 바람이 부니 안일한 나머지 일이 생긴다.
손하간상巽下艮上

❖ 개관 ❖

고蠱괘는 상괘가 간艮괘, 하괘가 손巽괘로 이루어졌으므로, 산 아래에 바람이 있는 모양이다. 간괘는 획(막대)이 다섯 개여서 양괘, 손괘는 네 개여서 음괘에 속한다. 위의 강직한 양괘인 '간艮' 자에는 '멈추다'라는 의미가 들어 있고, 아래의 유순한 음괘인 '손巽' 자에는 '부드럽다'라는 의미가 들어 있으므로, 이는 임금은 보수적인 자세로 가만히 있고, 아래의 신하와 백성은 유순하게 임금의 명령을 잘 따르고 있는 모양새다. 이것이 나라는 태평하고 백성은 편안하다는 이른바 국태민안國泰民安의 전형적인 모습일 것이다. 그러나 이러한 국면에서는 사회가 정체되고 서서히 부패하기 시작한다.

'蠱(벌레 고)' 자는 '蟲(벌레 충)'과 '皿(그릇 명)'으로 이루어졌다. 따라서 이 글자는 기물을 오랫동안 사용하지 않은 채로 놓아두면 좀이 생긴다는 의미를 나타낸다. 좀이 생기면 이를 제거하거나 수리해야 하는 일이 발생하는데, 이것이 '故(일 고)' 자다. 일이 발생하면 이를 원래대로 되돌리도록 일해야 하므로 이것이 '事(일 사)' 자다. 따라서 '事'와 '故', 그리고 '蠱' 자는 모두 같은 의미를 지닌다.

고괘가 수隨괘 뒤에 놓인 것에 대하여, 『서괘』는 "기쁘게 사람을 따르던 자들에게는 반드시 일이 생기게 마련이므로, 고괘로써 이를 이어받았다"(以喜隨人者必有事, 故受之以蠱)라고 해설하였다. 수괘에서 사람들이 세를 따라 모이면 이득이 생기고, 이득이 생기는 곳에 사고가 생기는 법이니, 이 사고는 반드시 고치고 혁신해야 생존할 수 있다는 뜻이 된다.

앞서 언급하였듯이, 괘의 전체적인 모양이 상부의 임금은 정체되어 있고, 하부의 신하와 백성은 유순하게 복종을 잘하면, 나라가 편안해서 좋긴 하지만 더는 발전하지 않는 흠이 생긴다. 이런 상황이 어느 정도 지속되면 자연히 사회가 부패하게 되므로, 개선이나 혁신의 요구가 일어난다. 사람도 여유가 생겼다고 해서 먹기만 하고 운동하지 않으면 각종 질병이 생기듯이, 사회도 마찬가지 생리로 변화한다.

병에 걸리면 치료해야 하는 것처럼, 사회도 혁신이라는 치료를 통해서 원상으로 돌아가야 한다. 병이 난 것이 '蠱고'라면, 병이 치료되어 원래 모습으로 돌아간 것은 '故고'다. '故' 자는 '古(옛 고)'와 '攵'(두드릴 복)으로 되어 있는데, 두드린다는 것은 변화를 촉구하는 행위이므로, '故' 자의 의미는 '부지런히 변화시켜서 원래 모습이 되게 하다'가 된다. 변화시켜서 원래 모습이 되게 하는 행위가 곧 '事(일 사)' 자다.

『주역』의 기본 철학은 순환하는 변화다. 물극필반物極必反, 즉 모든 사물은 끝에 다다르면 되돌아간다는 원리는 여기에 근거한 말이다. 그렇다면 고괘는 사고와 치료가 겹치는 부분, 다시 말해서 변화의 순환 과정 중 사고에서 치료로 바뀌는 전환점이 되는 셈이다. 플라톤의 개념으로 바꿔 말하자면, 독이 곧 약이 되는 파르마콘pharmakon이라고 말할 수 있다.

❖ 괘사 풀이 ❖

蠱, 元亨, 利涉大川. 先甲三日, 後甲三日.

涉: 건널 섭. 先: 먼저 선. 甲: 껍질 갑. 日: 날 일. 後: 뒤 후.

고괘는 대유大有괘에서 시작한 소유와 풍요가 겸謙괘·예豫괘·수隨괘를 거쳐 발전하면서 다다른 전환점에 해당한다. 전환점이란 들어오는 부분과 나가는 부분이 겹치면서 꺾이는 지점인데, 이런 지점은 지나온 과거를 반성하는 기회가 되기에 깨달음과 동시에 미래를 향한 지혜와 활력을 얻게 된다. 그러므로 이 지점의 앞과 뒤는 주체에게 있어서 매우 중요한 의미를 갖는 시간대가 된다. 이것이 바로 '先甲三日선갑삼일, 後甲三日후갑삼일', 즉 '껍질이 깨지기 전 삼 일, 껍질이 깨지고 난 후 삼 일'이라는 구절이다.

'甲갑' 자의 글자 형태는 땅속에서 씨앗이 발아하여 싹이 껍질을 이고 땅 위로 솟는 모양이다. 식물에 있어서 성장의 힘은 싹이 나기 전, 씨앗이 땅속에서 썩는 기간 3일과 싹이 난 후의 3일에 결정된다. 바꿔 말하면, 앞에서 설명한 '蠱고'에서 '故고'로 겹치는 전환점이 바로 이곳이다. 이렇게 전환되는 '事사'의 과정을 거치면 여기서 지혜가 얻어지고, 이것을 가지고 앞으로 닥칠 역경과 고난을 헤쳐 나가게 된다. 그래서 고괘를 '元亨원형', 즉 '크게 형통하다'라고 말한 것이다. 그리고 이렇게 얻은 지혜는 앞으로 닥칠 고난을 헤쳐 나가는 데 크게 도움이 되는데, 이것이 '利涉大川리섭대천', 즉 '이로움이 큰 강을 건널 때 나타난다'라는 구절이 가리키는 바다.

이에 대하여 『단』은 다음과 같이 설명하였다. "고괘는 강직함(양괘)이 위에 있고, 유순함(음괘)이 아래에 있는 모양으로서, 부드러운 싹이 딱딱한 껍데기를 깨고 올라온 사건(蠱)이다. 그래서 고괘는 크게 형통하여 천하가 다스려진다. '이로움이 큰 강을 건널 때 나타난다'라는 말은, 앞으로 (원래 모습으로 다스려질) 일이 생긴다는 뜻이다. '껍질이 깨지기 전 삼 일, 껍질이 깨지고 난 후 삼 일'이란, 끝나면 다시 시작이 있다는 것으로서 하늘의 운행을 뜻한다."(蠱, 剛上而柔下, 巽而止蠱. 蠱, 元亨而天下治也. 利涉大川, 往有事也. 先甲三日, 後甲三日, 終則有始, 天行也)

원문의 '巽而止손이지'에서 '巽' 자는 부드러운 싹을, '止' 자는 싹의 틔움을 가로막는 껍데기를 각각 가리킨다. 부드러움이 딱딱함을 이겼으니 이를 '蠱고', 즉 사건이라고 부른 것이다. 또한 '往有事也왕유사야'는 사건이 고쳐져서 원래 모습으로 되돌아올 것이라는 말로서, 앞으로 형통하지 않을 일이 없다는 뜻이다.

이 괘사에 대하여 『상』은 "산 아래에 바람이 있는 게 고괘의 괘상이다. 군자는 이 이치로써 백성을 진작하고 덕을 길러 준다"(山下有風, 蠱. 君子以振民育德)라고 해설하였다. '산 아래에 바람이 있다'라는 말에서 산은 풍부하게 품음을 상징하고 바람은 널리 파급시킴을 나타내므로, 군자가 이를 본받아 자신이 풍부히 간직한 것을 널리 나누어 줌으로써 백성이 열심히 일하고 덕을 기르도록 한다는 말이다.

[고蠱괘: 크게 형통하다. 그 이로움이 큰 강을 건널 때 나타난다. (고괘의 지혜와 힘은) 껍질이 깨지기 삼 일 전과 껍질이 깨진 후 삼 일 사이의 전환점에서 발생한다.]

❖ 효사 풀이 ❖

① 初六, 幹父之蠱. 有子, 考无咎, 厲, 終吉.
幹: 떠맡을 간. 바로잡다. 蠱고: 병폐. 과실. 考: 죽은 아버지 고. 厲: 위태로울 려. 모험하다. 終: 끝 종.

제1효는 양의 자리에 음효가 있으니 실위다. 양의 자리는 강직하니까 아버지의 자리인데, 아버지가 돌아가셨으니 아들이 그 자리에 앉았다는 뜻이 된다. 아버지의 자리를 상속받은 아들은 그가 남긴 일을 대신 떠맡아야 하는데, 그 일 중에는 바로잡아야 할 폐단도 있다. 이것이 '幹父之蠱간부지고', 즉 '아버지의 잘못을 바로잡는다'라는 구절이다. 여기서 '蠱' 자는 아들이 바로잡아서 원래 모습인 '故고'로 고쳐야 하는 일(事)을 가리킨다.

아버지 대신 일을 떠맡은 지 얼마 안 되었을 터이니, 설사 일이 크지는 않더라도, 제4효와 상응하지 않으므로 아들로서는 어렵게 느껴질 것이다. 그래도 이 일에 힘껏 임해서 어떻게든 해결해야 부업父業이나 가업의 계승을 인정받을 수 있을 뿐 아니라, 효자라는 칭찬도 들을 수 있다. 『논어』「학이學而편」의 "아버지가 살아 계실 때는 그 아들의 의지를 보고, 아버지가 돌아가시면 그가 가사를 주재하는 방식을 본다"(父在觀其志, 父沒觀其行)라는 구절을 통해 알 수 있듯이, 효자인지 아닌지는 아버지가 돌아가신 후 그의 행동을 통해서 결정된다. 이때 중요한 것은 그의 행동을 판단하는 기준인데, 이것은 『상』에서 "아버지의 잘못을 바로잡는 일은, 의지상으로 돌아가신 아버지를 받드는 것이다"(幹父之蠱, 意承考也)라고 해설하였듯이, 아버지의 의지를 계승하였느냐의 여부다.

아들이 이렇게 하면, 아버지의 생전 과실이 바로잡히게 되니 편히 눈을 감을 수 있을 것이다. 이것이 '有子유자, 考无咎고무구', 즉 '이런 아들이 있으면, 돌아가신 아버지에게 재앙이 없다'라는 구절이다.

그런데 아들의 이런 행위는 자칫 위태로울 수도 있다. 왜냐하면, 과실을 바로잡는 일을 적극적으로 하려다 보면 아버지를 아는 주위 사람들로부터 사실을 왜곡한다거나, 아버지의 의지와는 전혀 다르다고 비난을 들을 수도 있기 때문이다. 이것이 '厲려' 자가 가리키는 뜻이다. 그렇다 하더라도 이런 일은 '終吉종길', 즉 끝내는 길하다.

[제1 음효. 돌아가신 아버지의 과실을 떠맡아 감당해야 하는데, 아들이 이 일을 한다면 아버지는 편히 눈을 감을 것이다. 이 일은 위태로울 수 있지만, 끝내는 길하다.]

② 九二, 幹母之蠱, 不可貞.

不可貞불가정: 지나치도록 강직하게 바로잡아서는 안 된다.

제2효는 음의 자리에 양효가 있으므로 실위다. 이 효는 하괘의 가운데에 있는 음의 자리이므로 어머니의 형상을 나타낸다. 어머니가 돌아가시면 '妣 비'라고 써야 하는데 '母(어미 모)'라고 쓴 것으로 보아 아버지가 돌아가시고 난 후의 홀어머니임을 알 수 있다. 그런데 어머니의 형상인 자리에 양효가 있다는 것은 유능한 아들이 그 자리를 대신함을 뜻하고, 임금의 자리인 제5 효가 음효인 것은 그 자리가 바로 자신이 모시는 어머니일 뿐 아니라, 이와 상응하는 관계에 있다는 것은 어머니의 과실을 아들이 잘 보필해서 바로잡 아 주고 있음을 의미한다. 이것이 '幹母之蠱간모지고', 즉 '어머니의 과실을 아들이 바로잡아 주고 있다'라는 구절이다.

그런데 여기서 주의해야 할 점은 보필하고 바로잡아 주는 방식의 강도에 관한 일이다. 이를테면 현명하고 강직한 신하가 유약한 임금을 보필할 때, 규범적인 면을 너무 강조하여 성군이 되도록 압박하면 오히려 군신 관계가 파탄 나는 수가 있다. 이럴 때는 고괘가 상징하듯이, 부드러운 바람을 아래 로부터 불어서 서서히 산을 풍화시켜야 한다. 어머니를 설득하는 일도 마찬 가지다. 아들이 올바른 것을 너무 강직하게 밀어붙이거나 질책을 하면, 어 머니의 마음에 상처를 주게 되고, 이로 인하여 가정에 불화만 남길 수 있다. 이것을 효사는 '不可貞불가정', 즉 '올곧게만 하지 말라'라고 표현하였다.

현실적으로 어머니의 영향력은 가정을 벗어나지 않아서 사회적으로 문 제를 일으킬 염려가 없으므로, 온화하게만 간하고 이마저도 듣지 않으려 하 신다면 그냥 순종하는 것이 낫다. 이것을 『논어』에서는 기간幾諫, 즉 부모 님이 알아채지 못할 정도로 슬그머니 간하는 일이라 하였고, 또한 "속이 타 더라도 원망하지 말라"(勞而不怨)라고 하였다.

이에 대하여 『상』은 "어머니의 과실을 바로잡을 때는 중간 정도의 도리 만 유지해도 충분하다"(幹母之蠱, 得中道也)라고 해설하였는데, 역시 같은 맥락이다.

[제2 양효. 어머니의 과실을 바로잡을 때는, 올곧게만 해서는 안 된다.]

③ 九三, 幹父之蠱, 小有悔, 无大咎.

　　제3효는 양의 자리에 양효가 있는 당위이므로, 아들이 아버지의 과실을 바로잡으려고 열심히 작업하고 있음을 나타낸다. 그러나 본 효는 순종을 상징하는 손巽괘의 상효이므로, 중도를 지키지 못하고 오로지 아버지에 대한 순종만을 의식하는 과잉 교정矯正이 된다. 게다가 제6 양효와 상응하지 않으므로, 과잉 교정은 나중에 모순을 일으키는 부작용을 낳게 된다. 다시 말해서 교왕과정矯枉過正, 즉 구부러진 것을 바로잡으려다가 오히려 올바름을 지나쳐 버릴 수 있다는 말이다.

　　실제로 아버지의 잘못을 바로잡긴 했는데, 나중에 세상이 바뀌고 나니까 그것이 오히려 아버지에게 욕辱이 되어서 자녀에게도 난감한 상황이 되는 경우가 종종 있다. 제6효와 상응하지 않음에도 아버지에 대한 순종만을 의식하고 삐뚤어진 열정을 실천한 결과다.

　　효사도 이러한 부작용을 인정한다. 그러나 그것이 아버지에 대한 효성에서 비롯된 것이어서 큰 잘못은 아니라고 규정한다. 『춘추공양전春秋公羊傳』에서 본래의 마음을 갖고서 죄를 다스린다고 하는 이른바 원심정죄原心定罪의 원칙에서 본다면, 부모에 대한 효성에서 비롯된 죄과는 크게 다스릴 수 없다는 말이다. 이것이 '小有悔소유회, 无大咎무대구', 즉 '작으나마 후회할 일이 있을지라도, 큰 재앙은 없을 것이다'라는 구절이 가리키는 바다.

　　이에 대하여 『상』은 "(아들이) 아버지의 과실을 바로잡는 일은, 끝내 재앙이 없다"(幹父之蠱, 終无咎也)라고 해설하였다.

　　[제3 양효. (아들이) 아버지의 과실을 바로잡는 일은, 작으나마 후회할 일이 있을지라도, 큰 재앙은 없다]

④ 六四, 裕父之蠱, 往見吝.

　　裕: 너그러울 유. 느긋하다. 往: 갈 왕. 이후에, 뒤에. 見: '現(나타날 현)'

자와 같음. 吝: 아낄 린. 안타까운 일. 후회스러운 일.

제4효는 음의 자리에 음효가 있으므로 당위다. 본 효는 상괘의 아래쪽에 치우쳐 있고, 임금 자리인 제5효의 바로 밑에 있는 측근의 자리이므로, 언제나 순종하고 조심해야 한다.

효사에서 '父之蠱부지고', 즉 '아버지의 과실'이라고 썼지만, 기실 임금을 지칭하는 말이라고 보아도 무방하다. 고대 봉건 사회에서는 군사부일체라는 말에서 알 수 있듯이, 임금과 아버지, 그리고 스승은 각각 신하와 아들, 그리고 제자에게 거의 절대적인 존재였다. 따라서 전자에게 과실이 있다면 당연히 바로잡아야겠지만, 후자의 입장에서는 이를 철저히 뿌리까지 파헤치는 행위는 주저하게 된다.

정권을 처음 세우는 창업의 시기에는, 임금에게 잘못이 있으면 신하는 철저하게 이를 바로잡아 주지만, 수성의 시기에 들어서면 느슨하게 용납하는 게 보통이다. 왜냐하면, 제5효의 음효가 상징하듯이, 안정기의 임금이란 대체로 곱게 자란 인격체라서 너무 강박적으로 밀어붙이면 위축되거나 일탈할 수도 있기 때문이다. 그래서 효사는 '裕유' 자를 썼는데, 이는 '느긋하다'·'관대하다'로 풀이된다. 우번虞翻은 이를 '간하지 못한다는 뜻이다'(不能爭也)라고 풀이하였다.

그런데『효경孝經』에서 공자가 "아버지에게 간하는 아들이 있으면 몸이 불의함에 빠지지 않는다"(父有爭子, 則身不陷於不義)라고 말하였듯이, 신하와 아들이 임금과 아버지의 잘못을 바로잡아 주지 않으면, '往見吝왕현린', 즉 나중에 안타까운 일이 나타난다.

이에 대하여『상』에서도 "아버지의 잘못에 관대하면, 나중에 얻을 것이 없다"(裕父之蠱, 往未得也)라고 해설하였다.

[제4 음효. 아버지의 과실을 관대하게 여기면, 나중에 안타까운 일이 나타난다.]

⑤ 六五, 幹父之蠱, 用譽.
譽: 칭찬할 예. 여기서는 훌륭하다고 칭찬받는 인재. 현인.

제5효는 양의 자리에 음효가 있으므로 실위다. 즉 임금의 자리에 있는 음효는 유약한 임금을 상징한다. 유약한 임금에게는 아버지의 과실을 바로 잡는 과업이 쉽지 않겠지만, 본 효는 신하의 자리인 제2 양효와 상응하므로 훌륭하다고 칭찬받는 신하의 보좌를 받아서 이를 해낼 수 있다.

『주역』 내의 여섯 개의 효사는 대체로 각기 공통된 특징을 갖는데, 제2효는 하괘의 중간에 처해 있으므로 아름답고 명예로운 내용이 많다. 이것을 『계사』에서는 "두 번째 효에는 명예로운 내용이 많다"(二多譽)라고 기술하였다. 따라서 효사의 '用譽용예'는 현명한 신하의 능력을 이용하여 아버지의 과실을 바로잡을 수 있음을 의미한다. 이렇게 하면 임금의 덕을 밝히는 일이 됨과 동시에 아버지의 덕을 계승한다는 명분도 세울 수 있다.

그래서 『상』에서 "아버지의 과실을 바로잡을 때 현명한 신하를 이용하면, 덕으로써 아버지를 계승하는 결과가 된다"(幹父用譽, 承以德也)라고 해설하였다.

[제5 음효. 아버지의 과실을 바로잡을 때, 현명한 신하를 써서 한다.]

⑥ 上九, 不事王侯, 高尙其事.
事: 섬길 사. 王侯왕후: 천자와 제후. 高尙고상: 고상하게 여기다.

제6효는 음의 자리에 양효가 있으므로 실위일 뿐 아니라, 제후의 자리인 제3효와도 상응하지 않는다. 게다가 제3·4·5효로 이루어진 상호괘上互卦가 진(☳)괘인데, 이는 왕후王侯를 상징하므로 진괘 밖에 있는 제6효는 권력자의 바깥으로 소외되어 있음을 나타낸다. 즉 제6효는 재주와 능력은 여전히 쓸 만함에도 물러나야 할 시기에 처해 있는 사람이 어떻게 처신해야 할지를 말해 준다.

고괘는 제1·2·3효에서 각각 과실을 바로잡고, 제4효에서는 과실에 대하여 관대하지 않도록 재차 경계하였으며, 제5효에서는 임금을 위해 과실을 바로잡는 공을 세우는 등 온갖 경험과 풍상을 겪어 왔으니, 인생의 노년에 이르면 남다른 소회와 깨달음이 있게 마련이다. 젊었을 때는 그렇게 열정적으로 따라다니던 권력과 부가 허영에 지나지 않는다는 사실을 깨달음과 아울러, 이제 남은 인생에서 가치 있는 일이 무엇인지를 알게 되었다는 말이다. 이것이 '不事王侯불사왕후, 高尙其事고상기사', 즉 '천자와 제후를 섬기는 일을 찾아다니지 않고, 자신이 앞으로 해야 할 일을 소중히 여긴다'라는 구절이 가리키는 바다.

공자는 『논어』「미자微子편」에서 "(능력이 있는 사람이) 벼슬길에 나아가지 않음에 의로움이 없다"(不仕無義)라는 말에 근거하여, 능력이 있다면 노년에라도 벼슬을 해야지 은거하는 것은 옳지 않다고 주장하기도 한다. 그러나 『예기』「내칙內則」에서 말한 바와 같이 "일흔 살이 되면 공직에서 물러나는 것"이 상식이다. 정말로 어떤 재주가 있다면 그것을 활용하는 방법은 얼마든지 있다.

공자도 천하를 주유하다가 진陳나라에 왔을 때, 비로소 깨달은 바가 있어 다음과 같이 탄식하였다. "돌아가자, 돌아가자! 내 고향의 젊은이들은 진취적인 뜻은 품었으나 배움이 아직 부족하고, 아름답도록 큰 재목으로서의 바탕은 갖췄으나 (쓸모 있도록) 마름질하는 방법을 모르고 있다."(歸與, 歸與. 吾黨之小子狂簡, 斐然成章, 不知所以裁之) 즉 이제 노년에 들었으니 자신이 직접 정치를 하기보다는 인재를 키우는 일에 전념하겠다는 결심이다. 이것이 재주가 있는 현인이 노년에 사회에 기여하는 좋은 예다.

임금이 강권한다고 해서 권력의 장場에 너무 오래 있으면, 『한비자韓非子』의 "토끼가 다 사라지면 사냥개는 삶아진다"(狡兎盡則良犬烹)라는 말처럼 버림받는 신세가 되게 마련이다. 그래서 『상』에서도 "천자와 제후를 찾

아 섬기지 않는 사람은 그 의지가 본받을 만하다"(不事王侯, 志可則也)라고
부연 설명하였다.

[제6 양효. 천자와 제후를 섬기는 일을 찾아다니지 않고, 자신이 앞으로 해야 할
일을 소중히 여긴다.]

19. 임괘臨卦

地澤臨지택림: 땅이 못 위에서 내려다본다.
태하곤상兌下坤上

❖ 개관 ❖

임臨괘는 하괘에 태괘, 상괘에 곤괘가 있으므로, 땅이 언덕 위에서 아래에 있는 못을 내려다보는 모양이다. '임臨' 자는 '臣(신하 신)'·'人(사람 인)'·'品(만물 품)'으로 이루어졌으므로, 자형이 가리키는 의미는 '사람이 신하처럼 몸을 구부려서 만물을 굽어 살펴보다'가 된다. 굽어 살펴보는 사람은 임금인데, 임금의 자리가 곤괘이므로 임금은 땅처럼 순종하는 마음으로 살펴보는 것이고, 아래의 태兌는 '悅(기쁠 열)'과 같은 뜻이므로 임금의 이러한 보살핌을 백성이 기뻐한다는 뜻이다. 앞의 고蠱괘에서 변고가 일어난 후, '일 처리'(事)를 통하여 '원래의 상태'(故)로 회복, 안정시킨 후 이런 일이 다시 일어나지 않도록 살펴보는 상황이므로, 고괘 다음에 임괘가 온 것이다.

24절기節氣를 양효와 음효의 변화로 설명하는 24소식괘消息卦, 또는 12소식괘라는 것이 있다. 양효와 음효가 하나씩 자라나고 다시 사라지는 음양의 규칙을 24절기에 상응시킨 괘의 무리로서 벽괘辟卦라고도 부른다. 겨울의 끝인 동지冬至가 되면 처음으로 양효 하나가 생기는데, 이것이 이履괘(䷗), 하력夏曆, 즉 음력 11월이다. 양효 두 개가 생기면 임괘, 즉 12월이 되는데, 여기에는 소한小寒과 대한大寒이 들어 있다. 다시 한 달이 지나 양효 세 개가 생기면 태泰괘(䷊), 즉 정월이 되고 여기에는 입춘立春과 우수雨水 가 들어간다. 이런 방식으로 진행하여 여섯 효가 모두 양효로 채워지면 건 괘(䷀), 즉 4월이 된다. 5월부터는 음효가 밑에서부터 하나씩 생겨나 10월 이 되면 여섯 효가 모두 음효로 채워지는 곤괘(䷁)가 되어 입동立冬과 소설 小雪에서 한 번의 순환이 끝난다.

이렇게 임괘 이후로 양효가 커 가는 추세이므로, 『서괘』에서 "'고蠱' 자는 변고를 처리한다는 뜻이다. 변고를 처리하고 난 다음에 커질 수 있다. 그래 서 임臨이란 크다는 뜻이 된다"(蠱者事也. 有事而後可大, 臨者, 大也)라고 말 한 것이다. 우리 속담에 "비 온 뒤에 땅 굳는다"라는 말이 있다. 즉 변고를 당해 봐야 이를 수습하는 지혜를 알게 되고, 나아가 그런 일이 다시 생기지 않게 조심하게 된다는 말이다. 이처럼 지혜를 배우고 근신할 줄 아는 기초 가 다져져 있다면, 그 나라나 개인의 사업은 저절로 번창하리라는 것이 본 임괘의 괘상이 말하고자 하는 바다.

❖ 괘사 풀이 ❖

臨, 元亨, 利貞, 至于八月有凶.

본 괘는 양효의 강직함이 위로 자라 올라오면서 하괘의 중앙에 위치하고 있을 뿐 아니라, 제2효와 제5효가 상응하고 있다. 즉 신하가 임금의 의지를 잘 받들어 백성의 생활 현장을 꼼꼼히 살펴보고 있는 형상이므로, 괘사에서 '元亨원형', 즉 '크게 형통하다'라고 말한 것이다.

강직한 신하가 임금의 뜻을 받들어 현장을 살피며 잘못된 것을 바로잡으 려 하면, 그 부작용으로 사정司正을 지나치게 실행한 나머지 백성의 생업을 위축시키거나 불편하게 할 수도 있는데, 본 괘의 양효는 중앙에 자리 잡고 있어서 치우침이 없으므로, 괘사에서 '利貞리정', 즉 '이롭고 올바르다'라고 말한 것이다.

그런데 앞의 24소식괘消息卦에서 보았듯이, 임괘는 양효가 막 성장하는 중이고, 앞으로도 성장세는 건괘(☰)인 4월까지 계속 이어진다. 그러다가 5월의 구姤괘(☴)부터 음효가 나타나기 시작하고, 7월의 비否괘(☷)에서 음양의 수가 같아지고, 8월의 관觀괘(☴)에서 음효가 더 많아진다. 『주역』의 해석에서는 군자의 도道를 양효로, 소인의 도를 음효로 각각 상징한다. 따라서 군자의 도는 8월부터 점점 작아지고 소인의 도는 점점 커진다. 괘사의 '至于八月有凶지우팔월유흉', 즉 '(그러나) 8월에 이르러서는 험난함이 있다'라는 구절은 이 뜻이다. 이 말은 군자가 민정을 살피며 개혁할 일이 있다면, 양효가 아직 남아 있는 7월 이전까지 마쳐야 함을 의미한다. 이처럼 개혁이란 시기에 맞춰 실행하는 것이 관건인데, 만일 시기를 놓쳤다면 서두르지 말고 다음 순환 시기를 기다리면 된다.

이에 대하여 『단』은 다음과 같이 해설한다. "임괘는 양효가 점점 번져서 자라나는 중이고, (태괘의) 즐거움으로 (곤괘처럼) 순종하며, (제2) 양효가 가운데 있으면서 (제5효)와 상응한다. (이 세 가지로 인하여) 크게 형통하고 올바르니, 이는 하늘의 도리다. '8월에 이르러서는 험난함이 있다'라는 말은, (군자의 도리가) 사라지게 되는 게 오래 걸리지 않을 것이라는 뜻이다."(臨, 剛浸而長, 說而順, 剛中而應. 大亨以正, 天之道也. 至于八月有凶, 消不久也) 여기서 '(군자의 도리가) 사라지게 되는 게 오래 걸리지 않을 것'이란, 개혁은 양효가 점차 자라나는 기간에 해야 하는데, 이 시기를 놓치면 소인의 도가 자라나는 기간이 지나기를 기다렸다가, 다음에 올 군자의 시기에 다시 시도하라는 말이다.

이 괘사에 대하여 『상』은 "못 위에 땅이 있는 게 임괘의 괘상이다. 군자는 이 이치로써 생각함을 가르치는 데 끝이 없어야 하고, 백성을 품고 보호하는 데 한계가 없어야 한다"(澤上有地, 臨. 君子以教思无窮, 容保民无疆)라고 해설하였다. 여기서 '이 이치'란 땅처럼 순종하는 마음으로 백성을 굽어 살피는 모양을 가리킨다. 또한 원문의 '思(생각 사)' 자는 『논어』「계씨季氏 편」에 나오는 "군자에게는 아홉 가지 생각함이 있다"(君子有九思)에서 말하는 '생각'을 가리킨다.

[임臨괘는 크게 형통하고, 이로우며 올바르다. 그러나 8월에 이르러서는 사납고 험난함이 있다.]

❖ 효사 풀이 ❖

① 初九, 咸臨, 貞吉.
咸: 두루 미칠 함. '感(느낄 감)' 자와 같음. 臨: 내려다볼 림.

제1효는 양의 자리에 양효가 있으므로 당위이고, 같은 당위인 제4 음효 와 상응한다. '咸함' 자는 '感감' 자에서 '心(마음 심)' 자를 뺀 모양이므로, 그 의미는 '사람의 사심이나 편견을 제거한 자연스러운 감화력'이 된다. 당 위인 제1 양효가 아래에 있고, 이에 상응하는 제4 음효가 위에 있다는 것은 매우 자연스러운 감화 관계를 뜻한다. 이러한 형상은 양괘인 간艮괘가 아래 에 있고 음괘인 태兌괘가 위에 있는 함咸괘(䷞)에서도 똑같이 드러난다.

따라서 '咸臨함림'이란 임금이나 윗사람이 아무런 사욕이나 편견 없이 백성과 아랫사람을 굽어살펴 주면, 그들은 자신이 가진 능력을 최대한 발휘 하여 일상과 업무에 충실할 것임을 뜻한다. 이것이 맨 밑바닥의 본 효가 당 위라는 사실이 의미하는 바다. 이때 위정자가 주의해야 할 점은, 효사에서 '貞吉정길'이라고 덧붙였듯이, 사리사욕 없이 간절한 마음을 갖고 바르게 행동해야 길하다는 것이다. 그들을 대할 때 보여 주기식으로 하면, 그들도 역시 보여 주기로 응대할 것이다. 거짓은 상대방에게 다른 거짓을 불러오게 하고, 이러한 거짓의 거래는 갈수록 커질 수밖에 없을 터이니, 그 결말은 파탄뿐이리라.

요임금의 다음과 같은 고사가 좋은 예일 것이다. 요임금이 성심껏 정사를 돌본 후, 미복을 하고 민정을 살피러 나갔다. 길에서 사람들을 만나 요임금의 정치에 관하여 물으니, 그들은 하나같이 임금을 칭송하는 것이었다. 아직 멀었다고 여긴 요임금은 다시 열심히 정사를 돌보자 천하가 더욱 태평하게 되었다. 요임금이 다시 미복을 하고 나와 길을 가는데, 어느 노인이 땅바닥을 두드리며 다음과 같은 가사의 노래를 부르는 것이었다.

> "해가 뜨면 나가서 농사짓고 / 해가 지면 들어와 쉬네. 우물을 파서 물 마시고 / 밭을 갈아서 밥 먹으니 / 임금의 힘이 나에게 미칠 일이 무에 있을까?"
>
> (日出而作, 日入而息. 鑿井而飲, 耕田而食. 帝力於我何有哉)

이 노래를 들은 요임금이 매우 흡족하여 돌아왔다는 이야기다. 이 노래는 후대에 「격양가擊壤歌」라는 이름으로 전해졌다. 처음 요임금이 민정 시찰을 나간 것은 요즘 말로 쇼show일 수도 있으니, 이에 대한 백성의 칭송도 임금 귀에 들어가라고 일부러 하는 쇼일 수도 있다. 그러나 두 번째 시찰에서 노인이 "내 힘들여 내가 먹고사는데, 임금이 나와 무슨 상관이 있는가"라는 노래를 듣고 흡족하였다는 것은, 백성이 스스로 능력껏 일하여 먹고 산다는 믿음을 갖도록 요임금이 백성을 잘 굽어살폈다는 의미가 된다. 그뿐 아니라, 백성도 임금의 존재를 의식하지 않고 있으니 임금에게 보이기 위한 쇼를 할 필요가 없다. 이것이 제1효의 '咸臨', 즉 사리사욕 없이 굽어살핌의 참모습이다. 임금이나 지도자에게 있어서 복이란 백성이 누구의 도움도 없이 그저 스스로 알아서 먹고산다고 생각하는 것이다. 그들에게 성군이니, 위대한 지도자니 하는 칭송을 듣고자 하면, 그들은 마음에도 없는 거짓 칭송을 쏟아 낼 것인즉, 그 순간 환상에 빠져 헤어나지 못할 것이다. '貞吉',

즉 '바르게 행동해야 길하다'라는 말이 경고하는 바다.

이에 대하여 『상』은 "사리와 편견이 없이 백성을 굽어살피는데, 이때 바르게 행동하면 길한 것은, 의지와 실천이 바르기 때문이다"(咸臨貞吉, 志行正也)라고 해설하였다.

[제1 양효. (임금이) 사리와 편견이 없이 백성을 굽어살핀다. 이때 바르게 행동하면 길하다.]

② 九二, 咸臨, 吉, 无不利.

无不利무불리: 이롭지 않을 것은 없다.

본 효는 음의 자리에 양효가 있으므로 실위지만, 제5 음효와 상응한다. 제1효가 양효로서 제4 음효와 상응하기 때문에 길하다고 한 것처럼, 제2효도 마찬가지로 길하다고 하였다. 그런데 제1효는 '貞', 즉 바르게 행동해야 한다는 조건이 들어가 있는 반면, 제2효는 그런 조건 없이 길하다고 하였다. 이는 제2효와 제5효가 실위이긴 하지만, 둘 다 가운데 처해 있어서 한쪽으로 치우쳐 있지 않기 때문이다. 게다가 제2효가 신하의 자리인데, 이것이 양효이기에 더욱 그렇다.

임금 자리인 제5효가 음효로 실위인 것은 기실 임금이 임금답지 않다는 뜻이니, 신하와 자주 의견 충돌을 일으킬 수밖에 없다. 그래도 다행인 것은 신하의 자리가 양효라서 신하가 강직하고 충성심이 강하다는 사실이다. 효사에서 '길하다'라고 한 것은 바로 이 때문이다.

『상』에서도 이를 일컬어 "길하여 이롭지 않을 것은 없으나, 왕명을 따르지 않는 부분이 있다"(吉无不利, 未順命也)라고 하였다. 즉 길하다는 평가 중에 일부 부정이 들어간 것은 신하가 고분고분하지 않은 면이 있기 때문이다. 그런데도 이는 궁극적으로 임금에게 유리한 것이어서, 결국엔 임금이 이를 알아줄 날이 있을 터이므로 신하는 굽히지 말아야 한다는 뜻이다. 『논어』「헌문憲問편」에서 공자가 자로子路에게 임금을 모시는 법을 가르치면서 "(임금님을) 속이지 말라. 그러나 안면을 무릅쓰고서라도 간언하라"(勿欺也而犯之)라고 하였는데, 바로 이 뜻이다.

[제2 양효. (강직한 신하가) 사리와 편견이 없이 백성을 굽어살피니, 길하여 이롭지 않을 것은 없다.]

③ 六三, 甘臨, 无攸利, 旣憂之, 无咎.

甘: 달 감. 달콤한 말이나 수단으로 유혹하다. 攸유: '所(바 소)'와 같음. 旣: 이윽고 기. 憂: 근심 우. 두려워하다.

본 효는 양의 자리에 음효가 있으므로 실위인 데다 하괘의 바깥쪽에 치우쳐 있어 중심을 잡지 못하고 있는 형상이다. 즉 강직한 사람이 있어야 할 자리에 덕이 결핍된 사람이 있어서 형세가 반듯하지 못하다는 뜻이다. 다시 말해서 아랫사람을 굽어살피는 지위에 있는 사람이 떳떳하지 못한 면이 있다는 말이다.

본 효는 두 개의 양효 위에 자리 잡고 있는데, 이는 양면적으로 해석할 수 있다. 첫째는 강직한 두 개의 양효 위에 음효가 있으므로 위험한 형상이다. 호랑이 등에 타고 있는 이른바 기호지세騎虎之勢가 이 형세를 잘 말해 준다. 둘째, 이러한 형세는 호랑이 등에 탄 당사자에게는 죽을 맛이지만, 이를 바라보는 타자들에게는 엄청난 위엄과 선망으로 인식된다. 하괘인 태兌괘가 '澤(못 택)'을 상징하면서 윤택함과 즐거움의 의미를 갖는 것은 이 때문이다. 그러나 본 효는 제6효와의 상응이 없는데, 이는 당사자와 이를 바라보는 사람 사이의 교감이 없음을 나타낸다. 따라서 이들 사이는 겉으로만 감미롭고 그럴싸하게 보일 뿐이니, 이것이 '甘臨감림', 즉 '달콤한 말로 아랫사람을 굽어살핀다'라는 구절이다.

이런 형세에 처한 사람이 백성이나 아랫사람을 다스리면, 그럴싸한 말과 수단으로써 유혹하듯 달래 줄 뿐이니, 이러한 관계에서는 이로울 것이 하나도 없다. 왜냐하면, 『논어』「자로子路편」에서 "자신의 몸이 바르지 않으면, 아무리 영을 내려도 따르지 않는다"(其身不正, 雖令不從)라고 하였듯이, 진심이 결여된 말에 호응할 아랫사람은 없을 것이기 때문이다.

그러나 이러한 부조리의 본질을 아는 것과 모르는 것에는 큰 차이가 있다. 그래서 효사는 '旣憂之기우지, 无咎무구', 즉 '이런 가운데서도 (겉과 속이 다른 이런 실태를) 걱정하고 두려워한다면, 재앙이 없을 것이다'라고 말한 것이다. 즉 스스로 겉과 속이 다른 부조리를 알고 있다면, 재앙을 피할 수 있다는 뜻이다.

이에 대하여 『상』에서도 "달콤한 말로 아랫사람을 살피는 것은, 그 자리에 있는 사람이 온당치 않다는 뜻이고, 이런 가운데서도 걱정하고 두려워한다는 것은, (설사) 재앙이 있더라도 오래가지 않는다"(甘臨, 位不當也. 旣憂之, 咎不長也)라고 해설하였다.

[제3 음효. 달콤한 말로 아랫사람을 굽어살피려 하면 이로울 게 없으나, 그러는 가운데서도 이를 걱정하고 두려워하면 재앙은 없다.]

④ 六四, 至臨, 无咎.
至: 지극할 지. 여기서는 자신이 할 수 있는 최선의 힘을 다한다는 뜻.

제4효는 음의 자리에 음효가 있으므로 당위다. 본 효는 임금의 측근 대신이나 제후가 있는 자리이니 유순한 신하가 복종하는 마음으로 임금을 섬기는 것이 옳다는 말이다. 특히 제5효가 음효라는 것은, 임금이 유약하거나 어떤 약점 또는 결핍이 있다는 의미이므로, 측근 신하의 충성이 무엇보다 많이 요구된다.

충忠이란 다른 사람의 시선을 의식하지 않고 자신에게 부끄럽지 않을 정도로 힘을 다하는 행위다. 즉 신하가 충성을 다한다는 것은 그 누구에게 보이기 위해서가 아니라, 신하로서 자신이 해야 할 일을 성심껏 수행하는 것이다. 신하가 해야 할 일 중 가장 중요한 것은 임금을 대신하여 백성을 다스리는 일과 임금의 부족한 부분을 보필해 주는 일이다. 이러한 일을 충성스러운 마음으로 수행하는 일을 효사에서 '至臨지림', 즉 '지극한 충성심으로 백성을 굽어살핀다'라고 썼다. 하괘의 태兌괘는 '澤(못 택)'을 상징하는데, 이는 은택이 위에서 흘러 아래로 베풀어짐을 의미하기도 한다.

본 효는 음효이지만 하괘의 제1 양효와 상응한다. 즉 자신은 역량이 부족하다는 사실을 아는 측근 대신이더라도 임금에 대한 충성심과 백성에 대한 강한 책임감을 바탕으로, 자신의 대안으로 초야에 묻혀 있는 현명한 인재를 찾아서 임금에게 천거하면 성공할 수 있다. 이것을 『상』에서는 "지극한 충성심으로 백성을 굽어살피니 재앙이 없는 것은, 그 자리에 있는 사람이 온당하기 때문이다"(至臨无咎, 位當也)라고 해설하였다.

이것을 잘 보여 주는 예시가 바로 『사기』 「관중管仲열전」의 포숙鮑叔 이야기다. 관중과 포숙은 어릴 적부터 함께 자란 친구로서 출사를 함께하였는데, 관중은 제나라 공자 중 형인 규糾를, 포숙은 동생인 소백小白을 각각 모셨다. 후의 권력 투쟁에서 소백이 이겨서 정권을 잡았지만, 그에게는 형을 죽인 원죄로 본 괘의 제5 음효처럼 결여를 안고 있었고, 포숙도 충성심은 갸륵하지만, 능력이 부족하여 제4 음효와 같은 상황에 처해 있었다. 이에 성실한 포숙은 정적이 되어 옥에 갇힌 관중을 소백에게 천거하였고, 소백은 이를 과감히 수용함으로써 후에 춘추오패 중의 한 명인 환공桓公이 될 수 있었다.

[제4 음효. 지극한 충성심으로 백성을 굽어살피니, 재앙이 없다.]

⑤ 六五, 知臨, 大君之宜, 吉.

知: 알 지. 지혜. 大君대군: 훌륭한 임금. 宜: 마땅할 의. 도리.

제5효는 양의 자리에 음효가 있으므로 실위다. 그러나 신하의 자리인 제2효가 본 효와 상응하고, 측근 신하인 제4효 역시 이와 상응하므로 실위라도 나쁘지 않다. 왜냐하면 임금에게 결여가 있다 하더라도 신하들이 이를 보완해 주면 문제가 없기 때문이다. 정치란 임금이나 신하 혼자 하는 게 아니어서 상호 보완하는 상응의 관계에 있다면, 얼마든지 정치를 안정시킬 수 있다.

더구나 본 효는 가운데에 자리하고 있으므로, 임금이 중용의 범위 내에 있으면서 무리수만 행하지 않는다면 길할 수 있다. 우리 일상에서도 자질이 부족한 사람이 책임 있는 자리에 있는데, 다행히 부하 직원을 잘 둔 덕분에 조직이 비교적 잘 운영되는 경우를 종종 본다. 그러나 그 안정이 자기의 능력 때문이라고 자부하는 순간, 부하의 충고를 듣지 않고 무리를 하게 되는데, 이때부터 안정은 흔들리고 무너진다.

그렇다면 중용의 도리는 어떻게 실천할 수 있는가? 그 방법이 곧 효사에서 말하는 '知臨지림' 즉 '知'로써 굽어살피는 일이다. '知'란 무엇인가? '知'를 흔히 '智(지혜 지)'라는 말로 풀이하는데, 지혜란 쉽게 말해서 인식과 판단이다. 『중용』에 "오직 천하의 지극한 성인만이 귀와 눈이 밝아서 정확한 판단을 할 수 있기에, 충분히 굽어살피는 자리에 있을 수 있다"(惟天下至聖, 爲能聰明睿知, 足以有臨也)라는 구절이 있다. 여기서 '귀와 눈이 밝아서 판단이 정확하다'라는 구절은 '聰明睿知총명예지'를 번역한 말로서, 이를 요즘 말로 바꾸면 인식과 판단이 정확하다는 말이다.

인식과 판단이 정확해지려면 지식과 정보가 많아야 함은 당연하다. 나라를 다스리는 일에서는 그에 필요한 지식과 정보가 상상을 초월할 만큼 많을 터이니, 임금이 아무리 '총명예지'해도 이를 혼자서는 감당하지 못할 것이다. 이를 쉽게 해결하는 방법은 현명한 인재를 잘 가려 뽑아서 그들에게 위임하는 일이니, 이것이 임금의 지혜이자 '知臨'이 된다.

본 괘의 상황에서는 충성스러운 신하들이 인식과 판단이 정확한 인재들을 천거하여 그들이 공을 세우게 함으로써 임금을 보필하고 있다. 따라서 임금은 자신이 직접 나설 필요 없이, 그들의 지혜에 힘입어 천하에 임하면 되는데, 이것이 바로 '大君之宜대군지의', 즉 '훌륭한 임금의 도리를 행하는 것'이다. 평범한 군주가 신하를 잘 만나서 훌륭한 임금이 된 경우를 우리는 역사에서 종종 찾을 수 있는데, 한漢 문제文帝와 진평陳平의 이야기가 그 예다.

하루는 문제가 우승상 주발周勃에게 일 년의 소송 건수와 조정의 세입·세출을 물었다. 우승상이 몰라서 쩔쩔매니까 다시 좌승상인 진평에게 물었다. 진평이 즉시 "그런 것은 담당 관리가 잘 알고 있습니다"라고 대답하였다. 문제가 그 담당 관리가 누구냐고 묻자, "소송 건수는 정위廷尉에게, 재정은 치속내사治粟內史에게 각각 물으시면 됩니다"라고 대답하였다. 문제가 부문마다 담당 관리가 알아서 하면 승상은 무슨 일을 하느냐고 재차 물으니, 진평이 "황공합니다. 저는 밖으로는 제후들과 사방의 오랑캐들을 평정하며, 안으로는 백성을 친근하게 모으고, 경대부들이 각자의 직무를 충실히 수행하도록 하는 일을 합니다"라고 아뢰었다. 이 일로 주발이 스스로 물러나고 진평이 승상이 되어 후에 명재상이 되었다. 진평 덕분에 평범하였던 문제는 괜찮은 황제로 역사에 이름을 남길 수 있었다.

『상』에서도 "훌륭한 임금이 해야 할 도리는 '중용을 실천함'이라고 일컫는다"(大君之宜, 行中之謂也)라고 설명하였는데, 이때의 중용은 무슨 대단한 일을 가리키는 것이 아니라, 그냥 일상에서 튀지 말라는 말에 다름 아니다. 정치에서 세부적인(detail) 일을 관리들이 일상적으로 진행하면 백성들은 그것이 모두 임금의 덕이려니 하며 살아가는데, 갑자기 임금이 욕심을 내어 무리수를 두면 백성의 관념에 들어가 있는 근본 체제가 흔들림으로써 정치는 불안해지기 시작한다. 따라서 밑의 관리들이 알아서 모셔 줄 때 그냥 조용히 향유하기만 하면 '대군大君'이 될 수 있다는 것이 '行中'의 의미다.

[제5 음효. (신하의) 지혜로써 굽어살피니, 훌륭한 임금의 도리를 이룰 수 있어 길하다.]

⑥ 上六, 敦臨, 吉, 无咎.

敦: 도타울 돈. '厚(두터울 후)' 자와 같음.

제6효는 음의 자리에 음효가 있으므로 당위다. 음이 극에 이르면 양의 영역을 넘보게 마련인데, 이 자리가 당위인 것은 어째서인가? 앞의 곤坤괘 제6 음효에 "용과 용이 되려는 자가 임금 자리를 놓고 일전을 겨룬다"(龍戰于野)라는 구절이 있었다. 임괘에서 신하가 충심으로 임금을 섬기며 공을 세우다 보면, 임금의 결여를 알게 되고 더 나아가 임금 자리가 별 것 아니라는 사실을 깨닫게 된다. 마치 진秦나라 때 진승陳勝이 반란을 주도하면서 "왕후장상에 설마 씨가 따로 있겠느냐?"라고 외친 것처럼 말이다. 아무리 충성스러운 신하라 하더라도 이런 생각이 절로 드는 것은 어쩔 수 없는 상념이다. 이것이 상념이라면 임금도 아무리 믿음직한 신하라 하더라도 두 마음을 품지 않았을까 하는 의심을 하게 마련이다. 사냥감 토끼가 죽으면 개는 삶아진다는 이른바 토사구팽兎死狗烹은 이래서 생기는 것이다.

그런데 오래 섬긴 신하가 설사 반란을 일으키려 해도 제3효가 상응하지 않으므로, 호응해 줄 사람들이 없어서 성공하기가 쉽지 않다. 오히려 제3효 아래에 있는 제1효와 제2효가 양효로서 제4효와 제5효와 각각 상응하고 있는데, 이는 임금과 젊은 신하들 사이의 관계가 좋아서 늙은 신하가 반란을 일으키기에는 체제가 굳건하다는 의미다.

따라서 임금의 처지에서는 상괘인 곤坤의 속성을 닮을 필요가 있다. 즉 곤괘는 땅을 상징하는데, 땅이 그 두터움으로 만물을 그 위에 실어 품는 것처럼, 임금도 도타운 덕으로써 젊은 인재는 물론 늙은 공신들도 끌어안아야 한다.

늙은 신하의 처지에서도 아무리 임금이 무능해도 반란은 불가능하므로, 차라리 제1·2효가 상징하는 젊은 인재들을 아껴 주는 게 현명하다. 늙은 공신들은 이들의 지지를 받아야 임금도 함부로 못 한다. 이것이 토사구팽의 위험으로부터 자신을 지키는 방도다.

그래서 『상』에서 "도타운 덕으로 굽어살핌이 길한 것은, 그 의도가 안쪽에 있기 때문이다"(敦臨之吉, 志在內也)라고 한 것인데, 여기서 '안쪽'(內)은 하괘인 태兌괘를 의미하기도 하고, 동시에 제1·2효를 가리키기도 한다. 즉 '태'는 은택을 베푸는 것이므로 젊은 인재들을 아끼면서 지원하는 일을 해야 한다는 뜻이다. 그래서 노세대와 젊은 새대 간의 갈등은 노세대가 젊은 세대에게 베풂으로써 해결해야 한다. 그러려면 노세대는 보이지 않는 덕을 도탑게 쌓아야 하니, 이것이 제6 음효가 당위인 이유다.

[제6 음효. 도타운 덕으로 굽어살피니, 길하여 재앙이 없다.]

20. 관괘觀卦

風地觀풍지관: 바람이 땅 위를 불듯 구석구석 보여 주고 따르게 한다.
곤하손상坤下巽上

❖ 개관 ❖

관괘는 하괘가 곤(☷)괘, 상괘가 손(☴)괘로 이루어졌으므로, 바람이 땅위로 부는 모양이다. 『논어』「안연顏淵편」에 "군자의 덕은 바람이고 백성의 덕은 풀이니, 풀 위에 바람을 더하면 반드시 눕습니다"(君子之德風, 小人之德草, 草上之風必偃)라는 구절이 있다. 이는 백성을 다스리는 군자는 힘이 아니라 보이지 않는 바람처럼 덕으로 다스려도 백성은 풀처럼 영향을 받는다는 뜻인데, 이것을 교화教化라고 불렀다. 교화는 보고 배우는 가운데 이루어지는 것이므로, 백성에게 올바른 모범을 보이는 것이 가장 중요하다.

이처럼 보고 배우는 것을 한자로 '觀(볼 관)'이라고 쓰는데, '觀' 자에는 기본적으로 두 가지 의미가 들어 있다. 첫째로 주체가 능동적으로 객관 사물을 본다는 뜻이다. 백성의 삶을 자상히 들여다보고 살피는 것이 그 예다. 두 번째로 다른 사람에게 무엇을 보여 준다는 뜻이 있다. 이를테면 고대에는 새로운 법령을 시행할 때 대궐 성문의 양쪽 성루에다가 법령을 높이 걸어 놓고 백성이 모두 보게 한 다음에 열흘 후 거둬들였다. 이것을 현법상위懸法象魏라고 하는데, 여기서 상위象魏는 곧 성루를 가리키고, 다른 말로 관

觀이라고도 부른다. 이처럼 '觀'에는 보여 주고 따라 하게 한다는 의미가 들어 있다.

그런데 들여다보고 살펴 주는 행위는 앞의 임臨괘에서 이미 하였다. 관괘는 이를 받아서 보여 주는 행위를 하는 것이므로, 여기서 '觀' 자는 두 번째 의미로 해석해야 한다. 『서괘』에서도 "사람은 크게 된 다음에 보여 줄 수 있으므로, 관괘로써 이를 이어받았다"(物大然後可觀, 故受之以觀)라고 해설하였다. 『잡괘전雜卦傳』에서 "'臨' 자와 '觀' 자의 의미는 전자는 '주다'라는 의미고, 후자는 '요구하다'라는 뜻이다"(臨觀之義, 或與或求)라고 하였는데, '주다'는 시선을 준다는 뜻이고, '요구하다'는 보여 주는 대로 행동하기를 요구한다는 뜻이다.

『역』의 특성 가운데 비복즉변非覆卽變이라는 말이 있다. 『역』의 64괘는 무작위로 순서를 편집한 것이 아니라, 머리부터 꼬리까지 일관된 논리로 이어져 있다. 64괘는 2괘를 1조로 해서 이어져 나가는데, 이때 한 조로 구성된 두 괘 사이는 두 가지 관계 중 하나에 해당한다. 즉 준屯괘(䷂)와 몽蒙괘(䷃)처럼 괘의 모양이 위아래로 완전히 뒤집힌 관계와, 건乾괘(䷀)와 곤坤괘(䷁)처럼 모든 효에 변화가 생긴 관계가 그것이다. 전자를 복괘覆卦 또는 종괘綜卦라 하고, 후자를 변괘變卦 또는 착괘錯卦라 부른다. 따라서 앞의 비복즉변非覆卽變이란 '두 괘 사이의 관계는 복괘 아니면 변괘'라는 의미가 된다.

임괘(䷒)와 관괘(䷓)는 뒤집어 놓은 관계, 즉 복괘다. 임괘는 주체가 사물을 관찰하는 측면이고, 관괘는 타자에게 보여 주는 측면이라는 뜻이다. 이렇게 두 측면을 한 조의 괘로 묶은 이유는 어떤 문제에 봉착하였을 때, 한쪽 측면으로만 고착해서 보지 말고, 다른 측면으로 보거나 또는 뒤집어서 추리하는 안목을 배양해 주기 위한 것이다.

앞에서 살펴본 24소식괘消息卦에서 보자면, 임괘(䷒)는 2월로서 양은 증가하고 음은 감소하는 과정에 있다. 이것은 음지, 즉 문제를 샅샅이 살피고 찾아서 밝은 양지의 상태로 해결한다는 뜻이다. 반면에, 관괘는 8월로서 양이 감소하고 음이 증가하는 과정에 있으므로, 이것은 양지가 음지에 덮여가는 상황이라고 볼 수 있다. 달리 말하면, 명명백백하여 너무나 당연한 것처럼 보이던 기존의 것을 덮어 버림으로써, 다른 측면이나 시각을 보여 주기 위한 길이 관괘라는 말이다.

❖ 괘사 풀이 ❖

觀, 盥而不薦, 有孚顒若.

盥: 씻을 관. 薦천: 제사 시 강신한 후 희생을 올리는 본 과정. 孚: 미쁠 부. 믿음. 顒: 엄숙할 옹. 若: 같을 약. '然(그럴 연)'과 같은 뜻.

'觀관' 자는 앞에서 설명하였듯이, 백성에게 모범으로 보일 만한 것을 뜻한다. 크게 볼 만한 볼거리를 장관壯觀이라고 쓰는 용법과 같다. 백성을 가르칠 때는 일일이 말로 설명하는 것이 불가능하므로, 보고 배울 만한 모범을 만들어 보여 주는 것이 가장 효과적이기 때문이다. 고대의 제사를 지내는 과정은 대체로 정화와 재계齋戒, 강신, 희생의 진헌進獻, 상 물림 등의 네 과정으로 진행된다. 여기서 가장 중요한 과정이 첫 번째 정화와 재계인데, 괘사에서 '盥관' 자가 이에 해당한다. 이 글자는 자형대로 대야(皿)에 물(水)을 부으며 손(臼)을 씻는 모양이다. 즉 제사 전에 두 손을 씻어서 정화한다는 뜻이다. 그런 다음에 띠 풀에다 술을 부어 강신하게 하는 관례灌禮를 하고, 이어서 희생 제물을 드리는 천薦을 진행한 후 상을 물린다.

괘사의 '盥而不薦관이불천'은 '정화와 재계의 과정까지만 마치고 아직 제물을 올리는 과정은 시작하지 않았다'라는 뜻이다. 제사에서는 이 과정을 가장 중시하는데, 그 이유는 바로 뒤 구절인 '有孚顒若유부옹약', 즉 '진실한 믿음이 생겨 엄숙해진다'에 있다. '孚부' 자는 귀신이 앞에 있는 듯이 진실하게 믿는 마음을 뜻한다. 이러한 마음을 가지면 자연히 엄숙한 태도를 보이게 되는데, 그것이 '顒若옹약' 또는 '顒然옹연'이다. 몸과 마음을 깨끗이 정화하는 가운데 진실한 마음과 엄숙한 자세가 나오는 법이니, 이 과정을 가장 중요하게 여기는 것이다. 그래서 희생을 드리는 '薦'의 과정보다 '盥'이 모범을 보이는 '觀'의 기능에 더 충실하다고 볼 수 있다. 무엇이든지 처음 기초를 잘 세워야 끝이 아름다울 수 있기 때문이다.

『논어』「팔일八佾편」에 "노나라 합제사에서 처음 술을 붓는 강신례 이후의 과정을, 나는 더는 보지 않겠다"(禘自旣灌而往者, 吾不欲觀之矣)라는 구절이 있다. 체禘란 5대조까지의 선왕에 대한 제사를 한꺼번에 지내는 합제사를 뜻한다. 여기서 원래 순서가 민공閔公 다음에 그의 서형인 희공僖公인데, 문공이 자신의 아버지인 희공을 민공 앞에 둔 것을 보고, 예에 어긋난 행위라 하여 제사의 시작 과정인 강신례까지만 보고 그 뒤의 본 과정은 보지 않으려 했다는 말이다. 예에 어긋난 제사라면 아예 처음부터 보지 않았을 터인데, 강신례까지만 본다는 것은 그 과정이 백성에 대한 본보기로서 매우 중요하였기 때문이다.

이에 대하여 『단』은 다음과 같이 해설하였다. "커다란 본보기가 임금에게 있으니, 그는 (곤괘처럼) 순종적이고 (손괘처럼) 부드러우며, (제5 양효가 가운데에 자리 잡고 있듯이) 매우 공정함을 천하에 보여 준다. 본보기를 보인다는 것은, 정화와 재계의 과정까지만 하고 아직 제물을 올리는 과정에 들어가지 않았음에도 진실한 믿음이 생겨 엄숙해지는 법이니, 이를 아래의 백성에게 보이면 교화된다. 하늘이 신명의 도리를 보여 주면 사시가 어그러지지 않듯이, 성인이 이러한 신명의 도리로써 교화를 세우면, 천하의 백성이 복종하게 된다."(大觀在上, 順而巽, 中正以觀天下. 觀盥而不薦, 有孚顒若, 下觀而化也. 觀天之神道, 而四時不忒, 聖人以神道設敎, 而天下服矣.)

이에 대하여 『상』은 "바람이 땅 위를 불어 지나가는 것이 관괘의 괘상이다. 선왕들은 이 이치로써 나라의 구석구석을 돌아다니며 백성을 살핌으로써, 백성에게 본보기를 보이고 교화를 세웠다"(風行地上, 觀, 先王以省方, 觀民設敎)라고 해설하였다. 이처럼 임금이 전국을 돌아다니며 시찰하는 것은 백성에게 임금의 장중한 모습과 체제의 본보기가 어떤 것인지 직접 보여 주기 위한 것이다. 나라와 임금을 관념에만 머물게 하면 그에 대한 경외감이 희박해지므로 이를 현실로 강화하려면 본보기를 보여 주는 것이 전적으로 필요하다. 이렇게 하지 않으면 상상 속에만 있는 임금에게 함부로 할 수 있기 때문이다.

[관觀괘: (제사를 지낼 때) 정화와 재계의 과정까지만 하고, 아직 제물을 올리지 않았는데도 진실한 믿음이 생겨 엄숙해진다.]

❖ 효사 풀이 ❖

① 初六, 童觀, 小人无咎, 君子吝.
童: 아이 동. 배우지 못한 무지렁이. 咎: 꾸짖을 구. 吝: 아낄 린.

제1효는 양의 자리에 음효가 있으므로 실위다. 관괘의 가장 아래에 있는 효라면, 임금의 본보기로부터 가장 멀리 떨어져 있는 사람, 즉 백성 중에서도 먼 지방의 외진 곳에 사는 사람을 가리킨다. 효사에서 말하는 '童동' 자의 갑골문 자형이 가리키는 의미는 '밖에서 일하는 노예'다. 밖에서 일하는 노예는 검게 그을었기 때문에 '검다'·'무지몽매하다' 등의 의미가 들어 있다. 이런 사람들은 보고 들은 것이 없어서 무엇을 보아도 그것이 무엇인지 알지 못한다. 이것이 '童觀동관', 즉 '무지렁이에게 본보기를 보여 주다'라는 말이다. 이런 사람들에게는 본보기를 보여 주어도 아무 소용이 없으므로, 이들은 질책할 필요도 없으니, '小人无咎소인무구', 즉 '어리석은 사람에게는 탓할 것이 없다'라고 말한 것이다. '童'을 '어린아이'로 해석하기도 하는데, 어린이는 순진해서 무엇을 보여 줘도 잘 따라 하기에, 이는 적절한 해석이 아니다.

이와 아울러 또 하나 임금의 본보기로부터 멀리 떨어져 있는 사람이 있는데, 이를 거부하는 사람이다. 맨 아래 양의 자리에 있는 음효는 재능은 있으나 아직 출사하지 않은 젊은 선비이기도 하지만, 젊은 혈기에 임금의 본보기를 가식과 허위라고 비판하는 자를 가리키기도 한다. 따라서 이러한 사람은 그가 설령 임금이 있는 경사京師에 산다고 하더라도 외진 산골에 사는 무지렁이와 크게 다를 바 없다. 따라서 효사에서의 '童'은 후자를 지칭해서 한 말이라고 보아야 한다.

『논어』「위정爲政편」에 "오로지 어느 한쪽에만 치우쳐서 힘써 공부하는 것은 해만 될 뿐이다"(攻乎異端斯害也已)라는 구절이 있다. 여기서 '異端이단'이란 저쪽의 다른 한편의 끝이라는 뜻이므로, '攻乎異端공호이단'은 어느 한쪽으로만 치우쳐서 빼딱하게 공부한다는 뜻이 된다. 이렇게 공부하는 사람은 다른 쪽은 물론 중용을 알지 못한다. 이러한 사람은 올바른 본보기를 보여 주어도 받아들이지 않는다. 이런 사람은 군자가 될 수 없으니, 『상』은 이에 대하여 "제1 음효에서 무지렁이에게 본보기를 보여 주는 것은, 그들이 소인배의 길을 걷기 때문이다"(初六童觀, 小人道也)라고 해설하였다.

[제1 음효. 무지렁이에게 본보기를 보여 주는데, 어리석은 사람에게는 탓할 것이 없지만, 군자가 될 만한 선비에게는 한심한 바가 있다.]

② 六二, 闚觀, 利女貞.
闚: 엿볼 규. 貞정: '正(바를 정)'과 같음.

제2효는 음의 자리에 음효가 있으므로 당위다. '闚규' 자는 좁은 문틈 같은 곳을 통해서 넓은 밖을 엿보는 행위를 가리킨다. 보는 채널이 좁으니까 보는 시야가 좁을 수밖에 없다. 중국 사자성어에 '관중규표管中闚彪'라는 말이 있다. '얇은 대나무 대롱으로 표범을 보면 그 안에 보이는 것은 표범의 반점 하나뿐'이라는 뜻으로서, 좁은 시야로는 극히 일부분만 볼 뿐, 전체를 볼 수 없음을 비유하는 말이다. '闚觀규관'이란 이처럼 본보기로 보여 주는 것 전체를 보지 않고 극히 일부분만 보는 것을 뜻한다. 이러한 행위가 부정적으로 보일지 모르지만, 본 효가 제5 양효와 상응하는 것에서 알 수 있듯이, 매우 긍정적인 면이 있는데, 그 이유는 다음과 같다.

제2효는 신하의 자리이므로 순종적인 음효가 있는 것이 당연하다. 그래야 제5 양효의 임금 자리와 상응함으로써 임금의 명령이 그대로 잘 시행된다. 임금의 명령이 늘 옳은 것은 아니어서 이를 중간에서 걸러 줄 필요가 있지만, 이 기능은 저 위의 측근 신하나 고위직 관리들이 할 일이지 하급 관리들이 할 일이 아니다. 제2효의 자리에 있는 하위 관리는 명령이 내려오는 대로 성실하게 시행하는 것이 옳다. 이렇게 하려면 하급 관리는 임금의 명령이 보여 주는 전체의 맥락을 볼 필요 없이, 주어진 부분만 좁게 보아야 한다.

『논어』「옹야雍也편」에 "질박한 바탕이 아름답게 꾸민 것보다 더 우세하면 촌스러운 사람이고, 아름답게 꾸민 것이 질박한 바탕보다 더 우세하면 형식만 따지는 아전衙前 같은 사람이다"(質勝文則野, 文勝質則史. 文質彬彬, 然後君子)라는 구절이 있다. 여기서 '아전'은 '史사'를 번역한 말인데, 이 글자는 '事(벼슬 사)'·'吏(벼슬아치 리)' 등과 같은 글자로서 하급 관리를 가리킨다. 하급 관리는 오로지 규정대로 하는 사람이므로 형식에 얽매일 수밖에 없다. 이런 사람은 군자가 되기엔 부족하지만, 하급 관리로서는 적합하다.

만일에 하급 관리가 융통성이 있어서 명령의 맥락을 폭넓게 보면 정치적 해석의 영역으로 진입함으로써 큰 문제가 발생할 수 있다. 이를테면 초병이 경계 근무 시 적 또는 수상한 자를 발견했을 때, 경계 수칙과 전투 규범(Field Manual)에 따라 행동하고 적이 저항하면 발포하면 된다. 그런데도 일개 초병이 발포 후의 후과後果 등 정치적 판단을 하면서 주저하면, 위의 사령관이 작전을 계획할 수 없게 된다. 초병이 발포한 후의 사태는 윗사람들이 판단하고 해결할 일이지, 일선에 있는 일개 병사가 책임질 일이 아니다.

『논어』「태백泰伯편」에 "백성은 (정부가) 인도함에 따라서 가게 할 때도 있으니, 굳이 그 의도를 알게 하지 않아도 된다"(民可使由之, 不可使知之)라는 구절이 있다. 즉 임금의 정치적 결정의 구체적인 내막을 굳이 백성에게 알릴 필요 없이 백성을 영도할 수도 있다는 뜻이다. 현대에서도 국가 정상들 간의 대화는 공개하지 않는 것이 관례다. 이를테면 2009년《타임TIME》지가 뽑은 '외교 망신 10선' 중에서 미국 대통령 W. 부시와 영국 수상 토니 블레어 간의 대화가 방송 마이크 조작 실수로 만천하에 공개됨으로써 항간의 "블레어는 부시의 푸들"이라는 소문이 사실로 밝혀졌다. 영국으로서는 매우 자존심이 상하는 사건이었지만, 영국 정부는 이에 대하여 구차한 변명을 하지 않았고, 영국 국민도 굳이 비난하지 않고 넘어갔다.

이처럼 정치 지도자는 국민에게 알려야 할 것과 굳이 알릴 필요가 없는 것을 구분해야 한다. 이런 과정에서 하급 관리가 할 일은 정치 지도자가 보여 주는 명령을 좁은 시각으로 보고 그대로 시행하는 일이다.

이렇게 하는 행위는 옛날에는 여자에게도 마찬가지로 적용되었다. 고대에는 신분과 재산이 여자, 즉 정실부인을 매개로 상속되었으므로, 그녀가 정절과 규범을 지키는 것이 사회적으로 매우 중요하였다. 이러한 위치에 있는 여인은 사회가 보여 주는 규범을 역시 매우 좁은 시각으로 지켜야 한다. 그녀가 규범을 자유롭게 해석하면 집안이 풍비박산風飛雹散할 것이다. 그래서 '闚觀'에서는 '이로움이 여자가 올바름을 지키는 데서 생긴다'(利女貞)라고 말한 것이다.

물론 '闚觀'의 행위가 "군자가 될 만한 선비에게 한심한 바가 있음"은 굳이 말을 반복하지 않아도 의미는 살아 있다. 『상』에서 "(군자가) 보여 주는 규범을 고지식하게 지켜서 여자처럼 올바르다면, 이 또한 부끄러워할 만한 일이다"(闚觀女貞, 亦可醜也)라고 하였는데, 이는 여자나 하급 관리가 아닌 군자가 이런 태도를 견지하면 안 된다는 뜻이다.

[제2 음효. 임금이 보여 주는 명령을 좁은 시각으로 보니, 이로움은 여자가 올바름을 지키는 데서 생긴다.]

③ 六三, 觀我生進退.
生 생: 살아갈 길이나 방도. 進退진퇴: 나아가고 물러남.

제3효는 양의 자리에 음효가 있으므로 실위다. 본 효는 하괘의 가장 위에 있는 효여서 상괘와 직접 맞닿아 있다. 즉 땅 위를 부는 바람을 직접 맞는다는 말이다. 바람을 대하고 선 주체는 자신의 성격에 따라서 다음의 두 가지 행태가 가능하다. 첫째는 과감하게 바람 안으로 들어가 이를 이용하는 것이고, 둘째는 여러 가지 생각으로 주저하며 결정하지 못하는 것이다. 본 효는 양의 자리에 있는 음효이므로, 과감하게 진퇴를 결정하지 못하는 후자에 가깝다. 골프에서도 바람 앞에 선 모든 골퍼는 위의 두 가지 행태 중 하나를 취한다.

마찬가지로 외부에 부는 정치적 바람에 대해서도 같은 행태가 나타난다. 더구나 본 효는 하괘의 맨 위에 있는 중간 간부급에 처한 사람이므로, 그의 판단과 결정이 그 밑에 있는 조직 구성원에게 얼마나 큰 영향을 끼칠 것인지는 충분히 짐작할 수 있다.

그는 밖에서, 또는 그 위에서 보여 주는 본보기를 직접 보고 결정해야 하는데, 그 결정이 쉽지 않다. 음효로 상징되는 그의 성격이나 그가 처해 있는 상황이 간단하지 않기 때문이다. 또는 위에서 보여 주는 본보기 자체에 진실하지 못한 부분이 있어서 자신이 속한 조직의 이해와 충돌하는 상황이 있다면, 더욱 쉽지 않을 것이다. 이러한 상황에 부닥쳤을 때, 나와 내가 지도·관리하는 조직이 어떻게 대처해야 옳은가를 고민하느라 진퇴가 난감할 터이니, '我生進退아생진퇴', 즉 '내가 살아온 방식대로 나아갈 것인가, 아니면 물러날 것인가?'라는 말이 이를 가리킨다.

그러나 다행인 것은 제3효가 음효이기는 하지만, 제6 양효와 상응한다는 점이다. 이는 위에서 보여 주는 바가 갖는 근본적인 명분이 '나의 삶'에 적합하다는 뜻이다. 따라서 지금은 주저할 수 있지만, 지금의 결정이 결국은 옳을 것이기 때문에 겁낼 필요는 없다. 『논어』「공야장公冶長편」에 "영무자는 나라에 도가 있으면 지혜롭게 잘 다스렸고, 나라에 환난이 생겨 어지러우면 우직하게 행동하였다"(甯武子, 邦有道則知, 邦無道則愚)라는 구절이 있다. 영무자는 나라가 잘 다스려져서 평온할 때는 지혜를 써서 다스렸지만, 나라가 위급에 처하면 이것저것 재면서 머리를 쓰지 않고 오히려 우직하게 옳은 길을 갔다는 뜻이다. 이처럼 선택의 기로에 섰을 때, 지도자가 머뭇거림이 없이 옳은 길을 우직하게 가면 그것이 사는 길이라는 것을 효사는 말하고 있다.

이에 대하여 『상』은 "위에서 내려온 본보기가 내 삶의 방식을 머뭇거리게 하는 것은, 도리를 잃지 않았기 때문이다"(觀我生進退, 未失道也)라고 설명하였다. 이는 제6효와 상응하기 때문에 한 말이지만, 기실 어렵더라도 명분이 있는 쪽으로 가는 것이 바람직하다는 의미를 담고 있다.

[제3 음효. 임금으로부터 내려온 본보기가 내 삶의 방식을 머뭇거리게 한다.]

④ 六四, 觀國之光, 利用賓于王.
國국: 제후국. 光: 빛 광. 겉으로 드러나는 위용. 賓: 손님 빈. 융숭한 대접. 王왕: 천자. 주周나라 왕을 가리킴.

제4효는 음의 자리에 음이 있으므로 당위다. 즉 제4효는 제5효인 임금의 측근 신하에 해당하므로 순종함이 당연하기 때문이다. 신하의 자리에 있는 '國국'은 천자를 모시는 제후국을 말한다. '光광'은 빛이 번쩍번쩍 빛나는 모양으로서 겉으로 드러나는 위엄과 위용을 가리킨다. 따라서 '國之

光国지광'은 나라의 으리으리하고 늠름한 모습을 뜻하고, '觀國之光관국지광'은 이러한 나라의 모습을 하나의 장관壯觀으로서 뽐내듯 보여 준다는 뜻이다.

개인이나 사회 조직이나 국가의 힘은 가장 먼저 직접 보이는 모습에서 드러나거나 느껴진다. 그래서 사람들은 이른바 명품으로 치장하고, 으리으리한 집에서 사는 것을 자랑한다. 그것이 설사 허세일지라도 당장은 힘으로 느껴지는 것이 현실이다. 고대부터 식민지를 거느린 대제국들이 중앙의 수도를 거창하게 건설하고, 화려한 문화로 장식하는 것은 식민지 백성들에게 위압감을 느끼게 해서 반란을 엄두조차 내지 못하도록 하기 위함이었다. 따라서 중앙 정권이든 지방 정권이든 각 정권은 겉모습을 하나의 볼거리인 장관으로 만드는 것이 중요한 과제였다.

그러한 일을 할 때 건축물과 도로·시설 등 하드웨어를 구축하는 것도 중요하지만, 법과 제도, 그리고 관습과 문화 등 이른바 소프트 파워soft power를 갖추는 일도 경시할 수 없다. 특히 화려하고도 엄숙한 의전과 예의禮儀는 보여 주기 위한 본보기에서 매우 중요한 요소가 된다. 『논어』 「태백泰伯편」에 "(우임금은) 평시에 입는 옷은 거친 옷으로 입지만, 의전 시 입는 관복과 관모는 아름답게 치장하셨다"(惡衣服, 而致美乎黻冕)라는 구절이 있는데, 이것이 사방의 백성에게 보여 주기 위한 본보기의 예다.

이렇게 겉모습을 치장하는 일이 가식임에는 분명하지만, 그렇다고 이것이 무의미한 일이 아닌 것이, 사람은 겉으로 꾸민 형식에 따라서 의식도 바뀌기 때문이다. 아내에게 억지로 귀 잡혀서 교회를 나가던 남편이 어느 날 진실한 신자로 바뀐 예를 주위에서 심심치 않게 보는 것이 그 예다. 그래서 『서경』 「요전堯典」에도 "엄연한 모습을 사방의 겉에 입히고, 이를 위에서 아래 백성에게까지 이르게 한다"(光被四表, 格于上下)라는 구절이 있는데, 형식을 반듯하게 꾸며서 보이는 것이 백성을 교화하는 방법임을 입증하는 예다.

이렇게 해서 나라의 모습을 번듯하게 보이면, 그 이로움이 천자에게 귀한 손님으로 융숭하게 대접을 받는 일에서 나온다. '利用賓于王리용빈우왕', 즉 '이로움이 천자에게 귀한 손님으로 쓰임받는 일에서 생긴다'가 지시하는 바가 바로 이 뜻이다. 이 구절에서 '王왕'은 주나라 천자를 뜻하고, '用賓'이란 '손님으로 쓰임받는다'라는 뜻이다.

천자의 힘은 형식적으로는 제후의 충성과 봉사에 기대어 발생하는 것이지만, 천자와 각 제후의 이해관계는 각기 다르기에 하나의 힘으로 모여서 천자에게 집중되기가 쉽지 않다. 그러므로 천자도 어느 힘 있는 제후에게 기댈 수밖에 없는 것이 현실이다. 그러면 그 힘 있는 제후는 사실상 천자의 명분을 등에 업고 실세로서 행세할 수 있게 되는데, 천자를 받들어 모시고 오랑캐를 무찌른다는 이른바 존왕양이尊王攘夷와 여우가 호랑이의 위세를 빌려 으스댄다는 호가호위狐假虎威는 여기서 나온 말이다.

그러나 이 효사에서는 호가호위까지는 아닌 것이 제5효가 양효인 강직한 천자임과 동시에 제4효가 음효인 순종적인 신하이기 때문이다. 게다가 존왕양이나 호가호위를 하려면 우선 백성의 지지를 전폭적으로 받아서 힘이 있어야 하는데, 제4효 아래의 모든 효가 음효이므로 상응하는 바가 없어서 천자로부터 반란의 오해를 받을 여지가 없다. 따라서 제후 자신의 능력과 충성심만으로 천자에게 손님으로 극진한 환대를 받는 형국이다. 『상』에서도 "나라의 으리으리하고 늠름한 모습을 뽐내 보여 준 것은, (천자에게) 귀한 손님으로 대접을 받기 때문이다"(觀國之光, 尙賓也)라고 해설하였다. 쉽게 말해서, 나라의 체면이 서는 것은 신하의 충성심 때문이기도 하지만, 그러한 신하를 융숭히 대접하는 성대한 의전에서도 생긴다는 뜻이다.

[제4 음효. 나라의 으리으리하고 늠름한 모습을 뽐내 보여 주는데, 이로움이 천자에게 귀한 손님으로 쓰임받는 일에서 생긴다.]

⑤ 九五, 觀我生, 君子无咎.

제5효는 양의 자리에 양효가 있으므로 당위다. 임금의 자리에 그만한 덕을 갖춘 사람이 앉아 있어서 제2효와 상응하니, 신하와 백성이 복종하여 따르는 형세다. 이러한 상황에서는 임금 자신의 처신이 매우 중요한 기능을 한다. 그래서 자신의 삶을 본보기로 신하와 백성에게 보여 주면 이들은 그대로 순종하여 교화된다. 앞에 인용한 『논어』 「안연顏淵편」의 구절에서 말한 대로, 군자의 덕이 바람처럼 백성에게 임하면 백성은 바람에 따라 저절로 눕는 법이니, 그들에게 본보기를 보여 주는 것만큼 교화에 좋은 방법은 없다. 이것이 바로 '觀我生관아생', 즉 '(임금이) 자신의 삶을 본보기로 보여 준다'라는 말이다. 『한서』 「왕망전王莽傳」에 "영명한 성인이 다스리던 시대에는 나라에 현인이 많은 법이니, 그래서 요순 시기에는 집집이 모두 벼슬을 줄 만한 사람들이었다"(明聖之世, 國多賢人, 故唐虞之時, 可比屋而封)라는 구절이 있는데, 이는 임금이 몸소 본보기를 보여 줌으로써 가능했다. 그러면 백성 모두가 군자가 될 터이니, '君子无咎군자무구', 즉 '군자에게 탓할 일이 없을 것'이다.

군자가 평소 몸가짐을 어떻게 해야 하는지는 『논어』 「향당鄕黨편」에서 공자의 일상으로써 그 본보기를 보여 준다. 그 일부를 소개하면 다음과 같다.

밥은 쌀이 정갈해도 물리도록 드시지 않았고, 회는 가늘고 예쁘게 썰어 놓았어도 물리도록 드시지 않았다. 밥이 맛이 가서 쉰 것, 물고기가 곯고 고기가 상한 것은 드시지 않았고, 빛깔이 제 빛깔이 아닌 것은 드시지 않았고, 냄새가 나는 것은 드시지 않았고, 제대로 익지 않은 것은 드시지 않았고, 제철이 아닌 것은 드시지 않았고, 바르게 썰지 않은 것은 드시지 않았고, 제 장을 구비하지 않았으면 드시지 않았다. 고기가 아무리 많아도 밥 기운을 누르도록 드시지 않았다. 술만큼은 정해진 양이 없었으나 만취 상태에는 이르시지 않았다.

(食不厭精, 膾不厭細. 食饐而餲, 魚餒而肉敗不食, 色惡不食, 臭惡不食, 失
飪不食, 不時不食, 割不正不食, 不得其醬不食. 肉雖多, 不使勝食氣. 惟酒
無量, 不及亂.)

오늘날 일부 학자들은 위의 행위에 대해서 공자가 귀족 생활을 즐겼다고 삐딱한 시선으로 보지만, 이는 하나만 알고 둘은 모르는 좁은 식견이다. 아무리 귀족 생활이라 하더라도 저렇게 절제된 생활은 아무나 할 수 있는 게 아니다. 이러한 절제된 본보기가 있어야 백성이 믿고 따르고, 그러다 보면 '집집이 모두 벼슬을 줄 만한 사람들'이 생기게 되는 것이다. 그래서 『상』에서도 "임금이 자신의 삶을 본보기로 보여 주는 것은, 백성이 이를 보고 배우기 때문이다"(觀我生, 觀民也)라고 해설하였다.

[제5 양효. 임금이 자신의 삶을 본보기로 보여 주니, 군자에게 탓할 일이 없다.]

⑥ 上九, 觀其生, 君子无咎.
其: 그 기. 여기서는 현재의 임금을 가리킨다.

제6효는 음의 자리에 양효가 있으므로 실위다. 즉 덕은 있으나 그에 마땅한 자리가 없는 사람을 가리키는데, 현실에서는 상왕上王의 자리가 이에 해당한다. 모든 권력을 금상今上, 즉 현재의 왕에게 이양하고 뒤로 물러앉았으니, 극진한 존중은 받아도 실권은 없다. 그렇다면 상왕의 위치에 있는 사람은 어떻게 해야 하는가? 자신을 내세우지 않고 금상의 삶을 모두가 본받을 수 있는 본보기로 띄워 줘야 한다. 이것이 바로 '觀其生관기생'이니, 여기서 '其'는 금상, 즉 현재의 임금을 가리킨다.

이렇게 하는 이유는 제6효와 제5효는 같은 양효라서 자칫 상왕과 금상이 충돌할 수 있기 때문이다. 조선 초기 태상왕인 태조와 금상인 태종의 갈등이 바로 이러한 충돌의 예고, 반면에 상왕인 태종이 금상인 세종을 한껏 후원해 준 일은 '觀其生'의 예라 할 수 있다. 상왕이 금상을 바람직한 본보기로 띄워 주고 후원해 주면, 가장 좋아할 사람이 군자들이다. 이들은 시시비비是是非非, 즉 옳은 일은 옳다 하고, 옳지 않은 일은 옳지 않다고 말해야 하는데, 이 두 임금 사이에서 이렇게 말하기란 여간 어렵지 않다. 이런 상황에서 상왕이 금상을 후원해 주면 군자들에게 비난받을 일이 없게 될 터이니, 효사의 '君子无咎군자무구'는 바로 이 뜻이다.

『상』에서는 "금상의 삶을 본보기로 보여 주지만, 그의 의지가 평정된 것은 아니다"(觀其生, 志未平也)라고 해설하였다. 상왕의 입장에서 보면, 그는 어디에 쓰임을 받고자 해도 이미 세勢가 기울어져서 재주와 능력을 발휘할 길이 없다. 그렇다고 해서 의지가 사라져 버린 것은 아니라서, 이 때문에 내심 괴로워하게 되니, 이것이 바로 '志未平지미평', 즉 의지가 아직 평온을 찾지 못하였다는 뜻이다. 이를 잘 표현한 것이 조조曹操의 「거북이 제아무리 오래 살아도(龜雖壽)」라는 다음의 시다.

신령한 거북이 제아무리 오래 산다 해도
세상 떠날 때는 있다네.
등사騰蛇가 안개를 타고 날아다닌다 해도
끝내는 흙과 재로 돌아가게 마련인 것을.
늙은 천리마는 마판 위에 엎드려 있는 신세라도
의지는 천 리를 뛰려 하고,
열사는 노쇠한 만년에 이르러서도
웅대한 의지가 쉬려 하질 않네.
(神龜雖壽, 猶有竟時. 騰蛇乘霧, 終爲土灰. 老驥伏櫪, 志在千里. 烈士暮年,
壯心不已.)

그러나 이러한 상왕의 처지가 한탄스럽고 외롭기만 하지는 않다. 제6효가 제3효와 상응하기 때문이다. 즉 은퇴한 그에게는 그를 사표師表로 해서 닮기를 바라는 젊은 인재들이 있기 때문이다. 공자가 말년에 고향으로 돌아가 제자 교육에 힘쓴 것도 같은 이치다.

사람이 늙어서 평정을 찾지 못한 것이 반드시 부정적이지만은 않다. 한유韓愈의 「송맹동야서送孟東野序」에 "무릇 사물은 자신의 평정을 얻지 못하면 웁니다"(大凡物不得其平則鳴)라는 구절이 있다. 인간은 맺힌 한이 있거나 회한이 있어야 이를 표현하고자 하는 강한 욕구가 생긴다. 이것을 공자는 '발분發憤'이라고 표현하였다. 아무리 유복하게 한평생을 살아온 사람이라도 노년에 이르면 뭔가 말하고 싶은 깨달음이 있는 법이니, 그것이 바로 '평정을 얻지 못함'이다. 삶이 파란만장할수록 이 평정은 심하게 깨져 있을 것인즉, 이런 사람에게는 할 말도 많고, 또한 들을 만한 말도 많다. 평정이 깨진 상태에서 사람은 울게 마련이고 이것이 글로 표현되면 작품이 탄생한다. 그렇다면 제6효에 처한 사람은 제5효와 다툴 것이 아니라, 자신이 하고 싶은 말이나 깨달음을 작품으로 표현하는 것이 지혜롭다. 그래야 젊은 사람들과 소통할 수 있고, 또한 그들에게 본보기도 될 수 있다.

[제6 양효. 금상今上의 삶을 본보기로 높이 들어 보여 주니, 군자에게 재앙이 없다.]

21. 서합괘噬嗑卦

火雷噬嗑화뢰서합: 위로는 번개로 밝히고, 아래로는 천둥으로 으름장을 놓아 양턱으로 씹듯이 범법자를 분쇄한다.

진하리상震下離上

❖ 개관 ❖

'噬(씹을 서)' 자는 '깨물다'라는 뜻이고, '嗑(입다물 합)' 자는 '合(합할 합)' 자와 같은 뜻이므로, '噬嗑서합'은 '이빨로 깨물어서 하나로 합치다'라는 뜻이 된다. 어떤 물건을 하나로 합치려 할 때 중간에 장애가 되는 물건이 있으면 이빨로 깨물어 부순 다음에 하나로 합친다는 의미를 담고 있다.

서합괘는 하괘가 진震괘, 상괘가 이離괘로 이루어졌다. 이는 위로는 번뜩이는 번개처럼 법령을 밝히고, 아래로는 우레와 같은 위협적인 으름장으로 법의 준엄함을 세움으로써, 마치 위아래 턱으로 씹듯이 형을 집행한다는 뜻을 나타내고 있다. 또한 이괘는 네 개의 획(막대)으로 이루어진 음괘이고, 진괘는 다섯 개로 이루어진 양괘이므로, 서합괘는 음과 양이 어우러지듯, 관용과 위세를 함께 활용하여 법을 집행해야 한다는 방법론적 의미도 담고 있다.

여섯 효의 모양은 제1 양효와 제6 양효는 감옥의 양쪽 담장을, 제2·3·5의 음효는 범법자들을, 제4 양효는 범법자를 감시하는 옥리獄吏를 각각 상징한다. 또는 제1 양효와 제6 양효는 각각 위턱과 아래턱을, 제2·3·5의 음효는 입안의 치아를, 제4 양효는 입을 다물지 못하도록 하는 장애물을 각각 상징하는 것으로 보기도 한다. 입을 다물어 위턱과 아래턱을 합치지 못하도록 하는 장애물이란 사회의 안전과 평화를 방해하는 범법자와 같다는 의미에서 서합괘는 사법 문제를 상징하고 있음을 알 수 있다.

앞에서 임臨괘는 위에서 백성의 삶을 굽어살피고, 관觀괘는 위에서 모범을 백성에게 보여 줌으로써 나라를 다스리고자 하였다. 이렇듯 자상하게 백성을 다스렸는데도 교화가 되지 않는 범법자나 패륜자가 있다면, 이러한 자는 형벌로 다스리는 수밖에 없다. 그래서 관괘 뒤를 서합괘가 계승하였다. 이것을 『서괘』에서는 "본보기로 보일 만한 다음에는 한데 모이는 바가 있으므로, 서합괘로써 이를 이어받았다. '噬合' 자는 '모으다'라는 뜻이다"(可觀而後有所合, 故受之以噬嗑; 嗑者合也)라고 해설하였다.

❖ 괘사 풀이 ❖

噬嗑, 亨, 利用獄.
亨: 형통할 형. 獄: 감옥 옥. 송사訟事.

서합괘는 괘상으로 보면 입안에 어떤 물질이 있는데, 이를 깨물어 부수면 형통할 것이라는 의미가 담겨 있다. 앞에서 언급하였듯이, 이 물질은 안정을 방해하는 장애물, 즉 범법자인데, 이들은 임臨괘와 관觀괘의 과정에서도 교화가 안 된 인간들이므로 강압적인 방법으로 바로잡아 주어야 한다. 그 방법이 형벌이니, 서합괘의 이로움은 '用獄용옥', 즉 사법의 기능을 활용할 때 발생한다. 이것이 '利用獄리용옥'의 의미다. 형벌은 최후의 방법이니만큼 제대로 잘 활용하면 결국은 성공할 수 있으므로, 괘사에서 '형통하다'라고 말한 것이다.

그렇다면 어떻게 하면 제대로 활용할 수 있는가? 이에 대하여 『단』은 다음과 같이 해설하였다. "입안에 사물이 있어서 (이를 씹어야 하므로) 서합이라고 부른다. 이를 씹어서 제거하면 (입안이 뚫리므로) 형통하다. 강직함과 유순함이 각기 따로 움직여서 진실을 밝히고, 우레와 천둥의 방법을 병행하여 법의 엄중함을 드러낸다. (제5 음효가) 음유하지만 가운데 처하면서 (선왕의 법인) 제6 양효를 지향하므로, 비록 당위는 아니지만 이로움이 사법을 집행할 때 생긴다."(頤中有物, 曰噬嗑. 噬嗑而亨, 剛柔分動而明, 雷電合而章. 柔得中而上行, 雖不當位, 利用獄也)

형벌을 시행하려면 우선 진실을 밝혀야 한다. 이를 위해서 수사는 강경과 온건의 방법을 동시에 적절히 구사해야 하는데, 이것이 『단』에서 말한 바 '강직함과 유순함이 각기 따로 움직여서 진실을 밝힌다'라는 말의 의미다. 법의 생명은 권위인데, 이는 번개(電)처럼 진실을 만천하에 밝히고 우레(雷)와 같은 위세를 가짐으로써 가능해진다. 여기서 혐의의 사실을 정확히 밝히는 것은 온건함(柔)이고, 당당한 위세를 유지하는 것은 강경함(剛)이니, 이 두 가지가 병행되어야 법의 엄중함을 인식시킬 수 있다.

또한 본 괘는 하괘가 양괘인 진괘(☳), 상괘가 음괘인 이괘(☲)로 구성되어 있는데, 이 역시 강·온의 구조를 갖는다. 즉 처음 수사 단계에서는 강직한 자세를 취하고, 판결은 신중하게 처리한다는 의미다. 고대 중국에서는 사법은 대체로 지방의 법관이 전결 처리하지만, 사형에 관한 판결은 중앙의 임금에게 보고해서 결정하였다. 그래서 본 괘의 임금의 자리인 제5효가 음효이면서 중앙에 있는 것이니, 이는 사람을 죽이는 일에 일단 인자한 마음을 가지고 신중히 접근하되, 그렇다고 해서 중심을 잃으면 안 된다고 경고하는 의미다. 임금이 너무 인자한 나머지 중심을 잃으면 사회의 안녕과 질서가 흐트러질 수 있기 때문이다. 그래서 『한비자』 「오두五蠹편」에서도 "선왕은 법에 맡기고, 죄수의 울음소리를 듣지 않았다"(先王勝其法, 不聽其泣)라고 경계하였다.

이에 대하여 『상』은 "우레의 권위와 번개의 밝음이 서합괘의 모양이다.

선왕들은 이 이치로써 죄를 밝히고 법을 시행하였다"(雷電, 噬嗑, 先王以明罰勅法)라고 해설하였다.

[서합噬嗑괘: 서합괘는 형통하니, 그 이로움은 사법의 기능을 활용할 때 발생한다.]

❖ 효사 풀이 ❖

① *初九, 屨校滅趾, 无咎.*
屨: 신발 구. 校: 차꼬 교. 형구刑具의 총칭. 滅: 잠길 멸. 보이지 않다. 趾: 발 지.

제1효는 양의 자리에 양효가 있으므로 당위다. 서합괘가 형벌에 관한 일을 말하고 있으므로, 제1효가 당위라면 벌받을 범죄를 저질러서 그에 마땅한 형을 받는다고 해석할 수 있다. 제4효와 상응하지 않으므로 윗사람을 범한 죄라고 볼 수 있는데, 초범이므로 큰 벌은 받지 않고 약간의 구속을 가하는 형벌을 받고 있음을 효사는 말한다.

서합괘의 괘상은 죄수를 구속하는 세 가지 기본적인 방법을 상징하고 있는데, 제6·4·1효의 양효가 그것이다. 즉 머리에 씌우는 가枷, 손에 채우는 곡梏, 발에 채우는 질桎을 각각 상징한다는 말이다. 효사의 '屨校滅趾구교멸지'는 나무로 만든 차꼬를 발에 채워서 발이 잠겨 보이지 않게 한다는 뜻이다. 옛날에는 저지른 죄가 중죄가 아니면, 대개 이러한 방법으로 잠시 구속함으로써 반성하는 기회를 주고 재범을 방지하였다.

본 효는 제2 음효와 음양으로 상합하는데, 이는 죄수의 가장 가까이서 반성의 정도를 관찰하는 관원의 인정人情으로 풀려남을 뜻한다. 이렇게 해서 다시는 죄를 짓지 않는다면 재앙이 없게 된다.

[제1 양효. 차꼬를 발에 채워서 발이 잠겨 보이지 않게 하니, (다시 죄를 짓지 않으

면) 재앙이 없다.]

② 六二, 噬膚滅鼻, 无咎.

膚: 살갗 부. 鼻: 코 비.

제2효는 음의 자리에 음효가 있으므로 당위다. 그러나 본 효는 제5 음효와 상응하지 않으므로, 대부의 자리에 있는 자가 임금이 유약하다는 이유로 존중하지 않음으로써 저지른 죄에 해당한다. 효사는 이런 죄를 어떻게 처벌하는지를 보여 준다.

'膚부'는 표피에 있는 살을 가리키는데, 표층의 살은 연해서 이빨로 물면 예상보다 깊이 들어가는 속성이 있다. 그래서 얼떨결에 코가 살 속으로 묻혀 들어가는 경우가 있으니, 이것이 '滅鼻멸비', 즉 코가 살 속에 묻혀 보이지 않는다는 뜻이다. 『주역』의 괘·효사는 대개 상징적으로 표현하는 경향이 있으므로, 이를 구체적으로 풀자면 죄에 대한 처벌이 과중하다는 뜻이 된다.

본 효가 음효이면서도 당위이고 괘의 가운데에 처해 있다는 사실은, 처벌이 과도하긴 하지만 마땅하다는 뜻을 나타낸다. 왜냐하면 임금의 존엄에 반하는 어떤 행위에 대한 처벌이기 때문이다. 제2효는 대부의 자리로서 임금과의 거리가 멀어서 직접 만날 일은 없지만, 그렇기 때문에 자칫하면 태만할 수도 있다. 이러한 태만에 대한 처벌은 그야말로 일벌백계一罰百戒의 효과를 발생시켜야 하므로, 실제 받아야 할 처벌보다 과도하게 부과해도 되는 것이다. 『상』에서 "표층의 살을 이빨로 깨물었더니 코가 살코기 속에 묻혀 보이지 않는데, 이는 강직한 기운을 탔기 때문이다"(噬膚滅鼻, 乘剛也)라고 한 해설도 기실 같은 의미다. 여기서 '강직한 기운'이란 본 효가 형식적으로는 제1 양효 위에 있음을 가리키지만, 실제로는 임금을 태만하게 대한 태도의 엄중함을 뜻한다. 이렇게 과도하게 처벌해야 사람들에게 경각심이 일어나 다시는 태만하지 않을 것이므로, '재앙이 없을 것이다'(无咎)라고 말한 것이다.

[표층의 살을 이빨로 깨물었더니 코가 살 속에 묻혀 보이지 않으니, (다시는) 재앙이 없을 것이다.]

③ 六三, 噬臘肉, 遇毒. 小吝, 无咎.

臘: 섣달 랍. 臘肉납육: 말린 고기. 포脯. 遇: 만날 우. 毒: 독 독.

제3효는 양의 자리에 음효가 있으므로 실위다. 이 말은 법관으로서 반듯하게 행동했어야 할 자리에서 후회할 일을 했다는 이야기가 된다. 효사에서 '噬臘肉서랍육', 즉 '臘肉납육을 먹다'라고 썼는데, '臘랍'은 섣달, 즉 음력 12월을 가리키는 말이므로 '臘肉'은 겨울철에 먹으려고 소금에 절여 말린 육포를 뜻한다. 육포를 만들려면 소금에 절여 말려야 하는데, 말리는 과정에서 관리가 부실하여 썩는 부분이 생길 수가 있다. 대개 육포는 소금에 절이고 또 말렸기에 안전하다고 생각하고 아무 생각 없이 먹지만, 간혹 운이 없으면 썩은 부분을 먹어 배탈이 날 수도 있다. 이것이 효사의 '遇毒우독', 즉 '식중독을 만난다'라는 뜻이다. '遇우' 자에는 '어쩌다 우연히 부딪다'라는 의미가 들어 있다. 육포를 먹다가 걸리는 식중독이란 자주 있는 것이 아니라 이처럼 어쩌다 걸리는 것이어서 언제 걸릴지는 아무도 모른다. 이것에 안 걸리려면 평소 먹을 때 조심해서 가려 먹는 수밖에 없다.

이것을 사법에 적용하면 다음과 같다. 제3효는 하괘의 맨 위에 자리하고 있으므로 지방의 법관이라고 볼 수 있다. 앞에서 말하였듯이, 법관은 반듯하게 행동해야 피고인이 판결에 승복하는데, 그 자리가 음효라는 것은 그에게 하자가 있음을 의미한다. 법관에게 하자가 있으면 그의 판결이 아무리 공정하더라도 사람들이 이를 의심하게 되므로 궁극적으로 사회에 부정적인 영향을 끼친다. 자신이 아무렇지도 않게 한 행위가 나중에 판결 불복의 빌미가 될 수 있으므로, 법관은 자신에게 하자가 없도록 항상 성찰해야 한다. 이것이 바로 육포를 먹을 때 식중독에 걸릴 수 있다는 비유가 상징하는 바다. 『상』에서도 "식중독에 걸린 것은 그 자리에 있는 자가 옳지 않은 일을 했기 때문이다"(遇毒, 位不當也)라고 하였는데, 바로 이 의미다.

그런데 다행히 바로 위에 있는 제4효가 양효라서 큰일은 안 생긴다. 육포는 질겨서 오래 씹을 수밖에 없는데, 그렇게 하는 사이에 맛이 이상해서 뱉을 것이기 때문이다. 그래서 효사에 "작은 말썽은 있겠지만, 큰 탈은 없다"(小吝, 无咎)라고 말한 것이다.

[제3 음효. 말린 육포를 씹다가 식중독에 걸린다. 작은 소란은 있지만, 큰 탈은 없다]

④ 九四, 噬乾胏, 得金矢, 利艱貞吉.

胏: (뼈가 붙은) 말린 고기 자. 金矢금시: 금속제 화살촉. 艱: 어려울 간.

제4효는 음의 자리에 양효가 있으므로 실위다. '乾胏건자'는 뼈가 붙어 있는 말린 육포를 뜻한다. 보통 육포도 씹기가 어려운데, 뼈까지 붙어 있다면 더욱 씹기 어려울 것이다. 따라서 본 효가 상징하는 범죄자는 보통 잡범이 아닌 세력이 있는 고위 관직에 있는 자임을 알 수 있다. 이런 자를 소추하려면 수사를 방해하는 자들이 많아서 여간 어렵지 않은데, 본 효가 양효여서 법관이 강직한 데다가, 임금 자리인 제5효가 바로 위에 있어서 그로부터 후원을 받을 수 있다. 그래서 효사에 '得金矢득금시', 즉 '쇠 화살촉을 얻었다'라고 말한 것이다.

뼈까지 들어 있는 육포를 뜯는 일이 여간 어려운 게 아니지만, 쇠 화살촉 같은 도구를 구했다면 그리 어려운 일은 아닐 것이다. 세력이 있는 범죄 집단을 단죄하려 할 때, 임금의 지지를 받는다면 법관에게는 천군만마를 얻은 것이나 마찬가지일 것이다. 이렇게 임금에게 지지를 받게 된 것은 법관의 정의를 지키려는 의지가 강하고, 또한 어떠한 어려운 저항에도 꿋꿋하게 맞서는 담력, 즉 충성심 때문이었을 것이다. 오늘날에도 검찰이 강력 범죄자를 척결하고 정의를 바로 세우려 할 때 국민의 성원이 들불처럼 일어나지 않던가. 따라서 본 효의 이로움은 범죄자들의 무서운 협박과 회유라는 '어려움'(艱) 속에서도 법관으로서의 '올바른 도리'(貞)를 지키려 할 때 발생하는 것이니, 그래서 길하다고 말한 것이다. 효사의 '利艱貞吉리간정길'은 바로 이 뜻이다.

『상』에서는 "이로움은 어려운 가운데서 올바른 도리를 지키는 일에서 발생하는데, 이는 (이런 일은) 빛이 나지 않는다는 뜻이다"(利艱貞吉, 未光也)라고 해설하였는데, 이런 일을 하는 사람은 무슨 명예 같은 것을 바라보고 하는 것이 아니라, 오로지 자신의 직무에 충실해지려는 마음 하나로 나아감을 가리킨다.

[제4 양효. 뼈 있는 육포를 씹으려는데 쇠 화살촉을 얻었다. 이로움은 어려운 가운데서 올바른 도리를 지키는 일에서 발생하니, 길하다.]

⑤ 六五, 噬乾肉, 得黃金, 貞厲无咎.

厲: 괴로울 려. 貞厲정려: 올바름을 유지하는 일이 괴롭다.

제5효는 양의 자리에 음효가 있으므로 실위다. 최고 결정권자의 자리가 실위인 것이 어울리지 않는 것처럼 보일 수 있으나, 생사여탈권生死與奪權을 쥔 사람이 강직함을 지양하고 신중한 태도를 견지하는 것은 옳은 일이다.

'乾肉건육'은 앞에서 설명하였듯이, 소금에 절여 말린 육포를 뜻한다. 육포는 식량이 부족한 겨울에 먹거나, 멀리 여행이나 사냥을 가는 사람이 중도에 먹기 위하여 만든 일종의 비상식량이다. 그런데 이러한 서민의 음식을, 그것도 씹기 어려운 음식을 임금의 자리에 있는 사람이 먹는다는 것은 그 자체가 예사롭지 않은 사태임을 말해 준다.

이 비상사태란 무엇인가? 앞에서 언급하였듯이, 다른 사건은 지방의 법관이 판결하지만, 사형처럼 사람의 목숨이 걸린 중대 사건은 임금이 직접 판결하였다. 이러한 사건은 임금이 자주 마주하는 일도 아닌 데다가 함부로 결정할 수도 없는 일이어서, 임금으로서는 늘 먹는 부드러운 정육을 버리고 딱딱하고 질긴 육포를 씹어 먹는 일에 비유할 수 있는 것이다.

이러한 상황에서 태만한 임금이 이를 귀찮은 일이라 여기고 아랫사람에게 일임해 버림으로써 억울한 희생자가 생기면, 백성의 원망이 임금에게로 쏠릴 터이니, 나중에 후과를 감당하기 어려울 수도 있다. 그러나 제5효가 음효이자 상괘의 중심에 있는 것처럼, 임금이 인자한 마음을 갖고서 사안을 자세히 살펴보면서 공정성을 잃지 않고 누구나 공감할 수 있는 판결을 내린다면, 의외로 황금과 같은 결과를 얻을 수 있다. 이것이 효사의 '得黃金득황금'이다.

임금이 이렇게 하는 것은 결코 쉬운 일이 아니다. 그래서 효사에서도 '貞厲정려', 즉 올바름을 견지하는 것이 괴롭다고 하였다. 임금도 사람이므로 괴로운 결정은 대충 처리하거나 혹은 다른 사람에게 미루고 싶겠지만, 그래도 이 괴로운 일을 적극적으로 나서서 처리해야 재난이 없게 된다.

그래서 『상』에서도 "올바름을 견지하는 일이 괴롭지만 (이렇게 해야) 재난이 없는 것은, (그렇게 함으로써) 마땅함을 얻었기 때문이다"(貞厲无咎, 得當也)라고 해설하였다.

[제5 음효. 질긴 육포를 씹다가 황금을 얻었다. 올바름을 견지하는 일이 괴롭지만 (이렇게 해야) 재난이 없다.]

⑥ 上九, 何校滅耳, 凶.

何하: '荷(멜 하)' 자와 같음. 荷校하교: 형구刑具를 씌우다. 滅: 없앨 멸.

耳: 귀 이.

제6효는 음의 자리에 양효가 있으므로 실위다. 제6효는 제5효 밖으로 내쳐져서 아무런 자리가 없는 곳이므로, 여기서는 극형에 처할 죄수를 상징한다. 앞에서 설명하였듯이, 제1효는 초범이므로 형구, 즉 차꼬를 발에 채웠지만, 죄가 무거워 극에 달하면 몸의 위로 올라와 목에 가枷, 즉 칼을 씌운다. 이것이 효사의 '荷校하교'가 가리키는 바다.

『한비자韓非子』「육반六反편」에 "나아가 형을 무겁게 부과하는 것은 죄인 하나를 처벌하기 위한 것이 아니다"(且夫重刑者, 非爲罪人也)라고 했듯이, 중형에 처하는 것은 이 처벌 하나로 보이지 않는 나라의 해악을 다스리고자 하는 이른바 일벌백계一罰百戒의 의도가 있는 것이다.

일벌백계의 효과를 내려면 중죄인의 처형을 백성에게 보여 주어야 하는데, 그 과정은 대략 다음과 같다. 먼저 죄인의 목에 칼을 씌운 채 귀를 자른다. 이것이 효사의 '滅耳멸이'인데, 이렇게 하는 이유는 죄인이 어리석어서 그렇게 경고를 해도 못 알아들었기 때문이라는 것이다. 『상』의 "목에 칼을 씌우고 귀를 잘라 없애는 것은 그의 귀와 눈이 어둡기 때문이다"(何校滅耳, 聰不明也)라는 말은 바로 이 뜻이다. 따라서 귀를 자른다는 것은 참형에 처한다는 말에 다름 아니다. 그러고 나서 죄인을 끌고 사람이 많은 저자를 돌고 단두대에 올려서 목을 베었다. 이것을 오문참수午門斬首라고 하는데, 정오경에 처형하였다. 정오에 하는 것은 이때가 양기가 가장 많고 음기가 없을 때이므로, 죄수의 원혼이 복수하러 돌아올 수 없게 하기 위해서였다. 그래서 제6효가 음효가 있을 자리에 양효가 있는 실위가 되는 것이다.

[제6 양효. 칼을 목에 씌우고 귀를 잘라 없애 버리니, 사납고 험난하다.]

22. 비괘賁卦

山火賁산화비: 산 아래에 햇빛이 반사되니 아름답다.

리하간상離下艮上

❖ 개관 ❖

'비賁' 자는 '아름답다'라는 뜻이다. 아름다움에는 자연 그대로의 바탕이 아름다운 것과 바탕과 관계없이 꾸며서 아름다운 것이 있다. 『잡괘』에서 "'비賁'는 아무 색깔이 없다는 뜻이다"(賁, 無色也)라 하였고, 『서괘』에서는 "'비賁'란 꾸민다는 뜻이다"(賁者飾也)라 하였다. 공자는 이것을 질質과 문文의 관계로 규정하고, 전자를 질, 즉 바탕의 아름다움으로 보았고 후자를 문, 즉 꾸밈의 아름다움으로 보았다(앞의 「관괘觀卦」 제2효에 나오는 『논어』 「옹야편」의 구절 참조). 그런데 질이 아름답다는 것은 소질素質, 즉 바탕에 아무것도 없이 깨끗하고 희다는 뜻인데, 바탕이 희지 않으면 겉을 바르는 물감의 색감이 제대로 드러나지 않는다. 따라서 '賁비' 자는 질과 문의 아름다움을 모두 아우르는 이른바 문질빈빈文質彬彬을 의미하겠지만, 실질을 숭상하는 중국 문화의 속성상 전자에 비중이 더 있음을 짐작할 수 있다.

비괘는 상괘가 간艮괘, 하괘가 이離괘로 이루어졌으므로, 산 아래에 불이 있는 형상이다. 여기서 불은 태양으로 해석할 수 있고, 산의 아름다움은 온갖 초목과 바위의 구성으로 이루어진다. 이러한 산의 기슭에 태양 빛이 반사되면 꾸며지는 아름다움이 시시각각 달라진다. 이것이 비괘의 형상이 표상하는 의미다.

비괘가 서합噬嗑괘 다음에 놓인 것에 대하여 『서괘』는 "사람은 억지로 함께 합칠 수는 없으므로, 비괘로써 이를 이어받은 것이다. '賁' 자는 꾸민다는 뜻이다"(物不可以苟合而已, 故受之以賁. 賁者, 飾也)라고 해설하였다. 앞에서 임臨괘와 관觀괘를 통해서 백성을 교화한다고 설명하였다. 이렇게 하였음에도 이를 벗어나는 사람이 있다면, 이는 어쩔 수 없이 형벌로 다스리는 수밖에 없다. 이것이 서합괘가 상징하는 바다. 이렇게 하는 궁극적인 목적은 백성에게 질박하고 온유돈후溫柔敦厚한 인성을 갖추게 하기 위한 것이다. 백성이 질박한 인성을 갖추었으면 이제 아름답게 꾸며야 할 터이니, 이 때문에 서합괘 다음을 비괘가 계승하였다는 뜻이다.

사회가 아름다워지려면 먼저 백성의 인성을 질박하고 착하게 만들어야 한다. 이를 위해서는 백성을 교화하여 예의를 지킬 줄 알게 하고, 예술을 즐길 줄 알게 해야 한다. 그리고 나서 국가적으로 법과 제도를 잘 정비해서 공정하게 운용되게 해야 한다. 『상』에서 "산 아래에 불이 있는 게 비괘의 괘상이다. 군자는 이 이치로써 백성에 관한 모든 정사를 살피고, 소송 사건을 함부로 판결해서는 안 된다"(山下有火, 賁, 君子以明庶政, 无敢折獄)라고 해설하였는데, 이렇게 하는 것이 나라에 아름다움을 세우는 일이다.

❖ 괘사 풀이 ❖

賁, 亨, 小利有攸往
攸: 바 유. '所(바 소)'와 같음. 往: 갈 왕.

비賁괘(䷕)는 태泰괘(䷊)에서 변화한 것이니, 후자의 제6 음효와 제2 양효가 자리바꿈하면 전자가 되기 때문이다. 태괘에서는 음효와 양효가 각기 따로따로 몰려 있는데 반하여 비괘는 음과 양이 서로 섞여서 아름다운 모습을 꾸며 주고 있다는 말이다. 『단』에서는 이 부분을 다음과 같이 해설한다.

"비괘는 형통하다. 부드러운 음효가 와서 강직한 양효를 꾸며 주므로 형통한 것이다. (태괘의) 강직함에서 갈라져 나와 위로 올라가 부드러운 음효를 꾸며 주므로, 작은 이로움이 자리 바꾸는 곳에서 생긴다. 강직함과 부드러움이 서로 섞인 것이 하늘의 꾸밈이고, 꾸밈으로써 표현함을 기초로 삼는 것이 사람의 꾸밈이다. 하늘의 꾸밈을 보고서 때가 어떻게 변화하는지를 살피고, 사람의 꾸밈을 보고서 천하가 이룩되도록 변화시킨다."(賁亨. 柔來而文剛, 故亨. 分剛上而文柔, 故小利有攸往. 剛柔交錯, 天文也, 文明以止, 人文也. 觀乎天文, 以察時變, 觀乎人文, 以化成天下.)

위의 '小利有攸往'에서 '往왕' 자는 '交(오고 갈 교)' 자와 같으므로, 제6효와 제2효가 자리바꿈한 것을 가리킨다. 즉 이처럼 음효와 양효 간의 간단한 자리바꿈에 힘입어 작은 이로움이 발생하였다는 말이다. 여기서 '小利소리', 즉 작은 이로움이라고 말한 이유를 곱씹어 봐야 한다. 같은 사물이라도 분식粉飾을 해 주면 겉으로는 훨씬 나아 보일 수 있지만, 결코 본질을 바꿀 수는 없다. 이렇게 해서 아름답게 보이는 것은 일시적인 환영에 불과하므로 이를 '작은 이로움'이라고 말한 것이다.

이러한 사상은 중국 문학론에서도 그대로 재현되었다. 일찍이 수식의 중요성을 설파한 예가 『좌전左傳』 「양공襄公 25년」의 "말을 함에 꾸밈이 없으면 가더라도 멀리 가지 못한다"(言之無文, 行而不遠)라는 구절이다. 즉 언어를 아름답게 꾸며서 표현하지 않으면 그 영향력이 시공간적으로 제한될 수밖에 없다는 뜻이다. 문학적 수사를 중시하는 문인들은 당연히 이 구절을 금과옥조처럼 떠받들어 왔다. 이에 반하여 수사보다는 글의 내용을 중시하는 문인들은 『논어』 「위령공편」의 "말에 진실성과 믿음이 없고, 행동에 도타움과 경건함이 없으면, 설사 자기네 동네에서라도 통하겠느냐?"(言不忠信, 行不篤敬, 雖州里, 行乎哉)라는 구절을 예로 든다.

이러한 배경에서 중국 고전 문학의 글쓰기는 수식을 위주로 하는 변려문騈儷文과 과도한 수식을 가능한 한 억제하며 내용에 충실해지려는 고문古文으로 발전하였다. 여기서 눈여겨볼 점은 고문은 지식인들이 운동(campaign)이라는 이름으로 억지로 끌고 가려 하였지만, 변려문은 이런 캠페인을 벌이지 않고도 저절로 발전하였다는 사실이다. 이는 꾸미고 싶은 것은 인간의 본능이거나, 아니면 꾸밈은 어떤 보이지 않는 이득을 발생시킨다는 사실을 의미한다.

『주역』의 저자도 꾸밈의 한계를 이미 깨달았기 때문에, 이렇듯 본질을 바꾸지 않는 이상, 꾸미는 일은 작은 이익을 추구하는 일에 불과하다고 가르친다. 그래서 괘사에서 비괘가 "형통하기는 하지만, 그것은 효의 자리를 바꿔서 생기는 작은 이익일 뿐"(亨, 小利有攸往)이라고 말한 것이다. 중국이 실질을 숭상한다는 문화는 그 실상이 여기에 기초한 것이다.

[비賁괘: 형통하기는 하지만, 그것은 작은 이로움이 (태괘에서) 효의 자리바꿈에서 생기는 것일 뿐이다.]

❖ 효사 풀이 ❖

① 初九, 賁其趾, 舍車而徒.

趾: 발 지. 舍사: '捨(버릴 사)' 자와 같음. 車: 수레 거. 徒: 헛될 도. 발로만 걷다.

제1효는 양의 자리에 양효가 있으므로 당위다. 본 효는 밝음을 상징하는 이離괘의 맨 아래에 있으므로 덕과 능력을 갖춘 젊은 선비를 가리킨다. 그러나 아직 벼슬자리에 나아가지 않았으므로, 수레를 타고 다닐 수 있는 형편이 못 된다. 『논어』「선진先進편」에 안회의 부친이 공자의 수레를 팔아서 자기 아들의 덧관을 장만하자고 요청하자, 공자가 "나는 대부의 뒤를 따라가야 하므로, 그때 걸어가면 안 됩니다"(以吾從大夫之後, 不可徒行也)라며 거절하는 대목이 나온다. 이로써 옛날에는 대부 이상의 신분은 어디에 행차할 때 반드시 수레를 타야 했음을 알 수 있다. 본 괘에서도 호괘互卦인 제2·3·4효가 감坎괘를 형성하는데, 이는 수레의 모양을 하고 있으므로 대부의 자리인 제2효에 올라가야 비로소 수레를 탈 수 있음을 나타낸다.

사람은 본능적으로 사회적 신분 상승의 욕구 때문에 발의 사치를 즐기는 경향이 있다. 발로 걸을 일이 없다는 것은 신분이 높거나 부유함을 상징하기 때문이다. 그래서 오늘날에도 이른바 '잘나가는' 사람일수록 발을 예쁘게 치장하고 좋은 양말과 구두를 신으며, 값비싼 명품 차를 타고 다니려 하는 것이다. 이것이 효사의 '賁其趾비기지', 즉 '그의 발을 아름답게 꾸미다'라는 구절이 가리키는 의미다. 그러나 여기서는 제1효가 재능을 갖춘 젊은 선비를 지칭하고 있으므로, 발을 아름답게 꾸민다는 것은 인품의 기초가 되는 덕을 쌓고 있음을 비유적으로 한 말이다. 즉 수레를 탈 수 있는 자리에 올라가기 전에 반드시 갖춰야 할 기초를 닦는다는 뜻이다.

괘상을 보면, 제1 양효는 제2 음효와 서로 어울리는데, 이는 대부 자리에 있는 관리에게 잘 보이면 좀 더 일찍 수레를 탈 기회가 올 것으로 기대된다. 그러나 본 효는 더 높은 곳에 있는 제4 음효와 상응하므로, 굳이 가까운 대부에 매달릴 필요 없이 먼 목표를 바라보고 정해진 길을 밟아 가는 것이 옳다.

그리고 인품의 기초를 닦는 기간에는 수레를 버리고 걸어 다녀야 한다. '徒도' 자의 본의는 '어떠한 도구의 도움 없이 발로 걷다'이다. 즉 수레와 같은 도구의 힘을 빌리지 않고 자기 몸으로 직접 해 보아야 도구를 개발해서 효율을 높이려는 욕구와 지혜를 터득할 수 있다는 말이다. 오늘날에도 "필요는 발명의 어머니"라는 격언이 있지 않은가.

『상』은 "수레를 버리고 발로 걷는 것은, 올바름을 지키기 위해서 그것을 타지 않는 것이다"(舍車而徒, 義弗乘也)라고 해설하였다. 이 구절을 보통 "신분을 넘어서는 행동을 하지 않는다는 '義의'를 지키기 위해서"라고 해석한다. '義'에는 '의로움'이라는 뜻도 있지만, '의미를 만들어 낸다'라는 뜻도 있다. 그냥 관념적으로 '義'를 지킨다고 하면, 그것이 왜 '義'인지 모른 채 행동하는 형식주의자로 전락할 위험이 있다. 그러나 젊은 시절에 수레를 버리고 실제로 걸어 다녀 보아야 왜 이러한 예의나 예제禮制가 필요한지를 이해할 수 있다. 예가 흔히 형식주의로 빠지는 것은 바로 이러한 직접 경험을 생략하고 관념적으로만 이해하는 데서 기인한다.

[제1 양효. 발끝에서부터 꾸며야 하니, 수레를 버리고 발로 걸어 다닌다.]

② 六二, 賁其須.
須: 수염 수. '鬚(턱수염 수)' 자와 같음.

제2효는 음의 자리에 음효가 있으므로 당위다. 본 효는 대부大夫의 자리로서 천자를 대리하여 서정庶政의 실무를 맡아보는 신분이므로, 관원의 위엄을 갖춰야 한다. 관원의 의표儀表는 우선 관복을 깔끔하게 입어야 하지만, 이를 더욱 위엄 있게 보이게 하는 것은 수염을 멋있게 가꾸는 일이다. 효사의 '賁其須비기수', 즉 '수염을 멋있게 꾸미다'라는 구절은 바로 이를 가리킨다.

수염은 남자의 상징으로서 붙어 있는 얼굴의 부위에 따라, 코밑에 난 것은 '髭자', 아랫입술 밑에 난 것은 '鬚수', 아래턱 밑에 난 것은 '胡호', 양 볼의 구레나룻은 '髯염' 등으로 부른다. 이렇게 수염을 세분화해서 부른 사실만 보아도 옛날에 수염을 얼마나 중시했는지를 짐작할 수 있다.

그러나 수염을 멋있게 길렀다고 해서 그에게 없던 위엄과 풍모가 저절로 생겨나는 것은 아니다. 이것이 앞서 말한바 꾸밈의 한계다. 이러한 사실을 비괘의 괘상이 잘 말해 준다. 산(艮)은 꾸밈의 대상이고 빛(離)은 꾸미는 수단인데, 빛을 어떻게 비추느냐에 따라서 산이 달라져 보이는 것은 사실이지만, 산 자체의 위엄이 없다면 아무리 수식을 잘해도 이것만 갖고서는 명산이 될 수 없음은 분명하다. 이것은 앞에서 말한 것처럼, 본 괘는 태괘(☱) 중의 양효 하나와 음효 하나를 서로 바꿔서 강직한 모양을 부드럽게 보여 준 것에 불과하기 때문이다.

앞에서 본 효는 순종해야 하는 자리의 음효인 당위라고 하였다. 신하는 임금에 순종해야 하는데, 제5 음효와 상응하지 않는다. 그래서 본 효는 바로 위에 있는 제3 양효에 바짝 붙어 순종한다. 제2 음효가 수염이라면 수염이 붙어 있는 제3효는 얼굴이 된다. 따라서 얼굴에 붙어 있는 수염은 얼굴의 움직임에 따라 함께 움직일 수밖에 없다. 제3효도 강직하여 주체적이긴 하지만 제6 양효와 상응하지 않으므로, 어쩔 수 없이 제2 음효를 자기 부하로 가까이 붙여 준다. 그래서 이 둘은 떼려야 뗄 수 없는 관계가 되지만, 앞서 말했듯이 얼굴 자체가 받쳐 줘야 수염에 존재감이 생긴다. 따라서 다른 사람을 위해서 일하거나 보필하는 사람은 주인을 잘 선택해야 할 뿐 아니라, 그에게 순종해야 한다. 요즘 청년들이 명문 대기업에만 취업하려고 애를 쓰는 것은, 비유컨대, 잘생긴 얼굴에 붙어 보려는 수염과 같다고 볼 수 있다. 이때 수염이 얼굴을 멋있게 꾸며 주면 회사원은 자신의 기업과 더불어 크게 일어날 것이다. 이것을 『상』에서는 "수염을 꾸미는 것은 그 위에 붙어 있는 것과 함께 일어나기 위함이다"(賁其須, 與上興也)라고 해설하였다.

[제2 음효. 수염을 멋있게 꾸민다.]

③ 九三, 賁如濡如, 永貞吉.
如여: '然(그럴 연)' 자와 같음. 賁如비여: 번쩍번쩍 빛나다. 濡: 적실 유. 濡如유여: 부드러운, 촉촉한. 永: 길 영. 영원히, 길이.

제3효는 양의 자리에 양효가 있으므로 당위다. 불(☲)의 맨 윗자리이므로, 덕이 있고 힘이 있는 제후를 밑에서는 대부가, 위에서는 임금의 측근 신하인 정승이 각기 그를 빛내 주고 있는 형세다. 다시 말해서, 하괘에서는 제

2효의 내조를, 밖에서는 상괘의 제4효의 외조를 받는 셈이다. 임금의 측근 신하인 제4효에게 도움을 받는 것은 제4효는 모셔야 할 임금이 같은 음효여서 오히려 아래의 제후에게 쏠릴 수밖에 없기 때문이다. 이처럼 위아래로부터 부드럽고 촉촉한 도움을 받으면 강직한 능력자에게 온화함까지 겹쳐서 그의 덕이 더욱 밝게 빛난다. 그래서 '賁如濡如비여유여', 즉 '반짝반짝 빛나고 윤기가 번지르르 흐른다'라고 묘사한 것이다.

일반 직장인들에게 회자되는 다음과 같은 말이 있다. '과장까지는 자신의 힘으로 승진하지만, 그 위로는 다른 사람의 힘으로 승진하는 것'이라는 말이다. 과장 위로 승진하려면 우선 부하들이 실적을 올려 줘야 하고, 위에서는 높은 상사가 끌어 줘야 한다는 말일 것이다. 다시 말해서, 내가 아무리 실력이 있다 하더라도 앞뒤에서 나를 받쳐 주지 않으면 나아가기 힘들다는 말이다. 더구나 나를 수식해 주는 주변의 힘은 자신처럼 강직한 것이 아니라, 오히려 강직함의 결점을 보완해 주는 유순함이어서 더욱 중요하다. 이 사실을 보여 주는 괘상이 비괘의 제2·3·4효가 형성하는 호괘인 감(☵)괘, 즉 물의 모양이다. 물은 세상에서 가장 부드러운 물질이지만 그 감춰진 힘은 거대한 바위도 당하지 못한다. 강력한 힘을 감춰서 부드럽게 보여 주는 기능을 제3 양효 옆에 붙어 있는 제2 음효와 제4 음효가 담당하고 있다. 지도자라면 이처럼 자신의 강직성을 감추고 온화하게 보이도록 하는 양옆의, 또는 위아래의 보필을 인정하는 안목이 있어야 한다.

그런데 괘상에서 보듯이, 임금의 자리인 제5효가 음효라고 해서 제4효와 제2효가 임금을 제쳐 두고 제3 양효에 붙는 것은 올바른 도리가 아니라서 그 세를 오래 유지하기가 힘들다. 힘이라는 것은 체제의 정점이나 중심에 집중되어야 안정된 형이상학적 모습을 유지하지, 분산되어 있으면 체제가 흔들리기 때문이다. 제3효의 형세를 길이 유지하려면 반듯한 삶과 행위를 견지해야 한다. 그렇지 않으면 이를 시기·질투하는 온갖 세력들이 견제할 뿐 아니라, 꼬투리를 잡아 음해할 것이기 때문이다. 이것이 '永貞吉영정길', 즉 '길이 반듯한 자세와 삶을 견지하면 길하다'라는 구절이 의미하는 바다.

『상』에서 "길이 반듯한 자세를 유지해야 길한 것은, (이렇게 해야) 아무도 그를 능멸하는 자가 끝내 없을 것이기 때문이다"(永貞之吉, 終莫之陵也)라고 한 말은 이를 가리킨다. 그래서 아무리 실력이 출중하고 충성심이 넘쳐도 충신 되기가 어려운 것이다. 온갖 방해와 참소에 시달렸던 이순신 장군이 그 대표적인 예라 하겠다.

[제3 양효. 반짝반짝 빛나고 윤기가 번지르르 흐른다. 길이 반듯한 자세와 삶을 견지하면 길하다.]

④ 六四, 賁如皤如, 白馬翰如, 匪寇婚媾.

皤: 흴 파. 翰: 흰말 한. 또는 날다. 匪비: '非(아닐 비)' 자와 같음. 寇: 도적 구. 婚: 혼인할 혼. 媾: 화친할 구.

제4효는 음의 자리에 음효가 있으므로 당위다. 본 효는 하괘에서 같은 위치에 있는 제1효와 상응한다. 임금을 가까이서 모셔야 하는 위치이고, 또한 순종하려는 자세와 덕성도 갖추고 있지만, 제5 음효와 서로 어울리지 못한다. 그런데 제1 양효와 상응하는 관계이므로, 그쪽으로 쏠리는 경향을 짙게 보인다. 이것을 남녀의 연정 관계로 비유하자면, 어느 여자가 한 남자를 무척 사랑하여 결혼하고 싶은데, 남자 집안의 어른이나 형이 이를 방해하고 있어서 그들의 눈치만 보고 있는 형세다.

사랑하는 남자를 위해서는 예쁘게 화장하지만, 방해하는 사람들에게는 꼬투리를 잡히지 않으려고 화장 안 한 민얼굴을 보인다. 효사에서는 이를 '賁如皤如비여파여'라고 하였는데, '賁如'는 얼굴을 화장하여 예쁘게 꾸민다는 뜻이고, '皤如'는 화장하지 않은 소박한 얼굴로 놓아둔다는 뜻이다. 화장을 하든 안 하든, 여자에게 이 두 가지는 꾸미는 일에 해당한다. 왜냐하면 지금은 사랑하는 남자와 결혼하기 위하여 지혜롭게 기회를 기다려야 하기 때문이다. 마음 같아서는 당장이라도 달려갈 기세이니, 이는 '白馬翰如백마한여', 즉 '타고 갈 백마가 날아가려 한다'라는 구절이 잘 말해 준다. '匪寇婚媾비구혼구', 즉 '중간에 도적 같은 훼방꾼만 아니었으면, 벌써 결혼하고도 남았을 텐데' 말이다. 그러나 기회를 기다려야 한다. 제3·4·5효로 이루어진 호괘인 진괘(☳)에서 어떤 변화의 움직임이 있을 것이기 때문이다. 그것도 진괘의 맨 아래에 있는 훼방꾼의 자리에서 말이다.

요즘은 풍속이 많이 달라져서 할아버지와 할머니가 공부에 방해된다고 걱정하는 며느리 때문에, 손주 만나 보기가 쉽지 않다고 한다. 이뿐 아니라, 한 나라에서도 대통령이 국민을 위한 정책을 펴려 해도 관련된 이해 집단들이 이를 방해하고 가로막아서 실현하지 못하는 일도 있다. 모두 같은 경우라 할 수 있다. 이럴 때는 어쩔 수 없이 흥분하지 말고 표정을 관리해 가며 기회를 기다려야 한다.

『상』에서도 "제4 음효는 당위지만 주저하게 되는데, 중간의 도적 같은 훼방꾼만 아니었으면 벌써 혼인했을 터이니, 끝내는 원망할 일이 없을 것이다"(六四當位, 疑也; 匪寇婚媾, 終无尤也)라고 해설하였다. '疑의'는 확신을 갖지 못하고 주저한다는 뜻으로서, 이는 본 효가 당위여서 마음이 포기하지도 못하고, 또한 현실의 훼방꾼 때문에 나아가지도 못하는 갈등을 가리킨다. 그러나 숨어 있는 진震괘는 당사자에게 끝내는 승리할 것이라고 확신과 희망을 준다.

[제4 음효. 아름답게 화장하여 꾸미기도 하고, 화장기 없는 소박한 얼굴로 지내기도 하지만, 마음은 백마가 당장이라도 날아갈 듯하고, 저 도적 같은 훼방꾼만 아니었으면 벌써 혼인하였을 터다.]

⑤ 六五, 賁于丘園, 束帛戔戔. 吝, 終吉.
　丘: 언덕 구. 園: 동산 원. 束: 묶을 속. 帛: 비단 백. 戔: 적을 전. 나머지.

吝: 인색할 린.

　제5효는 양의 자리에 음효가 있으므로 실위다. 임금의 자리가 실위라는
것은 임금이 대범하지 못하고 소극적이며 검소함을 상징한다. 그는 호기 있
게 국고와 백성을 동원하여 기념비적인 대형 건축물이나 궁궐을 짓지 않
고, 산림과 농경지를 정리하는 일에 힘을 쏟는다. 이것이 효사의 '賁于丘園
비우구원', 즉 '丘園'에다가 치장한다는 말이다. 여기서 '丘園'은 산림과 들
판의 경작지를 가리킨다. 여기에다가 제5효는 중앙에 거하므로, 자신의 허
영을 추구하여 겉을 화려하게 장식하려 하지 않고, 진정한 내실인 백성의
복지만을 충실하게 꾸미려 한다. 이러한 임금은 자연히 백성으로부터 세금
도 많이 걷지 못하므로, 국고가 늘 바닥을 보이게 마련이다. 이것이 효사의
'束帛戔戔속백전전'이다. 여기서 '束帛'은 '비단 묶음'이란 뜻으로서 나라의
재정을 가리키고, '戔戔'은 '아주 적다'라는 뜻으로서 재정이 바닥임을 가리
킨다.
　『논어』「태백泰伯편」에서 공자는 이러한 임금의 예로서 우임금을 들고
있다.

　　우임금님에 대하여 나는 틈을 찾아 헐뜯을 게 없다. 그는 자신의 음식은
　　성기게 드시면서도 귀신은 효성을 다하여 모셨고, 자신의 의복은 형편없
　　게 입으셨으면서도 제사 지낼 때 입는 예복과 예모는 힘써 아름답게 치장
　　하셨으며, 자신의 궁실은 싸구려로 지으셨으면서도 논밭에 물을 대는 도
　　랑과 봇도랑을 파는 데에는 힘을 다하셨으니, 우임금님에 대하여 나는 틈
　　을 찾아 헐뜯을 게 없다.
　　(禹吾無間然矣, 菲飮食, 而致孝乎鬼神, 惡衣服, 而致美乎黻冕, 卑宮室, 而
　　盡力乎溝洫, 禹吾無間然矣.)

임금이 이렇듯 생산에 힘쓰고 세금을 걷지 않으면, 임금은 늘 궁색하지만 백성은 풍족해진다. 따라서 이러한 임금은 인색하기는 해도, 끝내는 길할 수밖에 없다. 『상』에서도 "제5효가 길한 것은 (그에게) 경사가 있을 것이기 때문이다"(六五之吉, 有喜也)라고 해설하였다.

[제5 음효. 산림과 농경지에다가 꾸미는 일을 하고, 나라의 곳간은 거의 바닥이 보인다. (이러한 임금은) 인색하기는 해도 끝내는 길하다.]

⑥ 上九, 白賁, 无咎.

제6효는 음의 자리에 양효가 있으므로 실위다. 가장 위에 위치한 이 자리는 국외자의 자리로서 사실상 자리가 없는 자리다. 그런데 이것이 양효라면 이것은 무슨 뜻일까?

꾸미고 장식하는 일이란 한번 시작하면 점점 화려하고 복잡한 방향으로 흐르게 마련이다. 음악 연주를 예로 들면, 홀로 무반주로 노래하다가 기타 반주가 들어가면 더 아름답게 들리고, 중창으로 바이올린까지 반주에 추가하면 더 아름답게 들린다. 가수의 수와 악기의 수를 늘리면 늘릴수록 연주는 더욱 화려해진다. 이런 식으로 나아가다가 마침내 대형 오케스트라와 대합창단의 협주가 이루어지면 화려함의 극치에 도달하게 된다. 감상자는 여기에서 더 큰 합주로 나아가려 할 것 같지만, 이쯤 되면 다시 소박한 독주가 듣고 싶어지는 게 인간의 마음이다. 산해진미를 찾아 식도락을 즐기던 사람이 마지막에 찾는 음식이 매일 먹는 집밥인 것과 같은 이치다.

효사의 '白賁백비'는 '흰색으로 꾸미다'라는 뜻으로서, 온갖 화려한 색으로 꾸밈에 꾸밈을 더하다가 종국에는 무채색, 즉 소박한 흰색으로 돌아온다는 이치를 말하고 있다. 꾸밈이라는 것이 일시적인 욕망일 뿐, 궁극적으로는 환상에 지나지 않는다는 사실을 깨닫는다면, 이후로는 헛된 일에 힘을 낭비하는 실수를 하지 않을 것이기에 '无咎무구', 즉 재앙이 없을 것이라고 말한 것이다. 그래서 『상』에서도 "흰색으로 꾸미니 재앙이 없는 것은 맨 끝에 이르러 깨달음을 얻었기 때문이다"(白賁无咎, 上得志也)라고 해설하였다.

이제 앞의 질문에 답해 보자. 이 귀한 이치를 깨달았는데, 왜 실위일까? 기실 아무 자리도 없는 제6효의 국외자가 스스로 아무것도 아닌 백색으로 회귀하였음을 알면 그것은 당위였을 것이다. 그런데 이 자리에 양효가 있다는 것은 그냥 깨달음에서 끝나지 않고, 다시 새로운 꾸밈의 길을 갈 운명이기에 실위가 되는 것이다.

[제6 양효. 흰색으로 꾸미니 재앙이 없다.]

23. 박괘剝卦

山地剝산지박: 산이 깎여 평지가 되듯 한 켜씩 벗겨진다.

곤하간상坤下艮上

❖ 개관 ❖

'剝(벗길 박)' 자의 본의는 '벗겨져 떨어지다'이다. 온갖 물감으로 아무리 아름답게 수식해도 오래되면 표면부터 부식되어 벗겨진다. 박괘가 비賁괘의 뒤에 놓인 것에 대하여 『서괘』는 "아름답게 꾸며 놓은 다음에 누리다 보면 (꾸밈이) 다하게 되므로, 박괘로써 이를 이어받았다"(致飾, 然後享則盡矣, 故受之以剝)라고 해설하였다.

박괘의 괘상은 하괘에 곤괘(☷), 즉 땅이, 상괘에 간괘(☶), 즉 산이 각각 있는 형태다. 『상』에서 "산이 땅에 납작 붙어 있다"(山附于地)라고 해설하였는데, 높은 산이 풍화되어 깎여서 점점 땅에 가까워진다는 의미다. 높은 산은 양괘로서 장애물을 상징하므로, 박괘는 유순한 땅이 장애물을 만나 나아가지 못하고 멈춰 선 모양을 나타낸다. 그러나 음괘인 땅처럼 덤비지 않고 차분히 기다리면, 산은 저절로 무너져 장애물이 사라지는 도리를 박괘는 가르친다.

또한 박괘는 12소식괘消息卦 중의 하나로서 상강霜降을 대표하는데, 이 기간은 한로寒露에서 입동立冬 전까지의 30일이니, 제6 양효는 날씨가 점점 추워짐에 따라 양효가 하나씩 벗겨져 나가고 마지막 남은 양기가 되는 셈이다.

『주역』에서는 양효는 군자를, 음효는 소인을 각각 상징한다. 그러므로 음효가 다섯 개이고 양효가 한 개인 박괘는, 소인이 득세하고 군자가 퇴장당한 시대를 상징한다고 볼 수 있다. 소인이 우세하면 사회가 위기로 갈 수 있으므로, 이를 저지하려면 마지막 남은 군자의 슬기로운 고군분투가 필요하다. 후한 말 동탁董卓이 권력을 찬탈하여 전횡할 때 왕윤王允이 슬기롭게 처신하면서 모사를 감행함으로써 한나라 황실이 위기를 넘길 수 있었듯이 말이다. 오늘날에도 독재 정권이 검찰을 장악하고 사법부를 농단하려고 시도할 때, 일개 검사 한 명이나 판사 한 명이 정치적으로 중요한 사건 하나를 집요하게 수사해서 기소하거나 유죄 판결을 내리면, 그 사건 하나로 정권의 장기 집권 음모가 교착 상태에 빠지는 경우가 종종 있다. 비유하자면, 커다란 기계가 톱니바퀴에 끼인 작은 모래 알갱이 하나 때문에 움직이지 못하고 멈춰 서는 것과 같다. 박괘는 이처럼 소인배가 득세해서 사회를 멸망의 구렁텅이로 밀어 넣으려 할 때, 한 명의 군자가 홀로 버티면서 위기를 구하는 형세를 상징한다. 이때 군자는 캄캄한 밤에 빛나는 작은 별빛처럼 더욱 빛나 보일 것이다.

❖ 괘사 풀이 ❖

剝, 不利有攸往.
攸: 바 유. '所(바 소)'와 같음. 往: 갈 왕.

앞에서 설명하였듯이, '剝박' 자는 '벗겨서 떨어내다'라는 뜻이다. 그렇다면 누가 누구를 벗겨서 떨어낸다는 말인가? 박괘는 소인배가 득세하는 시기이므로 자연히 소인배가 군자를 벗겨서 떨어낸다는 뜻이 된다. 『단』에서는 이에 대하여 다음과 같이 해설하였다. "박괘는 벗겨 낸다는 뜻이다. 음유한 자들이 강직한 사람을 바꿔 버린다는 뜻이다. 그래서 이롭지 않음이 앞으로 나아가는 곳에 있으니, 이는 소인들이 자라나고 있기 때문이다. (이럴 때는) 순응하여 그곳에 멈춰 서서 괘상을 잘 관찰하라. 군자는 사라지고 자라남, 그리고 차고 비는 이치와 하늘의 운행을 숭상하기 때문이다."(剝, 剝也, 柔變剛也. 不利有攸往, 小人長也. 順而止之, 觀象也, 君子尙消息盈虛, 天行也)

여기서 "순응하여 그곳에 멈춰 서서"(順而止之)라는 구절은 괘의 형상에 기초해서 말한 것인데, 위에는 산(☶)이 있고 아래에는 땅(☷)이 있는 것처럼, 갈 길이 산에 막혀 있으면 굳이 넘으려 하지 말고 일단 순종하는 마음으로 기다리라는 말이다. 그러면서 '觀象', 즉 박괘의 괘상을 관찰해서 길흉이 어떻게 바뀌는가를 보라는 뜻이다. 왜냐하면 하늘의 이치와 운행은 사라질 때가 되면 사라지고, 자랄 때가 되면 자라며, 찰 때가 되면 차고, 빌 때가 되면 비는 것이기 때문이다.

군자는 나라를 온전하게 버텨 주는 기둥과 같은 존재다. 따라서 군자가 많을수록 나라는 굳건해진다. 『시경』「문왕文王편」의 "많은 선비가 북적대니, 문왕께서 이 때문에 평안하시네"(濟濟多士, 文王以寧)라는 구절은 바로 이를 가리킨다. 반대로 소인배가 득실거려서 군자를 쫓아내면 '아무리 높은 산도 벗겨지고 무너져서 땅에 납작 붙게 되는'(山附于地) 법이다. 그래서 『상』은 "임금은 군자의 계층을 두껍게 만들어서 집안을 안정시켜야 한다"(上以厚下安宅)라고 말한다. 여기서 '上상'은 임금을, '下하'는 군자를 각각 가리킨다.

[박剝괘: 이롭지 못함이 앞으로 나아가는 곳에 있다.]

❖ 효사 풀이 ❖

① 初六, 剝床以足, 蔑貞, 凶.
床: 평상 상. '牀(평상 상)'으로도 씀. 足: 발 족. 蔑: 멸할 멸. '滅(멸할 멸)'

자와 같음. 貞정: '正'과 같은 뜻. 반듯한 군자.

　제1효는 양의 자리에 음효가 있으므로 실위다. 제1효는 괘의 가장 기초가 되는 자리이므로 여기는 군자가 든든한 기초로 있어야 할 자리인데, 소인이 차지하고 있으므로 실위가 된다.

　효사에서 '床상'은 평상·침대·장의자 등과 같이 평평한 바닥과 이를 받치는 네 다리가 있는 가구를 말한다. 이러한 가구는 네 다리가 없으면 기능을 못 할 만큼 다리는 기초의 역할을 단단히 한다. 그런데 이 평상을 버텨주는 다리가 좀먹어 서서히 삭아 간다면 어떻게 되겠는가? 이것이 '剝床以足박삭이족', 즉 '평상의 다리를 삭아 들어가게 하다'라는 구절이 가리키는 바다. 여기서 '以' 자는 '之지' 자와 같은 뜻으로 쓰였다.

　사회와 나라에서 평상의 다리처럼 든든하게 받치는 군자들이 하나하나 사라져 간다면 나라의 장래는 없을 것이다. 효사는 이를 '蔑貞凶멸정흉', 즉 '반듯한 군자를 사라지게 하니 사납고 험난하다'라고 기술하였다. 여기서 '貞'은 반듯하게 행동하는 군자를 뜻한다. 그래서 『상』에서도 "평상의 다리를 갉아먹게 해서 기초를 멸절시킨다"(剝床以足, 以滅下也)라고 해설하였다.

　군자를 기어이 죽여서 나라가 멸망한 예는 춘추 시기 오자서伍子胥 사건이 웅변한다. 오자서는 초나라 사람이었는데, 초 평왕이 부친을 죽이자 복수하려고 오나라로 도망쳤다. 여기서 오왕 합려闔閭를 도와 강대국으로 만든 후 초나라를 공격하여 마침내 복수하였다. 합려가 죽은 후, 오자서는 아들인 부차夫差에게 중원 진출에 앞서 월나라 구천句踐을 먼저 죽여 버리자고 설득하였지만, 오히려 참소를 받아 죽임을 당하였다. 그러고 나서 9년 후 부차도 구천의 침공으로 죽고 말았다. 애당초 부차가 간신들의 참소에 넘어가 오자서를 죽이지 않았더라면, 오나라는 멸망하지 않았을 것이다. 이처럼 나라의 버팀목인 군자를 없애 버리는 것은 멸망으로 가는 지름길이다.

　[제1 음효. 평상의 다리를 삭아 들게 해서, 반듯한 군자를 사라지게 하니, 사납고

험난하다.]

② 六二, 剝床以辨, 蔑貞, 凶.
辨: 구분할 변.

제2효는 음의 자리에 음효가 있으므로 당위다. 순종해야 하는 신하의 자리에 순종하는 사람이 있으니 좋을 것 같지만, 제2효는 제5효와 상응하지도 않고 주위에 온통 음효, 즉 소인배만 널려 있다. 소인배가 기승을 부리는 곳에서는 거짓이 판을 치고 아첨이 난무한다. 제1효인 기초부터 갉아먹어 들어가다가 급기야 평상의 '辨변'에 이르게 되는데, '辨'에는 '구분하다'라는 뜻이 있으므로 위아래를 구분하는 중간의 이어지는 부분, 즉 관절을 가리킨다. 평상에서의 관절은 상판과 다리를 잇는 이음목인데, 기초부터 삭아 들어간 부식이 마침내 중간의 이음목까지 진행된 것이니, 나라의 조직으로 보자면, 제2효인 대부 계층까지 군자가 사라진 셈이다. 대부 계층이면 괘상이 보여 주듯이 하괘의 중간인데, 중간이 무너졌다면 돌이키기가 매우 어려운 상황에 돌입했음을 알 수 있다. 그래서 『상』에서 "평상의 중간 이음목까지 갉아 들어간 것이어서, 어디 도움받을 데가 없다"(剝床以辨, 未有與也)라고 해설하였다. 여기서 '與여' 자는 '돕다'라는 뜻이니, 중간이 무너지면 더는 어디에서 버텨 줄 데가 없음을 말하는 것이다.

[제2 음효. 평상의 중간 이음목까지 갉아 들어가서 중간의 군자 계층을 사라지게 하였으니, 사납고 험난하다.]

③ 六三, 剝之无咎.

제3효는 양의 자리에 음효가 있으므로 실위다. '剝之无咎박지무구'란 '벗겨 떨어져 나가게 하는 행위를 해도 재앙이 없다'라는 뜻인데, '剝'의 행위를 하는데 어떻게 재난이 없을 수 있을까? 제1효와 제2효에서의 '剝'의 행위는 사회의 기둥이 되는 군자라는 뚜렷한 대상을 몰아내는 일이었으니, '사납고 험난하게'(凶) 될 수밖에 없었다. 반면에 제3효에서는 그 대상을 특정하지 않고 단순히 '之'라고 하는 불특정한 대상을 습관적으로 지칭하고 있다. 이것은 제3효가 아래의 제1·2효, 위의 제4·5효 등과 함께 '剝'의 행위를 하는 무리를 이루고 있지만, 본 효만 제6효와 상응하고 있으므로 마음에도 없는 '剝'의 행위를 하고 있기 때문임을 알 수 있다. 이것이 본 효가 실위인 이유다. 종교적인 차원에서의 정죄는 본마음에 바탕을 두는 이른바 원심정죄原心定罪이므로, 본 효에게는 '无咎', 즉 재앙이 없게 된다.

게다가 제3효는 하괘의 맨 위에 있는 제후의 자리다. 속담 중에 "자리가 사람을 만든다"라는 말이 있다. 제후가 아무리 나쁜 짓을 한다 해도, 그는 궁극적으로 책임을 져야 하는 자리에 있으므로 아무래도 잠시 주저하게 되는 바가 있는 것도 사실이다. 왜냐하면 그 자리가 양효의 자리이기 때문에 그렇다. 그 아래에 있는 대부大夫급은 궁극적인 책임이 없으므로 악한 짓을 거리낌 없이 한다. 어느 조직이든 부정 사건의 발단이 책임자의 단독 범행보다는 측근 부하의 꼬드김으로부터 비롯되는 것은 바로 이 때문이다.

아무튼 소인배의 무리가 떼로 악한 짓을 저지르는데, 제3효가 양심이 발동하면 아무래도 범죄에 '성의'가 없어진다. 그러면 무리가 그 낌새를 금세 알아차리고 무리에서 따돌려 버릴 것이니, 이것이 재앙이 없게 되는 이유다. 『상』에서 "벗겨 떨어져 나가게 하는 행위를 해도 재앙이 없는 것은, 위아래의 악한 무리를 잃었기 때문이다"(剝之无咎, 失上下也)라는 구절은 바로 이 의미다.

[제3 음효. 벗겨 떨어져 나가게 하는 행위를 해도 재앙이 없다.]

④ 六四, 剝床以膚, 凶.
膚: 피부 부. 床以膚: 평상의 표면. '以'는 '之'와 같음.

제4효는 음의 자리에 음효가 있으므로 당위다. 이 자리는 측근 신하의 자리로서 순종적인 사람이 임금을 보필하고, 또한 임금은 그에게 의지해서 국정을 결정한다. 그런데 그가 군자가 아니라 탐욕스러운 소인이라면 국정이 어떻게 될지는 불을 보듯 뻔하다. 따라서 이 경우 제4효가 당위인 것은 나라와 백성에게 큰 재난임을 의미한다.

'膚부' 자는 피부, 또는 살갗을 뜻하는데, '剝床以膚박상이부'란 제1효의 평상의 다리부터 갉아먹기 시작한 '剝박'의 행위가 중간 이음새를 거쳐 평상의 표면까지 이르렀음을 말한다. 측근 신하는 임금에게 있어서 외부의 자극으로부터 보호해 주는 피부와 같은 존재다. 이러한 존재가 망가져서 소인으로 채워졌다면, 임금은 물론, 더 나아가 나라까지 흔들리는 것은 시간문제다. 그래서 『상』에서도 "평상의 표면까지 갉아먹어 들어갔으니, 재앙에 매우 절박하게 가까워졌다"(剝床以膚, 切近災也)라고 부연 해설하였다.

"입술이 없으면 이가 시리다"라는 순망치한脣亡齒寒의 성어를 만든 우虞나라와 곽虢나라의 관계가 이러하다. 진晉나라가 곽나라를 치려 하니 길을 좀 빌려 달라고 우나라에 요청하였다. 우나라의 궁지기宮之奇라는 신하가 곽나라는 우나라와 순망치한의 관계이니 절대 길을 내주어서는 안 된다고 간언하였으나, 뇌물에 넘어간 임금이 허락하였다. 진나라는 곽나라를 정벌하고 돌아오는 길에 우나라마저 쳐서 멸망시켰다. 이처럼 우나라의 피부 역할을 해 주던 곽나라를 치는 데 협조하였으니, 우나라가 이어서 망하는 것은 시간문제였다. 피부가 벗겨지면 다음은 당연히 몸이 망가질 수밖에 없으니, 이것이 '사납고 험난함'(凶)이 된다.

[제4 음효. 평상의 표면까지 갉아먹어 들어갔으니, 사납고 험난하다.]

⑤ 六五, 貫魚, 以宮人寵, 无不利.
貫: 꿸 관. 魚: 물고기 어. 宮: 궁궐 궁. 寵: 괼 총. 귀여워하다.

제5효는 양의 자리에 음효가 있으므로 실위다. 본 효는 제2효와 상응하지도 않고 그 아래에 음효만 줄줄이 늘어서 있으므로 상황이 매우 좋지 않아 보인다. 다행히 유약한 임금 위에 제6 양효가 있는데, 이는 금상今上, 즉 현재 임금의 권력 배경이 되는 두 가지 요소가 버티고 있음을 상징한다. 하나는 선왕들이 쌓아 놓은 기초가 든든해서 웬만한 위기로는 잘 흔들리지 않는 조건이다. 우리 옛말에도 "부자는 망해도 3년 먹을 것이 있다"라는 속담이 있지 않은가.

또 하나가 선왕이 제정해 놓은 법이다. 법만으로 권력이 작동하는 것은 아니지만, 그렇다고 없으면 안 되는 매우 중요한 요소다. 한비자韓非子는 이 법을 효과적으로 작동시키기 위해서 신불해申不害의 술術과 신도慎到의 세勢를 추가하였다. 박괘의 상황에서 임금은 유약한 데다 소인배에 둘러싸여 있으므로 세는 불가능하지만, 마지막 남은 술은 가능하다. 이것이 곧 소인배를 다루는 기술이니, 효사의 '宮人寵궁인총', 즉 궁중의 여인을 총애하는 방법이다.

'貫魚관어'란 물고기를 굴비 엮듯이 줄줄이 꿴 상태를 말한다. 물고기는 음을 상징하는 동물이므로 소인을 가리키는데, 여기서는 제1효부터 제4효까지 음효로만 이어진 괘상을 표현하였다. 즉 임금 밑에 소인배가 득시글하다는 말과 같다. 그렇다면 이들을 어떻게 다룰 것인가? 궁인宮人이란 궁중에서 황후를 제외한 임금을 모시는 모든 여인을 뜻한다. 궁중의 여인들은 임금의 총애를 얻기 위하여 온갖 교태와 술수를 부려서 임금의 판단력을 흐리게 하게 마련이다. 임금이 여기에 넘어가 총애만 주는 게 아니라, 권력까지 넘겨주면 나라는 곧장 멸망의 길로 간다.

그러나 현명한 임금은 겉으로만 "오냐, 오냐." 하면서 여인들의 교태와 시기·질투만을 즐길 뿐, 절대로 권력은 위임하지 않는다. 소인배는 이와 같은 방법으로 다루어야 한다. 이것이 어떻게 신불해가 주장하는 술術의 범주에 들어갈 수 있느냐고 반문할 수 있을 것이다. 그러나 공자도 일찍이

「양화陽貨편」에서 "오로지 (주인의 총애를 받는) 첩과 시종만이 다루기가 어려운 것으로 여긴다. 가까이해 주면 불손하고, 멀리하면 원망하기 때문이다"(唯女子與小人為難養也. 近之則不孫, 遠之則怨)라고 토로한 적이 있다. 그만큼 소인배는 다루기가 힘든 사람들이다.

이처럼 술을 활용해서 법을 강력히 시행하면 아무리 유약한 임금이라도 권력을 유지할 수 있다. 오히려 당나라 측천무후則天武后처럼 여인의 신분으로도 나라를 더욱 강성하게 만들 수도 있다. 그래서 효사에 '无不利', 즉 '이롭지 않을 게 없다'라고 말한 것이다. 『상』에서도 "궁중의 여인을 총애하는 방식으로 (소인배를 대하면) 끝까지 과실이 없을 것이다"(以宮人寵, 終无尤也)라고 해설하였다.

[제5 음효. 줄줄이 꿰어 있는 물고기 (같은 소인배는) 궁중의 여인을 총애하는 방식으로 대하면, 이롭지 않을 것이 없다.]

⑥ 上九, 碩果不食, 君子得輿, 小人剝廬.

碩: 클 석. 果: 열매 과. 食: 먹을 식. 輿: 수레 여. 廬: 오두막집 려.

제6효는 음의 자리에 양효가 있으므로 실위다. 제6효가 실위라는 것은 물러나 은거하고 있어야 할 사람이 나올 수밖에 없는 상황임을 암시한다. '碩果석과'는 '큰 열매'라는 뜻으로서, 제6효에 있는 것이라면 나무의 맨 위에 달린 과일을 가리킨다. 박괘는 제1효부터 소인배가 군자들을 조직에서 벗겨 내고 쫓아내며 올라오는 모양인데, 제6효에 와서는 다 떨어지고 맨 끝에 달린 열매만 남아 있는 셈이니, 이는 이미 은퇴하였기 때문에 소인들이 어떻게 할 수 없었던 마지막 남은 군자를 상징한다. 이것이 '碩果不食석과불식', 즉 '큰 열매를 따 먹지 못하다'라는 말이 지시하는 바다.

이미 현직에서 물러난 군자가 실질적으로 고통을 받는 백성을 위해 구체적으로 할 일은 없지만, 그래도 이들이 나서서 갈 길이라도 알려 주면, 백성은 캄캄한 밤에 별빛을 보듯 희망을 품을 수 있다. 그러면서 백성의 기대가 군자를 중심으로 형성되는데, 이는 마치 사람들이 인간 수레를 만들어 그 위에다 군자를 태우고 나아가는 모습으로 표현할 수 있다. 임진왜란 시기에, 남쪽 지방이 왜군에게 유린당할 때 지방의 군자들을 중심으로 이곳저곳에서 의병이 일어난 것이 대표적인 예라 할 수 있다. 이것이 '君子得輿군자득여', 즉 '군자가 수레를 타게 되었다'라는 구절의 뜻이다.

백성이 이렇게 군자를 중심으로 희망을 품고 길을 찾아 나서면, 이제 소인배는 도망가거나 숨을 곳이 없다. 효사의 '廬려' 자는 도망가서 숨을 수 있는 오두막집, 즉 도피처를 말한다. 따라서 '小人剝廬소인박려'는 소인배는 오두막마저 박탈되어서 숨을 곳도 없게 된다는 뜻이다.

이렇게 음의 자리에 양효가 나타난 것은 실위이긴 하지만, 군자가 궁지에 몰린 절체절명의 위기에서도 한 가닥 살길이 있다는 반전의 메시지를 말해 주는 형상이라고 볼 수 있다.

『상』은 "군자가 수레 위에 올라타게 된 것은, 백성에게 실렸기 때문이니, 이제 소인배는 숨을 오두막집까지 박탈당해서, 끝내 다시는 등용되지 못할 것이다"(君子得輿, 民所載也, 小人剝廬, 終不可用也)라고 해설하였다. 요약하면, 궁극적인 힘은 백성에게서 나오는데, 그 힘의 결집은 군자가 나설 때 그를 중심으로 이루어진다는 것이니, 역시 위의 해석과 같은 문맥임을 알 수 있다.

[제6 양효. 큰 열매는 먹지 못하였으니, 군자는 수레에 올라타게 되었고, 소인배는 숨을 오두막집마저 박탈당하였다.]

24. 복괘復卦

地雷復지뢰복: 땅 밑으로부터 진동이 올라와 만물을 깨울 채비를 한다.

진하곤상震下坤上

❖ 개관 ❖

복復괘는 앞의 박剝괘를 완전히 뒤집어 놓은 복괘覆卦의 형상이므로, 진괘(☳)가 하괘에, 곤괘(☷)가 상괘에 각각 자리 잡고 있다. 이 괘상의 전체적인 의미는 진괘의 맨 아래에 있는 양효가 진동하면 위에 있는 곤괘는 이에 순응하여 파동을 땅 위로 전달하여 만물을 깨운다는 것이다. 제2효 이후 다섯 개의 음효가 진동을 막힘 없이 위로 전하는 모양이 이를 상징한다. 여기서 맨 아래의 양효는 수평선 위로 막 드러난 미세한 태양의 빛으로서 위로 쌓인 음효를 뚫고서 점차 광명의 세계로 올라가려는 모습을 떠오르게 한다. 그래서 12소식괘消息卦에서 복괘는 동지冬至를 대표한다. 동지는 글자 그대로 겨울의 끝이지만, 끝은 언제나 새로운 시작과 겹치므로 여기에 양효 하나가 맨 아래로부터 시작하는 것이다.

앞서 말했듯이, 복괘는 그 앞의 박괘를 뒤집어 놓은 것으로 복괘와 박괘는 복괘覆卦의 관계다. 『서괘』에서 "사물은 끝까지 가서 사라질 수는 없고, 벗겨 내는 일이 궁극에 이르러 꼭대기까지 올라가면 다시 아래로 되돌아간다. 그래서 복괘로써 이를 받아 계승한 것이다"(物不可以終盡, 剝窮上反下, 故

受之以復)라고 해설한 것처럼, 반복해서 벗겨 내려가다 보면 처음부터 다시 시작하는 단계에 이르게 되므로, 박괘의 마지막 양효를 첫 효로 시작하는 복괘로 이어 간 것이다.

성인이 이렇게 순서를 정한 것은 소인의 무리가 군자를 야금야금 벗겨 내고 쫓아내더라도 그 궁극에 가서는 양효 하나를 남겨 놓아, 이로써 다시 소인배를 몰아내고 광명의 세계를 다시 이룩할 것이라는 희망을 주기 위해서이다.

『삼국지연의』의 압권이라 할 수 있는 적벽대전에서 제갈량이 동남풍을 불러와서 화공으로 조조의 백만 대군을 섬멸한 고사는 매우 유명하다. 여기서 제갈량이 항상 북서풍이 부는 동짓달에 동남풍을 기도로 불러왔다고 하여, 그의 이러한 신기神技는 역사적으로 두고두고 칭송되었다. 그러나 기실 이는 신기가 아니라 『주역』에 통달한 그의 지혜 덕이었다. 제갈량이 『역』을 보니까 동짓달은 복괘였다. 복괘는 다섯 개의 음효가 지배하기에 항상 북서풍이 불게 마련이지만, 동시에 양효 하나가 맨 밑에 숨어 있어서 봄을 준비하고 있기에 복괘가 지배하는 총 30일 중에서 효 하나의 기간인 5일 정도는 거꾸로 동남풍이 불기도 한다. 이 원리가 실제와 부합하는지 알기 위하여 그는 현지의 어부들을 찾아 물어보았다. 그랬더니 가끔 동남풍이 불 때가 있다는 대답이 돌아왔다. 그래서 그는 제단을 차리고 기도하는 척하며 동남풍을 기다렸는데, 과연 이 기대가 적중하여 적벽대전을 승리로 이끌 수 있었다. 이처럼 유일하게 남아 있는 반전의 양효를 볼 줄 아는 이야말로 희망을 실현할 사람일 것이다.

복괘와 박괘의 세계는 군자의 길로 열려 있는가, 아니면 소인의 길로 열려 있는가만 다를 뿐 그 진행의 이치는 같다. 단지 다른 것이 하나 있다면, 박괘의 효사는 군자를 적대하여 그들을 쫓아내는 일로 일관하고 있음에 반하여, 복괘는 소인배를 적대시하기보다는 군자가 자신의 허물을 되돌아보고 경계하는 말로 채워져 있다는 것이다. 이처럼 자신을 되돌아보는 일은 작은 일

같아 보여도 소인배의 길을 막거나, 또는 속히 끝낼 수 있는 유일한 방도가 된다. 이 역시 양효 하나가 주인이 되는 복괘의 괘상을 그대로 보여 준다.

❖ 괘사 풀이 ❖

復亨. 出入无疾, 朋來无咎. 反復其道, 七日來復, 利有攸往.
出: 나갈 출. 入: 들어갈 입. 疾: 질병 질. 해치다. 朋: 무리 붕. 反: 돌이킬 반. 道: 길 도.

소인배가 득세한 음기의 시기를 견디고 양기의 시기로 돌아왔으니, 앞으로 군자에게는 형통할 일만 남았다고 볼 수 있다. 군자가 형통하려면 양기가 완전히 자리를 잡아야 하는데, 그것이 괘사의 '出入출입'이다. 즉 '出'은 양기가 음기가 만연한 가운데 나타난 것이고, '入'은 양기가 있어야 할 자리에 들어가 자리를 잡았다는 뜻이다. 복괘는 음의 시기를 끝내고 등장하였기에 앞길이 훤히 뚫려 있을 터이니, 양기가 나타나 제자리를 잡는 과정에 막힘이 없다는 말이 '出入无疾출입무질'이다. 이때의 '疾'은 '해치다'·'막히다'라는 뜻이다. 이것을 『단』에서는 "양의 강직함이 자기 자리로 되돌아갈 때는, 움직이기만 하면 그 길로 순조롭게 진행한다"(剛反, 動而以順行)라고 해설하였는데, 역시 같은 의미다.

『단』은 이어서 '朋來无咎붕래무구'라고 하였는데, 여기서 '朋'이란 원래 뜻이 '새가 떼지어 날다'이므로, '양기가 무리 지어 오다'라는 의미로 풀 수 있다. 즉 양기가 자리를 잡았으므로 그 뒤로 양기, 즉 양효가 무리로 온다 해도 어려움이 없을 것이라는 뜻이다. 이렇게 군자의 길로 되돌아오게 된 것은 일정한 주기를 거쳐 이루어진 것이니, 이것을 괘사에서는 '七日來復칠일래복'이라고 표현하였다. 여기서 '七日'은 7일마다 돌아오는 '7일장'이라는 뜻으로서 일정한 주기를 비유한 말로 보는 게 옳을 듯하다. 즉 앞의

12소식괘消息卦에서 보면, 마지막 양효의 박괘(䷖)는 9월이고, 양효가 완전히 사라진 곤괘(䷁)는 10월이며, 양효가 다시 나타난 복괘(䷗)는 11월이다. 그러면 양효가 사라지고 다시 나타나기까지는 일곱 개 음효의 기간을 거쳐야 하므로 7일장으로 비유한 것이다. 따라서 이제 형통할 일만 남았으므로 『단』은 "이로움이 앞으로 나아가는 곳에서 생겨나게 되니, 이는 강직함이 점점 자라나기 때문이다"(利有攸往, 剛長也)라고 말한 것이다.

복괘가 동지를 표상하는 것은 10월에 음의 진행을 마치고 다시 양으로의 진행을 시작하기 때문이다. 그래서 괘상이 곤괘가 상징하는 땅속에 진괘(☳), 즉 우레가 처음으로 자리 잡은 모양을 형성한 것이다. 여기서 양의 시작을 알리는 진동이 울리면 이것이 점차 퍼져 올라가서 땅 위의 만물이 소생하게 되는 것이다. 따라서 음에서 양으로 전환하는 순간에는 아주 짧은 휴지休止가 생기는데, 바로 이 기간에 사람들도 새로운 시작을 준비해야 한다. 그래서 『상』에서 "선왕들은 하지나 동짓날에 성문을 걸어 잠그고, 상인과 여행자들을 다니지 못하게 하였으며, 임금도 정무를 살피지 않았다"(先王以至日閉關, 商旅不行, 后不省方)라고 해설하였다. 이 구절에서 '方방' 자는 '事사' 자의 뜻으로 쓰였다.

[복復괘: 다시 돌아와 시작하니 형통하다. 양기가 나타나 제자리를 잡는데 이를 해칠 것이 없으니, 양기가 무리로 오더라도 어려움이 없다. 양기가 되돌아와 제 갈 길에 들어선 것은 7일마다 서는 장날처럼 되돌아온 것이어서, 이로움이 앞으로 나아가는 곳에서 생겨난다.]

❖ 효사 풀이 ❖

① 初九, 不遠復, 无祇悔, 元吉.

遠: 멀 원. 祇: 클 기. 悔: 뉘우칠 회. 元: 으뜸 원. 크다.

제1효는 양의 자리에 양효가 있으므로 당위다. 마땅한 사람이 있어야 할 자리에 있는 것이므로 설사 사소한 실수가 있더라도 용납될 터인데, 제4효와 상응까지 하고 있으므로 처한 환경이 매우 유리하다. 비유컨대, 최상의 컨디션으로 처음 길을 떠나면 혹 길을 잘못 들거나 샛길로 빠지더라도 금세 알아차리고 머지않아 제 길을 찾아 되돌아올 수 있다. 이것이 '不遠復불원복', 즉 멀리 가지 않아서 금방 제자리로 돌아온다는 말이다. 여기서 '不遠'은 공간적으로 멀지 않다는 뜻도 되지만, 시간적으로 '금세'라는 뜻도 된다.

이렇게 금세 알아차리는 계기는 스스로 깨달을 수도 있지만, 지나가는 사람에게서 우연히 들은 말이 '아, 이 길이 아닌가 보다'라는 생각을 하게 할 수도 있을 것이다. 길을 잘못 들었다는 자각을 한나절이나 지나서 했다면, 이제 돌아가기도 힘들게 되었으니 전체 여행 계획이 완전히 어긋나 버리겠지만, 멀리 가지 않아서 금세 깨달았다면 이런 재난을 막을 수 있으니, 이것이 길한 일이 아니고 무엇이겠는가. 그래서 '无祇悔무기회, 元吉원길', 즉 '크게 후회할 일이 없으니 크게 길하다'라고 말한 것이다.

이에 대하여 『상』에서는 "멀리 가지 않아서 제자리로 되돌아오면, 이로써 자신을 수양할 수 있다"(不遠之復, 以脩身也)라고 해설하였다. 사람이 옳게 살려면 처음부터 정도正道를 꿋꿋이 걸어가면 되겠지만, 이렇게 하는 것은 보통의 인격 수양으로는 엄두도 낼 수 없는 것이 현실이다. 설사 억지로 이를 실행하더라도 머지않아 겉으로 보이는 선한 모습에만 집착하는 형식주의자로 전락할 위험성이 매우 높다. 진정한 도의 실행은 실수와 타락을 저지르고 난 후 뒤늦게 깨닫는 데서 가능하다. 그러나 너무 큰 실수와 타락에 빠지고 나서 깨달으면 지불해야 할 대가가 너무 크기에 함부로 할 수 없지만, 작은 실수로도 깨달을 수 있다면 수양에 크게 도움이 된다. 그래서 『계사繫辭(하)』에서 공자는 "안 씨의 아들은 아마 여러 오묘한 진리에 가까이 간 사람일 것이다. 착하지 않은 것이 있으면 일찍이 알아차리지 않은 적이 없고, 알아차렸으면 일찍이 올바른 행위로 돌아오지 않은 적이 없다.

『역』에 '멀리 가지 않아서 되돌아오면 크게 후회할 일이 없으니, 크게 길하다'라는 구절이 있다"(顏氏之子, 其殆庶幾乎. 不遠復, 无祇悔, 元吉)라고 제자인 안회顏回를 칭찬하였다. 즉 군이 크게 실수하지 않고도 즉시 깨닫는 사람이 총명하고 훌륭하다는 뜻이다.

사마천이 『백이열전伯夷列傳』에서 설파한 것처럼, 안회가 아무리 훌륭해도 공자를 만나지 않았더라면 그 이름을 남길 수 있었을까? 안회의 존재를 인정한 타자의 기능을 공자가 한 셈이니, 여기서 제1효와 상응하는 제4효의 자리에 공자가 있었다고 말할 수 있다.

[제1 양효. 멀리 가지 않아서 되돌아오면 크게 후회할 일이 없으니, 크게 길하다.]

② 六二, 休復, 吉.
休: 쉴 휴.

제2효는 음의 자리에 음효가 있으므로 당위다. 앞의 제1효에서 굳센 의지를 갖고 출발하여 약간의 미세 조정 과정을 거친 뒤에 제 길로 들어선 단계다. 이 단계에서는 굳세고 강직한 의지를 유지하는 데에 초점을 맞추기보다는 가야 할 길을 잘 따라가는 일이 중요하다. 이것을 효사는 '休復휴복'이라고 표현하였는데, '休' 자의 원래 의미는 '나무에 사람이 등을 기대고 쉬다'이다. 즉 자신의 의지대로 하지 말고, 순종하는 자세로 정도正道에 의지해서 원래 자리로 돌아가야 한다는 뜻이다. 제2효가 진괘(☳) 중에서 가운데에 자리하고 있음이 정도를 행함을 상징한다.

우리가 일상에서 자동차와 같은 기계류를 다룰 때도 이같이 하는 것이 일반적이다. 처음 구매한 기계를 작동할 때는 들뜬 마음에 사용 설명서도 자세히 읽지 않은 채, 이것저것 만지면서 시험하다가 스위치를 제대로 못 움직이거나 오작동을 일으키는 등, 경미한 사고를 내게 된다. 그러고 나서야 자신이 너무 성급했음을 깨닫고, 사용 설명서를 자세히 읽어 가면서 기계의 사용법을 익히게 되는데, 이제는 자신의 추측대로 기계를 만지지 않고 사용 설명서에 기대어 원래 사용법으로 되돌아간다는 의미에서 '休復'의 단계라고 비유적으로 말할 수 있다.

'休' 자를 '아름다울 휴'로도 읽는데, 이때의 '休復'은 '정도로 되돌아간 아름다운 상태'가 된다. 게다가 제2효는 제5효와 상응하지 않으므로 아름다워지려면 아름다운 이웃과 함께해야 한다. 공자가 『논어』「이인里仁편」에서 "인과 이웃하며 사는 것이 아름답다"(里仁爲美)라고 말하였듯이 말이다. 마침 그 옆에 있는 제1효가 양효여서 이웃의 덕을 볼 수 있는 상황이다. 제5효와 상응하지 않아서 홀로 정도를 행하는 일이 쉽지 않을 때, 지지해주는 이웃이 함께한다면 크게 도움을 받을 수 있을 것이다.

그래서 『상』에서도 "정도에 기대어 제자리로 되돌아가는 일이 길한 것은, 어진 사람에게 자신을 굽히기 때문이다"(休復之吉, 以下仁也)라고 해설하였다.

[제2 음효. 정도에 기대어 제자리로 되돌아가니, 길하다.]

③ 六三, 頻復, 厲无咎.
頻: 찡그릴 빈. '顰(찡그릴 빈)' 자와 같음. 厲: 위태로울 려.

제3효는 양의 자리에 음효가 있으므로 실위다. 앞의 제2효의 단계를 이어 정도에 기대어 자신의 길을 계속 가다 보면, 예기치 않게 여러 사람과 얽히거나 유혹을 받는 등 장애물을 만나게 된다. 그러면 시간이 지체되는 등 애초의 의도대로 되지 않으면서 심각한 고민에 빠지게 된다. 자신도 이러면 안 되는 것을 알지만, 사람과 얽히면 제자리로 돌아오기가 쉽지 않다. 그래서 이런 사람은 걱정 때문에 늘 미간을 찡그리고 산다. 효사의 '頻빈' 자는 '빈축顰蹙', 즉 미간을 찡그리고 제자리로 되돌아가야 함을 걱정한다는 뜻이다.

그래도 제3효는 양의 자리에 있기도 하려니와, 진괘(☳)의 마지막 효로서 제1효에서 발생한 초동初動이 올라와 여진으로 영향을 미치고 있는 모양이어서, 궁극적으로 전혀 다른 곳으로 전락하지는 않는다. 따라서 현재 상황이 위태롭기는 하지만 그래도 큰 탈은 없다. 이것을 효사에서 '厲无咎려무구', 즉 '위태로워도 재앙은 없다'라고 표현하였다.

『상』에서는 "미간을 찌푸리고 되돌아가야 함을 걱정하는 위태로운 상황이지만, 의로움 때문에 재앙은 없다"(頻復之厲, 義无咎也)라고 해설하였다. 여기서 이러한 상황을 '義의'라고 기술한 것은, 마음의 진실성에 근거해서 판단하였기 때문이다. 즉 그가 비록 현실의 어쩔 수 없는 상황에서 벗어나지 못하고는 있지만, 마음은 늘 제자리로 되돌아가야 한다는 고민을 멈추지 않고 있다는 말이다.

『논어』「이인里仁편」에서 공자는 "사람의 과실은 부류로 각기 나눌 수 있다. 그래서 과실을 보면 그에게 인이 얼마나 있는지 알 수 있다"(人之過也, 各於其黨. 觀過斯知仁矣)라고 하였다. 즉 사람의 잘못은 다 똑같은 것이 아니라, 마음에 갖고 있는 의도에 따라 다르다는 말이다. 『후한서後漢書』「오우전吳祐傳」에 다음과 같은 기록이 있다. 오우가 지방 군왕의 재상으로 있을 때, 그 밑의 손성孫性이라는 하급 관리가 몰래 세금을 더 거두어 옷 한 벌을 장만해서 아버지에게 드렸다. 그의 아버지가 이 사실을 알고 아들을 꾸짖어 즉시 자신 신고해서 벌을 받게 하였다. 이 사연을 들은 오우는 손성이 잘못은 했지만, 아버지를 위하려는 갸륵한 마음씨만은 어질다 하여 옷을 다시 아버지에게 갖다드리라 하였다는 고사다.

이처럼 설사 잘못을 저질렀다 하더라도 그 마음 씀에 따라 인仁함이 들어 있을 수 있으니, 이를 『상』에서는 '의롭다'라고 기술한 것이다.

[제3 음효. 미간을 찌푸리고 제자리로 되돌아가야 한다고 걱정하니, 위태롭기는 해도 재앙은 없다.]

④ 六四, 中行獨復.

行: 길 행. 獨: 홀로 독.

제4효는 음의 자리에 음효가 있으므로 당위다. 제4효는 음효이지만 아래 위의 음효인 제2·3효와 제5·6효 사이의 중간에 처한다. 제4효는 하괘인 진괘(☳)의 영역을 넘어 상괘인 곤괘(☷)의 영역으로 들어와 있으므로, 이곳은 제1효가 발한 진동의 영향권 밖에 있다고 말할 수 있다. 그래서 초발심初發心을 잊고 옳지 않은 일에 손을 댔다가 그 패거리의 중심적 인물이 되었으니, 다섯 음효 중에서 가운데에 처하고 있다는 사실이 이를 상징한다.

그러나 제3효에서 늘 되돌아가야 한다고 고뇌, 즉 '頻復빈복'하였듯이, 이 번민은 계속될 수밖에 없었다. 그렇게 되돌아갈 기회를 잡지 못하는 듯하였지만, 제1효와 유일하게 상응하는 관계에 있으므로 저 밑에 잠재된 초발심이 발동하는 계기를 만나면 신념을 되찾을 수 있다. 그러면 중도에 패거리를 떠나 홀로 되돌아오게 된다는 뜻이다. 효사 중의 '行행' 자는 '道(길 도)'·'途(길 도)' 등과 같은 뜻이므로, '中行중행'은 '中途중도', 즉 '길을 가던 도중에'라고 풀이할 수 있다.

이렇듯 옳은 일이나 선한 일은 혼자 결정하고 실천하는 것이다. 『논어』 「자한子罕편」에서 "더불어서 함께 도에 이르는 길을 갈 수는 있어도 더불어서 함께 우뚝 설 수 있는 것은 아니다"(可與適道, 未可與立)라고 말한 것처럼 말이다. 그래서 남다른 용기가 무엇보다 필요하다. 『논어』 「헌문憲問편」에서 공자가 "어진 사람은 반드시 용기가 있다"(仁者必有勇)라고 한 말은 바로 이 뜻이다. 의로운 일을 실천하는 사람 앞에는, 세상의 눈으로 보았을 때, 복된 일보다는 감당하기 어려운 일과 고난이 놓여 있기 때문이다. 그래서 제4효의 효사에는 길흉에 관한 언급이 없다. 왜냐하면, 세상 사람의 눈에는 이것이 재앙이겠지만, 도를 실천할 수 있는 용감한 사람에게는 복이기 때문이다.

『상』의 "중도에 홀로 떨어져 나와 되돌아가는 것은, 도를 따르기 위함이다"(中行獨復, 以從道也)라는 해설도 같은 맥락에서 한 말이다.

[제4 음효. 중도에 홀로 떨어져 나와 제 길로 되돌아가다.]

⑤ 六五, 敦復, 无悔.

敦: 도타울 돈. '厚(두터울 후)'와 같은 뜻.

제5효는 양의 자리에 음효가 있으므로 실위다. 본 효는 지존인 임금의 자리인데, 칭송받는 임금의 리더십에는 두 가지가 있다. 하나는 양효의 강직함으로 백성에게 비전을 제시하고 결기 있게 영도해 나가는 리더십이고, 다른 하나는 음효의 후덕함으로 백성을 품어 안아서 스스로 따르게 하는 리더십이다. 본 효의 효사에 '敦復돈복', 즉 후덕함으로 되돌아간다고 하였으므로, 이전에는 그렇지 못하였음을 짐작할 수 있다.

임금이 잠시 임금답지 못하였다 하더라도, 임금의 자리는 상괘의 중앙에 자리 잡고 있으므로 임금은 임금일 수밖에 없는 데다가, 이제 후덕함으로 되돌아왔으니 적어도 '후회할 일은 없을 것'(无悔)이라는 게 효사의 의미다.

이것을 『상』에서는 "후덕함으로 되돌아오니 후회할 일이 없는 것은, 중용으로써 자신을 이룩하였기 때문이다"(敦復无悔, 中以自考也)라고 해설하였다. 여기서 '考고' 자는 '이루다'··'성취하다'라는 뜻이다. 그렇다면 '중용으로써 자신을 이룩하였다'라는 말은 무슨 뜻인가? 앞서 설명하였듯이, 임금의 자리는 중앙에 처하고 있다는 구조적 요인과 상징성 때문에 그 자체로 지배력을 갖추고 있어서 임금이 좀 못나도 정치는 그런대로 유지된다. 따라서 임금이 특별한 리더십 없이 그냥 상식적이기만 해도 용납이 된다. 여기서 '상식적'이라는 말은 곧 중용中庸을 뜻한다. 그런데 임금은 이른바 무소불위無所不爲의 권력을 쥐고 있는데, 이런 사람이 상식을 지킨다는 것은 사실상 불가능에 가깝다. 따라서 임금의 자리에 있는 사람은 굳이 백성을 위한다는 거창한 이념을 추구할 필요가 없다. 그저 자신 하나만이라도 수양해서 덕을 갖추면 된다. 이것이 '自考자고', 즉 자신을 이룩한다는 말의 본뜻이다. 그래야 상괘의 곤괘(☷)가 상징하는 이른바 '厚德載物후덕재물', 즉 덕을 두껍게 쌓아서 세상 만물을 실어 주는 기능을 임금이 수행할 수 있게 된다.

[제5 음효. 후덕함으로 되돌아오니 후회할 일이 없다.]

⑥ 上六, 迷復, 凶, 有災眚. 用行師, 終有大敗. 以其國, 君凶. 至于十年不克征.

迷: 헤맬 미. 災: 재앙 재. 眚: 재앙 생. 師: 군대 사. 終: 끝날 종. 敗: 패할 패. 至于지우: ~에 이르다. 克: 이길 극. 여기서는 '可(가할 가)'와 같은 뜻. 征: 먼 길 갈 정. 첫발을 내딛다. 처음의 상태로 되돌리다.

제6효는 음의 자리에 음효가 있으므로 당위다. 이 자리는 원래 국외자의 자리라서 소외되는 것이 정상이긴 한데, 제3효와 상응하지 않기에 소외를 넘어 제자리도 찾지 못하고 헤매고 있는 모습이다. 이것을 효사에서는 '迷復미복', 즉 헤맨 채 제자리로 돌아가지 못한다고 기술하였다. 그러므로 미래가 사나워서 각종 내우외환內憂外患이 발생하게 되는데, 이것이 '災眚재생'이라는 것이다. 여기서 '災'는 외부로부터 발생한 천재지변에 해당하고, '眚'은 내부 또는 자신의 잘못으로 발생한 인재人災에 해당한다.

앞에서 설명하였듯이, 동지에는 성문을 걸어 잠가서 여행자나 상인들이 다니지 못하게 하였다. 그러므로 이때는 군사를 일으켜 전쟁도 하면 안 된다. 왜냐하면, 이런 시기에 전쟁하면 크게 패할 것이기 때문이다. 효사의 '用行師, 終有大敗', 즉 '군대를 동원하여 출병하면, 끝내 큰 패배를 맛볼 것이다'라는 구절은 이를 가리킨다. 물론 이때의 출병은 주동적으로 일으킨 전쟁을 의미하는 것이지, 외적의 침입에 대항하고자 일으킨 군사는 아니다.

효사는 이어서 '以其國, 君凶'이라고 기술하는데, 여기서 '以其國이기국'이란 헤맨 채 제자리로 돌아가지 못하는 '迷復미복'의 상태로 나라를 다스린다는 뜻이다. 그러면 임금에게 사납고 험난한 일이 생기는 것은 당연한 결과일 것이다.

이렇게 해서 임금에게 험난한 일이 생기면, 10년이라는 긴 세월이 지나도 크게 패하기 이전의 군사력을 회복하지 못한다. 효사에서는 '不克征'이라고 썼는데, 여기서 '征정' 자는 군대가 출정할 때 첫발을 딛는 때를 가리키므로, 출정할 당시의 군사력을 상징하는 말이 된다. 따라서 10년이 지나도 출정 당시의 군사력으로 돌아가지 못한다는 것이 '不克征'의 뜻이다.

『상』에서도 "(임금이) 헤맨 채 제자리로 돌아가지 못해서 당하는 험난함은 임금의 도리에 어긋났기 때문이다"(迷復之凶, 反君道也)라고 해설하였다. 곤괘(☷☷)의 괘사에 보면, '先迷後得主선미후득주'라는 구절이 있다. 임금의 명령보다 앞서 나가면 미혹되고, 명령을 듣고 움직이면 임금의 신뢰를 얻는다는 뜻이다. 복괘의 주인은 유일한 양효인 제1효인데, 이 위치에서 보자면 제6효는 주인보다 훨씬 앞서 있는 모양새이므로 미혹되지 않을 수 없다. 제6효를 임금의 입장으로 대치하면, 그 임금은 제1효, 즉 임금이 지켜야 할 도리를 훨씬 벗어나 있는 셈이 된다. 따라서 임금의 도리를 멋대로 해석해서 멀리하면 나라 자체가 헤매게 되어 제자리로 돌아가지 못한다.

[제6 음효. 헤맨 채 제자리로 돌아가지 못해서 앞으로 사납고 험난해지니, 내우외환內憂外患이 생긴다. 이때 군사를 일으켜 출정하면 끝에 가서 큰 패배를 당할 것이다. 이러한 자세로 나랏일을 보면 임금에게 사납고 험난한 일이 생길 것이니, 십 년에 이르더라도 출정할 때의 국력을 회복하지 못할 것이다.]

25. 무망괘无妄卦

天雷無妄천뢰무망: 하늘에서 우레가 울리니 경거망동하지 말라.
진하건상震下乾上

❖ 개관 ❖

'无무' 자는 '毋(말 무)'와 같은 글자로서 금지사禁止辭이고, '妄망' 자는 왕필王弼의 정의처럼 '虛妄矯詐허망교사', 즉 '근거도 없이 마음대로 지어 내다'라는 뜻이다. 따라서 '无妄무망'은 '함부로 경거망동하지 말라'라는 뜻이 된다.

무망괘는 하괘에 진괘, 즉 우레가 있고, 상괘에 건괘, 즉 하늘이 있는 구성이다. 이 괘상은 하늘에서 무서운 우레가 울려 사람들에게 경계심을 주므로 모두 정해진 법도를 지키면서 함부로 경거망동하지 않음을 뜻한다. 그래서 『서괘』에서 "제자리로 다시 돌아가면 함부로 경거망동해서는 안 되므로, 무망괘로 받아 이어 간 것이다"(復則不妄矣, 故受之以无妄)라고 해설하였다.

다른 한편으로, 건괘는 건健, 즉 튼튼함을, 진괘는 동動, 즉 움직임을 각각 상징하므로, 하늘의 우레가 사람들에게 강건한 기운을 부여해서 모두 부지런히 움직이도록 진작시킨다는 뜻도 동시에 있다. 강직한 군주가 근엄한 카리스마로 다스리면, 백성은 두려움에 법을 잘 지키게 된다. 그러면 체제와 백성의 삶이 안정되는 장점이 있지만, 이것이 오래 지속되면 구태의연하고 정적인 사회가 되어 발전이 없다. 자연히 사람들 마음속에 따분함을 타파하고 싶은 욕망이 생기고, 이를 부추기는 이른바 개혁 세력이 등장하게 마련이다. 이것이 앞에서 말한 '부지런히 움직이도록 진작시키는' 작용이다. 이것은 집권 세력에게는 잠재된 위기의 씨앗임에 틀림이 없다. 그래서 이러한 때 경거망동하지 말라는 경고가 무망괘에 담긴 함의다.

무망괘는 상괘도 양괘(홀수)고 하괘도 양괘(홀수)다. 양기에 양기가 더해져서 대단히 강건해지면 안정되어 좋긴 한데, 안정은 부정부패라는 반작용을 낳는다. 그래서 개혁의 요구가 일어나 세력을 형성하게 되는데, 그렇다고 함부로 이에 부화뇌동하면 정치적 난리를 겪는다. 왜냐하면, 무망괘는 양효가 네 개인데 반하여 음효는 두 개밖에 안 되기 때문이다. 따라서 무망괘에는 부정부패라는 정권의 위기와, 난리로 인한 백성의 유리流離라는 이중적 위기가 잠재한다. 따라서 무망괘의 괘상인 '하늘로부터의 우레'는 일종의 경고다. 정권은 부정부패를 경계하고, 안정의 약점을 이용하여 체제를 뒤엎으려는 허튼짓을 말아야 한다는 경고 말이다.

❖ 괘사 풀이 ❖

无妄, 元亨, 利貞. 其匪正有眚, 不利有攸往.

元亨: 크게 형통하다. 利貞: 이로움이 정도를 지킴에 있다. 匪비: '非(아닐 비)' 자와 같음. 眚: 재앙 생.

무망괘는 위는 건괘, 아래는 진괘로 구성되었는데, 건괘(☰)는 튼튼함을, 진괘(☳)는 활발한 움직임을 각각 대표한다. 따라서 튼튼한 하늘을 배경으로 해서 쩌렁쩌렁 울리면, 이에 복종하지 않을 사람이 없을 것이므로, 사람들은 자신의 분수를 철저히 지키고, 사회는 안정될 것이다. 그래서 괘사에서 말한 것처럼, '元亨원형', 즉 크게 형통할 것이고, '利貞리정', 즉 올바른 도리를 지키는 사람에게 이로움이 돌아갈 것이다. 반대로 도리를 지키지 않는 사람에게는 재앙이 생길 것이니, '其匪正기비정, 有眚유생'이 바로 이 의미다. 여기서 재앙은 도리를 지키지 않은 자신 때문에 일어난 일이어서, '眚생' 자를 썼다. '도리를 지키지 않는다'라는 말이 곧 '妄망' 자인데, 도리를 벗어나 멋대로 행동함을 가리킨다. 이런 사람은 앞으로 무슨 일을 계획하든지 이롭지 못함이 발생한다. 이것이 '不利有攸往'이 뜻하는 바다. '攸往유왕'은 그가 가려는 곳, 즉 그가 계획하고 실행하려는 일을 의미한다.

이에 대하여 『단』은 다음과 같이 해설하였다. "무망괘는 강직함이 밖(상괘)으로부터 오는 데다가 (하괘인) 안에 주인으로 있기에, (진괘의) 움직임과 (건괘의) 강건함이 있고, (제5효의) 강직함이 가운데에 자리 잡고 (제2효가 이에) 순응한다. 따라서 크게 형통함으로써 바로잡히니, 이것이 하늘의 명령이다. 올바르지 않으면 재앙(인재)이 생겨나고 이롭지 않음이 앞으로 나아감에서 생기니, 무망의 국면에서 더 나아가 봤자 어디로 갈 것인가? 하늘의 명령이 도와주지 않는데도 가겠는가?"(无妄, 剛自外來而爲主於內, 動而健, 剛中而應, 大亨以正, 天之命也. 其匪正有眚, 不利有攸往, 无妄之往, 何之矣. 天命不祐, 行矣哉)

앞서 말했듯이, 사람들이 분수를 지키고 살면 안정되긴 하지만, 이것이 오래되면 사회가 발전이 없이 침체하는 단점이 있다. 그래서 개혁과 변법의 요구가 나오게 되지만, 그럴 만한 때가 아니므로 '无妄', 즉 경거망동하지 말라고 경고한다. 『상』에서는 이를 "하늘을 배경으로 우레가 쩌렁쩌렁 울리니, 사물이 모두 경거망동하지 못한다. 선왕들은 이 이치로써 하늘의 때에 맞춰 만물을 기르기에 힘썼다"(天下雷行, 物與无妄. 先王以茂對時, 育萬物)라고 해설하였다. 원문에서 '與여' 자는 '擧(모두 거)'와 같고, '茂무' 자는 '務(힘쓸 무)' 자와 같다.

[무망无妄괘: 크게 형통하고 이로움이 올바른 도리를 지킴에 있다. 올바른 도리를

지키지 않는 사람에게는 재앙이 생기고, 이롭지 못함이 앞으로 그가 하려는 일에서 발생한다.]

❖ 효사 풀이 ❖

① *初九, 无妄往, 吉.*
往: 갈 왕. 앞으로 나아가다.

제1효는 양의 자리에 양효가 있으므로 당위다. 하괘의 진괘(☳)는 우레로서 움직임을 뜻하는데, 게다가 제1효라면 움직임의 시작을 상징한다. 움직이려면 그 전에 먼저 단단한 준비가 되어 있어야 한다. 그 준비란 다름 아닌 헛된 꿈에 들뜨지 않고 반드시 이성적인 안목으로 목표를 정하고 계획을 세우는 것이다. 이것이 바로 '无妄무망'이다. 예컨대, 건물을 생각과 의욕만으로 지을 수는 없지 않은가.

어떤 일을 도모하려면 자신에게 건실함이 갖춰져 있어야 한다. 이는 건축에 비유하자면 기초 공사에 해당한다. 그렇다면, 이 건실함은 어떻게 갖춰지는가? 그것은 자신의 굳건한 믿음에서 비롯된다. 이것을 『중용』에서 "진실함이란 사물의 처음과 끝으로서, 진실함이 없으면 사물도 없다"(誠者物之終始, 不誠無物)라고 하였듯이, '誠성' 자로 표현하였다. '誠' 자는 그 후대의 '眞(참 진)' 자와 같은 글자로서, 오늘날의 종교적 개념으로 바꿔 말하면, 믿음이 된다. 종교에서 믿음은 신에게 드리는 진실한 기도를 통해 형성되고 다져진다. 『마가복음』의 "그러므로 내가 너희에게 말하노니, 무엇이든지 기도하고 구하는 것은 받은 줄로 믿으라. 그리하면 너희에게 그대로 되리라"(11:24)라는 구절이나 『마태복음』의 "진실로 너희에게 이르노니, 너희가 만일 믿음이 한 겨자씨만큼만 있으면, 이 산山을 명하여 여기서 저기로 옮기라 하여도 옮길 것이요, 또 너희가 못 할 것이 없으리라"(17:20)라는 구절은 『중용』의 "진실함이 없으면 사물도 없다"라는 말과 사실상 같은 뜻이다.

흔들리지 않는 진실한 마음, 즉 믿음은 헛된 꿈과 달라서 말과 행동을 독실하게 만들어 주므로, 주위의 사람들이 그를 믿고 함께함으로써 그의 믿음이 실현될 수 있다. 『논어』「위령공衛靈公편」에 보면, 자장이 "어떻게 하면 (다른 사람들이) 내 뜻을 알아줄 수 있습니까?"(問行)라고 물으니, 공자가 "말이 진실하고 미쁘며, 행동이 신실하고 경건하면, 비록 미개한 오랑캐의 나라에 가더라도 사람들이 뜻을 알아준다"(言忠信, 行篤敬, 雖蠻貊之邦行)라고 답하는 구절이 있다. 여기서 '行행'이란 요즘 말로 바꾸면 '소통하다'라고 할 수 있으니, 내가 어떤 일을 도모할 때 사람들이 이를 지지하고 함께할 수 있음을 뜻한다. 그러면 그의 '가는 길'(往)이 길하지 않을 수 없을 것이다. 그래서 『상』에서도 "함부로 하지 않고 앞으로 나아가면, 뜻을 이룰 수 있다"(无妄之往, 得志也)라고 말한 것이다.

따라서 어떠한 계획과 정책을 세우더라도 탄탄한 신뢰와 믿음이 밑바탕에 기초로 먼저 깔려 있어야 한다. 상앙商鞅이 변법을 처음 강행할 때, 장대를 남문 앞에 세워 놓고 이를 북문으로 옮기기만 해도 50금을 주겠다고 한 약속을 지켰다는 이른바 사목지신徙木之信을 먼저 사람들에게 각인시켜 준 고사는 이를 잘 말해 준다. 상앙의 변법이 성공하여 진나라가 부국강병을 이룩한 것은 사목지신의 신뢰를 백성이 인정하였기 때문이다.

[제1 양효. 함부로 하지 않고 앞으로 나아가니, 길하다.]

② 六二, 不耕穫, 不菑畬, 則利有攸往.

耕: 밭갈 경. 穫: 거둘 확. 菑: 일굴 치. 밭을 새로 개간하다. 畬: 밭 여. 개간한 지 3년이 넘은 밭.

제2효는 음의 자리에 음효가 있으므로 당위다. 제2효는 신하의 자리로서 임금의 자리인 제5효와 상응하고 괘의 중간에 위치하므로, 제2효가 당위라는 것은 유순하고 자신의 의견을 내세우지 않는 복종적인 신하의 속성에 충실함을 의미한다. 『맹자』「공손추公孫丑(상)」에 보면, 공자의 벼슬, 즉 신하에 대한 태도가 어떠한 것인지에 대해 논하는 대목이 나온다. "벼슬에 나아갈 수 있으면 나아가고, 그만두어야 하면 그만두며, 오래 그 자리를 유지할 수 있으면 그렇게 하고, 빨리 그 자리를 떠나야 하면 그렇게 해야 한다"(可以仕則仕, 可以止則止, 可以久則久, 可以速則速)라는 구절이다. 즉 신하는 오로지 임금의 명령대로 그를 대신해서 힘쓰고 일할 뿐, 그 공을 향유하거나 자신의 것으로 만들지 못한다는 것이다. 그게 신하의 속성이다. 『한비자』「주도主道편」에도 "신하는 노고의 몫을 갖고, 임금은 그가 이룬 공적을 갖는다"(臣有其勞, 君有其成功)라는 구절이 있다. 효사의 '不耕穫불경확'과 '不菑畬불치여'가 바로 이 뜻이다.

'不耕穫'은 '不耕而穫'과 같은 말로서, 밭 갈고 씨 뿌리는 일은 하지 않고 거두는 일만 한다는 뜻이다. 농사일은 크게 두 단계로 나뉜다. 하나는 어디에 무엇을 얼마나 심을까 하는 기획 단계이고, 다른 하나는 거두는 추수 단계다. 여기서 '耕경'은 전자에 해당하는데 주인이 하고, '穫확'은 후자에 해당하며 일꾼이 한다. 따라서 신하는 주인이 결정한 대로 추수가 많이 되도록 작물을 가꾸면 된다. 이것이 '不耕而穫'이 뜻하는 바다.

'不菑畬'는 '不菑而畬'와 같은 말로서, 밭을 새로 개간하지 않고 옛 밭에서만 일한다는 뜻이다. 밭을 새로 개간하면 3년이 지나야 정상적인 소출이 나오는 밭, 즉 옛 밭이 된다. 밭을 새로이 개간할지 말지는 주인이 결정하고, 일꾼은 옛 밭에서 주어진 일만 하면 된다. 이것이 '不菑而畬'가 뜻하는 바다.

이 두 구절이 뜻하는 바는 신하의 도리를 정의해 준 것이니, 새로운 정책을 결정하는 것은 임금이 하고, 그 결정을 명령대로 실천하는 일은 신하의 몫이라는 것이다. 신하가 함부로 자기 의사대로 정책을 시행하면 엉뚱한 결과가 나타날 것이니, 명령대로만 하면 이로움이 거기서 발생한다는 것이

'利有攸往리유유왕'이 의미하는 바다.

그러므로 신하는 아무리 밭에서 일을 많이 해도, 거기서 나온 소출이 자신의 것이 되지 못한다. 앞에서 말했듯이, 신하는 임금을 대신해서 일한 것일 뿐, 스스로 향유할 수 없기 때문이다. 『상』에서 "밭 갈고 씨 뿌리는 기획은 하지 않고 수확을 많이 늘리는 일만 하므로, 스스로 부유해지지 않는다"(不耕穫, 未富也)라고 한 말은 바로 이 뜻이다. 오늘날에도 경부고속도로는 박성희 전 대통령이 만들었다고 하지, 어떤 건설 회사나 노동자가 만들었다고 말하지 않는다. 이것이 이른바 봉건 잔재인지는 몰라도 말이다.

[제2 음효. 밭 갈고 씨 뿌리는 기획은 하지 않고 수확을 많이 늘리는 일만 하며, 밭을 새로 개간하는 기획은 하지 않고 옛 밭에서 주어진 일만 하면, 이로움이 앞으로 그가 (명령대로) 실행하는 곳에서 생긴다.]

③ 六三, 无妄之災, 或繫之牛, 行人之得, 邑人之災.

災: 재앙 재. 或: 어떤 이 혹. 繫: 묶을 계. 牛: 소 우. 行人행인: 지나가는 사람. 나그네. 之: 갈 지. 得: 얻을 득. 邑: 고을 읍.

제3효는 양의 자리에 음효가 있으므로 실위다. 제3효는 제후, 즉 지방 수장의 자리로서 중앙 정부와의 접점이 되는 위치다. 이 점은 하괘의 맨 위에 있지만, 중앙이 아닌 한쪽으로 치우쳐 있기에 언제든지 어떤 사달이 일어날 수 있는 위험이 존재한다. 즉 지방의 수장은 중앙의 명령도 들어야 하고, 아울러 자기 백성의 민원도 들어야 하므로, 궁극적으로 양쪽에서 비난을 받을 수밖에 없다는 말이다.

따라서 지방 수장은 강직한 성품을 가져야 직무를 수행할 수 있는데, 여기서는 음효여서 유약한 사람이 이 자리에 있는 셈이다. 그래서 그는 경거망동하지 않고 조심스럽게 일에 접근하지만, 사람이란 잘해 보려고 바짝 긴장할수록 오히려 예기치 않은 실수를 하거나 재앙을 당한다. 효사의 '无妄之

災무망지재', 즉 '경거망동하지 않았음에도 당하는 재앙'이 바로 이것이다.

효사의 '或繫之牛혹계지우, 行人之得행인지득'이라는 구절은 다른 지역에서 온 어떤 사람이 자신이 끌고 온 소를 잠시 잘 묶어 두었는데, 행인이 지나가다가 풀어 가 버린 사건이 발생하였다는 말이다. 소를 잃은 사람은 당연히 그 고을 사람 중 누군가 훔쳐 갔다고 의심하고는 그 고을을 싸잡아 욕할 것이다. 이것이야말로 이 지방의 수장과는 아무런 관련이 없는 사건이지만, 예기치도 않게 자신이 다스리는 고을이 재앙을 당한 결과가 되었다. 효사의 '邑人之災읍인지재'는 바로 이 뜻이다. 『상』에서도 "지나가던 행인이 소를 가져간 것이 고을 사람들의 재앙이 되었다"(行人得牛, 邑人災也)라고 해설하였다.

[제3 음효. 경거망동하지 않았어도 재앙이 생겼으니, 타지 사람이 소를 매어 놓았는데 행인이 지나가다가 가져가 버린 것이, 애먼 고을 사람들이 욕먹는 재앙이 되었다.]

④ 九四, 可貞无咎.

제4효는 음의 자리에 양효가 있으므로 실위다. 제4효는 재상과 같은 임금의 측근 신하 자리인데, 원래 이 자리는 임금에게 복종하는 유순한 성품이어야 하지만, 제2·3효가 모두 유약한 사람들이라서 이 자리마저 유약하면 임금을 견제하지 못한다. 그래서 이 자리에 강직한 사람이 있으면, 설사 실위가 되더라도 임금의 균형을 잡아 줄 수 있게 된다. 이것이 바로 '무망无妄', 즉 경거망동하지 않게 하는 방도가 된다. 효사의 '可貞无咎가정무구', 즉 '올바른 도리를 계속 지킬 수 있으면 재앙이 없다'는 말은 바로 이를 뜻한다. 여기서 '貞정' 자는 '正(바를 정)' 자와 같은 뜻이다.

앞서 말했듯이 제2효와 제3효가 음효라는 것은 지방의 수장과 관리들이 강직한 백성에게 휘둘린다는 의미도 된다. 제4효인 본 효는 제1효와 상응하지 않는데, 이는 재상이 백성에게 휘둘리지 않음을 나타낸다. 밑의 지방 수장과 관리들이 백성에게 휘둘리는데 재상마저 휘둘리면 임금이 정치를 하기가 어렵다. 그래서 이런 경우, 훌륭한 재상이라면 임금에게는 유순하고 백성에게는 강직해야 한다. 백성의 어려운 사정을 자상하게 듣는 일과 백성에게 휘둘린 나머지 그들에게 잘 보이려고 아첨하는 일은 전혀 다르다. 이것을 오늘날에는 이른바 포퓰리즘populism, 즉 대중 영합주의라고 부르는데, 재상쯤 되면 백성에게 옳고 그름이 무엇인지, 그리고 정도를 꿋꿋하게 지켜 나가는 모습을 보여 주어야 한다. 그래야 미래를 약속할 수 있는 기반이 만들어진다. 백성에게 잘 보이려고 아부하면 당장은 서로 좋을지 몰라도, 그 뒤를 이를 다음 세대에게는 재앙이 된다.

제4효가 실위임에도 앞에서 설명한 바와 같이 아주 적절한 기능을 하는 것은, 제4효가 상괘인 건괘(☰)에서는 양의 자리이므로 강직해야 하는 것이 본래 속성이기 때문이라는 것이다. 이것을 『상』에서는 "정도를 지켜 나가니 재앙이 없다는 것은 본래 그러한 속성이 있기 때문이다"(可貞无咎, 固有之也)라고 해설하였다.

[제4 양효. 정도를 지켜 나가니 재앙이 없다.]

⑤ 九五, 无妄之疾, 勿藥有喜.

疾: 병 질. 勿: 말 물. 금지사禁止辭. ~하지 말라. 藥: 약 약. 喜: 기쁠 희. 즐거운 일.

제5효는 양의 자리에 양효가 있으므로 당위다. 본 효는 상괘의 중앙에 있는 임금의 자리이고, 제2효와 상응하는 관계에 있으므로, 임금 자신이 경거망동하지 않을 뿐 아니라, 신하도 경거망동하지 않는 상황이다. 개인의 차원에서 말하자면, 건강 관리도 잘하고 경건하게 살아가는 정상적인 생활인이라고 볼 수 있는데, 이런 사람은 병에 잘 걸리지 않는다. 그렇지만 살다 보면, 특별한 이유 없이 병을 앓을 때도 있다. 이렇게 경거망동하지 않고 얌전하게 살아가는데도 병에 걸리는 것을 효사에서 '无妄之疾무망지질'이라고 불렀다.

고대에는 사람이 어떤 병에 걸리면, 뭔가 죄를 지었기 때문에 그에 대한 죗값을 받아서 마가 낀 결과라고 믿었다. 그래서 귀신에게 용서를 구하고 화해하기 위해서 굿을 하거나 푸닥거리를 했다. 물론 무당이 지어 주는 약도 함께 먹었겠지만 말이다. 이 때문에 평소 사람들은 신이 금지하는 금기를 범하려 하지 않았는데, 이것이 권선징악 윤리의 모티브다. 그러나 품행이 올곧은 사람은 자신이 악을 행하지도 않았고, 금기를 범하지도 않았는데 몸이 아프면, 굳이 굿을 하거나 약을 먹지 않고 곧 나으리라 믿고 기다렸다. 이러면 우연히 병이 나을 때도 있었을 것이니, 이것이 효사의 '勿藥有喜물약유희', 즉 '약을 먹지 않고도 병이 나은 기쁜 일이 있다'라는 구절이다.

원인을 알 수 없는 병이 생겼을 때, 약을 함부로 먹지 않고 기다리는 방법은 나름대로 과학적인 근거가 있을 것으로 짐작된다. 왜냐하면, 병의 원인을 정확히 모르면서 증세에 대응하는 약을 함부로 쓰면, 몸의 생리적 균형을 깨뜨려서 기실 단순한 병을 더 악화시킬 수도 있기 때문이다. 우리 속담에도 "긁어 부스럼"이라는 말이 있지 않은가. 그래서 『상』에서 "경거망동하지 않았음에도 걸린 병을 치료하겠다고 쓰는 약은 함부로 시도해서는 안 된다"(无妄之藥, 不可試也)라고 말한 것이다.

나라의 정책도 마찬가지다. 이를테면 일부 계층이나 집단의 사람들이 일시적으로 겪는 고충 같은 현상은 잠시 기다리거나 소극적으로 대처하면 자연적으로 해결된다. 그런데 이를 발본색원하겠다는 지나친 의지로 강력한 정책을 만들어 밀고 나가면, 문제가 해결되지도 않을뿐더러 오히려 나라의 안정을 해치는 위기로 변질할 수 있다.

[제5 양효. 경거망동하지 않았는데도 걸린 질병은, 약을 쓰지 않아도 병이 낫는 기쁜 일이 생긴다.]

⑥ 上九, 无妄行, 有眚, 无攸利.

行행: 경거망동하지 않는 신중한 삶을 계속 살아간다는 뜻.

제6효는 음의 자리에 양효가 있으므로 실위다. 본 효는 극단의 자리까지 올라왔으므로, 모든 것을 내려놓고 조용히 물러나 있는 것이 자연스러운 이치인데, 여기서 무엇인가 더 잘해 보겠다고 '无妄무망'의 행위, 즉 경거망동하지 않고 더욱 긴장하는 자세를 유지하는 것을 가리킨다. '物極必反물극필반', 즉 모든 사물은 극에 이르면 방향을 바꿔 제자리로 돌아가는 법이므로, 이미 '无妄'의 극단에 이르렀음에도 더 앞으로 밀고 나가면, 오히려 '有妄유망', 즉 함부로 경거망동하는 상태를 유발한다. 그래서 효사의 말대로 '有眚유생', 즉 재앙이 생길 터이니, 이는 '无攸利무유리', 즉 이로울 게 전혀 없다.

우리의 일상에서도 어떤 목표를 반드시 이루려고 정신을 집중하고 긴장하면 결정적인 순간에 실수를 저지르는 경우를 자주 본다. 중요한 입시를 눈앞에 둔 수험생이 쉬지 않고 공부에만 열중하였는데, 막상 시험 당일에는 혼미해져서 시험을 망친 일 같은 것 말이다. 사람은 기계가 아니므로 쉬지 않고서는 자세를 바르게 하고 정신을 집중할 수 없다. 따라서 '무망'의 한계를 분명히 알고 중간에 적당히 쉴 줄도 알아야 한다.

온 세상이 '무망'하면, 그것이 곧 태평성대인데, 그러한 시대에는 영웅이나 어진 현자가 필요 없을 것이다. 숭배할 영웅이나 존경할 현자가 없는 세상에서 산다면, 그것처럼 무미건조한 삶이 있을 수 있겠는가? 그래서 『상』에서도 "경거망동하지 않고 차분하게 살면, 그 궁극에 이르러 재앙이 된다"(无妄之行, 窮之災也)라고 해설하였다.

[제6 양효. 경거망동하지 않고 차분하게 (계속) 살아가니, 재앙이 생기고 이로울 게 없다.]

26. 대축괘大畜卦

山天大畜산천대축: 산 아래로 하늘의 비가 내려
와서 초목과 짐승을 크게 키워 준다.
건하간상乾下艮上

❖ 개관 ❖

대축大畜괘는 하괘에 건乾, 상괘에 간艮, 즉 산 아래에 하늘이 있는 형상
이다. 대축괘는 소축小畜괘(☴)와 대비되는데, 전자는 상괘가 양괘(막대 수
가 홀수)라서 양기로써 양기를 쌓는 모양이므로 대축이 되고, 후자는 상괘
가 음괘라서 음기로써 양기를 쌓는 모양이므로 소축이 된다.

건괘는 강건함이므로 위로, 밖으로 나대려는 속성이 있다. 이러한 속성
은 강력한 추진력이 있어서 좋은 점도 있지만, 교만해질 수 있어서 주위의
비난과 반감을 불러올 수 있다. 따라서 강건함을 단단히 눌러 놓아야 하는
데, 건괘 위에 간괘, 즉 산을 올려놓은 것은 이를 상징한다. 이때 '畜축' 자는
'제지하다'·'억제하다'라는 의미로 쓰였다.

그런데 교만한 마음을 억누르는 일은 여간 힘든 일이 아니어서, 웬만큼
덕을 수양하지 않으면 불가능하다. 왜냐하면, 모든 사물은 누르면 누를수록
그만큼 반발력이 생기기 때문이다. 따라서 '畜' 자는 '억제하다'라는 의미에
이어서 '기르다'·'양육하다'라는 의미를 갖는다. 즉 교만한 마음을 억누르
기 위하여 충분한 덕을 수양해야 한다는 뜻이다.

흔히 사람들은 일을 추진하다가 장애에 막히면 남 탓을 하거나 주저앉곤 하는데, 기실 이때야말로 실력을 쌓을 수 있는 할 기회다. 그래서 제지를 당한다는 것은 아울러서 지식과 지혜의 축적을 의미한다. 앞의 무망无妄괘에서 아무리 어렵더라도 정신을 놓지 않고 정진하였기 때문에, 그 결과 축적이 생겼을 것이므로 무망괘 뒤에 대축괘가 온 것이다. 『서괘』의 "경거망동하지 않는 과정이 있고 난 다음에라야 큰 축적이 있을 수 있으므로, 대축괘로써 이어받은 것이다"(有无妄然後可畜, 故受之以大畜)라는 구절은 바로 이 뜻이다.

개인이든 사회든 축적이 생기면 편안한 나머지 정체되게 마련이다. 그러므로 이런 시기에 개인은 수양하고, 사회는 인재를 양성해서 쌓아 놓아야 한다. 대축괘의 괘상이 산 아래에 하늘이 있는 것은, 하늘이 산 아래에서 비를 뿌리며 봉사한다는 뜻이다. 산에는 숲이 있는데, 비가 내려서 숲이 잘 자라면 온갖 짐승을 먹여 살릴 수 있기 때문이다. 여기서 하늘은 임금과 정부를, 온갖 짐승은 인재를 각각 상징한다.

❖ 괘사 풀이 ❖

大畜, 利貞, 不家食, 吉, 利涉大川.

대축괘는 산 아래에 하늘이 있는 형상이다. 하늘이란 한없이 넓고 커서 강건剛健함을 상징한다. 어떤 사람에게 이렇게 강건한 의지가 있다면, 일단은 매우 긍정적으로 여겨지겠지만 현실적으로는 많은 어려움에 봉착할 거라는 걱정을 자아내게 할 것이다. 『논어』「공야장公冶長편」에서 공자가 "내 고향의 젊은이들은 진취적인 뜻은 품었으나 배움이 아직 부족하고, 아름답도록 큰 재목으로서의 바탕은 갖췄으나 (쓸모 있도록) 마름질하는 방법을 모르고 있다"(吾黨之小子狂簡, 斐然成章, 不知所以裁之)라고 하였는데, 여기서 '진취적인 뜻을 품었다'라는 뜻의 '狂簡광간'이라는 말이 곧 강건함을 뜻한다. 즉 큰 뜻만 갖고서는 현실성이 없으므로 이들을 가르쳐야겠다는 다짐의 말이 바로 이 구절이다.

강건한 의지를 실현하려면 무엇보다 먼저 내실을 다짐과 아울러 현실적인 지식과 지혜를 갖추어야 한다. 이것을 『단』에서는 '篤實독실', 즉 '두텁게 내실을 다지다'라고 표현하였다. 세상의 어떠한 사업도 강직한 의지만으로는 되지 않고 반드시 '독실함'이 받쳐 주어야 성공할 수 있다. 그래서 『단』에서도 "대축은 강건함과 독실함이 함께 빛을 내야 한다"(大畜, 剛健篤實輝光)라고 해설한 것이다.

이 독실함을 대축괘에서는 간(☶)괘, 즉 산이 상징하는데, 그 까닭은 산은 흔들림이 없는 든든한 형체여서 한없이 크기만 한 의지를 우리가 인식할 수 있는 형태로, 그리고 변치 않는 형태로 고정해 주기 때문이다. 그렇다면 임금이나 나라의 강건한 의지에 있어서는 누가 산의 기능을 하는가? 그것은 나라의 현명한 인재들이다. 『논어』「자한子罕편」에서 공자가 "삼군의 큰 무리 중에서 총사령관은 빼앗아 올 수 있어도, 한 남자에게서 그의 의지를 빼앗을 수는 없다"(三軍可奪帥也, 匹夫不可奪志也)라고 말하였듯이, 현명한 인재의 의지와 학문은 산처럼 든든하고 굳세다. 임금에게 큰 꿈이 있을 때, 이들에게 맡기면 그 꿈은 현실로 실현될 수 있다. 왜냐하면, 그들의 독실함은 『상』에서 말한 바대로 "군자는 옛 성현의 말씀과 그들의 행위를 많이 익힘으로써 자신의 덕을 쌓은 데"(君子以多識前言往行, 以畜其德)서 나왔기 때문이다. 따라서 이들의 능력에 힘입어 올바름을 지켜 나가면, 괘사의 말대로 '利貞리정', 즉 '이로움이 올바름을 지키는 데 있다'라는 상태가 될 수 있다.

『단』에 "강직한 현자가 (대축괘의) 맨 위에 있고 (임금이) 이를 존경하면, 능히 강건하기만 한 의지를 억지할 수 있으니, 이것이 큰 올바름이다"(剛上而尙賢, 能止健, 大正也)라는 구절이 있다. 이 구절은 대축괘의 제6 양효가 제5 음효 위에 자리 잡은 형상을 가리키는데, 이는 현자를 맨 위에 놓고 그 아래에서 임금이 그를 숭상하는 모습이다. 이렇게 해야 '能止健능지건', 즉 임금의 큰 꿈이 꿈으로만 들떠 있는 데 그치지 않고 꿈이 현실로 지양止揚될 수 있다. 이것이 괘사에서 말하는 '利貞', 즉 이로움의 조건인 '貞' 또는 '大正대정'이 되는 것이다. '貞'이나 '大正'이 중요한 것은 틀이나 거푸집이 매끈해야 물건이 잘 나오는 것처럼, 현자들을 따라서 백성의 품성이 형성되기 때문이다.

이렇게 현명한 인재를 숭상하면, 재야에 있던 현자들이 모두 관청에서 임금과 백성을 위해 일하면서 나라의 녹을 먹게 된다. 이것이 괘사에서 말하는 '不家食불가식', 즉 '집에서 밥을 먹지 않는다'라는 구절의 뜻이다. 이렇게 현명한 인재가 모두 발굴되어 나와서 나라에 그득하니, 나라에 어떠한 어려움이 있어도 걱정이 없이 든든하다. 이것이 괘사의 '利涉大川리섭대천', 즉 '이로움이 큰 강을 건널 때 생긴다'라는 구절이 가리키는 바다.

[대축大畜괘: 이로움이 올바름을 지키는 데서 생긴다. 이때 (현명한 인재들은) 집에서 밥 먹을 일이 없으니 길하고, 이로움이 큰 강을 건널 때 생긴다.]

❖ 효사 풀이 ❖

① *初九, 有厲, 利已.*
厲: 사나울 려. 위태로운. 已: 그칠 이. 중지하다.

제1효는 양의 자리에 양효가 있으므로 당위다. 본 효는 본래 속성이 강건한 건(☰)괘의 첫 효여서 매우 강직하고 역동적이다. 그래서 좌고우면左顧右眄하지 않고 앞으로 치고 나가려는 성질이 강하다. 사람으로 비유하자면, 혈기가 방장方壯한 청년쯤 되는데, 이 시기는 그 혈기에 비하여 준비된 것이 부족해서 실제로는 그리 쓸 만하지 못하다. 이런 상태의 청년을 혈기만을 믿고 함부로 데려다 쓰면 예기치 않은 위험을 초래할 수 있다. 이것이 효사의 '有厲유려', 즉 '위태로운 일이 발생한다'라는 구절의 뜻이다.

그 구체적인 위험은 바로 위에 있는 제2 양효와의 충돌에서 생긴다. 제2 효는 양효여서 신하의 자리에 어울리지 않게 강직하기는 하지만, 정가운데 자리 잡고 있어서 자신이 해야 할 일은 공정하게 처리한다. 이런 사람이 제1효의 윗자리에 있으니, 혈기만 믿고 나대는 제1효가 그에게 용납될 수 없을 것은 자명하다. 따라서 이 두 사람 사이에는 자연히 큰 분란이 생길 수밖에 없다.

그러나 다행히 제1효는 제4 음효와 상응하므로, 그의 도움을 받을 수 있다. 즉 앞의 괘상에서 설명한 바와 같이, 강건한 건괘는 위에서 무겁게 내리누르는 간괘(☶)의 도움으로 억지당하면서 겸손해질 수 있다는 말이다. 효사의 '利已리이', '이로움이 중지하는 데에 있다'라는 말은, 혈기를 억지하면 이로움이 생긴다는 뜻이다.

『상』에서는 '有厲利已, 不犯災也'라고 해설하였는데, 즉 '위태로운 일이 발생하겠지만, 이로움이 (혈기를) 억제하는 데서 생기는'(有厲利已) 이유를 '不犯災也불범재야'로 본 것이다. 여기서 '犯(범할 범)' 자는 『논어』「학이學而편」의 "윗사람 범하기를 좋아하지 않으면서도 질서 어지럽히기를 좋아하는 사람은 이제껏 존재하지 않았다"(不好犯上, 而好作亂者, 未之有也)라는 구절에서와 같은 용법으로 쓰였다. 즉 '不犯災也'에서 '災'는 기실 윗사람에게 함부로 대들어서 생기는 재앙을 가리킨다. 따라서 『상』의 구절은 "위태로운 일이 발생하겠지만, 이로움이 (혈기를) 억제하는 데서 생기는 것은, 윗사람을 범하는 재앙을 일으키지 않기 때문이다"라고 해석하는 것이 옳다.

[제1 양효. 위태로운 일이 발생하겠지만, 이로움이 (혈기를) 억제하는 데서 생긴다.]

② 九二, 輿說輹.

輿: 수레 여. 說: '脫(벗어날 탈)' 자와 같으므로 '탈'로 읽어야 함. 輹: 복토伏兎 복. 수레의 상판과 바퀴 축을 연결하는 부품.

제2효는 음의 자리에 양효가 있으므로 실위다. 실위라는 것은 겉으로 보기에는 강직해서 힘차게 앞으로 나아갈 것 같지만, 본래 속성이 순종적인데다가 하괘의 중간에 처해 있으므로, 굳이 장애를 극복하면서 나아갈 의욕을 느끼지 않는다. 임금의 자리인 제5효와 상응하므로 관계官界로 계속 나아가도 앞길이 매우 밝지만, 대축괘의 하부에 있어서 쌓아 놓은 게 많으니까, 굳이 힘들게 관직 생활을 할 필요가 있겠는가 하며 내심 명분(핑계)만 있으면 그만두고 싶어 한다는 말이다. 효사에 '輿說輹여탈복', 즉 '수레에서 복토伏兎가 떨어져 나갔다'라고 묘사하였는데, 수레의 복토가 저절로 빠졌는지, 일부러 뺀 것인지 모호하다. 설사 저절로 고장이 나서 빠졌다 하더라도 복토가 빠진 것은 기실 큰 고장은 아니다. 복토란 수레의 상체를 바퀴 축 위에 얹는 부품이므로 간단히 교체만 하면 되니까 말이다. 그런데도 이러한 상황에 처한 사람은 이를 핑계로 더 나아가지 않으려 한다.

『상』에서도 "수레에서 복토가 떨어져 나갔지만, 나아감과 중지함 사이에 처해도 걱정할 것이 없다"(輿說輹, 中无尤也)라고 해설하였다. 벌어서 쌓아 놓은 것이 있다면, 굳이 공명을 추구하기 위하여 힘들게 일하지 않고, 재물의 소비를 즐기는 일도 삶의 좋은 방도가 될 수 있다는 말이다.

[제2 양효. 수레에서 복토伏兎가 떨어져 나갔다.]

③ 九三, 良馬逐, 利艱貞. 曰閑輿衛, 利有攸往.

良馬양마: '준마駿馬'와 같은 말. 잘 뛰는 말. 逐: 달릴 축. 쫓아가다. 艱: 어려울 간. 貞정: '正(바를 정)'과 같음. 曰왈: 자나 깨나 생각하다. 閑: '嫻(익숙할 한)' 자와 같음. 익숙하도록 연습하다. 輿: 수레 여. 여기서는 전차戰車를 가리킴. 衛: 지킬 위. 방어하다.

제3효는 양의 자리에 양효가 있으므로 당위다. 제1효는 준비 없이 혈기만 왕성해서 나아감을 억제해야 했고, 제2효는 수레가 고장이 나서 더 나아가지 못하였다. 강건한 성질을 가진 사람을 억제만 하면 궁극에는 자연적으로 터져 나오게 마련이다. 제3효는 하괘의 극이므로 '窮則通궁즉통', 즉 극에 다다르면 뚫리게 되어 있으니, 이제 강건한 속성이 자신의 의지대로 나아갈 시기가 된 것이다. 효사의 '良馬逐양마축', 즉 '준마를 타고 쫓아간다'라는 구절이 이를 가리킨다.

그러나 빠르게 전진하는 시기에는 그만큼 저항도 많으므로 이를 극복해야 하는 어려움이 늘 따른다. 이럴 때일수록 정공법으로 대처해야지, 얕은 수를 써서 모면하려 하면 안 된다. 효사의 '利艱貞리간정', 즉 '이로움이 어려워도 올바름을 지키는 데 있다'라는 구절이 이 뜻이다.

앞의 제1효에서 혈기만으로는 안 된다고 했다. 따라서 어려움을 정공법으로 싸워 극복하려면, 평소에 싸우는 기술을 연마해야 하는데, 효사의 '曰閑輿衛왈한여위', 즉 '언제나 수레 몰기와 방어 기술을 연습한다'라는 구절이 이를 가리킨다. 옛날의 전쟁은 전차전 위주였으므로 기본적으로 수레를 잘 몰아야 하고, 혈기가 왕성한 무사는 공격만 하려는 경향이 있으므로 방어 기술도 함께 익혀야 한다는 말이다. 이렇게 윤리적으로 바르게 행동하면서 싸울 준비를 완벽히 해 놓으면 앞날에 이로움이 있을 것이라는 게 효사의 요지다.

『상』에서는 "이로움이 앞으로 나아가는 길에 있는 것은, 저 위의 제6효와 뜻을 함께하기 때문이다"(利有攸往, 上合志也)라고 해설하였다. 여기서 눈여겨볼 대목은 제3효와 제6효는 상응하지 않음에도 '저 위의 제6효와 뜻을 함께하기 때문이다'라고 말했다는 점이다. 이것은 『역』이 만들어진 주나라 후기, 즉 춘추 시기라는 시대적 배경과 관련이 있을 것으로 짐작된다. 당시는 천자의 힘이 약하고 제후들의 세력이 강해서 서로 각축할 때였으므로, 질서가 어지럽혀지고 전쟁이 그치질 않았다. 따라서 백성은 제발 제후 중의 누구라도 힘센 자가 나머지 제후를 제압해서 천자를 잘 모시고 평화롭고 질서 있는 사회를 복원하기를 바랐다.

임금 자리인 제5효가 음효인 것은 유약한 천자의 처지를, 제후의 자리인 제3 양효는 정치적 의지도 강직하고 그간의 축적도 많은 힘센 제후를 각각 상징한다. 제6효는 은퇴한 인재들이 처한 자리로서, 이들은 혼란한 시대를 한탄하면서 백성의 희망을 실현해 줄 영웅을 함께 기원할 것이므로, 이들의 뜻은 곧 백성의 뜻을 대표한다. 그러므로 제6효는 제3효와 상응하지 않아도 윤리적으로 행동하면서 싸울 준비를 축적한 제후를 지지하는 것이다.

[제3 양효. 준마를 타고 치달릴 때는, 이로움이 어려운 가운데서도 올바름을 지키는 데 있다. 언제나 전차 몰기와 방어 기술을 연마하면, 이로움이 앞으로 나아가는 곳에서 생긴다.]

④ 六四, 童牛之牿, 元吉.
童: 아이 동. 대머리. 牛: 소 우. 牿: 쇠뿔에 가로댄 나무 곡.

제4효는 음의 자리에 음효가 있으므로 당위다. '童동' 자를 흔히 '아이'라는 의미로 쓰는데, 이는 본래 의미가 아니다. 원래 의미는 머리를 박박 밀고 노역하는 죄수를 뜻한다. 옛날에는 아이들의 머리를 박박 밀어 주었으므로 '童'이라고 불렀고, 초목이 없는 민둥산도 동산童山이라고 불렀다. '禿(대머리 독)' 자의 발음이 '童' 자와 비슷한 것은 이 때문이다.

따라서 효사의 '童牛동우'는 뿔이 아직 나오지 않아서 머리가 밋밋한 '송아지'를 가리킨다. 동물을 길들이려면 어릴 때 해야 효과적이다. 그래서 송아지의 뿔이 날 자리에 나무를 덧대고 줄을 코에 연결해서, 송아지가 사람을 들이받으면 통증을 느끼도록 해 놓았다. 이때 머리 위에 덧댄 나무를 '牿곡'이라 부른다. 이렇게 '牿'을 쓰고 있다 보면 사람을 들이받지 않게 길이 든다. 이것을 순치馴致라고 하는데, 사람을 순치시키는 것을 교육이라고 부른다. 교육을 잘하는 일은 개인에게나 나라에 좋은 일이자 중요한 일이다. 그래서 효사에서 '元吉', 즉 '대단히 길하다'라고 말한 것이다. 『상』에서도 "제4 음효는 대단히 길한데, 이는 좋은 일이 있을 것이기 때문이다"(六四元吉, 有喜也)라고 해설하였는데, 이는 혈기 방장한 젊은이를 잘 가르치면 장래에 좋은 일이 있을 것이기 때문이다.

재상의 자리인 본 효는 제1효와 상응하는데, 이는 건괘(☰)의 강직한 속성을 어릴 때부터 순치하는 것이 간괘(☶)의 기능임을 말해 준다. 즉 젊은 혈기는 질서에 순종적인 재상에 의해 순치되어야 한다는 말이다. 국가의 교육은 '以柔制强이유제강', 즉 유순함으로써 강직한 속성을 순치하는 철학으로 시행해야 함을 의미하기도 한다.

[제4 음효. 뿔이 안 난 어린 송아지에게 나무틀을 씌워 놓으니, 대단히 길하다.]

⑤ 六五, 豶豕之牙, 吉.

豶: 돼지 불깔 분. 豕: 수돼지 시. 牙: 어금니 아. 여기서는 '돼지의 생식기'.

제5효는 양의 자리에 음효가 있으므로 실위로서, 가장 높은 권세의 자리에 유약한 임금이 앉아 있는 이른바 외유내강外柔內剛의 형상이다.

먼저 효사의 '豶豕之牙분시지아'의 내용을 알아보자. '豶분' 자는 '豕시', 즉 수돼지를 거세한다는 뜻이고, '牙아'는 돼지의 생식기를 가리킨다. 중국에서는 암돼지를 모저母猪, 수돼지를 아저牙猪라고 부른다. 돼지는 위험을 감지하면 좌우를 가리지 않고 오로지 앞으로만 달리는 강직한 속성이 있다. 저돌적猪突的이라는 말은 여기서 나왔다. 이러한 돼지는 온순하게 길들여야 가축으로 기를 수 있는데, 돼지는 소와 달리 야성이 강하여 순치가 잘 안 되므로 거세하는 방법을 쓴다. 돼지를 거세하면 온순해지기 때문이다. 따라서 '豶豕之牙'는 '수돼지의 불알을 거세한다'라는 의미가 된다.

대축괘의 전체적인 대세는 제1효의 강건함이 위로 올라가면서 점차 온순하게 길들고 있는데, 제5효인 본 효는 임금의 자리로서 기실 길들임의 마지막 단계에 해당한다. 즉 길들임의 최후의 방법이 거세라는 말이다.

이렇게 해서 가장 높은 권세의 자리에 유약한 임금이 앉아 있는 형상이 이루어진다. 본 괘의 괘상을 보면 제3·4·5·6효가 '□(입 구)' 자를 만들고 있는데, 여기서 가운데의 두 음효로 만들어진 긴 공간이 이빨을 상징한다. 즉 제3·4·5·6효는 길들인 공간이고, 이빨은 능력과 재능을 가리키는데, 아무리 우수한 능력과 재능이라도 길들이지 않으면 사회적으로 쓸모가 없다는 말이 된다. 사회적 인간의 조건이 길듦이기 때문이다. 사회는 시스템이고, 이는 곧 구조로 이루어져 있다. 구조가 작동하려면 그 자리에 사람이 필요한데, 이때 사람은 능동적(active)이기보다는 수동적(passive)인 인간이 바람직하다. 그래야 구조가 사람의 방해를 받지 않고 제 기능을 발휘한다. 따라서 임금의 자리에는 거세된 사람이 앉아야 한다. 임금이 시스템의 기능을 방해하지 않고 앉아 있으면, 구조는 스스로 생산하면서 잉여를 쌓아 간다. 역사적으로 가축을 길들이면서 재산이 축적된 것과 같은 이치다. 따라서 교육에 투자하는 것이 경제 발전의 가장 좋은 방법이 되는 것이다.

이 효사의 내용은 주나라 말, 춘추 시기의 형세를 형상적으로 말해 준다. 즉 가장 높은 권력의 자리에 길들인 유약함이 처하고 있다는 것은, 임금은 상징적 존재로 남아 있고 실질적인 권력은 분산되어 있음을 상징하는데, 이럴 때 백성의 삶과 사회는 오히려 번창하는 법이다. 춘추 시대에는 중앙의 통제가 없이 권력이 지방으로 분산되어 있어서, 정치적으로는 혼란스러워 보여도 경제와 문화는 경쟁으로 인하여 생산성이 높아진 것이 사실이다. 이른바 백가쟁명百家爭鳴의 싹도 이때부터 트기 시작하지 않았던가. 오늘날에도 권력을 분산시키고 작은 정부를 지향할수록 생산성이 향상되는 것과 같은 이치다. 그래서 『상』에서도 "제5 음효가 길한 것은 경사스러운 일이 있을 것이기 때문이다"(六五之吉, 有慶也)라고 말한 것이다.

[제5 음효. 돼지의 생식기를 거세하니, 길하다.]

⑥ 上九, 何天之衢亨.

何하: '荷(짊어질 하)' 자와 같음. 衢: 네거리 구. 대로大路.

제6 양효는 음의 자리에 양효가 있으므로 실위다. 제6효는 자리에서 물러난 은퇴자의 자리이므로 산처럼 임금의 자리를 뒤에서 보이지 않게 품고 받쳐 주는 기능을 한다. 제1효로부터 시작한 강건함은 위태로움에 대비하고, 수레가 고장 나서 멈추기도 하고, 싸우는 기술을 연마하고, 길들임과 거세를 당하면서 제6효까지 올라왔다. 이것은 젊은 인재들이 혈기와 재주만 믿고 나아가지 않고 실력과 내공을 축적하기 위한 과정이었다. 이제 쌓아 온 실력을 발휘할 시기가 도래하였으니, 이들에게 길을 활짝 열어 주어야 한다. 이것이 효사의 '何天之衢亨하천지구형', 즉 '하늘을 위에 인 큰 길이 활짝 뚫렸다'라는 말이 가리키는 바다.

본 효는 제3효와 상응하지 않지만, 앞서 말한 바와 같이 강건함을 언제까지나 억제해서는 안 되고, 이제 쌓아 온 재주를 쓸 기회가 왔으면 이들에게 길을 활짝 열어 주는 것이 옳다. 산의 정상이란 장애물이 많아서 오르기는 힘들어도, 일단 올라가면 사방이 확 트이면서 이른바 호연지기浩然之氣를 경험하게 된다. 젊은 인재들이 이런 경험을 할 수 있도록 도와주는 것이, 뒤로 물러난 사람들이 임금을 위해서 할 수 있는 일이다. 그래서 본 효가 실위지만 형통한 이유다. 『상』에서 "하늘을 위에 인 큰 길이 열린 것은, 도가 세상에 크게 행하여졌기 때문이다"(何天之衢, 道大行也)라고 해설하였는데, 이는 실력을 쌓은 인재들이 모두 등용되는 세상이 정의로운 세상임을 말한다.

[제 6양효. 하늘을 위에 인 큰 길이 활짝 뚫렸다.]

27. 이괘頤卦

山雷頤산뢰이: 위는 산처럼 움직이지 않고 아래는 우레처럼 진동하는 것이 입이다.

진하간상震下艮上

❖ 개관 ❖

이頤괘는 하괘가 진震괘, 상괘가 간艮괘로 이루어졌다. '頤' 자를 흔히 '턱 이'라고 읽기에 아래턱을 연상하게 되지만, 기실은 위턱과 아래턱을 모두 가리킨다. 위턱은 고정되어 있고 아래턱은 위아래로 움직여 음식물을 씹으므로, 이괘의 위는 움직이지 않는 산으로, 아래는 진동하는 우레로 각각 구성한 것이다. 괘상을 보면, 제1효는 아래턱을, 제6효는 위턱을 각각 가리키고, 중간 네 개의 음효는 그 사이의 치아를, 음효 사이의 틈은 입안의 공간을 각각 가리킨다. 이러한 모양을 종합해 보면, 겉은 차 있고 속은 비어 있는 이른바 외실내허外實內虛의 형상을 하고 있음을 알 수 있다.

겉이 단단하다는 것은 잇몸과 이가 견고해서 음식을 잘 씹어 삼킬 수 있음을 말하는데, 이는 자신에게 영양을 공급하여 몸을 건강하게 기르기 위함이고, 더 나아가 사회적으로 다른 사람, 즉 백성을 잘 먹여 기르기 위한 일이다.

이괘가 대축大畜괘 뒤에 놓인 것에 대하여, 『서괘』는 "사람은 재물이 축적된 다음에 삶을 기를 수 있으므로, 이괘로써 이를 이어받았다. '頤' 자는 양생한다는 뜻이다"(物畜然後可養, 故受之以頤. 頤者, 養也)라고 해설하였다. 양생養生이란 요즘 말로 바꾸면 웰빙, 즉 삶의 질을 추구한다는 의미다.

❖ 괘사 풀이 ❖

頤, 貞吉, 觀頤, 自求口實.
貞정: '正(바를 정)' 자와 같음. 觀: 볼 관. 求: 구할 구. 實: 열매 실.

앞에서 설명한 바와 같이, '頤' 자는 위턱과 아래턱, 즉 먹는 입을 가리킨다. 대축괘 뒤에 이괘를 둔 것은, 대축괘에서 축적하였다면 이괘에서는 이를 먹어야 하기 때문이다. 먹는다는 것은 나 자신에게 영양을 주어 기르는 일이기도 하지만, 남을 먹여 기르는 일이기도 하다. 내가 먹든 남을 먹이든, 힘들게 쌓은 재물은 함부로 낭비하면 안 된다.

내가 먹을 때는 탐욕스럽게 먹어서는 안 되고, 이 음식이 어떤 과정을 거쳐 이 밥상에 올라왔는지를 먼저 생각하면서 이를 위해 애쓴 사람들에게 감사하는 마음을 가져야 한다. 『논어』「향당鄕黨편」에 "아무리 조악한 밥과 나물국이라도 고수레를 드리셨으며, 이때에도 반드시 재계하시듯 하셨다"(雖疏食菜羹, 瓜祭, 必齊如也)라는 구절이 있다. 여기서 '瓜祭과제'를 우리말로는 고수레라고 부른다. 중국 북방에서는 끼니마다 오이를 먹는데, 수저를 들기 전에 오이를 비롯한 음식물을 조금씩 덜어서 밥상에 놓고 음식을 만든 신에게 간단히 제사 지내는 풍습을 뜻한다. 이 고수레 의식을 하면서 자연스럽게 이를 만든 사람들에게 감사의 마음을 갖게 되는 것이다.

그다음으로 남을 먹인다는 말은 축적한 재물을 인재를 기르는 데 쓴다는 말이다. 대축괘에서 "현명한 인재들이 집에서 밥 먹을 일이 없으니 길하다"(不可食, 吉)라고 하였으므로, 재물을 인재를 기르는 데 쓰면 옳게 쓰는 것이다. 즉 재물을 쓸 만한 인재에게 쓰는지 보아야 할 뿐 아니라, 키운 인재가 나중에 백성을 배불리 먹이는 데 재주를 쓰는지도 보아야 한다.

이렇게 두 가지를 함께 보아야 하는 것이 '觀頤관이', 즉 '먹고 먹이는 일을 잘 관찰해야 한다'라는 말이다. 그래서 『단』에서도 괘사의 '貞吉'을 "먹여 기르는 것이 올바르게 실행되면 길하다"(養正則吉也)라고 해설하였다.

입의 기능에는 먹어서 영양을 공급하는 일과 말하는 일이 있다. 이 두 가지 일을 실속 있게 실행하는 일을 괘사에서는 '口實구실'이라고 말한다. 공부하려면 먹어야 하는데, 절제하면서 먹어야 공부할 때 집중이 잘된다. 그리고 말하는 일에 실속이 있으려면, 지식을 입으로 외워 습득해야 한다. 옛날에는 책을 읽을 때 입으로 낭송하며 외웠는데, 이를 염서念書라고 하였다. 공부하는 사람이 이렇게 몸과 정신의 두 가지 영양분을 스스로 찾아 공급하는 일을 괘사에서 '自求口實자구구실'이라고 말한 것이다.

이렇게 인재를 길러 내면 이들은 임금을 대신해서 일해야 한다. 이것을 『단』에서는 "성인은 현자를 길러 냄으로써 그 길러 냄이 만백성에 미치게 하니, 이괘의 시의적절함이 크도다"(聖人養賢以及萬民, 頤之時大矣哉)라고 해설하였다. 여기서 시의적절함이란 임금이 현자라는 매개를 통해 백성을 길러 먹이는 절차를 말한다. 이괘(☶)의 괘상을 보면, 위아래의 양괘는 각각 임금과 백성을 상징하고, 중간의 음효 네 개는 둘 사이를 매개하는 관리들을 상징한다. 이 매개가 한쪽에서는 아래에서 위로 올라가게 해 주고(이는 평민 중에서 인재를 뽑아 관리로 임명하는 모양), 다른 한쪽에서는 임금에게서 백성으로 내려가게 해 주는 역할을 한다. 이렇게 인재를 먼저 길러서 이들에게 대신 백성을 먹여 기르게 하는 것을 일컬어 시의적절한 절차라고 말한 것이다.

『상』에서도 "산 아래에 우레가 울리는 게 이괘의 모양이다. 군자는 이 이치로써 언어를 신중히 하고, 음식을 절제해야 한다"(山下有雷, 頤, 君子以慎言語, 節飮食)라고 해설하였다. 산이 위에 있음은 임금이 위에 근엄하게 앉아 있고, 아래에 우레가 울림은 군자다운 관리들이 임금을 대신해서 일하는 모양을 나타낸다. 관리가 임금을 대신한다고 해서 마음대로 실행하는 것이 아니라 정해진 법도대로 해야 하므로, 이들은 임금에게 누가 되지 않도록 말을 신중히 해야 하고 먹고 마시는 일도 절제해야 한다는 뜻이다.

[이이괘: 올바로 시행되어야 길하므로, 먹거나 먹여 기르는 일에 있어서 스스로 실속을 추구하는지를 잘 관찰해야 한다.]

❖ 효사 풀이 ❖

① *初九, 舍爾靈龜, 觀我朵頤, 凶.*

舍사: '捨(버릴 사)' 자와 같음. 爾: 너 이. 靈: 신령할 령. 龜: 거북 귀. 朵: 움직일 타.

제1효는 양의 자리에 양효가 있으므로 당위다. 『단』에서 "하늘과 땅이 만물을 먹여 살린다"(天地養萬物)라고 하였으므로, 이괘(䷚)에서 제6효는 하늘을, 제1효는 땅을 각각 상징한다. 제1효는 현재로서는 맨 아래에 처하고 있지만, 앞으로 만물을 먹여 살릴 만큼 막중한 책임과 막대한 잠재적 능력을 갖추고 있다. 따라서 처음 출발하는 이 시기에는 착실하게 품성을 키우고 능력을 계발해 나가야 한다.

당연히 이러한 과정에는 고난과 고통이 따른다. 그래서 제1효는 상응하는 제4 음효를 바라보게 되는데, 제4효는 음효라서 설사 그가 부귀영화를 누리더라도 이를 바라보며 부러워하면 안 된다. 현재의 고난을 이기면 장래에 제4효와는 비교도 안 될 만큼 큰 공적을 이룰 것이기 때문이다.

이것을 효사는 "너의 영험한 거북 같은 재주를 버리고, 내가 턱을 움직여 먹는 것을 바라보면 사납고 험난해진다"(舍爾靈龜, 觀我朵頤, 凶)라고 경계시킨다. '靈龜영귀'란 거북점을 치기 위해서 잘 모셔 놓은 거북의 껍데기로서, 나라에 큰 행사가 있을 때마다 이를 꺼내다가 점을 쳤다. 『장자』「추수秋水편」에서 장자가 자신은 초나라가 극진히 모시는 신령한 거북이 되느니, 차라리 살아서 꼬리를 진흙 위에 끌고 다니겠다고 말할 때, 저 '신령한 거북'(神龜)과 같은 것이다. 죽은 거북은 아무런 가치가 없는 듯 보이지만, 실은 사람들에게 가야 할 길을 제시하고 희망을 주는 영험한 힘을 발휘한다. 제1효에 잠재된 힘은 바로 이런 것이다. 그런데도 제1효가 당장 어렵다고 해서 제4 음효를 바라보며 그가 턱을 움직여 먹는 모습을 선망한다면, 이는 장래가 없는 짓이다. "내가 턱을 움직여 먹는 것을 바라보는 짓은, 전혀 귀하게 여기기에 부족하다"(觀我朶頤, 亦不足貴也)라는 『상』의 해설도 이를 지적한 말이다.

[제1 양효. 너의 영험한 거북 같은 재주를 버리고, 내가 턱을 움직여 먹는 것을 바라보면, (미래가) 사납고 험난해진다.]

② 六二, 顚頤, 拂經于丘, 頤征凶.

顚: 뒤집힐 전. 拂: 어길 불. 經: 도리 경. 于우: '向(향할 향)' 자와 같은 뜻. ~에게. 丘: 언덕 구. 높은 곳. 征: 취할 정. 행동하다.

제2효는 음의 자리에 음효가 있으므로 당위다. 제2효는 신하의 자리이므로 순종적인 음효가 있는 것이 당연한데, 자신이 모셔야 할 제5효와 상응하지 않는다. 그래서 그는 위로 임금을 모셔야 할 일을 하지 않고 반대로 아래로 제1 양효를 먹여 살리는 짓을 한다. 이것을 효사에서 '顚頤전이', 즉 '거꾸로 먹여 살리는 일을 한다'라고 쓴 것이다. 이것은 정상적인 도리에 어긋나는 짓이므로 '拂經于丘불경우구', 즉 '높은 곳에 계신 분을 향한 도리에 어긋난다'라고 말한다. 여기서 '丘' 자는 제5효인 임금을 가리킨다.

실제로 현실에서도 조직이나 상사를 위해 충성하기보다 힘센 아랫사람에게 아부하거나 은근히 밀어주는 사람을 심심치 않게 볼 수 있다. 정권도 나라의 주인인 국민에게 봉사하기보다 특정 집단이나 세력의 이익에 부합하려는 정치적 현상을 익숙하게 보아 오지 않았던가. 이것은 정작 봉사해야 할 임금이나 주인은 멀리 있고, 자신이 기댈 수 있는 부하나 세력은 가까이 있기 때문이다. 그래서 진정한 충성이 어려운 것이다.

효사에서 '頤征이정'은 기실 '顚頤征전이정'에서 첫 글자가 생략된 말로서, 임금에게 봉사하지 않고 거꾸로 아랫사람을 먹여 살리는 행위를 한다는 뜻이다. 윤리에 어긋나는 이런 짓을 하게 되면, 그 결과가 '사납고 험난할' 수밖에 없을 것이다.

『상』에서도 "제2 음효와 같은 행동을 취하면 사납고 험난해질 것이니, 그런 행위는 상규常規의 도덕성을 잃었기 때문이다"(六二征凶, 行失類也)라고 해설하였다. 여기서 '類류' 자는 '동류의 뭇사람들'이라는 뜻으로서 보편적이고 상식적인 도덕성을 가리킨다.

[제2 음효. 거꾸로 먹여 살리는 짓은, 높은 곳에 계신 분을 향한 도리에 어긋난다. 이렇게 거꾸로 먹여 살리는 행위를 하니, 사납고 험난할 수밖에 없다.]

③ 六三, 拂頤, 貞凶. 十年勿用, 无攸利.

拂: 어길 불. 貞정: '正(바를 정)' 자와 같음. 勿: 말 물. 금지사. 攸유: '所(바 소)' 자와 같음.

제3효는 양의 자리에 음효가 있으므로 실위다. 본 효는 실위인 데다가 하괘의 정가운데에 있지 못하고 한쪽으로 치우쳐 있다. 효사는 '拂頤불이', 즉 '먹고 먹이는 도리에 어긋난다'라고 기록하였는데, 이괘의 '먹고 먹이는 도리'란 본래 스스로 힘써 일해서 먹고, 미래에 먹고살기 위해서 인재를 먹여 키우는 것이다. 그런데 이러한 도리에 어긋난다면, 아무리 바르게 행동하더라도 미래가 험난해질 수밖에 없다. 이것이 '貞凶'이 의미하는 바다.

게다가 본 효는 제6 양효와 상응하고 있는데, 먹는 도리에 어긋나는 사람이 맨 위의 제6효와 상응한다는 말은, 스스로 노력할 생각은 않고 윗사람에게 아첨하고 잘 보여서 공짜로 먹을 생각을 한다는 말에 다름 아니다. 이런 태도와 방식으로는 십 년이 지나도 아무런 쓸모가 없다.『상』에서도 "십년이 지나도 아무런 쓸모가 없는 것은, (이괘의) 도리에 크게 어긋났기 때문이다"(十年勿用, 道大悖也)라고 해설하였다.

　[제3 음효. 먹고 먹이는 이頤괘의 도리에 어긋나므로, 바르게 행동하더라도 (미래가) 사납고 험난해진다. (이런 태도로는) 십 년이 지나도 아무런 쓸모가 없고, 이득이 되는 바도 없다.]

④ 六四, 顚頤, 吉, 虎視眈眈, 其欲逐逐, 无咎.

　顚: 뒤집힐 전. 虎: 범 호. 視: 볼 시. 眈: 노려볼 탐. 眈眈탐탐: 범이 사냥감을 노려보는 모양. 欲: 하고자 할 욕. 逐: 달릴 축. 逐逐축축: 자존심이 높은 모양.

　제4효는 음의 자리에 음효가 있으므로 당위다. 당위의 자리이므로 최측근 신하가 유약한 임금이라도 순종적으로 잘 모시고 있을 뿐만 아니라, 아래로는 상응하는 제1 양효의 강직한 속성의 인재를 잘 육성하고 있기도 하다. 그래서 효사에서 '顚頤전이', 즉 '거꾸로 먹여 살리는 일을 한다'라고 쓴 것인데, 제2 음효에서도 똑같이 '顚頤'라고 썼음에도 결과가 '사납고 험난하다'라고 한 반면, 본 효에서는 길하다고 판단하였다. 그 이유는 전자는 상응하는 효가 없고, 후자는 상응하는 효가 있기 때문이다. 제2효가 제1 양효를 거꾸로 먹여 살리는 짓은 직접 대하는 부하이므로 아부에 속하지만, 제4효가 제1효를 거꾸로 먹여 살리는 일은 직접 대면하지 않는 인재 양성에 속하기 때문에, 미래를 위해 매우 바람직하다.

　그가 인재를 양성한다고 해서 아무나 기르는 게 아니라, 능력과 재주를 살펴 인재를 골라 지원하기 때문에, 효사에서 '虎視眈眈호시탐탐', 즉 '범이 사냥감을 신중하게 살펴보듯 한다'라고 쓴 것이다. 또한 윗사람이 아랫사람을 골라 양성할 때는, 일반적으로 자신의 사심이 들어가 부정부패가 개입될 수 있지만, 그의 마음가짐은 오로지 미래를 위한 인재 양성에 있으므로, '其欲逐逐기욕축축', 즉 '그가 하고자 하는 마음은 매우 고답적'이라고 쓴 것이다. 여기서 '逐逐'이란 높이 솟은 모양을 형용하는 말로서, 자존심이 높은 마음가짐을 뜻한다.

『상』에서 "거꾸로 먹여 살리는 게 길한 것은, 윗사람이 널리 베풀기 때문이다"(顚頤之吉, 上施光也)라고 해설하였는데, 여기서 '上상' 자는 제4 음효를 가리키고, '光광' 자는 '廣(넓을 광)' 자와 같다. 즉 제4효에 있는 재상이 젊은 인재를 상징하는 제1 양효를 널리 양성한다는 의미를 나타낸다.

[제4 음효. 거꾸로 먹여 살리는 일을 하니 길하다. 이때 범이 사냥감을 신중하게 살펴보듯 하는데, 그의 의욕은 매우 고답적이니, 재앙이 없다.]

⑤ 六五, 拂經, 居貞吉, 不可涉大川.

居: 지킬 거. 涉: 건널 섭. 大川대천: 큰 강. 여기서는 해결이 쉽지 않은 난제難題를 비유하는 말.

제5효는 양의 자리에 음효가 있으므로 실위다. 본 효는 강직한 존엄의 자리에 유약한 임금이 앉아 있는 상이어서 임금이 백성을 먹여 살리는 데 유리하지 않은 형국을 말한다. 게다가 본 효는 신하의 자리인 제2효와 상응하지도 않아서 하는 수 없이 바로 위 제6 양효에 의지하고 있다. 이것은 어리거나 유약한 임금이 즉위하면, 이미 물러난 상왕이나 노신하의 섭정, 또는 대비大妃의 수렴청정垂簾聽政 등에 의해서 백성을 먹여 살리는 형국을 예로 들 수 있다. 이것은 일반적인 도리에 반하는 일이므로, 이를 일컬어 '拂經불경', 즉 '먹여 살리는 이치에 어긋난다'라고 부른 것이다.

이치에 어긋나기는 하지만, 섭정하는 자가 훌륭할 뿐 아니라, 임금이 그의 말에 순종하여 현명한 신하를 임명하고 또한 흔들림 없이 그를 신임한다면, 길할 수 있다. 주공周公이 어린 성왕成王을 섭정으로 보필해서 왕업을 이루게 한 것이 그 예다. 그래서 효사에서 '居貞吉거정길', 즉 '올바름을 지키니 길하다'라고 말한 것이다. 『상』에서도 "올바름을 지켜서 길한 것은, 제6 양효를 순종하여 따를 수 있었기 때문이다"(居貞之吉, 順以從上也)라고 해설하였다.

그러나 아무리 섭정을 잘한다고 하더라도, 임금이 유약한 상태로는 어려운 문제를 해결하거나 대업을 이루는 데 한계가 있다. 위에 언급한 주공과 성왕의 관계는 예외적인 예에 속하고, 대부분은 그 한계를 벗어나기 힘들다. 아무리 재주가 출중한 제갈량諸葛亮이라 해도, 너무나 유약한 유선劉禪을 임금으로 모시고 촉나라를 지켜 달라는 유비의 유언을 실행하기엔 한계가 분명하였다. 또한 한 무제武帝도 어린 나이에 등극해서 두태후竇太后의 섭정을 받는 바람에, 자신의 정책을 펴지도 못하고 본의 아니게 유약한 상태로 남아 있을 수밖에 없었다. 그러나 두태후가 죽고 나자, 그는 자신의 정책을 한껏 펼쳐 한나라뿐 아니라, 후대 중국의 기초를 닦는 위대한 업적을 세웠다. 그래서 효사에서 제6효에 의지하는 방식으로는 '不可涉大川불가섭대천', 즉 '큰 강을 건널 수는 없다'라고 말한 것이다.

[제5 음효. 먹여 살리는 이치에 어긋나긴 하지만, 올바름을 지키니 길하다. 그러나 (이런 식으로는) 큰 강을 건널 수는 없다.]

⑥ 上九, 由頤, 厲吉, 利涉大川.
由: 말미암을 유. 경유하다. 주체가 되다. 厲: 사나울 려. 위험하다.

제6효는 음의 자리에 양효가 있으므로 당위다. 본 효는 현직에서 물러난 사람의 자리로서 비록 강건한 속성을 소유한 사람이긴 해도, 현안에 대해서는 영향력의 범위 밖에 있다. 그러나 유약한 임금이 의지하길 원하는 데다가, 제3 음효와 상응하는 관계에 있으므로 관료를 포함한 대중의 지지를 받고 있어서, 현안에 개입하는 형세다. 따라서 나라 전체가 그에게 의지해서 먹고사는 셈이므로, 효사에서 '由頤유이', 즉 '그의 능력으로 말미암아 먹고살다'라고 쓴 것이다.

관직을 맡지 않은 사람에게 의지해서 임금과 백성이 경제 활동을 한다면, 두 가지 위험이 뒤따른다. 하나는 비선 조직의 국정 농단이라는 비판이 일어나 정치적 혼란을 일으킬 수 있다는 점이다. 그러나 제6효의 재주와 능력이 뛰어난 데다가 아래가 모두 순종적인 음효이기 때문에 그럴 염려는 별로 없다. 다른 하나는 임금과 백성이 모두 그에게 의지한다면, 제6효는 기실 무관의 제왕이 되어 스스로 자만하여 자신의 임무를 잊거나 게을리할 수 있다는 점이다. 효사에서 말하는 '厲려' 자는 기실 이 위험을 가리킨다. 이 점만 유의해서 조심한다면 길하다는 것이 효사의 뜻이다.

나라의 모든 사람이 꼭대기의 한 사람을 바라보며 그에게 기대기를 원한다면, 이는 바로 어려운 시기에 영웅을 기다리는 모습에 다름 아니다. 이러한 형국은 영웅이 출현할 수 있는 모든 조건이 갖춰져 있으므로, 그가 해야 할 본연의 임무를 잊지 않으면서 적극적으로 나서기만 한다면, 큰 공적을 이루기에 매우 유리한 상황이라고 볼 수 있다. 따라서 어떤 어려운 문제에 부닥쳤을 때, 여론 형성이 쉬울 뿐 아니라 힘도 쉽게 모을 수 있어서 공적을 어렵지 않게 이룩할 수 있다. 그러면 그 명성과 효과도 예상보다 더 크게 나타난다. 효사에서 '利涉大川리섭대천', 즉 '이로움이 큰 강을 건너는 데서 나타난다'라는 말은 바로 이를 가리킨다. 『상』에서도 "(제6효로부터) 말미암아 먹고살게 된 것이 위태롭지만 길한 것은, 경사가 크게 있을 것이기 때문이다"(由頤厲吉, 大有慶也)라고 해설하였다.

[제6 양효. (제6효로부터) 말미암아 먹고사는 것은 위태롭지만 길하다. 그 이로움은 큰 강을 건너는 데서 나타난다.]

28. 대과괘大過卦

澤風大過택풍대과: 물속에 배가 빠지는 사고가
났으니, 월권을 범하더라도 큰 정치를 해야 한다.
손하태상巽下兌上

❖ 개관 ❖

　대과大過괘는 하괘에 손巽괘, 즉 바람이 있고, 상괘에 태兌괘, 즉 못이 있는 구성이다. '巽' 자는 '遜(겸손할 손)' 자와 같은 뜻으로 쓰여서 순종을 상징하고, 오행에서는 '木(나무 목)'에 해당한다. 따라서 괘상은 물 밑에 있는 나무로 만든 목선, 즉 배가 물에 가라앉은 사고를 나타낸다. 본 괘는 앞의 이頤괘와는 반대로 안쪽에 양효 네 개, 바깥에 음효 두 개가 각각 있어서 이른바 내강외유內剛外柔의 형태를 이룬다. 양쪽 바깥의 약한 음효 두 개가 안쪽의 강한 양효 네 개를 억제하기에 역부족이므로, 지켜야 할 한도를 지나쳐 정상적이지 않은 비상非常사태를 일으키는 것이다.

　앞의 이頤괘에서 먹거나 먹임으로써 양육된 사람은 자연히 속이 튼실해진다. 속이 튼실해지면 누가 뭐라 하지 않아도 의욕적으로 움직이게 되는데, 그러면 으레 적절한 한도를 넘어가게 된다. 그래서 이괘 뒤를 대과괘로 계승한 것이다. 이것을 『서괘』는 "먹여 기르지 않으면 움직일 수 없으므로, 대과괘로써 이를 이어받았다"(不養則不可動, 故受之以大過)라고 해설하였다.

『설문해자說文解字』에서는 '過' 자를 '度(건널 도)'로 풀이하였는데, 이는 '渡(물 건널 도)' 자와 같다. 대과괘의 괘상은 외나무다리의 속성을 나타내기도 하는데, 양쪽의 음효는 땅에 닿는 부분을, 가운데의 양효 넷은 단단한 외나무를 각각 상징하기 때문이다. 그래서 대과괘에 '건너다'·'지나가다'라는 의미가 있는 것이다. 공영달孔穎達은 여기에서 '大' 자를 '성대한 사람', 즉 '책임 있는 큰 정치가'라는 의미로 보고, '大過'를 '큰 정치가가 국난을 타개하기 위해 자신의 직분을 넘어가다'라는 의미로 풀이하였다. 즉 비상사태를 해결하기 위해 월권을 하였다는 말이다.

곤괘(䷁) 제3 음효의 효사에 "내재적인 아름다움을 품고 있어야 직분을 유지할 수 있다. 임금의 일에 종사할 때, 성취를 스스로 챙기지 않으면 자신의 직분을 끝까지 유지할 수 있다"(含章可貞, 或從王事, 无成有終)라는 구절이 있다. 이 말은 외유내강外柔內剛이라는 신하의 전형적인 자세로 오로지 주어진 임무만 충실히 수행함과 아울러 그 성과도 자기 것으로 챙기지 않고 임금에게 돌리면 자리를 끝까지 유지할 수 있다는 뜻이다. 즉 신하는 자기에게 주어진 임무만 수행하면서 절대로 월권하지 말라는 이야기다. 그러면서 제3효가 양의 자리에 음효이듯이, 외유내강의 자질대로 마음속의 열렬한 충성심은 그대로 유지해야 한다.

외유내강의 모습을 대과괘의 괘상이 그대로 상징하고 있는데, 평상시에는 신하의 전형적인 모습대로 순종해야 하지만, 비상사태가 일어나면 마음속의 강렬한 충성심이 밖으로 크게 드러나야 한다. 이럴 경우, 자칫 신하의 금기인 월권이나 하극상이 될 수도 있지만, 비상사태를 건너가기 위해서는 어쩔 수 없는 행위이기도 하다. 부례박傅隸樸은 이것을 『맹자』「진심盡心편」의 다음 고사로써 해설하였는데, 그 내용은 대충 다음과 같다.

탕임금을 도와 상나라를 세운 이윤伊尹은 탕이 죽은 후 아들·손자까지 보필하였다. 그런데 손자인 태갑太甲이 폭정을 하자 그를 잡아 동궁桐宮으로 쫓아내 버리고 자신이 직접 섭정을 하였다. 그리고 3년이 지나 태갑이

참회하는 것을 보고, 그를 다시 불러 왕위에 앉히고 자신은 낙향하였다. 이에 대하여 맹자가 "이윤과 같은 충성의 의지가 있으면 가능한 일이지만, 그런 의지가 없다면 찬탈이다"(有伊尹之志則可, 無伊尹之志則簒也)라고 논평하였다. 이처럼 대과괘가 의도하는 바는 비상시국을 건너야 할 경우, 속마음을 채우는 충성심만 충일充溢하다면 작은 월권이나 작은 절개를 저버리는 일에 집착하지 말고, 대국大局적 차원의 명분을 더 중시하라는 이야기다.

❖ 괘사 풀이 ❖

大過, 棟撓. 利有攸往, 亨.

棟: 마룻대 동. 용마루. 撓: 휠 뇨. 구부러지다.

'棟동' 자는 구체적으로 '마룻대'를 뜻하지만, 흔히 동량棟樑이라는 말과 같은 뜻으로 보아도 된다. 그런데 '棟撓동뇨', 즉 동량이 휘었다는 것을 『단』에서는 "본말이 약하기 때문"(本末弱也)이라고 설명하였다. 본말이란 근본과 지엽을 뜻하는데, 이는 임금과 백성을 가리키는 말로서, 본 괘에서는 맨 위와 맨 아래의 음효가 이에 해당한다. 동량은 가로로 놓여 있으므로 본말이 약하다는 것은 기둥에 걸치는 부분이 약하다는 말이다. 외나무다리에서 보자면, 다리 양쪽의 땅에 걸치는 부분을 가리킨다. 이 부분이 약하므로 중간 부분이 아래로 휘어서 곧 무너질 위험, 즉 비상사태에 처해 있는 셈이다.

그런데 그나마 다행인 것은 『단』이 지적하듯 '剛過而中강과이중', 즉 약한 임금과 백성을 이어 주는 중간 부분은 양효가 꽉 차서 강직함을 유지하고 있다는 사실이다. 즉 강직한 인재가 지나칠 정도로 풍성하게 중간을 구성하고 있는데, 이들이 사심이 없이 겸손한 마음으로 기꺼이 이 위기를 헤쳐 나가므로, 이로움이 미래에 생길 것이라는 뜻이다. 이것을 『단』에서는 '巽而說行손이열행'이라고 썼는데, 여기서 '巽' 자는 하괘의 손괘로서 '遜

(겸손할 손)' 자와 같은 뜻이고, '說' 자는 상괘의 태兌괘로서 '悅(기쁠 열)' 자
와 같은 뜻이다. 이렇게 사심이 없는 통 큰 정치가가 월권을 범해서라도 국
난을 타개하는 일은 임금과 백성 모두를 기쁘게 함으로써 큰 공을 세우는
일이므로, 『단』에서 "대과의 시의적절함은 위대하도다"(大過之時大矣哉)라
고 감탄한 것이다. 여기서 '時' 자는 '시대적 의미가 있는' 또는 '시의적절
함'으로 해석하는 게 옳다.

　이치상 물은 나무(또는 배) 밑에 있어야 정상인데, 물이 나무 위에 있다면
비상사태이니, 이때는 통 큰 정치가가 월권해서라도 이를 구하는 수밖에 없
다. 이런 일은 매우 위험해서 자기희생이 따르므로, 강직한 인재가 아니면
할 수가 없다. 이들이 이렇게 할 수 있는 이유는 혼자 소외를 당하는 일을
겁내지 않고, 필요하다면 아무런 갈등도 없이 숨어 살 수도 있기 때문이다.
이것을 『상』에서는 "못이 나무를 없애려 하니, 큰 정치가가 월권해서라도
이를 구해야 한다. 이것은 군자는 홀로서기를 두려워하지 않고, 세상을 떠
나 숨어 살더라도 갈등이 없기에 가능하다"(澤滅木, 大過. 君子以獨立不懼,
遯世无悶)라고 해설하였다.

　[대과大過괘: 동량이 휘어 있지만, 이로움이 앞으로 가는 곳에서 생기니, 형통하다.]

❖ 효사 풀이 ❖

① 初六, 藉用白茅, 无咎.
　藉: 깔 자. 깔개. 茅: 띠 모. 白茅백모: 포아풀과의 다년초. 흰색이면서 부
드러운 풀.

　제1효는 양의 자리에 음효가 있으므로 실위다. 제사를 마친 제기祭器는
바닥에 그냥 놓아도 되지만, 그 밑에 흰 띠로 만든 부드러운 깔개를 깔면 성
의 있어 보일 뿐 아니라, 경건해 보이기도 한다는 뜻이다. 이것이 '藉用白

茅자용백모, 无咎무구', 즉 '깔개로 흰 띠풀을 쓰면 허물이 없다'라는 구절이 가리키는 바다.

본 효는 비상시국을 타개할 수 있는 젊은 인재의 자세를 말하고 있다. 본 효가 실위인 것처럼, 젊은 인재는 속성이 강직해서 의욕은 강하지만 경험이 부족하여 세밀한 부분, 즉 요즘 말로 디테일detail에서 많이 보충해야 한다. 젊은 인재가 인정을 받으려면 디테일한 면에서 눈에 띄어야 사람들이 믿어준다. "신은 디테일에 있다"라는 격언이 있다. 사람들은 별것 아닐 듯한 디테일한 곳에서 감동한다는 말이다. 이를테면 같은 선물이라도 포장 위에 리본 하나 달아 놓은 것과 그렇지 않은 것은 받는 사람의 느낌이 다르다. 또한 물 한 잔을 달라고 부탁했을 때, 그냥 물 담은 컵만 가져다주는 사람과 쟁반에 받쳐 가져다주는 사람은 인성이 달라 보이는 법이다.

이와 유사하게 "악마는 디테일에 있다"라는 격언도 있다. 별로 중요하지 않은 사소한 실수로 인하여, 정작 자신의 중요한 능력과 재주가 간과되어 낭패를 보는 경우를 우리는 종종 경험한다.

그러므로 장래에 대과大過를 할 만한 인재가 되려면, 무조건 열정적으로만 공부할 게 아니라, 젊어서부터 이런 세밀한 부분을 꼼꼼히 챙기는 훈련을 쌓아야 한다. 이것이 바로 이른바 감성 교육이라는 것이다. 이러한 세밀한 부분을 통해서 믿음을 줘야, 나중에 나라를 구하기 위해 월권하더라도 사심이 없음을 인정받을 수 있기 때문이다.『상』에서도 "깔개로 흰 띠로 만든 깔개를 쓰는 것은, 숨은 세밀함이 그 아래에 있기 때문이다"(藉用白茅, 柔在下也)라고 하였는데, 여기서 '柔(부드러울 유)' 자가 바로 잘 보이지 않으면서도 세밀함이 느껴지는 감성적 능력을 가리킨다.

[제1 음효. 깔개로 흰 띠풀로 만든 깔개를 쓰니, 흠이 없다.]

② 九二, 枯楊生稊, 老夫得其女妻, 无不利.

枯: 마를 고. 楊: 버들 양. 稊: 움 제. 그루터기에서 나오는 싹. 老夫노부:

늙은 남자. 妻: 아내 처. 女妻: 처녀를 아내로 맞이하다. 새장가 들다.

제2효는 음의 자리에 양효가 있으므로 실위다. 본 효는 순종해야 하는 신하의 자리다. 그런데 여기에 양효가 들어앉아 있으므로, 이는 분수에 맞지 않는 사람이 자리하고 있으면서도 막상 제5효와는 상응하지 않는 경우가 된다. 그래서 그는 제 직분에 맞지도 않게 아래 제1 음효의 유약함과 조화를 이루려 하고 있다. 분수에는 맞지 않아도 제2효가 가운데에 처한 상태고, 제1효와 음양의 조화가 되기는 하므로, 이 관계에서는 생기가 발생한다.

이것을 효사는 '枯楊生稊고양생제, 老夫得其女妻로부득기녀처, 无不利무불리', 즉 '마른 버드나무 그루터기에서 움이 튼 셈이니, 늙은 남자가 처녀를 마누라로 맞이하면 이롭지 않을 것이 없다'라고 묘사하였다. 나이 많은 남자와 젊은 여인이 사는 게 한계를 넘어서 뭔가 가당치 않게 보이긴 하지만, 노인이 평생 쌓은 재물을 나누어 씀으로써 젊은 처녀는 안정을 향유할 수 있어 좋고, 노인은 젊은 처녀와 살 수 있으니, 이 관계가 현실적으로는 나쁠 게 없다.

이것은 다음과 같은 비유로도 설명할 수 있다. 제2 양효의 순종적이지 않은 신하가 의욕이 넘친 나머지, 제1 음효의 경험이 부족한 젊은 인재를 스스로 나서서 길러 주는 모습 말이다. 인재를 길러 내는 방법은 나라에서 정책적으로 시행하는 것도 있지만, 이 못지않게 중요한 게 현장에서 선임이 후임을 가르치는, 속된 말로 '사수와 부사수' 간의 관습적 교육이다. 사수와 부사수의 관계는 교육과 피교육의 관계 이전에 수행해야 할 임무가 서로 다르기에 근본적으로 직분을 넘어설 수가 없다. 그렇지만 열정이 넘치는 사수가 부족한 부사수에게 월권하여 경험을 공유해 주면, 임무 수행에 분명히 큰 도움이 된다. 오늘날 기득권층이 된 집단이 자신들의 현재 이익에만 집중한 나머지, 청년들에게 자리를 비워 주지 않으려는 현상이 나타나고 있는데, 이는 사회적으로 이롭지 않은 일이다.

이처럼 제2효는 두 개의 부당함이 겹쳐 있는데, 하나는 제2효가 실위失位라는 사실이고, 다른 하나는 엉뚱하게도 제1효와 어울리려 한다는 사실이다. 이러한 두 개의 부당함은 겉보기와는 달리 역설적으로 바람직한 효과를 내고 있기에, 효사에서 '이롭지 않을 것이 없다'(无不利)라고 말한 것이다. 『상』에서 "늙은 남자가 처녀장가를 든 것은, 지나친 것 같지만 이로써 서로 베풀어 줄 수 있다"(老夫女妻, 過以相與也)라고 한 해설도 이와 같은 맥락에서 한 말이다.

[제2 양효. 마른 버드나무 그루터기에서 움이 튼 셈이니, 늙은 남자가 처녀를 마누라로 맞이하면 이롭지 않을 것이 없다.]

③ 九三, 棟橈, 凶.

제3효는 양의 자리에 양효가 있으므로 당위인 데다가, 제6 음효와 상응하기까지 한다. 양효가 제자리를 잡고 상응까지 하면 매우 좋을 것 같지만, 월권해서라도 어려움을 극복해야 하는 국면에서는 그렇지 않은 면이 있다. 어려운 시기에 이러한 위치에 있는 사람은 강직하다 못해 경직될 수밖에 없기에 뭔가 비상조치를 할 생각을 못 하게 마련이다. 왜냐하면, 강직한 사람에게 누군가 상응해 주면 더욱 강직해지기 때문이다. 여기서 동량의 가운데 부분이 휘어서 내려앉았다는 것은 기둥에 걸친 부분이 약하기 때문인데, 이 가장자리 부분이 약하면, 중간 부분은 상대적으로 더욱 강한 것처럼 느껴지는데, 이것이 바로 상응하는 현상이 된다. 그래서 제3효가 경직되어서 비상시국임에도 오로지 원칙대로만 하려 하는 것이다.

1970~1980년대에 겪었던 경제 위기와 오늘날의 그것은 근본적으로 다르다. 옛날에 생산 증대와 근검절약으로 경제를 살렸던 유능한 경제 장관을 오늘날의 경제 위기 극복을 위해 데려다 쓴다면 아마 성공하지 못할 것이다. 왜냐하면, 정부가 나서서 돈을 헬리콥터로 뿌리듯 마구 풀어 젖혀야 하

는 비상조치를 도저히 감행할 수 없을 것이기 때문이다.

전체가 무너지려는 비상시국에 나 홀로만 원칙을 지키면 된다고 고집해서는 절대 자신 혼자만도 살아남기가 어렵다. 『상』에서 "동량이 휘어진 위기 상황에서는 보필해 줄 사람이 나타날 수가 없다"(棟橈之凶, 不可以有輔也)라고 해설하였는데, 동량이 휘어졌다는 것은 비상사태를 인식할 줄 모르는 사람을 가리킨다. 어떤 인재도 이런 사람을 구하기 위해서 나타날 희망은 없을 것임을 이 구절은 말하고 있다.

[제3 양효. 동량이 휘어졌으니, 사납고 험악하다.]

④ 九四, 棟隆, 吉, 有它吝.
隆: 높일 륭. 它: 다를 타. '他(다를 타)' 자와 같음. 吝: 인색할 린. 안타까움.

제4효는 음의 자리에 양효가 있으므로 실위다. 이 자리는 상괘에서 제일 낮은 곳에 있지만, 제1 음효와 상응하므로 미약하나마 그 힘에 의지하여 비상 대책을 강구한다. 즉 제3효에서와 마찬가지로 기둥에 걸친 부분이 약하기에 상대적으로 가운데 부분이 강하게 느껴지는 바가 있지만, 본 효는 제3효와 달리 자신을 경직시키지 않고 유연하게 비상 상황에 대처하려 한다. 이것은 그가 강직하기는 해도 음효의 자리에 있기 때문이다. 비유컨대, 측근 대신인 재상이 몸을 곧게 폄으로써 자신의 위상을 위로 올려서 위기에 대응하는 것이다. 이것을 효사에서 '棟隆동륭', 즉 '아래로 휘어진 동량을 위로 높이다'라고 썼다. 이렇게 해서라도 위기를 극복하려 하지만, 상응하는 제1 음효가 미약해서, 즉 백성의 지지가 굳건하지 않아서 오래 버티는 데 한계가 있다. 그래서 효사는 이 방식이 길하기는 하지만, 적극적이지 못하다는 점에서 '有它吝유타린', 즉 '다른 아쉬움이 생길 것이다'라고 말한다.

『상』에서는 "아래로 휘어진 동량을 위로 높이는 것이 길한 것은, 아랫자리에 처하면서 위상을 굽히지 않기 때문이다"(棟隆之吉, 不橈乎下也)라고 해설하였는데, 이는 측근 대신인 재상이 위기 국면을 돌파하고자 자신의 위상을 높였지만, 그렇다고 해서 임금의 자리를 참월僭越하지 않고 여전히 아랫자리를 지켰기 때문이라는 말이다.

[제4 양효. 아래로 휘어진 동량을 위로 높였으니 길하긴 하지만, 다른 아쉬운 일이 생길 것이다.]

⑤ 九五, 枯楊生華, 老婦得其士夫, 无咎无譽.

華: 꽃 화. '花(꽃 화)' 자와 같음. 婦: 지어미 부. 아낙. 得: 얻을 득. 士: 선비 사. 남자. 夫: 지아비 부. 譽: 기릴 예.

제5효는 양의 자리에 양효가 있으므로 당위이기는 하다. 본 효는 임금의 자리에 강직한 임금이 앉아 있긴 한데, 비상시국에 그는 자신의 존엄만을 굳게 지킬 뿐 뭔가 과단성 있는 긴급 조치를 취하지 않는 형상이다. 그는 백척간두百尺竿頭의 위급한 상황임에도 대의명분만을 주장함과 아울러, 근엄한 임금의 권위와 위세로서 사람들이 지엄한 명령에 복종하기를 기대한다. 임금이 근엄한 자세로 대의명분을 이야기하면, 말은 그럴싸하게 들려서 설득력이 있는 것처럼 보이지만 막상 명령에 따라 움직이려 하면 전혀 현실성이 없다. 그러한즉, 임금의 설득력은 오래가지 못하고, 그저 허장성세虛張聲勢에 불과하였음을 알게 된다.

효사는 이것을 "고목이 된 버드나무에 꽃이 피고, 늙은 지어미가 젊은 사내를 지아비로 맞은 셈이니, 흠잡을 것도 없고 기릴 만한 것도 없다"(枯楊生華고양생화, 老婦得其士夫로부득기사부, 无咎无譽무구무예)라고 표현하였다. 즉 망할지도 모르는 나라의 임금이 곧 죽더라도 채신머리를 지킨답시고 뻣뻣하게 구는 모습이, 마치 다 썩은 고목에 작은 꽃 한 송이가 피어난 모습이나, 다 늙은 여자가 젊은 사내를 얻어 사는 모습과 같다는 것이다. 이 두 가지의 공통점은 겉으로는 참신해 보일지 모르지만, 그 생명이 길지 못하다는 사실이다. 고목에 꽃이 피어 봤자 얼마나 살겠으며, 늙은 아낙이 젊은이와 살아 봤자 얼마나 살겠는가 말이다.

혹자는 제2효에서 "늙은 남자가 처녀를 마누라로 맞이하면 이롭지 않을 것이 없다"라고 했는데, 왜 그 반대의 경우는 안 되느냐고 반문할지 모른다. 이에 대하여 부례박은 소음少陰은 노양老陽을 보양補養할 수 있지만, 노음老陰은 소양少陽을 보양할 수 없는 게 음양의 원리라고 설명한다. 그래서 고목에 꽃이 피고, 늙은 아낙이 젊은이를 데리고 사는 게 굳이 흠잡을 일은 아니지만, 그렇다고 정상적으로 어울리는 일도 아니므로, 효사에서 '흠잡을 것도 없고 기릴 만한 것도 없다'라고 말한 것이다.

『상』에서 "마른 버드나무에서 꽃이 피었지만, 그게 얼마나 갈 수 있겠는가? 늙은 지어미와 젊은 지아비가 어울려 봤자 남우세스러울 뿐이다"(枯楊生華, 何可久也. 老婦士夫, 亦可醜也)라고 해설하였는데, 역시 같은 맥락이다.

[제5 양효. 고목이 된 버드나무에 꽃이 피고, 늙은 지어미가 젊은 사내를 지아비로 맞은 셈이니, 흠잡을 것도 없고 기릴 만한 것도 없다.]

⑥ 上六, 過涉滅頂, 凶, 无咎.

涉: 건널 섭. 滅: 사라질 멸. 頂: 정수리 정.

제6효는 음의 자리에 음효가 있으므로 당위다. '涉섭' 자는 『주역』에서 자주 쓰는 표현으로서 '큰 재난을 무사히 헤쳐 건너다'라는 뜻이다. 따라서 '過涉과섭'은 큰 재난을 건너고자 특단의 비상조치를 하는 행위를 가리킨다. 그리고 '滅頂멸정'이란 '물이 머리끝까지 차올라 숨을 쉬지 못하다'라는 의미로서 멸망으로 가는 재난을 뜻한다.

제6 음효는 배가 큰 강을 건너는 모양인데, 대과괘는 나무 아래 있어야 할 물이 나무 위에 있으므로, 큰 재난을 맞고 있음을 상징한다. 비상사태의 마지막 조치는 목숨을 걸고 뛰어들어 재난을 해결하는 일이다. 이런 일은 아무나 하는 게 아니고, 모든 것을 내려놓고 은거한 은자처럼, 대의를 위하여 자신의 모든 것을 기꺼이 희생하는 의사義士만이 가능하다. 이런 사람의 결의는 개인에게는 피하고 싶은 고난이라서 '사납고 험한'(凶) 운명이 되겠지만, 나라와 백성에게는 정말로 다행한 일이다.

성어에 '부복관심剖腹觀心', 즉 '배를 가르고 심장을 본다'라는 말이 있다. 은나라 주왕紂王의 폭정이 날로 심해지자 충신인 비간比干이 이를 제지하는 간언을 자주 올렸다. 이를 듣다 못한 주왕이 "도대체 현자의 심장은 어떻게 생겼길래 이렇게도 겁이 없나?" 하며 그의 배를 가르고 심장을 살펴보았다는 고사다.

이러한 의거를 놓고 효사는 '无咎', 즉 '흠잡을 게 없다'라고 소극적으로 평한 것은 무엇 때문인가? 이는 나라와 임금을 위해 목숨을 바친 일은 크게 칭찬할 의거지만, 부모에게는 불효한 일이기 때문이다. 이처럼 충과 효는 이율배반적이다. 따라서 목숨을 함부로 버린 행위는 부모의 측면에서 보면, 불효라고 비난할 수 있겠지만, 나라의 측면에서 보면 매우 기릴 만한 일이 된다. 효사에서 '흠잡을 게 없다'라고 소극적으로 평가할 수밖에 없는 배경이다.『상』의 "나라의 재난을 구하기 위해 목숨을 건 일이 험한 운명이긴 하지만, 이를 흠잡을 수는 없다"(過涉之凶, 不可咎也)라는 해설도 같은 의미를 지닌다.

[제6 음효. 물이 머리끝까지 차올라 숨을 쉬지 못할 정도의 재난을 해결하기 위해 목숨을 거는 일이 사납고 험난하기는 하지만 흠잡을 게 없다.]

29. 감괘坎卦

 坎爲水감위수: 구덩이는 물이 된다.
감하감상坎下坎上

❖ 개관 ❖

감坎괘는 감괘(☵) 두 개를 겹쳐 놓은 것으로서, 도도히 흐르는 강물을 상징한다. 가운데의 양효는 강물의 중간 흐름이 곧게 나아가는 것을, 양쪽의 음효는 흐름의 가장자리에 파문이 넘실거리는 모양을 각각 나타낸다. 또는 물은 겉보기엔 약한 듯하지만, 안에 잠재된 힘은 무엇보다 강력하다는 속성을 상징하기도 한다.

『설문해자』는 '坎' 자를 '陷(빠질 함)', 즉 '푹 파인 함정'으로 풀이하였다. 감괘(☵)의 모양을 보아도 양효가 음효 사이에 빠져 있는 모양이다. 푹 파인 웅덩이에는 물이 차게 마련이므로, '坎'과 물은 떼려야 뗄 수 없는 관계에 있다. 그래서 감괘와 물은 『역』에서 험난한 장애물로 상징된다. 괘사와 효사에서 수시로 나오는 '涉大川섭대천', 즉 '큰 강을 건너다'라는 말이 그 예다.

사람은 자연의 불안한 상태를 극복하고자 인위적으로 질서를 세우고 여기에 당위성을 부여한 후, 이를 지키는 행위를 윤리로 삼았다. 그러나 현실 생활에서는 실천이 제대로 되지 않아서 이 질서를 어지럽히는 자들이 언제든지 나타날 수 있다. 그러면 이를 구하기 위해 어쩔 수 없이 일시적으로 법과 질서를 벗어나 강제로 수습하는 것을 용인해야 한다. 이것을 대과大過괘에서 '過'라고 표현하였다. 인간의 삶을 위협하는 비상사태가 발생하면, 어떻게든 장애와 위기를 극복해야 한다. 그러려면 평소 이에 대한 대비와 훈련이 되어 있어야 한다. 그래서 대과괘 뒤를 감괘로 계승한 것이니, 『서괘』에서 "사람은 비상사태를 종식할 방법이 없으므로, 감괘로써 받아 이어 간 것이다"(物不可以終過終, 故受之以坎)라고 말하였다.

물은 이처럼 장애물이기도 하지만, 가운데의 양효가 음효의 함정을 뚫고 나아가는 형상이 보여 주듯, 인내와 끈기로 보이지 않는 강직한 속성을 발휘하여 끝내 험난한 장애를 극복한다. 그래서 물은 전통적으로 '자강불식自彊不息', 즉 '스스로 노력하여 쉬지 않는다'라는 성어의 상징으로 인용되어 왔다. 『논어』 「자한子罕편」의 "선생님이 냇가에서 말씀하셨다. '흘러가는 것은 이와 같으니, 밤낮을 가리지 않는다'"(子在川上曰, "逝者如斯夫, 不舍晝夜")라는 말이 대표적이다.

그래서 감괘는 비상사태를 극복하기 위한 평소의 훈련과 교육에 대하여 힘주어 말한다. 감괘를 습감習坎괘라고도 쓰는데, 이때의 '習' 자는 '중첩'의 뜻으로서, 똑같은 감괘(☵)가 중첩되어 있는 괘라는 뜻도 있지만, '익숙하도록 반복 훈련한다'라는 의미에 더 비중이 실려 있다. 그래서 감괘의 효사는 제6효만 빼고 교육과 훈련에 관한 이야기를 적고 있다.

❖ 괘사 풀이 ❖

習坎, 有孚, 維心亨, 行有尙.

習: 거듭 습. 익숙하다. 孚: 믿을 부. 維유: '惟(써 유)' 자와 같음. ~ 때문에. 心심: 여기서는 앞의 '孚' 자를 가리킴. 믿음. 尙: 숭상할 상.

앞서 설명하였듯이, 감괘는 습감習坎괘라고도 쓴다. '習' 자에는 '중복'

이라는 의미가 들어 있어서, 감괘가 단괘인 감괘(☵) 두 개를 중첩하였음을 나타내기는 하지만, 8개의 중첩괘 중에서 유일하게 감괘에만 '習' 자를 붙였다는 사실에서 중첩이라는 의미보다는 '익숙하도록 훈련하다'에 의미를 두고 있음을 알 수 있다. 따라서 '習坎'이란 어려운 장애물을 만나도 아무렇지도 않은 듯 익숙하게 대처한다는 의미가 된다. 이렇게 할 수 있는 이유는 그에게 굳건한 믿음이 있기 때문이다. 이것이 '有孚유부'가 가리키는 뜻이고, 감괘(☵)의 가운데에 자리한 양효가 이를 상징한다. 그래서 우리 일상에서도 정말로 믿음이 가는 사람은 밖으로 자신감을 표출하는 사람보다, 겉으로는 겸손하지만 속으로 강직한 이른바 외유내강의 사람이다. 왜냐하면, 괘사에서 '維心亨유심형'이라고 말한 바대로 마음, 즉 믿음이 굳건해야 어떠한 장애라도 극복하고 일을 성공시킬 수 있기 때문이다. 평생 산전수전 다 겪으며 살아온 백전노장 앞에서 우리는 저절로 머리를 숙이게 되는데, 이러한 아우라aura를 괘사에서는 '行有尙행유상', 즉 '그의 행위에는 존경스러움이 배어 있다'라고 묘사하였다.

『단』은 "습감이란 험난함이 중첩된다는 뜻이다. 물은 흘러 어디에 머물지 않고, 계속된 험난함을 이기고 나아가면서 자신의 믿음을 잃지 아니한다"(習坎, 重險也. 水流而不盈, 行險而不失其信)라고 해설하였다. 이는 살아가노라면 험난한 장애를 거듭해서 만나게 마련이니, 물이 쉬지 않고 흘러가듯이 믿음을 갖고 장애를 극복하며 나아가야 한다는 말이다. 험난한 장애를 이기면 그 장애보다 더 높은 믿음을 갖게 되느니만큼, 이것은 다시 다른 외적에게는 넘지 못할 걸림돌이 된다. 그래서 이어서 "하늘의 험난함은 아예 오를 수도 없고, 땅의 험난함은 산과 강, 언덕 같은 것이다. 임금과 제후들은 이러한 험난한 장애물을 만들어서 자신의 나라를 지키는 법이니, 험난한 장애물이 때에 맞춰 쓰이는 일이 정말로 크도다!"(天險不可升也, 地險山川丘陵也, 王公設險以守其國, 險之時用大矣哉)라고 해설하였다. 물이 험난한 장애물이기는 하지만, 이를 이겨 익숙해지면 외적을 막는 장애물로 쓸 수 있다는 말이다.

『상』에서는 "물이 자꾸 오면 장애물에 익숙하게 대처하게 된다. 군자는 이러한 변치 않는 늠름한 덕으로써 행동하는 것이, 곧 백성이 험난함에 익숙하도록 가르치는 일이 된다"(水洊至, 習坎. 君子以常德行, 習敎事)라고 해설하였다. 이는 군자의 이러한 믿음직한 행동이 백성을 감화시켜 모두가 늠름해지는 문화가 형성될 수 있음을 말하는 것이다.

[習坎괘: 험난한 장애물을 만나도 아무렇지도 않은 듯 익숙하게 대처하는 것은, 믿음이 있기 때문이다. 굳건한 믿음이 있으므로 무슨 일이든 성공할 수 있고, 이렇게 행동함에는 존경스러움이 배어 있다.]

❖ 효사 풀이 ❖

① 初六, 習坎, 入于坎窞, 凶.
入: 들 입. 빠지다. 窞: 땅 움푹 파일 담. 바닥에 파인 구덩이.

제1효는 양의 자리에 음효가 있으므로 실위다. 즉 사회에 첫발을 딛는 젊은 사람은 아직 어려운 일에 익숙지 않은데, 강한 도전을 받는 자리에 처하게 되었다는 말이다. 게다가 제4효와 상응하지 않아서 다른 사람의 도움을 받지도 못하는 처지다. 그래도 그는 시련에 익숙해지려고 힘껏 노력하지만, 오히려 '坎窞감담', 즉 '구덩이 속의 구덩이'로 빠져든다. '禍不單行화불단행', 즉 '재앙은 홀로 오지 않는다'라는 성어에서도 알 수 있듯이, 고난과 시련은 하나만 오지 않고 겹쳐 오게 마련이다. 재난에 대처하는 데 익숙지 않은 사람은 한번 실수해서 도리를 벗어나면 엄벙덤벙하며 다시 제 길로 돌아오지 못하기에 일어나는 일이다.

이것을 『상』에서는 "험난한 구덩이에 익숙해지려고 노력하다가 구덩이 안의 구덩이 속에 빠져든 것은, 대처하는 도리를 잃어서 험난하게 된 것이다"(習坎 入坎, 失道凶也)라고 해설하였는데, 여기서 '失道실도'는 곧 방도를 잃어서 제자리로 돌아오지 못하고 연속적으로 실수하는 상황을 말한다.

[제1 음효. 험난한 구덩이에 익숙해지려 견디다가, 구덩이 속의 구덩이에 빠졌으니, 사납고 험난하다.]

② 九二, 坎有險, 求小得.

險: 험할 험. 求: 찾을 구. 得: 얻을 득.

제2효는 음의 자리에 양효가 있으므로 실위다. 강직한 사람이 유순하게 복종해야 하는 자리에 처해 있으니, 그에게는 구덩이에 빠진 상황이라 할 수 있다. 게다가 제5효와 상응하지 않으니, 어디 도움을 받을 데도 없는 이른바 고립무원孤立無援의 처지다. 하는 수 없이 옆의 음효에라도 도움을 청해 보려 하지만, 하패인 감괘(☵) 자체가 곤경에 빠져 있으니, 양쪽의 어느 음효도 자신부터 챙기려 하지 이웃을 도울 겨를이 없다. 그나마 다행인 것은 유약한 음효나마 옆에 붙어 있다는 사실이다. 별로 도움이 안 되는 양쪽의 음효지만, 옆에 붙어 있어 주면 최소한 심리적인 위안은 될 수 있기 때문이다. 이것이 효사의 '求小得구소득', 즉 '아주 작은 이득이라도 찾다'라는 구절이 가리키는 바다. 여기서 '求' 자는 '찾다'라는 뜻으로서 힘써 찾아내려 한다는 뜻이지, 이미 찾아서 얻어 냈다는 의미가 아니다. 고립무원의 처지에 놓이니까 억지로 작은 이득이나마 될 만한 것을 찾으려다 보니, 옆에 누구라도 있는 게 위안이 된다는 말이다. 속담에 "호랑이가 웅덩이에 빠지면 개에게 욕을 본다"라는 말이 있는데, 제2 양효가 바로 이런 꼴이다.

근자에 1인 가정이 늘면서 반려동물을 키우는 사람이 많아졌는데, 이런 경우에 효사가 가리키는 의미를 적용해 볼 수 있을 것이다. 옆에 함께하는 사람 없이 혼자 살면 여러 가지 면에서 힘들 수 있다. 이럴 때 반려동물을 키우면, 그 동물에게서 직접적인 도움은 받을 수 없지만, 자신이 혼자가 아니라는 위안은 얻는다. 그뿐 아니라, 반려동물을 키우면 작은 기쁨도 생기는 게 사실인데, 이것이 효사에서 말하는 '小得'이 가리키는 의미이기도 하다. 즉 어려움에 부닥친 상황에서는 작은 즐거움이라도 찾아 스스로 위안하는 것이 지혜로울 수 있다는 말이다.

그러나 『상』에서 "작은 이득을 구해서는 구덩이 가운데서 빠져나오지 못한다"(求小得, 未出中也)라고 말하듯, 이러한 작은 이득으로는 근본적인 곤경에서 빠져나오기 어렵다.

[제2 양효. 구덩이 속에 장애물이 있으니, 작은 이득이라도 찾는다.]

③ 六三, 來之坎坎, 險且枕, 入于坎窞, 勿用.

來: 올 래. 之: 갈 지. 險: 험할 험. 且: 또 차. 枕침: '阽(위태로울 점)' 자와 같음. 窞: 땅 움푹 파일 담. 바닥에 파인 구덩이. 勿: 말 물. 금지사. 用: 쓸 용.

제3효는 양의 자리에 음효가 있으므로 실위다. 강직한 사람이 있어야 할 제후의 자리에 소심한 사람이 앉아 있으니, 험난할 수밖에 없다. 제3효와 제4효는 둘 다 음효로서 중앙에 있으니, 괘를 전면적으로 보면 밑으로 내려가도 구덩이고, 위로 올라가도 구덩이다. 이것이 효사의 '來之坎坎래지감감'인데, 여기서 '來' 자는 밑으로 내려감을, '之' 자는 위로 올라감을 각각 나타낸다. 따라서 이러한 상황은 '險且枕험차침', 즉 '험난할 뿐 아니라 위태로울' 수밖에 없다. '枕' 자는 굴러떨어질 물건 밑에 돌 같은 것을 괴어 놓은 것을 말하는데, 이는 임시로 행한 조치로서 언제 떨어질지 모르는 위태로운 상태다. 이런 경우를 진퇴양난進退兩難이라고 하는데, 이렇듯 옴짝달싹 못 하면 사람들은 일반적으로 어쩔 줄 몰라 허우적대다가 오히려 더욱 심한 곤경에 빠지게 된다. 이것이 효사의 '入于坎窞입우감담', 즉 '자칫 구덩이 속의 구덩이로 빠지게 된다'라는 구절이 가리키는 바다. 따라서 이럴 때는 차라리 '아무것도 하지 말라'(勿用)라고 권고한다. 실제로 꼬일 대로 꼬여서 도저히 해결할 수 없어 보이는 복잡한 사건은 단순하게 접근하는 방법이 유효할 때가 종종 있다. 가만히 두고 보는 것도 그런 방법의 하나다.

『상』에서 "오나가나 구덩이일 때는, 아무리 애를 써 봤자 효과가 없다"(來之坎坎, 終无功也)라고 해설하였듯이, 어차피 해결이 안 될 일은 공을 아무리 들여 봤자 일을 더 꼬이게 할 뿐이기 때문이다.

[제3 음효. 오나가나 구덩이여서, 험난할 뿐 아니라 위태롭다. 자칫 구덩이 속의 구덩이로 빠지게 될 수도 있으니, (차라리) 아무것도 하지 말라.]

④ 六四, 樽酒, 簋貳, 用缶, 納約自牖, 終无咎.

樽: 술통 준. 酒: 술 주. 簋: 제기 궤. 여기서는 음식을 담는 그릇. 貳: 버금 이. 여기서는 '보조적인 것'이란 뜻으로서, 술의 보조적인 것, 즉 안주를 뜻함. 缶: 장군 부. 질그릇. 뚝배기. 納: 채용할 납. 맺다. 約: 검약할 약. 牖: 창 유. 여기서는 '誘(인도할 유)' 자와 같음.

제4효는 음의 자리에 음효가 있으므로 당위다. 감괘 자체가 구덩이에 빠져서 헤어 나와야 하는 모양인데, 본 효는 제1효와 상응하지 않아서 도움을 받을 수 없는 처지에 있으니, 바로 위에 있는 제5 양효에 붙어서 충성을 바치는 수밖에 없다. 이는 임금의 최측근 신하로서 해야 할 당연한 도리이기도 하다. 임금이 강직하기에 그가 진심으로 임금을 받들어 모시기만 한다면 이 역경을 극복할 수 있다. 겉으로만 충성하는 척 가식하면, 임금은 속일 수 있을지 몰라도 이를 보는 주위 사람들은 속일 수 없다. 측근 신하가 거짓을 행하는 상황에서는 국력을 모아 곤경에 대처하기가 힘들다. 그래서 본 효에서는 곤경을 극복하기 위한 조건으로 간절한 마음, 즉 충성심을 강조한다.

이것을 상징적으로 보여 주는 예가 임금에게 향응하는 방식이다. 어려운 때일수록 간신은 임금에게 호화롭고 사치한 모습을 보여 줌으로써 임금을 안심시키고 그의 환심을 사려고 한다. 반면에 충신은 임금을 근신하게 함으로써 늘 긴장하는 마음을 늦추지 않게 한다. 그래서 술과 안주를 올릴 때도 사치하지 않고 질박하고 검소하게 상을 차린다. 이것을 효사에서 '樽酒준주, 簋貳궤이, 用缶용부', 즉 '한 술통의 술과 한 접시의 안주를 올릴 때도 질그릇을 사용한다'라고 썼다. 여기서 '樽酒'는 '一樽酒', 즉 '한 술통의 술'이고, '簋貳'는 '一簋貳', 즉 '한 접시의 안주'가 된다. '貳'는 술의 보조적인 것, 즉 '안주'를 뜻한다. 임금이 즐기는 술상에 쓰는 그릇이라면 당연히 최고급의 사치품을 써야 하지만, 어려운 시기이므로 마음을 가다듬는 의미에서 서민이 쓰는 '缶부', 즉 질그릇을 쓰는 것이다. 이렇게 임금이 검약하게 생활하도록 보필하면, 그러는 가운데 간절한 마음과 충성심이 저절로 우러나오게 된다는 것이 바로 '納約自牖납약자유', 즉 '검약한 것을 받아들일 때 간절한 마음이 저절로 인도되어 나온다'라는 구절이 가리키는 바다. 여기서 '牖' 자는 '誘(인도할 유)' 자와 같은 뜻으로서 간절한 마음이 저절로 유도되어 나온다는 것을 의미한다.

신하가 이렇게 간언하고 보필할 때, 임금도 긴장을 늦추지 않게 될 뿐 아니라, 신하도 더욱 간절한 충성심을 갖게 된다. 『상』에서 "한 술통의 술과 한 접시의 안주를 올릴 때의 간절한 마음은, 강직한 임금과 유순한 신하 사이에서 생기는 것이다"(樽酒簋貳, 剛柔際也)라고 한 말도 이를 가리킨다.

[제4 음효. 한 술통의 술과 한 접시의 안주를 올릴 때도 질그릇을 사용할 것이니, 검약한 것을 받아들일 때 간절한 마음이 저절로 인도되어 나와서 끝내 재앙이 없을 것이기 때문이다.]

⑤ 九五, 坎不盈, 祇旣平, 无咎.
盈: 찰 영. 祇: 다만 지. 여기서는 '抵(다다를 저)' 자와 같음. 旣: 이윽고 기. 平: 평탄할 평.

제5효는 양의 자리에 양효가 있으므로 당위다. 즉 강직한 군주가 임금의 자리에 있어서 역경을 극복할 수 있음을 상징한다. 그러나 제2 양효와 상응하지 않아 신하의 보필을 제대로 받을 수 없어서 역경을 완전히 벗어나지는 못하고 있다. 제5 양효 양옆으로 음효가 있는 모양이 이를 잘 나타낸다. 장애가 되는 구덩이를 일단 메워야 더는 물이 유입되지 않을 터인데, 이 일을 임금이 직접 할 수는 없지 않은가. 그래도 임금이 자리에 충실할 만큼 워낙 강직하니까, 구덩이가 평지까지는 아니지만 거의 평지 수준에 다다랐다. 이것이 효사의 '坎不盈감불영, 祇旣平지기평', 즉 '구덩이가 다 메워지지는 않았지만, 얼마 안 있어 곧 평평해지는 정도에 도달하였다'라는 구절이 가리키는 바다.

이처럼 세상은 워낙 넓고 커서 지도자 한 사람이 잘났다고 해서 다스려지는 게 아니다. 지도자의 의중을 잘 알아서 세밀한 부분까지 챙기며 실행할 줄 아는 신하들의 도움과 보필을 받아야 다스림이 가능하다. 신하의 자리와 상응하지 않아서 측근 신하인 제4효의 도움을 받긴 하지만, 구덩이를 메우는 큰일을 하려면 실무를 순종적으로 실행하는 신하가 필요하다. 성어에도 '獨不將軍독불장군', 즉 '혼자서는 장군이 될 수 없다'라는 말이 있지 않은가. 『상』에서 "구덩이가 메워지지 않은 것은, 가운데서 혼자서 힘을 크게 할 수 없기 때문이다"(坎不盈, 中未大也)라고 해설하였는데, 역시 같은 뜻이다.

[제5 양효. 구덩이가 다 메워지지는 않았지만, 얼마 안 있어 곧 평평해지는 정도에 도달하였으니, 재앙은 없을 것이다.]

⑥ 上六, 係用徽纆, 寘于叢棘, 三歲不得, 凶.

係: 이을 계. '繫(묶을 계)' 자와 같음. 徽: 세 가닥으로 꼰 노끈 휘. 纆: 두 가닥으로 꼰 노끈 묵. 寘: 둘 치. '置(둘 치)' 자와 같음. 叢: 떨기 총. 무더기. 棘: 가시나무 극. 歲: 해 세.

제6효는 음의 자리에 음효가 있으므로 당위다. 감괘는 구덩이가 겹쳐 있는 괘인데, 이러한 곤경의 극단은 감옥이다. 감옥에 갇힌 형상을 효사는 '係用徽纆계용휘묵, 寘于叢棘치우총극, 三歲不得삼세부득', 즉 '체포에는 세 가닥으로 꼰 밧줄과 두 가닥으로 꼰 밧줄을 써서, 무더기로 난 가시덤불 안에 두었으니, 종신토록 나오지 못한다'라고 묘사하였다. 여기서 '三' 자는 수사적 표현으로서 '많다'는 뜻이므로, '三歲不得'은 사실상 종신토록 감옥에서 나오지 못하고 썩는다는 의미다.

그런데 이러한 극단적 상황을 왜 당위로 해석하는가? 감괘의 여섯 개 효 중에서 '험난하고 사납다'(凶)라는 말을 쓴 곳은 제1효와 제6효뿐이다. 제1효는 처음이라 아무것도 몰랐을 뿐 아니라, 주위에 도와줄 사람도 없어서 엄벙덤벙하는 바람에 재난이 겹쳐진 '凶'이었던 반면에, 제6효는 갖은 풍상을 겪으며 사는 가운데, 고난에 익숙해진 결과로 '凶'하게 된 것이다. 감옥에 자주 드나든 사람이 갈수록 큰 범죄를 저지르는 예를 상기하면 쉽게 이해된다. 험난한 역경이란 상상하는 것처럼, 언제나 힘들고 어려운 과정만 계속되는 게 아니라, 이를 겪다 보면 나름대로 쾌락도 있는 게 사실이다. 그래서 한번 법을 어겨 죗값을 받아 본 사람이 자칫 일상적으로 범법의 덫에 빠지는 것이다. 이런 사람은 엄중한 고통과 곤경의 책임이 뒤따를 것이라고 겁을 줘도 별로 겁을 먹지 않는다. 인간의 곤경 중에서 가장 극단이 감옥이라는 자리인데, 범죄의 덫에서 빠져나오지 못하는 나약한 인간이라면 이곳에 갈 수밖에 없을 터이니, 그래서 당위가 되는 것이다.

『상』에서 "제6 음효는 제 길을 잃었으므로, 험난하고 사나움이 평생을 가는 것이다"(上六失道, 凶三歲也)라고 해설하였는데, 이는 갖은 고난을 겪으며 의지가 꺾일 대로 꺾였을 뿐 아니라, 도움을 받을 데도 없이 마지막 극단의 곤경에 처한 사람이라면, 그에게는 당연히 가야 할 길이라는 게 의미가 없으므로 이제 종신토록 험난하고 사나울 일밖에 없다는 뜻이다.

[제6 음효. 체포에는 세 가닥으로 꼰 밧줄과 두 가닥으로 꼰 밧줄을 써서, 무더기로 난 가시덤불 안에 두었으니, 종신토록 나오지 못한다. 그래서 험난하고 사납다.]

30. 이괘離卦

❖ 개관 ❖

이離괘는 단괘인 이괘(☲)를 위아래로 중첩해서 구성한 것이다. 단괘의
맨 아래의 양효는 땅을, 위의 두 개의 효는 불꽃을 각각 나타내는데, 맨 위
의 양효는 밝고 뜨거운 불꽃의 바깥 부분을, 가운데 음효는 상대적으로 어
두운 속 부분을 각각 나타낸다. 따라서 이괘는 내유외강內柔外剛의 모든 사
물을 상징하는데, 자라와 거북, 갑옷을 입는 무사 등이 모두 이에 속한다.
불은 중심으로부터 열과 빛을 밖으로 발산하므로, '이산離散하다'라는 의미
에서 이離괘라는 이름이 붙여진 것으로 알려져 있다.

『서괘』에 "'坎감'은 '빠지다'라는 뜻이다. 빠졌을 때는 반드시 무엇인가
를 붙잡는 바가 있으므로, 붙는 것으로써 감괘를 받은 것이니, '離' 자는 '붙
다'라는 뜻이기 때문이다"(坎者陷也. 陷必有所麗, 故受之以麗, 離者麗也)라는
구절이 있다. 불이란 어딘가에 붙어야만 살아나므로 이괘라고 불렀다는 말
이다. 우리말에서도 '불이 붙다'라고 표현한다. 이처럼 이괘는 불의 두 가지
속성을 그대로 담고 있다.

『역』은 상경上經과 하경下經으로 나뉘는데, 감坎괘에 이은 이離괘가 상

경의 마지막 괘다. 상경이 감괘와 이괘로 마감하듯이, 하경도 단괘인 감괘와 이괘로 조합된 기제既濟괘(䷾)와 미제未濟괘(䷿)로 마감한다. 이는 상경의 감괘와 이괘의 의미가 각각 하경의 기제괘와 미제괘의 의미와 일맥상통함을 시사한다.

그런데 왜 같은 중첩괘인데, 이괘에는 습감習坎괘처럼 '習(익힐 습)' 자를 붙이지 않는가? 앞에서 이미 설명하였듯이, 삶이란 세상의 고난과 역경을 이기며 살아가는 과정이다. 이 과정을 이겨 내지 못하면 생존이 불가하므로,『역』은 우리에게 끊임없이 재주와 지혜를 익혀서 고난을 이기라고 요구한다. 이런 의미에서 '坎' 자 앞에 '習' 자를 붙인 것이다.

그러나 이괘의 속성인 불은 명석함과 총기聰氣를 상징하는데, 이것은 역경을 극복하고 경쟁에서 이기는 데는 훌륭한 도구가 되지만, 불이 사물에 붙어 있어야만 살 수 있듯이, 사건이 있을 때만 유용하고 사건이 사라지면 함께 사라진다. 그래서 명석함과 총기는 스스로 존재하기 위해서 늘 사건을 만들어 내게 마련이다. 이것이 명석함과 총기가 존중을 받는 사회에서 크고 작은 사건들이 연달아 일어나 사람들을 불안하게 만드는 이유다. 상황이 이러한데, 이괘 앞에 '習' 자를 붙인다면 이는 명석함과 총기를 조장하는 셈이 되어 사회는 더욱 불안해질 것이다.

❖ 괘사 풀이 ❖

離, 利貞, 亨, 畜牝牛, 吉.

貞정: 정도正道. 畜: 기를 휵. 牝: 암컷 빈. 牛: 소 우.

불이 사물에 붙어 있어야 존재할 수 있듯이, 사람도 생존하려면 어디엔가 붙어 있어야 한다. 어디엔가 붙어 있음이 살아 있다는 증명이 되기 때문이다. 지식인은 지식에 붙어사는 것이, 농부는 농사일에 붙어사는 것이 각각의 존재 증명이 된다. 시골에서 농사짓는 노부모를 대도시의 호화 아파트에 모시면, 처음엔 행복해할지 몰라도 얼마 안 있어 무료함에 삶이 오히려 고달파진다. 살아 있지만 기실 사는 게 아니라는 말이다.

앞서 설명하였듯이, 이괘는 '밝음(☲)' 위에 '밝음(☲)'을 더한 것이므로, 명석함과 총기를 상징한다. 불이 밝기 위해서는 불꽃 속에서 보이지 않는 연소가 끊임없이 이루어져야 하듯이, 총명함도 머릿속에서 끊임없이 계산이 이루어져야 한다. "뛰는 놈 위에 나는 놈"이라는 속담이 있듯이, 총명함의 경쟁에서는 언제나 더 총명한 자가 있는 법이므로 그를 이기려면 수를 더 많이 읽어야 하기 때문이다. 그러면서도 겉으로는 어리석은 척해야 한다. 그래서 총명한 사람은 그 속을 알 수 없으므로 속성이 보기와는 달리 음성陰性에 속한다. 이런 사람은 관념적이어서 별의별 상상을 다 하므로 사악한 생각도 쉽게 한다. 이런 사람이 정도正道를 벗어나면 음흉한 생각을 실현하려 할 수도 있으므로 사회를 불안하게 만들 가능성이 농후하다. 그러므로 이런 사람은 반드시 정도에 붙어 있게 해야 한다. 총명한 사람이 정도에 붙어 있으면, 옳은 관념을 현실로 만들기 위해 먼저 충실히 덕과 지식을 쌓을 뿐 아니라, 지식인으로서의 무거운 책임감을 느끼고 나라와 백성을 위하여 진심으로 봉사한다. 괘사에서 '利貞亨', '이로움이 정도를 지키는 데 있으니, 그러면 형통하다'라고 한 말은 이를 가리킨다.

정도를 지키는 총명한 사람을 괘사에서는 '牝牛빈우', 즉 암소에 비유하였다. 암소는 새끼를 희생적으로 지켜 줄 뿐 아니라, 새끼에게 무슨 일이 생기지 않을지 끊임없이 주위를 살피며 상황을 판단하기 때문이다. 이러한 지식인의 상을 『상』에서는 "밝음을 두 개 겹쳐서 이괘를 만들었으니, 이는 대인은 총명함의 대를 이어서 천하 사방에 고루 비춰야 한다는 뜻이다"(明兩作離, 大人以繼明照于四方)라고 해설하였다. 여기서 '대인大人'은 덕과 지식을 쌓아서 다스리는 자리에 있는 사람을 가리킨다.

여기서 음성陰性의 총명한 사람이 대인이 된 이유는 그가 정도正道에 발을 붙이고 있었기 때문이다. 『단』에서 "해와 달은 하늘에 붙어 있고, 모든 곡식과 초목은 땅에 붙어 있는 법이니, 밝음을 겹쳐서 정도에 붙여 놓으면, 천하를 교화시킬 수 있다"(日月麗乎天, 百穀草木麗乎土, 重明以麗乎正, 乃化成天下)라고 한 해설은 이를 가리킨다.

이괘의 제2 음효인 신하 자리에는 이러한 사람이 어울린다. 왜냐하면 그는 순종적이면서 가운데를 지키고 있기 때문이다. 제2효가 임금의 자리인 제5 음효와 상응하지 않는 것은, 임금이 임금답지 않을 때 그는 서슴지 않고 간언하거나, 또는 섬기지 않고 떠날 수도 있음을 의미한다. 섬기지 않고 떠나는 것이 불충처럼 보일지 모르나, 불의를 함께 행하지 않고 과감하게 떠나는 신하가 있을 때 정도가 살아 있다는 윤리적 관념을 사람들에게 심어 줄 수 있다.

[이離괘: 이로움이 정도를 지키는 데서 생기니, 그러면 형통하고, 암소 같은 인재를 기르면 길하다.]

❖ 효사 풀이 ❖

① 初九, 履錯然, 敬之, 无咎.
履: 밟을 리. 행하다. '禮(예절 례)' 자와 발음이 같으므로 '예의'로 보기도 함. 錯: 삼갈 착. 錯然착연: 두려워하며 삼가는 모양. 敬: 공경할 경.

제1효는 양의 자리에 양효가 있으므로 당위다. '履리' 자는 '실천' 또는 '실행'한다는 뜻이고, '錯然착연'이란 두려워하며 삼가는 모양이다. 이괘의 맨 아래 효는 명석하고 총기 있는 젊은 선비가 사회에 첫발을 딛는 것을 의미하는데, 그는 큰 꿈을 안고 나아가지만 당장에 처해 있는 자리는 가장 낮은 자리일 수밖에 없다. 그래서 그는 더 높은 지위를 향해서 나아가려 하지만, 아직은 연륜이 부족하여 자칫 실수를 할 수 있다. 그의 자질이 아무리 총명하고 강직하다 하더라도 함부로 행동하면 큰 흠이 될 수 있으니 각별히 조심해야 한다. 이것이 '履錯然리착연', 즉 '행동을 조심하고 삼가야 한다'라는 말이다. 그리고 이어서 '敬之경지'를 부연하였는데, '敬' 자의 본래 의미는 '곤장 앞에서 구차하게 덜덜 떠는 모습'이다. 따라서 총명하고 재주 있는 젊은 선비는 사회에 첫발을 딛는 단계에서 자만하지 말고 두렵고 겸손한 마음을 가져야 한다. 여기서 '之' 자는 높은 자리로 나아가려는 자신을 바라보는 권력의 자리에 있는 사람들을 가리킨다.

『상』에서 "행동을 삼가면서 두려운 마음을 갖는 것은, 재앙을 피하기 위한 것이다"(履錯之敬, 以辟咎也)라고 하였는데, 이는 본 효가 제4효와 상응하지 않기 때문에 나온 말이다. 제4 양효는 임금을 능멸하려는 측근 신하로서 난신적자亂臣賊子로 의심되는데, 여기에 연루되면 안 된다. 흔히 권력을 장악하거나 그 주변에 있는 자들은 총명한 청년을 보는 순간 이들을 포섭하려 한다. 이들의 재주를 앞세워 세력을 확장하려 할 뿐 아니라, 자신들의 후계로 일찍부터 키움으로써 권력을 영속화하려 하기 때문이다. 그러므로 자신의 능력에 비해 자리가 낮다고 한탄하며 더 높은 자리로 올라가려는 의지가 강할 때, 이런 권력 집단에 발을 잘못 들여놓으면 자칫 이용만 당하거나 정변에 연좌되어 큰 변을 당할 수도 있다. 삼가고 두려운 마음을 갖는 것은 바로 이러한 재앙에 휩쓸리지 않기 위함이다.

[제1 양효. 행동을 조심하고 삼가며, 또 두려운 마음으로 그들을 대하면, 재앙이 없다.]

② 六二, 黃離, 元吉.

제2효는 음의 자리에 음효가 있으므로 당위다. 고대 오행설五行說에서 방위의 배분 관계를 보면, 목木은 동방 색인 청색, 화火는 남방 색인 적색, 금金은 서방 색인 흰색, 수水는 북방 색인 흑색, 토土는 중앙 색인 황색이다. 제2효는 하괘, 즉 내괘內卦의 중앙에 거하고 있으므로 중앙 색인 황색에 부합한다. 즉 순종적인 사람이 신하의 자리에 당위로 자리를 잡았다는 것은 총명한 인재가 정도에 발을 붙였다는 의미가 되므로, 크게 길하다고 말한 것이다.『상』의 "(제2효가) 황색에 붙어 있어서 크게 길한 것은, 그것이 가운데의 정도에 붙어 있기 때문이다"(黃離元吉, 得中道也)라는 해설도 마찬가지 뜻이다.

본 효가 제5효와 상응하지는 않지만, 총명한 사람이 공정한 위치에서 제1효의 인재를 위의 임금과 연결해 줄 수 있으므로 크게 길한 것이다.

[제2 음효. (제2효가) 중앙 색인 황색에 붙어 있어서 크게 길하다.]

③ 九三, 日昃之離, 不鼓缶而歌, 則大耋之嗟, 凶.

昃: 기울 측. 鼓: 북 고. 두드리다. 缶: 장군 부. 질그릇. 歌: 노래 가. 耋: 늙은이 질. 80세 노인. 嗟: 탄식할 차.

제3효는 양의 자리에 양효가 있으므로 당위다. 본 효는 하괘의 맨 끝에 자리함과 아울러 이괘의 가운데에 있으므로, 제4효로 넘어가는 상·하괘의 경계가 된다. 이 지점은 비유컨대, 해가 남중南中했다가 서쪽으로 기울어지는 순간이라고 말할 수 있다. 효사의 '日昃일측', 즉 '해가 기울어지다'라는 말은 한창때가 막 지났다는 의미다. 사람의 능력이나 영향력도 마찬가지다. 한 사람의 재주와 영향력은 언제까지나 지속되는 게 아니라, 최고점에 다다르면 기울어지게 마련이다. 이괘 전체로 보자면, 본 효는 하괘의 마지막 단계이므로, 이를 이을 상괘인 이괘(☲), 즉 더 총명한 사람을 찾아서 그에게 계승해 주어야 한다. 이렇게 해야 총명한 인재가 책임감과 사명을 갖고 사회와 나라의 미래에 기여한다. 그리고 자신은 은퇴해서 막걸리 잔이나 두드리며 만년을 노래하는 것이 자신을 위해서나 나라를 위해서 바람직하다. 이것을 효사는 '鼓缶而歌고부이가', 즉 '그릇을 두드리며 노래하다'라고 묘사하였다. 여기서 '缶' 자는 뚝배기 같은 질그릇인데, 이는 옛날의 영화를 내려놓고 소박한 삶을 살아감을 뜻한다.

그런데 욕심에 사로잡혀 권력과 영화를 영원히 누리려고 자리에 연연하면서 후배에게 길을 열어 주지 않으면, 결국에는 못 볼 꼴을 보게 된다. 효사에서 '日昃之離일측지리'라고 썼는데, 이 말은 해가 기울었는데도 한창때에 붙어 있으려는 욕심을 뜻한다. 여기서 '離' 자는 '붙어 있다'라는 뜻이다. 권력이란 경쟁으로 쟁취하는 것이므로, 빈틈을 약간이라도 보이면 정적들에게 공격을 당한다. 그래서 편히 노년을 즐겨야 할 시기에 후회할 일을 당하여 괴로워할 것이다. 이것을 효사는 '大耋之嗟대질지차', 즉 '만년의 한탄'이라고 묘사하였다.

『상』에서도 이에 대하여 "해가 기울었는데도 여전히 붙어 있으려 하지만, 그것이 어찌 오래갈 수 있겠는가?"(日昃之離, 何可久也)라고 해설하였다.

[제3 양효. 해가 기울었는데도 여전히 붙어 있으려 하면서, 막걸리 잔이나 두드리며 만년을 노래하지 않으면, 만년의 한탄을 하게 될 터이니, 사납고 험난하다.]

④ 九四, 突如其來如, 焚如, 死如, 棄如.
突: 갑자기 돌. 如여: '然(그럴 연)' 자와 같은 뜻으로 쓰임. 來: 올 래. 焚: 탈 분. 死: 죽을 사. 棄: 버릴 기.

제4효는 음의 자리에 양효가 있으므로 실위다. 제3효의 총명한 사람이 때가 되었음에도 떠나지 않고 자리에 붙어 있으려 하면, 자연히 자리를 둘러싸고 경쟁이 치열해진다. 중국 속담에 "장강은 뒷물이 앞물을 밀어내며 나간다"(長江後浪推前浪)라는 말이 있듯이, 선배는 후배에게 밀려나는 것이 자연스러운 현상인데, 이를 거역하면 뒷물은 더욱 거세게 밀어붙여서 갈등이 커진다.

효사에서 '突如其來如돌여기래여', 즉 '돌연 그가 나타나는 듯하더니'라는 구절이 이러한 상황을 말한다. 물러나지 않고 잠시 버티면 별일 없을 듯하지만, 언제나 더 강한 자가 도둑처럼 나타나게 마련이다. 여기서 '如' 자는 '然' 자처럼 쓰여서 어떤 모양을 형용하는 기능을 한다. 전임자를 밀어내기 위하여 나타나는 사람은 결코 순종적이지 않고 강직한 법이다. 그래서 순종적이어야 하는 제4효에 실위로 나타나서 전임자를 압박하는 것이다.

『상』에서 "돌연 나타나는 듯한 사람은, 어디에도 용납할 데가 없다"(突如其來如, 无所容也)라고 말한 것처럼, 이런 사람은 기존의 체제에서 용납될 수 없다. 그러나 안타깝게도 제5 음효의 임금이 유약하므로 그는 기존의 체제와 한판 대결을 벌이려 한다. 이것을 효사에서는 '焚如분여', 즉 '불이 타듯이' 싸운다고 하였다. 권력 쟁취를 위한 투쟁은 자연히 목숨을 걸고 하는 것이므로, 효사에서 '死如사여'라고 하였듯이, 죽자 살자 싸울 수밖에 없다. 그러나 제4효는 제1효와 상응하지 않아서 재주와 능력이 있긴 하나, 도와주는 세력이 없기에 성공할 수 없다.

불이란 물건에 붙어 있어야 존재하는데, 그 물건은 결국 불에 타서 없어질 터이니, 결국에는 밀어내고자 하는 사람이나 버티는 사람이나 다 함께 타고 남은 재처럼 버려질 운명이다. 이것을 효사에서는 '棄如기여', 즉 '재가 버려지듯 하다'라고 묘사하였다.

[제4 양효. 돌연 그가 나타나는 듯하더니, 어느덧 불이 타듯 싸움이 붙고, 죽자 살자 싸우는 듯하더니, 어느덧 재처럼 버려졌다.]

⑤ 六五, 出涕沱若, 戚嗟若, 吉.

涕: 눈물 체. 울다. 沱: 비가 쏟아지는 모양 타. 若: 같을 약. '如(같을 여)'·'然(그럴 연)' 자와 같음. 戚: 슬퍼할 척. 嗟: 탄식할 차.

제5효는 양의 자리에 음효가 있으므로 실위다. 즉 가장 강력한 권력의 자리에 유약한 임금이 앉아 있으면서 위아래로 양효의 압박을 받는 형국이다. 임금의 자질이 부족하여 제4효의 하극상을 제압하지 못하고, 또한 제6효가 양효라는 것은 은퇴한 사람들이나 재야의 현인들이 임금의 난국을 냉담하게 대하고 있음을 시사한다. 그러면 유약한 임금은 눈물을 줄줄 흘리면서 슬퍼할 수밖에 없을 터이니, 이것이 효사의 '出涕沱若출체타약, 戚嗟若척차약', 즉 '눈물을 흘리는 것이 비가 쏟아지는 듯하고, 슬퍼서 한숨만 내쉰다'라는 구절이다.

상황이 이 정도면 사납고 험난함이 극에 달했을 텐데도, 효사는 '길하다'라고 판단한다. 왜일까? 구조적인 차원에서 보자면, 일반적인 사람들은 자신이 몸 붙여 사는 구조 자체가 흔들리는 것을 근본적으로 원치 않는다. 실제로 재단에 분규가 있을 때 이를 수습하는 가장 흔한 방법이, 이른바 구사대救社隊 같은 걸 만들어 폭력적으로 분규를 더욱 확대함으로써 구성원들을 불안하게 만드는 것이다. 그러면 재단 이사장이 아무리 부도덕하더라도 그를 지지함으로써 하루속히 그가 체제를 안정시키기를 바란다. 임금은 구조를 채우는 질료에 불과하지만, 사람들에게는 구조 자체로 인식된다. 따라서 임금이 곤경에 처해 있다는 것은, 체제가 흔들린다는 걱정으로 이어지기 때문에, 이는 곧 민심이 되고, 이 민심을 읽는 영웅이 반드시 나타나게 마련이다. 임금이 임금 노릇을 제대로 못 하는 혼군惛君이라면 모르지만, 여기서 임금은 유약할 뿐이기에 이를 동정하는 민심이 형성될 수밖에 없다.

『상』에서 "제5 음효가 길한 것은, 그가 천자와 제후의 자리에 붙어 있기 때문이다"(六五之吉, 離王公也)라고 해설하였는데, 여기서 '離' 자는 '붙어 있다'라는 뜻으로서, 체제라는 구조의 자리에 임금이 있다는 말이다. 즉 체제가 지켜지기를 원하는 민심에 영합하는 영웅이 반드시 나타날 것이므로, '길하다'라고 말한 것이다.

[제5 음효. 눈물을 흘리는 것이 비가 쏟아지는 듯하고, 슬퍼서 한숨만 내쉬지만, 길하다.]

⑥ 上九, 王用出征, 有嘉折首, 獲匪其醜, 无咎.

征: 칠 정. 嘉: 칭찬할 가. 折: 꺾을 절. 복종하다. 首: 머리 수. 折首: 머리를 숙이다. 복종하다. 獲: 잡을 획. 포로. 匪: '非(등질 비)' 자와 같음. 거절하다. 醜: 유사할 추. 같은 유의 사람들.

제6효는 음의 자리에 양효가 있으므로 실위다. 본 효는 이괘의 맨 마지막 단계로서 이치로는 불과 빛이 이제 사그라들어야 할 때인데, 오히려 더욱 강렬해지고 있으므로 실위인 것이다. 그러나 임금은 중앙으로부터 나오는 문명의 빛을 거부하며 자신의 삶만을 고집하는 자들을 방치할 수 없다.

제5효는 음효인데 이는 야만으로부터 개화된 문명을 상징한다고 부례박은 해석한다. 중앙의 이러한 빛의 문명에 감화되어 추종하면, 이는 자연스럽게 중화中華에 편입되는 것이다. 중화의 문명에 편입된 주변국은 이성적으로 설득이 되므로 상호 갈등을 일으킬 위험이 없다. 동화되지 않고 자신의 삶과 문화를 고집하는 변방의 이른바 오랑캐는 언제 어떤 갈등을 불러일으킬지 알 수 없다. 그러므로 이런 주변국은 군대를 일으켜 출정해서라도 굴복시켜야 한다는 게 '王用出征왕용출정', 즉 '임금이 군대를 일으켜 치러 간다'라는 구절의 뜻이다. 그리하여 '有嘉折首유가절수', 즉 '머리를 숙이는 자는 칭찬해 주고', '獲匪其醜획비기추', 즉 '우리의 추종자이기를 거부하는 자만 사로잡아야 한다'라는 것이다. '匪' 자는 '非(등질 비)' 자와 같은 뜻으로서 '거부하다'라는 의미다. '醜' 자는 '유사하다'라는 뜻으로서, 중화 문명을 추종하는 중화의 아류라는 의미다.

이처럼 문화·문명은 같은 빛 아래에 있다는 의미에서 근본적으로 정치성을 함의한다. 문명이란 거친 것을 다듬고 길들이는 행위여서 이의 전파는 궁극적으로 무력이 동원되지 않을 수 없다. 왜냐하면, 반문명이 나라 주변에 서성거리면 나라가 불안해지기 때문이다. 『상』에서 "임금이 군대를 일으켜 출정하는 것은, 나라를 바르게 안정시키기 위함이다"(王用出征, 以正邦

也)라고 해설한 것은 문명의 정치성을 염두에 두고 한 말이다.

[제6 양효. 임금이 군대를 일으켜 출정할 때, 머리를 숙이는 자는 칭찬해 주고, 우리의 추종자이기를 거부하는 자만 사로잡아야 재앙이 없다.]

III

주역 64괘 강해講解

.. 하경下經

31. 함괘咸卦

 澤山咸택산함: 산 위의 못은 감응으로 하나가 된다.
간하태상艮下兌上

❖ 개관 ❖

『주역』은 일반적으로 상경上經과 하경下經으로 나눈다. 제1괘인 건乾괘부터 제30괘인 이離괘까지를 상경, 제31괘인 함咸괘부터 제64괘인 미제未濟괘까지를 하경으로 나누는데, 전자는 천도天道, 즉 하늘의 도리에 대하여, 후자는 인도人道, 즉 사람의 도리에 대하여 각각 말하고 있다.『서괘』는 각 괘가 서로 이어지는 것은 무작위가 아니라 어떤 일관된 맥락이 존재한다는 전제하에, 괘마다 앞뒤의 맥락을 해설하고 있다. 그런데 이괘와 함괘는 상경과 하경이 나뉘는 부분이어서 그런지 여기에만 유일하게 맥락 설명이 없다. 그러나『서괘』의 맥락에서 보면, 이괘의 속성은 '麗(붙을 려)'이므로, 이는 자연히 남녀 간의 상호감응이 속성인 함咸괘로 이어지게 된다고 해석해도 무방하다.

함咸괘는 하괘가 양괘인 간艮괘, 상괘가 음괘인 태兌괘로 이루어졌는데, 이는 강직한 산 위에 유순한 못이 있는 모양으로서 흔들림이 없는 산이 부드러운 못을 받치고 있으니, 못의 물이 산으로 스며들어 산속의 온갖 생명체를 길러 주는 매우 길한 형상이다.

간괘는 막내아들을, 태괘는 막내딸을 각각 상징하는데, 막내아들이 아래에 있고 막내딸이 위에 있다는 것은, 천진난만한 사춘기의 소년이 앞서 달리는 소녀를 쫓아다니는 모양으로서 둘 사이의 감응은 그 무엇보다 예민하게 작동하고 있음을 나타낸다. 『단』에서 '咸' 자를 '感(느낄 감)' 자로 해석한 것은 이 때문이다. 남녀 사이에 감응이 형성되었다는 것은 두 사람이 하나가 되었다는 뜻이기에, 『설문해자』에서 '咸' 자를 '皆(모두 개)'로 해석하였다. 그래서 옛날부터 함괘를 부부괘夫婦卦로 불렀고, 이를 개인의 차원에서 보면 내면은 강직하고 외양은 부드럽고 낙천적인 이른바 외유내강外柔內剛의 성격을 가리킨다.

상경이 건乾괘를 시작으로 임금의 창업에 관하여 말한 것이라면, 하경은 함咸괘를 시작으로 임금이 어떻게 민심을 얻어야 하는가에 관하여 말하고 있다. 그 가장 좋은 방법이 바로 감응이다. 소년과 소녀 사이의 감응은 어떤 이해관계도 없이, 그저 서로가 좋아서 하나가 될 뿐이다. 이처럼 임금은 감응을 통하여 백성과 하나가 되어야 민심을 얻을 수 있고, 이렇게 함으로써 체제가 안정되고 태평성대를 구가할 수 있다.

❖ 괘사 풀이 ❖

咸, 亨, 利貞, 取女吉.
取: 장가들 취. '娶(장가들 취)' 자와 같음.

함괘의 괘상은 '간하태상艮下兌上', 즉 남자가 아래에서 안정된 터를 잡아 주면서 위를 향하고, 여자는 그 위에서 즐거워하면서('兌태' 자는 '悅(기쁠 열)' 자와 같음) 아래를 향하고 있으니, 자연적으로 상호감응이 이루어지고 있어서 형통하다. 이러한 남녀의 즐거움을 '남녀상열男女相悅'이라고 하는데, 즐거움이 도를 넘으면 음란으로 발전한다. 그래서 남녀상열은 반드시 예법의 터전 위에서 이루어져야 진정한 즐거움이 된다.

이에 대하여 『단』은 다음과 같이 해설하였다. "'咸'은 감응한다는 뜻이다. 음괘인 태괘가 위에 있고 양괘인 간괘가 아래에 있어서 음과 양의 두 기운이 감응하여 서로 가까이한다. (묵직한) 산이 버티고 있고 (그 위에서) 즐거워함은 남자가 여자의 아래에 있는 모양으로서, 이 때문에 형통하고 이로움이 올바른 법도에서 생기니 여자에게 장가들면 길하다. 하늘과 땅이 감응하여 만물이 변화하고 생장하듯이, 성인이 백성의 마음과 감응하면 천하가 화평해지는 것이니, 이렇게 감응하는 바를 관찰하면 천지와 만물의 실정이 그대로 드러난다."(咸, 感也, 柔上而剛下, 二氣感應以相與. 止而說, 男下女, 是以亨, 利貞, 取女吉也. 天地感而萬物化生, 聖人感人心而天下和平, 觀其所感, 而天地萬物之情可見矣)

원문의 '止而說지이열'은 남자는 아래에서 단단한 토대가 되어 주고 여자는 그 위에서 즐거워하는 형상('說' 자는 '悅(기쁠 열)' 자와 같음)이다. 여기서 토대란 그 안에 예법도 포함되므로, 남녀가 설사 연애를 해서 결합하기로 했다 하더라도 결혼은 혼례의 절차에 따라 중매쟁이를 통하여 진행해야 한다. 이런 의미에서 괘사는 '利貞', 즉 이로움은 올바른 법도를 지키는 데에서 생긴다고 말한 것이니, '取女吉취녀길', 즉 '여인을 맞아 장가가는 것이 길하다'라는 말은 이래서 가능하다.

『상』에서 "산 위에 못이 있는 게 함괘의 모양이니, 군자는 이 이치로써 사람을 허심탄회하게 품어야 한다"(山上有澤, 咸. 君子以虛受人)라고 해설하였다. 이는 산 위에 못이 있으면 그 물이 땅으로 스며들어 물과 산이 하나가 되는 것처럼, 군자는 누구든 가리지 않고 편견 없이 모두 품어야 거기서 감응이 일어난다는 의미로 본 것이다. 그러려면 산이 아래로 내려가는 겸손함이 있어야 할 것이다.

[함咸괘: 형통한 형상으로서 그 이로움은 올바른 법도를 지키는 데에서 생긴다. 이렇게 여인을 맞아 장가가면 길하다.]

❖ 효사 풀이 ❖

① 初六, 咸其拇.

拇: 엄지 무.

　제1효는 양의 자리에 음효가 있으므로 실위지만, 제4효와 상응하므로 교감이 잘 이루어지는 자리에 있음을 알 수 있다. 최초의 감응은 언제나 미세한 징후로 나타나기 때문에 말단의 민감한 장소가 아니면 감지하기 어렵다. 그래서 양효보다는 음효가 감지에 더 적절하다. 효사의 '拇무' 자는 엄지발가락으로서, 머리에서 가장 먼 말단 중의 말단이므로 미세한 감각을 가장 먼저 느끼고 반응한다. 발은 무딘 신체 부분으로 보이지만 기실 매우 민감한 기관이다. 실례로 맨발로 방바닥을 걸어 보면, 눈에 보이지 않고 손으로 만져지지 않는 먼지들이 발바닥으로 느껴진다. 그리고 우리가 평소에 인식하지 못해서 그렇지, 우리가 균형을 잃고 쓰러지지 않게 중심을 끊임없이 잡아 주는 곳도 엄지발가락이다. 따라서 엄지발가락이 감응했다는 것은 교감의 첫 단계임을 시사한다.

　남녀 관계에서 이 단계는 마음속에 정욕의 징후가 일어났을 때일 것이다. 정욕의 징후가 일어났다고 해서 윤리적으로 비판받을 일은 아니기에 효사에 길흉에 관한 말이 없는 것이다(부례박).

　『상』에서 "엄지발가락에 감응이 일어났지만, 그의 의지는 바깥에 있다"(咸其拇, 志在外也)라고 해설하였는데, 이는 감응의 주체는 내괘인 남자 쪽에서 일어났지만, 그것이 일어나게 된 동기는 본 효와 상응 관계에 있는 외괘의 제4효, 즉 여자 쪽과의 교감에서 일어났으므로, 그 대상이 밖에 있다고 표현한 것이다.

　[제1 음효. 엄지발가락에서 감응이 일어났다.]

② 六二, 咸其腓, 凶, 居吉.

腓: 장딴지 비. 居: 앉을 거.

제2효는 음의 자리에 음효가 있으므로 당위다. '腓비' 자는 장딴지라는 뜻으로서, 걸을 때 신체 중에서 가장 힘을 많이 쓰는 곳이다. 그래서 먼 길을 걸어가는 사람이나 군인은 종아리에 각반脚絆을 감는다. 여기서 '咸其腓', 즉 '장딴지에 감응이 일어났다'라는 말은 엄지발가락에서 더 발전하여 감응이 움직이는 단계에 접어들었음을 가리킨다. 더구나 임금 자리의 양효와 상응하므로 매우 길한 징조로 볼 수 있다. 즉 상부에 있는 남자로부터 감응이 왔으니 제2효의 여자가 가만히 있기가 여간 어렵지 않을 것이므로 당장이라도 남자에게 뛰어가고 싶을 것이다. 부례박은 이런 상황을 장딴지의 단계로 해설하였다.

이런 상황에서 여자가 함부로 남자에게 달려가면 그에게 멸시를 당할 수가 있으니, 이 때문에 '凶', 즉 험난하고 사나워진다고 말한 것이다. 제2효에서 여자가 감응 후 남자에게 달려 나가는 의미의 '腓' 자를 쓴 것은 함괘의 하호괘가 손괘(☴), 즉 '바람'이기 때문이다. 여자가 바람이 난다는 말이다.

제2 음효는 당위로서 하괘의 중간에 있으므로, 남자가 다가와 자신의 아래에서 구애할 때까지 진득하게 기다려야 길하다. 효사의 '居거' 자는 바로 이렇게 진득하게 기다리는 모습을 표현한 말이다.

『상』에서도 "비록 험난하고 사납기는 하나, 차분히 앉아 기다리면 길하다는 것은, 남자에 대한 감정을 그대로 받아들여도 해가 되지 않는다는 뜻이다"(雖凶居吉, 順不害也)라고 해설하였다. 이 말은 남녀 간의 애정은 사회적인 여건 때문에 여러 가지 갈등을 불러일으키지만, 그들이 사랑의 감정에 순응하여 행동하는 것은 근본적으로 나쁜 일은 아니라는 뜻이다.

[제2 음효. 장딴지에 감응이 일어났으니, 험난하고 사납지만, 차분히 앉아 기다리면 길하다.]

③ 九三, 咸其股, 執其隨, 往吝.

股: 허벅지 고. 執: 잡을 집. 隨: 따를 수. 往: 갈 왕. 吝: 주저할 린.

제3효는 양의 자리에 양효가 있으므로 당위다. '咸其股함기고', 즉 '허벅지에서 감응이 일어났다'라는 말은 감응이 허벅지까지 발전하였다는 뜻이다. 허벅지는 위로는 몸통을 바라보고, 아래로는 장딴지에 묶여 있는 처지에 있다. 제3 양효는 당위이므로 사내대장부의 기질로서 사랑하는 여인에게 당당하게 나아가는 게 마땅한데, 허벅지의 처지처럼 위아래 양쪽의 간섭을 받고 있어서 주체적으로 결정하지 못하고 주저하는 형상이다. 본 효는 제6효와 상응하는데, 아래의 양효는 위의 음효로 올라가려는 속성이 있으므로, 제3효는 아래의 장딴지에 속하는 여인보다는 윗사람, 즉 부모의 말을 들으려 한다는 말이다. '執其隨집기수', 즉 '자신이 복종해야 하는 사람에게 집착한다'라는 구절이 바로 이를 가리킨다. 이처럼 사랑하는 사람에게 가기를 주저하고 부모의 뜻을 따른다면 사내대장부라 일컬을 수 없으므로, 이런 사람에게는 이후에 곤란한 일이 생긴다는 게 '往吝왕린'의 의미다.

『상』에서 "감응이 허벅지까지 올라왔는데도 중심을 잡지 못하고, 자신의 의지를 윗사람을 따르는 데에 두면서 아랫사람에게 끌려다니는 바가 있다"(咸其股, 亦不處也, 志在隨人, 所執下也)라고 해설하였는데, 여기서 '不處불처'란 어디에도 흔들리지 않고 스스로 결정해야 하는 자세를 견지하지 못한다는 뜻이다.

[제3 양효. 감응이 허벅지까지 올라왔는데도 윗사람의 뜻을 따르기를 고집하니, 앞으로 어려움이 있다.]

④ 九四, 貞吉, 悔亡, 憧憧往來, 朋從爾思.

悔: 뉘우칠 회. 亡: 없을 무. 憧: 그리워할 동. 憧憧동동: 마음이 정해지지 않은 모양. 머리를 요리조리 굴리다. 往來왕래: 이랬다저랬다 하다. 朋: 무리 붕. 從: 따를 종. 爾: 너 이. 思: 생각 사.

제4효는 음의 자리에 양효가 있어서 실위지만, 제1효와 상응하는 관계에 있다. 함괘의 다른 효는 모두 신체 기관에 비유되고 있는데, 본 효에는 기관이 구체적으로 적시되지 않았다. 부례박은 이는 제4효가 정중앙에 있어 신체의 중간, 즉 심장을 의미하기 때문이라고 해석하였다. 본 효가 실위이긴 하지만, 심장은 진심을 상징하므로 오로지 제1효에게 성심껏 마음을 집중하면 길할 뿐 아니라, 후회할 일이 없을 것이라는 게 '貞吉悔亡정길회무', 즉 '올바른 마음을 굳게 가지면 길하고, 후회할 일이 없다'가 가리키는 바다.

그런데 두 사람이 서로를 열렬히 사랑하다 보면, 자연히 주위 사람들이 소외되면서 제삼자가 끼어들게 되는데, 중간에 있는 제2 음효가 그 대표적인 예다. 그러면 생각이 복잡해지고 요리조리 잔머리를 굴리게 된다. 이것이 '憧憧往來동동왕래'의 뜻이다. '憧憧'이란 생각을 정하지 못하고 번민한다는 뜻이고, '往來'는 이랬다저랬다 하면서 생각을 번복한다는 뜻이다. 그러다 보면 '朋從爾思붕종이사', 즉 '무리가 너의 생각을 따른다'라는 결과가 나오는데, 여기서 '朋'은 제삼자들이고 그들이 생각이 많은 '너'의 생각을 파고들어 따르는 척하면서 자신들의 생각을 관철한다. 이렇게 되면 뉘우칠 일이 생길 것이라는 게 효사의 내용이다.

제4효는 측근 신하, 즉 순종적인 재상의 자리인데, 여기에 강직하고 능력이 있는 사람이 앉아 저 밑의 백성과 상응하는 관계에 있다. 이런 상황에서 재상은 겸손한 마음으로 정도를 지키면 길하다. 아무리 재상이 백성과 상응한다 해도 그중에서 높은 비율의 사람들이 그를 좋아한다는 것이지, 모든 백성이 좋아한다는 의미는 아니다. 그런데도 재상의 처지에서는 모든 사람이 자신을 좋아하기를 바라므로, 여러 가지 꾀를 써서 그들의 환심을 사려 한다. 그러면 그를 좋아하지 않는 사람들이 그의 생각을 읽고 그를 따르는 척할 터이니, 이는 후회할 일을 행하는 것이다.

그래서 『상』에서 "올바른 마음을 굳게 가지면 길하고 후회할 일이 없으니 감응이 해를 받지 않고, 잔머리를 굴리며 이랬다저랬다 하면 빛이 크게 드러나지 않는다"(貞吉悔亡, 未感害也; 憧憧往來, 未光大也)라고 말한 것이다.

[제4 양효. 올바른 마음을 굳게 가지면 길하고, 후회할 일이 없다. 생각이 많아 이랬다저랬다 하면 다른 무리가 너의 생각을 따르는 척한다.]

⑤ 九五, 咸其脢, 无悔.
脢: 등심 매.

제5효는 양의 자리에 양효가 있으므로 당위일 뿐 아니라, 제2효와도 상응한다. 효사는 '咸其脢함기매', 즉 감응이 심장을 넘어 등심에 있다고 하였는데, 등심이란 등뼈의 양쪽에 붙은 근육을 가리킨다. 대부분의 주석가는 심장 위와 입 아래의 사이에 있다고 말한다.

앞서 설명하였듯이, 처음 사춘기의 소년과 소녀가 교감하였을 때는 어떤 이해관계도 없는 순수한 감응만으로 사랑을 시작하고, 심장의 단계에 오면 진심의 경지에 이른다. 이 진심은 감응이 최고조에 이른 때이므로, 사람은 이를 표현하고 또 영원히 지속될 수 있기를 바라면서 표상表象 행위를 한다. 여기서 감응을 표상 또는 재현하려면 기호로 쓸 수 있는 물질이 필요한데, 이것이 바로 예물이다. 이때부터 관심은 감응이 아니라 예물, 즉 물질로 옮겨 간다. 즉 물질이 진귀하고 비쌀수록 감응이 클 것이라고 믿게 된다는 말이다. 따라서 예물이 마음에 들지 않으면 감응에도 손상이 갈 것은 뻔한 이치다. 이쯤 되면 이미 감응이나 사랑이 식었다고 말할 수 있음에도, 당사자들은 이를 잘 인식하지 못하거나 차마 말로 표현하지 못한다. 등심은 심장의 뒤쪽에 있으니, 이는 곧 감응이나 사랑에 밝힐 수 없는 이면이 생겼음을 의미한다.

『노자』(제38장)에 "예란 이로 인하여 충심과 신뢰가 희박해지고, 어지러움이 시작된다"(禮者忠信之薄而亂之首)라는 구절이 있는데, 아무리 진지하고 순수한 감응이라도 예물로 표상하는 순간, 겉모습만 번지르르하고 이면은 비어 있는 이중적 구조를 갖게 됨을 웅변한다. 그러함에도 예물은 말하고 싶지 않은 부분은 뒤로 감추고 겉모습은 유지해 주므로, 교감하는 자들의 관계를 파국에 이르게 하지는 않는다. 그래서 효사에서 '无悔', 즉 후회할 일은 없다고 말한 것이다. 『상』에서도 "감응이 등심에서 발생하였으니, 이는 사랑하는 의지의 *끄트머리다*"(咸其脢, 志末也)라고 하였는데 위와 같은 맥락임을 알 수 있다.

[제5 양효. 감응이 등심에서 발생하였지만, 후회할 일은 없다.]

⑥ 上六, 咸其輔頰舌.

輔: 광대뼈 보. 윗잇몸. 頰: 뺨 협. 舌: 혀 설.

제6효는 음의 자리에 음효가 있으므로 당위다. '輔頰舌보협설'은 '윗잇몸·뺨·혀', 즉 말하는 일에 필요한 기관으로서 신체의 가장 위에 있으므로, 감응의 마지막 단계에 해당한다. 감응은 심장에서 진실성을 다하고 등심으로 올라가면서 예禮, 또는 기호라는 물질을 통하여 겉과 속이라는 이중적 구조를 갖게 된다. 그러나 기호라는 물질로 감응을 확대·유지하는 데에는 한계가 있다. 왜냐하면 큰 감응을 일으키려면 물질이 크고 귀해야 하기 때문이다. 이 한계를 극복하는 방법이 말, 즉 언어이므로 마지막 단계에서 '윗잇몸·뺨·혀'가 등장하게 된 것이다.

우리가 사람을 설득하는 방법은 언어로 감복시키는 것인데, 사람이 감복하는 것은 두 가지 경우다. 첫째는 말에 정연한 논리가 있는 경우고, 둘째는 말이 아름다운 경우다. 논리란 근본적으로 역설 등 반대 논리를 동반하게 마련이므로 전자는 처음부터 한계가 있는 반면에, 아름다운 수사는 논리를 뛰어넘는 경우가 많으므로 감복은 주로 후자를 통해 이루어진다. "말 한마디로 천 냥 빚을 갚는다"라는 속담이 가능한 것은 여기에 근거한다. 말의 아름다움을 추구하다 보면 '윗잇몸·뺨·혀'로 구사하는 이른바 교언영색巧言令色으로 흐를 위험성이 없는 것은 아니지만, 언어란 감응을 생성하는 수단으로서는 최후의 단계에 해당한다. 우리는 말에서 희망을 보고 용기를 얻는다. 문학, 그중에서도 특히 시가 인류의 가장 위대한 유산인 것은 이 때문이다. 위대한 종교의 경전이 모두 시로 적혀 있지 않은가.

상괘인 태兌괘는 '悅(기쁠 열)' 자가 그 속성이다. 그중에서도 마지막 제6 음효는 언어가 생성하는 기쁨과 감동이다. 그래서 『상』에서 "감응이 윗잇몸·뺨·혀 등에서 발생하니, 입에서 나오는 즐거움이 용솟음친다"(咸其輔頬舌, 滕口說也)라고 말한 것인데, 여기서 '說열' 자는 앞의 '悅'과 같은 글자이고, '滕등' 자는 감동적인 말이 용솟음치듯 올라온다는 뜻이다.

[제6 음효. 감응이 윗잇몸·뺨·혀 등에서 발생하였다.]

32. 항괘恒卦

雷風恒뢰풍항: 천둥·번개가 치면 바람이 부는
것은, 변치 않는 자연 현상이다.
손하진상巽下震上

❖ 개관 ❖

항恒괘는 상괘가 진괘(☳), 하괘가 손괘(☴)로 구성되었다. 따라서 3개
의 음효와 3개의 양효로 이루어졌는데, 그 배열 순서는 함괘(䷞)와 완전 반
대가 된다. 진괘는 우레로서 맏아들에, 손괘는 바람으로서 맏딸에 해당하는
데, 이 앞의 함괘는 상괘가 막내딸, 하괘가 막내아들이므로 본 괘에서 위치
와 서열이 바뀌었음을 알 수 있다. 즉 어린 남녀의 연정이 자라나서 성년의
부부가 된 것이니, 『서괘』에서 "부부의 도리는 오래도록 지속되지 않을 수
없다. 따라서 항괘로써 이어받았다"(夫婦之道, 不可以不久也, 故受之以恒)라
고 해설한 것처럼 함괘와 항괘는 자연스럽게 이어진다.

젊어서 연애할 때는 남자가 여자의 아래에서 간절히 구애하거나 구혼하
지만, 결혼하고 나면 남자는 강직한 능력으로 가정을 책임져 선도해 나가
고, 여자는 그의 선도에 따라서 유순하게 내조하는 이른바 부창부수夫唱婦
隨의 모형으로 바뀐다. 이것은 진괘가 위에 있고 손괘가 아래에 있는 괘상
이 현실의 모습으로 나타난 것이다. 이는 또한 천둥과 번개가 치면 바람이
부는 자연의 현상이기도 하다. 이처럼 부창부수의 부부 관계는 자연 현상을

본받아 이루어진 것으로서, 영원히 변치 않는 삶의 형식이라는 점에서 항괘의 본질이 되는 것이다.

본 괘의 괘사는 '변치 않음은 형통하다'(恒, 亨)라고 했음에도, 기실 각 효사에서는 오히려 '恒'에 반하는 내용을 기술하고 있다. 얼핏 보면 모순처럼 보이지만, '변치 않음'을 유지하려면 오히려 변화해야 한다는 역설의 원리를 말하는 것이기에 서로 충돌하는 논리는 아니다.

❖ 괘사 풀이 ❖

恒, 亨, 无咎, 利貞, 利有攸往.

攸往유왕: '所往소왕'과 같은 말. 앞으로 갈 곳.

괘사는 항괘, 즉 '변치 않음'을 '형통하다'라고 풀었는데, 공영달孔穎達은 이에 대해서 "오래도록 변치 않는 도리는 변화로 중심과 이어짐을 소중히 여겨야 하는 법이니, 반드시 변화로써 중심과 이어짐이 그때그때 이루어져야 비로소 오래도록 지속될 수 있다"(恒久之道, 所貴變通, 必須變通隨時, 方可長久)라고 주를 달았다. 즉 한번 원칙이 정해지면 고지식하게 지켜 나가는 게 아니라, 원칙의 정신은 살리되 디테일한 면에서 바꾼다는 뜻이다. 여기서 '通통'이란 '거치는 것 없이 뚫려 있다'라는 뜻이므로, '變通변통'은 '변화를 줌으로써 원칙의 정신과 부합한다'라는 의미가 된다. 이러한 변화가 왜 필요한가 하면, 모든 원칙은 그것이 세워질 때의 배경이나 토대에 근거하기 때문에, 나중에 시간이 지나 환경이 달라지면 원칙이 시대에 맞지 않아 폐단으로 작용하는 상황이 발생하기 때문이다. 그래서 원래의 정신을 살려 나가려면 말단의 세부적인 부분은 고쳐야 폐단이 생기지 않는다. 이것을 괘사에서 '无咎', 즉 '재앙이 없다'라고 표현하였다.

부례박은 『회남자淮南子』 「범론훈氾論訓」의 구절을 인용하여 다음과 같이 설명한다. 평소에 신하는 임금 앞에서 무릎을 꿇고 절을 함으로써 엄숙히 존중을 표해야 하지만, 환난이 닥치어 임금의 신변이 극도로 절박해지면 그의 몸을 발로 차서라도 생명을 구하는 게 신하의 도리다. 마찬가지로 효자는 아버지 앞에서 안색을 철저히 숨겨야 할 정도로 극진히 모셔야 하지만, 아버지가 물에 빠져 익사 직전이라면 뛰어들어 머리채를 낚아채서라도 구해 내야 한다. 만일 이러한 경우에도 예법을 고지식하게 따지며 생명을 구하는 일을 게을리한다면, 불충과 불효로 비난받아 마땅하다. 이렇게 하는 행위를 『회남자』의 저자는 '변통變通'이라고 불렀는데, 경학에서는 '權권', 즉 '저울추'라고 정의한다. 어떤 물건을 재는가에 따라 저울추를 좌우로 움직여 변화를 주어야 하는 원리를 가리킨다. 따라서 세상의 모든 것은 움직이지 않는 원칙인 '經경', 즉 '벼리'와 함께, 상황에 따라 적절히 변화를 주는 '權'이 있어야 한다. 이것을 괘사에서 '利貞', 즉 '이로움이 올바름을 지키는 일에 있다'라고 기록하였다.

우리의 일상에서 '經'은 고지식하고 악한 것, 반면에 '權'은 융통성이 있고 선한 것 정도로 잘못 인식하는 경향이 다소 있다. 그러나 '經'이 없이 '權', 즉 변화만 있다면 그것은 재앙으로 이어진다. 오늘날 우리 사회의 화두가 '공정公正'이 된 것은 그동안 변화만을 선으로 여기고 달려온 결과라고 보아야 할 것이다.

이에 대하여 『단』은 다음과 같이 해설하였다. "'항'은 '오래가다'라는 뜻이다. 양괘인 진괘가 위에 있고 음괘인 손괘가 아래에 있으니, 우레와 바람이 서로 돕는 모양이다. 아래에서는 겸손히 순종하고 위에서는 움직여 나아가니, (6효가 각각) 강직함과 유순함으로 상응하니 오래도록 변치 않는 것이다. '항괘는 형통하여 재앙이 없고, 이로움이 올바른 도리를 지키는 데서 생긴다'라는 구절은 이러한 도리에서 오래간다는 뜻이다. 하늘과 땅의 도리는 항구하여 그치지 않는다. '이로움이 앞으로 나아감에 있다'라는 말은 끝에 이르면 다시 시작한다는 뜻이다. 해와 달은 하늘을 얻어서 오래도록 빛을 비출 수 있고, 사시는 변화해서 오래도록 유지할 수 있으니, 성인은 이러한 도리에서 오래도록 머물러서 천하를 바꾸는 일을 이룩할 수 있다. 따라서 이러한 변치 않음을 관찰하면 천지와 만물의 실정이 드러나게 된다."(恒, 久也. 剛上而柔下, 雷風相與, 巽而動, 剛柔皆應, 恒. "恒, 亨, 无咎, 利貞", 久於其道也. 天地之道, 恒久而不已也. "利有攸往", 終則有始也. 日月得天而能久照, 四時變化而能久成, 聖人久於其道而天下化成, 觀其所恒, 而天地萬物之情可見矣)

『상』에서는 "천둥·번개가 치면 바람이 부는 것은, 변치 않는 자연 현상이다. 군자는 이 이치로써 굳게 서서 방향을 바꾸지 않는다"(雷風恒, 君子以立不易方)라고 해설하였다. 즉 군자가 한 사회에서 움직이지 않는 '經'의 역할을 한다는 말이다. 세상 사람들은 여기에 근거해서 약간씩의 변화를 주면서 살아간다면 사회 전체적으로는 균형이 이루어진다. 그만큼 군자의 사회적 역할이 중요하고 자기희생이 필요하기에 힘들고 어렵다. 그래서 옛날부터 이러한 군자를 존경해 왔는데, 오늘날은 이를 찾아보기가 어려우니 변화가 선으로 인식되는 것이다.

[항恒괘: (변화로써) 중심과 이어지니 재앙이 없다. 이로움이 올바름을 지키는 데에서 생기고, 앞으로 나아갈 곳에서 생긴다.]

❖ 효사 풀이 ❖

① *初六, 浚恒, 貞凶, 无攸利.*
浚: 도랑 칠 준. 깊이 파내다.

제1효는 양의 자리에 음효가 있으므로 실위다. 오래도록 변치 않는 항구恒久함을 추구하기 위한 초기 단계이므로 원대한 꿈과 계획을 세우고 출발하는 상황이다. 하괘는 손巽괘, 즉 바람으로서 순종적인 여자를 상징한다. 제1효가 제4효와 상응하는 관계에 있으므로, 여자는 항구함의 꿈을 속히 이루려고 너무 의욕적으로 나선다. 항구함에 이르려면 시행착오의 시간을 꾸준히 견디면서 기다려야 하는데, 처음부터 완벽함을 추구하고 요구한다.

무슨 일이든 초기에는 너무 많은 걸 이루려 하지 말고, 굵직한 강령과 노선만을 지키면서 나아가야 한다. 그래서 제1효가 양의 자리인 것인데, 여기에 음효가 있으니 처음부터 여성스럽게 세밀한 곳까지 깊이 파고들어 간다. 이것이 효사에서 말하는 '浚恒준항', 즉 '항구함을 이루기 위해 깊이 판다'라는 말이다. 항구함을 이루기 위해 깊이 판다는 말은 상대방에게 완벽하기를 바란다는 말에 다름 아닌데, 처음부터 완전함을 갖춘 사람이 어디 있는가.『논어』「자장子張편」에서 자하子夏가 "큰 줄거리에서는 울타리를 넘어서는 안 되지만, 작은 부분에서는 울타리를 조금씩 넘나드는 게 가능하다"(大德不踰閑, 小德出入可也)라고 말하였듯이, 아무리 완벽한 사람이라도 디테일한 면에서 조금씩 부족한 것은 현실적으로 어쩔 수 없다.

그런데도 완벽함을 고집하면 그 의도가 아무리 선할지라도 상대방의 선을 향한 의지를 꺾어 버림으로써 그와의 관계에까지 해를 입힐 수 있다. 완전함으로의 변화는 마치 자연 현상처럼 인식하지 못하는 가운데 서서히 이루어져야 한다. '欲速不達욕속부달', 즉 빨리 가고자 하면 목적지에 도달하지 못한다는 말이 있다. 항구함을 급속히 추구하려 하면, 오히려 경직된 교조주의敎條主義로 변질하여 항구함으로부터 더욱 멀어질 뿐이다. 효사의 '貞凶', 즉 '올바름을 추구하는 것이 오히려 험난하고 사나워진다'라는 말은 바로 이를 가리킨다.『상』에서 "항구함을 이루기 위해 깊이 파는 일이 험난하고 사나워지는 것은, 처음부터 깊이 파는 것을 추구하기 때문이다"(浚恒之凶, 始求深也)라는 해설도 역시 마찬가지 뜻이다.

[제1 음효. 항구함을 (속히) 이루겠다고 깊이 파고들어 가는 일은, 그 올바름을 추구하는 일로 험난하고 사납게 되고, 이로워질 바가 아무것도 없다.]

② 九二, 悔亡.

悔: 후회할 회. 亡: '無(없을 무)' 자와 같음.

  제2효는 음의 자리에 양효가 있어서 실위이므로 변치 않는 항구恒久함을 이루어 가는 과정에 후회할 일이 생겼음을 뜻한다. 이를테면, 초반인 제1효에 너무 나대다가 낭패를 본 후 깊이 반성하면서 침잠한 상태로 제2효로 올라왔는데, 갑자기 제5 음효와 상응하는 기회를 만났으니 갈등이 생긴다. 기회를 맞았으니 얼른 달려 나가고 싶지만, 그러면 또 나대다가 항구함을 성취하는 전체 로드 맵에 차질이 생길 수 있으니 함부로 덥석 잡을 수도 없다. 차분히 기다리려고 마음을 잡고 있던 차에 기회라는 유혹이 등장하였으니, "왜 하필 이때?" 하며 한탄할 일이 아닐 수 없다.

  이러한 일은 안타깝기는 하지만, 그래도 이러한 기회조차 없이 조용히 들어가 앉아서 반성만 하는 것보다는 낫다. 왜냐하면 혼자 침잠해 있으면 주위로부터 능력 없는 사람이라고 비웃음을 당하거나 멸시를 당할 수 있지만, 좋은 기회가 왔어도 나가지 않고 조용히 들어앉아 있으면, 내공을 다질 기회를 가질 수 있을 뿐 아니라 세속적인 명예와 가치를 초월한 훌륭한 선비라는 좋은 평판도 받게 된다. 쉽게 바꿔 말하면 장관에 등용되지 못하는 것과 불러도 안 나가는 것은 전혀 다르다는 말이다. 이것이 제2효가 실위지만 하괘의 가운데에 위치하고 있기에 발생할 수 있는 상황이다. 따라서 본효가 실위라는 사실에서 일어난 후회스러운 일이 제5효와 상응한다는 다행스러운 일과 상쇄됨으로써 궁극적으로 '후회할 일이 없어진다'(悔亡)라는 게 효사의 의미다. 이렇게 하면 침잠해 있더라도 오래 기다릴 수 있을 터이니, 『상』의 "제2 양효의 실위가 일으킨 후회스러운 일이 사라진 것은, 흔들리지 않는 가운데에서 오래 버틸 수 있기 때문이다"(九二悔亡, 能久中也)라는 구절은 바로 이를 가리킨다.

  [제2 양효. 후회할 일이 없어진다.]

③ 九三, 不恒其德, 或承之羞, 貞吝.

或: 일부 있을 혹. 가끔. 종종. 承: 받들 승. 받아들이다. 羞: 부끄러울 수. 치욕.

제3효는 양의 자리에 양효가 있으므로 당위다. 손괘의 맨 위의 효로서 본래의 속성인 순종함에 충실할 것 같아 긍정적으로 보이지만, 실질을 따져 보면 꼭 그렇지는 않다. 본 효는 하호괘下互卦인 건괘(☰) 중에서 가운데에 자리하고 있으므로, 강직하고 동적인 속성도 함께 갖고 있다. 게다가 그 위치가 상괘와 하괘에 걸쳐 있는 형세여서 어느 쪽에도 확실하게 소속돼 있지 않다. 이런 형상을 우리 속담에서는 "구렁이 담 넘어가듯"이라는 말로 비유한다. 구렁이가 담장에 걸쳐 있으면 이것이 어느 쪽으로 넘어가는 건지 알 수 없기에 나온 말이다. 자신의 태도를 확실히 정하지 않고 어느 쪽이 유리한지 눈치만 살피며 결정을 미루는 사람을 폄훼할 때 쓴다. 이러한 사람은 '변치 않음'을 유지할 수 없으니 효사의 '不恒其德', 즉 '자신의 덕을 오래도록 유지하지 못한다'라는 말은 이를 가리킨다.

그런데 본 효는 양효로서 당위이기에 마냥 결정을 미루는 음험한 사람을 가리키지는 않는다. 즉 본래 속성인 강직함과 순종이 병존하기에 남의 솔깃한 말에 자주 행동을 과격하게 바꾼다는 말이다. 이 사람이 이런 말을 솔깃하게 하면 금세 행동에 옮겼다가, 다시 저 사람이 저런 말로 다독이면 또 금세 행동을 바꾼다. 이런 유형의 인물로는 단연 『삼국지연의』에서 그려 낸 여포呂布를 꼽을 수 있다. 그는 주위 사람의 솔깃한 말과 세의 유불리有不利에 따라 수차례 섬기는 주인을 바꾸거나 배반한 것으로 유명하였다. 이런 사람은 결국에는 어느 쪽에도 환영받지 못하고 치욕을 당하거나 비참한 최후를 맞는다. 효사의 '或承之羞혹승지수', 즉 '종종 치욕스러운 일을 당한다'라는 구절이 가리키는 바다. 이런 행동을 옳은 일이라 믿고 고집해 나가면 당연히 애석한 일이 생길 수밖에 없다. 효사에서 '貞吝정린'이라고 말할 때,

'貞' 자는 '올바름'이 아니고 그게 올바른 행동인지 잘못 알고 고집함을 의미한다.

『상』에서 "자신의 덕을 오래도록 유지하지 못하는 자는, 어디에도 받아 줄 데가 없다"(不恒其德, 无所容也)라고 하였는데, 자신의 의지와 행동이 일관되지 못한 사람이 다른 사람들에게 존경받기란 실제로 어렵다는 사실을 말하고 있다. 『논어』 「자로편」에도 '不恒其德, 或承之羞'를 인용하면서 공자가 "이런 사람은 점을 안 쳐도 (결과를) 안다"(不占而已矣)라고 평하였다.

[제3 양효. 자신의 덕을 오래도록 유지하지 못하는 자는, 종종 치욕스러운 일을 당하는 법이니, 이를 옳은 일이라 믿고 고집해 나가면 애석한 일이 생긴다.]

④ 九四, 田无禽.

田: 사냥할 전. '畋(사냥할 전)' 자와 같음. 禽: 날짐승 금. 사냥감.

제4효는 음의 자리에 양효가 있으므로 실위다. 양효가 있어야 할 자리는 아니지만, 제1효와는 상응하는 관계에 있다. 즉 이 말은 둘 다 있어야 할 자리에 있지 않다는 뜻이다. 겉으로는 서로 맞는 것처럼 보여도 실질적으로는 맞지 않는 뭔가 잘못된 짝(an odd couple)이라는 말이다. 이러한 상응은 관계를 오래 유지해도 얻는 게 없다. 본 효사에서는 '田전', 즉 사냥을 비유로 들고 있다. '田'은 원래 밭을 의미하지만, 옛날에는 밭을 일구기 위해서 먼저 숲을 태웠는데, 이때 불에 놀라 달아나는 짐승도 함께 잡았기 때문에 이 글자에 '사냥하다'라는 의미가 함께 생겼다. 원래 사냥을 오래 하다 보면 짐승을 잡게 되고, 낚시도 오래 하다 보면 고기를 낚게 되는 법이다. 그러나 아무리 그렇다 하더라도 장소를 잘못 고르면 쓸데없이 온종일 힘만 들이고 결과는 없는 이른바 '徒勞無功도로무공'이 된다.

이것을 부례박은 다음과 같이 설명한다. 제4효는 진震괘가 표상하는 우레의 맨 아래 효로서, 우레의 보이지 않는 두려움을 함의한다. 이것이 사람에게 각인되면 그 공포는 오래가므로, 항구恒久함을 상징한다. 아울러 본 효는 진괘, 즉 진동의 주효主爻이므로 동적動的인 속성이 있다. 다시 말해서 이런 동적인 자리에 역시 강직하고 동적인 양효가 있으니, 끊임없이 항구적으로 움직일 수밖에 없다. 이런 사람이 사냥하러 다니면, 성격이 부산해서 짐승들이 놀라 다 달아나 버릴 터이니 사냥이 될 리 없다. 사냥에 적합하지 않은 사람이 사냥하러 다니는 것은, 자리를 잘못 잡은 것이나 다름없다. 『상』에서 "자신이 있어야 할 자리가 아닌데 거기에 오래 있으니, 어찌 날짐승을 잡을 수 있겠는가?"(久非其位, 安得禽也)라고 한 말은 바로 이를 가리킨다.

인사도 그렇다. 실질적으로 자신과 맞는 사람도 아니고 자신을 존중해주지도 않는데, 그를 좇아 섬기면 이게 앞서 말한 '徒勞無功'이 된다. 이게 아닌 줄 알면 즉시 떠나면 될 터인데, 한번 맺은 약속은 변치 않고 지키는 게 옳다고 믿는 사람은, 결국 능력 한번 펴 보지도 못하고 이름도 없이 빛도 없이 사라질 운명에 처할 것이다.

[제4 양효. 온종일 사냥해도 날짐승을 잡지 못한다.]

⑤ 六五, 恒其德貞, 婦人吉, 夫子凶.

婦: 지어미 부. 夫子부자: 남자.

제5효는 양의 자리에 음효가 있으므로 실위다. 제5효는 임금의 자리이므로 존엄의 자리에 여인이 있음을 나타낸다. 즉 모든 사람이 보고 배우며 따라할 만한 자리에 있는 여인이므로, 그녀는 그 자리에 걸맞게 변치 않는 절개를 굳건히 지켜야 한다. 이것이 효사의 '恒其德貞', 즉 '자신의 덕이 변치 않도록 굳게 지킨다'라는 말이다.

본 효는 제2효와 상응하고 있지만 이것도 실위인데, 이는 그녀의 남편이 잘못 만난 주인을 섬김으로써 순탄하지 않은 시간을 보내는 중으로서, 이런 가운데 여인은 남편을 위해 절개를 지키고 있음을 상정할 수 있다. 지어미가 지아비를 만나 백년해로百年偕老하는 일은 봉건 예교禮教 사회에서는 바람직하므로 길할 수밖에 없다. 지어미가 제5효의 자리에 있고 지아비가 제2효에서 상응한다면, 자칫 지아비가 지어미가 수절하는 것처럼 잘못 만난 주인을 변함없이 섬길 수가 있는데, 이는 험난하고 사나운 일이 될 수 있다. 이게 '夫子凶', 즉 '남자에게 험난한 일이 된다'라는 구절의 의미다. 남자는 세상에 나가 나라와 사회를 위하여 할 일이 많다. 그러려면 함께 뜻을 펼 수 있는 올바른 주인을 찾아 섬겨야 하므로, 지어미처럼 한 주인만 고집하는 것은 남자의 경우는 옳지 않음을 말하고 있다. 한유韓愈의 「쟁신론爭臣論」에서도 간의대부諫議大夫인 양성陽城의 고지식함을 지적하며 『주역』의 본 효사를 인용하였다.

『상』에서 이에 대하여 "지어미가 정절을 지키는 게 길한 것은, 지아비 한 사람을 좋아 해로偕老하기 때문이다. 지아비는 의로움을 이룩해야 하는데, 지어미처럼 수절하는 길을 따르면 험난하고 사나워진다"(婦人貞吉, 從一而終也, 夫子制義, 從婦凶也)라고 해설하였다. 여기서 '制義제의'란 나라와 백성을 다스리고 안정시키는 의로움을 말한다. 따라서 지어미가 오로지 지아비만을 따른다면, 저절로 지어미도 나라와 백성을 다스리고 안정시키는 의로움을 만드는 일에 참여하는 셈이 된다.

[제5 음효. 자신의 덕이 변치 않도록 굳게 지킨다면, 지어미는 길하고, 지아비는 험난하고 사납다.]

⑥ 上六, 振恒, 凶.
振: 떨 진. '震(떨칠 진)' 자와 같음.

부례박은 본 효사에 대하여 다음과 같이 해설하였다. '振恒진항'은 진동이 장기간 변함없이 지속된다는 뜻으로서, 움직임이 그치지 않으면 사람은 불안을 느끼게 된다. 제6효는 음의 자리에 음효가 있는 당위지만, 아무리 항괘라 하더라도 다른 괘와 마찬가지로 극단의 자리에 이르면 변화의 조짐이 나타난다. 그러므로 본 효는 불안을 표현하지 않을 수 없다.

또한 본 효는 제3효와 상응하고 있는데, 앞서 보았듯이 제3효는 당위임에도 '구렁이 담 넘어가듯' 해서 변치 않음을 명쾌하게 보여 주지 못하고 있으므로, 역시 불안하기는 마찬가지다.

『상』에서는 이에 대하여 "이랬다저랬다 함이 지속되는 일이 저 위에서 일어나고 있으니, 모든 일에 좋은 결과가 없다"(振恒在上, 大无功也)라고 해설하였다. 최고 결정자인 군왕이 정책을 이랬다저랬다 하면서 조령모개朝令暮改로 처리하면 혼란만 가중될 뿐, 문제가 절대로 해결되지 않는다.『노자』(제60장)에 "큰 나라를 다스리는 것은, 작은 물고기를 요리하듯 해야 한다"(治大國, 若烹小鮮)라는 구절이 있다. 작은 생선을 요리할 때는 자꾸 뒤적이지 않아야 하는데, 자꾸 뒤적이면 살점이 다 떨어져 나가기 때문이다. 마찬가지로 군왕이 정책을 수시로 바꿔 백성을 괴롭히면 백성이 모두 떠나가 버린다는 말이다.

변치 않는 항구적인 걸 원하는 것은 인간의 본성이다. 수시로 변하는 세계에서 사는 것은 불안하기 때문이다. 그래서 인간은 형이상학을 발명하였다. 이 형이상학에 근거해서 변치 않음을 추구하기 위해 인간은 이런저런 인위적인 조작을 하지만, 그럴수록 그 변치 않음은 점점 멀어져 갈 뿐 끝에 남는 것은 역설적으로 여전한 불안이다. 이 효사는 이 진실을 말하고 있다.

[제6 음효. 이랬다저랬다 함이 지속되니, 험난하고 사납다.]

33. 둔괘遯卦

天山遯천산둔: 하늘이 산을 피해 달아난다.
간하건상艮下乾上

❖ 개관 ❖

'遯'자는 '遁(달아날 둔)'자와 같다. 둔遯괘는 하괘가 간괘(☶), 상괘가 건괘(☰)로 구성돼 있는데, 산도 하늘도 모두 높은 속성이 있으므로, 괘상의 전체적인 모양은 산이 위로 밀고 올라가니 하늘이 이를 피해 더 높이 올라가는 형상이다. 그래서 본 괘를 둔괘로 명명한 것이다.

둔괘는 12소식괘消息卦 중의 하나로서 소서小暑부터 입추立秋까지의 6월이 이에 해당한다. 본 괘는 아래쪽에 음효가 2개, 위쪽에 양효가 4개 있는데, 이는 음효가 점차 늘어나고 양효는 점차 줄어드는 추세에 있음을 나타낸다. 음효는 소인을, 양효는 군자를 각각 상징하므로, 이는 소인배가 내부에서 권력을 잡고 점점 군자를 핍박해서 밀어내는 추세를 보여 준다고도 볼 수 있다. 괘상으로 보자면, 소인으로 대표되는 산이 군자로 대표되는 하늘을 핍박해서 밖으로 쫓아낸다는 말이다.

그러나 산이 아무리 높다 한들 하늘을 쫓아갈 수 없듯이, 소인이 언제까지나 군자를 소외시킬 수는 없다. 군자가 피하는 것은 단지 소인배와 일정한 거리를 두기 위함일 뿐이다. 따라서 둔괘가 지시하는 함의는 군자가 세

속을 피해 은둔한다는 뜻이 아니다. 『논어』 「태백泰伯편」의 "위태로운 나라
에는 들어가지 않고, 어지러운 나라에는 살지 않는 것"(危邦不入, 亂邦不居)
처럼, 소인배의 핍박을 피해 그들의 곁을 잠시 떠나 있는 것이다. 이렇게 해
야 소인들과의 경계가 명확하게 그어져서, 자신의 고결함을 지킬 수 있고,
나아가 그들의 세력 확장을 막을 수도 있다.

앞에서 둔괘는 소서부터 입추까지의 6월 한 달간이라고 했다. 이 기간에
는 음기가 점차 가중되기 때문에 숨이 막히도록 덥고 습하다. 이렇게 견디기
힘든 더위는 이기려 하지 말고, 잠시 활동을 중지하고 피하는 타협을 하는 게
현명하다. 그래서 이 기간에는 사람이나 동물이나 피서하며 휴식을 취한다.
소인배를 피하는 것은 그들에게 지는 것이 아니다. 궁극적으로 세상을 구하
기 위한 소인배와의 싸움에서 일시적으로 전술적 후퇴를 하는 것일 뿐이다.

앞의 항恒괘는 '변치 않음'을 표상하였는데, 정말로 변치 않으려면 역설
적으로 변화해야 한다고 주장한다. 그래서 『서괘』에서 "사람은 자신이 있
는 곳에 오래도록 머물러 있을 수 없다. 그래서 둔괘로써 (항괘를) 이어받았
다"(物不可以久居其所, 故受之以遯)라고 해설하였는데, 한곳에만 계속 머무
르면 변화와 발전이 없기에, 이를 극복하기 위해 뒤로 물러나는 행위를 하
는 것이다. 우리가 구기 운동을 할 때, 공을 힘껏 때리기 위해서는 주먹이나
방망이를 뒤로 백스윙backswing을 하였다가 앞으로 내지른다. 즉 2보 전진
을 위하여 1보 후퇴한다는 말이다. 마찬가지로 둔괘의 '달아남'은 회피하는
게 아니라, 세상과 백성을 구하기 위한 군자의 필연적인 행위다.

❖ 괘사 풀이 ❖

遯亨, 小利貞.

'遯亨둔형'이란 소인배와 거리를 두기 위하여 달아나는 일이 형통하다는

뜻인데, 이것이 구체적으로 무슨 뜻인가? 둔괘는 앞서 말했듯이, 소인이 점차 득세하여 군자를 핍박해 올라가는 형상이다. 『단』에서 "강직함이 당위에 있으면서 상응하지만, 시기가 함께해야 가능하다"(剛當位而應, 與時行也)라고 하였는데, 이는 둔괘의 제5 양효와 제2 음효의 상응을 가리킨다. 즉 소인배가 득세해 가는 가운데 그래도 충신이 일부 남아서 임금을 보필하고는 있지만, 이것도 때가 도와주어야 가능하다. 그래서 이어서 "작은 이로움이 올바른 도리를 지키는 데서 생기긴 하지만, 결국에는 점차 자라나게 돼 있는 것이니, 피하여 숨는 행위의 시의적절함은 매우 크도다!"(小利貞, 浸而長也. 遯之時義大矣哉)라고 한 것이다. 다시 말해서 소인배와 맞서 견제하는 시도가 나쁜 것은 아니지만, 결국 그들의 점진적인 득세가 어쩔 수 없는 추세이므로 맞서 올바름을 지키는 일이 작은 이로움에 지나지 않을 것이라는 말이다. 왜냐하면 제1·2의 두 음효는 내괘 중에서도 내부에 해당하므로, 그들이 권력의 중심을 이미 장악했기 때문이다. 따라서 소인배를 피해 달아나면 그들이 군자를 이용해서 세력을 확장할 수 없으니, 이것이 오히려 의미가 크다는 말이다. "피하여 숨는 행위의 시의적절함은 매우 크도다!"라는 구절은 바로 이를 가리킨다.

　『상』에서 "하늘 아래에 산이 있는 모양이 둔괘다. 군자는 이 이치로써 소인배를 멀리하고, 악독한 기색을 하지 않고도 위엄을 드러낸다"(天下有山, 遯. 君子以遠小人, 不惡而嚴)라고 해설하였다. 즉 군자가 소인배를 피하여 숨는 일은 '하늘 아래에 산이 있는 괘상'으로 설명할 수 있다는 말이다. 외괘에 하늘이 있다는 것은 외표가 강건함을, 내괘에 산이 있다는 것은 내심이 산처럼 요지부동임을 상징하므로 군자는 소인배의 달콤한 감언이설甘言利說에 끄떡도 하지 않음을 표상한다. 또한 군자가 피하여 숨는 것은, 궁극적으로 앞서 말한 대로 멀리 뛰기 위한 준비 과정으로 잠시 뒤로 물러나는 것이라서 몸을 다치게 해서는 안 된다. 그러려면 노기를 표현함으로써 소인배와 척져서 해코지나 보복을 당하는 일이 있어서는 안 된다. '악독한 기색을 하지 않고도 위엄을 드러낸다'라는 말은 바로 이를 가리킨다. 따라서 둔괘는 후일을 위한 명철보신明哲保身의 지혜를 전하는 메시지인 셈이다.

[둔遯괘: 형통하다. 작은 이로움이 올바른 도리를 지키는 데서 생기기는 한다.]

❖ 효사 풀이 ❖

① 初六, 遯尾厲. 勿用有攸往.

尾: 꼬리 미. 뒤로 처지다. 厲: 사나울 려. 위험한. 有攸往: 앞으로 어떤 일을 계획하는 바가 있다.

둔괘는 안에서 밖으로 튀는 행위이므로, 맨 위의 제6효는 달아나는 무리에서 선두, 즉 머리가 되고, 맨 아래 제1효는 맨 뒤에 처진 꼬리에 해당한다. 맹수에 쫓기는 영양의 무리로 비유하자면, 후미에 처진 영양은 매우 위험하다. 그래서 효사에서 '遯尾厲둔미려', 즉 '달아나는 무리에서 꼬리 부분은 위험하다'라고 말한 것이다. 부례박은 달아나는 무리에서 후미 부분은 강직한 사람이 있어야 덜 위험할 텐데, 음효에 해당하는 유순한 사람이 이러지도 저러지도 못하고 망설이고 있다가 위험한 지경에 처한 것이라고 해설한다. 달아나는 일도 때가 있는 법이어서, 달아나야 한다는 판단이 서면 즉시 떠나는 것이 상책인데, 주저하다가 시기를 놓치면 이렇게 되는 것이다.

그런데 이런 곤경에 빠진 사람일수록 여러 가지 생각을 많이 한다. 자신이 달아나고 난 다음에 벌어질 일을 걱정하는 것이다. 이를테면, 사표를 내고 난 다음에 생계는 어떻게 꾸려가나, 내가 없으면 지금 기안 중인 업무는 누가 결재를 받나, 하는 등의 부차적인 걱정들 말이다. 지금 목숨과 운명이 경각에 있는데, 그런 게 무슨 대수이겠는가? 우리 속담에 "소나기는 일단 피하라"라는 말이 있다. 그 어떤 약속이라 하더라도 자신이 비를 맞아 폐렴에 걸릴 위험보다 중요한 게 있겠는가? 그래서 '勿用有攸往', 즉 '앞으로 뭘 어떻게 하겠다는 계획을 세우지 말라'고 말한 것이다. 여기서 '勿用'이란 정책이나 계책을 세워 시행하는 일을 뜻한다. 달아나는 것도 이미 늦었는데, 후일에 대한 걱정이 무슨 소용이 있겠느냐는 말이다. 『상』에서 "달아나는 일에서 뒤처진 위험 속에서라도, 더는 훗날에 관한 생각을 하지 않는다면 무슨 재앙이 있겠는가?"(遯尾之厲, 不往何災也)라고 위로한 것은, 늦었더라도 속히 달아나라고 권고하는 말이리라.

[제1 음효. 달아나는 무리에서 꼬리 부분은 위험하니, 앞으로 뭘 어떻게 하겠다는 계획을 세우지 말라.]

② 六二, 執之用黃牛之革, 莫之勝說.

執: 잡을 집. 黃: 누를 황. 牛: 소 우. 革: 가죽 혁. 莫: 없을 막. 아무도 없다. 勝: 이길 승. '能(능할 능)' 자와 같음. 說: 벗을 탈. '脫(벗을 탈)' 자와 같음.

제2효는 음의 자리에 음효가 있으므로 당위다. 중도를 지키는 가운데 자리에 순종적인 신하가 있을 뿐 아니라, 임금 자리인 제5효와도 상응하므로 신하가 피해 달아나야 할 시기에 임금이 놓아주지 않는 형상이다.

소인배가 점차 득세하는 시기에 군자다운 신하들이 하나둘씩 떠나가면, 임금은 이들을 잡고 싶어 한다. 그러나 물러날 때를 아는 신하인지라 어떠한 핑계를 대서라도 달아나려 하므로, 하는 수 없이 임금은 황우黃牛 가죽으로 만든 끈을 써서 그를 붙잡아 매어 놓는다고 부례박은 해석한다. 이것이 '執之用黃牛之革', 즉 '그를 붙잡아 놓을 때, 황소 가죽으로 만든 끈으로써 묶는다'라는 구절이다. 여기서 황소 가죽으로 묶는다는 말은 비유로서, 여기서 '黃'은 중앙의 색으로서 정도正道를, '牛'는 순종적인 소를, '革'은 굳건한 의지를 각각 상징한다. 다시 말해서, 임금이 올바른 도리로써 순종적인 신하를 굳게 잡아 놓겠다는 의지를 의미한다. 그러면 순종적인 신하라면 절대 이를 빠져나가지 못한다. 이것이 '莫之勝說', 즉 '아무도 임금의 이 만류를 벗어날 수 있는 사람이 없다'라는 구절이다.

아무리 달아나야 할 때라 하더라도 임금이 이 정도로 만류하면 떠나가기가 쉽지 않으니, 신하는 어쩔 수 없이 임금과 운명을 함께 할 수밖에 없을 것이다. 『상』에서 "신하를 잡을 때 황소 가죽끈을 사용한 것은 그의 의지를 공고히 하기 위함이다"(執用黃牛, 固志也)라고 하였는데, 순종적인 신하를 든든하고 질긴 황소 가죽끈으로 꽁꽁 묶은 것은 그에게 강직한 의지가 부족하기 때문이다. 여기서 '황우黃牛'란 기실 황소 가죽끈을 가리키는 말인데, 이를 황소라는 말로 표현한 것은, 신하에게 황소와 같은 끈질긴 의지를 갖게 하기 위함이다. 사람이란 자신이 사용하는 형식에 의해 인성이 형성되게 마련이다. 이를테면, 고운 말을 쓰는 사람은 성격이 착하고, 비속어를 자주 쓰는 사람은 거친 성격을 갖는 게 현실이 아니던가.

[제2 음효. 그를 붙잡아 놓을 때, 황소 가죽으로 만든 끈으로써 묶으니, 아무도 이 만류를 벗어날 수 있는 사람이 없다.]

③ 九三, 係遯, 有疾, 厲, 畜臣妾吉.

係: 맬 계. '繫(맬 계)' 자와 같음. 疾: 병 질. 힘들다. 畜: 제지할 축. '止(그칠 지)' 자와 같음. 臣: 남자 종 신. 妾: 여자 종 첩.

제3효는 양의 자리에 양효가 있어서 당위이긴 하지만, 상괘와 상응하지 않아서 피해 달아나야 하는 상황에 부닥쳐 있다. 사직하고 달아나려 해도 발목을 잡는 게 있으니, 바로 아래에 있는 음효 두 개다. 이 두 음효가 제3 양효를 '係遯계둔', 즉 달아나지 못하도록 묶어 놓고 있는데, 이들이 다름 아닌 '臣妾신첩', 즉 남자 종과 여자 종이다.

오늘날에도 직장이나 상사가 마음에 안 들어 당장 그만두고자 해도, 발목을 잡는 게 월급이다. 연봉이 높을수록 이른바 '때려치우기' 어렵다. 왜냐하면 그간에 월급으로 누렸던 호강이 사라지기 때문이다. 제3효의 입장에서 속히 달아나는 것이 바람직하지만, 사직하고 나가는 순간 남자 종과 여자 종을 부리던 호강을 더는 누릴 수 없게 되므로, 그것이 심한 갈등으로 자신을 괴롭히는 것이니, 효사의 '有疾', 즉 괴로움이 있다는 말은 바로 이 뜻이다.

그렇다고 갈등만 하고 있으면 위험한 순간이 다가올 것이므로, 과감하게 남자 종과 여자 종을 부리던 호강을 멈추고 포기하면 길하다는 게 '畜臣妾吉축신첩길'이 가리키는 바다. 여기서 '畜축' 자는 '止(그칠 지)' 자와 같은 의미로 쓰였다. 그래서 우스갯말로, 공직에 있는 사람이 부정에 연루되지 않으려면 월부로 집이나 물건을 사지 말라고 하는 것이다. 위험을 느끼고 당장 그만두려 해도 갚아야 할 할부금이 남아 있으면, 함부로 사표를 내기가 힘들기 때문이다.

『상』에서도 "피해 달아나지 못하게 묶여 있는 게 위험한 것은, 갈등으로 인한 괴로움이 있기 때문이다. 이때는 남자 종과 여자 종을 부리던 호강을 멈추면 길하니, 이는 큰일이 될 수 없다"(係遯之厲, 有疾憊也; 畜臣妾吉, 不可大事也)라고 해설하면서, 큰 위험을 피하기 위해서는 작은 누림 정도는 버리라고 충고한다.

[제3 양효. 달아나지 못하도록 발목을 잡는 게 있는데, 이 때문에 괴로움이 있다. 그러나 위험하니, 남자 종과 여자 종을 부리던 호강을 멈추면 길하다.]

④ 九四, 好遯, 君子吉, 小人否.
好: 좋을 호. 만족하다. 否: 막힐 비.

제4효는 음의 자리에 양효가 있어서 실위지만 제1효와 상응한다. 하괘의 산 정상을 다 올라와 하늘을 대하고 섰으니, 이제 남은 것은 부귀영화를 누리는 일뿐이다. 게다가 제1효와 상응까지 하니 모든 게 만족스럽다. 그런데 음의 자리에 양효가 있는 실위이고, 곧 음은 자라나고 양은 사라질 즈음에 처해 있으니 오래 있을 자리는 아니다. 아래의 제3효는 집안에 하인을 두고 누리는 호강 때문에 떠나가기를 주저했는데, 제4효에서는 양효답게 의연히 떠나기로 결단한다. 이것이 '好遯', 즉 '모든 게 만족스럽지만 피해 달아난다'라는 구절이 가리키는 바다. 왜냐하면 이때가 떠나기에 적절한 시기이기 때문이다.

한자 성어에 '功成身退공성신퇴', 즉 '공적이 이루어지면 몸은 물러난다'라는 말이 있다. 공적은 누구도 허물 수 없는 강직한 것으로 보이지만, 시간이 지남에 따라 빛이 바래서 누구에게도 잘 보이지 않게 된다. 제4효의 속성처럼 겉보기에는 양효지만 곧 음효로 밀려가는 시기에 있다는 말이다. 또한 본 효는 하괘의 간괘, 즉 산 정상에 이르자 처음 대면한 하늘의 처음에 해당한다. 산 정상에 이르러 세상을 내려다볼 때 느끼는 호연지기浩然之氣는 영원할 것 같지만, 정상에서는 곧 내려와야 한다. 바로 이때가 달아나야 할 때다. 더 부귀영화를 누리려다가는 화를 당하는 게 역사의 교훈이다.

군자는 떠나야 할 때를 알고 이를 실천함으로써 도를 지키므로 길하지만, 소인은 부귀영화의 유혹에 빠지므로 피해 달아나는 길이 아예 막혀 있다. 『상』에서도 이에 대하여 "군자는 모든 게 만족스러워도 피해 달아나는데, 소인은 그 길이 막혀 있다"(君子好遯, 小人否也)라고 해설하였다.

[제4 양효. 모든 게 만족스러워도 피해 달아나므로, 군자는 길하고 소인은 막혀 있다.]

⑤ 九五, 嘉遯, 貞吉.
嘉: 아름다울 가. 훌륭하다.

둔괘에서의 '피해 달아남'은 앞의 각 효에서 보았듯이, 소인배의 득세로 인하여 그 재앙을 피하려고 부득이 실행한 것이므로, 흉사凶事에 속한다. 그런데도 본 효사는 '嘉遯가둔', 즉 '피해 달아남'을 훌륭하다고 칭찬하였을 뿐 아니라, '길하다'고까지 말한다. 이렇게 말하는 이유는 무엇일까?

제5효는 임금의 자리로서 양의 자리에 양효가 있어 당위일 뿐 아니라, 제2 음효와 상응한다. 본 효는 임금 자리인 만큼 임금이 될 만한 군자가 그 자리에 나아가지 않고 사양하는 일을 '遯'으로 나타낸 것이다. 이것은 소인배의 득세와는 관계가 없고, 군자가 자신의 본분과 절조節操를 지킨다는 명분상의 의미에서 '嘉', 즉 '훌륭하다'라고 칭찬한다.

이러한 사양은 고대 중국 역사에서 종종 보인다. 영토를 확장하고 나라의 기틀을 세워 놓고도 조카를 즉위시키고 자신은 그 밑에서 보필한 주공周公과 아버지의 명을 받들어 동생에게 왕위를 양여하고 자신은 국외로 달아난 백이伯夷가 그 대표적인 예다. 부례박은 이외에도 진晉나라 임금이 포악한 조曹나라 임금을 제거하고 그 동생인 자장子臧을 세우려 했으나 자장이 이를 거부하고 떠난 『좌전』「성공成公 15년」의 예와 오나라 임금의 맏아들이 동생인 계찰季札에게 왕위를 양여하려 하자 계찰이 자신은 조나라 자장을 본받아 본분을 지키겠다며 시골로 내려갔다는 「양공襄公 14년」의 예를 더 들고 있다.

이렇게 본분을 지키며 자리에 나아가지 않은 일은 형세에 밀려 달아나는 게 아니라, 정도를 지키기 위한 행위이므로 훌륭한 일이자 길한 일이 된다. 이에 대하여 『상』은 "훌륭한 달아남은 그 올바름으로 인하여 길한데, 이로써 사람들의 의지를 바로잡을 수 있기 때문이다"(嘉遯貞吉, 以正志也)라고 해설하였다. 여기서 '正志정지'란 사람들의 의지를 바로잡는다는 뜻인데, 『맹자』에서 말하는 "백이의 절조를 들으면, 탐욕스러운 남자는 검소해지고, 나약한 남자에게는 뜻을 굳게 세우는 일이 일어난다"(聞伯夷之風者, 頑夫廉, 懦夫有立志)라는 구절이 이 말의 의미를 명백히 알려 준다.

[제5 양효. 훌륭한 달아남은 그 올바름으로 인하여 길하다.]

⑥ 上九, 肥遯, 无不利.

肥: 살찔 비. 넉넉하다.

제6효는 음의 자리에 양효가 있으므로 실위다. 본 효는 가장 바깥에 있는 데다가 상응하지도 않는다. 이는 자신이 살던 조직이나 사회에 어떤 연줄이나 미련이 없음을 나타내는데, 이렇기에 약간의 주저함도 없이 떠날 수 있다는 말이다. 이것을 효사는 '肥遯비둔', 즉 '미련 없이 넉넉한 마음으로 떠나다'라고 썼는데, 여기서 '肥' 자는 '넉넉하고 여유롭다'라는 뜻이다.

이 구절에 대하여 왕필王弼은 "머리를 짜내며 걱정해 봤자 그 일에 참여할 수도 없고, 주살을 마구 날려 봤자 목표에 미치지도 못한다. 이 때문에 넉넉한 마음으로 떠나니, 이롭지 않을 것이 없다"(憂患不能累, 矰繳不能及, 是以肥遯, 无不利)라고 주를 달았다. 여기서 '憂患不能累우환불능루'란 아무리 해결책을 생각하고 마련해 봤자 자신이 그 조직에 들어가 있지 않으니 아무 소용이 없다는 뜻이고, '矰繳不能及증작불능급'이란 주살을 겨누어 쏘아 봤자 매인 줄 때문에 목표에도 미치지 못한다는 뜻이다. 본 효가 실위라는 것은 양효가 있어 봤자 의욕만 있을 뿐 의미 없는 효라는 뜻이다. 즉 구조의 밖에 내쳐져 있으니, 이제 남은 것은 떠나는 일밖에 없으므로 아무런 미련도 없이 홀홀 털고 여유롭게 떠날 수 있다는 말이다. 이런 상황에서 떠나는 일은 이로울 것도 없고 이롭지 않을 것도 없다. 왜냐하면 뭘 하고자 해도 할 일이 없어 떠나지만, 이는 어차피 떠나야 할 시간에 떠나는 것이기 때문이다. 『상』에서도 이에 대하여 "넉넉한 마음으로 떠나는 일에 이롭지 않음이 없다는 사실에 조금도 의심할 게 없다"(肥遯, 无不利, 无所疑也)라고 해설하였으니, 떠날 때가 되어 떠날 때는 조금도 주저하지 말라는 말이다.

[제6 양효. 미련 없이 넉넉한 마음으로 떠나니, 이롭지 않을 것이 없다.]

34. 대장괘大壯卦

雷天大壯뢰천대장: 우레가 하늘 위에서 울리니 매우 웅장하다.
건하진상乾下震上

❖ 개관 ❖

대장大壯괘는 둔遯괘(☰)를 완전히 뒤집어 놓은 모양으로서, 하늘 위에서 우레가 울리는 형상을 나타낸다. 본 괘는 양효가 넷, 음효가 둘로 구성되어 있으므로 양기가 매우 왕성하여 세상의 생물들이 무럭무럭 성장하는 모습을 보여 준다. 그래서 대장大壯이라고 명명한 것인데, '壯(굳셀 장)' 자는 원래 30세의 남자를 가리키는 말이었다. 본 괘는 둔괘 뒤에 놓여 있는데, 이에 대하여 『서괘』는 "사람은 달아나 있는 상태를 언제까지나 유지할 수 없으므로, 대장괘로써 이를 계승하였다"(物不可終遯, 故受之以大壯)라고 해설하였다. 소인배의 득세를 피해 달아나 있는 기간에 부단히 내공을 키워왔으므로 그 역량이 가장 강력하게 성장한 상태이니, 이제 제자리로 권토중래捲土重來할 때가 되었다는 말이다.

대장괘는 12소식괘消息卦 중의 하나로서 음력 2월에 해당한다. 본 괘는 경칩驚蟄에서 청명淸明까지의 30일을 대표하는데, 그 중간에 춘분春分이 있다. 이 기간은 양기가 왕성해서 생물이 소생하고 생장하며 부지런히 번식한다. 그래서 길한 괘라고 볼 수 있지만, 효사는 오히려 험난함과 위험을 언급하고 또 경계하는 내용을 많이 적고 있다. 그래서 부례박은 "신분이 높아짐은 교만함과 약속하지 않았어도 교만함은 저절로 나타나고, 부유함은 사치함과 약속하지 않았어도 스스로 찾아온다. 교만과 사치로써 자신을 행동하게 하는 것은 속히 망하게 하는 방도이다"(貴不與驕期而驕自至; 富不與侈期而侈自來, 驕侈以行己, 所以速亡)라는 공영달孔穎達의 말을 인용하였는데, 이는 군자도 세가 점점 강해지면 나중에 소인들에게 보복을 당할 씨앗을 뿌리게 될 수 있음을 경고한 말이다. 그래서 안영晏嬰이 제 환공에게는 '毋忘在莒무망재거', 즉 '거나라에 망명하던 시절을 잊지 말고', 관중管仲에게는 '毋忘在囚무망재수', 즉 '정변의 실패로 죄수가 되어 갇혀 있던 시절을 잊지 말고'라고 각각 충고하였던 것이다.

❖ 괘사 풀이 ❖

大壯, 利貞.

대장괘는 건乾괘, 즉 하늘 위에서 진震괘, 즉 우레가 진동하는 형상이므로, 『단』에서는 '剛以動故壯강이동고장', 즉 '강직함으로써 움직이므로 壯(굳셀 장)이라 부른 것'이라고 해설하였는데, 본 괘는 위아래가 모두 양괘이므로 대장이 되는 셈이다. 본 괘는 양효가 네 개로서 굳세고 강직한 속성을 갖지만, 강직함은 위쪽의 두 음효가 가리키듯 자칫 지혜를 결핍할 수 있다. 따라서 굳세고 강직함은 지혜와 겸손이 이끌어야 한다.

'剛以動', 즉 '강직하게 움직이면' 거칠 것 없이 잘 뻗어 나가서 좋지만, 다른 한편으로 힘으로 모든 걸 제압하고 해결하려는 경향이 생긴다. 힘으로 밀어붙이려 할 때, 저항을 불러일으키고 또한 다칠 수도 있다. 따라서 왕성한 힘의 추세는 그것이 정도를 지킬 때 이로움이 생긴다. 이것이 '利貞'이다. 『단』에서 "'大' 자는 올바르다는 뜻이다"(大者, 正也)라고 정의한 이유다.

이렇게 "올바름이 강성해야 세상의 진실함이 드러날 수 있다."(正大而天地之情可見矣) 여기서 '情정'은 '진실'이란 의미로 해석함이 옳다.

『상』에서는 "우레가 하늘 위에서 울리니, 그 위세가 대단히 웅장하다. 군자는 이 이치로써 예가 아니면 실천하지 않는다"(雷在天上, 大壯, 君子以非禮弗履)라고 해설한다. 예를 행하는 것은 누가 시켜서 하는 게 아니라, 자발적으로 하는 것이다. 아무리 자발적으로 행하는 것이라 해도 어딘가에는 이를 감시하는 자를 상정해야 예의 실천이 가능하다. 『대학大學』에 "군자는 반드시 자신이 혼자 있을 때를 조심해야 한다"(君子必愼其獨也)라는 구절이 있다. 군자가 예를 실천하는지 감시하는 자는 바로 자기 자신이라는 뜻인데, 이때의 감시자가 결여한 것이 위세다. 감시자에게 위세가 없으면 피감시자는 말을 잘 듣지 않는 법이니, 자기 자신에게 엄격하기가 쉽지 않은 게 이 때문이다. 이러한 위세의 기능을 우레가 한다는 게 『상』의 의도이다. 하늘에서 우레가 울릴 때 경외하는 마음이 생겨서 누가 보지 않더라도 예를 행할 수 있을 것이기 때문이다.

[대장大壯괘: 힘이 왕성할 때, 이로움은 올바름을 지킴에서 생긴다.]

❖ 효사 풀이 ❖

① 初九, 壯于趾, 征凶, 有孚.
趾: 발 지. 征: 칠 정. 앞으로 나아가다. 孚: 믿을 부. 믿음.

제1효는 양의 자리에 양효가 있으므로 당위다. 강직한 자질이 이제 막 출발하려는 지점에 있으므로, 사기가 하늘을 찌른다. 따라서 모든 기운이 운동의 상징인 발에 집중되어 있을 터이니, 효사의 '壯于趾장우지', '왕성함이 발에 있다'라는 구절이 이 의미다.

이런 위치에 있는 사람은 남의 밑에 있지 못하고 빨리 위로 치고 올라가려는 속성이 강하다. 속히 나아가려고 조급한 마음을 가질수록 준비가 부족할 수밖에 없는 데다가, 무엇보다 제1효는 제4효와 상응하지 않는다. 따라서 앞으로 나아가면 필연적으로 험난함을 만나게 되므로, '征凶', 즉 '앞으로 나아갈 때 험난함과 사나움을 만난다'라고 말한 것이다. 그런데도 워낙 전진하려는 의지가 강렬하므로 낙담하지 않고 여전히 용기와 믿음을 잃지 않으므로 '有孚', 즉 '믿음을 갖고 있다'라고 기술하였다.

『상』에서는 "발의 단계에서 기운이 왕성해도, 그 의지는 막히게 되어 있다"(壯于趾, 其孚窮也)라고 해설하였다. 흔히 어떤 일을 도모하고자 할 때, 의지와 믿음의 중요성을 강조하는 경우가 많다. 일을 성공시키려면 의지도 중요하지만, 자신의 역량을 비롯하여 환경적 조건과 이해득실 등 여러 가지 요소를 충분히 고려하여 책략을 짜야 하는데, 오로지 투지력으로 나아가면 예기치 못한 장애에 막혀서 고전한다. 일을 추진하다 순조롭지 못할 때는 잠시 쉬거나 뒤로 물러나는 게 오히려 이로울 수가 있는데, 무턱대고 투지로 밀고 나가면 회복할 수 없는 큰 낭패를 당한다. 이것은 군자가 행할 태도가 아니다. 군자는 자신 외에도 책임져야 할 많은 사람이 딸려 있기 때문이다.

[제1 양효. 기운의 왕성함이 발에 있으니, 앞으로 나아가면 험난하다. 그러나 믿음은 여전히 있다.]

② 九二, 貞吉.

제2효는 음의 자리에 양효가 있으므로 실위다. 그러나 왕성한 기운의 자질이 유순한 자리에 있다면, 강직한 속성이 유순한 속성까지 겸비하는 것인데다가, 그 자리가 하괘의 가운데에 자리 잡고 있으니 중용과 겸손의 덕까지 갖추고 있는 셈이다. 게다가 제5 음효와 상응하기까지 한다. 이러한 상황이라면, 굳이 자세히 설명하지 않아도 정도에 부합하고 나아가 길하게 될 것이다. 그래서 효사는 '貞吉', 즉 '저절로 정도에 부합하여 길하다'라고 말하였다.

『상』에서는 "제2 양효가 정도에 부합하여 길한 것은 그것이 정확히 가운데에 있기 때문이다"(九二貞吉, 以中也)라고 하여 길한 이유를 구체적으로 드러내었다. 여기서 '中'이라는 것은, 어디에도 치우치지 않고 겸손한 자세로 자신의 실력을 키우고 있다는 것인데, 이렇게 할 수 있는 이유는 상응하는 제5효에게서 인정받고 있기 때문이다.

[제2 양효. (자연히) 정도에 부합하여 길하다.]

③ 九三, 小人用壯, 君子用罔, 貞厲. 羝羊觸藩, 羸其角.

罔: 그물 망. '網(그물 망)' 자와 같음. 厲: 위태로울 려. 위험. 羝: 숫양 저. 羊: 양 양. 觸: 닿을 촉. (뿔로) 들이받다. 藩: 울타리 번. 羸: 괴로워할 리. 여기서는 '累(얽힐 루)' 자의 뜻으로 쓰였음. 角: 뿔 각.

제3효는 양의 자리에 양효가 있는 당위이자, 하괘인 건괘의 가장 위에 있는 양효여서 매우 강직하고 건장한 속성을 갖는 데다가, 제6효와 상응까지 한다. 따라서 기운의 왕성함이 지나쳐서 자제력을 잃고 다른 사람을 업신여기거나 걸핏하면 힘으로 다투어 이기려 한다. 효사의 '小人用壯소인용장', 즉 '소인은 자신의 왕성한 힘으로만 해보려 한다'라는 말이 이 의미다.

이에 비하여, 군자는 '用罔용망'이라고 했는데, '罔'이란 '網(그물 망)' 자와 같은 글자로서, 여기서 그물이란 누군가 던진 그물에 걸린다는 뜻이다. 사회는 법과 제도와 같은 공적인 그물 외에도 누가 나를 착취하기 위하여 던진 수많은 그물로 이루어져 있다. 따라서 내가 자칫 경계심을 늦추면 이 그물에 걸려 치욕을 당하게 된다. 군자는 아무리 왕성한 권력의 자리에 있다 하더라도 이러한 그물에 걸리지 않도록 늘 조심하고 겸손해야 한다는 말이다. 이어서 '貞厲'라고 했는데, 이는 자신이 아무리 올바름을 지키고 있다 해도 마치 위태로움(厲)에 직접 처해 있는 사람처럼 행동해야 함을 가리킨다.

권력이 한창일 때, 소인이 하는 행위를 효사는 '羝羊觸藩저양촉번', 즉 '숫양이 대나무 울타리를 들이받다'라고 하여 숫양의 무모함에 비유하였다. 발정이 나서 넘치는 제힘을 억제하지 못하고 대나무 울타리를 들이받으면, '羸其角리기각', 즉 구부러진 뿔이 대나무에 얽혀서 오지도 가지도 못할 것이다.

『상』에서는 "소인은 왕성한 힘을 써 보려 하고, 군자는 이를 그물로 여긴다"(小人用壯, 君子罔也)라고 해설하였는데, 효사를 반복한 것처럼 보이지만 매우 적절하게 다시 쓴 문장이라고 평가할 수 있다.

[제3 양효. 소인은 왕성한 힘을 쓰려는 반면, 군자는 (자신을 경계하게 하는) 그물로 여긴다. 왜냐하면 올바로 처신해도 위태로움은 늘 있기 때문이다. 숫양이 대나무 울타리를 들이받으면, 구부러진 뿔이 거기에 꼼짝없이 묶인다.]

④ 九四, 貞吉悔亡, 藩決不羸, 壯于大輿之輹.

悔: 후회할 회. 亡: 없을 무. '無(없을 무)' 자와 같음. 藩: 울타리 번. 決: 터질 결. 羸: 얽힐 리. 輿: 수레 여. 輹: 복토 복. 수레의 차체와 차축을 연결하는 부품.

제4효는 음의 자리에 양효가 있으므로 실위다. 그러나 매우 강성한 자질의 양효에 결여되기 쉬운 겸손과 유연함을 음의 자리에 있음으로써 보완하였으므로, 효사는 '貞吉悔亡', 즉 '올바름을 얻어 길하고, 후회할 일이 없다'라고 썼다.

제4효가 임금의 측근 신하, 즉 재상이라면 제3효는 지방의 수장인 제후다. 제후가 힘이 있으면 자연히 중앙의 임금 자리를 넘보는데, 제3효에서 이런 사람은 울타리에 뿔이 얽혀서 진퇴양난에 처한다고 했다. 이 울타리가 바로 상괘로 올라가는 첫 관문인 제4효, 즉 재상의 자리다. 여기서 재상은 강성한 힘과 겸손을 겸비하고 유약한 임금에게 울타리 역할을 해 주고 아울러 임금을 잘 보필하고 있다. 이것을 효사는 '藩決不羸번결불리'라고 하였는데, 이는 재상이 스스로 울타리를 틔워서 임금이 나아가는 데 얽힘이 없도록 보좌한다는 것이다.

여기서 재상은 유약한 임금과 강성한 제후들 사이에서 매개 역할을 하므로, 나라 전체적으로 보자면 권력이 재상에게 집중되어 있음을 알 수 있다. 이것을 효사는 '壯于大興之輹장우대여지복', 즉 '기운의 왕성함이 큰 수레의 복토에 있다'라고 비유하였다. '輹복'을 '복토'라고 하는데, 이는 수레의 차체와 차축을 연결하는 매개 부품이므로, 임금과 제후를 매개하는 재상이 이에 해당한다고 볼 수 있다. 복토가 바퀴의 거센 힘을 모아서 차체에 전달하듯이, 재상이 제후들의 힘을 모아서 임금을 받들고 있으므로, 힘이 재상에게 집중돼 있음을 알 수 있다. 괘의 전체적인 모양을 보아도 제4효가 그 아래의 세 양효를 장악하고 제5효를 받들고 있는 형상이다.

『상』에서 "울타리를 틔우고 뿔이 걸리지 않게 하였으니, 더욱 앞으로 나아갈 수 있다"(藩決不羸, 尚往也)라고 해설한 것은, 제4효가 능력이 왕성하면서도 순종적이어서 제5효를 잘 보필할 수 있기 때문이다.

[제4 양효. 올바름을 얻어 길하고, 후회할 일이 없다. 울타리를 틔우고 뿔이 걸리지 않게 하였으니, 기운의 왕성함이 큰 수레의 복토에 있다.]

⑤ 六五, 喪羊于易, 无悔.

喪: 잃을 상. 易: 바뀔 역. 여기서는 '우왕좌왕하다'.

제5효는 양의 자리에 음효가 있으므로 실위지만, 제2효와 상응한다. '喪羊于易망양우역', 이 구절에 대한 해석은 매우 분분하다. 따라서 이는 괘의 전체적인 의미의 흐름에서 해석하는 것이 합리적이다.

숫양은 기운이 넘쳐서 자신의 길을 막는 장애물은 아무거나 들이받는 속성이 있다. 제4효의 자리에 있는 재상은 그 아래의 세 양효를 장악하고 있을 만큼 권력이 세므로, 자신 있게 울타리를 틔워서 양을 안으로 들여보냈다. 그러나 어떤 권력이든 세력이든 왕성함이 극에 달하면, 헷갈림이 오게 된다. 일례로 근대에 들어와 이성과 과학의 빛은 인류의 모든 문제를 해결해 줄 듯 발전을 거듭해 왔으나, 오늘날에 이르러서는 목표 자체가 헷갈리고 있는 것처럼 말이다.

한대의 금문今文 경학도 계속 왕성하게 발전해 가다가 막판에 이르자, 이른바 '大道多歧而亡羊대도다기이망양', 즉 '큰 도는 수많은 갈림길을 만나 양을 찾을 길이 없어져 버린' 상태가 되었다. 잃은 양을 찾아 나섰는데, 많은 갈림길을 만나면 난감하지 않겠는가. 어떤 국면이 최절정에 이르면 더는 갈 데가 없으므로 어디로 가는 게 옳을지 헷갈릴 수밖에 없는 게 당연하다. 그래서 갈 방향을 결정해야 하는 지도자는 마음이 조석으로 바뀐다. 이런 상태가 바로 위 구절의 '易', 즉 이랬다저랬다, 우왕좌왕한다는 뜻이다.

이런 경우, 본 효처럼 유약한 사람이 임금의 자리에 있어 우유부단하면 일반적으로 바람직하지 않다고 여기지만, 효사에서는 '无悔', 즉 후회할 일이 없을 거라고 긍정적으로 본다. 왜냐하면 무엇보다 능력 있는 제2 양효인 신하와 상응하고, 제4 양효인 재상이 임금을 보필해서 도와줄 것이기 때문이다. 즉 제5효는 중간에 처해 있으면서 유순하게 지켜보고만 있으면, 아래의 유능한 신하들이 알아서 처리해 준다는 말이다.

『서경』「무성武成편」에 "옷을 늘어뜨리고 팔짱을 끼고 있어도, 천하가 다스려졌다"(垂拱而天下治)라는 구절이 있다. 유능한 인재를 선발해서 그들에게 정무를 맡기면 임금이 특별히 할 일이 없다는 뜻이다. 재상과 신하들이 알아서 일을 잘 처리하고 있는데, 임금이 자존심을 세우며 나서면 오히려 갈등만 불러일으킬 것이다. 『상』에서도 이를 지적하여 "우왕좌왕하는 가운데 양을 잃은 것은 자리에 맞지 않게 행동하였기 때문이다"(喪羊于易, 位不當也)라고 해설하였는데, 여기서 '位不當위부당'이란 제5효가 제2효의 『상』

에서 지적한 바와 같이 그것이 정확히 가운데에 있을 뿐 아니라, 강직한 자리에 있음에도 유순한 태도를 지녔기 때문에 길할 수 있었는데, 괜히 당치도 않게 나섰으므로 양을 잃게 되었다는 말이다. 그래도 그들의 능력 때문에 후회할 일은 없을 거라는 게 효사가 가리키는 바다.

[제5 음효. 우왕좌왕하는 가운데 양을 잃지만, 후회할 일은 없다.]

⑥ 上六, 羝羊觸藩, 不能退, 不能遂, 无攸利, 艱則吉.

觸: (뿔로) 떠받을 촉. 退: 물러날 퇴. 遂: 나아갈 수. 艱: 어려울 간. 고생.

제6효는 대장괘의 가장 위쪽에 자리 잡고 있어 왕성한 기운의 극단에 처해 있지만 음효의 음유陰柔한 속성이라서 실제로는 그렇게 힘이 없다. 제3 양효와 상응하고는 있지만, 제3효 자체가 앞서 설명하였듯이, 뿔이 울타리에 얽혀 있는 상태라서 누구를 도울 형편이 안 된다. 게다가 본 효를 구성하는 진괘(☳)는 본래 울타리를 상징하고, 상호괘上互卦인 태괘(☱)는 양을 상징하므로, 본 효 자체가 울타리에 뿔이 걸린 양의 모양이 된다. '羝羊觸藩저양촉번', 즉 '숫양이 울타리를 들이받다'라는 구절은 이를 가리킨다.

제6효는 음의 자리에 음효가 있는 당위이므로 박수를 받으며 떠나야 할 위치에 있는 사람이 훌훌 털고 떠나지도 못하고, 그렇다고 뒤로 물러나 돌아오려 해도 도와주는 사람이 없으니, 그야말로 진퇴양난이다. 이러한 처지에서는 자신이 기운이 왕성한 대장괘의 으뜸이라고 으스대기보다는 망신만 안 당해도 다행일 것이다. 이런 국면에서 무슨 이로운 일이 있기를 바라겠는가. 효사의 '不能退불능퇴, 不能遂불능수, 无攸利무유리', 즉 '물러날 수도 없고, 나아갈 수도 없으니, 이로울 바가 없다'라는 구절은 이를 가리킨다.

어떠한 권력이나 세력도 전성기를 지나 막판에 이르게 되면 어려움이 생기게 마련이다. 이것은 어쩌면 피할 수 없는 운명적인 고난일 것이다. 이러한 고난은 그대로 받아들이는 게 역설적으로 길하다. 『상』에서는 이에 대하여 "물러날 수도 없고, 나아갈 수도 없으니 불쌍하다. 이 고난을 견디면 길할 것이니, 이 재앙이 오래가지 않을 것이기 때문이다"(不能退, 不能遂, 不詳也. 艱則吉, 咎不長也)라고 해설하였다. 여기서 '詳(상서로울 상)' 자는 '祥(상서로울 상)' 자와 같으므로, '不詳'은 '불쌍하다'라고 해석한다.

[제6 음효. 숫양이 울타리를 들이받다가 뿔이 얽혀 버려 물러날 수도 없고, 나아갈 수도 없으니, 이로울 게 없다. 이 고난을 견디면 길할 것이다.]

35. 진괘晉卦

火地晉화지진: 광명이 땅 위를 비추니 만물이 나
아간다.
곤하리상坤下離上

❖ 개관 ❖

진晉괘는 상괘가 이離괘, 하괘가 곤坤괘로 이루어졌다. 이괘는 불, 곤괘
는 땅에 각각 해당하므로, 괘상은 태양이 하늘 높이 떠서 대지를 비추는 모
양인데, 이때는 만물이 왕성하게 자라나고 땅처럼 순종적인 사람들이 흥성
한다. 이를 인사에 비유하자면, 어진 임금과 현명한 신하가 자리 잡고 있어
서 백성의 삶이 윤택해지는 시기라고 볼 수 있다. 『설문해자』에서는 "'晉'은
'나아가다'라는 뜻이다. 해가 뜨니 만물이 나아간다는 말이다"(晉, 進也. 日
出, 萬物進)라고 풀이하였다.

진괘는 대장大壯괘 뒤에 이어지는데, 이에 대하여 『서괘』는 "사람은 끝
까지 왕성한 상태에 머물러 있을 수 없으므로 진괘로써 이어받았다. '晉' 자
는 나아간다는 뜻이다"(物不可以終壯, 故受之以晉. 晉者, 進也)라고 해설하였
으니, 기운이 왕성하면 앞으로 나아가는 것이 이치다. 더구나 땅 위에 해가
떠 있다는 것은 곧 낮을 가리키므로, 낮 동안에 왕성하게 활동하여 나아가
는 것은 당연하다.

그러므로 이렇게 모든 게 정상적으로 자리 잡고 작동할 때 재주 있는 자

와 뜻있는 자는 모두 나와서 마음껏 명예를 추구하고 공적을 쌓아야 한다. 공자가 「위령공衛靈公편」에서 "나라에 도리가 행하여지면 (나아가) 벼슬을 산다"(邦有道則仕)라고 한 말이나 「공야장公冶長편」에서 "나라에 도가 행하여지면 (나아가) 지혜를 펼친다"(邦有道則知)라고 한 말은 이를 염두에 두고 한 말이다. 따라서 「태백泰伯편」에서 말한 바와 같이 "나라에 도가 행하여지고 있는데, 그 때문에 가난하고 지위가 낮은 것은 부끄러운 일"(邦有道, 貧且賤焉, 恥也)인 것이다.

이러한 시기에는 모두가 나와서 자신이 추구하는 것을 열심히 쟁취하게 마련이다. 그래서 사회가 활발하고 생산성이 향상됨으로써 풍요로워지지만, 그러다 보면 탐욕과 경쟁이라는 폐해가 발생한다. 부례박은 「양화陽貨편」의 "무식한 사람과 함께 임금을 섬길 수 있을까? 그런 사람은 그런 자리를 아직 얻지 못하였을 때는 그것을 얻고자 온갖 고민을 다 하고, 그것을 얻고 난 다음에는 그것을 잃을까 온갖 고민을 다 한다. 정말로 그것을 잃을까 온갖 고민을 다 한다면, 하지 못할 짓이 없을 것이다"(鄙夫可與事君也與哉. 其未得之也, 患得之; 旣得之, 患失之. 苟患失之, 无所不至矣)라는 공자의 말을 인용하였는데, 탐욕과 경쟁에 한번 빠지면 어떠한 나쁜 짓도 하지 못할 것이 없음을 지적하는 말이다. 그래서 효사에는 이러한 폐단을 경계하는 내용이 자주 나온다.

❖ 괘사 풀이 ❖

晉, 康侯用錫馬蕃庶, 晝日三接.

康: 편안 강. 侯: 제후 후. 제후국의 임금. 用: 쓸 용. '享用향용'과 같은 말. 누려 쓰다. 錫: 줄 사. '賜(줄 사)' 자와 같음. 하사하다. 蕃: 우거질 번. 庶: 여러 서. 蕃庶: 매우 많다는 뜻. 晝: 낮 주. 接: 만날 접.

'康侯강후'는 나라를 안정시켜 공을 세운 대가로 작위를 받은 제후나 신하를 가리킨다. 진괘의 시기에 나라를 평안하게 안정시킨 공을 세우면 작위와 아울러 상급을 받게 된다. 이것이 '用錫馬용사마', 즉 '말로 받는 하사품을 누리다'라는 구절의 뜻이다. 고대 중국에서는 관직에 있으면서 얼마나 공을 세웠는가를 따질 때, 하사 받은 말의 숫자로 계량하였다고 한다. '蕃庶번서'란 '매우 많다'라는 뜻이므로, '用錫馬蕃庶'는 말로 받은 하사품이 매우 많다는 뜻이 된다.

'晉' 자의 본래 의미는 태양이 땅 위로 떠오르는 모양을 그린 것이다. 『단』에서 이를 "태양이 땅 위로 올라올 때, 땅이 따라가며 큰 태양에 들러붙는다"(明出地上, 順而麗乎大明)라고 해설하였는데, 이는 태양이 지평선에서 올라와 하늘로 떠오르려 할 때 땅이 마치 딸려 올라가는 것처럼 보이는 착시 현상으로서, '離上坤下리상곤하'의 진괘 형상인 '晝日주일', 즉 '낮'은 바로 이때를 가리킨다. '晝日三接주일삼접'이란 태양이 지평선 위에 떠 있는 이 짧은 시간에도 천자는 공을 세운 제후에게 세 번씩이나 잔치를 베풀어 준다는 뜻이다. 여기서 '接' 자는 '饗(잔치할 향)'의 뜻으로서, 예법에 따르면 제후에게 三饗삼향, 즉 세 번 잔치를 베푸는 게 보통인데, 태양이 지평선 위에 떠 있는 시간에 삼향을 한다는 것은 과장법이기는 하지만, 나라를 안정시킨 공신을 그만큼 융숭히 대우한다는 의미를 담고 있다.

『상』에서는 "해가 뜰 때 땅이 붙어 따라 올라가는 게 진괘의 괘상이다. 군자는 이 이치로써 임금의 덕을 스스로 깨달아야 한다"(明出地上, 晉. 君子以自昭明德)라고 해설하였다. 여기서 '昭(밝을 소)' 자는 '깨닫다'라는 뜻이고, '明德명덕'은 '임금의 덕'을 뜻한다. 임금의 덕이란 『단』에서 말한바, 태양이 지평선 위로 떠오를 때 여기에 들러붙으면 '순종적인 사람들이 나아가 위로 올라가게 할 수 있는'(柔進而上行) 능력을 말한다. 군자가 이 이치를 안다면 나아가야 할 진괘의 시기에 자신의 능력과 재주를 마음껏 발휘해야 할 것이다.

[진쯸괘: 이 시기에 나아가면 나라를 안정시킨 제후로서 하사받아 누릴 수 있는 말이 셀 수 없이 많고, 해가 땅 위로 떠오르는 시간에 세 번이나 잔칫상을 받는다.]

❖ 효사 풀이 ❖

① *初六, 晉如摧如, 貞吉, 罔孚, 裕无咎.*
*如*여: '然(그럴 연)' 자와 같음. *摧*: 꺾일 최. 좌절하다. *罔*무: '無(없을 무)' 자와 같음. *孚*: 믿을 부. *裕*: 넉넉할 유. 관용.

제1효는 양의 자리에 음효가 있으므로 실위다. 제1효는 힘차게 첫발을 내딛는 자리인데, 여기에 음효가 있다는 것은 양보하는 마음으로 나대지 않고 눈치를 보면서 자신을 지키는 모양새다. 진괘는 앞으로 나아감을 상징하므로, 하괘의 세 음효는 자연히 나아가기 위하여 서로 견제하고 암투하는 시기를 상징한다. 이러한 시기의 제1효는 자연히 눈치를 살피며 몸을 먼저 사리는 단계가 된다. 즉 함부로 나댔다가는 경쟁자의 견제로 좌절을 겪게 될 것이기 때문이다. 이것이 '晉如摧如진여최여', 즉 '나아가는 듯하다가 좌절을 당하기도 한다'라는 구절이 가리키는 바다.

그래도 본 효는 제4효와 상응하고 있는데, 이는 조직의 높은 사람의 눈에 들었다는 뜻이므로 앞으로 과감하게 나아가도 나쁠 건 없다. 그러나 윗사람의 눈에 든 사람이 나아가면 강력한 견제를 받을 것이므로 뒤로 물러나 있는 것도 지혜로운 판단이다. 중국 속담에 "사람은 낮은 처마 아래서 머리를 숙이지 않을 수 없다"(人在矮簷下, 不得不低頭)라는 말이 있는데, 그럴수록 겸손하게 행동하는 일이 지혜로움을 잘 말해 준다. 따라서 나아가든 물러나 있든 올바름을 지키면 길하다.

사회생활을 막 시작하는 젊은이는 지위도 낮고 경험도 없으므로 자연히 주위로부터의 신뢰가 없다. 그래서 효사에서 '罔孚무부', 즉 '믿음이 없다'라고 말한 것이다. 젊은 사람은 믿음직하지는 않지만 일을 의욕적으로 하므로, 약간 실수하고 실패하더라도 주위에서 관대하게 봐준다. 따라서 그에게는 꾸짖을 흠이 없으니, '裕无咎유무구', 즉 '관대하게 봐주니 흠이 없다'라고 말한 것이다.

『상』에서는 "나아가는 듯하다가 좌절을 당하기도 하지만, 오로지 바른길을 가야 한다. 관대하게 봐주어 꾸짖을 흠이 없는 것은 아직 임무를 부여받지 않았기 때문이다"(晉如摧如, 獨行正也; 裕无咎, 未受命也)라고 해설하였다. 이는 처음 출발하는 초보자는 원칙대로 행동하는 게 중요하다는 의미와 아울러, 이런 사람은 아직 정식 임무를 부여받은 게 아니어서 실수를 용서할 수 있으므로, 용기를 갖고 나아가는 게 바람직하다는 사실을 말하고 있다.

[제1 음효. 나아가는 듯하다가 좌절을 당하기도 하지만, 올바름을 견지하면 길하다. 믿음직스럽지는 않지만, 관대하게 봐주니 꾸짖을 흠이 없다.]

② 六二, 晉如愁如, 貞吉, 受玆介福, 于其王母.
愁: 시름 수. 受: 받을 수. 玆: 이 자. 이것. 介: 클 개. 福: 복 복. 王母왕모: 할머니, 조모.

제2효는 음의 자리에 음효가 있어서 당위이므로, 앞으로 나아가는 길이 순조로워야 하지만, 제5효와 상응하지 않아서 다소 어려움이 있다. 게다가 제5·4·3효로 이루어지는 상호괘上互卦인 감괘(☵)와 맞닥뜨려 있는데, 감괘는 험난함을 상징한다. 이러한 상황이 바로 '晉如愁如진여수여', 즉 '앞으로 나아가기는 하는데 어려움을 만나 시름겹다'라는 구절이다.

그러나 본 효가 당위인 데다가 유순한 곤괘의 가운데에 자리하고 있으므로, 누구의 도움을 받지 않더라도 스스로 올바름을 견지하고 정도를 갈 수 있다. 이런 사람이 길하지 않을 수 없으니, '貞吉'은 바로 이 뜻이다.

이런 사람은 누가 인정해 주지 않아도 옳은 일을 스스로 실천한다. 왜냐하면 그에게는 눈에 보이는 타자를 넘어 영적인 타자의 인정을 인지하는 능력이 있기 때문이다. 부례박은 여기서 「중부中孚괘」 제2 양효의 효사에 "두루미는 가려진 그늘에서 울어도 / 새끼들이 어미에 화답하네. / 나에게 하늘의 작위가 있으니 / 그대와 하나 되어 나누리라"(鳴鶴在陰, 其子和之, 我有好爵, 吾與爾靡之)라는 구절을 인용한다. 두루미가 보이지 않는 그늘에서 울어도 새끼들이 알아듣고 화답하듯이, 훌륭한 덕행은 하늘이 인정하고 하늘의 작위를 나누어 준다는 말이다. 즉 그는 사람들의 인정보다는 보이지 않는 하늘의 인정을 더 중시한다. 하늘의 인정을 받는다면, 그로부터 받는 복은 특별히 클 것이니, '受茲介福수자개복', 즉 '이렇게 큰 복을 받다'라는 구절은 이를 가리킨다. 이를 비유하자면 손녀가 할머니에게서 받는 복과 같을 터이니, '于其王母우기왕모', 즉 '그의 할머니로부터 온 것이다'라고 표현한 것이다. 제2 음효와 제5 음효는 겉으로는 상응하지 않지만, 할머니와 손녀 간의 관계로 보자면 둘 다 여성이라도 순진무구한 손녀에게 할머니가 복을 주지 않을 수 없을 것이다. 이에 대하여 『상』에서도 "이러한 큰 복을 받은 것은 공정하고 올바르기 때문이다"(受茲介福, 以中正也)라고 해설하였다.

[제2 음효. 앞으로 나아가기는 하는데 어려움을 만나 시름겹지만, 올바름을 견지하고 있으니 길하다. 이런 큰 복을 받게 된 것은, 그것이 할머니한테서 오기 때문이다.]

③ 六三, 衆允, 悔亡.
衆: 무리 중. 允: 진실로 윤. 신뢰.

제3효는 양의 자리에 음효가 있으니 실위여서 길하지 않을 것 같지만, 본 효는 유순함을 속성으로 하는 곤괘의 맨 윗자리여서 겸손함의 완벽한 상징이 된다. 게다가 아래의 두 음효를 이끌고 있으면서 제6효와 상응할 뿐 아니라, 제4 양효, 즉 이離괘의 첫 효에 딱 붙어 있다. 이괘는 '밝음'(明)을 상징하고, 아래의 두 음효는 난관이 있음에도 불구하고 조용히 앞으로 나아가는 뭇사람들을 뜻한다. 따라서 본 효는 아래의 많은 사람의 신임과 지지를 얻고 있음과 아울러, 위로는 높은 사람의 중시를 받고 있다. 효사의 '衆允중윤', 즉 '뭇사람들이 신뢰한다'라는 말은 바로 이를 가리키는 것이니, 이런 상황에서는 자연히 '悔亡회무', 즉 후회할 일이 없을 것이다.

제3효는 제후의 자리이고, 제4효는 측근 신하, 즉 재상의 자리다. 지방의 제후가 조용히 자신의 신하와 백성을 잘 다스려서 중앙의 실세 권력인 재상에게 중앙으로 발탁이 된다면, 그의 신하와 백성에게도 더 나아갈 기회가 생기는 이치다. 그래서 『상』에서도 "뭇사람들이 그를 신뢰한 것은, 그가 위로 올라가는 데 뜻을 두고 있기 때문이다"(衆允之, 志上行也)라고 해설하였다.

[제3 음효. 뭇사람들이 신뢰하고 있으니, 후회할 일이 없다.]

④ 九四, 晉如鼫鼠, 貞厲.

鼫: 날다람쥐 석. 鼫鼠석서: 날다람쥐.

제4효는 음의 자리에 양효가 있으므로 실위다. 유약한 자질이 있어야 할 자리에 강직한 행동을 하는 사람이 있으니 일이 순조롭지 않다. 더구나 그 아래의 세 개의 음효가 제6효의 지원 아래 한마음으로 치고 올라오는 형세니, 마음이 다급하지 않을 수 없다. 여기서 제4효의 자리는 상호괘인 감괘(☵)의 가운데 위치인데, 감괘는 '물'로서 장애물을 상징한다. 또한 하호괘인 간괘(☶)의 꼭대기에 해당하는데, 간괘도 험난함을 상징한다. 즉 넘고 건너야 할 산과 물을 맞이하고 있으니, 근원적으로 곤경에 처해 있는 셈이다.

제4효가 양효이고 제5효가 음효라는 것은, 임금은 유약하고 측근 신하인 재상은 강직하다는 의미로서, 이런 경우는 재상이 실세여서 그가 앞으로 나아간다면, 임금 자리를 넘볼 야망을 갖고 있을 수밖에 없다. 그러나 이것이 여의치 않은 것이 아래의 곤괘(☷), 즉 임금에게 동정심을 갖는 대중에게 압박을 당하고 있기 때문이다. 곤괘는 여섯 개의 조각으로서 대중을 상징한다. 따라서 실세인 측근 신하는 실제로 움직일 방법이 마땅치 않다. 효사는 이것을 '晉如鼯鼠진여석서', 즉 '나아감이 마치 날다람쥐와 같다'라고 기술한다.

부례박은 날다람쥐에 대하여 『순자荀子』 「권학勸學편」의 다음 구절을 인용하여 설명하였다. "날다람쥐에게는 다섯 가지 재주가 있지만, 한계가 있다. 다섯 가지 재주는 다음을 가리킨다. 날 수는 있어도 집 위로 오르지 못하고, 나무를 탈 수는 있어도 나뭇가지 끝까지는 가지 못하고, 헤엄을 칠 수는 있어도 냇물을 건너지 못하고, 구멍을 팔 수는 있어도 제 몸을 감추지 못하고, 달릴 수는 있어도 사람을 앞지르지 못한다."(梧鼠五技而窮, 五技指能飛不能上屋, 能緣不能窮木, 能游不能渡谷, 能穴不能掩身, 能走不能先人) 인용문의 '梧鼠오서'는 '鼯鼠오서'라고도 쓰는데 '鼯鼠'와 같은 뜻이다. 따라서 제4효가 아무리 강직하고 능력이 있다 하더라도, 대중이 허락하지 않는 한 그에게는 날다람쥐처럼 한계가 있을 수밖에 없다. 이어지는 효사의 '貞厲정려'는 제4효가 더 높이 오르려는 탐욕을 견지한다면 그것은 위험하다고 경고한다. 여기서 '貞' 자는 '굳게 견지한다'라는 뜻으로 풀어야 한다. 그래서 『상』에서도 "날다람쥐와 같은 자가 탐심을 가지면 위험한 것은, 그의 자리가 그가 있어야 할 자리가 아니기 때문이다"(鼯鼠貞厲, 位不當也)라고 해설하였다.

[제4 양효. 나아감이 날다람쥐와 같으니, 탐심을 견지하면 위험하다.]

⑤ 六五, 悔亡, 失得勿恤. 往吉, 无不利.
勿: 말 물. 금지사. 恤: 근심할 휼.

제5효는 양의 자리에 음효가 있으므로 실위다. 그래서 후회할 일이 있을 것 같지만, 본 효는 상괘인 이離괘의 중심에 있으니, 이괘는 '밝음'(明)의 자질을 가질 뿐 아니라, '離' 자는 '麗(붙을 려)' 자와 같으니, 하괘의 곤坤괘,

즉 대중이 바짝 붙어서 밀어주고 있다. 그래서 효사에서 '悔亡회무', 즉 후회할 일이 없다고 말한 것이다.

본 효는 음효라서 유약한 임금을 상징하지만, 다행히 양쪽에 양효가 보좌하고 있으므로, 그들에게 일을 위임하면 그들의 능력과 재주를 빌려 잘 처리할 수 있다. 그러므로 중앙에서 어느 한쪽으로 치우치지 않고 겸손하게 좌우의 신하를 대하고, 이것저것 득실을 따지지 말고 그들의 역량에 따라 위임하면, 설사 그 일이 실패하더라도 나중에는 길한 결과를 가져올 것이다. 효사의 '失得勿恤실득물휼. 往吉', 즉 '실과 득을 따지지 않아도 앞으로 길하게 될 것이다'라는 구절은 이를 가리킨다. 『상』에서도 이에 대하여 "실과 득을 따지지 않아도 앞으로 경사스러운 일이 생길 것이다"(失得勿恤, 往有慶也)라고 해설하였다.

[제5 음효. 후회할 일이 없다. 실과 득을 따지지 않아도 앞으로 길하게 될 터이니, 이롭지 않은 것이 없다.]

⑥ 上九, 晉其角, 維用伐邑. 属吉无咎, 貞吝.

角: 뿔 각. 維: 오직 유. 用: 쓸 용. 伐: 칠 벌. 邑: 고을 읍. 식읍食邑.

제6효는 음의 자리에 양효가 있으므로 실위다. 본 효는 나아갈 길을 다 가서 끝에 도달한 단계를 가리킨다. 이것을 효사에서는 '晉其角진기각', 즉 '뿔의 끝까지 나아갔다'라고 표현하였다. 나아갈 수 있는 데까지 다 갔다면 더 가기를 포기하고 조용히 은퇴하거나 은거하는 것이 옳은데, 본 효가 실위라는 것은 그가 나아감을 포기하지 않고 더 나아갈 수 있다고 강직하게 고집하는 형국이다.

그러나 그가 옛날 전성기에 거느리던 제후나 신하들은 이러한 그의 의지를 인정하지 않는 게 이미 현실이다. 옛날처럼 대해 주지 않는 그들을 보면 섭섭함을 넘어 배신감과 분노가 일어날 것이므로, 달리 생각할 겨를도 없이 군대를 일으켜 그들 제후국이나 식읍을 칠 방책을 생각한다. 이것이 효사의 '維用伐邑유용벌읍', 즉 '오로지 식읍을 칠 방책만을 생각한다'라는 구절의 뜻이다. 그러나 다행히 제3효와 상응하므로 정벌하는 과정 가운데서, 신하와 백성이 자신의 상상처럼 무시하는 게 아니라는 실제 상황을 보고는 자신이 현실을 착각하고 오해하였음을 깨닫는다. 그러면 효사처럼 '厲吉无咎', 즉 '위태로운 가운데서도 길하며, 재앙이 없을' 것이다. 만일 이를 깨닫지 못하고 자신은 더 나아갈 수 있다고 고집하면 후회할 일이 생길 수밖에 없다는 것이 '貞吝'이다. 여기서도 '貞' 자는 '견지하다'·'고집하다'라는 의미로 풀어야 한다. 그래서 『상』에서도 "오로지 식읍을 칠 방책만을 생각해도, 나아갈 길은 훤히 열려 있지 않다"(維用伐邑, 道未光也)라고 해설하였다.

[제6 양효. 뿔의 끝까지 나아가서는, 오로지 자신의 식읍을 칠 방책만을 생각한다. (현실을 깨달으면) 위태로운 가운데서도 길하고 재앙이 없을 것이지만, 끝까지 고집하면 후회할 일이 생긴다.]

36. 명이괘明夷卦

地火明夷지화명이: 땅 아래에 불이 있으니, 빛이
사라졌다.
리하곤상離下坤上

❖ 개관 ❖

명이明夷괘는 상괘가 곤괘(☷), 하괘가 이괘(☲)로 이루어졌다. 곤괘는
땅, 이괘는 불 또는 태양을 각각 상징하므로, 명이괘는 태양(또는 빛)이 땅
아래로 내려가 있어서 빛이 가려진 모양을 나타낸다. '明' 자는 빛을 의미하
고, '夷' 자는 '사라지다' 또는 '손상을 입다'라는 의미를 지니므로, 땅이 빛
을 가리게 해서 컴컴하여 아무것도 보이지 않는 암흑의 상태를 표상한다.

명이괘는 이괘가 위에, 곤괘가 아래에 있는 진晉괘(☷)와 효의 배열이 정
반대이므로 서로 복괘覆卦의 관계에 있다. 그래서 『서괘』에서 "앞으로 나
아가면 반드시 손상되는 바가 생기므로, 명이괘로써 (진괘를) 이어받은 것
이다"(進必有所傷, 故受之以明夷. 夷者, 傷也)라고 해설하였다. 아침에 동쪽
에서 올라온 해는 계속 나아가 점점 밝아지지만, 언제까지나 이 상태가 지
속될 수는 없다. 결국 해는 기울어지고 어두움이 찾아오게 마련이니, 명이
괘로써 진괘를 받은 것은 이 때문이다. 부례박은 진괘와 명이괘를 대비하
여 해설한 정이程頤의 말을 인용하였다. "진괘는 빛이 풍성한 괘이니, 명철
한 임금이 위에 있어서 뭇 현인들이 함께 벼슬에 나아가는 시기다. 명이괘

는 어둡고 캄캄한 괘이니, 혼미한 임금이 위에 있어서 현명한 자들이 손상을 당하는 시기다."(晉者明盛之卦, 明君在上, 群賢幷進之時也. 明夷昏暗之卦, 暗君在上, 明者見傷之時也)

혼미한 임금이 위에 있다는 것은 세상에 도가 행하여지지 않는 때이므로, 「위령공衛靈公편」에서 "나라에 도리가 행하여지지 않으면 (재주를) 말아 거두어 깊이 간직해도 된다"(邦無道, 則可卷而懷之)라고 하였듯이, 현인들이 감히 나와 자신의 지혜를 드러내려 하지 않는다.

이러한 암흑기는 현인에게는 고난의 시기이기는 하지만, 어두운 밤이 휴식과 재충전의 시간이기도 한 것처럼 도광양회韜光養晦, 즉 자신의 재주를 감추고 부족한 점을 보완하는 이른바 재조再造의 기회로 삼을 수 있다. 이 기간은 소인배가 득세하는 시기여서 자칫 그들의 희생양이 될 수도 있다. 명이괘의 괘상처럼 자신의 재주를 철저하게 땅 밑에 숨겨서, 이른바 외우내혜外愚內慧, 즉 겉으로는 어리석은 자처럼 보이고 속은 지혜로워야 한다. 「공야장公冶長편」에서도 "나라에 도가 행하여지지 않으면 바보처럼 행동한다"(邦無道則愚)라고 하였으니, 이것이 이른바 명철보신明哲保身의 요체다.

❖ 괘사 풀이 ❖

明夷, 利艱貞.
艱: 어려울 간.

명이괘는 곤괘(☷)가 위에, 이괘(☲)가 아래에 있으므로, 해가 땅 밑에 가려서 빛이 보이지 않는 형상이다. 이는 혼미한 임금이 재위하고 있어서 현명한 신하들이 고초를 겪는 암흑의 시기로 비유할 수 있다.

이러한 어려운 시기에 현명한 신하는 어떻게 행동해야 하는가? 자신의 목숨만을 위한다면 충절을 버리고 혼군昏君에게 영합할 수도 있겠지만, 이는 사직의 미래와 백성을 위해서, 그리고 자신을 위해서도 결코 좋은 결정이 아니다. 자신의 명예, 나아가 나라와 백성을 위한다면, 어떻게든 이 고난을 이겨 내는 것이 훌륭한 일이다. 그래서 괘사에서 '利艱貞리간정', 즉 '이로움이 어려운 가운데서도 올바름을 지키는 데서 생긴다'라고 말한 것이다.

그렇다면 현명한 신하는 어떻게 올바름을 지켜야 하는가? 이에 대하여 『단』은 이렇게 설명한다. "빛이 땅속으로 들어갔으니 빛이 사라졌다. 이때는 속으로는 지적이고 명철한 생각을 하지만 밖으로는 부드럽고 순종적인 태도를 견지함으로써, 이 큰 환난을 맞이해야 한다. 문왕은 이 방법을 썼다. '이로움이 어려운 가운데서도 올바름을 지키는 데서 생긴다'라고 하였으니, 자신의 현명함을 감춰야 한다. 이것이 정신적으로는 힘들겠지만 오히려 이 때문에 자신의 의지를 바르게 유지할 수 있었으니, 기자箕子가 이 방법을 썼다."(明入地中, 明夷. 內文明而外柔順, 以蒙大難, 文王以之. 利艱貞, 晦其明也. 內難而能正其志, 箕子以之) 여기서 '속으로는 지적이고 명철한 생각을 하지만 밖으로는 부드럽고 순종적인 태도를 견지하였다'라는 것은 외괘가 곤괘, 내괘가 이괘인 명이괘의 괘상대로 행동한 것이다. 이렇게 하면 '이것이 정신적으로는 힘들겠지만 오히려 이 때문에 자신의 의지를 바르게 유지할 수 있다'라는 것이 『단』이 제시하는 현명한 방안이다. 문왕과 기자는 이 방법으로써 주紂의 탄압과 박해를 이기고 나중에 큰 업적을 이루었다.

『상』에서는 "빛이 땅속으로 들어갔으니 빛이 사라졌다. 군자는 이 이치로써 대중에 임해야 하니, 어리석은 방법을 쓰면 오히려 현명한 결과가 나온다"(明入地中, 明夷. 君子以莅衆, 用晦而明)라고 하여, 굳이 암흑기에 국한하지 않고 백성을 다스리는 방도로써 명이괘를 풀이하고 있다. 즉 지도자는 총명함을 감추고 순박함으로써 백성을 다스려도 총명함으로 다스린 것처럼 결과가 나온다는 것이다. 그래서 '而' 자를 '如(같을 여)' 자로 고쳐 쓰기도 한다.

[명이明夷괘: 이로움이 어려운 가운데서도 올바름을 지키는 데서 생긴다.]

❖ 효사 풀이 ❖

① *初九, 明夷于飛, 垂其翼, 君子于行, 三日不食. 有攸往, 主人有言.*

飛: 날 비. 垂: 드리울 수. 翼: 날개 익. 食: 먹을 식.

제1효는 명이괘의 맨 아래에 있는 양효이므로 현명한 인재라고 볼 수 있다. 본 괘는 임금이 빛을 가리고 있는 암흑기를 상징하므로 맨 위의 제6효가 혼군에 해당한다. 따라서 맨 아래에 있는 현명한 인재는 앞으로 혼군으로 인해서 닥칠 재앙의 조짐을 보고 달아나고자 하는데, 이것이 '明夷于飛명이우비', 즉 '빛이 사라지는 시기에 (군자가) 날아갈 때는'이라는 구절이다. 그리고 이어지는 '垂其翼수기익'은 '자신의 날개를 드리우고 있다'라는 뜻인데, 원래 새가 날고자 할 때는 날개를 잔뜩 추켜세워서 힘을 모으는 자세를 취하는 게 보통이지만, 현자가 달아날 때는 주위에서 제가 떠난다는 기미를 알아채지 못하게 평상시처럼 날개를 드리우고 있다는 말이다.

현자가 앞으로 닥칠 환난을 피해 달아날 때는 속히 떠나야 하므로 밥 한 끼 챙겨 먹을 시간이 없다. 그래서 '三日不食', 즉 '사흘 동안 먹지 않는다'라고 표현하였다. 그가 속히 떠날 수 있는 이유는 제4효와 상응하기 때문이다. 다시 말해서 그를 받아 줄 데가 있다는 말이다. 여기서 '사흘'의 '三' 자는 제1효에서 제4효까지 건너야 할 중간의 공간을 의미한다. 효사의 '有攸往'은 그가 가서 몸을 의탁할 수 있는 곳을 가리킨다. 효사는 이어서 '主人有言'이라고 말하는데, 즉 그곳에 가면 주인이 받아 주지만 그에게서 어떤 말을 들을 거라는 것인데, 그 말은 칭찬이 아닌 비난일 것이다. 현실적으로 좋은 자리를 박차고 무작정 나온 행위를 보고 처음부터 칭찬할 사람은 드물기 때문이다. 굴원屈原의 「어보사漁父辭」에서 고기잡이 사내가 "세상 사람들이 모두 혼탁하면 어찌 진흙 바닥을 휘저어 물을 흐리게 하고 물탕을 일으키지 않으시오? 뭇사람들이 모두 취해 있다면 어찌 술지게미라도 먹고 싸구려 막걸리라도 마시지 않으시오? 뭐 대단하다고 심각한 척 우쭐대다가 스스로 추방을 당한단 말이오?"(世人皆濁, 何不淈其泥而揚其波; 衆人皆醉, 何不餔其糟而歠其醨, 何故深思高舉, 自令放爲)라며 굴원을 야단치는 것 같지만, 실은 그를 위로하고 격려하는 말인 것과 같다.

『상』에서는 "군자가 떠날 때는 마땅히 먹지 않고 속히 떠나야 한다"(君子于行, 義不食也)라고 하였는데, 여기서 '義(옳을 의)' 자는 '宜(마땅할 의)' 자로 해석해야 한다.

[제1 양효. 빛이 사라지는 시기에 (군자가) 날아 떠날 때는, 자신의 날개를 드리운 채로 있다. 그리고 군자가 떠남에 있어서는 사흘간 먹지 않아도 갈 데는 있다. 그러나 그곳 주인에게 어떤 말은 들어야 한다.]

② 六二, 明夷, 夷于左股, 用拯馬, 壯吉.

夷: 상할 이. 左: 왼쪽 좌. 股: 넓적다리 고. 拯: 건질 증. 馬: 말 마. 壯: 굳셀 장.

제2효는 음의 자리에 음효가 있으므로 당위다. 본 효는 신하의 자리로서 하괘인 이괘의 가운데에 자리 잡고 있다. 불 또는 빛의 가운데에 음효로 있다는 것은, 매우 이성적이고 사리 판단이 정확함을 의미한다. 따라서 본 효는 신하가 비록 혼군의 아래에서 어려운 시기를 보내고 있지만, 함부로 사직하지 않고 신하의 도리에 복종하고 있음을 나타낸다. 또한 본 효가 명이괘의 하호괘인 감괘(☵)의 첫 번째 효와 겹침은 그가 어려움에 부닥쳐 있음을 말해 준다.

이러한 상황에서는 신하가 아무리 조심해도 혼군에게 상처를 입을 수밖에 없으니, 효사의 '夷于左股이우좌고', 즉 '왼쪽 허벅지에 손상을 입는다'라는 구절이 이를 가리킨다. 그러나 본 효가 당위여서, 그가 손상을 입기는 하지만 치명상은 입지 않고 단지 허벅지 정도, 그것도 좌측 허벅지에 그친다. 우측이면 걷기 등 운동에 지장이 많지만, 좌측은 그나마 다행이라는 말이다.

이렇게 허벅지에 손상을 입었다면, 현명한 신하는 일방적으로 당하고만 있으면 안 되고, 뭔가 자구책을 스스로 마련한다. 그것이 바로 대신 걸어 주는 말을 구해서 이 환난에서 자신을 건지는 것이니, '用拯馬용증마', 즉 '자신을 건져 주는 말을 사용한다'라는 구절이 이것이다. 상처는 이미 입었어도 임무는 계속되어야 하므로, 걷기를 대신해 줄 말이 있어야 한다. 여기서 말이란 자신을 도와줄 수 있는 인재를 비유한다. 자신을 위해 대신 걸어 줄 말이 건장해야 효과가 있듯이, 자신을 보좌하는 인재는 총명할수록 길하다. 이것이 효사의 '壯吉장길', 즉 '건장하면 길하다'라는 말이 가리키는 바다.

이에 대하여 『상』에서는 "제2 음효가 길한 것은, 그가 순종함과 아울러 원칙적이기 때문이다"(六二之吉, 順以則也)라고 해설하였는데, 여기서 '順순'이란 현실의 권력에 복종하는 지혜고, '則칙'이란 원칙에 충실함으로써 인재들의 호응을 얻어 내는 지혜. 『논어』 「이인里仁편」의 "덕은 외롭지 않으니, 그에게는 반드시 이웃이 있다"(德不孤, 必有隣)라는 이치를 실현한 지혜 말이다.

[제2 음효. 빛이 손상되어 가는 시기에 왼쪽 허벅지에 손상을 입으니, 이를 건져 줄 말을 써야 하는데, 건장하면 길하다.]

③ 九三, 明夷于南狩, 得其大首, 不可疾貞.

南: 남녘 남. 狩: 사냥할 수. 토벌하다. 得: 얻을 득. 首: 머리 수. 疾: 빠를 질.

제3효는 양의 자리에 양효가 있으므로 당위다. 신하의 자리인 제2효에서는 상응하는 바가 없을 뿐 아니라, 순종하는 게 신하의 도리이므로 어려움에 부닥쳐 있어도 질서를 어기지 않았지만, 제3효는 자신의 나라와 백성을 책임져야 하는 제후의 자리이므로 사정이 다르다. 즉 백성에게 감당하기 어려운 환난이 닥쳤을 때, 복종이 미덕인 신하와는 달리 강직한 품성과 단호한 결단력을 갖춰야 한다. 그래서 제3효에서는 양효가 당위가 된다. 하괘의 맨 위인 제3효에서 상괘의 혼군에서 내려오는 불의한 압력을 강직하게 버텨 주지 않으면 그 아래의 백성이 도탄에 빠지기 때문이다.

그리하여 백성의 어려움이 한계에 도달하면 그들을 지키기 위해 부득이 무력으로 토벌에 나서는데, 이것을 효사에서는 '南狩남수'라고 표현하였다. 이것을 맹자는 탕임금과 무왕이 왕조를 바꿔 버린, 이른바 '탕무역성혁명湯武易姓革命'이라는 바람직한 행위로 정의하였다. 여기서 '南' 자는 '임금'을 상징하는데, 임금은 조정에서 남쪽을 바라보고 앉기 때문이다.

효사에서 제후의 천자 축출이 가능한 것은 제2효에서 순종이라는 신하의 도리를 다하였기 때문이다. 문왕이 신하로서 해야 할 도리를 다하였기에 그의 아들 무왕이 주紂를 토벌한 게 정당화된 것처럼 말이다. 게다가 본 효는 제6효와 상응하고 있는데, 이는 막바지에 다다른 혼군을 밖으로 떠밀어 내는 게 정당함을 암시한다.

이어서 효사는 '得其大首득기대수', 즉 '제일 큰 괴수魁首를 얻었다'라고 표현하였는데, 이는 어리석고 어지러운 혼군을 몰아낸 것을 가리킨다. 혁명을 일으키고 난 다음에 오는 필연적인 과정이 혼군의 암흑기가 남긴 잔재를 청산하는 일이다. 혼군 아래서 부역한 관리나 아부꾼들, 그리고 모리배들은 물론이고, 그 기간에 길든 백성의 잘못된 습성도 청산에 포함된다. 이렇게 잘못된 것을 바로잡는 일을 효사는 '貞'이라고 하였는데, 이 청산 작업을 너무 강박적으로 과격하게 하면 오히려 해가 된다. 신약성서『누가복음』(11:24)에 보면, 더러운 귀신이 나갔다가 되돌아올 때는 더 악한 귀신 일곱을 데리고 들어온다는 비유가 있다. 청산은 해야겠지만 이를 강박적으로 깨끗하게 하려다가는 암흑기보다 더 악한 행위가 저질러지게 마련이다. 부례박은 『상서』「주고酒誥편」의 "또한 은나라의 길을 가려는 신하와 벼슬아치들이 술에 빠져 있다면, 그들을 죽일 필요는 없고, 먼저 그들을 가르칠 것을 생각하라"(又惟殷之迪諸臣惟工, 乃湎于酒, 勿庸殺之, 姑惟教之)라는 말을 인용하였는데, 역시 이러한 과격한 청산을 하지 않도록 경계하는 말이다. 효사의 '不可疾貞불가질정', 즉 '급진적으로 바로잡으려 해서는 안 된다'라는 구절은 이와 같은 맥락에서 한 말이다.

『상』에서는 "혼군昏君을 치려는 의지는 큰 결과를 얻게 되었다"(南狩之志, 乃得大也)라고 해설하였다.

[제3 양효. 빛이 사라져 가는 시기에 혼군을 쳐 버리는 일을 감행할 때, 제일 큰 괴수魁首를 얻었지만, 급진적으로 바로잡으려 해서는 안 된다.]

④ 六四, 入于左腹, 獲明夷之心, 于出門庭.

入: 들어갈 입. 腹: 배 복. 獲: 얻을 획. 心: 마음 심. 庭: 뜰 정.

제4효는 음의 자리에 음효가 있으므로 당위다. 본 효부터 시작하는 상괘가 빛이 사라진 암흑의 영역이고, 본 효는 측근 신하의 자리이므로 당위가 아니면 견뎌 내기가 쉽지 않다. 효사에서 '入于左腹입우좌복', 즉 '왼쪽 배 안에 들어갔다'라고 하였는데, 중국에서 오른쪽은 높은 쪽, 왼쪽은 낮은 쪽을 각각 가리키므로, 겸손과 순종을 상징한다. 부례박은 '왼쪽 배 안에 들어갔다'라는 말을 순종하는 자세로 내부에 들어갔다, 즉 내부자가 되었다는 뜻으로 해석하였다.

내부자가 되면 혼군의 사생활은 물론 그의 속마음까지 다 읽을 수 있다. 그래서 이어서 '獲明夷之心획명이지심', '빛이 사라진 암흑의 속을 파악하였다'라고 말한 것이다. 아래의 제2효도 신하지만 임금에게서 멀리 떨어져 있어 내부의 사정을 잘 모르므로 왼쪽 허벅지에 상처를 입었다. 본 효는 이와 반대로 혼군의 속을 샅샅이 알고 있으므로 상처를 입을 위험이 상대적으로 적다. 『상』에서 "왼쪽 배 안에 들어가 있으므로, 혼군의 속마음을 파악한 것이다"(入于左腹, 獲心意也)라고 해석한 말은 바로 이 뜻이다.

혼군의 속마음을 아무리 잘 파악했다 하더라도 그가 언제, 어떻게 표변豹變할지 모르기에, 재빨리 떠날 준비를 늘 하고 있어야 한다. 그러려면, 비유컨대, 집 안에 있으면 안 되고, 대문과 뜰 사이에 있어야 한다. 이것이 '于出門庭우출문정', 즉 '나가는 문과 뜰 사이에 양다리를 걸치고 있다'라는 구절이 가리키는 바다. 옛날의 집 구조는 문門, 즉 대문을 들어가서 정庭, 즉 뜰을 지나 당堂, 즉 대청을 오른 후, 실室, 즉 방 안으로 들어가는 형태로 되어 있었다. 경지에 다다랐다는 뜻의 '升堂入室승당입실'은 여기서 나온 말이다. 따라서 효사에서 대문과 뜰 사이에 양다리를 걸치고 있다는 말은 언제든지 우려하는 상황이 발생할라치면 바로 튀어 나갈 준비가 되었다는 뜻이다.

상나라 마지막 왕 주紂가 어떤 간언을 해도 폭정을 멈출 기미가 없는 데다가 주 무왕의 군대가 가까이 진격해 오자, 미자微子가 어쩔 수 없이 조정을 떠나 무왕을 찾아가서 상나라 조상에 대한 제사라도 허락받은 것이 그 예라고 볼 수 있다.

[제4 음효. 왼쪽 배 안에 들어가서, 빛이 사라진 암흑의 마음속을 파악하였으므로 나가는 문과 뜰 사이에 양다리를 걸치고 있다.]

⑤ 六五, 箕子之明夷, 利貞.

箕子기자: 상나라 주紂왕 때의 충신. 주紂왕의 숙부. 주 무왕이 상나라를 멸망시킨 후, 기자를 찾아가 국정의 가르침을 구했을 때, 그에게 우임금으로부터 내려온 『홍범구주洪範九疇』를 기술해 주었다고 전함. 이를 역사에서는 기자명이箕子明夷라고 부름.

제5효는 원래는 임금의 자리이나 암흑 시기의 군주로서 곧 쫓겨날 처지인 제6효로 올라가 있으므로, 본 효는 혼군에 가까이 있는 신하의 자리가 되는데, 그가 바로 기자箕子이다.

주왕이 학정을 일삼으며 날로 사치해지자, 기자가 여러 차례에 걸쳐 간언하였으나 들으려 하지 않고, 오히려 더욱 포악해져 갔다. 주위 사람들이 주왕은 이미 희망이 없으니 어서 이곳을 떠나라고 권유하였지만 "신하 된 자가 간언을 듣지 않는다고 임금을 떠나면, 이는 임금의 악행을 칭찬함으로써 스스로 백성 앞에서 우쭐하게 만드는 일이 됩니다. 저는 그렇게는 할 수 없습니다"라고 거절하였다. 그런데도 주왕은 숙부인 비간比干이 간언을 너무 자주 한다고 죽이는 등 더욱 심하게 악행을 저질렀다. 이에 기자는 상나라를 떠날 수도 없고, 비간처럼 개죽음을 당할 수도 없으므로, 일부러 미친 척함으로써 감옥에 갇혀 죄수가 되었다. 이것이 효사의 '箕子之明夷', 즉 '기자가 겪은 암흑의 시기'인 것이다. 이 암울한 시기에 그는 미친 척하면서 목숨을 보전하고 이른바 도광양회韜光養晦하였다는 말이다.

그래서 나중에 주나라 무왕이 찾아와 가르침을 구했을 때, 그에게 『홍범구주洪範九疇』를 줄 수 있었다. 이『홍범』은 주나라뿐 아니라, 이후 중국의 모든 정권에게 꼭 지켜야 할 수범垂範이 되었다. 그러므로 효사는 '利貞', 즉 기자가 역경 중에서도 올바름을 지킨 것이 이로움이 되었다고 기술한 것이다. 제5효는 양의 자리에 음효가 있는 실위지만, 이롭다고 말한 것은 이 때문이다. 그리고『상』에서 해설한 바와 같이 "기자의 올바름으로 인하여, 빛은 꺼질 수가 없는 것이다."(箕子之貞, 明不可息也)

[제5 음효. 기자가 겪은 암흑의 시기에도, 이로움이 올바름을 지키는 가운데 생겨났다.]

⑥ 上六, 不明晦, 初登于天, 後入于地.
晦: 어두울 회. 初: 처음 초. 登: 오를 등.

제6효는 明夷, 즉 암흑기의 최극단에 다다른 위치다. 그래서 '不明晦불명회', 즉 '빛이 없는 캄캄한 상태'라고 말한다. 이 캄캄한 상태는 앞의 진晉 괘에서 '初登于天초등우천', 즉 '처음에는 (태양이) 하늘로 떠올랐다가', '後入于地후입우지', 즉 '나중에 (명이괘에서) 땅 밑으로 들어간' 결과다. 이는 비유컨대, 처음 즉위 때는 명석하던 임금이 나중에 가서는 혼군이 되는 매우 보편적인 현상을 가리킨다. 다시 말해서 매너리즘에 대한 경계를 말한 것이다. 사람이란 적응의 동물이기 때문에, 처음의 자세를 끝까지 유지하기 힘들다. 예를 들면, 골프 선수가 첫 홀에서는 그동안 잘 다듬은 기량과 마음가짐으로 시작하지만, 처음으로 위기를 만나면 마음이 흔들리면서 기량도 흐트러진다. 대개는 여기서 게임의 추세가 결정되고, 선수는 대충 하자는 자세로 임하게 된다.

한편 위기를 잘 넘김으로써 게임이 잘 풀려 나가는 경우가 있다. 이때 상승 기세를 타면 그야말로 점입가경漸入佳境의 퍼포먼스가 이루어진다. 그런데 호사다마好事多魔, 즉 좋은 일에는 나쁜 일도 끼어 있으니 교만과 나태가 그것이다. 그래서 상승세를 타던 선수가 갑자기 어이없는 실수를 하고 흔들리다가 끝내 게임을 망치는 일이 종종 발생하는 것이다.

임금 자리도 마찬가지다. 처음 즉위할 적에는 성군이 되기 위하여 의욕적으로 정치를 시작하지만, 종국에는 대부분 혼군으로 자리를 마감한다. 그 이유는 앞의 골프 선수와 마찬가지로, 위기를 슬기롭게 넘기지 못하여 권력 장악에 실패해서도 그렇고, 정치를 명석하게 잘하여 권력 장악에는 성공하였으나 교만과 사치에 빠져 정사를 등한히 하다가 혼군이 되기도 한다. 『상』에서는 "처음에 태양이 하늘에 오를 때는 사방의 나라들을 비추다가, 나중에 땅 아래로 들어가서는 규범을 잃었다"(初登于天, 照四國也; 後入于地, 失則也)라고 해설하였는데, 혼군이 되는 이유는 궁극적으로 규범과 법도를 어기면서 생긴 것임을 지적한 말이다.

그래도 제6효는 음의 자리에 음효가 있는 당위다. 이 사실은 '明夷'라는 캄캄한 어둠이 끝나고 다시 밝은 빛이 반드시 도래할 것임을 암시한다. 제6효의 당위는 바로 희망을 말해 준다.

[제6 음효. 빛이 없는 캄캄한 상태이니, (태양이) 처음에는 하늘로 떠올랐다가, 나중에는 땅 밑으로 들어갔기 때문이다.]

37. 가인괘家人卦

❖ 개관 ❖

　가인家人괘는 하괘가 이離괘, 상괘가 손巽괘로 이루어졌으니, 불 위에 바
람이 있는 형상이다. 즉 불의 열기가 올라가 바람이 된다는 뜻이므로, 이는
내부에서 이루어진 구조를 바탕으로 해서 밖의 모양이 형성됨을 말하고 있
다. 『대학』의 "집에 빈틈이 없어지고 난 다음에 나라가 다스려진다"(家齊而
后國治)라는 구절의 모형이 가인괘이다.

　명이明夷괘 뒤에 가인괘가 오게 된 연유에 대해서 『서괘』는 "밖에서 상
처를 입은 사람은 반드시 집으로 돌아오므로, 가인괘로써 이를 이어받았
다"(傷于外者必反于家, 故受之以家人)라고 해설하였는데, 이는 명이의 암흑
기에 상처를 받은 사람은 집으로 돌아와 안정을 취하며 요양한다는 의미이
다. 이런 차원에서 보면, 가인괘의 형상인 '불 위의 바람'은 집에서 불로 밥
을 지어 먹고 바람처럼 밖으로 나다니면서 일을 하다가, 피곤하고 힘들면
다시 집으로 돌아와 밥을 먹고 기운을 차리는 형상이라고 볼 수도 있다.

　가인괘에서 읽을 수 있는 가정이란 무엇인가? 본 괘에는 온유하고 정적
인 여자를 상징하는 음효가 두 개 있다. 하나는 하괘의 제2효인데, 하괘는

외부 사회를 상징하는 상괘에 대하여 내부인 가정을 상징한다. 하괘에서 음효가 두 양효의 가운데에 있다는 것은 여자가 가정의 중심에 있다는 말이다. 즉 여자가 온유하고 정적인 자세로 가정의 내부를 다스리면, 가정이 안정되고 가족들의 유대가 단단해진다. 이러한 가정의 구조가 나라와 사회의 기초가 됨은 말할 것도 없다.

다른 하나는 제4효에 있는데, 이것은 본 괘의 중앙에 위치한다. 온유함이 중앙에 거한다는 사실은 내국인은 온유하게 다스리고, 외부의 침입자에게는 강하고 단호하게 대처함을 나타낸다. 이는 나무의 열매가 속은 부드러워도 겉껍질은 단단함으로써 부드러운 속을 보호하는 이치와 같다.

부례박은 『사기』 「풍당전馮唐傳」의 "신이 듣기로는, 저 옛날의 임금들이 장군을 출정 보낼 때는, 무릎을 꿇은 채 수레를 밀면서 '성문 안쪽의 일은 과인이 만들어 낼 테니, 성문 밖의 일은 장군이 만들어 내시오'라고 말하였다 합니다"(臣聞上古王者之遣將也, 跪而推轂曰: 閫以內者, 寡人制之; 閫以外者, 將軍制之)라는 구절을 인용하였다. 이러한 다스림의 구조는 바로 가인괘의 구조와 같다. 이것이 앞서 말한 "집에 빈틈이 없어지고 난 다음에 나라가 다스려진다"라는 말의 근원이다.

❖ 괘사 풀이 ❖

家人, 利女貞.

우리는 "남자는 여자가 만들기 나름이다" 또는 "집안이 일어나려면 현명한 여자가 들어와야 한다"라는 말을 자주 듣는다. 속담이라는 것은 일상의 검증이 만들어 낸 말이므로 대체로 사실에 가깝다. 괘사에서도 '利女貞', 즉 '이로움은 여자의 한결같은 올바름에서 일어난다'라고 하였는데, 왜 가정에서 하필 여자의 올바름이 중요한가?

『단』은 본 괘사에 대하여 다음과 같이 해설하였다. "가인괘는 (제2효의) 여자는 안에서 자리를 바로잡고, (제5효의) 남자는 밖에서 자리를 바로잡은 모양인데, 이렇게 남자와 여자의 관계가 바로잡히면 이것이 하늘과 땅이 보여 주는 커다란 본보기다. 가족 안에는 엄한 어른이 있는데 부모가 이분들이다. 아버지가 아버지 노릇을, 어머니가 어머니 노릇을, 형이 형 노릇을, 동생이 동생 노릇을, 지아비가 지아비 노릇을, 지어미가 지어미 노릇을 각각 제대로 하면 가정이 바로잡힌다. 가정을 바로잡으면 천하가 안정된다."(家人, 女正位乎內, 男正位乎外, 男女正, 天地之大義也. 家人有嚴君焉, 父母之謂也. 父父, 子子, 兄兄, 弟弟, 夫夫, 婦婦, 而家道正, 正家而天下定矣.)

여기서 "여자는 안에서 자리를 바로잡고, 남자는 밖에서 자리를 바로잡는다"라는 말은 남자는 집 밖의 일을, 여자는 집 안의 일을 각각 관장하도록 업무를 나눈다는 말이다. 괘상으로 보자면, 상괘의 '巽'은 바람처럼 집 밖의 온 데를 돌아다니며 일을 하는 남자고, 하괘의 '離'는 불처럼 바람을 불러일으키는 여자다. 남자와 여자의 관계는 불과 바람처럼 단순한 인과 관계에 그치지 않고, 일어난 바람이 다시 불을 더욱 타게 하는 선순환의 관계로 나아간다. 이것을 "이렇게 남자와 여자의 관계가 바로잡히면 이것이 하늘과 땅이 보여 주는 커다란 본보기다"라고 정의하였다. 원문의 '義' 자는 '儀(본보기 의)' 자로 풀어야 한다.

이 세상에서 가장 오래되고 변치 않는 것이 하늘과 땅이다. 권력의 자리에 있는 사람들은 사회적 질서가 이처럼 오래 유지되게 하려면, 가인괘의 괘상을 본보기로 삼아 실천해야 한다고 생각하였다. 이것을 『상』에서는 "바람은 불로부터 일어난다는 것이 가인괘의 뜻이니, 군자는 이로써 말에는 실질이 있고 행동에는 항구성이 있게 된다"(風自火出, 家人, 君子以言有物, 而行有恆)라고 구체적으로 부연하였다. 여기서 '바람은 불로부터 일어난다'라고 했지만, 실은 뒤에 '바람은 다시 불을 일으킨다'라는 말이 생략되어 있다고 봐야 한다. 군자라는 평가를 받으려면, 그의 말이 허황하지 않고 실속이 있어야 하는데, 그러려면 그의 행동이 말과 일치하고 또 일관성이 있어야 한다. 즉 군자는 불과 바람이 서로 의존하는 순환 관계에 있듯이, 말과 행동이 상호 기대면서 순환 관계에 있어야 함을 말한다. 이 기초적인 구조가 사회적 구조로 확대되어야 사회가 안정된다는 논리다.

아무리 불과 바람 사이의 순환이라 하더라도 최초의 시작은 있는 법이니, 그것이 바로 불, 즉 가인괘에서의 내괘(☲)이고, 나아가 내괘의 중심에 있는 음효, 즉 여자다. 따라서 태평천하의 시작은 집안의 주부主婦인 것이다.

[가인家人괘: 이로움은 여자의 한결같은 올바름에서 일어난다.]

❖ 효사 풀이 ❖

① 初九, 閑有家, 悔亡.
閑: 막을 한.

'閑한' 자의 원래 의미는 뜰 앞 대문이 있는 자리에 가로로 걸어 놓아서 문이 닫혀 있거나 열려 있음을 알려 주는 나무 장대. 즉 제주도 전통 가옥의 정낭과 같은 물건이다. '閑' 자가 외부인을 막는다는 뜻에서, 여기서는 '방비하다' 또는 '규범' 등의 의미를 갖는다.

제1효는 양의 자리에 양효가 있으므로 당위다. 당위의 자리에 규범을 언급한 것은 엄격한 규범으로 시작해야 함을 시사한다. 따라서 '閑有家'는 '엄격한 규범을 바탕으로 가정을 시작한다'라는 의미가 된다. 여기서 '有' 자는 사물의 출현을 뜻하는 동사이므로, '가정의 탄생' 또는 '가정의 시작'으로 풀이하면 된다.

나라의 창업을 법과 제도로 시작하듯이, 가정도 규범으로 시작해야 한다. 가정에서 규범을 등한히 하다가, 나중에 일이 벌어지고 난 다음에 바로잡으려 하면 반드시 가정불화가 일어난다. 그러므로 이런 불상사를 미리 방지하려면 규범을 무엇보다 먼저 갖춰 놓아야, 효사의 말대로 '悔亡회무', 즉 '후회할 일이 없을 것'이다. 『상』에서 "엄격한 규범을 바탕으로 가정을 시작해야 하는 것은, (가족의) 정서가 아직 물들지 않았기 때문이다"(閑有家, 志未變也)라고 해설하였는데, 이는 가족을 구성하는 아이들의 정서가 아직 외부의 영향을 받지 않았을 때 규범을 미리 만들어야 한다는 의미다.

[제1 양효. 엄격한 규범을 바탕으로 가정을 시작하면, 후회할 일이 없을 것이다.]

② 六二, 无攸遂, 在中饋, 貞吉.

遂: 이룰 수. 饋: 먹일 궤.

제2효는 음의 자리에 음효가 있으므로 당위다. 게다가 하괘의 가운데에 자리하고 있으므로, 순종하는 마음으로 집안의 중심을 지키는 게 여자, 즉 지어미의 도리임을 나타내고 있다. 이처럼 제2효는 음효로서 당위이므로 밖에 나가서 뭔가 책임을 지고 일을 완수하기에 적합하지 않다. 그래서 효사는 '无攸遂무유수', 즉 '업무를 완수해야 할 바가 없다'라고 말한다. 그 대신 집 안에서 가족에게 음식을 준비해서 먹이는 일을 하면 되는데, 이것이 '在中饋재중궤', 즉 '집 안에서 밥을 해서 먹이다'라는 구절이다. 여기서 '中' 자는 '집 안'을 가리킨다.

가인괘의 괘상은 이를 잘 나타내는데, 즉 하괘의 이괘(☲)는 그 위의 하호괘下互卦인 감괘(☵)와 겹쳐 있는데, 이는 불 위에 물이 얹혀 있는 형태로서 밥을 짓는 모양을 형상화하고 있다. 그래서 이 일을 꾸준히 하는 것을 효사에서는 '貞'이라 하였으니, 그러면 길한 것이다.

본 효는 제5효와 상응하고 있는데, 여기서 제5효는 기실 지아비의 자리다. 따라서 지어미는 지아비에 순종하면서 집안일을 잘 관리하면 그 집안이 길하게 된다는 말이다. 『상』에서 "제2 음효가 길한 것은 온유하고 복종하기 때문이다"(六二之吉, 順以巽也)라고 한 해설은 바로 이를 가리킨다.

고대 봉건 체제에서는 여자의 역할을 이처럼 집안에 국한하는 일을 과도할 정도로 강조하였는데,『상서』「목서牧誓」의 "암탉은 아침을 알리지 말아야 할지니, 암탉이 아침을 알리면 오로지 집안이 끝장날 뿐이다"(牝鷄無晨, 牝鷄之晨, 惟家之索)라는 구절과『시경』「첨앙瞻卬편」의 "지혜로운 지아비는 굳건한 성을 이룩하지만, 지혜로운 지어미는 성을 기울게 한다"(哲夫成城, 哲婦傾城)라는 구절이 대표적이다. 후대에 이르러서는『후한서』양진楊震의 상소문은 이를 다시 써서 "『서경』은 암탉이 수탉처럼 우는 것을 경계하였고, 전문傳文은 지혜로운 아낙이 나라를 잃게 한다고 찔러 말하였다"(書誡牝鷄牡鳴, 傳刺哲婦喪國)라고 하였으니, 여자의 사회적 진출에 대한 경계가 얼마나 심하였는지를 짐작할 수 있다.

[제2 음효. (밖에서) 업무를 완수해야 할 바가 없으니, 집 안에서 밥을 해서 먹이는 일을 꾸준히 하면 길하다.]

③ 九三, 家人嗃嗃, 悔厲吉, 婦子嘻嘻, 終吝.

嗃: 엄할 학. 婦子부자: 마누라와 딸. 아낙들. 嘻: 웃을 희. 큰 소리로 웃다. 終: 마칠 종.

제3효는 양의 자리에 양효가 있으므로 당위다. 게다가 하괘의 가장 위에 있는 효이므로 가장家長, 즉 아버지를 가리킨다. 아버지는 이괘, 즉 불의 맨 위에 있으므로 심할 정도로 엄격하다. 따라서 가족의 구성원들은 아버지에게 크게 꾸지람을 듣게 되는데, 이것이 '家人嗃嗃가인학학', 즉 '가족들이 심하게 꾸지람을 듣는다'라는 구절이다. 특히 아이들을 크게 꾸짖으면 부모는 가슴이 아프고 아이들은 원망하는 경험을 각기 할 터인즉, 이는 부모는 후회할 일이고 아이들에게는 가혹한 일이 된다. 이것을 효사는 '悔厲회려'라고 표현하였다. '厲' 자는 '酷(심할 혹)' 자와 같다. 설사 그렇다 하더라도 아이들에게 규범을 가르치는 게 중요하므로, 긴 안목으로 보면 오히려 길하다.

이어서 '婦子嘻嘻부자희희, 終吝종린', 즉 '부녀자가 (집안에서) 큰 소리
로 웃으면 끝내 아쉬운 일이 생긴다'라고 하여, 여자의 행동거지를 경계시
킨다. 여기서 '婦子부자'는 '마누라와 딸'이라는 뜻이지만, 일반적으로 집안
의 아낙들을 가리킨다. 부례박은 이에 대한 교훈으로 『좌전』 「성공 17년」의
다음 사례를 거론한다. "진나라 임금이 극극郤克을 제나라로 보내서 제나라
경공頃公을 불러 회맹하게 하였다. 제나라 경공이 부인에게 장막 뒤에서 극
극이 들어오는 모습을 보게 하였다. 극극이 (절뚝거리며) 올라오자 (이를 보
고) 부인이 방에서 소리 내어 웃었다. 극극이 화를 내며 나와서는 맹세하기
를 '이 일에 대하여 보복하지 않는다면, 나는 황하를 건너 (진나라로) 돌아갈
수 없으리라'라고 하였다"(晋侯使郤克徵會于齊. 齊頃公帷婦人使觀之. 郤子登,
婦人笑于房. 獻子怒, 出而誓曰: 所不此報, 無能涉河). 이렇게 해서 일어난 싸움
이 미계靡笄의 전투로서 여기서 제나라는 크게 패하였다.

그래서 『상』에서 "가족들이 심하게 꾸지람을 들으니 집안의 규범을 잃을
일이 없고, 부녀자가 (집안에서) 큰 소리로 웃으니 집안이 절도를 잃게 된
다"(家人嗃嗃, 未失也; 婦子嘻嘻, 失家節也)라고 해설하였다.

[제3 양효. 가족들이 심하게 꾸지람을 들으니, 후회할 만큼 가혹한 일이지만 길하
다. 부녀자가 (집안에서) 큰 소리로 웃으니, 끝내 아쉬운 일이 생긴다.]

④ 六四, 富家大吉.
富: 가멸 부. 여기서는 사동 용법으로 쓰여서 '재물이 넉넉하게 하다'라
는 뜻임.

제4효는 음의 자리에 음효가 있으므로 당위다. 즉 음유陰柔함이 어울리
는 자리에 순종적으로 행동하고 있다는 뜻이다. 제4효는 상괘인 손괘(☴)
의 시작인데, '손巽' 자에는 겸손하고 온유하다는 뜻이 들어 있다. 본 효는
아래에 있는 제3 양효의 강직함에 대하여 겸손한 자세를 취하고, 위에 있는

제5 양효의 강직함에 대해서도 공손히 모시고 있는 모양새다.

옛날에는 재물을 모으는 방법에 크게 두 가지가 있었다. 하나는 높은 작위와 함께 식읍食邑을 받는 일이고, 다른 하나는 장사를 해서 돈을 버는 것이었다. 전자에서 성공하려면, 임금을 잘 모시고 아랫사람들에게 교만하지 않아야 한다. 후자에서 성공하려면, 상품을 공급해 주는 사람에게 온유하게 대함으로써 싸게 구매해야 하고, 상품을 사 주는 손님에게 공손하게 봉사해야 많이 팔 수 있다. 『설괘』에 "이익을 추구하는 일을 하여, 3배의 이익을 내다"(爲近利, 市三倍)라는 구절이 있는데, 이렇게 많은 이익을 내려면 무엇보다 제4효와 같이 행동해야 한다. 즉 재물을 모으는 두 가지 방법에서의 중요한 관건은 겸손이라는 말이다. 그래서 『상』에서도 "집안을 풍족하게 만들면 크게 길하니, 순종함이 그 자리를 있게 한 것이다"(富家大吉, 順在位也)라고 해설하였다.

하괘에서 가정의 규범을 세워 아이들을 잘 가르칠 뿐만 아니라, 여자가 현모양처가 되어 처신과 집안 관리를 잘하면, 제4효에 이르러 집안에 재물이 풍성해진다. 재물이 행복의 전부는 아니지만, 가정 행복의 기초는 이루어진 셈이다. 그래서 '富家부가', 즉 가정을 넉넉하게 만드는 게 중요하다. 가정들이 넉넉하면 나아가 나라가 융성해지게 된다. 그래서 효사는 '大吉', 즉 '크게 길하다'라고 말한 것이다.

[제4 음효. 집안을 재물이 넉넉하게 만드니, 크게 길하다.]

⑤ 九五, 王假有家, 勿恤, 吉.

假: 빌릴 가. 여기서는 '格(이를 격)' 자의 의미로 쓰였음. 감화感化하다. 有: 여기서는 '于' 자와 같음. 恤: 근심할 휼.

제5효는 양의 자리에 양효가 있으므로 당위다. 본 효는 지존인 임금의 자리로서 상괘의 정중앙에 위치함으로써 공정함을 나타낸다. 게다가 제2효의 신하와 상응하고, 제4 음효인 재상의 순종적인 보좌를 받는다. 모든 조건이 갖춰진 임금의 감화는 나라의 방방곡곡에서 이루어지는데, 이것을 효사에서는 '王假왕가'라고 썼다. 여기서 '假' 자는 '格(이를 격)' 자와 같이 이는 '구석구석에 이르다'라는 뜻이 된다. 임금의 감화感化, 즉 임금에게 감동하여 백성이 변화하는 일이 전국의 방방곡곡에서 일어난다는 말이다. 이러한 일이 일어난 것은 다름 아닌 집안을 다스리는 방법에서 비롯되었다는 말이 효사의 '有家'다. 여기서 '有' 자는 '于(어조사 우)' 자와 같은 뜻으로서 '~로부터 말미암다'라는 의미를 갖는다. 따라서 '有家'는 '于家'와 같은 뜻으로서, '집안을 다스리는 방법으로부터 오다'가 된다. 그러면 임금은 '아무것도 걱정할 필요가 없으니'(勿恤), 길한 것이다.

『상』에서는 이에 대하여 "임금의 감화가 집안을 다스리는 방법으로부터 온 것은, 가족들이 서로 아껴 주기 때문이다"(王假有家, 交相愛也)라고 해설하였다. 즉 나라를 태평하게 만드는 관건은 가족의 구성원들이 서로를 아껴 주는 일에서 찾을 수 있다. 왜냐하면 가장의 역할이 곧 임금의 역할과 동일하기 때문이다. 즉 양효의 강직한 아버지와 중간에 거하는 공정함, 현모양처의 처신과 집안 관리, 그리고 순종하는 자녀들, 이는 모두 임금이 나라의 문무백관과 백성을 다스리는 이치와 전적으로 같다. 아버지의 감동이 가족들을 서로를 아끼도록 만들었다면, 임금의 감화도 만백성을 그렇게 만들 것은 자명한 이치다.

[제5 양효. 임금의 감화가 집안을 다스리는 방법으로부터 왔으니, 걱정할 필요가 없어 길하다.]

⑥ 上九, 有孚, 威如, 終吉.
孚: 믿을 부. 威: 위엄 위. 如: 같을 여. '然(그럴 연)' 자와 같음.

제6효는 가인괘에서 가장 위에 있는 효이므로, 집안에서 가장 높은 자리에 있는 할아버지를 상징한다. 봉건 왕조에서는 임금의 부친인 상황上皇이 이에 해당할 것이다. 할아버지와 상황은 이미 권력을 내려놓은 사람들이라서 음위陰位로 표상되지만, 아버지는 원래 죽은 후에 상징적 기능을 제대로 발휘하는 법이므로, 사실상 허울뿐인 할아버지와 상황은 집안과 나라의 질서를 유지하는 상징의 기능을 충분히 할 수 있다. 그래서 음의 자리에 양효를 둔 것이고, 이것이 '종국적으로 길하다'(終吉)라고 말한 것이다.

실질적인 힘이 없는 상징에 어떻게 힘을 부여해서 질서를 잡을 수 있는가? 그 방법이 곧 '有孚유부', 즉 믿음이 있게 만들고, '威如위여', 즉 '위엄이 넘치도록 만드는' 것이다. 여기서 '孚'란 기쁜 마음으로 설득되어서 그를 믿고 따르는 마음을 가리킨다. 이것은 경험이 풍부해서 젊은 사람을 품을 줄 아는 노인에게서만 느껴지는 감정인데, 흔히 덕德이라고 부르는 것이다. 앞서 말한 바 있는 "군자는 이로써 말에는 실질이 있고 행동에는 항구성이 있게 된다"(君子以言有物, 而行有恆)라는 구절이 몸에 완전히 익은 사람이리라. 이런 노인의 말은 사람들이 자연히 믿고 따르게 되는데, 오늘날에는 이런 기운을 일컬어 아우라aura라고 부른다.

'威如'는 위엄이 있게 보이는 것인데, 이는 겉으로 보이는 외모이므로 예의禮儀를 통하여 갖출 수 있을 것이다. 의복 등을 근엄하게 차려입고, 엄숙하게 말하고 행동하면 사람들이 그를 존중한다.

이처럼 노인이 '孚'와 '威'를 갖추면 그에게 이른바 '카리스마'가 생기는데, 이는 법은 아니지만 보이지 않게 법과 규범과 같은 기능을 한다. 그래서 나이가 들수록 말과 행동을 점잖게 하고, 옷을 잘 입는 등 예의에 관심을 가져야 한다.

춘추 시기 상앙商鞅은 정책을 시행하기에 앞서, 나무 장대를 남문에서 북문으로 옮겨 놓기만 해도 10금을 준다는 말도 안 되는 약속을 지켰다. 이른바 사목지신徙木之信의 고사다. 한 고조는 정권을 세우자 숙손통叔孫通의 제안을 받아들여 유자儒者들을 불러서 조정의 의례를 제정하여 황제의 위엄을 세웠다. 이 두 가지 사실은 집안에서의 '孚'와 '威'에 해당하는 사업을 권력의 차원에서 실행한 것이다. 법과 제도로만 되지 않는 것이 바로 이러한 통치 행위다.

이에 대하여 『상』에서는 "(신뢰와) 위엄 있게 보이는 일이 길한 것은, 자신을 되돌아보는 일을 일컫기 때문이다"(威如之吉, 反身之謂也)라고 해설하였다. 즉 사람들이 존경심을 갖고 믿고 따르는 것은 그에게 기대한 바가 있기 때문인데, 그가 겉으로만 그럴싸하게 꾸미면 그러한 신뢰와 위엄은 오래가지 못한다. 그러므로 자신의 행위가 위선은 아닌지, 그리고 저들이 자신을 존경하는 행위 역시 보여 주기 위해서 꾸미고 있는 것은 아닌지 성찰해 보아야 한다. 『맹자』 「진심盡心 (하)」에서 말한 바와 같이, "자신이 도를 행하지 않으면, 처자식에게라도 행할 수 없다"(身不行道, 不能行於妻子)라는 게 현실이기 때문이다.

[제6 양효. 믿음이 있고 위엄이 넘치니, 끝내 길하다.]

38. 규괘睽卦

❖ 개관 ❖

규睽괘는 상괘가 이離괘, 하괘가 태兌괘로 이루어졌으므로, 못 위에 불
이 있는 형태다. 따라서 효의 순서가 가인家人괘와 완전히 역순인 복괘覆卦
다. 『설문해자』에서 '睽' 자를 풀이하여 '두 눈알이 서로를 보지 못한다'(目
不相視也)라고 하였으므로, 이는 두 눈알이 서로 반대 방향으로 가 있는 '사
팔눈'을 가리킨다. 본 괘의 괘상으로 보자면, 불은 위로 올라가고 못의 물은
아래로 스며 내려가려는 속성이 있으므로, 함께 한곳을 바라보지 못하는 사
팔눈과 같은 모양새다.

세상의 모든 일과 사물은 하나의 통일된 상태로 언제까지나 유지될 수
없다. 아무리 굳건하게 화합하고 통일되었다 하더라도 시간이 지나고 나
면 감춰졌던 모순이 드러나면서 끝내 서로 등지고 갈라진다. 이처럼 모순과
갈등의 심화로 서로 등질 수도 있지만, 구조적인 원인에 의해서 어쩔 수 없
는 상호 위배가 발생하기도 한다. 이를테면 『단』에서 규괘를 '二女同居', 즉
'두 딸의 동거'로 규정하고 있는데, 여기서 두 딸은 둘째 딸(이괘)과 막내딸
(태괘)을 가리킨다. 맏딸은 부모와 집안에 대한 무거운 책임감을 늘 느끼고

있지만, 둘째 딸과 막내딸은 각자 시집을 가서 자신의 길을 가면 그만이다. 이것은 결혼이라는 제도와 관습에서 발생하는 것으로서, 집안의 화목과는 직접 관련이 없다. 어쨌든 통일된 상태는 분열의 운명을 맞게 돼 있으므로, 가인괘 뒤를 규괘가 이어 가는 것이다. 이것을 『서괘』는 "집안의 도리가 다 하면 반드시 어그러지므로, 규괘로써 이를 받아 이어 간다"(家道窮必乖, 故 受之以睽)라고 해설하였다.

어떤 이유에서든 구성원이 서로 반목하고 갈라지면 집안이 망하고, 나라도 위태로워진다. 따라서 이를 만회하기 위한 노력이 일어나게 되는데, 그 해결책이 본 괘 안에 있다. 즉 상괘와 하괘는 서로 등을 지기만 하는 게 아니라, 『단』의 표현처럼 "하괘가 기쁜 마음으로 상괘, 즉 빛에 붙어 있다"(說 而麗乎明)는 것이다. 왜냐하면 상괘는 불, 즉 빛(明)이고, 하괘의 '兌'는 '悅 (기쁠 열)'이므로, 하괘가 기쁜 마음으로 상괘의 빛에 붙어 있는 통일된 상태이기 때문이다.

그렇다면 어떻게 모순의 상태가 통일된 상태를 유지할 수 있는가? 그것은 '서로 다름'(異)을 그대로 인정하고 '서로 같은 것'(同)을 찾아서 함께 나누는 것이다. 이것을 이른바 '異中求同이중구동', 즉 '서로 다른 가운데서 같은 것을 찾는다'라는 통일론이다. 이를 『예기』에서는 '求同存異구동존이'라고 표현하였는데, '同'은 음악으로써 전체를 하나로 화합하는 것이고, '異'는 위아래를 나누어 질서를 세움으로써 상호 존중하게 하는 것이다. 따라서 '구동존이'는 상호 모순이 아니라 상호 보완하는 방법이므로, 여기에 통일의 가능성이 존재한다. 서로 나누어지는 것처럼 보여도, 기실 그것은 빛(明) 아래에 있고자 하는 노력일 뿐이다. 그러므로 우리가 규괘에서 눈여겨보아야 할 것은 '大同小異대동소이', 즉 '같은 것은 크게 만들고, 다른 것은 작게 만듦으로써' 통일에 이르는 길이다.

❖ 괘사 풀이 ❖

睽, 小事吉.

태하리상兌下離上, 즉 못은 아래에, 불은 위에 있으면 못의 물은 아래로 스며들고 불은 위로 향하므로, 둘이 서로 각자의 길은 가는 형상이다. 즉 통일이 아니라 분리로 가는 형국이라는 말이다. 옛날부터 우리는 관념적으로 통일은 선, 분리는 악으로 알고 살아왔다. 이러한 고정 관념은 어디까지나 정치가, 또는 특정 이익 집단의 야망과 선동으로 형성된 것일 뿐이지, 실제와는 거리가 있는 편견이다. 물론 처한 상황에 따라서 통일이 효율이 높을 수는 있지만, 분리가 유리한 예도 얼마든지 있다. 통일의 범위가 넓으면 넓을수록 차이를 중시하는 개인에게는 더욱 불리하다. 이를테면, 전쟁과 같은 대사大事를 위해서 통일을 추구한다면, 이 때문에 개인들의 소사小事는 무시되거나 손해를 입을 수밖에 없다. 그러나 국가를 운영하는 사업에서 대사가 당연히 중요하지만, 국민의 소사도 무시할 수 없다. 왜냐하면 이 소사들이 실질적으로 그들의 행복과 직접 관련이 있기 때문이다. 따라서 각자가 분리되는 규괘의 상황은 소사에서 길하게 작용하는 것이다. 여기서 소사란 구체적으로 개인이 자신의 개성과 자유를 즐기는 일을 가리킨다.

『단』에서는 이에 대하여 "두 딸이 한데 살고 있어도 그들의 지향은 서로 다른 쪽을 향하고 있다. (태괘가) 기쁜 마음으로 밝은 곳(이괘)에 붙어 있으니, 음유陰柔함이 나아와 위로 올라가서 가운데에 자리를 잡음과 아울러 (제2효의) 양강陽剛과 상응하는데, 이로 인하여 소사에 길하다"(二女同居, 其志不同行. 說而麗乎明, 柔進而上行, 得中而應乎剛, 是以小事吉)라고 해설하였다. '두 딸이 한데 살고 있어도, 그들의 지향은 서로 다른 쪽을 향하고 있다'라는 말은 막내딸(태괘)과 둘째 딸(이괘)은 같은 여자이므로 서로 당기지도 않을뿐더러 서로 간섭도 하지 않는다는 말이다. 비록 그렇기는 해도, 천진난만한 막내는 온화하고 밝은 것을 거부하지는 않으므로 언니가 가진 불의 속성에 달라붙게 된다. 이렇게 해서 막내딸의 음기가 둘째 딸에 가까이 가면, 비록 같은 음기라 하더라도 중효中爻에 처하여 제2효와 상응하는 기능을 할 수 있다. 땅이 하늘과 지향하는 바가 완전히 달라도, 궁극적으로 만물을 생육하는 기능에 참여하는 이치와 같다고 말할 수 있다. 이처럼 겉보기엔 음괘(상괘)와 음괘(하괘)의 대립이지만 숨겨진 속성으로 인하여 보이지 않는 긍정적 작용을 일으키기도 하는데, 이것이 '무리 속에 있으면서도 파당을 짓지 않는다'라는 '군이부당群而不黨'의 훌륭한 예라 하겠다. 대동大同이 적극적인 대통일을 추구하는 양강陽剛의 사회라면, '군이부당'의 사회는 각자의 자리에서 자신에게 주어진 일에 충실함으로써 소극적으로 따뜻하게 살아가는 음유의 소강小康이라고 말할 수 있다.

이에 대하여 『상』에서는 "상괘는 불, 하괘는 못이라는 괘상이 규괘인데, 군자는 이 이치로써 (사람들과) 함께 하면서도 (그들과는) 달리 행동한다"(上火下澤, 睽, 君子以同而異)라고 해설하였는데, 이는 앞의 '무리 속에 있으면서도 파당을 짓지 않는다'라는 말과 완전히 같다.

우리 일상에서도 서로 다르면서 기실 같은 기능을 하는 경우를 종종 발견할 수 있다. 이를테면, 예전에는 수박의 단맛을 내기 위하여 소금을 살짝 뿌려서 먹곤 하였다. 단맛과 짠맛은 엄연히 전혀 다른 맛이어서 서로 어울릴 것 같지 않지만, 기실 짠맛이 단맛을 돋우어 주기에 더 달게 느껴진다. 쓴 초콜릿에 설탕을 살짝만 넣어도 달게 느껴지는 경우도 마찬가지다. 이처럼 규괘의 괘상은 서로 다른 곳을 지향하는 것처럼 보여도 실은 같은 작용을 함을 상징한다. 이것이 앞서 말한 '大同小異대동소이'와 통하니, 작은 차이를 인정할 때 함께 이루어 낸 일은 크다는 말이다. 그래서 '小事吉', 즉 '작은 일에 길하다'라고 말한 것이다.

[규睽괘: 작은 일에 길하다.]

❖ 효사 풀이 ❖

① 初九, 悔亡, 喪馬, 勿逐, 自復. 見惡人, 无咎.

喪: 잃을 상. 馬: 말 마. 逐: 뒤쫓을 축. 찾다. 復: 돌아올 복.

제1효는 양의 자리에 양효가 있으므로 당위다. 아무런 권력도 없는 가장 낮은 자리에 처해 있어서 속히 올라가려는 속성이 있지만, 상응해야 할 제4 양효와는 적대적 관계에 있을 뿐 아니라, 바로 위에서는 제2 양효가 내리누르고 있어서 그야말로 어찌해 볼 도리가 없는 곤경에 처해 있다.

규괘의 제3·4·5효인 상호괘上互卦는 감괘(☵)를 이루고 있는데, 감괘는 장애물과 말을 상징한다. 제1효가 위로 오르려면 말이 있어야 하는데, 이끌어 줘야 할 제4효가 감괘의 중효中爻이니 말을 갖고서는 주지 않는다. '喪馬상마', 즉 '말을 잃다'라는 것은 이를 뜻한다. 말도 없이 장애물에 막히면 어쩔 수 없이 기다릴 수밖에 없으니, 잃은 말을 굳이 찾을 필요도 없다. 그러나 새옹지마塞翁之馬의 고사에서 알 수 있듯이, 내가 집착하지 않으면 잃은 말은 돌아오게 마련이다. 왜냐하면 이제 시작하는 제1효를 이끌어 줘야 할 제4효가 그를 냉대한다면, 기실 제4효 자신도 아쉽기 때문이다. 즉 자신의 뒤를 받쳐 줄 후계나 세력이 없다면 현재의 존재가 불안할 수밖에 없으므로, 그에게 손을 내밀 수밖에 없다는 말이다. 그래서 효사는 '喪馬勿逐상마물축, 自復자복', 즉 '잃은 말은 쫓지 말지니, 저절로 돌아온다'라고 말하였고, 이것이 '悔亡회무', 즉 '후회할 일이 없게 되는 것'이다.

『상』에서 "나쁜 사람과 만날 때는 재앙을 피할 수 있도록 해야 한다"(見惡人, 以辟咎也)라고 해설하였는데, 여기서 '나쁜 사람'은 바로 제4효에 해당하는 사람이다. 즉 자신의 삶에서 얽히고 싶지 않은 사람이지만, 어쩔 수 없이 엮인 사람, 이른바 '적과의 동침' 같은 경우가 이에 해당할 것이다. 잃은 말이 돌아옴으로써 발생하는 이러한 조우遭遇는 피할 수 없으니, 이럴 때는 그를 적대적으로 대하지 말고, 겉으로는 잘 대해 주는 척함으로써 후환이 생기지 않도록 해야 한다.

[제1 양효. 후회할 일이 없을 터다. 잃은 말은 쫓지 말지니 제 발로 돌아온다. 나쁜 사람을 만나겠지만 재앙은 없다.]

② 九二, 遇主于巷, 无咎.

遇: 만날 우. 우연히 만나다. 巷: 골목 항.

제2효는 음의 자리에 양효가 있으므로 실위다. 즉 훌륭한 재주와 능력을 겸비하고 있음에도 자신을 필요로 하는 적절한 자리를 찾지 못한 사람을 뜻한다. 그는 자신의 자리를 찾지 못했음에도 언제나 가운데서 흔들리지 않을 뿐 아니라, 하괘인 태괘의 중심이 상징하듯이 '즐거운 마음'(悅)을 유지한다. 이는 앞서 『단』에서 말했듯이, '說而麗乎明열이려호명', 즉 '기쁜 마음으로 빛에 붙어 있다'라는 자세를 가리킨다. 즉 가난을 편안히 여기면서 도를 즐기는 이른바 '안빈낙도安貧樂道'를 실천하는 사람이라는 말이다.

자신을 드러내지 않는 이런 인재는 누구도 알아주는 사람이 없을 것 같지만, 본 괘의 제5효와 상응한다는 사실은 그를 절실히 필요로 하는 주인이 반드시 있을 것임을 시사한다. 제5효는 양의 자리에 있는 음효이므로 실위다. 즉 주인의 자리에 있는 사람이 유약해서 그를 보필해 줄 인재가 절실하다는 말이다. 따라서 이 두 사람은 운명적으로 만날 수밖에 없다는 게 효사의 '遇主于巷우주우항', 즉 '골목길에서 주인과 마주치다'라는 구절이다. 여기서 '巷', 즉 '골목길'로 표현한 것은, 큰길에서는 그냥 지나칠 수도 있지만 좁은 골목에서는 어디 피할 곳도 없이 반드시 만난다는 의미다. 또한 '遇' 자는 원래 '우연히 마주치다'라는 뜻이지만, 여기서는 운명적이고 필연적인 만남을 뜻하는데, 왜냐하면 골목길에서 마주치기 때문이다.

이렇게 안빈낙도하는 인재가 자신을 필요로 하는 주인을 만나게 되는 가장 근본적인 조건은 그가 도를 잃지 않고 있다는 사실이다. 그래서 『상』은 "골목길에서 주인을 만나게 되는 것은, 그가 도를 잃지 않았기 때문이다"(遇主于巷, 未失道也)라고 해설하였다.

[제2 양효. 골목길에서 주인을 만나게 될 터이니, 재앙이 없다.]

③ 六三, 見輿曳, 其牛掣, 其人天且劓, 无初有終.

見: 볼 견. 만나다. 輿: 수레 여. 曳: 끌 예. 牛: 소 우. 掣: 끌 체. 묶이다.
且: 또 차. 劓: 코 벨 의. 코를 베는 형벌.

제3효는 양의 자리에 음효가 있으므로 실위다. 자신이 있어야 할 자리
가 아닌 곳에서 순종하며 일하고 있으므로 고생이 많을 수밖에 없다. 게다
가 본 효의 위아래 양쪽에서 양효가 압박하고 있는 형상이다. 이 두 양효는
본 효와 음양의 관계에 있으므로 선린 관계가 있을 법도 한데, 오히려 경쟁
적으로 양쪽에서 고통을 가하고 있다. 이것이 효사의 '見輿曳견여예, 其牛
掣기우체', 즉 '수레에 짐이 너무 많아 뒤로 당기고, 앞에서 끄는 소는 과도
한 짐에 묶여 꼼짝 못 하는 처지를 만났다'라는 구절이다. 여기서 '曳예' 자
는 수레가 뒤로 당긴다는 뜻이니, 다시 말해서 적재한 짐이 너무 많다는 의
미다. 이 뒤로 당기는 힘이 바로 제2 양효인데, 이는 제5 음효와 상응하므
로 당기는 힘이 훨씬 더 셀 터이니, 짐이 그만큼 더 많음을 나타낸다. 그리
고 '其牛掣'에서 '掣체' 자는 수레 앞에서 끄는 소가 과적한 짐에 묶여서 앞
으로 나아가지 못함을 의미한다. 이른바 진퇴양난進退兩難의 상황을 가리
키는데, 이것을 비유해서 효사는 '其人天且劓기인천차의', 즉 '이 사람은 이
마에 묵형을 당한 데다가 코를 베이는 의형까지 당하였다'라고 표현하였다.
여기서 '天' 자는 '額(이마 액)' 자와 같은 글자로서 옛날에 죄인의 이마에 문
신을 넣는 묵형墨刑을 의미하고, '劓의' 자는 죄인의 코를 베는 의형劓刑을
말한다.

이 구절은 강직하게 행동해야 하는 양강陽剛의 자리에 있는 사람이 음
유한 성질 때문에, 저토록 어려운 임무를 지고 묵묵히 순종하며 버티는 상

황을 가리킨다. 본 효는 실위라 하더라도 외유내강外柔內剛의 속성을 나타내므로, 이러한 속성의 소유자는 자연히 위에 있는 제6 양효의 인정을 받게된다. 그래서 '无初有終무초유종', 즉 '처음에는 없지만 나중에는 좋은 끝이 있다'라고 말한 것이다.

이에 대하여 『상』은 "수레가 뒤로 당길 만큼 짐이 과도한 일을 만난 것은, 그가 처한 자리가 온당치 않았기 때문이고, 처음에는 없지만 나중에는 좋은 끝이 있게 된 것은, (제6효의) 강직함을 만났기 때문이다"(見輿曳, 位不當也, 无初有終, 遇剛也)라고 해설하였다. 여기서도 강직한 사람을 만난다는 것을 '遇' 자로 썼는데, 이는 만남이 필연적임을 나타낸다. 즉 시기를 잘못 만나 어려운 일에 봉착하더라도 외유내강의 자세로 끈질기게 버티면, 이를 알아주는 사람이 반드시 나타난다는 희망의 메시지인 셈이다.

[제3 음효. 수레에 짐이 너무 많아 뒤로 당기고, 앞에서 끄는 소는 과도한 짐에 묶여 꼼짝 못 하는 처지를 만났으니, 이 사람은 이마에 묵형墨刑을 당한 데다가 코를 베이는 의형劓刑까지 당하였다. 그러나 처음에는 없지만 나중에는 좋은 끝이 있다.]

④ 九四, 睽孤, 遇元夫. 交孚, 厲无咎.
元: 착할 원. 夫: 사내 부. 交: 사귈 교. 孚: 믿을 부. 厲: 위태로울 려.

제4효는 음의 자리에 양효가 있으므로 실위인 데다가 제1효와 상응하지도 않는다. 위아래로 음효가 감싸고 있어서 좋은 이웃 관계를 이룰 수 있을 듯하지만 제3 음효는 제6 양효와, 제5 음효는 제2 양효와 각각 상응하고 있어서 본 효에 관심이 없다. 그래서 본 효는 고독할 수밖에 없으니, 효사는 '睽孤규고', 즉 '서로 어그러져서 고독하다'라고 표현하였다.

이성의 짝을 찾지 못하여 고독한 사람은 동성 중에서 친구를 찾게 되는데, 이때 만난 사람이 제1 양효의 '元夫원부', 즉 '착한 사나이'다. 제4효가 상괘의 맨 아래에서 실의失意한 처지라면, 제1효는 하괘의 맨 아래에서 실의한 처지다. 후자는 전자와 달리 당위이긴 하지만, '적과의 동침'이라는 어려운 처지에 놓여 있으므로 실의하기는 마찬가지다. 이들은 같은 병을 앓고 있어서 서로 불쌍히 여긴다는 이른바 동병상련同病相憐의 관계를 맺으며 동지同志로서 교유한다. 동지가 되려면 서로 신뢰해야 하므로, 효사의 '交孚교부'는 바로 이를 가리킨다. 동병상련은 같은 어려움에 부닥쳤을 때 일어나는 것인데, 아무리 어려워도 뜻을 나누는 동지가 있다면 견디고 이겨 낼 수 있다. 그래서 '厲无咎', 즉 '위태로움에 처해도 재앙이 없다'라고 말한 것이다.

『상』에서는 이에 대하여 "믿음으로 교유하니 재앙이 없는 것은, 굳건한 의지를 실천하기 때문이다"(交孚无咎, 志行也)라고 해설하였다. 제4효가 음의 자리에 양효가 있어 실위라는 사실에서 그가 매우 다혈질이면서 고집스러운 사람임을 짐작할 수 있다. 이러한 그가 착한 사람을 만나 동지가 되었다는 것은 그가 의로움을 굳게 지키는 의인임을 시사한다. 따라서 이는『논어』「이인里仁편」의 "덕 있는 사람은 외롭지 않으니, 반드시 이웃을 만나게 된다"(德不孤, 必有隣)라는 공자의 말과 일맥상통한다고 말할 수 있다.

[제4 양효. 서로 어그러져서 고독하지만, 착한 사나이를 만난다. 그와 믿음으로 교유하니, 위태로움에 처해도 재앙이 없다.]

⑤ 六五, 悔亡. 厥宗噬膚, 往何咎.
厥: 그 궐. '其(그 기)' 자와 같음. 宗: 마루 종. 으뜸. 噬: 씹을 서. 膚: 살갗 부. 표피.

제5효는 양의 자리에 음효가 있으므로 실위다. 그래서 후회할 일이 있을 것 같지만, 중효로서 상괘의 가운데에 처해 있고 제2 양효와 상응하므로 '悔亡', 즉 '후회할 일이 없다'라고 말한 것이다.

규괘는 상·하괘가 서로 어그러져서 따로 놀고 있는 형상인데, 빛을 상징하는 상괘의 중효인 제5 음효가 양쪽의 양효 사이에서 마음을 비운 채 균형을 잡고 있다. 이것을 효사는 '厥宗궐종', 즉 '종주宗主'라고 명명하였다. 종주가 비록 유약하기는 하지만, 마음을 비우고 하괘의 마음을 구하고 있는데다가 제2효가 호응해 주므로, 하괘가 완전히 따로 놀면서 떨어져 나가지 않는다. 이것을 효사는 '噬膚서부', 즉 '살갗을 물고 있다'라고 표현하였다. 즉 하괘를 완전히 잡지 못하고, 아예 떨어져 나가지는 않도록 표피만 물고 있다는 뜻이다. 앞서 설명하였듯이, 상·하괘가 모두 음괘임에도 막내딸(하괘)이 둘째 딸(상괘)에게 달라붙어서 이른바 '求同存異구동존이'를 형성할 수 있는 것은 바로 '종주가 살갗만 살짝 물고 있기' 때문이다. 이러한 상태로 나간다면 앞으로 무슨 탈이 있겠느냐는 것이 '往何咎왕하구'의 뜻이다.

『상』에서도 이에 대하여 "저 종주 된 사람이 살갗만을 물고 있으니, 앞으로 경사가 있을 것이다"(厥宗噬膚, 往有慶也)라고 해설하였다. 이처럼 인간관계는 서로 개성을 존중하면서 소극적으로 접촉이 이루어져야 일상의 소소한 일에서 행복을 느끼게 된다. 과도하게 대동이나 대통합을 외치면 오히려 사회는 분열된다. 그냥 좋은 이웃사촌으로 살면 될 것을, 서로 형님, 동생 하면서 과잉 친절을 베풀다가 나중에는 원수지간이 되는 경우를 종종볼 수 있지 않은가.

[제5 음효. 후회할 일이 없다. 저 종주 되는 사람이 살갗 정도만 물고 있으니, 앞으로 어찌 탈이 있겠는가.]

⑥ 上九, 睽孤, 見豕負塗, 載鬼一車, 先張之弧, 後說之弧, 匪寇婚媾. 往遇雨則吉.

孤: 외로울 고. 豕: 돼지 시. 負: 질 부. 塗: 진흙 도. 載: 실을 재. 鬼: 귀신 귀. 先: 먼저 선. 張: 베풀 장. 크게 하다. 弧: 활 호. 說: 놓을 탈. 匪: 아닐 비. '非' 자와 같음. 寇: 도적 구. 婚: 혼인할 혼. 媾: 화친할 구.

제6효는 음의 자리에 양효가 있으므로 실위다. 본 효는 제3 음효와 상응하지만 둘 다 실위로서 상응한다. 즉 상·하괘가 모두 음괘로서 서로 괴리되어 있으므로, 상응하지만 상호 소통이 안 된다는 말이다. 소통이 안 된 채로 홀로 있다 보면 자연히 외로워지는데, 이것이 효사의 '睽孤규고', 즉 '서로 어그러져서 홀로 외롭다'라는 구절이다.

불통의 상태가 오래되면 의심이 생겨나는데, 의심은 다시 다른 의심을 자꾸 낳으면서 나중에는 무서운 망상妄想으로 발전한다. 그래서 야간에 경계 근무를 서는 초병에게 늘 다짐하는 말이 "마음대로 상상하지 말라"라는 근무 수칙이다. 효사의 '見豕負塗견시부도, 載鬼一車재귀일거', 즉 '온몸에 진흙투성이인 돼지와 귀신을 가득 실은 수레가 보인다'라는 구절처럼 말도 안 되는 헛것이 보이는 것은 이 때문이다. 그래서 무서운 나머지 무조건 활을 들어 활시위를 당겼지만 나중에 활을 다시 내려놓은 것은, 그것은 도적이 아니라 우리 집에 혼인하러 온 사람들이었기 때문이다. 이것이 효사의 '先張之弧선장지호, 後說之弧후탈지호, 匪寇婚媾비구혼구', 즉 '먼저 활을 당겼으나 나중에 활을 내려놓은 것은 그들이 도적이 아니라 혼인하러 온 사람들이었기 때문이다'라는 구절이다.

이러한 망상의 원인은 단절이다. 완전한 단절은 의심을 일으킬 수밖에 없다. 그래서 사람과 사람 사이에는 서로를 지켜 주는 간격은 있어야 하지만, 그렇다고 완전히 단절돼서는 안 되고, 적어도 둘째 딸과 막내딸 사이의 붙임성만큼은 있어야 한다. 이것이 바로 예禮의 본질이다. 이러한 측면에서 보면, 규괘의 괘상이 예의 속성을 형상적으로 보여 준다고 볼 수 있다.

마지막으로 효사는 '往遇雨則吉왕우우즉길', 즉 '가다가 비를 만나면 길하다'라고 하였는데 여기서 비란 무엇인가? 앞서 말하였듯이, 불통이 의심을 낳고, 이 의심은 다른 의심을 낳음으로써 의심의 꼬리를 자꾸 이어 가게 한다. 이것은 이것저것 너무 많이 배워서 생긴 명철함 때문인데, 소식蘇軾은 일찍이 이를 "인생은 글자를 알면서 걱정이 시작되었다"(人生識字憂患

始)라고 꼬집었다. 많이 배워서 생각이 많은 사람은 간단한 것도 복잡하게 생각한다. 그러다 보면 망상으로 발전하는 법이니, 이를 막으려면 명철한 머리를 식혀야 한다. 상괘인 이괘, 즉 불은 명철함을 속성으로 하는데, 이 불을 식히려면 비를 맞아야 한다.

『상』에서도 "비를 만나서 길한 것은, 뭇 의심들이 사라지기 때문이다"(遇雨之吉, 群疑亡也)라고 해설하였는데, 같은 맥락에서 한 말이다. '오컴의 면도날'(Ockham's razor)이라는 원칙이 있다. 똑같은 결과를 낳는 두 개의 이론이 경합할 때 더 단순한 것이 더 뛰어나다는 원칙이다. 되도록 단순하게 생각해야 '睽孤', 즉 '홀로 떨어져서 엉뚱한 짓'을 하지 않게 된다.

[제6 양효. 서로 어그러져서 홀로 외롭다. 온몸에 진흙투성이인 돼지와 귀신을 가득 실은 수레가 보이길래 먼저 활을 당겼으나 나중에 활을 내려놓은 것은, 그들이 도적이 아니라 혼인하러 온 사람들이었기 때문이다. 가다가 비를 만나면 길하다.]

39. 건괘蹇卦

水山蹇수산건: 깊은 물이 높은 산 위에 있으니
걷기가 힘들다.

간하감상艮下坎上

❖ 개관 ❖

건蹇괘는 상괘가 감坎괘, 즉 물이고, 하괘가 간艮괘, 즉 산으로 이루어
진 괘다. 높은 산 위에 깊은 물까지 있는 험난한 행로를 나타내는 괘상이므
로, 인생에 어려운 시기를 맞아서 이를 헤쳐 나가는 굳건한 의지와 지혜를
상징한다. '蹇' 자를 『설문해자』에서는 '절름발이'(跛)로 풀이하였는데, 절
름발이는 걷기가 불편하므로 진행이 굼뜨고 느리다. 그러므로 건괘는 곤경
에 처하여 일이 순조롭지 않은 경우를 가리킨다. 건괘가 규괘 뒤에 놓인 것
에 대하여, 『서괘』는 "서로 어그러지면 반드시 어려움이 생기므로, 건괘로
써 이를 이어받았다. '蹇' 자는 '어렵다'라는 뜻이다"(乖必有難, 故受之以蹇.
蹇者, 難也)라고 해설을 달았다.

사람이란 기복이 없는 평상시에는 그의 능력과 지혜를 알 수 없다. 고난
의 시기를 겪어야 진면목眞面目이 나타나고, 그 사람도 자신을 되돌아볼 수
있다. 따라서 군자에게는 이러한 고난과 곤경이 자신의 능력과 지혜를 발휘
할 기회가 되기도 하고, 자신을 되돌아본 후 더욱 덕을 닦는 기회가 되기도
한다. 본 괘와 상·하괘가 뒤바뀐 착괘錯卦인 몽蒙괘(☷)는 건너기 힘든 장

애물을 만나 어찌할 바를 몰라 허둥대는 몽매함을 서술하는 반면에, 본 괘에서는 이를 헤쳐 나가는 명철함에 관하여 이야기하고 있다.

『설괘』는 감坎괘를 사람에 있어서는 '加憂가우'에, 수레에 있어서는 '通통'에, 나무에 있어서는 '堅多心견다심'에 각각 해당한다고 설명하였다. 여기서 '加憂'는 '이성적인 생각을 더하다'라는 뜻으로서 지혜를 의미하고, '通'은 어떻게든 뚫고 나가려는 의지를 의미하며, '堅多心'은 나무의 단단하게 쌓인 많은 나이테로서 오랜 경륜을 의미한다. 다시 말해서 본 괘는 앞에 아무리 험난한 장애가 있다 하더라도 지혜와 의지와 경륜을 동원하여 극복해 나가는 국면을 상징하고 있다.

❖ 괘사 풀이 ❖

蹇, 利西南, 不利東北, 利見大人, 貞吉.

『역』에서 '難난', 즉 고난을 풀이하는 괘는 모두 3개가 있는데, 건괘 외에 준屯괘(䷂)와 곤困괘(䷮)가 있다. 준괘는 태어날 때의 산고産苦를, 곤괘는 한계에 다다라 더는 갈 데가 없는 어려움을 각각 말하고 있다. 이에 비하여 건괘는 당장 앞에 닥친 난관에 관한 이야기를 한다. 『단』에서는 "험난한 장애를 보고서 멈출 줄 아니, 지혜롭도다"(見險而能止, 知矣哉)라고 하여, 극복할 수 없는 장애물을 인정할 줄 아는 게 지혜라고 말한다. 흔히 만용蠻勇을 영웅적 행위로 추앙하는데, 이는 지혜로운 사람이 가장 경계하는 바다. 이어서 "절름발이는 이로움이 서남쪽에 있으니, 그리로 가면 적절하게 건너갈 수 있고, 동북쪽은 불리하니 그 길은 더는 갈 데가 없기 때문이다"(蹇, 利西南, 往得中也; 不利東北, 其道窮也)라고 말한다.

서남쪽이 유리한 이유는 그쪽이 방위상으로 '곤坤'에 해당하는데, 이는 평평한 땅이기 때문이다. 반면에 동북쪽은 '간艮', 즉 험준한 산에 해당하므로 절름발이로서는 당연히 평평한 땅인 서남쪽으로 가는 게 유리하다. 여기서 '往得中왕득중'이란 건너는 방법이 적절해서 성공한다는 뜻이다. 지도자의 경우 이런 방식을 택하면 백성의 많은 지지를 얻을 수 있다는 의미가 될 것이다. 따라서 일을 이렇게 처리할 수 있는 사람이 '大人', 즉 훌륭한 지도자가 되고, 백성의 이로움은 '利見大人', 즉 대인을 만날 때 생기는 것이다. 그래서 『단』은 "이런 사람이 있어야 할 자리에 있어서 올바름을 견지하면 길하니, 이로써 나라를 바로잡을 수 있다. 절름발이가 (불행하기는 하지만) 처한 때에 따라 쓰임은 크도다"(當位貞吉, 以正邦也. 蹇之時用大矣哉)라고 결론을 내렸다. 즉 장애 때문에 천천히 갈 수밖에 없는 사람은 쉽게 편안히 갈 수 있는 길이나 방법을 잘 알고 있기에, 난관을 극복하는 데 오히려 유리하다는 비유의 말이다.

『상』은 이에 대하여 "산 위에 물이 있는 게 건괘의 모양이니, 군자는 이 이치로써 자신을 되돌아보고 덕을 닦는다"(山上有水蹇, 君子以反身修德)라고 해설하였다. 지도자의 앞에 건너기 힘든 장애물이 있을 때, 그 지도자의 지도력은 절름발이가 될 수밖에 없다. 요즘 말로 레임덕lame duck에 빠져 권위가 상실되었다는 말이다. 이럴 때일수록 지도자는 마음을 비우고 백성의 원성을 들어서 막힌 곳을 터 줘야 한다. 산 위에 있는 물은 어떻게든 물길을 내어 하천으로 흐르도록 터 줘서 장해를 제거해야 쉽게 건너갈 수 있는 이치다. 이렇게 하려면 지도자는 자신에 대한 비방을 인내를 갖고 들을 수 있는 덕을 갖춰야 하므로, 자신을 되돌아봐야 한다고 말한 것이다.

[건蹇괘: 이로움이 서남쪽에 있고, 불리함이 동북쪽에 있다. 따라서 (백성의) 이로움은 훌륭한 지도자를 만날 때 생기는 법이니, 그가 올바름을 견지하면 길하다.]

❖ 효사 풀이 ❖

① 初六, 往蹇, 來譽.

來: 올 래. 여기서는 '돌아오다'라는 뜻. 譽: 기릴 예. 칭찬하다.

제1효는 양의 자리에 음효가 있으므로 실위다. 하괘인 간艮괘는 '멈춤'(止)을 상징하는데, 기질이 유약한 음효가 멈춤의 시작점에 있으므로 진행이 순조로울 수가 없다. 게다가 상괘에는 감坎괘라는 험난한 장애물이 버티고 있으니, 유약한 제1효가 주저할 수밖에 없다. 특히 제1효가 주저하는 이유는, 장애물의 시작이 제4효인 셈인데 이와 상응하지 않으므로 마음이 끌리지 않는 것이다. 아무리 앞에 장애물이 놓여 있다 하더라도 상괘와 상응하는 바가 있다면 그걸 믿고 나아갈 수도 있을 텐데 말이다.

출발의 주체도 유약하고 맞닥뜨려야 할 객체도 험난해 보이니, 억지로 가 봤자 절름발이처럼 진행이 굼뜨게 될 가능성이 크므로, 이것을 효사는 '往蹇', 즉 '나아가면 절름발이가 된다'라고 말한 것이다. 이런 예감이 들면 아예 출발을 유예하는 게 낫다. 체면을 생각해서 무모하게 출발하는 것은 만용이 될 수 있다. 미래의 진행을 예측하여 나아갈 때와 멈출 때를 아는 것이 지혜이기 때문이다. 일상에서 이런 사람은 흔히 소심하다거나 겁쟁이라고 조롱을 당하지만, 그래도 큰 손해는 안 입는다. 효사는 이런 의미에서 출발을 유예하고 돌아온 사람을 칭찬하였으니, '來譽래예', 즉 '돌아온 일을 기리다'라는 구절이 바로 이것이다.

『상』에서는 이에 대하여 "나아가면 절름발이가 될 터여서 (멈추고) 돌아온 것을 칭찬한다는 말은, 기다리는 게 옳기 때문이다"(往蹇來譽, 宜待也)라고 해설하였는데, 여기서 '往' 자와 '來' 자는 출발하였다가 돌아왔다는 뜻이 아니라, 출발 전에 예감이 안 좋아 유예하였다는 뜻이므로, 『역』이 칭찬한 것은 '기다릴 줄 앎'에 있다고 볼 수 있다.

[제1 음효. 나아가면 절름발이가 될 터여서 (멈추고) 돌아온 것을 칭찬한다.]

② 六二, 王臣蹇蹇, 匪躬之故.

匪: 아닐 비. '非(아닐 비)' 자와 같음. 躬: 몸 궁. 자기 자신. 故: 일 고. '事(일 사)' 자와 같음.

제2효는 음의 자리에 음효가 있으므로 당위다. 음효로서 중효에 자리하고 있으므로, 처신을 올바로 하면서 순종하지만 능력은 좀 부족한 신하를 나타낸다. 그러나 임금의 자리인 제5효와 상응하므로 임금을 향한 충성심은 대단히 강렬해서, 임금을 위해서라면 어떠한 역경도 감내할 자세가 되어 있다.

제5효의 임금도 양효라서 강직하고 바르기는 하나, 스스로가 험난함을 상징하는 감괘의 중앙에 있을 뿐만 아니라, 하괘에 두 음효를 두고 있으므로 매우 심한 곤경에 빠져 있음을 알 수 있다. 그래서 효사는 '王臣蹇蹇왕신건건', 즉 '임금과 신하가 매우 심한 곤경에 처해 있다'라고 말한 것이다.

그러나 앞서 말했듯이, 이때 신하는 재주와 능력이 부족해도 충성심 하나로 곤경을 구하러 뛰어든다. 제1효에서 어려운 길을 가지 않고 되돌아온 것은, 아직 벼슬길에 나아가지 않은 개인의 차원이므로 물러서서 명철보신 明哲保身으로 훗날을 도모할 수 있지만, 현직의 신하는 경우가 다르다. 임금의 녹을 먹는 신하는 장애물이 많아서 아무리 더디 가더라도 지금 출발해야 한다. 이것은 신하 자신의 개인적인 이해를 떠나야 하는 일이라서 효사는 '匪躬之故비궁지고', 즉 '이것은 자신의 개인적인 일이 아니다'라고 말한다.

신하가 이렇게 자신을 돌보지 않고 위험에 뛰어드는 것은 무엇보다 사명감과 책임감에 근거한다. 그러나 신하 개인의 차원에서 본다면, 곤경에서 벗어난 후 받을지 모를 문책이 두려운 한편, '위기는 기회'라는 격언도 있듯이 이 위기에서 공을 세운다면 승진과 아울러 재물도 얻을 수 있기 때문일 것이다. 『상』에서 "임금과 신하가 매우 심한 곤경에 처해 있어도, 끝내는 책망할 것이 없다"(王臣蹇蹇, 終无尤也)라고 해설한 것은 바로 이를 가리킨다.

『계사』에서 '두 번째 효에는 명예로운 내용이 많다'(二多譽)라고 기술한 것을 상기할 필요가 있다.

[제2 음효. 임금과 신하가 매우 심한 곤경에 처해 있으니, 이는 (신하) 자신의 개인적인 일이 아니다.]

③ 九三, 往蹇, 來反.

제3효는 양의 자리에 양효가 있으므로 당위다. 그래서 앞뒤 어느 방향으로든 갈 수는 있지만, 앞으로 가면 감괘라는 험난한 장애물이 있으니 포기하고, 차라리 자신을 맞아 줄 수 있는 음효 두 개의 방향, 즉 뒤로 돌아가는 형세다. 이것이 효사의 '往蹇來反', 즉 '앞으로 가면 절름발이 국면에 맞닥뜨릴 터라서, 되돌아온다'라는 구절이다. 본 효가 제6 음효와 상응하기 때문에 앞으로 나아가도 될 듯하지만, 제6효는 기실 은퇴의 국면에 있는 뒷방 신세이기에 그로부터 도움을 받을 실리가 없다.

반면에 아래의 두 음효는 하괘의 맨 위에 있는 유일한 양효인 본 효에 기대고 있어서, 만일 양효가 앞으로 떠나면 홀로서기가 어려워진다. 따라서 본 효가 되돌아오는 것을 그들은 언제나 환영한다. 입신출세를 위해 남편을 대처大處로 떠밀어 보낸 여인이, 얼마나 안 있어 빈손으로 되돌아온 그를 오히려 반겨 맞이하는 마음과 같은 것이다. 그래서 『상』에서 "앞으로 가면 절름발이 국면에 맞닥뜨릴 터라서 되돌아오니, 내괘의 두 음효가 이를 기쁘게 여긴다"(往蹇來反, 內喜之也)라고 해설한 것이다.

[제3 양효. 앞으로 가면 절름발이 국면에 맞닥뜨릴 터라서, 되돌아온다.]

④ 六四, 往蹇, 來連.
連: 잇닿을 련. 연합하다.

제4효는 음의 자리에 음효가 있으므로 당위다. 본 효는 간괘(☶)의 맨 아래에 있으므로 험난함의 시작이다. 그래서 '往蹇', 즉 앞으로 나아가려 했더니, 하괘의 제1 음효와 상응하지 않아서 갈 길이 순탄치 않음이 예상되었다. 그러나 임금의 자리인 제5 양효와는 음양이 맞아 측근 신하의 도리로서 가까이 가야 할 것만 같다. 그런데 마침 뒤를 받치고 있는 제3 양효와 음양이 맞는 데다가, 제3효는 그 아래의 제2 음효와도 음양이 맞는다. 따라서 이들 세 효가 의기투합하여 힘을 합치면 그런대로 어려움을 헤치고 제5효에 다가갈 수 있다. 이것이 효사의 '來連래련', 즉 '돌아와 다른 이들과 손을 잡는다'라는 구절이다.

『상』에서도 이에 대하여 "앞으로 나아가려 했으나 갈 길이 순탄치 않아서, 돌아와 다른 사람들과 손을 잡은 것은, 그들이 온당한 위치에 있어서 내실이 있기 때문이다"(往蹇來連, 當位實也)라고 해설하였다.

[제4 음효. 앞으로 나아가려 했으나 갈 길이 순탄치 않아서, 돌아와 다른 사람들과 손을 잡는다.]

⑤ 九五, 大蹇朋來.
朋: 벗 붕. 무리.

제5효는 양의 자리에 양효가 있으므로 당위다. 본 효는 감괘의 중간에 위치할 뿐만 아니라, 본 효 아래의 두 효와 더불어서 이괘(☲)를 형성한다. 따라서 본 효는 물과 불이 겹친 커다란 험난함에 처해 있다. 부례박은『노자』(제78장)의 "나라의 상서롭지 않은 일을 모두 받아야 하는 사람이 천하의 임금이 된다"(受國之不祥, 是爲天下王)라는 구절을 인용하였는데, 이처럼 임금 된 자에게는 나라의 모든 험난한 고난이 숙제로 주어진다. 그는 감괘의 중간에 갇혀 있기에 이 숙제를 피할 수 없다.

『설문해자』에서 '王왕' 자를 '往(갈 왕)' 자로 풀이하였는데, 이는 두 가지 뜻을 함의한다. 첫째는 '가다', 즉 '고난에 도전하다'라는 뜻이고, 둘째는 고난에 과감히 도전할 때 그는 혼자가 아니라 '많은 인재가 그에게 달려가서 도와준다'라는 뜻이다. 문왕이 제후 시절, 주紂왕에게 갇혔을 때 굉요閎夭를 비롯한 많은 무리가 미녀와 명마 등을 구해서 주왕에게 바치고 문왕을 구한 것이 그 대표적인 예다. 효사의 '大蹇朋來대건붕래', 즉 '커다란 고난에 빠져 있지만 많은 무리가 와서 함께한다'라는 구절은 바로 이를 가리킨다.

『상』에서도 이에 대하여 "커다란 고난에 빠져 있지만 많은 무리가 와서 함께하는 것은, 그가 왕으로서의 기품과 절도에 딱 들어맞기 때문이다"(大蹇朋來, 以中節也)라고 해설하였는데, 여기서 '中節중절'이란 책임 있는 지도자로서 고난을 마다치 않고 도전하는 기개를 가리킨다고 볼 수 있다.

[제5 양효. 커다란 고난에 빠져 있지만 많은 무리가 와서 함께한다.]

⑥ 上六, 往蹇來碩, 吉, 利見大人.
碩: 클 석.

제6효는 음의 자리에 음효가 있으므로 당위다. 본 효는 이제 고난의 끄트머리에 와 있으니, 임금 자리인 제5효와 함께했던 고난은 곧 은퇴할 자신과는 직접적인 관계가 없어졌다. 그러나 건괘의 마지막 효에 와 있는 자신에게 더는 갈 데가 없다는 게 오히려 새로운 고난이다. 이것이 효사의 '往蹇', 즉 '앞으로 나아가려니 (더 갈 데가 없음이) 험난한 어려움이다'라는 구절이 가리키는 바다. 그래서 그는 되돌아와서 임금이 처한 고난에 동참하기로 한다. 마침 제3 양효와 상응하는데, 제3효는 '멈춤'을 상징하는 하괘의 간괘(☶)의 맨 위에 위치하므로 고난을 끝낼 수 있는 사람이어서 잘 어울린다. 게다가 본 괘는 앞서 제4·5효에서 설명한 바와 같이, 모든 효가 제5 양효로 힘이 집중되어서 큰 무리를 이룬다. 제6효도 은퇴를 미루고 이 무리에 동참하는 것이니 효사의 '來碩래석', 즉 '돌아와 큰 무리를 이루다'라는 구절은 이를 가리킨다.

어떤 이는 이제 고난이 끝나고 도를 회복하는 일에 동참하는 것이라고 해석하기도 한다. 원래 제6효가 당위當位라는 것은 은퇴할 사람은 논공행상에 참여하지 않고 물러나야 함을 뜻한다. 그러나 이런 시기에 은퇴하는 자의 위치에서 순종이란 오히려 돌아와 고난에 동참하는 일이 된다.

이렇게 은퇴한 사람들까지 돌아와 임금을 돕는다면 그가 당한 고난은 넉넉하게 극복할 수 있을 뿐만 아니라, 이 일로 인하여 임금은 명군名君이라는 명성도 얻게 된다. 이것을 효사에서는 '利見大人리현대인', 즉 '이로움이 훌륭한 인물이 나타나는 데에 있다'라고 하였는데, 여기서 '大人'은 명군을 의미한다.

『상』에서는 본 효에 대하여 "앞으로 나아가려니 험난한 어려움이 있어서, 돌아와 큰 무리를 이룬 것은, 그 의지가 내괘(의 제3효)에 있기 때문이고, 이로움이 훌륭한 인물이 나타나는 데에 있는 것은, 존귀한 자를 따를 수 있기 때문이다"(往蹇來碩, 志在內也; 利見大人, 以從貴也)라고 해설하였다. 여기서 '志在內也지재내야'는 제3효와 상응함을 알기에 그와 함께하면 고난을 극복할 수 있으리라는 희망을 보았다는 말이고, '以從貴也이종귀야'는 임금을 명군으로서 섬길 수 있다는 자부심을 뜻한다.

[제6 음효. 앞으로 나아가려니 (더 갈 데가 없음이) 험난한 어려움이어서, 돌아와 큰 무리를 이루니 길하다. 이로움이 훌륭한 인물이 나타나는 데에 있다.]

40. 해괘解卦

雷水解뢰수해: 천둥이 울리고 비가 내리니 해갈
이 되었다.
감하진상坎下震上

❖ 개관 ❖

해解괘는 하괘가 감坎괘, 상괘가 진震괘로 이루어졌다. 전자는 물, 즉 험
난함을, 후자는 우레를 각각 상징하므로, 겨울이라는 고난과 인내의 시기
가 봄날의 우렛소리를 시작으로 해소되고, 만물이 다시 소생하고 있음을 나
타낸다. 해괘가 건蹇괘 뒤에 놓인 것에 대해서 『서괘』는 "사람은 끝까지 어
려움으로만 지속될 수 없으므로, 해괘로써 이를 이어받은 것이다. '解' 자는
'느슨하게 풀어지다'라는 뜻이다"(物不可以終難, 故受之以解; 解者, 緩也)라
고 해설하였다. 그래서 해괘와 건괘는 효의 배열 순서가 정반대로 뒤집힌
복괘覆卦의 관계다.

상괘인 진괘는 우레로서 하괘에 큰 변화를 줄 만한 움직임을, 하괘인 감
괘는 곤경에 처한 내부의 상황을 각각 나타낸다. 일반적으로 조직 내부가
곤경에 처하게 된 경우는 소인배의 발호 때문이다. 소인들이 득세하면 이를
정리하기가 쉽지 않은데, 외부의 도전이 그 기회가 될 수 있다. 외부의 도전
이 발생했을 때, 이에 대응하는 소인들의 대처와 행동은 적절할 수가 없다.
비록 조직 내부가 어려움에 빠지는 희생을 치르기는 해도, 이때가 소인들을

제거할 좋은 기회임에는 틀림없다. 우레가 치고 큰비가 내려야 가뭄이라는 어려움이 해소되고, 하늘이 맑아지는 이치와 같다. 그래서 본 괘의 효사는 조정에서 소인배를 내치고 청산하는 내용이 자주 나온다.

앞서 말했듯이 건건괘와 해괘는 서로 복괘의 관계다. 그래서 전자는 외부(객체)의 장애물(☵)을 보고 내부(주체)가 멈추는 데(☶) 반하여, 후자는 외부(객체)의 움직임(☳)에 의해 내부(주체)의 어려움(☵)이 정리되는 모양새를 보인다.

❖ 괘사 풀이 ❖

解, 利西南, 无所往, 其來復吉, 有攸往, 夙吉.
復: 돌아올 복. 夙: 빠를 숙. '速(빠를 속)' 자와 같음.

해괘는 상·하의 진괘와 감괘가 상징하듯이, 내부의 진통을 정리하고 소생하는 해방의 시기를 즐기고 있다. 이렇게 한곳에서 윤택한 생활을 즐기면, 그 반대되는 곳에서는 이를 선망하는 사람들이 있게 마련이다. 그곳을 서남방으로 상정한 것인데, 진괘와 감괘의 방위가 각각 동쪽과 북쪽이기에 구원을 간절히 바라는 곳을 그와 반대쪽인 서남방으로 관념화한 것이라고 볼 수 있다. 『맹자』「양혜왕梁惠王(하)」에서 "백성이 그를 기다리는 게, 마치 큰 가뭄에 구름과 무지개를 기다리는 것과 같다"(民望之若大旱之望雲霓也)라고 말하였듯이, 어진 지도자의 처지에서는 도탄에 빠진 그들을 모른 체할 수 없다. 이것을 『단』에서는 "해괘는 곤경으로 인해서 움직이는 것이고, 움직였으면 곤경을 제거해 주는 게 해방이다"(解, 險以動, 動而免乎險, 解)라고 풀이한다.

그래서 서남방 정벌에 나서게 되는데, 이는 당연히 그쪽 백성에게 이롭다. 이것을 괘사는 '利西南', 즉 '이로움이 서남방에 있다'라고 쓴 것이고,

이에 대하여 『단』은 "그리로 가면 많은 사람을 얻게 된다"(往得衆也)라고 풀이하였다.

그러나 이런 일이 자칫 이웃 나라를 침략하는 명분이 될 수 있으므로, 이를 경계하기 위하여 '无所往, 其來復吉, 乃得中也', 즉 '그쪽으로 갈 일이 없으면 마땅히 돌아오는 게 길하니, 그것이 명분에 맞기 때문이다'라고 말한다. 그러나 반대로 그쪽에 반드시 정벌해야 할 일이 발생하였다면 신속히 가야 할 것이니, 이것이 괘사의 '有攸往유유왕, 夙吉숙길', 즉 '그쪽으로 갈 일이 발생했다면 속히 가는 게 길하다'라는 구절이다. 이에 대하여 『단』은 "천지가 해빙되면 우레와 비가 일어나고, 우레와 비가 일어나면 온갖 열매와 초목이 모두 씨앗을 터뜨리니, 해괘의 시의적절한 작용이 크도다"(天地解而雷雨作, 雷雨作而百果草木皆甲坼, 解之時大矣哉)라고 풀이하였다. 즉 저들을 곤경에서 해방해 줄 뿐만 아니라, 비를 내려 주는 역할까지 해야 비로소 해괘의 작용을 다한 것이라고 보는 것이다.

『상』에서는 "우레와 비가 일어나는 게 해괘의 괘상이다. 군자는 이 이치로써 과실이 있는 자를 사하여 주고, 죄지은 자를 용서해 준다"(雷雨作, 解. 君子以赦過宥罪)라고 하여, 백성을 다스리는 데에도 같은 원리를 써야 한다고 주장한다. 왜냐하면 해괘는 곤경에 처한 사람을 해방해 주는 일이기도 하지만, 해방된 사람에게 은혜를 베풀어 주는 일도 포함하기 때문이다. 이때, 진괘는 곤경을 깨뜨리는 위세에서 비를 오게 하는 우레로 변하고, 감괘는 험난한 장애물에서 만물을 소생시키는 단비로 변한다.

[解해괘: 이로움이 서남방으로 가는 일에 있지만, 그쪽으로 갈 일이 없으면 마땅히 돌아오는 게 길하다. 그쪽으로 갈 일이 발생했다면 속히 가는 게 길하다.]

❖ 효사 풀이 ❖

① 初六, 无咎.

제1효는 양의 자리에 음효가 있으므로 실위다. 곤경에 처한 시기에 실위라면 뭔가 탈이 있을 상이지만, 여기서는 건건蹇괘의 뒤를 이은 해괘이므로 인고忍苦의 시기가 지나가고 구원의 시기에 들어서고 있음과 아울러 제4효와 상응하기에 실위여도 큰 탈은 없다. 이것이 효사 '无咎'의 뜻이다.

앞의 괘사의 『상』에서 설명하였듯이, 해괘의 시기는 '그간에 과실이 있는 자를 사하여 주고, 죄지은 자를 용서해 주었기에'(赦過宥罪) 음양과 강유剛柔가 구분이 안 된다. 왜냐하면 용서받은 이들이 이 기간만큼은 숨죽이고 조용히 있기에 누가 소인인지 전혀 알 수가 없다. 기후에서도 봄에 해빙이 되고 난 다음에 나타나는 기상은 온기가 강한지, 냉기가 강한지 알 수 없는 것과 마찬가지다. 그래서 『상』에서도 "강직함과 온유함이 교차하는 즈음에는 이치상 아무런 탈이 없다"(剛柔之際, 義无咎也)라고 풀이한 것이다.

[제1 음효. 아무런 탈이 없다.]

②九二, 田獲三狐, 得黃矢, 貞吉.

田: 사냥할 전. '畋(사냥할 전)' 자와 같음. 獲: 얻을 획. 狐: 여우 호. 黃: 누를 황. 矢: 화살 시.

제2효는 음의 자리에 양효가 있으므로 실위다. 게다가 험난함의 상징인 감괘의 중간에 있으므로 자신의 처지 자체가 곤경이다. 그러나 강직한 양효로서 가운데에 자리하고 제5효와 상응하기에, 강직한 신하가 중정中正의 위치에서 유약한 임금을 위해 충성을 다할 수 있다. 그래서 그는 실위를 실위로 여기지 않고 자신이 할 일을 한다.

그가 할 일이란 임금의 측근에서 임금을 미혹시키는 소인배를 제거하는 일이다. 이 일을 효사는 사냥에 비유하여 '田獲三狐전획삼호', 즉 '사냥을 나가서 세 마리의 여우를 잡다'라고 표현하였다. 여기서 세 마리의 여우는 제5효를 제외한 제1·3·6효의 세 음효를 가리킨다. 이 일로 그는 임금의 신임을 얻게 되는데, 효사의 '得黃矢득황시', 즉 '누런 화살을 얻다'라는 말이 그것이다. 여기서 '黃' 자는 오행 중에서 중앙의 색으로서 임금을 상징하고, '矢' 자는 '直(곧을 직)' 자와 같은 뜻으로서 신임을 상징한다. 이것이 비록 실위지만 올바름을 지킨 데서 나온 것이므로 '貞吉', 즉 '올바름을 지켜서 길하다'라고 말한 것이다.

이에 대하여 『상』은 "제2 양효가 올바름을 지켜 길한 것은, 중정中正의 도리를 지켰기 때문이다"(九二貞吉, 得中道也)라고 풀이하였는데, 여기서 '중정中正의 도리를 지켰다'라는 것은 순종해야 할 자리에서 강직하게 행동하였지만, 그것이 중도를 벗어나지 않았다는 뜻이다.

[제2 양효. 사냥을 나가서 세 마리의 여우를 잡아서, 누런 화살을 얻었다. 올바름을 지켰으므로 길하다.]

③ 六三, 負且乘, 致寇至, 貞吝.

負: 등에 질 부. 且: 또 차. 乘: 탈 승. 致: 불러올 치. 寇: 도적 구. 至: 다다를 지.

제3효는 양의 자리에 음효가 있으므로 실위다. 게다가 본 효는 제6효와 상응하지 않으므로, 바로 위에 있는 제4 양효에게 아양을 떨고, 반면에 바로 아래에 있는 제2 양효에게는 건방을 떠는 전형적인 소인배의 모양새다. 그래서 효사는 이를 '負且乘부차승', 즉 '등짐을 지고서 수레를 타다'라고 표현하였다. 『계사』에서 공자가 "등짐을 진다는 것은 소인이 하는 일이고, 수레라는 것은 군자의 기물이다"(負也者, 小人之事也, 乘也者, 君子之器也)라고 말하였듯이, 전혀 어울리지 않는 실위의 조합이다.

이렇게 소인이 신분에 맞지 않게 비싼 수레를 타고, 게다가 등에 짐까지 지고 있으니, 이는 도적더러 제발 오시라고 부르는 일이 된다. 이것이 '致寇至치구지', 즉 '도둑을 오라고 불러들인다'라는 구절이다. 이렇게 분수에 맞지 않게 처신을 하면, 아무리 옳게 행동한다고 하더라도 '貞吝', 즉 '올바름을 견지해도 아쉬운 일이 발생'하는 법이다.

『상』에서는 이에 대하여 "위로 짐을 지고 아래를 올라타는 일은, 추접스러운 일이기도 하다. 이는 나로부터 도적을 불러들인 일이니, 또 누구를 탓하겠는가?"(負且乘, 亦可醜也, 自我致戎, 又誰咎也)라고 해설하였다. 여기서는 '負且乘'을 '위로 짐을 지고 아래를 올라타는 일'이라고 해석하였는데, 이는 위에 있는 제4 양효에 아첨하고, 아래에 있는 제2 양효를 올라타서 깔아뭉개는 소인배의 행위를 상징하는 말이다. 즉 소인이 어떻게 돈을 써서라도 관직에 오르면 이런 못된 짓을 한다는 뜻이다. 그러면 나중에 화를 불러올 것인즉, 이는 자신의 잘못이지 누구를 탓할 일이 아니라는 말이다.

[제3 음효. 등짐을 지고서 수레를 타면, 도둑을 오라고 불러들이는 짓이 되니, 올바름을 견지해도 아쉬운 일이 발생한다.]

④ 九四, 解而拇, 朋至斯孚.

拇: 엄지발가락 무. 朋: 벗 붕. 무리. 斯: 이 사. 이곳. 여기. 孚: 믿을 부.

제4효는 음의 자리에 양효가 있으므로 실위다. 본 효는 실위인 데다가 상괘의 중앙에 있지 못하고 아래에 치우쳐 있기에 곤경에 처해 있다. 상호괘인 제3·4·5효가 감괘(☵)인 것이 이를 시사한다.

해解괘 전체로 봤을 때, 제5 음효의 유약한 임금을 보필하고 곤경을 해결해야 하는 상황에서 측근 신하인 제4효가 실위라도 강직한 양효인 것은 괜찮으나, 제3 음효인 소인의 아첨에 휘둘려서 그에게 묶여 있는 것이 문제다. 이것을 효사에서는 '拇무', 즉 '엄지발가락'으로 비유하였다. 엄지발가락이 발에 붙어 있듯이, 소인이 실력자인 제4 양효에 붙어 있다는 뜻이다. 곤경을 해결해야 하는 제4효의 입장에서 제1 음효의 상응은 큰 도움이 되지만, 그가 소인에게 묶여 있으니 여기서는 의미가 없다.

그래서 본 효의 효사는 '解而拇해이무, 朋至斯孚붕지사부', 즉 '달라붙어 있는 엄지발가락을 풀어 버리면 무리가 올 터이니, 그러면 신뢰가 생긴다'라고 말한다. 여기서 '而' 자는 개사介詞, 즉 전치사 용법으로 쓰여서 목적어 '拇'를 가져오는 '以' 자와 같은 걸로 보면 된다. '斯' 자도 조건절을 가져오는 접속사 '則'과 같다. 즉 이 구절은 제4효가 그에게 아첨하는 제3효를 털고 나오면 무리(여기서는 제1효)가 달려올 것이고, 그러면 신뢰를 회복할 거라는 의미를 말하고 있다.

『상』에서는 "달라붙어 있는 엄지발가락을 풀어 버려야 하는 것은, 그의 자리가 온당하지 않았기 때문이다"(解而拇, 未當位也)라고 해설하였는데, 이는 제4 양효와 제3 음효의 부적절한 관계를 말하는 것이다.

그래도 제4효가 이 곤경을 해결할 수 있는 것은, 우선 제5 음효와 음양으로 어울림과 아울러, 제4효가 소인이 위로 진출하는 상황을 막고 있을 뿐만 아니라 제1효의 무리가 언제라도 상응할 수 있기 때문이다.

[제4 양효. 달라붙어 있는 엄지발가락을 풀어 버리면 무리가 올 터이니, 그러면 신뢰가 생긴다.]

⑤ 六五, 君子維有解吉, 有孚于小人.
維: 오로지 유. 孚: 믿을 부.

제5효는 양의 자리에 음효가 있으므로 실위다. 그러나 제5효는 상괘의 중앙에 자리할 뿐만 아니라, 제2효와 상응하므로 신하들이 순종하는 덕 있는 군주임을 알 수 있다. 그런데 상호괘上互卦인 제3·4·5효가 감괘이므로 곤경에 처해 있는 상태다. 임금이 감괘(☵)의 모양처럼 묶여 있는데, 최고의 존엄을 이렇게 묶어 놓을 수 있는 자는 소인배뿐일 것이다.

이럴 때 임금이 소인을 다루는 방법은 『한비자』에서 주장하는 '이병二柄', 즉 '형刑'과 '덕德'이다. 한비韓非가 말하는 형이란 엄한 형벌이어서 이로써 소인배를 퇴출한다면, 얼마든지 이들을 물리칠 수 있다. 본 효에서도 이것이 가능한 게, 강직한 제4 양효가 임금을 측근에서 보좌하고 있고, 제2 양효도 강직한 자세로 순종적으로 복무하고 있기 때문이다. 이러한 상황이라면 소인배도 함부로 임금을 농단하지 못한다. 그러나 이렇게 하면, 그들이 일시적으로 사라질 수는 있지만 원망하는 마음을 가진 한 언제든지 되돌아올 수 있다.

따라서 임금은 군자다운 면모로써 소인을 다스려서 그들을 감복하게 해야 한다. 이것을 효사는 '君子維有解吉군자유유해길', 즉 '군자에게 해결함이 있어야만 길하다'라고 표현하였다. 군자의 해결 방안만이 답이라는 말이다. 이렇게 하면 아무리 소인배라도 군자에 대한 믿음이 생기지 않을 수 없으니, 이를 효사는 '有孚于小人', 즉 '소인들에게 신뢰가 생긴다'라고 서술하였다. 『논어』 「양화陽貨편」에서 공자가 "오로지 (주인의 총애를 받는) 첩과 시종만이 다루기가 어려운 것으로 여긴다. 가까이해 주면 불손하고, 멀리하면 원망하기 때문이다"(唯女子與小人爲難養也. 近之則不孫, 遠之則怨)라고 말하였듯이, 소인들은 덕으로 다스려야 후환이 없다. 군자 되기가 그만큼 어렵다는 말이다.

『상』에서는 "군자에게 해결함이 있으면, 소인들만 물러난다"(君子有解, 小人退也)라고 해설하였다. 즉 군자의 해결 방안은 소인들만 물러가게 하는 장점이 있다는 뜻이다. 논에서 피를 뽑다가 자칫 벼를 뽑아 버리는 일이 없어야 하듯이, 군자를 물러가게 해서는 안 되기 때문이다.

[제5 음효. 군자에게 해결함이 있어야만 길하니, 소인들에게 신뢰가 생기기 때문이다.]

⑥ 上六, 公用射隼于高墉之上, 獲之, 无不利.
公: 귀인 공. 射: 쏠 사. 隼: 송골매 준. 高: 높을 고. 墉: 담 용. 獲: 잡을 획.

제6효는 음의 자리에 음효가 있으므로 당위다. 본 효의 가장 높은 곳에 있으므로, 해결의 종착지다. 또한 곤경을 해결해야 할 가장 중요한 결정권을 가진 사람, 즉 귀인貴人이기도 하다. 그래서 효사는 이를 '公(귀인 공)' 자로 표기하였다. 흔히 영웅은 마지막에 나타난다고 한다. 여기서도 귀인이 마지막 단계에 나타나서, 임금이 덕으로 감화하려 해도 영 말을 듣지 않고 새가 날아가 버리듯 달아난 소인을 제압한 것이다. 그래서 효사는 이러한 난신적자亂臣賊子를 송골매로 비유한 것인데, 이 맹금은 멀리 달아나지도 않고 성벽 위에 앉아서 임금 주위를 맴돌고 있으니 영 골칫거리였다. 이때 귀인이 나타나 활을 쏘아서 맹금을 잡은 것을, 효사에서 '公用射隼于高墉之上공용사준우고용지상, 獲之획지', 즉 '귀인이 높은 담장 위에 있는 송골매를 쏘아서, 이를 잡았다'라고 쓴 것이니 이롭지 않을 것이 없다.

여기서 송골매로 비유되는 난신적자는 기실 저 밑에 있는 제3 음효의 소인이다. 그는 제2 양효를 깔아뭉갤 뿐만 아니라, 제6효와 상응하지 않음에서 볼 수 있듯이 존장尊長을 무시한다. 이러한 소인은 군자의 덕이 통하지 않으므로 귀인이 직접 움직이는 수밖에 없으니, 상괘인 진震괘의 마지막 효가 이를 상징한다. 진괘는 움직임(動)을 나타내기 때문이다. 이처럼 귀인은 음효가 상징하듯이 경거망동하지 않고 조용히 때를 기다렸다가 움직인다.

『상』에서도 이에 대하여 "귀인이 송골매를 쏜 것은, 패역함을 해결하기 위함이다"(公用射隼, 以解悖也)라고 해설하였다. 여기서 '悖(어그러질 패)' 자는 제3효의 '負且乘부차승', 즉 소인 주제에 군자 행세를 하는 패역을 가리킨다. 이 말은 무력이란, 마지막의 소인 하나가 남아서 끝까지 버티려 할 때 어쩔 수 없이 쓰는 최후의 수단임을 시사한다.

[제6 음효. 귀인이 높은 담장 위에 있는 송골매를 쏘아서 잡았으니, 이롭지 않을 것이 없다.]

41. 손괘損卦

 山澤損산택손: 산 아래 못물은 밑으로 스며들어
가므로 점점 줄어든다.
태하간상兌下艮上

❖ 개관 ❖

손損괘는 상괘가 간艮괘, 하괘가 태兌괘로 이루어졌으므로, '山下有澤산
하유택', 즉 산 아래에 못이 있는 괘상이다. 못의 물은 산 밑으로 침하해 들
어가므로, 산에 사는 만물의 생장에는 도움이 되지만 물은 갈수록 줄어들기
에 손괘라고 명명하였다. 『설문해자』에서는 '損' 자를 '減(줄어들 감)' 자로
풀이하였다. 손괘가 해解괘의 뒤에 놓인 것에 대하여 『서괘』는 "(풀어져) 느
슨해지면 반드시 잃는 바가 있을 터이므로, 손괘로써 이를 계승하였다"(緩
必有所失, 故受之以損)라고 해설하였다.

『잡괘전雜卦傳』에 "덜어짐과 불어남은 흥성과 쇠락의 시작"(損益, 盛衰之
始也)이라고 풀이하였다. 즉 줄어드는 일이 극에 달하면 불어나는 일이 시
작하고, 반대로 불어나는 일이 극에 달하면 줄어드는 일이 시작하는 법이
다. 마찬가지로 못의 물이 늘면 산이 줄어들고, 물이 줄어들면 산이 늘어난
다. 그래서 손괘(☶☱)와 익益괘(☳☴)는 효의 배열이 서로 정반대가 된다.

손괘는 본괘本卦인 태泰괘(☷☰)에서 기원하여 나온 변괘變卦다. 즉 태괘
의 제3 양효와 제6 음효를 맞바꾸면 손괘가 된다는 말이다. 양효는 실實을,

음효는 허虛를 상징하는데, 태괘에서 하괘의 제3 양효를 상괘의 제6 음효와 맞바꾸면, 하괘의 '실'을 하나 떼어서 상괘의 '허'에 채워 넣는 일이 된다. 이를 정치적 관점에서 보면, 백성의 것을 떼어 정부(임금)에게 보태 주는 일이 다. 이때 백성은 못의 물, 임금은 산에 각각 해당한다.

그런데 하괘의 물을 자꾸만 빨아들여 상괘의 산을 윤택하게 하려 하면, 물은 산 밑으로 들어가 산의 근저를 침식해서 산이 무너질 수가 있다. 정치에서도 백성의 것을 헐어서 임금에게 더하면, 결국에는 백성이 가난해져서 나라의 기초가 무너진다. 못물을 다 말려 놓고 고기잡이를 할 수는 없지 않은가.

나라를 운영하기 위해서는 어쩔 수 없이 백성의 것을 헐어서 정부에 보탤 수밖에 없지만, 나라를 튼튼하게 키우려면 정부가 살림이 좀 빠듯하더라도 백성의 것을 덜 헐어서 그들의 삶을 여유 있게 만드는 게 더 낫다. 이것이 궁극적으로 정부에 보태 주는 일이 된다. 따라서 본 괘에서의 '損'은 백성의 관점이 아닌, 정부의 관점에서 보는 것이어야 한다.

❖ 괘사 풀이 ❖

損, 有孚, 元吉, 无咎可貞, 利有攸往. 曷之用, 二簋可用享.
孚: 믿을 부. 元: 클 원. '大(큰 대)' 자와 같음. 曷: 어찌 갈. '何(어찌 하)' 자와 같음. 簋: 제사 그릇 궤. 享: 누릴 향.

'損'이란 정부의 지출을 충당하기 위하여 백성의 재물과 노동력을 헐어서 정부에게 보태 주는 일을 가리킨다. 그러면 정부는 이것으로 백성의 안전을 지키고 복지를 향상할 수 있으므로, 궁극적으로 백성에게 이득이 된다. 따라서 백성이 정부를 믿고 자신의 재화를 기꺼이 헌납한다면, 이는 매우 길한 일이 된다. 괘사의 '損, 有孚, 元吉', 즉 '(백성이) 자신의 것을 헐어

낼 때, 믿음이 있으면 대단히 길하다'라는 구절은 이를 가리킨다. 이러한 납세 행위는 탓할 일이 아니고 정당한 일이므로, 정책의 시행에서 그 이익을 누릴 수 있다. '无咎可貞, 利有攸往', 즉 '여기에는 탓할 일이 없고 정당하다고 말할 수 있으니, 그 이로움은 앞으로의 정책 시행에서 생긴다'라는 구절이 바로 이 의미다.

그렇다면 '曷之用갈지용', 즉 백성이 헌납한 재물은 어떻게 써야 하는가? '簋궤'는 제사 지낼 때 기장과 조와 같은 제물을 담는 그릇인데, 제사의 규모에 따라 그릇의 수가 다르다. 이를테면 성대한 제사는 팔궤八簋를, 보통 제사는 사궤四簋를, 검소한 제사는 이궤二簋를 각각 쓴다. 여기서 이궤, 즉 두 개의 제사 그릇을 쓴다는 말은, 백성이 낸 세금으로 제사를 지내는 것이므로 가장 검소한 형식으로 하되 그 대신 경건한 마음과 정성을 더욱 들인다는 뜻이 된다. 그러면 그 결과가 '享향'이 되는 것인데, 이때 '享' 자는 귀신이 그 제사를 흠향한다는 의미도 되고, 정성을 들인 제사처럼 시행한 정책에서 그 이익을 백성이 누린다는 뜻도 된다. 이것이 괘사의 '二簋可用享', 즉 '두 개의 제기만을 쓴 검소한 제사처럼 (세금을) 쓸 수 있다면 그 이익을 누릴 수 있다'라는 구절이다.

이에 대하여 『단』에서는 "검소하게 두 개의 제기만을 쓰는 일에도 마땅히 때가 있고, 강직한 곳을 헐어서 유약한 곳에 보태 주는 일에도 때가 있으니, 더해진 곳을 헐어서 빈 곳을 채우는 일은 때와 더불어 함께 가야 한다"(二簋應有時, 損剛益柔有時, 損益盈虛, 與時偕行)라고 해설하였다. 여기서 '강직한 곳을 헐어서 유약한 곳에 보태 주는 일'과 '더해진 곳을 헐어서 빈 곳을 채우는 일'은 모두 본괘本卦인 태泰괘(䷊)와 이로부터 기원해 나온 손괘 사이의 관계를 가리킨다. 태괘의 제3 양효와 제6 음효를 바꾸면 더해진 곳을 헐어서 빈 곳을 채운 형태의 손괘(䷨)가 나오기 때문이다. '때와 더불어 함께 가야 한다'라는 말은 백성의 것을 헐어서 정부에 보태는 것이 탓할 게 없는 정당한 행위라고 해서 아무 때나 쓰는 게 아니라, 어쩔 수 없을 때만 부득이 취할 행동이라는 것이다.

『상』에서는 "산 아래에 못이 있는 게 손괘의 괘상이다. 군자는 이 이치로써 분노를 응징하고 욕심을 막아야 한다"(山下有澤, 損, 君子以懲忿窒欲)라는 해설을 달았다. 산 아래에 못이 있으니, 못의 흙을 파내서 산에 얹으면, 산은 갈수록 높아지고 물은 갈수록 낮아진다. 이렇게 밑의 흙을 위에 자꾸 보태면, 결국 산의 근저가 비어서 산이 무너지게 된다. 나라도 마찬가지다. 백성을 계속 착취해서 임금의 욕심을 채우면 나라는 망하게 되어 있다. 그러므로 임금은 손해나는 일 두 가지, 즉 분을 못 참는 일과 욕심내는 일을 경계해야 한다는 말로 볼 수 있다.

[손損괘: (백성이) 자신의 것을 헐어 낼 때, 믿음이 있으면 대단히 길하다. 여기에는 탓할 게 없고 정당하다고 말할 수 있으니, 그 이로움은 앞으로의 정책 시행에서 생긴다. 이것을 어떻게 쓸 것인가? 두 개의 제기만을 쓴 검소한 제사처럼 (세금을) 쓸 수 있다면 그 이익을 누릴 수 있다.]

❖ 효사 풀이 ❖

① 初九, 已事遄往, 无咎, 酌損之.

已: 그칠 이. 중지하다. 事: 일 사. 遄: 빠를 천. 酌: 헤아릴 작.

제1 양효는 낮은 직책에 있는 강직한 속성을 가진 사람을 뜻한다. 본 효는 제4효와 상응하는데, 본 괘는 아래의 것을 헐어서 위에 보태 주는 괘상이므로, 양이라는 실實에서 떼어다가 위에 있는 음이라는 허虛를 채워야 한다. 일상에서 윗사람이 도와 달라 부르면 얼른 달려가야 하는 형국이다. 효사의 '已事遄往无咎이사천왕무구', 즉 '하던 일을 멈추고 속히 가 보았으니, 탓할 게 없다'라는 구절이 이 뜻이다. 여기서 '已事이사'는 '하던 일을 멈추고'라고 해석할 수도 있고, '하던 일을 다 마치고 나서'라고 해석할 수도 있다. 그러나 상응하는 관계에서 윗사람이 부르면 아랫사람이 하던 일을 멈추고 얼른 달려가는 게 의리상 옳다. 『논어』 「향당鄕黨편」에 "(공자가) 임금께서 들어오라고 명하시면 수레가 준비되기를 기다리지 않고 먼저 출발하셨다"(君命召, 不俟駕行矣)라는 기록이 있듯이, 윗사람이 부르면 아랫사람은 당장 달려가는 것이 예의다.

아랫사람이 윗사람에게 봉사하는 것은 분명히 자신의 것을 헐어 내는 행위, 즉 '損己손기'다. 그러나 무조건 자신을 헐어서 준다고 해서 좋은 일은 아니다. 앞의 『단』에서 '與時偕行여시해행', 즉 '때와 더불어 함께 가야 한다'라고 하였으므로, 그를 도와주는 일이 시의적절한지는 헤아려 봐야 한다. 이것이 '酌損之작손지', 즉 '내 것을 헐어서 드리는 게 어떻게 될지 헤아려 봐야 한다'라는 구절이다. 이를테면 제4 음효가 음유陰柔한 사람이니 그가 옳지 못한 일을 할 수도 있는데, 이를 의리상 돕는 게 옳을지, 또는 신하로서의 규범을 지키는 게 옳을지를 심각하게 고민해야 한다는 말이다. 그래서 효사는 윗사람에게 달려가는 일을 탓할 게 아니라고 했지, 길하다고 말하지 않은 것이다.

『상』에서는 "하던 일을 멈추고 속히 달려가는 것은, 윗사람의 뜻에 맞추는 게 중요하기 때문이다"(已事遄往, 尙合志也)라고 풀이하였다. 도움이 필요한 사람에게 일단 속히 달려가 보는 것 자체는, 그를 크게 섭섭하게 여기지 않게 하는 조건은 충족시킨 행위다. 따라서 이후에 설사 그가 요구하는 일에 참여하지 않는다고 하더라도, 크게 탓할 일은 없을 거라는 말이다.

[제1 양효. 하던 일을 멈추고 속히 가 보았으니, 탓할 게 없지만, (내 것을) 헐어서 드리는 게 어떻게 될지는 헤아려 봐야 한다.]

② 九二, 利貞, 征凶. 弗損益之.

제2효는 음의 자리에 양효가 있으므로 실위다. 아래의 제1효에서 상응하는 관계인 제4효가 도와 달라고 하니 제1효가 달려가 도와 주었다. 그런 데 제2효에서도 역시 상응하는 관계인 제5 음효가 본 효에게 도와 달라고 하는 형국에 처해 있다. 만일 여기서 제2효가 제5효를 도와 뭔가 부정한 일에 참여한다면, 손괘는 제1·2효까지 변하여 박剝괘(䷖)의 괘상을 갖게 된 다고 부례박은 해설한다. 왜냐하면 앞의 박괘의『단사彖辭』에서 박괘는 "음 유陰柔한 것이 강직한 것을 바꿔 버린다"(柔變剛也)라고 해설하였기 때문 이다. 즉 음효인 소인배가 지배하는 분위기에서는 아랫사람이 아무리 강직 해도 그 본래의 절조를 지키기 어려운 법이다.

앞에서 제1효가 제4효의 부정한 일에 연루된 데다가 제2효마저 제5효 의 요구로 이러한 일에 참여한다면, 그 조직은 소인배가 판치는 부정한 사 회가 될 것이다. 이럴 때일수록 신하의 자리에 처한 사람이 올바름을 지켜 야 이로울 터이니 '利貞', 즉 '이로움이 올바름을 지키는 데 있다'라는 구절 이 이를 가리킨다. 이어지는 '征凶', 즉 '더 나아가면 험난하고 사나워진다' 라는 구절은 제1효에 이어 제2효까지 부정한 일에 연루됨을 가리킨다. 따 라서 이런 경우, 더는 자신을 헐어서 위에 보태 주는 행위를 해서는 안 될 터이니 '弗損益之불손익지', 즉 '자신의 것을 헐어서 그(윗사람)에게 보태 주 는 일을 하지 말라'라는 구절은 바로 이를 의미한다.

이에 대하여『상』은 "제2 양효가 올바름을 지킬 때 이로운 것은, 그가 정 가운데에 있음을 자신의 의지로 삼기 때문이다"(九二利貞, 中以爲志也)라 고 해설하였다. 제2효는 음의 자리에 있는 양효이므로 실위다. 그러나 소인 배가 득세하려는 시기에 순종해야 하는 자리에 있는 자가 가운데의 자리를 지키며 순종하지 않는 것은 오히려 이로운 일이다. 그는 함부로 자신의 것 을 헐어서 윗사람에게 보태 주는 일을 하지 않고, 스스로 가운데에 처해 있 는 것만을 지조로 삼아도 충분히 자신의 역할을 하는 것이다.

[제2 양효. 이로움이 올바름을 지키는 데 있으니, 더 나아가면 험난하고 사나워진 다. 자신의 것을 헐어서 그(윗사람)에게 보태 주는 일을 하지 말라.]

③ 六三, 三人行, 則損一人, 一人行, 則得其友.

제3효는 양의 자리에 음효가 있으므로 실위다. 손괘는 아래의 것을 헐어서 위의 것에 보태 주어야 한다는 이치를 말한다. 이를테면 신하가 자신을 희생하여 주군을 지키는 일이라든가, 개인이 희생하여 조직을 지키는 일이 그 대표적인 예가 될 것이다.

앞서 언급했듯이 손괘는 태괘(䷹)에서 변천된 변괘다. 따라서 '三人行', 즉 '세 사람이 가다'라는 말은 태괘의 하괘를 구성하는 세 개의 양효를 가리킨다. 이 세 개의 양효는 모두 스스로 희생하여 상괘, 그중에서도 임금 자리인 제5 음효를 보전해 줄 수 있지만, 이 셋이 모두 희생하는 것은 현실적이지 않다. 왜냐하면 세 개의 양효가 각각 제1효는 백성, 제2효는 신하, 제3효는 제후를 상징한다고 볼 때, 백성과 신하, 그리고 제후가 모두 희생한다면 '獨不將軍독불장군', 즉 혼자서는 장군이 될 수 없듯이 이들을 모두 잃은 임금이 무슨 수로 임금 노릇을 할 수 있겠는가? 따라서 이 세 개의 양효는 모두 자신을 희생할 각오가 돼 있지만, 희생은 셋 중에 하나만 하고 나머지는 살아남아서 임금을 계속 모셔야 한다. 그렇기에 가장 효과적인 희생은 제후가 감당하는 게 마땅하다. 왜냐하면 제후는 조직 전체를 대표하는 사람이기도 하려니와, 희생이란 지도자급에서 이루어질 때 그 영향력이 크기 때문이다. 이것이 효사의 '損一人', 즉 '한 사람을 헐어 내다'라는 구절이 가리키는 바다.

이런 이유로 태괘의 제3 양효가 음효로 바뀌어 손괘가 된 것이다. 이렇게 하면 제3효는 제6 양효와 상응하게 되고, 제6효는 그 이웃에 있는 제5 음효와 음양상합陰陽相合으로 큰 힘을 보탤 수 있다. 이것이 '一人行, 則得其友', 즉 '한 사람이 희생하면 (제5효가) 새로운 벗을 얻게 된다'라는 구절이 의미하는 바다. 여기서 '友우' 자는 '佑(도울 우)' 자와 같으므로 보필자를 뜻한다. '其기' 자는 '자신만의', '진정한'이라는 뜻을 함의한다.

이것을 『상』에서는 "한 사람만 헐어 주면 될 것을, 셋이 하면 (제6효에게) 의구심이 생긴다"(一人行, 三則疑也)라고 해설하였는데, 이는 한 사람만 희생하면 되는 상황에서 셋이 모두 나서면 오히려 제6효가 누구 것을 받는 게 좋을지 헷갈린다는 의미로 쓴 것이다.

[제3 음효. 세 사람이 임금을 보필한다면 그중 한 사람이 희생해야 한다. 한 사람이 희생하면 (임금이) 진정한 보필을 얻게 된다.]

④ 六四, 損其疾, 使遄有喜, 无咎.
疾: 병 질. 흠. 결점. 遄: 빠를 천.

제4효는 음의 자리에 음효가 있으므로 당위다. 그러나 본 효는 제5효인 임금을 모시는 측근 신하인데, 임금이 유약하기에 마음속에 탐욕이 있다. 음효는 욕심이 많음을 상징한다. 그래서 그는 자신을 도울 사람으로 제1 양효를 불렀는데, 여기서 '遄' 자는 앞서 보았듯이 제1효를 가리킨다. 부름을 받은 제1효는 본 효와 상응하는 관계에 있으므로 이내 달려온다. 그가 하던 일을 멈추고 달려오긴 했는데, 측근 신하의 탐욕을 알아차리고는 주저하는 상황이다.

이럴 때 측근 신하가 자신의 흠인 탐욕을 자제해서 제거하면, 빨리 달려왔던 제1효가 기뻐할 것이니 효사의 '損其疾, 使遄有喜', 즉 '자신의 흠을 헐어 제거하면, 속히 달려온 제1 양효에게 기뻐할 일이 생긴다'라는 구절이 이를 가리킨다.

이에 대하여 『상』은 "자신의 흠을 헐어서 제거하면, 이 또한 기뻐할 만한 일이다"(損其疾, 亦可喜也)라고 해설하였는데 여기서 '亦(또 역)' 자를 쓴 것은 마음속의 갈등이 해소되었을 뿐만 아니라, 이로 인하여 언제든지 기꺼이 희생할 수 있는 상응의 관계가 훼손되지 않았기 때문이다.

[제4 음효. 자신의 흠을 헐어 제거하면, 속히 달려온 제1 양효에게 기뻐할 일이 생

길 터이니, 재앙이 없다.]

⑤ 六五, 或益之, 十朋之龜, 弗克違, 元吉.
　或: 어떤 이 혹. 누가. 朋: 무리 붕. 龜: 거북 귀. 克: 능할 극. ‘可’ 자와 같
음. 違: 어길 위.

제5효는 양의 자리에 음효가 있으므로 실위다. 강직한 임금이 끌고 가야
할 자리에 유약한 임금이 있으니 위태로운 상황이지만, 다행히 제2 양효와
상응하는 데다가 이웃에 있는 제6 양효와 음양상합陰陽相合으로 잘 어울
려서 도움을 받는다. 『상』에서 “제5 음효가 크게 길한 것은, 위의 제6 양효
로부터 도움을 받기 때문이다”(六五元吉, 自上祐也)라고 해설한 것은 이에
근거한 말이다. 여기서 ‘自上祐也자상우야’는 제6효로부터 도움을 받는다
는 뜻도 되지만, 더 크게는 하늘로부터 도움을 받는다는 뜻도 포함된다. 왜
냐하면 본 효는 유약하지만, 자신을 헐어서 다른 사람에게 보태 주려는 희
생적인 마음 때문에 대중의 지지를 받을 터이니 ‘人乃天인내천’, 즉 ‘백성이
곧 하늘’이기 때문이다.
　그래서 ‘或益之혹익지’, 즉 대중 가운데서 어떤 이가 그에게 뭔가 보태
주었는데 그것이 곧 ‘十朋之龜십붕지귀’, 즉 ‘열 가지 거북’이다. 여기서 거
북은 살아 있는 거북이 아니라, 점을 칠 때 쓰는 거북의 갑을 말한다. ‘朋’
자는 ‘무리’라는 뜻이므로 ‘十朋’은 점의 용도에 따라 쓰는 열 가지의 신령
한 거북 세트가 된다. 참고로 이 열 가지는 신귀神龜・영귀靈龜・섭귀攝龜・
보귀寶龜・문귀文龜・서귀筮龜・산귀山龜・택귀澤龜・수귀水龜・화귀火龜 등
으로 알려져 있다.
　고대에는 거북은 영험한 동물이므로 이로써 점을 치면 불확실한 미래를
알 수 있다고 믿었다. 즉 미래를 판단하고 결정하는 행위이니, 이를 이성적
인 개념으로 치환하면 총명한 현자를 상징한다. 즉 열 개의 거북점 세트를

하늘이 보내 줬다는 것은 대중 가운데서 나온 현인에 의지해서 정치를 할수 있게 되었다는 뜻이다. 이것이 바로 제6 양효다.

태괘의 하괘를 헐어서 손괘의 제6 양효로 올라온 것이니, 이는 임금이 강직하지 않다면 훌륭한 인재로써 유약한 임금을 보필하는 게 효과적임을 시사한다. 이렇게 현자가 임금을 보필할 때는 그의 정책을 따르는 것이 현명할 터이니 효사의 '弗克違, 元吉', 즉 '그를 어기지 않을 수 있다면, 크게 길하다'라는 구절이 이를 가리킨다.

[제5 음효. (대중 가운데서) 어떤 이가 그에게 뭔가 보태 주었는데, 그것은 열 가지 거북의 묶음이다. (현자를) 어기지 않을 수 있다면, 크게 길하다.]

⑥ 上九, 弗損益之, 无咎貞吉, 利有攸往, 得臣无家.

제6효는 음의 자리에 양효가 있으므로 실위지만, 제3 음효와 상응한다. 손괘의 제1효부터 제5효까지는, 하괘는 자신을 헐어서 상괘를, 상괘는 자신을 헐어서 하괘를 각각 보태 주는 원리로 일관한다. 그러나 제6효는 손괘의 가장 최고봉에 있기에 더는 자신을 헐어 줄 데가 없고 아래의 각 효가 헐어 준 것을 모두 받는 위치에 있으므로 자신에게 이득이 되는 일과 남에게 이득이 되는 일만 남아 있다. '弗損益之불손익지', 즉 '헐어 줄 일이 없이 얻기만 한다'라는 구절은 이를 가리킨다. 물극필반物極必反, 즉 모든 사물은 극에 다다르면 반드시 되돌아간다고 하였으니, 헐어서 남을 주는 일이 끝에 도달하였다면 더는 줄 일이 없을 것은 당연하다.

그러면 '无咎貞吉무구정길'이라고 하였듯이, 재앙도 없을 것이고 그저 올바름만 지키고 있으면 길할 것이다. 게다가 제3 음효와 상응하고 있어서 그의 지원을 받을 수 있으니 '利有攸往', 즉 이로움이 앞으로 나아갈 데서 생긴다.

본 효는 원래 태괘의 제3효가 자기 자리에서 떨어져 올라온 것이다. 당시에는 자신을 희생하였지만, 오히려 그 때문에 제3·4·5효로 구성되는 상호괘上互卦인 곤괘(☷)를 밑에 두게 되었는데, 곤괘는 수많은 대중이나 백성을 상징한다. 즉 자신의 밑에 많은 신하를 둠과 아울러 자신은 집이 없는 자, 즉 임금이 되었다는 게 '得臣无家득신무가'가 가리키는 바다. 임금은 사해일가四海一家의 주인이므로 사적인 가족은 없다는 말이다. 이때의 임금은 제3효에서 올라왔기에 천자가 아니라 제후의 신분을 가리킨다. 그래서 자칫 오해를 살 수도 있으므로 앞에서 '貞吉', 즉 '올바름을 지켜야 길하다'라고 말한 것이다.

따라서 지도자가 되려면 아래에 처해 있을 때는 윗사람을 위해 자신을 희생하고, 위에 처해 있을 때는 아랫사람을 위하여 자신을 희생해야 한다. 그래야 끝에 가서 자신에게도 이득이 되고 남에게도 이로움을 줄 수 있다.

그래서 『상』에서도 "헐어 줄 일이 없이 얻기만 하니, 뜻을 크게 이루었다"(弗損益之, 大得志也)라고 해설하였다.

[제6 양효. 헐어 줄 일이 없이 얻기만 하니, 재앙도 없고 그저 올바름만 지키고 있으면 길하다. 이로움이 앞으로 나아갈 데서 생기니, 밑에 신하를 둠과 아울러 자신의 집이 없게 된다.]

42. 익괘益卦

❖ 개관 ❖

익益괘는 상괘가 손巽괘, 하괘가 진震괘로 이루어져 있어서, 우레가 아래에서 울려 위의 바람을 흔들어 일으키면, 바람이 위로부터 내려와 만물에 이득을 주는 모양이다. 또는 우레가 우렁차게 소리 내어 바람을 흔들어 일으키면, 바람은 세차게 멀리까지 그 소리를 전달함으로써 서로의 기세가 더욱 높아지도록 도와준다. 여기서 '더욱'이 한자에서 '益(더할 익)' 자에 해당한다. 『상』에서 "바람과 우레의 기세가 익괘의 모양인데, 군자는 이 이치로써 다른 사람의 선을 보면 그리로 옮아가고, (다른 사람을 보고서) 잘못을 깨달으면 고친다"(風雷, 益, 君子以見善則遷, 有過則改)라고 해설하였는데 바로 이러한 괘상에서 나온 말이다.

그래서 본 괘의 괘명을 익益이라고 한 것인데, '益' 자는 '皿(그릇 명)' 자 위에 물이 넘치는 모양으로서 '溢(넘칠 일)' 자의 원래 글자이니 여기서는 '넘치도록 보태 주다'라는 의미가 된다. 『서괘』에서 "허는 일을 그치지 않으면 반드시 보탬을 받게 되므로, 익괘로써 이를 이어받았다"(損而不已必受益, 故受之以益)라고 해설하였듯이 희생하는 일이 극에 달하면 이득을 얻는 일이 생겨난다. 그래서 손괘와 익괘는 효의 배열이 완전히 뒤집힌 복괘覆卦의 관계에 있다.

앞서 설명하였듯이 손괘(䷨)는 태괘(䷹)에서 연원演源한 변괘다. 즉 태괘의 하괘인 제3 양효를 헐어서 자신은 음괘(막대가 짝수인 괘)가 되고 제6 음효를 보태 줌으로써 상괘가 양괘(막대가 홀수인 괘)가 되도록 만든 게 이른바 '損下益上손하익상'이다. 익괘는 비否괘(䷋)에서 연원한 변괘로서, 비괘의 상괘인 건괘(☰)의 첫 효와 하괘인 곤괘(☷)의 첫 효를 맞바꿈으로써 상괘를 양괘에서 음괘로, 하괘를 음괘에서 양괘로 만들어, 이른바 '損上益下손상익하', 즉 위의 것을 헐어서 아래에 보탠 결과를 만들었다.

부례박은 여기서 『회남자淮南子』 「인간훈人間訓」의 "공자가 『역』을 읽다가 손괘와 익괘에 이르렀을 때, 한숨을 쉬며 탄식하기를 '보태 주고 헐어 내는 일이란 바로 천자가 해야 할 일이로구나!'라고 말하지 않은 적이 없었다"(孔子讀易至損益, 未嘗不喟然歎曰: 益損者其王者之事歟)라는 구절을 인용한다. 즉 '보태 주고 헐어 내는 일'(損益)이란 바로 백성의 것을 헐어서 정부에 보태고, 정부의 것을 헐어서 백성에게 베푸는 올바른 정치를 가리키는 것이다.

❖ 괘사 풀이 ❖

益, 利有攸往, 利涉大川.

본 괘사에 대하여 『단』은 다음과 같이 해설하였다. "익괘는 위의 것을 헐어서 아래에 보태 주는 것이므로 백성의 기쁨이 끝이 없다. 위로부터 아래로 내려가는 그 도리가 크게 빛난다. 이로움이 앞으로 시행할 정책에 생길 것이니, 제5 양효가 가운데에 자리 잡고 있어서 경사스러운 일이 생길 것이기 때문이다. 그리고 이로움이 큰 강을 건널 때에 생길 것이니, 나무(木)의 이치가 통하기 때문이다. 익괘는 아래가 움직이고 위가 바람처럼 순종하는 것이어서 날로 발전함이 끝이 없고, 하늘이 비와 이슬을 베풀고 땅이 키워 줄 때, 그 이익에 구석이라는 개념이 없다. 무릇 익괘의 이치는 처한 시기에 따라서 행하여지는 법이다."(益, 損上益下, 民說无疆, 自上下下, 其道大光. 利 有攸往, 中正有慶; 利涉大川, 木道乃行. 益動而巽, 日進无疆, 天施地生, 其益无 方, 凡益之道, 與時偕行)

여기서 '損上益下'라는 것은 익괘가 비괘(賁)에서 기원한 사실을 말한 다. 즉 제4 양효와 제1 음효가 자리바꿈한 것을 가리키는데, 제4효가 음효 가 됨으로써 상괘인 건괘는 양괘에서 음괘(巽)로 바뀌었고, 그 덕분에 하괘 인 곤괘는 음괘에서 양괘(震)로 바뀌었다. 이것이 '위의 것을 헐어서 아래에 보태 준 것'이니, 이 덕분에 백성은 욕망을 성취하려고 활발히 움직일 수 있 다. 그러므로 임금이 가운데만 지키고 있으면 정책이 잘 시행되고 경사가 생기는 것이다.

이러한 정부와 임금에게 위기가 발생한다 해도, 백성이 자발적으로 그를 지키려 할 테니 거뜬하게 위기의 강을 건널 수 있다. 이것을 '木道목도', 즉 '나무의 이치'라고 했는데, 여기서 나무는 '巽'에 속한 물건으로서 배를 지 칭한다. 즉 바람처럼 백성이 바라는 일에 순종해서 정책을 펼치면 백성이 배를 만들어 강을 건너게 해 준다는 말이다.

이에 대하여 『상』에서는 "바람과 우레의 기세가 익괘의 괘상이다. 군자 는 이 이치로써 (다른 사람의) 선을 보면 그리로 옮아가고, (다른 사람을 보고 서) 잘못을 깨달으면 고친다"(風雷, 益, 君子以見善則遷, 有過則改)라고 해설 하였다. 즉 우레의 진동은 바람을 움직이고 바람은 그 소리를 실어 사방에 퍼뜨려서 사람들의 이익이 되게 하는데, 이를 오늘날의 말로 바꾸면 소통이 되게 한다는 뜻이다. 따라서 현명한 자는 착한 것을 보고 따라 하거나 잘못 을 깨달아 고칠 수 있게 된다는 말이다.

[익益괘: 이로움이 앞으로 시행할 정책에서 생겨나고, 큰 환난의 강을 건널 때 생

겨난다.]

① 初九, 利用爲大作, 元吉无咎.

앞서 말했듯이 익괘는 비괘(▤)를 연원으로 하여 나왔으므로, 제1효는
제4 양효가 내려와 바뀐 것이다. 그래서 본 효는 상괘로부터 헐어 받은 첫
번째 수혜자가 된다. 그러나 본 효는 혜택을 받음과 아울러 받은 혜택을 나
누어 주어야 하는 임무도 동시에 갖고 있다. 왜냐하면 위에서 혜택을 베풀
면 누군가는 밑에서 분배하는 어려운 일을 시행해야 하는데, 그것이 제1효
다. 더구나 그는 양효라서 강직한 능력을 가지고 있을 뿐 아니라, 제4효와
상응하여 위로부터의 신임과 지원도 받고 있다.

혜택을 나누는 일 중에서 가장 중요한 일이 농사다. 효사의 '利리' 자는
'禾(벼 화)' 자와 'ㅣ(칼 도)' 자로 이루어졌으므로, '낫으로 벼를 베어 수확하
다'라는 뜻이 된다. 따라서 '이익'이란 곧 농사가 된다.

땅이란 그대로 놔두어서는 스스로 농사를 지을 수 없고, 사람이 지어야
한다. 그래서 하괘의 곤괘에서 제1효를 양효로 바꾸어 땅을 개간하게 하였
으니, 이것이 바로 '用' 자다. 또한 '乾坤건곤'에서 건이 '體체'라면 곤은 '用'
이 되기도 한다. 그래서 강직한 제1효가 땅을 파기 시작하는데, 이것이 하
괘인 진震괘다. '震' 자에는 '진작震作하다'라는 의미가 있으므로, 효사의
'大作대작'은 큰 농사일을 일으키는 사업을 가리킨다. 따라서 '利用爲大作'
은 '이로움이 땅을 활용하여 농사일을 크게 진작시키는 데서 생긴다'라는
의미가 된다. 이렇게 정부가 백성이 배불리 먹고살 수 있도록 농사일을 진
작시키는데 크게 길하지 않을 수 없고, 재앙이 있을 수가 없다.

『상』에서도 이에 대하여 "크게 길하고 재앙이 없는 것은, 아래의 백성이

나라의 역사役事에 노동력을 크게 투입하지 않았기 때문이다"(元吉无咎, 下不厚事也)라고 해설하였다. 여기서 '下不厚事하불후사'란 백성이 전쟁이나 궁궐 짓기 등의 노역에 크게 동원되지 않았다는 뜻인데, 이로써 옛날에는 임금이 백성이 농사일에 시기를 놓치지 않도록 노역 동원을 줄여 주거나, 적어도 조절만 해 주어도 백성에게는 큰 은택이 될 수 있었음을 알 수 있다.

[제1 양효. 이로움이 땅을 활용하여 농사일을 크게 진작시키는 데서 생기므로, 크게 길하여 재앙이 없다.]

② 六二, 或益之, 十朋之龜, 弗克違, 永貞吉, 王用享于帝, 吉.
朋: 무리 붕. 龜: 거북 귀. 違: 어길 위. 用용: '以(써 이)' 자와 같음. 享: 제사 지낼 향. 帝: 하느님 제. 상제.

제2효는 음의 자리에 음효가 있으므로 당위다. 그리고 본 효는 가운데에 자리 잡고 있어서 중정中正하고 있는 데다가, 음유한 자질로서 순종하고 겸손하기에 주위의 많은 사람이 그를 도와주려고 한다. 이것을 효사는 '或益之혹익지, 十朋之龜십붕지귀', 즉 '뭇사람 가운데의 누군가 그에게 보태 주었는데, 그것이 바로 열 가지 거북의 묶음이다'라는 구절이다. 이것은 손괘의 제5효의 구절인 '或益之, 十朋之龜, 弗克違, 元吉'과 완전히 같다. '열 가지 거북의 묶음'(十朋之龜)은 지혜로운 현자를 상징하는 말로서, 그가 이런 사람들의 도움을 받는다면 그는 그들의 말을 어기지 말아야 할 것인즉, '弗克違불극위', 즉 '그들의 말을 어기지 않는다'라는 구절은 이를 가리킨다.

그런데 손괘의 구절은 '弗克違, 元吉', 즉 '그들의 말을 어기지 않을 수 있다면, 크게 길하다'라고 하였는데 본 효에서는 '弗克違, 永貞吉', 즉 '그들의 말을 어기지 않을 수 있고, 길이 올바름을 지키면 길하다'라고 하였다. 손괘에서보다 본 효에서 '길이 올바름을 지키면'이라고 조건을 더 붙인 것은, 전자는 제5효인 임금의 위치고, 후자는 제2효인 신하의 위치이기에 그렇다. 즉 임금이 많은 현자의 도움을 받으면 그냥 따르기만 해도 실하지만, 신하의 위치에서 많은 현자가 따르면 우쭐해지면서 분수에 넘치는 욕심을 낼 수도 있기 때문이다. 따라서 이런 때일수록 분수를 지키며 올바름을 견지하면 길하다는 게 본 효사가 가리키는 바다.

이어지는 '王用享于帝'는 '천자는 이러한 이치로써 하느님에게 제사를 지낸다'라는 뜻이다. 여기서 이러한 이치란 하느님의 보우保佑함으로써 천자가 천하를 다스리는 것이므로, 그에 대한 보답으로 제사를 지낸다는 윤리를 뜻한다. 따라서 신하 된 자도 천자가 하느님에 대하여 보답하듯이, 복종으로 섬겨야 길하다는 말이다.

이에 대하여 『상』에서 "어떤 사람이 보태 주었다는 말은, (그 도움이) 전혀 모르는 외부에서 왔다는 뜻이다"(或益之, 自外來也)라고 해설하였는데, 여기서 '전혀 모르는 외부에서 왔다'라는 말은 전혀 알지 못하는 모르는 사람이 도와주었다는 뜻인데, 이는 곧 대중을 뜻한다. 즉 그가 중정을 유지하면서 겸손하였기 때문에 대중의 지지를 얻게 되었다는 말이다.

[제2 음효. 뭇사람 가운데의 누군가 그에게 보태 주었는데, 그것이 바로 열 가지 거북의 묶음이니, (그들의 말을) 어기지 않을 수 있고 길이 올바름을 지키면 길하다. 천자는 이러한 이치로써 하느님에게 제사를 지내므로 길하다.]

③ 六三, 益之, 用凶事, 无咎. 有孚中行, 告公用圭.
孚: 믿을 부. 성실함. 告: 알릴 고. 公: 귀인 공. 圭: 홀笏 규.

제3효는 양의 자리에 음효가 있으므로 실위다. 본 효는 제후나 지방 수령의 자리로서 강력한 리더십이 있는 양효가 어울리는 곳인데, 여기서는 음효가 자리 잡고 있다. 음효는 욕심을 상징하므로 제3 음효는 자신의 이익을 챙긴 제후나 지방 수령을 나타낸다.

본 효는 제6 양효와 상응하는 관계여서 당장은 탐심으로 이익을 챙긴 일이 문제를 일으키지 않을 수 있지만, 임금의 자리인 제5효가 양효여서 속히 이를 해결하지 않으면 안 된다. 그가 사익을 추구한 일이 나중에라도 용서받으려면 흉사凶事, 즉 나라의 위급한 상황이나 재난에 자신이 챙긴 이득을 사용함으로써 구난救難하는 일에 적극적으로 나서야 한다. 이를테면 나라에 흉년이 들었다면, 여기에 자신의 이익을 투자하여 구휼한다면 나중에 책임을 물을 일이 없을 거라는 말이다. 이것이 '益之, 用凶事, 无咎', 즉 '이득을 챙긴 것을 나라의 흉사에 쓴다면 책임을 물을 일이 없을 것이다'라는 구절이 뜻하는 바다.

사익을 추구한 일은 어디까지나 부정이므로 이렇게 보상하는 행위만으로는 부족할 수 있다. 그래서 평소 공무를 수행할 때 성실한 마음을 가져야 하고, 무엇보다 중정中正한 태도를 견지해야 한다. 그래야 정상情狀이 참작될 수 있기 때문이다. 이것이 '有孚中行유부중행', 즉 '성실함을 갖고 공정하게 행동하다'라는 구절의 의미다.

여기에 더하여 할 것이 '告公用圭', 즉 '삼공三公에게 아뢸 때는 홀笏을 사용한다'라는 말이다. 홀은 천자와 같이 높은 사람에게 아뢸 때 두 손으로 받쳐 드는 일종의 메모판 같은 것이다. 예를 갖출 때 쓰는 기물이지만, 높은 사람 앞에서 중언부언하지 않도록 메모를 준비해서 용건만 간단히 아뢰게 하는 기능도 있다. 중앙 정부의 삼공은 지방 제후보다 한 계급 위이긴 하지만, 굳이 홀을 들고 아뢸 필요는 없다. 그래도 예를 갖춰서 삼공을 대한다면 성심을 보일 수 있다는 말이다.

『상』에서도 이에 대하여 "사익을 나라의 흉사에 쓴다면, 자신이 가진 것을 공고하게 지킬 수 있다"(益用凶事, 固有之也)라고 해설하였다.

[제3 음효. 이득을 챙긴 것을 나라의 흉사에 쓴다면 책임을 물을 일이 없을 것이다. 성실함을 갖고 공정하게 행동하며, 삼공三公에게 아뢸 때는 홀笏을 사용한다.]

④ 六四, 中行, 告公從, 利用爲依遷國.

依: 기댈 의. 遷: 옮길 천. 國: 도성 국.

제4효는 음의 자리에 음효가 있으므로 당위인 데다가 제1효와 상응한다. '中行', 즉 '가운데서 중정中正하게 움직인다'라는 말은 주로 제2효나 제5효와 같은 중효의 자리에서 많이 쓰는 말이어서 제4효에 쓰는 것은 어울리지 않는 것처럼 보이지만, 상하 중괘重卦의 전체 괘상에서 보자면 제4효는 중간에 해당하므로 이렇게 쓸 수 있다.

제4효는 측근 신하의 자리로서 삼공三公, 즉 재상의 자리에 있는 사람을 가리킨다. 재상은 '一人之下, 萬人之上', 즉 '한 사람의 아래와 만인의 위 사이에 있는 사람'이라는 말이 있듯이, 그는 임금과 백성 사이에 있기에 '中行', 즉 가운데서 중정中正하게 행동해야 한다. 그래야 임금과 백성 양쪽으로부터 신뢰를 받을 수 있기 때문이다.

익괘의 하호괘인 제2·3·4효가 곤괘(☷)이고, 상호괘인 제3·4·5효가 간괘(☶)인데, 이 둘이 중첩하면 박剝괘(䷖)가 된다. 박괘의 『상』에 "산이 땅에 납작 붙어 있다"(山附于地)라는 해설이 있는데, 이는 땅의 기운이 다 벗겨져서 이제 도읍을 옮겨야 함을 뜻한다. 도읍을 옮기는 천도遷都 사업은 궁극적으로 백성의 복지와 이익을 증진하기 위한 것이지만, 워낙 비용이 많이 드는 일이라서 제후의 도움을 받지 않고는 성공할 수 없다. 따라서 신뢰받는 재상이 제후를 설득해서 천도 사업에 참여하게 해야 한다. 이것이 '中行, 告公從', 즉 '중정中正하게 행동하는 재상이 제후를 설득하여 따르게 한다'라는 구절이 의미하는 바다.

여기서 '公'은 제후를 가리키는데, 삼공과 제후는 기실 같은 반열이기에 같이 '공'으로 불렀다. 고형高亨은 본 효사의 천도는 은나라 무을武乙 3년에 하북河北으로 천도한 사건을 가리킨다고 고증하였다. 따라서 여기의 제후는 주나라 문왕의 할아버지인 고공단보古公亶父를 가리킨다.

그러므로 이어지는 '利用爲依遷國리용위의천국', 즉 '이로움이 (중정하게 행동하는 재상이) 제후를 설득함으로써 그의 도움에 의지하여 천도 사업을 시행함에 있다'라는 구절에서 '用' 자는 '以' 자와 같은 뜻으로서, 중정하게 행동하는 재상의 정치력을 수단으로 하고, '依' 자는 고공단보의 도움에 의지해서 천도하였다는 의미가 된다.

『상』에서 "제후를 설득하여 따르게 하는 것은 (천도의) 의지를 더욱 보태기 위함이다"(告公從, 以益志也)라고 해설하였는데, 여기서 '의지를 보탠다'라는 말은 제후의 도움이 천도의 의지를 더욱 강화하는 데에 크게 이바지하였다는 의미가 된다.

[제4 음효. 중정中正하게 행동하는 (재상이) 제후를 설득하여 따르게 하였으니, 이로움이 (재상의) 방법으로써 (제후의) 도움에 의지하여 천도 사업을 실행함에 있다.]

⑤ 九五, 有孚惠心, 勿問元吉. 有孚惠我德.
孚: 믿을 부. 惠: 베풀 혜. 勿: 말 물. 부정어. 問: 물을 문. 元: 클 원.

제5효는 양의 자리에 양효가 있으므로 당위다. 임금의 자리에 강직한 군주가 자리하고 있을 뿐 아니라, 신하의 자리인 제2효와 상응하고 있으므로, 관리들이 군주의 뜻을 받들어 백성에게 복지와 이익을 잘 베풀고 있음을 알 수 있다.

군주가 이처럼 백성에게 복지와 이익을 잘 베풀려면 어떻게 해야 하는가? 효사는 '有孚, 惠心'이라는 두 가지를 들고 있다. '有孚'는 백성에게 신뢰를 주어서 나라의 정책을 믿고 따르게 하는 일이다. 군주와 정부가 겉으로 보여 주기식의 쇼show를 한다면, 한두 번은 통할지 몰라도 결국에는 들통나게 마련이다. 백성을 속인 정부의 정책이 제대로 시행될 리 만무하다.

두 번째가 '惠心'인데, 이는 군주가 어떻게든 백성에게 이익이 되는 방향으로 베풀어 주려는 마음을 가리킨다. 백성에게 가장 중요한 것은 먹고살 수 있는 산업에 전념하는 일이다. 먹고사는 일은 개인의 욕망에 근거하고 있으므로, 개인만큼 이 일을 잘할 수 있는 사람은 없다. 정부가 개입해서 이 일을 대신하려고 하면, 백성의 욕망이 너무나 다양하고 광범위해서 결코 만족스러운 결과가 나올 수 없을뿐더러, 그 과정에서 해결할 수 없는 모순만 쏟아져 나오게 된다. 그러므로 정부는 백성이 스스로 산업을 키울 수 있도록 환경만 만들어 주면 된다. 한 고조가 함양咸陽에 입성할 때 그곳 백성에게 약속한 약법삼장約法三章이 그 대표적인 예가 될 것이다.

군주가 이렇게 나라를 다스리면 백성이 저절로 순응할 터인즉, 굳이 나라의 미래를 점쳐 묻지 않아도 크게 길할 것임을 알 수 있으니 '勿問元吉', 즉 '점쳐 묻지 않아도 크게 길하다'라는 구절이 바로 이 뜻이다. 여기서 '問'이란 나라의 미래를 알아보기 위해서 점을 친다는 뜻이다.

따라서 임금에게 신뢰가 있고 백성에게 유익한 일을 하려는 마음이 있다면, 그것이 곧 임금의 덕으로 여겨진다. '有孚惠我德유부혜아덕', 즉 '신뢰와 베푸는 마음을 갖는 것이 나의 덕이로다'라는 구절이 바로 이 의미다.

『상』에서는 이에 대하여 "신뢰와 베푸는 마음을 가졌다면, 굳이 점을 쳐 물어볼 것도 없고, 나의 덕을 은혜로 여겨 준다면, 보람을 크게 얻을 것이다"(有孚惠心, 勿問之矣; 惠我德, 大得志也)라고 해설하였다.

[제5 양효. 신뢰와 베풀어 주려는 마음을 가졌으니, 굳이 점을 쳐 물어보지 않아도 크게 길하다. 신뢰와 베풀어 주려는 마음을 갖는 것이 나의 덕이로다.]

⑥ 上九, 莫益之, 或擊之, 立心勿恆, 凶.
莫: 없을 막. 아무도 없다. 擊: 칠 격. 立: 설 립. 恆: 항상 항.

제6효는 음의 자리에 양효가 있으므로 실위다. 익괘의 기본 원리는 '損上益下', 즉 '위의 것을 헐어서 아래에 보태 주는 것'일 뿐만 아니라, 익괘의 마지막에 다다랐다면 응당 욕심을 자제해야 할 때인데, 여기에 양효가 있다는 것은 욕심을 멈출 줄 모르고 계속 이익을 구하고 있음을 나타낸다.

그러나 제6효의 자리에서 실권도 없으면서 이익을 추구하면, 아무도 그에게 보태 주는 사람이 없다. 이것이 '莫益之', 즉 '아무도 그에게 보태 주는 자가 없다'라는 구절이 뜻하는 바다. 제3 음효가 본 효와 상응하지만, 그는 자신의 이익을 나라의 흉사에 쓰면서 자구책을 강구하고 있으므로 기실 여유가 없다.

뒷방으로 물러난 사람이 옛날 호시절의 관념에 젖어 욕심을 내면, 아무도 보태 주지도 않을뿐더러 오히려 그를 비난한다. '或擊之', 즉 '어떤 사람은 그를 공격한다'라는 구절이 바로 이 뜻이다. 여기서 '或' 자는 '어떤 사람'이란 뜻이지만, 사실은 많은 대중 가운데서 '대표적인 한 사람'을 가리키므로 '모든 사람'을 지시한다. 이런 사람은 '立心勿恆립심물항', 즉 '마음을 잡음에 있어서 변치 않게 유지하지 못하므로' 사납고 험난해지는 것이다.

이에 대하여 『상』은 "아무도 그에게 보태 주는 사람이 없는 것은, 그것이 일방적으로 호소하는 말이라는 뜻이고, 어떤 이가 그를 비난한다는 것은, 그것이 모든 사람에게서 온다는 뜻이다"(莫益之, 偏辭也; 或擊之, 自外來也)라고 해설하였다. 여기서 '偏辭편사'란 '한쪽으로 치우친 말'이란 뜻으로서 자기 혼자 일방적으로 이익을 달라고 주장한다는 뜻이고, '自外來也'란 비난이 밖으로부터 온다는 뜻인데, 여기서 '밖'이란 자신을 제외한 모든 사람을 의미한다.

[제6 양효. 아무도 그에게 보태 주는 자가 없고, 오히려 어떤 사람은 그를 비난한다. 마음을 잡음에 있어서 변치 않게 유지하지 못하므로, 사납고 험난해진다.]

43. 쾌괘夬卦

澤天夬택천쾌: 못이 하늘 위에 있으니 봇물이 터져 쏟아진다.

건하태상乾下兌上

❖ 개관 ❖

쾌夬괘는 상괘가 태兌괘, 하괘가 건乾괘로 이루어져서, 못의 물기운이 하늘 위로 올라가 비가 되어 내려와 만물을 적시는 모양이다. 『설문해자』에서는 '夬' 자를 '分決분결', 즉 '갈라져서 터지다'라고 해설하였다. 그래서 쾌괘가 익益괘 뒤에 놓인 것에 대하여 『서괘』는 "더해지기만 하고 그치지 않으면 마지막에 반드시 터진다. 그래서 이를 쾌괘로써 이어받았다. '夬' 자는 '터지다'라는 뜻이다"(益而不已必決, 故受之以夬. 夬者, 決也)라고 해설하였다.

이처럼 '夬' 자는 많은 양의 물이 쌓였다가 제방을 무너뜨리고 넘치는 모양을 나타내므로, 익益괘에서 받아 축적된 이익이 극에 이르러 터져 넘치는 게 본 괘의 괘상이다. 쾌괘는 결단을 상징한다.

쾌괘는 12소식괘消息卦 중의 하나로서 대표 절기는 곡우穀雨, 즉 3월이다. 이때는 다섯 개의 양효가 마지막 음효 하나를 압박하여 4월이 되면 6효가 모두 양효로 변한다.

이러한 쾌괘의 괘상은 박剝괘(䷖)와 음양이 정반대로 뒤집힌 모양이다.

즉 박괘는 소인배가 군자를 몰아내려 압박하는 형태고, 쾌괘는 반대로 군자가 소인을 압박하는 형태다. 현실에서 보면 소인들 여럿이 군자 하나를 몰아내는 일은 쉽지 않고, 군자 여럿이 소인 하나를 몰아내는 일은 별것 아닌 걸로 알기 쉬운데, 후자도 역시 쉬운 일이 아님을 괘상이 말해 준다. 즉 한 줌밖에 안 되는 소인이라도 나름의 생존 전략이 있는 법이니, 괘상이 보여 주는 것처럼 소인인 제6 음효는 임금인 제5효를 방패로 삼아 그 뒤에 숨어 있는 게 그것이다. 따라서 소인의 얕은꾀를 제압하려면 한 줌밖에 안 되는 소인일 뿐이라고 여기지 않고 끝까지 과감하게 결단하라는 것이 쾌괘가 강조하는 지혜다.

❖ 괘사 풀이 ❖

夬, 揚于王庭, 孚號有厲. 告自邑, 不利即戎, 利有攸往.

揚: 명백히 밝힐 양. 庭: 뜰 정. 조정. 號: 명령할 호. 厲: 사나울 려. 告: 국문할 고. 邑: 고을 읍. 即: 나아갈 즉. 戎: 군대 융.

쾌괘의 괘상은 양효 다섯 개 위에 음효 한 개가 있는 모양이므로, 군자 다섯이 소인 하나를 압박하는 형태인데, 이것이 간단치 않은 게 소인이 군자들 위에 군림하고 있기 때문이다. 따라서 군자의 역량이 아무리 강성하다 해도 함부로 움직일 수 없어서 주저하게 된다. 이러한 상황과 그 해결 방식을 『단』은 다음과 같이 해설하고 있다.

"'쾌夬' 자는 '깨뜨리다'라는 뜻으로서, 강직함이 우유부단함을 깨 버린다는 말이다. (하괘에) 강건함(☰)이 있고 (상괘에) 즐거움(☱)이 있다는 것은, 강직하게 결단을 내리면 모두 화해하게 된다는 뜻이다. (이러한 결정을) 조정에서 공명정대하게 공표하는 것은 소인 하나가 군자 다섯 위에 군림하고 있기 때문이다. 단호한 마음으로 명령을 하달할 때 엄중함이 있어야 하는 것은, (소인으로 인한) 위험이 그렇게 해야 널리 알려질 수 있기 때문이다. 그리고 소인을 국문鞫問하는 일은 도읍 자체에서만 일어나야지, 무력을 끌어들이는 쪽으로 나아가면 이롭지 않으니, 그러면 (소인을 다스림에 있어서) 긍정할 만한 방법이 고갈될 것이다. 이로움이 앞으로 나아갈 때 생길 것이니, 결국 강직함이 더 자라서 끝을 맺을 것이기 때문이다."(夬, 決也, 剛決柔也. 健而說, 決而和. 揚于王庭, 柔乘五剛也; 孚號有厲, 其危乃光也; 告自邑, 不利即戎, 所尙乃窮也; 利有攸往, 剛長乃終也)

부연하자면, 군자 다섯이서 소인 하나를 처리하는 일이 아무것도 아닌 듯싶어 그냥 홀시해 버릴 위험이 있다. 그러나 소인은 간교하기에 하잘것없어 보이는 놈이라도 과감하게 처단해서 후환을 없애야 한다. 그래야 백성이 기뻐하고 화해하며 따를 뿐만 아니라, 숨어 있는 소인배가 두려워하여 함부로 굴지 못한다. 그래서 '揚于王庭양우왕정, 孚號有厲부호유려', 즉 '조정에서 공명정대하게 공표하고, 단호한 마음으로 명령을 하달할 때 엄중함이 있어야 하는' 것이다.

그리고 '告自邑고자읍, 不利即戎불리즉융', 즉 '소인을 국문하는 일은 도읍 자체 안에서 해야지, 무력적 방법으로 나아가는 것은 이롭지 않다'라고 하였는데, 여기서 '告' 자는 '국문하다'라는 뜻이고 '即戎'은 '무력적 방법으로 나아가다', 즉 '군대를 동원하다'라는 뜻이 된다. 부례박은『삼국지연의』에서 대장군 하진何進이 십상시十常侍 문제를 해결하기 위해서 지방의 군벌을 불러들였다가 내란으로 발전한 사건이 소인을 처리하는 데 군대를 동원하면 안 되는 대표적인 예라고 설명한다.

'利有攸往', 즉 '이로움은 앞으로 나아갈 때 생긴다'라는 구절은 지금은 양효가 다섯 개인 상태지만, 얼마 안 있어 음효가 사라지고 그 자리에 양효가 들어섬으로써 군자가 전체를 지배하는 때가 올 것임을 말한다.

본 괘사에 대하여『상』은 "못물이 하늘보다 위에 있는 것이 쾌괘의 모양이니, 군자는 이 이치로써 밑의 백성에게 복록을 베풀고, 자신의 몸에 덕을 닦는 일에만 몰두하는 것은 경계해야 한다"(澤上於天, 夬. 君子以施祿及下, 居德則忌)라고 해설하였다. 여기서 쾌괘는 결단이 아니라, 못의 물이 수증기가 되어 하늘로 올라가 비가 되어 만물을 적시듯이, 백성에게 복록을 베풀어 주는 이치를 말한다. 그리고 '居德거덕'이란 백성의 어려움은 아랑곳하지 않고 자신의 몸에 덕을 수양하는 일에만 몰두하는 선비를 가리킨다. 자신만 선하게 수양하면 된다고 하는 이른바 '獨善其身독선기신'이 되지 않도록 경계하는 것이 쾌괘가 지시하는 또 하나의 이치다.

[쾌夬괘: 조정에서 공명정대하게 공표하고, 단호한 마음으로 명령을 하달할 때 엄중함이 있어야 한다. 소인을 국문하는 일은 도읍 자체 안에서 해야지, 무력적 방법으로 나아가는 것은 이롭지 않으니, 이로움은 앞으로 나아가면서 생긴다.]

❖ 효사 풀이 ❖

① 初九, 壯于前趾, 往不勝, 爲咎.
壯: 굳셀 장. 前: 앞 전. 趾: 발 지. 勝: 이길 승. 咎: 허물 구. 재앙.

제1효는 양의 자리에 양효가 있으므로 당위다. 따라서 왕성한 힘으로 힘차게 출발하는 발걸음에 비유할 수 있으니 이것이 '壯于前趾장우전지', 즉 '앞으로 나아가는 발에 씩씩함이 있다'라는 구절이다.

쾌괘의 괘상을 보면, 제1효 앞에 네 개의 양효가 있고 마지막에 음효가 있다. 제1효는 용감하게 제6 음효인 소인을 제거하기 위해서 출발하지만, 거기까지 도달하기 위해서는 앞의 네 개의 강직한 양효를 넘어야 하는데, 이를 극복하기엔 제1효의 지위가 너무 낮고 제4효와 상응하지도 않는다. 그래서 그리로 나아가 봤자 이기기가 힘드니, 효사는 이를 '往不勝', 즉 '나아가 봤자 이기지 못한다'라고 표현한 것이다. 자신의 힘과 용맹만을 믿고 무모하게 나아갔다가는 오히려 재앙을 만날 수도 있으니, 마지막에 '爲咎',

즉 '재앙이 된다'라고 말하였다.

『상』에서도 이에 대하여 "이기지도 못할 것을 나아가면 재앙이 된다"(不勝而往, 咎也)라고 해설하였다.

[제1 양효. 앞으로 나아가는 발에 씩씩함이 있지만, 나아가 봤자 이기지 못하고 오히려 재앙이 된다.]

② 九二, 惕號, 莫夜有戎, 勿恤.

惕: 두려워할 척. 號: 부르짖을 호. 莫: 저녁 모. '暮(저녁 모)' 자와 같음. 夜: 밤 야. 戎: 군사 융. 恤: 근심할 휼.

제2효는 음의 자리에 양효가 있으므로 실위다. 제2효는 신하의 자리로서 순종하는 자질을 갖추고 있어야 하지만, 그는 권력자의 자리에 있는 소인을 제거해야겠다는 의지가 충만하다. 그러나 이러한 의지를 함부로 내보였다가는 선수를 당할 수 있으므로 이를 숨기고 철저히 순종의 미덕과 강력한 의지를 적절히 유지해야 하는데, 그가 가운데 중효에 위치한다는 사실이 이를 나타낸다. 그는 자신의 위치가 있는 만큼 제1효처럼 왕성한 의지만을 믿고 함부로 움직이면 안 되고, 철저히 준비된 계략에 의해 행동해야 한다.

그러나 권력자인 소인도 간교한 만큼 가만히 있지 않고 정변 같은 것을 일으켜서 급습할 수 있다. 이것이 '惕號척호', 즉 '갑자기 소란을 일으켜 난리를 치다'라는 말이다. 요즘 말로 하자면, 쿠데타 같은 사건을 가리킨다. 그래서 '莫夜有戎모야유융', 즉 한밤중에 군사들의 싸움이 일어나게 된다. 그러나 그렇다 하더라도 '勿恤', 즉 걱정하지 말라고 안심시킨다. 왜냐하면 『상』에서 해설한 바와 같이 "군사적 충돌이 있어도 걱정하지 말 것은, (제2효는) 가운데서 중도의 도리를 지켰기 때문이다"(有戎勿恤, 得中道也).

[제2 양효. 갑자기 소란을 일으켜 난리를 치니, 한밤중에 군사들의 싸움이 일어나

게 되지만, 걱정하지 않아도 된다.]

③ 九三, 壯于頄, 有凶. 君子夬夬, 獨行, 遇雨若濡. 有慍无咎.

壯: 힘쓸 장. 힘을 실어 주다. 頄: 광대뼈 구. 夬夬쾌쾌: 과감하게 단절하다. 獨: 홀로 독. 遇: 만날 우. 雨: 비 우. 若: 같을 약. 濡: 적실 유. 慍: 성낼 온. 원망하다.

제3효는 양의 자리에 양효가 있으므로 당위다. 따라서 힘이 왕성한 본 효는 다른 양효와 보조를 맞추지 않고 충동적으로 행동하려는 속성이 있다.

효사의 '壯于頄장우구'에서 '壯' 자는 힘을 실어 준다는 뜻이고, '頄구' 자는 얼굴의 광대뼈를 가리키는데, 이는 비유적으로 몸의 윗부분에 자리하고 있는 소인을 뜻한다. 따라서 제6효와 상응하는 본 효는 힘이 넘치는 나머지 권력자인 소인에게 힘을 실어 주는 상황이 되어 버렸다. 제6효는 음효라서 권력자의 자리에 있다 하더라도 근본적으로 힘이 약한 데다가 아래의 다섯 양효가 연합하여 대들기에 매우 불리한 처지에 있다. 그런데 본 효가 충동적으로 소인을 지원하면 '有凶', 즉 좋지 않은 결과가 나올 것이다.

'君子夬夬군자쾌쾌', 즉 '군자는 터 줘야 할 곳을 터 줘야 하는' 법인데, '獨行독행', 즉 자기가 힘이 넘친다고 해서 소인에게 여유를 부리면서 다른 군자들과 함께 보조를 맞추지 않고 '홀로 행동하면', '遇雨若濡우우약유', 즉 '비를 만나서 온몸이 젖듯이 오명을 뒤집어쓰게' 된다.

이렇게 되면 자신이 억울하다고 원망해 봐야 어디에 탓할 데도 없을 것이니, 이것이 효사의 '有慍无咎유온무구'다. 부례박은 여기서 '无咎'를 '탓할 데가 없다'라고 해설하였다.

『상』에서도 이에 대하여 "군자가 터 줘야 할 곳을 터 주면, 끝까지 재앙이 없다"(君子夬夬, 終无咎也)라고 해설하였다. 여기서 '无咎'는 앞의 '无咎'와 의미가 다르다.

[제3 양효. 광대뼈에 힘을 실어 주니 사납고 험난한 일이 발생한다. 군자는 과감하게 끊을 것은 끊어야 하는데, (다른 군자들과 보조를 맞추지 않고) 홀로 가면 비를 만나서 온몸이 젖듯이 오명을 뒤집어쓰게 된다. 그러면 (자신이 억울하다고) 원망해 봐야 어디에 탓할 데도 없다.]

④ 九四, 臀无膚, 其行次且, 牽羊悔亡, 聞言不信.
臀: 볼기 둔. 膚: 피부 부. 次且차차: '越趄자저'와 같은 말. 힘들게 걷는 모양. 머뭇거리다. 牽: 끌 견. 聞: 들을 문. 信: 믿을 신.

제4효는 음의 자리에 양효가 있으므로 실위다. 보통 제1효는 발(足)에, 제2효는 장딴지(腓)에, 제3효는 허벅지(股)에, 제4효는 볼기(臀)에 각각 비유한다. 제4효는 음의 자리이므로 볼기처럼 부드러운 살이 많아서 앉기에 편해야 한다. 그런데 효사에서 '臀无膚둔무부', 즉 '볼기에 살갗이 없다'라고 하였으니, 엉덩이에 살갗이 없다면 앉아 있을 수가 없을 것이다. 따라서 좌불안석坐不安席하여 이러지도 못하고 저러지도 못하는 난감한 처지에 있음을 알 수 있다.

이렇게 된 근본적 원인은 본 효가 실위로서, 권력자인 소인을 제거한다는 명분에 호기 있게 동참은 하였는데, 음효의 자질이 말하듯이 담력이 없어서 주저하고 있기 때문이다. 현실적으로도 제3효와 같은 제후의 자리에 있는 사람들은 중앙의 불의를 토벌하는 일에 적극적이지만, 제4효와 같은 재상의 자리에 있는 사람은 자신이 직접 움직일 수 있는 군대가 없으니 소극적일 수밖에 없다.

그런데도 그가 나선 것은 자발적인 게 아니라, 아래에 있는 세 개의 양효가 힘으로 밀어붙이기 때문에 어쩔 수 없이 나서게 된 것이다. 사정이 이러하니 소인을 토벌하러 가는 자세가 시원치 않다. 그래서 '其行次且기행차차', 즉 '그의 걸음걸이가 비실비실하다'라고 말한 것이다.

그렇다 하더라도 '牽羊悔亡견양회무', 즉 '양이 끌려가듯이 억지로라도 가면 후회할 일은 없을 터'이니, 왜냐하면 그를 끌고 가는 것은 강직한 제5 양효이기 때문이다. 이렇듯 옆에서 아무리 설득해도 자신감이 생기지 않으니, 이것이 '聞言不信문언불신', 즉 '다른 사람의 조언을 듣고도 이를 믿지 않는다'라는 구절이 뜻하는 바다.

『상』은 이에 대하여 "그의 걸음걸이가 비실비실한 것은 그의 자리가 온당치 않기 때문이고, 권면하는 말을 듣고도 믿지 않는 것은 총명하지 않기 때문이다"(其行次且, 位不當也, 聞言不信, 聰不明也)라고 해설하였다. 여기서 '자리가 온당치 않다'라는 말은 제4효가 실위라는 의미도 있고, 상괘인 태괘(☱)의 아래에 치우쳐 있다는 의미도 있다.

여기서 부례박은 '聰不明총불명'이란 '聰하지도 않고 明하지도 않다'라고 해석한다. '聰'은 듣고서 사리를 판단한다는 뜻이고, '明'은 보고서 사리를 판단한다는 뜻이기 때문이다. 그렇다면 왜 제4효를 가리켜 총명하지 않다고 말했는가? 이 효는 태괘의 맨 밑에 있어서 위에 있는 못의 물이 새지 않도록 떠받치고 있으므로 매우 강직하다. 이에 비하여 그 밑에 있는 하괘인 건괘는 매우 밝다. 따라서 제4효는 같은 양효라 하더라도 강직하기만 했지, 밑의 세 효처럼 밝지는 못하다는 말이다.

[제4 양효. 볼기에 살갗이 없으니, 그의 걸음걸이가 비실비실하다. 그래도 양이 끌려가듯이 억지로라도 가면 후회할 일은 없을 터인데, 다른 사람의 조언을 듣고도 이를 믿지 않는다.]

⑤ 九五, 莧陸夬夬, 中行无咎.
莧: 비름 현. 莧陸현륙: '商陸상륙'으로도 씀. 자리공.

제5효는 양의 자리에 양효가 있으므로 당위다. 본 효는 군주의 자리로서 막대한 권력을 소유하고 있다. 따라서 소인이 아무리 권력을 부리고 있어도 언제든지 단번에 제거할 수 있다. 이것이 '夬夬쾌쾌', 즉 '과감하게 단절하다'라는 뜻이다. 여기서 '夬夬'는 '夬決쾌결'과 같은 뜻으로서 '터 줘야 할 곳을 터 준다'라는 의미다.

그러나 실제로는 이게 쉽지 않다. 효사는 '莧陸현륙'이라는 말로 소인을 비유하고 있는데, 이는 자리공이라는 잡초로서, 간단히 제거될 수 있는 게 아니기 때문이다. 자리공은 줄기도 연약하고 뿌리도 깊지 않아서 쉽사리 뽑힌다. 그러나 재생력이 강해서 잔뿌리라도 남아 있으면 거기서 곧 풀이 다시 나오고, 또 번식력이 강하여 삽시간에 온 밭으로 퍼진다. 권력 주변에 자리 잡은 소인들은 자리공과 같기에 제거하기가 간단치 않은 것이다.

더구나 괘상에서 보듯이, 제5효는 제6효와 음양으로 상합相合하고 있다. 이는 간신이 군주에게 듣기 좋은 말만 하다 보니까 군신이 늘 가까이하고 있었으므로, 단번에 간신을 제거한다는 게 말처럼 쉽지 않음을 나타낸다. 그뿐 아니라, 늘 군주의 비위를 맞추다 보니까 그의 약점과 부정을 속속들이 파악하고 있어서 함부로 건드리지 못하는 점도 있다. 따라서 군주가 간신을 제거하려면 평소에 중도에서 공정하게 행동해야 뒤탈이 없다. 이것이 '中行无咎', 즉 '가운데서 공정하게 행동해야 재앙이 없다'라는 구절이 뜻하는 바다.

『상』에서는 이에 대하여 "가운데서 공정하게 행동해서 재앙이 없는 것은, 그가 군주로서 가운데서 자신의 의지를 내세우지 않기 때문이다"(中行无咎, 中未光也)라고 해설하였다. 이 말은 군주가 소인을 제거하려 하면 평소의 사적인 감정에 얽매여 주저하게 되는데, 그래도 그가 어쩔 수 없이 감행하는 것은 자신의 의지에 의해서가 아니라, 그 아래에 있는 네 개의 양효들의 거센 압력에 굴복할 수밖에 없기 때문이다. 그 대표적인 예가 당 현종玄宗과 양귀비의 사건일 것이다. 양귀비가 안록산의 난이 일어난 빌미이긴 하지만 현종은 그녀를 죽이고 싶지는 않았다. 그러나 신하들의 강력한 요구로 그녀를 죽일 수밖에 없었으니, 이것이 바로 이에 해당하는 상황일 것이다.

[제5 양효. 자리공을 과감하게 잘라 낼 수 있지만, 가운데서 공정하게 행동해야 재앙이 없다.]

⑥ 上六, 无號, 終有凶.

號: 부르짖을 호. 큰 소리로 울며 외치다. 終: 마칠 종.

제6효는 음의 자리에 음효가 있으므로 당위다. 본 효는 유약한 자질에 마음도 음험하고 행동도 정당하지 않은 상태로 맨 끝의 막다른 절벽에 몰려 있는 처지다. 그는 제3효와 상응하고 제5효와 상합한다는 사실에 의지하고 있지만, 다섯 개의 양효에게 몰리는 상황을 벗어나기란 불가능하다. 쾌괘는 12소식괘消息卦에서 3월에 해당하는데, 3월 말에서 이제 곧 4월로 들어서면 음효는 모두 사라질 운명이니, 마지막 음효로서 본 효는 매우 험난하고 사나울 수밖에 없다. 이것이 효사의 '无號무호', 즉 '울부짖어 봤자 소용없는' 상황이다. 여기서 '无' 자는 '소용없다'라는 뜻이다. 따라서 '終有凶', 즉 '끝내는 험난하고 사나운 일을 맞게 된다.'

『상』은 이에 대하여 "울부짖어 봤자 소용없을 만큼 사납고 험난하게 되었다는 것은, 이미 끝나서 더는 연장할 수 없게 되었다는 뜻이다"(无號之凶, 終不可長也)라고 해설하였다.

[제6 음효. 울부짖어 봤자 소용없으니, 끝내는 험난하고 사나운 일을 맞게 된다.]

44. 구괘姤卦

天風姤천풍구: 하늘 아래로 바람이 부니 구석구
석까지 만남이 이루어진다.
손하건상巽下乾上

❖ 개관 ❖

구姤괘는 상괘가 건괘(☰), 하괘가 손(☴)괘로 이루어졌으므로, 하늘 아
래로 바람이 불어 대지에 고루 퍼짐으로써 만물을 무성케 하는 괘상을 이
룬다. 여기서 '姤' 자는 '만나다'라는 뜻인데 상괘는 양괘, 하괘는 음괘로서
음양이 상합하여 바람이 불어 미치는 곳마다 희망과 이상이 실현될 기회를
만나게 됨을 상징한다.

본 괘가 쾌夬괘의 뒤에 놓인 것에 대하여 『서괘』는 "터뜨리면 반드시 만
남이 있게 되므로 구姤괘로써 이를 계승하였다. '姤' 자는 '만나다'라는 뜻
이다"(決必有遇, 故受之以姤. 姤者, 遇也)라고 해설하였다. 여기서 '만남'이란
음효가 새로운 양효를 만났다는 뜻인데, 앞의 쾌夬괘에서 마지막 남은 음효가
양효들에게 쫓겨난 후 새로운 양효의 집단과 만나 구괘를 형성하였다는 말
이다. 따라서 쾌夬괘(☱)와 구괘는 효의 배열이 완전히 뒤집힌 복괘覆卦의
관계에 있다.

위에서 말한 바와 같이, 쾌괘에서 하나 남은 음효, 즉 소인은 양효들, 즉
군자들에 의해서 축출당하였다. 그래서 군자들의 세상이 되었지만, 이내 소

인이 아무도 눈치채지 못하는 사이에 저 밑에 슬그머니 다리 하나를 집어 넣고 들어온 상황이라고 볼 수 있다. 그래도 아직은 군자들이 지배하는 세 상이어서 저 밑의 소인 하나 정도는 하잘것없다고 여길 수 있지만, 이런 가 운데서 소인에 의한 재앙은 시작될 수 있음을 경계해야 한다.

본 괘는 쾌괘와 복괘의 관계에 있으므로, 본 괘 역시 12소식괘消息卦 중 의 하나가 된다. 대표 절기는 하지夏至, 즉 5월이고 망종芒種과 소서小暑까 지의 30일을 담당한다. 하나의 효가 30일 중 5일씩을 대표하는데, 이것을 일후一候라고 부른다.

❖ 괘사 풀이 ❖

姤, 女壯, 勿用取女.

壯: 성할 장. 성욕이 강하다. 取: 장가들 취. '娶(장가들 취)' 자와 같음.

'姤' 자는 판본에 따라 '遘' 자를 포함해서 '遘(만날 구)'·'媾(교접할 구)' 등 세 가지 글자로 쓰였다. '遘' 자로 쓴 경우는 '偶合우합', 즉 우연히 만난 다는 뜻으로서, 본 괘에서 제5 양효와 제2 양효의 성군과 현신이 만나는 것 처럼 천재일우千載一遇의 기회를 의미한다. '媾' 자는 '성교하다'라는 뜻으 로서, 양효 다섯 개와 음효 한 개로 이루어진 본 괘의 괘상을 음탕한 여자 혼자서 다섯 남자를 상대하는 형상으로 본 것이다. 여자가 바람이 나서 온 세상을 쏘다니며 남자를 만난다는 말이다. '姤' 자는 위의 두 가지 의미를 모두 포함한다.

따라서 괘사의 '女壯여장'이란 여자가 성욕이 강하다는 뜻이 된다. 『단』 에서 '柔遇剛也', 즉 '부드러운 것이 강직한 것을 만난다'라고 해설하였는 데, 이는 여자가 남자를 쫓아다닌다는 의미다. 정상적인 남녀 관계에서는 음괘가 위에, 양괘가 밑에 있어서 남자가 여자를 쫓는 모양이어야 한다. 그래서 괘사는 '勿用取女', 즉 '이런 여자에게는 장가들지 말라'라고 하였고, 『단』은 '不可與長也불가여장야', 즉 '(그녀와) 더불어 오래도록 살 수 없다' 라고 부연하였다.

'偶合우합(우연히 만남)'이란 하늘과 땅의 만남처럼 양강陽剛과 음유陰柔가 만나는 게 가장 바람직하다. 다만, 『단』에서 지적한 바와 같이 '剛遇中正 강우중정', 즉 '강직함이 중정中正함을 만나는 것'도 쉽지는 않지만 바람직하다. 다시 말해서 강직함은 제5 양효이고, 중정은 제2 양효를 가리키는데, 얼핏 보면 양강과 양강이 만나는 것처럼 보이지만, 제2 양효가 가운데에 처하고 있어서 성군과 현신이 만나는 아주 이상적인 경우를 가리킨다. 이러한 양강과 양강의 조합은 불합리한 것처럼 보여도 매우 이상적이므로, 『단』은 "구괘가 시대에 따라 큰 의미를 발휘함이 크도다"(姤之時義大矣哉)라고 해설한 것이다.

본 괘사에 대하여 『상』은 "온 하늘 아래에 바람이 부는 게 구괘의 형상이다. 제후들은 이 이치로써 명을 하달하고 사방에 알려야 한다"(天下有風, 姤, 后以施命誥四方)라고 해설하였는데, 여기서 '后(임금 후)' 자는 제후만을 가리키는 게 아니라 천자까지도 포함하며, '명을 하달하고 사방에 알린다'라는 말은 백성을 고루 가르쳐서 나라에서 주는 혜택을 빠짐없이 누리게 함과 아울러 법을 어기지 않게 한다는 의미다.

[구姤괘: 여자가 성욕이 강하면, 이런 여자에게는 장가들지 말라는 뜻이다.]

❖ 효사 풀이 ❖

① 初六, 繫于金柅, 貞吉. 有攸往, 見凶. 羸豕孚蹢躅.

繫: 맬 계. 柅: 고동목 니. 제동 장치. 羸: 파리할 리. 豕: 돼지 시. 孚: 달릴 부. 蹢躅척촉: 부산하게 움직이다. 안절부절못하다.

제1효는 양의 자리에 음효가 있으므로 실위다. 『역』에서는 양羊은 양효를, 돼지는 음효를 각각 상징한다. 제1효는 강직하게 움직이려는 자리인데, 여기에 욕심 많은 돼지가 있으니 불안해서 날뛰려 하지만, 꼼짝없이 묶여 있으므로 안심해도 되는 상황이다.

본 효사의 문장은 도치법을 사용하였으므로, 원문장을 '羸豕孚蹢躅, 繫于金柅, 貞吉. 有攸往, 見凶'으로 고쳐서 읽는 게 이해가 쉽다.

'羸豕리시'는 '수척한 돼지'라는 뜻으로서 일반적으로 새끼를 낳은 후 수척해진 암돼지를 가리킨다. '孚' 자는 여기서는 '달리다'·'힘쓰다'라는 의미이고 '蹢躅척촉'은 '날뛰다'라는 뜻이다. 따라서 첫 구절은 '암돼지가 안절부절못하고 날뛰다'라는 의미가 된다. 그래서 이 돼지를 쇠말뚝에다가 끈으로 묶어 놓았는데, 이것이 '繫于金柅계우금니'다. '柅' 자는 원래 수레의 제동장치지만, 여기서는 짐승의 고삐를 묶어 놓을 수 있는 말뚝을 가리킨다.

욕심 많고 음험한 소인이 제1효에 들어오면 위의 양효들이 손상을 입을 수 있으므로, 꼼짝하지 못하도록 묶어 놓는 것이 무엇보다 중요하다. 이 일을 제1효에서 해 놓았으니, 이제 올바른 자세를 견지하는 위에 있는 군자들은 안심해도 된다는 게 '貞吉'이다. 이러한 상태에서 돼지가 벗어나 나아가려 하면 사납고 험한 일을 당할 것이니, 이것이 '有攸往, 見凶'이다.

이에 대하여 『상』은 "쇠말뚝에다가 끈으로 묶어 놓았으니, 음유한 자들이 들어오는 길이 제약된다"(繫于金柅, 柔道牽也)라고 해설하였는데, 여기서 '음유한 자들이 들어오는 길'(柔道)이란 앞으로 제2·3·4효 등으로 차고 들어올 음효들을 가리킨다.

[제1 음효. 쇠말뚝에다가 끈으로 묶어 놓았으니, 올바른 자세를 견지하는 위에 있는 군자들은 길하다. 여기서 벗어나 나아가려 하면, 사납고 험한 일을 당할 것이다. 암돼지가 안절부절못하고 날뛰고 있지만 말이다.]

② 九二, 包有魚, 无咎, 不利賓.

包: 감쌀 포. 魚: 고기 어. 賓: 손님 빈.

제2효는 음의 자리에 양효가 있으므로 실위다. 제1효에서 소인이 날뛰는 것을 붙잡아 묶어 놓았으므로, 신하의 자리인 제2효는 마음 놓고 백성을 위무하여 그들의 마음을 얻을 수 있다. 본 효는 실위라서 복종해야 하는 신하가 자기의 생각대로 행동하는 경향이 있다. 신하는 임금에게 순종해야 하지만, 그러다 보면 백성의 원성을 살 수도 있다. 이를테면 군대와 같은 조직에서 대대장의 명령에 복종하는 소대장은 대대장의 신임은 받겠지만, 소대원에게는 원망을 듣는다. 반대로 소대원의 애로隘路를 너무 잘 이해한 나머지 대대장의 명령에 사사건건 토를 달면, 대대장에게는 불신임을 받고 소대원에게는 칭찬을 들을 것이다. 이것이 실위인 제2효가 갖는 '剛中懷柔강중회유', 즉 '강직함 가운데에 있는 유순함'의 속성이다.

따라서 본 효의 신하는 임금에게 복종하기보다는 제 생각을 강직하게 실천함으로써 백성의 마음을 얻고 있다. 그래서 효사에서 '包有魚포유어', 즉 '감싸 안아서 물고기를 소유하였다'라고 한 것이다. 물고기는 음유한 사물로서 백성을 상징한다. 백성인 제1효는 원래 제4 양효와 상응하고 있지만, 백성에게 있어서 먼 데 있는 제4효보다는 가까운 곳에서 음양상합陰陽相合으로 소통하는 신하와 더 친밀할 수 있는 게 인지상정人之常情이다. 속담에 '이웃사촌'이라는 말이 있고, '법은 멀고 주먹은 가깝다'라는 말도 있다. 멀리 있는 형제보다 가까운 이웃이 더 친밀하다는 뜻이고, 법이 아무리 엄해도 가까이 있는 주먹에 더 복종한다는 뜻이다.

부례박은 실제 역사에서 이런 사건을 예로 들었는데, 강태공 여상呂尙이 세운 제齊나라가 도공悼公 이후에 민심을 잃어 가다가, 신하인 전상田常이 민심을 얻으면서 제나라의 사직이 그에게 넘어가 전씨田氏의 제나라가 된 것이 바로 그것이다. 그러므로 '물고기를 감싸 안아서 소유하게 되었으니',

'그에게 탓할 게 없는'(无咎) 것이다.

이에 대하여 『상』은 "물고기를 감싸 안아서 소유하게 된 것은, 의로움이 손님에게 미치지 못하였기 때문이다"(包有魚, 義不及賓也)라고 해설하였다. 여기서 '손님'(賓)이란 제1효인 백성과 상응하는 제4효를 가리킨다. 제4효가 아무리 제1효와 상응한다고 하더라도, 가까이서 백성과 소통하는 제2효만 못하다. 아무리 의리상 그럴 수 있느냐고 원망해도 그 의리가 제4효에게는 미치지 못하니, 백성에게 제4효는 손님에 지나지 않는 것이다.

[제2 양효. 물고기를 감싸 안아서 소유하게 되었으니, 그에게는 탓할 게 없고, 손님에게는 이로울 게 없다.]

③ 九三, 臀无膚, 其行次且, 厲, 无大咎.

제3효는 양의 자리에 양효가 있으므로 당위다. 손괘(☴)는 인체 중에서 허벅지에 해당하는데, 본 효는 그중에서도 맨 위에 있으므로 볼기가 된다. 또한 본 효는 쾌夬괘(☱)의 제4효가 뒤집힌 부분인 데다가, 위아래인 제2·4효가 모두 양효라서 쾌괘의 효사인 '臀无膚둔무부', 즉 '볼기에 살갗이 없다'라는 구절을 다시 가져다 썼다.

제3 양효는 '만남'(遇)이 이루어지는 구괘에서 당위지만, 기실 어느 한 군데도 만남이 이루어지지 않는다. 제6 양효와 상응하지도 않고, 음양으로 상합할 수 있는 제1효와 어울리려 해도 중간에 있는 제2효가 가깝다는 이유로 이미 점유해 버렸다. 게다가 위아래 양쪽이 모두 양효라서 완화해 줄 볼기도 없다. 그래서 효사는 '볼기에 살갗이 없다'라고 말한 것이다. 완화해 줄 볼기가 없으니 좌불안석인 데다가, 앞으로 나아가고자 해도 앞에 양효들이 버티고 있으니 쉽지 않다.

이처럼 제3효는 양효로서 강직한 속성은 갖췄으나 어디 마땅한 곳에서 끌어 주지도 않고 발붙일 데도 없다. 그래서 '其行次且', 즉 '그의 걸음걸이가 비실비실하다'라고 말하였고, 이는 그에게 있어서 불운이므로 '厲(사나울 려)'라고 쓴 것이다. 그는 '회재불우懷才不遇', 즉 재주는 있으나 때를 만나지 못한 매우 고독한 처지에 있지만, 이는 자기의 잘못이 아니기에 그에게 재앙은 없다.

이에 대하여 『상』에서도 "그의 걸음걸이가 비실비실한 것은, 그의 가는 길에 그를 이끌어 주는 사람이 없기 때문이다"(其行次且, 行未牽也)라고 해설하였다.

[제3 양효. 볼기에 살갗이 없으니, 그의 걸음걸이가 비실비실하다. 그에게는 불운이지만, 큰 재앙은 없다.]

④ 九四, 包无魚, 起凶.

起: 일어날 기.

제4효는 음의 자리에 양효가 있으므로 실위다. 본 효는 구괘 중에서 '一人之下, 萬人之上', 즉 '단 한 사람의 아래에만 있을 뿐, 모든 사람의 위에 있어서' 저 아래에 있는 제1효인 만백성을 껴안아야 하는 자리에 있다. 그래서 본 효는 제1음효와 상응한다. 그런데 제2효에서 언급하였듯이, 제1효를 가까이 있는 제2효가 선점해 버려서, 본 효는 껴안아야 할 물고기가 사라져 버렸다. 이것이 '包无魚', 즉 '감싸 안으려 하니 물고기가 없다'라는 구절이 가리키는 바다. 물고기는 백성을 상징한다고 앞에서 말했다.

이러한 상황은 『수호전水滸傳』에 나오는 서문경西門慶과 반금련潘金蓮의 고사로 비유할 수 있다. 미모가 빼어나고 색정이 강한 반금련은 추남에다가 비실비실한 남편 무대武大가 늘 불만일 수밖에 없었다. 이 사이에 끼어든 사람이 바람둥이 서문경이니, 치정 살인 사건이 벌어진 것은 바로 이 때문이다. 당위성의 차원에서 보자면, 반금련은 무대가 감싸 안아야 할 사람이지만, 현실적으로는 가까이서 달콤하게 속삭여 주는 서문경이 차지하였다.

본 효는 순종해야 하는 자리에 활동적인 양효가 있으므로, 감싸 안으려 해도 물고기가 없는 상황에서 당황한 나머지 함부로 움직이면 사납고 험한 일이 생길 수 있다. 이것이 '起凶'이다.

이에 대하여 『상』에서는 "물고기가 없게 된 흉사는, 백성을 멀리하였기 때문이다"(无魚之凶, 遠民也)라고 해설하였다. 즉 제4 양효는 제1 음효와 상 응하고 있으므로, 위에 있는 사람이 아래의 백성에게 다가가서 품어 주어야 하는데, 그렇지 못하였으므로 다른 사람에게 빼앗겼다는 말이다.

[제4 양효. 감싸 안으려 해도 물고기가 없으니, 사납고 험한 일이 생긴다.]

⑤ 九五, 以杞包瓜, 含章, 有隕自天.

杞: 구기자 기. 여기서는 버드나무를 뜻함. 瓜: 오이 과. 含: 머금을 함. 章: 문채 장. 아름다운 무늬. 隕: 떨어질 운. 自: 처음 자. ~로부터.

구姤괘는 음괘다. 음괘란 상·하괘가 각기 다른 중괘重卦 중에서 단 하나 의 음효만 있는 괘로서, 쾌夬·대유大有·소축小畜·이履·동인同人·구姤 등 여섯 개만 이에 속한다. 본 괘의 제5 양효는 강직한 속성을 지닌 임금의 자 리로서 괘의 전체를 지배한다. 모든 괘 중에 들어 있는 양효를 '含章함장'이 라고 하는데, 이를 직역하면 '아름다움을 품고 있다'라는 뜻으로서 다른 말 로 하면 '내면에 숨어 있는 훌륭한 덕성과 자질'이라고 정의할 수 있다. 구 괘의 본 효는 전체를 지배하는 양효이므로, 내면적인 덕성은 여기에 집중 되어 있다고 볼 수 있다. 그래서 앞의 『단』에서 언급한 바와 같이 "이러한 강직한 임금이 중정한 신하를 만나면, 천하에 도가 크게 행하여지는 것이 다."(剛遇中正, 天下大行也)

물론 미시적인 관점에서 보면, 본 효는 제2효와 상응하지 않는다. 그러 나 앞서 말하였듯이, 본 효는 보이지 않는 덕성을 품고 있어서 강직한 속성만 발휘하는 게 아니라, 현명한 인재를 보면 그에게 허리를 굽힐 줄 안다. 그래서 제2효와 상응하지 않으면서도 상응할 수 있으니, 이것이 제2효에게는 만나기 힘든 우합偶合일 뿐만 아니라, 백성에게는 행운이다. 주나라 무왕이 강태공 여상呂尙을 만난 것처럼 말이다.

'以杞包瓜이기포과'란 키 큰 버드나무가 땅바닥에서 넝쿨로 자라는 오이를 감싸 안아 준다는 뜻이다. 오이는 동그랗게 생겼으므로 '하늘은 둥글고 땅은 모나다'라는 이른바 '天圓地方천원지방'의 관념에서 볼 때, 오이는 둥근 하늘, 즉 '乾'이라는 양강陽剛에 속하는 사물이다. 따라서 이 구절은 키 큰 버드나무가 상징하는 강력한 지도력의 군주가 강직한 신하를 끌어안음을 뜻한다. 양효와 양효는 상응하지 않는데도 이게 가능한 것은, 본 괘가 음괘로서 '含章함장', 즉 보이지 않는 훌륭한 덕성이 제5효에 있기 때문이다.

이러한 군신 관계를 보여 주는 예가 초장왕楚莊王과 당교唐狡의 고사다. 초나라 군대가 전쟁에서 계속 승리하자, 장왕이 장수들에게 잔치를 베풀었다. 분위기가 무르익으면서 임금은 자신의 아름다운 왕비인 허희許姬에게 돌아가면서 장수들에게 직접 술을 권하게 하였다. 한창 술잔을 권할 때 갑자기 광풍이 불면서 연회장의 촛불이 모두 꺼졌다. 이 틈에 어느 장수가 왕비를 만지자 그녀가 소리를 지르며 임금에게 달려가 알렸다. 그 증거로 장수의 갓끈 한쪽을 잡아채 왔으니, 갓끈이 없는 자를 찾아 달라고 하였다. 임금은 아직 불을 켜지 말라고 말한 뒤, 자신의 갓끈 하나를 떼고는 다른 장수들에게도 갓끈 하나씩을 떼라고 명령하였다. 그리고 불을 다시 켜게 하고는 잔치를 이어갔다.

몇 년 후, 또 다른 전쟁에서 장왕이 적군에 포위되어 위급한 상황에 처하게 되었는데, 당교라는 장수가 죽음을 무릅쓰고 부하들을 이끌고 들어와서 임금을 구해 내었다. 전투가 끝나고 나서 임금이 그에게 큰 상을 내리려 했더니, 극구 사양하며 말하기를 "저는 이미 임금님에게 큰 상을 받았습니다. 전에 제가 왕비께 죽을 죄를 지었는데, 그 죄를 묻지 않으신 상을 후히 받았으니 무슨 상을 또 받겠습니까?"라고 하였다.

제5효가 이렇게 제2효를 끌어안으면, 그와 가까이 있는 제1효, 즉 백성은 저절로 그의 품 안에 들어온다. 이렇게 하면 제4효가 잃은 물고기를 되찾은 셈이 된다.

이처럼 이치로는 서로 맞지 않는 것처럼 보여도 정말로 우연히 맞는 경우가 있으니, 이는 그야말로 행운이다. 그래서 『상』에서 "제5 양효에게 아름다움을 품고 있는 것은, 그가 가운데에서 공정하게 행동하기 때문이다. 이는 어쩌다 운석이 하늘로부터 떨어진 것과 같으니, 희망을 품고서 운명의 끈을 버리지 말아야 한다"(九五含章, 中正也, 有隕自天, 志不舍命也)라고 해설하였다. 여기서 '志지' 자는 의지, 즉 희망을 뜻하고, '不舍命불사명'이란 운명에는 보이지 않는 요소가 있으니, 끝까지 운명의 끈을 놓지 말아야 함을 의미한다.

[제5 양효. 키 큰 버드나무가 땅바닥에서 넝쿨로 자라는 오이를 감싸 안아 주는 것은, 내면에 숨어 있는 훌륭한 덕성이 있어서다. 이는 어쩌다 운석이 하늘로부터 떨어진 것이다.]

⑥ 上九, 姤其角, 吝, 无咎.

角: 뿔 각. 吝: 아낄 린. 아쉬운. 안타까운.

제6효는 음의 자리에 양효가 있으므로 실위다. 본 효는 맨 위에 있기는 하지만 마지막 국면에 와 있는 상태이므로, 모든 걸 조용히 내려놓고 관조하는 게 당연한데, 여기서는 그렇지 못하다는 뜻이다. 본 효는 자신이 가장 높은 곳에 있다고 여기고는 아랫사람 중에서 자신과 우합偶合할 수 있는 인재를 원한다.

그러나 제5 양효가 전체를 장악하고 지배하고 있기에 그에게로 갈 사람이 없다. 열심히 갈구해 봤자 '姤其角구기각', 즉 뿔 끝만 만날 뿐이다. 뿔 끝이란 아무리 커 봤자 닿는 면적이 거의 없을뿐더러, 잘못하면 그 뾰족한 끄트머리에 다칠 수도 있다. 그래서 '吝', 즉 '안타깝다'라고 말한 것이다.

현실에서도 어떤 조직에서든지 원로가 되거나 은퇴하면 이른바 '뒷방 늙은이' 됨을 스스로 즐겨야지, 자신이 늙지 않고 건재함을 증명하기 위해서 직접 사람을 모아 뭔가 대단한 프로젝트를 꾸미려 하면 누구도 도와주지 않을뿐더러 오히려 조롱당할 수도 있다. 본 효가 제3효와 상응하지 않는 이유다. 그러나 노인네가 나선 일이라 그를 배려하는 차원에서 해코지는 하지 않으므로 큰 재앙은 면할 수 있다. 그래서 '无咎'라고 말한 것이다.

이에 대하여 『상』은 "뿔 끝을 만났다는 것은, 맨 위의 꼭대기는 길이 끝나서 아쉽다는 뜻이다"(姤其角, 上窮吝也)라고 해설하였다.

[제6 양효. 뿔 끝을 만났으니, 아쉽지만 재앙은 없다.]

45. 췌괘萃卦

澤地萃택지췌: 못이 땅 위에 있음은 물이 모인 것이다.

곤하태상坤下兌上

❖ 개관 ❖

췌萃괘는 하괘가 곤坤괘, 상괘가 태兌괘로 이루어졌으므로, 대지 위에 물이 모여 못을 이룬 모양이다. 곤괘는 '順순', 즉 유순함을, 태괘는 '悅열', 즉 기쁨을 나타내므로 물이 기쁜 마음으로 대지 위에 귀순하듯 모인다는 뜻이다. 물이 모여 못을 이루었으므로 농지에 물을 대서 많은 수확을 하기도 하지만, 반대로 물이 범람하여 재난이 되기도 하므로 방비를 철저히 해야 한다는 의미도 있다.

췌괘가 구姤괘 뒤에 놓인 것에 대하여 『서괘』는 "사람이 서로 만난 다음에는 같이 모이게 되므로, 췌괘로써 이를 이어받았다. '萃' 자는 '모이다'라는 뜻이다"(物相遇而后聚, 故受之以萃. 萃者, 聚也)라고 해설하였다. '萃' 자는 여러 가지 잡초가 무성하게 자란 모양으로서, 많은 인재가 의기투합하여 모여든 것을 상징한다.

본 괘 앞의 구괘에서 우합偶合을 말하였는데, 사람은 '만난다'(遇)고 해서 반드시 '모이게 되는 것'(合)은 아니다. 이것을 말해 주는 예가 진평陳平과 항우項羽의 만남이다. 진평은 처음에 항우를 만나 그를 위해 일하였으나, 자신의 의견이 받아들여지지 않자 유방에게 갔다. 유방은 항우와 달리 그를 극진히 대접하였고, 진평은 유방을 위해 적극적으로 봉사함으로써 한 왕조를 수립하는 데 큰 공을 세움은 물론, 나중에는 중국 역사에 길이 남는 명재상이 되기도 하였다.

본 괘의 괘상은 못이 땅 위에 있는 모양이다. 물이 땅 위에 있다는 것은 범람하고 있다는 뜻이니, 물이 범람하면 백해무익하다. 따라서 물을 보람 있게 쓰기 위해서는 제방을 쌓아 가두어 놓음으로써 통제할 수 있어야 한 다. 인재도 마찬가지다. 제왕이 되려는 자는 이들이 여기저기 범람하지 않 도록 한데 모아서 적절히 활용해야 한다. 이들을 모을 수 있는 제방을 쌓고, 이들을 적재적소에 활용할 도리를 생각해 내는 게 췌괘의 이치다. 이 이치 에 통달하지 못하면 물이 제방을 무너뜨리고 범람하듯이, 인재들이 돌변하 여 정권과 사회 질서를 흔들 수도 있다.

❖ 괘사 풀이 ❖

萃, 亨, 王假有廟, 利見大人, 亨, 利貞. 用大牲, 吉. 利有攸往
假: 이를 격. '格(이를 격)' 자와 같음. 廟: 묘당 묘. 종묘와 명당明堂. 大牲
대생: 소와 양 같은 큰 희생물.

나라에 인재를 많이 모아 놓았다고 해서 무조건 좋은 게 아니라, 이들이 적재적소에 빈틈없이 활용되어 백성에게 전달되어야 의미가 있다. 원문의 '亨형'이란 '형통하다', 즉 '막힘이 없이 소통하다'라는 뜻이다. 물자도 창고 에 가득 쌓여 봤자 소용없고, 구석구석까지 유통되어 쓰여야 하는 것처럼 말이다. 인재들이 이렇게 전국에 퍼져 남김없이 활용되면 '王假有廟왕격유 묘', 즉 임금은 종묘를 잘 보전하는 상태에 이르게 된다. 여기서 '종묘를 잘 보전한다'는 것은 나라를 잘 다스려서 유지한다는 의미가 된다.

나라를 이렇게 유지하면 '利見大人', 즉 '이로움이 훌륭한 인물을 찾아내어 임금에게 배알하게 할 때 생긴다.' 여기서 '大人'이란 덕과 재주를 겸비한 인재를 가리키는데, 이런 인물은 나라가 안정되어야 나오려 하기 때문이다. 그러면 인재의 유통이 더욱 활발해져서 이로움이 정도正道를 수행할 때 발생하는 국면이 된다. 이것이 '亨, 利貞'이 의미하는 바다.

이럴 때 '用大牲吉용대생길', 즉 '큰 희생물을 바치면 길하다'라고 하였는데, 여기서 '큰 희생물을 바친다'라는 말은 나라의 모든 사람이 참여하는 종묘 제사 같은 큰 제사를 가리킨다. 국가는 존귀한 사람과 비천한 사람, 잘난 사람과 못난 사람이 모두 모여 있는 거대한 조직이다. 이런 조직이 일사불란하게 움직이려면 이들 사이에 소통과 화해가 필요한데, 이 방법이 제사라는 의식이다. 큰 제물을 바쳐서 신이 이를 흠향하였다고 믿고, 아울러 제물을 나누어 먹으면 이들은 하나의 마음으로 뭉칠 수 있다. 그러므로 '利有攸往', 즉 이로움이 앞으로 이들이 행할 모든 행사에서 생기게 될 것이다.

『단』에서는 췌괘의 인재를 모으는 이치를 "기쁜 마음으로써 귀순한 것은, (제5 양효가) 강직함과 중정함을 갖고서 (제2 음효에) 상응하기 때문이다"(順以說, 剛中而應)라고 해설하였다. 여기서 '기쁜 마음으로써 귀순한다'(順以說)라는 말은 하괘인 곤坤괘와 상괘인 태兌괘를 가리킨다. 즉 '유순함'(順)이란 '坤'의 속성이고, '說열' 자는 '悅(기쁠 열)' 자와 같고 태兌괘의 속성이다. 그리고 '강직함과 중정함을 갖고서 (제2 음효에) 상응한다'(剛中而應)라는 말은 제5 양효와 제2 음효의 상응 관계를 가리키는데, 임금이 인재를 불러 모은 후 이들을 신하로 부리기 위해서는 강직함과 중정함을 먼저 갖춰야 함을 뜻한다.

『상』에서는 더 나아가 "못이 땅보다 위에 있는 것이 췌괘의 모양이다. 군자는 이 이치로써 무기를 준비하여 불의의 사고를 방지해야 한다"(澤上於地, 萃, 君子以除戎器, 戒不虞)라고 해설하였다. 여기서 '戒不虞계불우'란 불의의 사고가 나지 않도록 방비한다는 뜻이다. 즉 사람을 모아 놓기만 하고 이를 통제할 수 있는 대책을 세워 놓지 않으면, 군중 심리가 작동해서 무슨 짓을 할지 알 수가 없다. 이를 위해서 덕과 예禮, 더 나아가 형벌이라는 게 있지만, 이것이 통하지 않을 때는 무력을 사용할 수밖에 없다. 따라서 못물이 넘치지 않도록 제방을 높이 쌓아 방비해야 하는 것처럼, 사람을 모을 때는 이들을 다스릴 최후의 수단인 무기까지도 준비해 놓아야 함을 말하고 있다.

[췌萃괘: 인재가 모여 (나라의 구석에까지) 유통되면, 임금은 종묘를 잘 보전하는 상태에 이르게 되고, 이로움이 훌륭한 인물을 찾아내어 임금에게 배알하게 할 때 생긴다. 그러면 인재들이 더욱 유통되어, 이로움이 올바름을 수행할 때 생긴다. 이때 큰 희생물을 바치는 종묘 제사를 올리면 길하니, 이로움이 앞으로 행할 행사에서 생긴다.]

❖ 효사 풀이 ❖

① 初六, 有孚不終, 乃亂乃萃, 若號一握爲笑, 勿恤, 往无咎.
孚: 믿을 부. 終: 마칠 종. 乃: 이에 내. 亂: 어지러울 란. 若: 같을 약. 마치. 號: 울부짖을 호. 握: 쥘 악. 笑: 웃을 소. 恤: 근심할 휼.

제1효는 양의 자리에 음효가 있으므로 실위다. 실위는 불안함을 나타내는데, 그 이유는 다음과 같다. 제1 음효는 제4 양효와 상응하니까 당연히 자신의 짝이라고 철석같이 믿고 있는데, 이것이 '有孚', 즉 '믿음을 가지고 있다'라는 구절이다. 그런데 모임이라는 것은, 언제나 가까운 곳에 있는 사람에게 신뢰가 가게 마련이다. 그렇다면 제4 양효에게 더 친밀한 것은 제3 음효일 수 있다. 그래서 제1효는 당연한 믿음에 금이 가고 지속될 수 없다. 이것이 '不終', 즉 '끝까지 가지 않다'라는 말이 가리키는 의미다. 그래서 '乃亂乃萃내란내췌', 즉 '이 때문에 믿고 있던 만남이 엉망이 되었다'라고 말한 것이다. 여기서 두 번째 '乃' 자는 '其(그 기)' 자의 뜻으로서, 전에 믿고 있었던 만남을 가리킨다.

이러한 상태에 놓인 사람은 좌절감에 소리쳐 울게 되지만, 이내 곰곰이 생각해 보니까 운명적으로 짝 지워진 사람은 상응하는 자신밖에 없음을 깨닫고 웃게 된다. '若號一握爲笑약호일악위소', 즉 '소리쳐 우는 듯하더니, 주먹을 한번 쥐는 사이에 웃음으로 변하였다'라는 구절이 이 뜻이다. 여기서 '一握'이란 주먹을 한번 쥐는 사이, 즉 잠깐 사이라는 의미다.

운명적으로 제4효는 자신의 짝이니 걱정할 필요가 없다는 것이 '勿恤, 往无咎', 즉 '걱정하지 말지니, 앞으로 재앙이 없을 것이다'라는 구절이 뜻하는 바다.

『상』은 이에 대하여 "이 때문에 믿고 있던 만남이 엉망이 된 것은, 그의 의지가 혼란해졌기 때문이다"(乃亂乃萃, 其志亂也)라고 해설하였는데, 그의 믿음이 엉망이 된 것은 제1효는 원래 양의 자리인데 음효가 있으므로 실위 그 자체로 불안하였다는 말이다.

[제1 음효. (제4효에 대한) 믿음이 있었지만 끝까지 유지되지 않으니, 만남이 엉망이 되었다. 그래서 소리쳐 우는 듯하더니, 주먹을 한번 쥐는 사이에 웃음으로 변하였다. 걱정하지 말지니 앞으로 재앙이 없을 것이다.]

② 六二, 引吉无咎, 孚乃利用禴.

禴: 봄 제사 약.

제2효는 음의 자리에 음효가 있으므로 당위다. 제2효는 신하의 자리이므로, 충성스러운 신하답게 중도에 서서 어느 쪽으로도 치우치지 않으면서 자신의 맡은 바 책임을 다하는 모양이다. 본 효와 함께 있는 양쪽의 제1·3효는 각기 어디엔가 만남을 이루려고 애를 쓰지만, 본 효는 그들에게 휩쓸려 함께 경쟁하려 하지 않으니, 그야말로 독야청청獨也靑靑이다. 이런 사람일수록 주위로부터 주변머리가 없다는 뒷말을 듣기가 십상이다.

본 효는 임금의 자리인 제5 양효와 상응하지만, 그가 스스로 나아가 총애를 얻으려 하지 않는다. 이런 사람이 길할 수 있는 유일한 방법은 임금이나 상사가 그의 진실함을 알아보고 이끌어 주는 것뿐이다. 그래서 '引吉无咎인길무구', 즉 '(위에서) 이끌어 주면 길하고 재앙이 없다'라고 말한 것이다.

이러한 사람은 진실한 마음으로 자신의 임무를 다하므로 윗사람에게 뇌물을 주지 않고 줄 여유도 없다. 왜냐하면 그는 자신의 업무를 수행하면서 민원인에게 뇌물을 받지도 않고 착취도 하지 않기 때문이다. 즉 그는 진실한 충성심 외에는 임금이나 상사에게 따로 드릴 게 없다. 이러한 상황은 고대의 '봄 제사'(禴)와 정확히 닮아 있다. 봄에 농사를 짓기에 앞서 제사를 먼저 지내는데, 이때는 양식을 겨우내 다 먹고 모두 떨어져서 제사상에 올릴 게 없다. 따라서 봄 제사는 제물은 소략하지만, 풍년을 갈구하는 마음은 간절하다. '孚乃利用禴부내리용약', 즉 '진실한 마음뿐이니, 이로움이 봄 제사를 지내는 데서 나오는 듯하다'라는 구절이 이를 가리킨다.

『상』에서도 이에 대하여 "(위에서) 이끌어 주면 길하고 재앙이 없다는 것은, 중도에서 공정한 태도를 변치 않기 때문이다"(引吉无咎, 中未變也)라고 해설하였다.

[제2 음효. (위에서) 이끌어 주면 길하고 재앙이 없다. 진실한 마음뿐이니, 이로움이 봄 제사를 지내는 데서 나오는 듯하다.]

③ 六三, 萃如嗟如, 无攸利. 往无咎, 小吝.

如여: 접속사 '而이' 자와 같음. 그러나. 嗟: 탄식할 차. 如: 같을 여. '然(그럴 연)' 자와 같음.

제3효는 양의 자리에 음효가 있으므로 실위인 데다가, 가운데에 있지 못하고 한쪽으로 치우쳐 있다. 위로는 제6 음효와 상응하지 않고 아래로는 제2효와 음양으로 상합하지도 않으니, 누구에게도 도움을 받지 못하고 외로이 고군분투하는 형상이다. 즉 위아래 어디를 가도 함께 모일 사람이 없으니, 이로울 데가 없다는 게 '无攸利'의 뜻이다. 그래서 앞에서 '萃如嗟如췌여차여', 즉 '같이 모여 보려 했지만 한숨만 나왔다'라고 말한 것이다.

이러한 상황을 현실에 적용해 보자면, 지역 사회나 하부 조직에서 제3음효는 실위이므로 우유부단하면서 공정하지 못한 지도자라 할 수 있다. 이러한 지도자를 역시 실의에 빠져 있는 제1 음효의 하부 조직원들이 따를리 없으니, 각자도생各自圖生의 분위기가 팽배하다. 제2 음효는 당위이지만 제5효에게만 충성할 뿐, 바로 위의 제3효를 신뢰하지 않는다. 겨우 제4·5양효와 음양상합으로 친밀한 관계에 있긴 하지만, 그들은 모두 그의 상사이므로 그들과 어울려 무엇을 도모할 형편이 못 된다. 부하들을 장악하지 못한 지도자가 윗사람들과 잘 어울린들 무슨 이득이 있겠는가. 그래서 효사는 '往无咎', 즉 '앞으로 나아가도 재앙은 없다'라고 말했지만, 부하들에게 위신을 세우지 못한 본 효가 위의 양효들과 어울려 봤자 부끄러움을 피할 수 없으니 '小吝', 즉 '약간의 아쉬움이 있다'라고 표현한 것이다.

이에 대하여 『상』은 "앞으로 나아가도 재앙은 없는 것은, 맨 위의 (제6효가) 겸손하기 때문이다"(往无咎, 上巽也)라고 해설하였는데, 여기서 '上' 자는 제6 음효를 가리키고, '巽' 자는 바람의 속성인 '유순하다'·'공손하다'라는 뜻이다. 즉 제6효는 겸손하게 아랫사람들을 모으고 있으므로 그에게 나아가면 재앙이 없을 것이라는 의미다.

[제3 음효. 같이 모여 보려 해도 한숨만 나오니, (어딜 가도) 이로울 데가 없다. 앞으로 나아가도 재앙은 없지만, 약간의 아쉬움은 있다.]

④ 九四, 大吉, 无咎.

제4효는 그 밑에 대중을 상징하는 곤괘를 거느리고 있으므로, 괘상으로는 '大吉', 즉 매우 길하다. 그러나 본 효는 음의 자리에 있는 양효로서 실위다. 제4효는 본시 측근 신하의 자리로서 임금인 제5효에게 복종하고 충성해야 함에도, 그가 이처럼 임금을 제쳐 두고 대중을 호령할 수 있게 된 것은, 그의 자리가 실위인 데다가 상괘의 한쪽에 치우쳐 있어서 정당하지 않은 방법으로 자신의 거점을 확보하였기 때문임을 짐작할 수 있다.

이렇게 실권을 장악한 측근 신하는 제1효의 백성과 상응하고, 제3효의 지방 제후와도 음양으로 상합하는 등 그들의 지지를 받고 있으므로, 큰일을 성사시킬 수 있다. 하지만 그가 설사 큰 공을 세워 나라의 발전에 이바지한다 해도, 그가 임금의 권위를 제친 근원적인 죄는 면할 수 없다. 그래서 효사에 '大吉, 无咎', 즉 '크게 길한 일을 해내야 (비로소) 재앙이 없다'라고 말한 것이다. 다시 말해서 이 길한 기회를 이용하여 큰 공을 세워야만 비로소 자신이 저지른 원죄를 갚을 수 있다는 뜻이다.

이에 대하여 『상』은 "크게 길한 일을 해야 재앙이 없을 수 있는 것은, 효의 위치가 정당하지 않기 때문이다"(大吉无咎, 位不當也)라고 해설하였다. 앞서 말하였듯이, 제4 양효는 실위로서 임금을 제쳐 두고 스스로 백성에 군림하는 모양이다. 임금의 권위를 능멸하는 일은 봉건 사회에서는 가장 큰 범죄에 해당한다. 따라서 이 죄를 사면받으려면 엄청난 공을 세우지 않으면 안 된다는 말이다.

[제4 양효. 크게 길한 일을 해내야 (비로소) 재앙이 없다.]

⑤ 九五, 萃有位, 无咎, 匪孚. 元永貞, 悔亡.
位: 자리 위. 匪: 아닐 비. '非(아닐 비)' 자와 같음. 孚: 믿을 부. 元: 으뜸 원.

제5효는 양의 자리에 양효가 있으므로 당위다. 게다가 상괘의 중앙에 처해 있으므로, 덕으로 백성을 자신의 품에 끌어모을 수 있는 존귀한 임금으로서 손색이 없다. 그러나 바로 밑에 있는 제4효가 같은 양효로서 경쟁하는 처지에 있으니, 그는 기실 임금을 대신해서 백성을 사로잡고 있다. 이로 인해서 본 효는 겨우 임금으로서의 자리만을 지킬 뿐이니 '无咎', 즉 '재앙이 없다'라는 말은 이를 뜻한다. 임금이 덕을 지녔다 해도 측근 신하로 인하여 백성이 그 덕을 누릴 수 없다면, 백성의 신뢰를 받을 수 없을 터이니 '匪孚비부', 즉 '신뢰를 얻지 못하다'라고 말한 것이다. 이런 상태에서 임금은 백성을 끌어모을 수 없다.

본 괘의 제5효는 제4효와 같은 양효로서 서로 배척한다. 이러한 관계는 성군과 현명한 재상이 만나는 우합偶合이 아니라면, 강직한 신하가 측근의 자리를 차지하고 월권하면서 임금의 덕을 가리는 경우가 있고, 또 하나는 백성이 우매해서 임금의 덕을 인식하지 못하는 경우가 있다. 이때 임금은 자신의 덕을 더욱 알리려 하거나, 덕 따위는 포기하고 강제적으로 자신의 힘을 인정받으려 하기 십상인데, 이렇게 하면 반드시 실패한다. 느긋한 마음으로 올바름을 견지하고 지속해서 실천해야, 쌓이고 쌓여서 마침내 측근 신하를 넘어 백성에게 임금의 덕이 다다를 수 있다. 이것이 '元永貞', 즉 '큰 덕을 품고서 오래도록 올바름을 실천한다'라는 구절이다. 여기서 '元' 자는 가장 근본이 되는 덕으로서 백성의 삶을 걱정하고 고민하는 마음을 가리킨다. 힘 있는 측근 신하와 다투지 않아야 나중에 '悔亡회무', 즉 후회할 일이 생기지 않는다.

『상』에서는 "백성을 모아 임금의 자리에 앉았는데도 (자리만 지키고 있을 뿐 그들의 신뢰를 받지 못한 것은), 임금의 의지가 아직 빛을 발하지 못하였기 때문이다"(萃有位, 志未光也)라고 해설하였다. 부례박은 여기서 '萃有位'는 괘사의 구절을 옮겨 적은 것이므로, 기실 '无咎, 匪孚'까지를 모두 포함한다고 해설한다. 따라서 백성의 신뢰를 받을 때까지 임금은 자신의 덕을 계속 실천하고 쌓아 가야 한다는 뜻이다.

[제5 양효. 백성을 모았어도 임금 자리만 (겨우) 지키고 있으니, 재앙은 없어도 백성의 신뢰를 얻지 못하고 있다. 큰 덕을 품고서 오래도록 올바름을 실천하면, 후회할 일이 없다.]

⑥ 上六, 齎咨涕洟, 无咎.

齎: 탄식하는 소리 자. 咨: 탄식할 자. 涕: 눈물 체. 洟: 콧물 이.

제6효는 음의 자리에 음효가 있으므로 당위다. 만남의 시기에서 막판의 국면에 와 있으므로, 제3효와 상응하지 않는다. 바로 아래에 있는 제5효와 음양으로 상합하므로 그 세력에 업힐 수도 있겠지만, 지존의 자리라서 함부로 업히기에는 너무 불안하다. 그래서 아무에게도 관심을 받을 수 없는 고립무원孤立無援의 처지에 놓여 있다. 청나라 초기에 부친인 순치제順治帝와 모친을 일찍 여의고 어린 나이에 즉위한 강희제康熙帝는 권신들과 갈등이 있었는데, 이때 손자의 안전과 나라의 운명을 노심초사하는 효장태후孝莊太后의 위치가 이에 해당한다고 볼 수 있다.

이처럼 만남의 시기에서 막판에 와 있는 사람은 맨 위에 처해 있어서 아랫사람들과 상응하지 않으므로, 그들과의 만남이나 모임에 끼어들 수 없는 운명이다. 이렇게 홀로 외로이 떨어져 있으니 고독감에 탄식과 눈물이 나오지 않을 수 없다. '齎咨涕洟자자체이', 즉 '슬픔에 탄식과 함께 눈물과 콧물이 난다'라는 구절은 이를 가리킨다. 괘상으로 보자면, 상괘인 곤괘의 상효는 '못물'을 상징하므로, 만남의 시기에서 막판에 이르면 '못물'이 넘쳐 눈물이 날 수밖에 없는 운명이다.

그러나 윗사람이 자기 잘못을 뉘우치고 눈물을 보이면, 사람들의 동정을 받아서 옛날의 잘못은 용서받는다. 그래서 '无咎', 즉 재앙이 없다고 말한 것이다.

이에 대하여 『상』은 "슬픔에 탄식과 함께 눈물과 콧물이 나는 것은, 윗자리에 처한 것이 편안하지 않기 때문이다"(齎咨涕洟, 未安上也)라고 해설하였는데, 여기서 윗자리에 처한 게 편안하지 않다는 것은 아랫사람들이 모임에 받아 주지 않아서 서운하다는 뜻이다. 따라서 은퇴하거나 노세대에 편입된 사람은 주제넘게 젊은 세대의 모임에 끼어들려 하지 말고, 스스로 고독을 즐기는 방법을 찾아야 할 것이다.

[제6 음효. 슬픔에 탄식과 함께 눈물과 콧물이 나지만, 재앙은 없다.]

46. 승괘升卦

地風升지풍승: 땅이 바람을 누르고 있지만, 바람
은 점차 위로 올라가려 한다.
손하곤상巽下坤上

❖ 개관 ❖

승升괘는 하괘가 손巽괘, 상괘가 곤坤괘로 이루어져서 바람이 땅 아래에 눌려 있는 모양이다. 바람이 땅 아래에 눌려 있으면 그 위력을 발휘할 수 없듯이, 덕과 재주가 있는 인재가 대중 속에 섞여 있으면 능력을 발휘할 수 없다. 따라서 바람이 땅 위로 올라와 만물에 생기를 불어넣듯이, 인재에게도 마땅한 자리가 주어져서 백성에게 혜택이 돌아가게 해야 한다고 해석할 수 있다.

승괘가 췌萃괘 뒤에 놓인 것에 대하여 『서괘』는 "모여서 위로 올라가는 것을 일컬어 '升'이라고 하므로, 승괘로써 이를 이어받았다"(聚而上者謂之升, 故受之以升)라고 해설하였다. 강물도 퇴적물이 쌓이면 강바닥이 올라가는 것과 같은 이치다.

사람의 인격과 교양도 작은 실천이 쌓여서 덕을 이룬다. 『논어』「옹야雍也편」에 염구冉求가 선생님의 도를 싫어해서가 아니라 자기의 능력이 달린다고 낙심하자, 공자가 "힘이 달리는 자는 길 가는 중에 잠시 놓고 쉬지만, 지금 너는 스스로 한계를 긋고 있다"(力不足者, 中道而廢. 今女畵)라고 가르치는 구절이 있다. 여기서 '中道而廢중도이폐'란 길을 가다가 힘이 들면 잠시 짐을 옆에 놓고 쉬었다가 계속 길을 가는 것을 뜻하는데, 이게 '升'이다. 만일 염구처럼 스스로 '畵(그을 획)'하면 '升'은 없다.

그러나 퇴적물이 너무 쌓여 강바닥이 높아지면 강물이 범람한다. 즉 한계를 넘게 된다는 말이다. 마찬가지로 땅이 아래로 바람을 너무 압박하면 바람의 힘이 더 세져서 밖으로 나오려고 하는데, 이것이 이른바 욕망慾望이다. 법이라는 억압이 욕망을 불러일으키는 이치와 같다. 욕망은 문명 발전의 원동력이라는 점에서는 긍정적이지만, 단번에 욕망을 실현하려는 욕심이 언제나 비극의 발단이 된다.

따라서 승괘의 하괘인 손괘의 '巽' 자를 '나무'로 보고 다음과 같이 해석할 수 있다. 즉 나무의 씨앗이 땅 밑에서 싹이 터 땅 위로 올라와 큰 나무로 성장하듯이, 스스로 의식하지 않는 가운데 서서히 자라서 올라가야 한다는 말이다. 또한 나무는 무한정 자라는 게 아니라, 일정한 키 이상은 자라지 않음으로써 욕망을 스스로 제어할 줄 안다.

본 괘는 양효 두 개와 음효 네 개로 이루어졌는데, 그 배열 순서가 췌괘와 완전히 상반되어 있으므로 본 괘와 췌괘는 복괘覆卦의 관계에 있다.

❖ 괘사 풀이 ❖

升. 元亨. 用見大人, 勿恤. 南征吉.
見: 뵈올 현. 恤: 걱정할 휼. 征: 나아갈 정.

승괘가 말하고자 하는 것은 상승의 원리인데, 그것은 작은 것을 꾸준히 쌓아서 큰 것을 이룩한다는 깨달음이다. 이것은 마치 씨앗이 땅 밑에서 싹이 튼 후 땅 위로 올라와 점진적으로 서서히 자라서 동량으로 쓸 나무가 되는 것과 같다. 이렇게 하려면 손괘와 곤괘가 각각 상징하듯이, 겸손하고 순종적이어야 한다. 직장이나 조직에서도 승진하는 사람은 겸손하고 순종적인 경우가 많다. 그런데 이런 사람은 자칫 비굴하거나 아첨을 잘하는 성격일 수가 있는데, 기실 이는 바람직하지 않다. 따라서 손괘의 중효中爻가 양효인 것처럼, 부드러운 가운데 강직함을 소유하면 상응하는 바가 있을 것이다. 그래서 괘사에서 '元亨', 즉 '크게 형통하다'라고 말한 것이다. 『단』에서는 이에 대하여 "부드러움으로써 때에 맞춰 올라가는 것은, 겸손하고 순종적이지만, 속으로 강직함이 있어 상응하는 바가 있기 때문이니, 그래서 크게 형통하다"(柔以時升, 巽而順, 剛中而應, 是以大亨)라고 해설하였다.

괘사는 이어서 '用見大人, 勿恤', 즉 '이로써 대인을 알현하면 걱정할 게 없다'라고 하였는데, 여기서 '用' 자는 '以(써 이)' 자와 같고, '大人'은 임금과 같은 높은 자리에 있는 사람을 뜻한다. 『단』에서는 걱정할 게 없을뿐더러 '경사가 있을 것'(有慶也)이라고 부연하기도 하였다. 이렇게 올라가고 승진하는 이유는 공명정대하게 행동하기 때문인데 '南征吉남정길', 즉 '남쪽으로 나아가면 길하다'라는 구절이 바로 이 뜻이다. 여기서 '南'은 방위상으로 이離괘(☲), 즉 불로서 광명 또는 공명을 상징한다. 따라서 공명정대함으로 나아가면 길한 것이다. 『단』에서도 이에 대하여 "남쪽으로 나아가면 길하니, 의지대로 실천하라"(南征吉, 志行也)라고 격려한다.

『상』에서는 "땅속에서 나무가 싹 틔워 자라 올라가는 게 승괘다. 군자는 이 이치로써 덕 있는 사람에게 순종하고, 작은 선을 쌓음으로써 (마침내) 높고 크게 자라난다"(地中生木, 升. 君子以順德, 積小以高大)라고 해설하였다. 『계사(하)』에서 "선이 쌓이지 않으면 명성을 이룩하기에 부족하다"(善不積不足以成名)라고 하였는데 이와 같은 맥락에서 한 말이다.

[승升괘: 크게 형통하니, 이러한 태도로 대인을 알현하면 걱정할 게 없다. 밝은 남쪽으로 나아가면 길하다.]

❖ 효사 풀이 ❖

① 初六, 允升, 大吉.

允: 진실로 윤. 진심으로.

　제1효는 양의 자리에 음효가 있으므로 실위다. 본 효는 가장 낮은 자리에 있으므로 위로 올라가고 싶지만, 실위라서 그럴 만한 능력이 없고, 또한 제4효와 상응하지 않아서 누구에게 도움을 받을 만한 처지도 못 된다. 그는 상황은 좋지 않지만, 그래도 양의 자리에 있는 이상 자신의 처지를 바꾸어 밑바닥 신세를 면하고 싶어 한다. 그 유일한 방법이 음양으로 상합하는 제2효에게 붙는 것이므로, 하괘인 손괘의 제1효답게 그에게 머리를 숙이고 순종한다.

　그렇다면 왜 제2효는 제1효를 받아 이끌어 주는가? 제2효도 실위이기 때문에, 현재의 자리에 만족하지 못하고 더 높이 올라가려 하고 있다. 더구나 제2효는 제5효와 상응하고 있으므로 자신은 더 승진할 것이니, 음의 자리인 자신의 자리는 제1 음효에게 물려주는 게 더 적절할 것이다. 만일 이 순리를 따르지 않고 그와 다투다가 혹시 자리가 뒤바뀌면 명이明夷괘(䷗)가 되는데, 이렇게 되면 '빛이 땅속으로 들어갔으니 빛이 사라지는' 결과가 나올 것이다. 그래서 '允升大吉윤승대길', 즉 '진심으로 (제2 양효를 따라 함께) 승진하면, 크게 길하다'라고 말한 것이다. 괘사의 '이러한 태도로 대인을 알현하면 걱정할 게 없다'(用見大人, 勿恤)라는 구절은 이를 가리키는 말이다.

　『상』은 이에 대하여 "진심으로 (제2 양효를 따라 함께) 승진하면, 크게 길한 것은, 위에 있는 (제2 양효와 승진하려는) 의지가 투합하였기 때문이다"(允升大吉, 上合志也)라고 해설하였다.

　[제1 음효. 진심으로 (제2 양효를 따라 함께) 승진하면, 크게 길하다.]

② 九二, 孚乃利用禴, 无咎.

孚: 믿을 부. 禴: 봄 제사 약.

제2효는 음의 자리에 양효가 있으므로 실위다. 그러나 이는 양효이자 하괘의 중앙에 위치한다. 승괘에서 양효라는 것은 위로 올라가고자 하는 의지가 강하다는 의미고, 중앙에 있다는 것은 치우치지 않고 공정하다는 말이다. 그는 귀한 폐백을 임금에게 드림으로써 충성을 보이는 게 아니라, 제1효에서 보았듯이 아랫사람을 잘 돌보고 백성에게 봉사함으로써 임금에게 충성하고 있으므로 임금의 신임을 받는다. 본 효가 제5효와 상응하는 게 이를 의미한다.

우리는 흔히 윗사람에게 잘 보이기 위해서 과분한 선물을 제공한다. 이런 것은 선물이 아니라 뇌물일 수밖에 없는 것이, 비싼 선물을 했다면 그 돈은 분명히 백성에게서 갈취해 올 수밖에 없기 때문이다. 그러므로 충신은 진실한 마음으로 임금을 위해 일하는 데에 있지, 귀한 선물을 진상하는 데 있지 않다. 이것은 마치 췌萃괘에서 봄 제사는 제사상에 올릴 음식은 없어도 간절한 마음으로 드린다는 취지와 같다. 그래서 효사는 '孚乃利用禴부내리용약', 즉 '(신하가) 충심으로 섬기면, 이는 곧 봄 제사를 드릴 때와 같은 이로움이 된다'라고 말한 것이다. 제사상은 풍부하지 않아도 간절한 마음을 귀신이 흠향하듯, 귀한 물건으로 폐백을 드리지 않더라도 충심으로 섬기는 신하를 임금은 더 총애한다는 뜻이다. 본 효가 실위이기는 하지만, 이렇게 섬기는 신하에게 어떻게 재앙이 있을 수 있겠는가. 그래서 마지막에 '无咎', 즉 재앙이 없다고 말한 것이다.

이에 대하여 『상』은 "제2 양효의 충성심은 경사를 낳는다"(九二之孚, 有喜也)라고 해설하였다. 즉 재앙이 없음을 넘어 오히려 경사, 즉 승진한다는 뜻인데, 이는 본 효가 승괘의 하호괘下互卦인 태괘(☱)의 첫 번째가 되기 때문이다. 태괘에서 '兌' 자는 '悅(기쁠 열)' 자를 의미한다.

[제2 양효. (신하가) 충심으로 섬기면, 이는 곧 봄 제사를 드릴 때와 같은 이로움이 되므로, 재앙이 없다.]

③ 九三, 升虛邑.

虛: 빌 허. 邑: 고을 읍.

제3효는 양의 자리에 양효가 있으므로 당위일 뿐만 아니라, 제6 음효와 상응한다. 이러한 양강陽剛의 효가 곤괘의 앞에 다가서 있는데, 이 곤괘는 세 개의 효가 모두 음효로서 속성이 순종이기 때문에, 아무도 강직한 본 효의 입경을 거부할 의사가 없다. 그래서 효사는 이것을 '虛邑허읍', 즉 '텅 빈 고을'이라고 표현한 것이다. 이렇게 저항이 없는 텅 빈 고을에 들어가면 무엇이든 원하는 것을 얻을 수 있다.

그래서 『상』에서도 "(아무런 저항이 없는) 텅 빈 고을로 올라가는 것이니, 조금도 주저하지 말라"(升虛邑, 无所疑也)라고 해설하였다. 여기서 '疑의' 자는 '주저하다'라는 의미이고 '也' 자는 명령을 뜻하는 조사이므로, '无所疑也무소의야'는 모든 게 순조로우니 조금도 주저하지 말고 나아가라는 격려의 말이 된다.

[제3 양효. (아무런 저항이 없는) 텅 빈 고을로 올라간다.]

④ 六四, 王用亨于岐山, 吉无咎.

亨: 제사 향. '享(제사 향)' 자와 같음. 岐: 산 이름 기. 기산岐山.

'王用亨于岐山왕용향우기산'은 주나라 문文왕이 기산에서 조상에게 제사를 지냈다는 고사를 가리킨다. 제4효는 음의 자리에 음효가 있으므로 당위다. 은나라 말기 주紂왕이 폭정을 일삼았으므로, 위로 올라가고 싶은 지방의 제후들과 그 신하들은 어디 갈 만한 데가 없는 게 현실이었다. 그때 백성에게 추앙받던 서백西伯에게 많은 제후가 귀의하였으니, 실제로 천하의 3분의 2가 그의 영향 아래에 있었다.

이에 주왕이 서백의 반란을 의심하고 그에게 들어오라고 명령하였다. 들어가면 체포될 게 뻔하였으므로 주위에서는 극구 말렸지만, 그는 신하 된 도리를 지키기 위해 명령에 복종하였다. 과연 그는 유리羑里에 감금되었고 이를 저항 없이 받아들였다. 이는 자기 몸 하나를 희생함으로써 주왕이 저지를 천하의 재앙을 미리 막으려 한 행동이었다.

이 사건을 승괘의 괘상으로 보자면, 제3 양효와 제2 양효는 위로 올라가고자 하는 지방의 제후와 그 신하들인데, 이들은 폭군에게는 갈 수 없어서 백성에게 신망이 있는 서백에게로 갔다. 서백도 제후의 한 사람이기는 하지만, 제후들이 그에게 귀의하였기에 제4효의 자리에 있게 된 것이다. 제3효의 '텅 빈 고을로 올라간다'(升虛邑)라는 구절은 이를 가리킨다. 그러나 그는 어디까지나 신하이기에 임금의 백성을 가로채서는 안 되지만, 자발적으로 귀의하는 것을 거절할 수도 없고, 아울러 임금의 명령에도 복종할 수밖에 없다. 즉 임금인 제5 음효는 제4 음효를 받아들이지 않으려 하고, 제3효는 가까이 오려는 형국이다.

순종해야 하는 제4효의 위치에서 아래에 있는 양강의 세력이 몰려드니 재앙이 없을 수 없지만, 서백이 당위로서의 제4효답게 끝까지 신하로서의 절개를 지킨 덕분에 재앙을 면할 수 있었다. 결국 트집을 잡지 못한 주왕은 서백을 풀어 주었으므로, 그가 돌아와 기산岐山에서 조상에게 제사를 지냈다는 말이다. 여기서 '吉无咎', 즉 '길하여 재앙이 없다'라는 말은, 제4효는 상괘의 시작으로서 본격적으로 올라가는 즈음을 뜻하는데, 이때 아래의 승진하고자 하는 욕망을 본 효가 거절하지 않고 다 받아 줌으로써 해야 할 일에 순종하였다는 의미가 된다.

이에 대하여 『상』은 "문왕이 기산에서 조상에게 제사를 지냈으니 (길하고 재앙이 없는 것은), 해야 할 일에 순종하였기 때문이다"(王用亨于岐山, 順事也)라고 해설하였다. 여기서 '順事순사'라는 말은 제4효인 문왕의 위치에서 아랫사람들의 승진하려는 욕구도 받아 주고, 위에 있는 주왕의 시기심도 풀어 줌으로써 양쪽의 희망을 모두 해소해 주었다는 의미가 된다.

[제4 음효. 문왕이 기산岐山에서 조상에게 제사를 지냈으니, 길하고 재앙이 없다.]

⑤ 六五, 貞吉, 升階.

階: 층층대 계. 계단.

　　제5효는 임금의 자리로서 상승의 극성 시기에 도달하였음을 나타낸다. 본 효는 음효가 지존의 자리에 있으므로, 모든 일을 온건하게 행사함으로써 안정된 질서의 사회를 지향한다. 양의 자리에 음효가 있는 실위이기는 하지만, 품행이 온순한 속성을 가진 곤괘의 중앙에 자리 잡고 있을뿐더러, 신하의 자리인 제2 양효와 상응한다. 그래서 본 효는 마음을 비우고 현명한 신하들에게 모든 일을 위임하고 있으니, 그들의 적극적인 도움을 받아 본 효는 가만히만 있어도 승승장구한다. 즉 하괘의 승진하려는 양강의 힘에 편승하였기 때문에 올라가는 기세가 꺾이지 않는 것이다.

　　이런 기세 속에서 본 효는 그저 '貞吉', 즉 중앙에 위치해서 마음을 굳게 갖고 흔들리지만 않으면 '升階', 즉 '계단을 올라가게 된다'라는 것이다. 여기서 '貞'이란 공정함을 굳게 지킴을 뜻하고 '계단을 올라가다'라는 말은 폐하陛下, 즉 천자가 된다는 말이다. 즉 '陛폐' 자는 지붕 아래에 있는 계단이라는 뜻인데, 옛날에는 지붕 아래에 층층대를 두는 것은 천자만 할 수 있었다. 천자를 폐하라고 부르는 것은 계단 아래에서 천자를 모시는 시종을 지시함으로써 지존을 간접적으로 호칭하는 방법이다. 따라서 '升階'란 천자의 지위에 올라가거나 천자로서의 위세를 드러낼 수 있다는 말이다.

　　이에 대하여 『상』은 "공정함을 굳게 지키면 길하여 섬돌을 오르게 된다는 것은, 야망을 크게 실현하였다는 뜻이다"(貞吉升階, 大得志也)라고 해설하였다.

　　[제5 음효. 공정함을 굳게 지키면 길하여 섬돌을 오르게 된다.]

⑥ 上六, 冥升, 利于不息之貞.

冥: 어두울 명. 息: 쉴 식.

제6효는 음의 자리에 음효가 있으므로 당위다. 전체 괘상에서 보자면, 상승의 극단, 즉 마지막 국면에 다다른 형국이다. 곤괘는 어두운 밤을 상징하는데, 그 끝이므로 '冥' 자로 표현한 것이다. 따라서 '冥升'이란 상승의 극한에 다다라서 더는 갈 곳이 없는데도 더 오르려는 노력을 가리킨다. '物極必反물극필반', 즉 사물은 극에 달하면 되돌아간다는 원칙에 의하면, 더 갈 곳이 없음에도 더 올라가려 하면 오히려 거꾸로 내려가는 역설을 만나게 된다. 그런데도 왜 '利于不息之貞', 즉 '그치지 않는 올바름을 추구하기에 이롭다'라고 말하였는가?

사람이 살아가는 동안에 쌓아 온 삶의 축적을 우리는 업業이라고 부른다. 이 업은 다시 사회적으로 한 일을 사업事業, 개인적으로 닦은 일을 덕업德業으로 나눈다. 사업은 승진을 하면서 함께 성장하지만, 마지막 단계에 이르면 한계를 뛰어넘지 못하고 위축되거나 사라진다. 반면에 덕업은 극단에 이르더라도 그 한계가 보이지 않고, 개인의 수양에 따라서 무한정으로 전개된다. 따라서 사업은 스스로 만족할 줄 아는 이른바 '지족知足'을 넘지 않도록 경계하지만, 덕업은 성인도 부족하다는 경지까지도 상정한다. 본 효가 제3 양효와 상응하는 것은 바로 이 때문이다. 노년에 이르러서도 이러한 경지에 다다르기 위하여 열심히 '자강불식自强不息'하는 사람을 젊은 사람들은 추앙하고 따른다는 말이다. 효사의 '不息之貞', 즉 '그치지 않는 올바름을 추구함'이란 이를 가리킨다.

이에 대하여 『상』은 "극한에 이르렀어도 더 오르려는 욕망이 마지막 단계에 이르렀으니, 모든 게 소진되어 더는 사업을 유지할 수 없다"(冥升在上, 消不富也)라고 해설하였다. 여기서 '富부'란 구체적으로 사업을 가리킨다. 사업이란 궁극적으로 부를 창출하기 때문이다.

[제6 음효. 극한에 이르렀어도 더 오르려고 하지만, 그치지 않는 올바름을 추구하기에 이롭다.]

47. 곤괘困卦

澤水困택수곤: 못물이 물 위를 다시 덮쳐서 곤경을 일으킨다.
감하태상坎下兌上

❖ 개관 ❖

곤困괘는 하괘가 감坎괘, 상괘가 태兌괘로 이루어졌으므로, 못물이 아래의 물로 떨어져 들어가서 못이 마르고, 아래의 물은 바다로 흘러가서 바닥이 드러나는 모양이다. 따라서 물이 갈수록 적어져서 곤궁한 지경에 처하게 됨을 상징한다. 또는 위아래 두 군데의 물이 하나로 합쳐져서 큰물이 되어 재앙을 일으켜 사람들을 곤궁에 빠뜨리는 모양으로도 해석한다.

'坎下兌上감하태상', 즉 감괘가 아래에 있고 태괘가 위에 있다는 것은, 먼저 위험을 맞이하지만 종국에는 이를 극복하고 기쁨을 누린다는 게 전체적인 의미다. 왜냐하면 '坎'은 장애물과 고난을, '兌'는 '悅(기쁠 열)' 자와 같은 뜻으로서 기쁨을 상징하기 때문이다.

곤괘가 승升괘 뒤에 놓인 것에 대하여 『서괘』는 "위로 오르는 것이 그치지 않으면 반드시 곤경에 처하게 되므로, 곤괘로써 이를 이어받았다"(升而不已必困, 故受之以困)라고 해설하였다.

『주역』은 기본적으로 음과 양의 대립 개념으로 세계를 보고 있으므로, 세상의 모든 일은 궁극적으로 남음도 없고 모자람도 없는 이른바 제로섬

zero-sum 게임을 벗어나지 않는다. 따라서 승진하는 사람이 있다면 강퇴降退되는 사람이 있다. 이는 남과 경쟁하지 않고 홀로 이루는 인성 수양의 영역에서도 마찬가지다. 노자는 일찍이 "성인이 죽지 않으면, 큰 도적이 그치지 않는다"(聖人不死, 大盜不止)라고 설파하였다. 성인과 도적의 대립은 일종의 제로섬 게임으로서 도적은 성인이 존재하게 되는 근거가 된다. 큰 성인이 나와서 모든 도적을 성인으로 만든다고 하더라도, 성인이 존재하기 위해서는 스스로 분열함으로써 도적을 만들어 내야 한다.

그러므로 어떠한 경우에라도 계속 올라가다 보면 곤경을 만나게 마련이다. 곤경에 처했을 때 우리는 두 가지 중 하나를 선택해야 한다. 첫째는 죽기를 각오하고 용감하게 대적하는 모험을 감행하는 것이고, 둘째는 전국 말 한신韓信이 불량배들이 모욕을 주자, 하는 수 없이 그들의 바짓가랑이 밑으로 기어 지나갔다는 이른바 과하지욕胯下之辱을 인내하며 후일을 기약하는 것이다. 문왕도 오랑캐가 침략해 왔을 때 땅을 지키기 위해 백성을 희생시킬 수 없다고 하여, 모험을 포기하고 그 땅을 떠났더니 백성이 모두 그를 따라왔다는 고사는 유명하다. 아무리 훗날을 도모하기 위하여 치욕을 감내한다고 하더라도 치욕은 치욕이다. 그러므로 죽음으로써 악과 투쟁하여 인의를 이룩하는 이른바 '殺身成仁살신성인'은 정말로 훌륭한 일이고 아무나 하는 게 아니다.

❖ 괘사 풀이 ❖

困, 亨. 貞大人吉, 无咎. 有言不信.

'困'이란 집 안에 나무가 자라난 모양인데, 집 안에 나무가 자랐다면 버려진 폐가를 뜻한다. 이런 폐가에는 주로 거지들이 살기 때문에 '곤궁하다'라는 의미로 쓰인다. 사람이 살다 보면 여러 가지 곤궁함에 빠질 수 있다.

이는 사람들이 싫어하는 바이긴 하지만, 여기에서 벗어나려다 보면 인내심과 투지력, 지혜를 얻을 수 있을 뿐만 아니라, 자신을 성찰함으로써 더 나은 삶으로 발전할 수 있는 계기가 되기도 하므로, 인생의 도경에서 매우 긍정적인 작용을 하는 게 사실이다. 그래서 괘사는 곤경을 '亨', 즉 '형통하다'라고 말한다.

『역』「계사」에 "극한에 도달하면 변화하고, 변화하면 계속 발전한다"(窮則變, 變則通)라고 하였는데, 모든 사물은 더 갈 데가 없어 곤궁에 빠지면 변화할 수밖에 없고, 변화가 일어나면 발전을 계속할 수 있는데, 이 발전이 바로 '通'이다. 따라서 '窮通궁통', 즉 곤궁과 발전은 시계의 정오正午와 같은 것이다. 제 환공과 진 문공이 패제후覇諸侯가 된 것은 각각 거莒나라와 조曹나라 망명 생활에서 겪은 치욕이 계기가 되었고, 월왕 구천이 오왕 부차에게 설욕할 수 있었던 것은 회계會稽의 치욕을 와신상담臥薪嘗膽의 고통으로 잊지 않았기 때문이니, 이러한 사건들이 '窮通'을 입증한다.

이것을 『단』에서는 "곤괘는 양강이 (음효들에 의해서) 가려져 있다. 험난한 곤경에 처해서도 태연하게 즐기는 마음을 유지하고 있으니, 곤경에 처해서도 더욱 발전할 것을 잃지 않는 것은 오로지 저 군자일 뿐이로다"(困, 剛揜也. 險以說, 困而不失其所亨, 其唯君子乎)라고 해설하였다. 여기서 '양강이 (음효들에 의해서) 가려져 있다'(剛揜也)라는 것은 제2 양효와 제4·5 양효가 양쪽에서 음효들에 의해서 막혀 있는 고난을 가리킨다. 그리고 '험난한 곤경에 처해서도 태연하게 즐기는 마음을 유지한다'(險以說)라는 것은 하괘가 감괘, 상괘가 태괘인 것을 가리키는 말이다. '兌태' 자는 '悅(기쁠 열)' 자와 같기 때문이다.

이어서 괘사는 '貞大人吉, 无咎', 즉 '올바른 대인은 길하여 재앙이 없다'라고 하였는데, 제2 양효와 제5 양효가 각 상·하괘의 가운데에 자리 잡고 있기 때문이다. 큰 인물은 어떠한 곤경에 처해서라도 의연하게 대처하기에 위협에도 흔들리지 않고 옳은 길을 꿋꿋이 가므로 결국에는 곤경에서 벗어날 수 있다. 소인은 곤경에서 쉽게 빠져나오기 위하여 그럴싸한 말로 명분과 평계를 대지만, 그러한 말은 아무도 믿지 않는다. 그래서 『단』에서 "말을 해도 믿질 않으니, 입 놀리기를 좋아하면 더욱 곤궁에 빠질 뿐이다"(有言不信, 尙口乃窮也)라고 해설하였다. 군자는 아무리 어려워도 오로지 덕과 의로움을 실천함으로써 자신을 입증할 뿐이다.

『상』에서는 "못에 물이 (말라) 없어진 것이 곤괘의 모양이다. 군자는 이러한 이치로써 목숨을 바쳐 뜻을 이룬다"(澤无水, 困. 君子以致命遂志)라고 해설하였다. 못에 물이 없다는 것은 물고기도 없고 이를 잡아 생계를 유지하는 어부도 없는 황량한 상태를 의미한다. 즉 아무런 수단이 없는 곤경에서 군자가 할 수 있는 유일한 길은 자신의 목숨을 내놓는 일이다. 이것이 앞서 말한 군자의 '살신성인殺身成仁'이다.

[곤困괘: 형통하다. 올바른 대인은 길하여 재앙이 없다. (소인은) 말해 봤자 믿지도 않는다.]

❖ 효사 풀이 ❖

① 初六, 臀困于株木, 入于幽谷, 三歲不覿.

臀: 볼기 둔. 여기서는 '坐(연좌될 좌)' 자와 같음. 얽히다. 株: 그루터기 주. 入: 들 입. 幽: 어두울 유. 谷: 골 곡. 歲: 해 세. 覿: 볼 적. 만나다.

하괘인 감괘는 깊은 골짜기 같은 장애물을 상징하고, 제2·3·4효로 이루어지는 하호괘는 이離괘로서 양쪽의 양효와 가운데의 음효는 골짜기의 모양을 형성한다. 따라서 제1효는 앞에 깊은 골짜기를 만난 모양이다. 이것을 효사는 '臀困于株木둔곤우주목', 즉 '가려 줄 그늘도 없는 앙상한 나무에 얽히는 곤경에 빠졌다'라고 비유하였다. 여기서 '臀둔' 자는 '坐(연좌될 좌)' 자와 같은 뜻이고, '株木주목'은 나뭇잎이 없는 앙상한 나무를 가리킨다. 여기에 나무가 등장한 것은 제3·4·5효가 형성하는 상호괘인 손巽괘가 나무를 상징하기 때문이다.

본 효는 양강의 자리에 음효가 있는 실위다. 제4 양효와 상응하기는 하지만, 바로 위에 있는 제2 양효가 중간에 가로막고 있어서 위로부터의 지원도 제대로 받지 못하고 있으니, 그가 맞닥뜨린 곤경은 전형적인 회재불우懷才不遇, 즉 재주는 있으나 때를 만나지 못한 인재를 상징한다. 이에 낙담한 그는 깊은 골짜기에 들어가 세상을 등지고 가장 낮은 삶을 살게 되는데, 이것이 '入于幽谷입우유곡'이다. 이렇게 들어가게 되면 '三歲不覿삼세불적', 즉 그는 아주 오랜 기간 사람들에게 알려지지 않을 것이다. 여기서 '三歲'란 꼭 삼 년을 말하는 게 아니라, 수사적 표현으로서 오랜 기간을 가리킨다.

이에 대하여 『상』은 "깊은 골짜기에 들어갔다는 말에서, '깊다'라는 것은 (장래가) 밝지 못하다는 뜻이다"(入于幽谷, 幽不明也)라고 해설하였다. 즉 재주 있는 인재가 숨어 지냄으로써 알려지지 않으면, 본인은 물론 세상 사람들에게도 불운이라는 말이다.

[제1 음효. 나뭇잎도 없는 앙상한 나무에 얽히는 곤경에 빠졌으므로, 깊은 골짜기에 들어가 세상을 등지고 살면서, 아주 오랜 기간 사람들에게 알려지지 않을 것이다.]

② 九二, 困于酒食, 朱紱方來, 利用享祀, 征凶, 无咎.

酒: 술 주. 食: 밥 사. 朱: 붉을 주. 紱: 치마 불. 관복. 方: 바야흐로 방. 享: 제사 지낼 향. 祀: 제사 사. 征: 나아갈 정.

제2효는 음의 자리에 양효가 있으므로 실위다. 순종해야 하는 신하의 자리에 강직하고 현명한 인재가 앉아 있는 데다가, 제5 양효와 상응하지 않으니 당연히 강직한 임금과 갈등 관계에 있을 수밖에 없다. 신하가 총명하고 강직하면, 리더십이 강한 임금에게 의심을 받기 십상이다. 이때 현명한 신하는 조용히 사직하고 은거함으로써 자신의 충성을 보인다. 신하가 자리에서 물러났다면 당연히 생계가 어려워졌을 터인즉 '困于酒食', 즉 '술과 밥을 먹는 일이 어려워져 곤경에 빠진 것이다.'

『시경』「벌가伐柯편」에 "나무 베어 도낏자루 만들 때, 그 가늠자가 멀리 있지 않더라. 내가 그대와 합치고자 하여, 잔칫상을 정성껏 차린다네"(伐柯 伐柯, 其則不遠. 我覯之子, 籩豆有踐)라는 구절이 있다. 도낏자루를 만들려고 나무를 벨 때 얼마만큼 잘라야 할지를 걱정할 필요가 없는 것이, 자신이 들고 있는 도낏자루만큼 베면 되기 때문이다. 이처럼 훌륭한 인재가 가까운 데 있는 것을 모르고 내쳐 버렸으니 후회막급이다. 그래서 정중한 예를 갖춰서 다시 그를 데려오려는 것이다. '籩豆有踐변두유천'이란 예법에 따라 정성껏 음식 그릇을 배열한다는 뜻이다. 이처럼 현명한 임금은 처음에는 신하를 의심하지만, 그의 충성스러운 행위를 보고 이내 후회하며 그를 다시 불러오게 하였으니 '朱紱方來주불방래', 즉 '붉은 관복이 바야흐로 올 것이다'라는 구절이 이를 가리킨다. 여기서 '朱紱'은 '붉은 치마', 즉 붉은색의 관복을 상징한다.

앞의 구姤괘에서 '偶合우합', 즉 우연히 만남이란 하늘과 땅의 만남처럼 양강陽剛과 음유陰柔가 만나는 게 가장 바람직하지만, 『단』에서 지적한 바와 같이 '剛遇中正강우중정', 즉 '강직함이 중정中正을 만나는 것'은 쉽지 않지만 매우 바람직하다고 했다. 본 효도 같은 경우라고 볼 수 있는데, 이는 현명한 군주이기에 가능한 일이다.

임금이 충신을 알아볼 수 있었던 것은, 그의 진실한 마음 때문이었다. 효사는 이것을 '享祀향사', 즉 '제사를 지낼 때의 마음'이라고 표현하였다. 그래서 '利用享祀', 즉 '이로움이 제사를 지낼 때의 마음을 쓸 때 생긴다'라고 말한 것이다. 만일에 '征凶정흉', 즉 '신하가 스스로 나아가 결백을 주장한다면 험하고 사나운 일이 생길 터이니' 그러면 '无咎', 즉 어디에 탓할 데도 없을 것이다.

이에 대하여 『상』은 "술과 밥을 먹는 일이 어려워져서 곤경에 빠졌어도,

그 가운데서 경사가 있을 것이다"(困于酒食, 中有慶也)라고 해설하였다. 여기서 경사란 진실한 마음을 알아준 현명한 임금이 그를 다시 부르는 일을 가리킨다.

[제2 양효. 술과 밥을 먹는 일이 어려워져서 곤경에 빠졌지만, 붉은 관복이 바야흐로 올 것이다. 이로움이 제사를 지낼 때의 마음을 쓸 때 생길 터이니, 스스로 나서면 험하고 사나워져서, 어디에 탓할 데도 없다.]

③ 六三, 困于石, 據于蒺藜, 入于其宮, 不見其妻, 凶.

石: 돌 석. 據: 의거할 거. 움켜쥐다. 蒺藜질려: 남가새. 가시나무. 宮: 집 궁. 妻: 아내 처.

제3효는 양강의 자리에 음유한 소인이 앉아 있는 실위다. 본 효는 험난한 장애물인 감괘의 맨 위에 있으므로 고초가 가장 심한 자리다. 왜냐하면 앞으로 나아가려 하면 제4·5 두 개의 양효가 버티고 있으니, 이는 소인이 감당할 수 있는 일이 아니다. 그래서 '困于石', 즉 '큰 바위에 막혀 곤궁에 처하였다'라고 말한 것이다. 뒤로 돌아가려 해도 제2 양효에 올라타 있는 상태인데, 제2효는 임금에게 신임받는 강직한 신하다. 그래서 '據于蒺藜거우질려', 즉 가시나무에 올라앉아 있다고 표현하였다.

소인이 진퇴양난의 곤경에 빠졌으니 하는 수 없이 '入于其宮', 즉 은퇴하여 자기 집으로 돌아간다. 여기서 은퇴란 제6효로 가는 것인데, 이것이 음효로서 상응하지도 않는다. 『계사』에 "곤경에 빠져서는 안 되는 곳에서 곤경에 빠지면, 이름이 반드시 더럽혀지고, 자리 잡아서는 안 되는 곳에 자리를 잡으면, 몸이 반드시 위험해진다"(非所困而困焉, 名必辱. 非所据而据焉, 身必危)라는 구절이 있다. 이러한 지경에 이른 소인의 집에 마누라인들 배겨 날 수 있겠는가. 그래서 '不見其妻', 즉 마누라가 도망가고 보이지 않는 것이다.

이에 대하여 『상』은 "가시나무에 올라앉아 있다는 것은, 제2 양효 위에 올라타 있기 때문이고, 자기 집으로 들어갔지만, 마누라가 보이지 않는다는 것은, 조짐이 좋지 못하다"(據于蒺藜, 乘剛也, 入于其宮, 不見其妻, 不祥也)라고 해설하였다. 여기서 '조짐이 좋지 못하다'(不祥也)라는 말은 효사의 '凶'을 해설한 말이다. 『사기』「공자세가孔子世家」에 "군자는 궁핍함을 편안히 여기며 지키지만, 소인이 궁핍하면 무슨 짓이든 한다"(君子固窮, 小人窮斯濫矣)라는 구절이 있다. 다시 말해서, 소인이 곤궁에 처하여 마누라까지 도망가면 무슨 짓을 할지 몰라서 조짐이 좋지 않다는 뜻이다.

[제3 음효. 큰 바위에 막혀 곤궁에 처하고, 가시나무에 올라앉아 있다. (하는 수 없이 은퇴하여) 자기 집으로 들어갔으나, 마누라가 보이지 않으니, 조짐이 좋지 않다.]

④ 九四, 來徐徐, 困于金車, 吝, 有終.

徐: 천천히 서. 車: 수레 거. 吝: 아낄 린. 終: 마칠 종. 좋은 결과.

제4효는 하괘인 감괘를 넘어 상괘인 태괘로 진입하였으므로, 이제 곤경의 국면에서 곤경을 해결하는 국면으로 바뀌었음을 나타낸다. 본 효는 위로 올라가고자 해도 임금인 제5 양효가 버티고 있어서 갈 수가 없으므로, 그와 상응하는 제1 음효의 민초를 구원해 주고자 한다.

그런데 제1효에서 언급하였다시피, 본 효가 제1효에 다가가려 해도 그 중간에 있는 제2 양효가 장애가 되어 속히 갈 수 없다. 제2효는 앞서 말했다시피 임금의 신임을 받는 신하여서 넘어가기가 만만치 않다. 그래서 효사는 '來徐徐래서서, 困于金車곤우금거', 즉 '가는 속도가 느릿느릿할 수밖에 없으니, 호화로운 수레 때문에 곤경에 빠졌기 때문이다'라고 표현한 것이다. 여기서 '호화로운 수레'(金車)라고 표현한 것은 그가 임금의 신임을 받는 막강한 신하라는 뜻이다. 본 효가 제2효를 뛰어넘기 힘든 것은, 음의 자리에 양효가 있는 실위여서, 제1효를 구원해 주려는 의욕은 강하지만 실제

자질과 힘은 부족하기 때문이니 '吝', 즉 '안타깝다'라고 말한 것은 이를 가리킨다.

그러나 음유한 속성의 물이 오랜 기간에 걸쳐 단단한 바위를 깎아 내듯, 의욕을 잃지 않고 천천히 다가가면 끝내 좋은 결과가 있을 거라는 게 '有終'이 가리키는 의미다.

이에 대하여 『상』은 "가는 속도가 느릿느릿한 것은, 그의 의지가 아래(제1효)를 구해 주려는 데 있기 때문이다. 비록 그의 위치가 적절하지 않지만, (끝내) 함께함이 있을 것이다"(來徐徐, 志在下也. 雖不當位, 有與也)라고 해설하였다. 여기서 '위치가 적절하지 않다'라는 말은 제4효가 실위라는 뜻이고, '함께함이 있을 것이다'라는 말은 좋은 결과가 있을 거라는 의미다.

[제4 양효. 가는 속도가 느릿느릿할 수밖에 없으니, 호화로운 수레 때문에 곤경에 빠졌기 때문이다. 안타깝기는 하지만, 끝내는 좋은 결과가 있을 것이다.]

⑤ 九五, 劓刖, 困于赤紱, 乃徐有說. 利用祭祀.

劓: 코 베는 형벌 의. 刖: 발꿈치 베는 형벌 월. 赤: 붉을 적. 紱: 치마 불. 赤紱: 관복. 徐: 천천히 서. 說: 기쁠 열. '悅(기쁠 열)' 자와 같음.

제5효는 양의 자리에 양효가 있으므로 당위이자, 강력하고 위세가 있는 군주의 상징이다. 이러한 임금은 보통의 군주들이 감히 할 수 없는 일을 과감하게 하므로, 코를 베는 의형劓刑이나 발꿈치를 베는 월형刖刑 같은 극형을 눈 하나 깜짝하지 않고 집행하도록 명령한다.

이렇게 하면 백성이 법의 엄중함을 알고 법을 철저히 지켜서 사회가 안정될 것 같지만, 얼마 안 가서 민심을 잃게 된다. 떠난 민심은 자연히 대안을 찾게 되는데, 제후가 등장하는 것은 바로 이때다. 이것을 효사에서는 '困于赤紱곤우적불', 즉 '제후의 등장으로 곤경에 빠졌다'라고 표현하였다. '赤紱'은 붉은 관복이란 뜻인데, 제후를 상징한다.

이때 임금은 충직한 제2 양효의 도움을 받게 되는데, 그는 충심을 보임으로써 임금의 신임을 받은 총명한 신하다. 그가 임금의 위세를 누그러뜨리고 관용으로써 다스릴 것을 조언하였더니, 과연 제후와 백성이 모두 기뻐 복종하였다. 이것이 '乃徐有說내서유열', 즉 '관용을 베풀었더니 모두가 기뻐 복종하였다'라는 구절이다. 여기서 '徐' 자를 우번虞飜은 '坤'으로 풀이하였는데, 이는 만물을 품어 주는 땅의 관대한 속성을 의미한다. 이렇게 곤경에서 빠져나올 수 있었던 것은, 다름 아닌 제2효가 보였던 제사 지낼 때의 진실한 마음 때문이었으니 '利用祭祀리용제사', 즉 '이로움이 제사를 지낼 때의 마음을 쓸 때 생긴다'라는 구절이 이를 가리킨다.

이에 대하여 『상』은 "코를 베는 의형劓刑이나 발꿈치를 베는 월형刖刑으로는 뜻을 실현하지 못하였는데, 그래서 관용을 베풀었더니 모두가 기뻐 복종한 것은, 임금이 정가운데서 올곧았기 때문이다. 이로움이 제사를 지낼 때의 마음을 쓸 때 생긴다는 말은 복을 받는다는 뜻이다"(劓刖, 志未得也; 乃徐有說, 以中直也; 利用祭祀, 受福也)라고 부연하였다.

[제5 양효. 코를 베는 의형劓刑이나 발꿈치를 베는 월형刖刑의 집행으로 제후들이 등장함으로써 곤경에 빠졌다. 그래서 관용을 베풀었더니 모두가 기뻐 복종하였으니, 이로움은 제사를 지낼 때의 마음을 쓸 때 생긴다.]

⑥ 上六, 困于葛藟, 于臲卼, 曰動悔有悔, 征吉.

葛: 칡 갈. 藟: 덩굴 류. 얽히다. 臲: 위태할 얼. 卼: 불안할 올. 臲卼얼올: 높이 곧추선 고목나무. 불안한. 動: 움직일 동. 悔: 뉘우칠 회.

제6효는 곤경의 끄트머리로서 이제 빠져나올 단계에 와 있다. 그리고 본 효는 음의 자리에 음효가 있는 당위이므로, 곤경이 끝나는 것은 당연한 과정이다. 그런데 효사는 '困于葛藟곤우갈류', 즉 '칡덩굴처럼 얽히고설킨 곤경에 빠졌다'라고 하고 '(困)于臲卼곤우얼올', 즉 '높은 고목에 올라가 있는 듯 불안함으로 곤경에 빠졌다'라고 말한다.

여기서 '칡덩굴처럼 얽히고설킨 곤경'이라는 것은 제3 음효를 가리킨다. 즉 제3효는 하괘인 감괘의 상효로서 곤경의 최고조를 상징하는데, 이 어려운 시기를 헤쳐 나가려고 온갖 수단을 물불 가리지 않고 동원하였지만 그것이 막판에 와서 발목을 잡고 있다는 뜻이다. 그리고 '높은 고목에 올라가 있는 듯 불안함으로 곤경에 빠졌다'라는 말은 제5 양효를 가리키는데, 이는 양강의 군주로서의 자신감을 상징한다. 즉 본 효는 어려운 곤경의 시기를 헤쳐 나오면서 나름의 자신감이 형성되었겠지만 이것은 기실 높은 고목을 딛고 올라가 있는 것처럼 불안하다.

그러므로 그는 지난날 잘못 행동한 것에 대하여 뉘우친다고 스스로 판단할 것이다. 이것이 '曰動悔有悔왈동회유회', 즉 '스스로 말하기를, (지난날) 잘못 행동한 것에 대하여 후회함이 있다'라는 구절이다. 이렇게 자신을 돌아보면서 나아가면 곤경이 잘 마무리될 것이다.

이에 대하여 『상』은 "칡덩굴처럼 얽히고설킨 곤경에 빠진 것은, 위치가 온당하지 않기 때문이고, 스스로 말하기를, (지난날) 잘못 행동한 것에 대하여 후회함이 있으니, 길하게 나아갈 것이다"(困于葛藟, 未當也; 動悔有悔, 吉行也)라고 해설하였다. 여기서 '위치가 온당하지 않다'라는 말은 본 효와 제3효가 음효로서 가운데의 제4·5 양효를 양쪽에서 막고 있음으로써 그들을 곤경에 얽히게 만든 형상을 가리킨다. 그나마 본 효는 제3효와 달리, 태兌괘의 끝인 못물이어서 뉘우치면 '悅(기쁠 열)', 즉 기쁨으로 마칠 수 있으므로 '길하게 나아갈' 수 있다.

[제6 음효. 칡덩굴처럼 얽히고설킨 곤경에 빠지고, 높은 고목에 올라가 있는 듯 불안함으로 곤경에 빠지니, 스스로 (지난날) 잘못 행동한 것에 대하여 후회함이 있다고 말한다. 이렇게 나아가면 길하다.]

48. 정괘井卦

❖ 개관 ❖

정井괘는 하괘가 손巽괘, 상괘가 감坎괘로 이루어졌다. 손괘는 나무를
상징하므로, 정괘는 물이 위에, 나무가 아래에 있는 모양으로서 우물에서
두레박으로 물을 긷는 형상이 된다. 우물물은 매일 반복적으로 길어다 먹어
야 유용한데, 이는 끊임없이 수양하는 군자의 자세를 시사한다. 그래서 정
괘를 물을 길어다 나무에 주면 나무가 무럭무럭 잘 자라는 형상이라고 해
석하기도 한다.

정괘를 곤困괘 뒤에 둔 것에 대하여 『서괘』는 "곤경이 극에 이르면 반드
시 평상으로 되돌아가므로, 정괘로써 이를 이어받았다"(困乎上者必反正, 故
受之以井)라고 설명하였다. 우물에서 물을 길어다 먹는 일은 가장 대표적인
일상의 행위이기 때문이다.

『설문해자』에서는 '井(井)' 자를 "'井' 자는 여덟 가구당 하나의 우물을
공유하였다는 뜻으로서, 우물귀틀을 얽어 놓은 모양이다. ('정' 가운데의) 'ㆍ
(주)' 자는 두레박의 형상이다"(井, 八家一井, 象構韓形. ㆍ, 甕之象也)라고 풀
이하였다. 정괘에서 강조하는 것은, 기실 물이 아니라 두레박으로 물을 긷

는 행위다. 물이 삶에서 중요한 물질이기는 하지만, 길어다 마시지 않으면 소용이 없기 때문이다. 이것은 인재의 쓰임에 비유할 수 있다. 한유韓愈가 그의 『잡설雜說』에서 "천리마는 언제나 존재하지만, 백락은 늘 존재하는 게 아니다"(千里馬常有而伯樂不常有)라고 설파하였듯이, 인재는 우물이 넘치 거나 마르지 않는 것처럼 언제나 존재하지만 그들이 모두 발탁되어 쓰이는 것은 아니다. 따라서 정괘는 두레박으로 물을 길어다 마시듯이 적절한 인재 를 뽑아 쓰는 게 중요함을 암시한다. 따라서 선비는 언제든지 데려다 쓸 수 있도록 준비되어 있어야 할 것인즉, 스스로 부지런히 수양하고 공부해야 한 다는 것이 정괘가 말하는 또 하나의 교훈이다.

❖ 괘사 풀이 ❖

井, 改邑不改井, 无喪无得, 往來井井. 汔至亦未繘井, 羸其 瓶, 凶.

改: 고칠 개. 옮기다. 邑: 고을 읍. 喪: 잃을 상. 井井정정: 깨끗함이 변치 않 다. 汔: 거의 흘. 至: 다다를 지. 亦: 역시 역. ~할 수도 있다. 繘: 두레박줄 율. 여기서는 '汲(물 길을 급)' 자와 같음. 羸: 엎지를 리. 깨뜨리다. 瓶: 항아리 병.

고대 중국의 행정 제도에 의하면, 여덟 가구가 하나의 우물을 공유하였 으므로 여덟 가구를 정井이라 불렀고, 네 개의 정이 모여 하나의 읍邑을 형 성하였다. 즉 사람이 모여 사는 데 있어서 가장 중요한 시설이 우물이었다 는 말이다. 그러므로 '改邑不改井', 즉 '읍은 옮겨도 우물은 옮길 수 없었 다.' 우물이 고정불변이라는 것은 우물이 삶의 기초였다는 말이다. 그리고 우물은 '无喪无得무상무득', 즉 '물이 줄지도 않고 더해지지도 않는다.' 그래 서 백성이 이를 믿고 살아갈 수 있다. 그리고 '往來井井왕래정정', 즉 '사람 들이 우물에 빈번히 왔다 갔다 해도 늘 깨끗하다.' 우물의 이 세 가지 속성은 바로 군자를 상징한다.

백성이 군자를 의지할 수 있는 이유가 군자의 이러한 변치 않는 항상성 恒常性 때문인데, 『단』에서는 이를 "(두레박이) 물속으로 들어가서 물을 위로 퍼 올리는 게 우물인데, 우물은 사람들을 길러 주면서도 바닥이 드러나지 않는다"(巽乎水而上水, 井, 井養而不窮也)라고 설명하였다. 여기서 '巽' 자는 '들어가다'라는 뜻으로 쓰였다. 우물에서 퍼 올리는 물은 그 방향이 밑으로나 옆으로 새지 않고 위로만 올라가기 때문에 군자의 항상성에 비유된 것이다.

그리고 '읍은 옮겨도 우물은 옮길 수 없다'라는 말에 대해서는 '乃以剛中也', 즉 '강직함과 가운데서 치우치지 않기 때문'이라고 설명하였는데, 이는 제2 양효와 제5 양효를 가리키는 것이다. 왜냐하면 이들이 모두 양효이면서 가운데의 중효이기 때문이다.

괘사는 이어서 '汔至亦未繘井흘지역미율정, 羸其瓶凶리기병흉', 즉 '(우물 입구까지 두레박이) 거의 다다랐어도 아직 물을 다 긷지 않았을 수도 있으니, 물항아리를 깨뜨리면 이는 험하고 사나운 일이 된다'라고 말한다. 다시 말해서 두레박을 우물 위까지 감아올렸더라도 이를 담을 항아리가 깨지면 아무 소용이 없다는 말이다. 이것을 『단』은 '未有功也', 즉 '아무런 결과가 없다'라고 표현하였다. 이것은 비유적인 말로서, 귀한 인재를 발탁해 왔어도 그에게 맡길 임무와 직책이 없다면 아무 소용이 없을 터이니, 이는 재앙이라는 말이다.

본 괘사에 대하여 『상』은 "나무 두레박 위에 물이 있는 게 우물이므로, 군자는 이 이치로써 백성들의 수고를 위로하고, 서로 돕도록 권면한다"(木上有水, 井, 君子以勞民勸相)라고 해설하였다. 다시 말해서 두레박이 부지런히 위아래를 오르내리면서 물을 길어서 사람들을 양육하는 것처럼, 백성의 노고로 살아가고 있으니 이를 위로한다는 뜻이고, 아울러 우물 '井' 자 주위의 여덟 가구가 하나가 되어 서로 도우며 살도록 권면한다는 의미다.

[정井괘: 읍은 옮겨도 우물은 옮길 수 없다. 우물은 물이 줄지도 않고 더해지지도 않는다. 사람들이 우물에 빈번히 왔다 갔다 해도 늘 깨끗하다. (우물 입구까지 두레박이) 거의 다다랐어도 아직 물을 다 긷지 않았을 수도 있으니, 물항아리를 깨뜨리면 이는 험난하고 사나운 일이 된다.]

❖ 효사 풀이 ❖

① 初六, 井泥不食, 舊井无禽.
泥: 진흙 니. 舊: 오래될 구. 禽: 새 금.

제1효는 실위이면서 제4효와도 상응하지 않는다. 본 효는 가장 아래에 있으므로 우물 중에서 밑을 가리키는데, 이것이 음효로 상징되고 있으므로 바닥의 진흙을 지시한다. 우물이 오래되면 바닥에 오니汚泥가 쌓이게 마련인데, 오니가 오래 퇴적되면 물의 깊이가 낮아진다. 깊이가 얕은 우물의 물은 혼탁해져서 먹을 수가 없으므로, 오니를 퍼내고 청소를 해 주어야 한다. 그런데 이 준설을 위의 제4 음효가 해 주어야 하는데 본 효가 이와 상응하지 않아서 해 줄 수가 없으니 누구도 이 우물에서 물을 길어다 먹지 않는다는 게 '井泥不食정니불식'의 의미다.

우물을 사용하지 않은 지 오래되면, 버려지고 메워지면서 물이 마를 터이니, 그러면 새조차 찾지 않게 된다. 이것이 '舊井无禽구정무금', 즉 '오래된 우물에는 새조차 오지 않는다'라는 구절이다. 이러한 상황은 우물이 상징하는 군자도 마찬가지다. 미약하나마 언행이 일치하지 않는 비윤리적 행위를 슬그머니 하다 보면, 이것이 모르는 사이에 쌓여서 불신을 낳는다. 이 불신을 우물 준설을 하듯 솔직히 인정하고 고치면 될 터인데, 계속 숨기고 가면 나중에는 물 마른 우물처럼 사람이 찾지 않아 버려지게 된다. 차라리 보통 사람들처럼 웅덩이로 살았더라면, 그래도 새들은 찾아왔을 텐데 말이다.

이에 대하여 『상』은 "우물 바닥의 진흙이 섞인 물은 사람들이 먹지 않는데, 이는 그것이 바닥에 있기 때문이고, 버려진 지 오래된 우물에 새조차 오지 않는 것은 그것이 오랫동안 버려졌기 때문이다"(井泥不食, 下也; 舊井无禽, 時舍也)라고 해설하였다.

[제1 음효. 우물 바닥의 진흙이 섞인 물은 사람들이 먹지 않고, 버려진 지 오래된 우물에는 새조차 오지 않는다.]

② 九二, 井谷射鮒, 甕敝漏.

谷: 골 곡. 射: 쏠 사. 鮒: 붕어 부. 甕: 항아리 옹. 여기서는 '물 긷는 그릇'. 敝: 깨질 폐. 漏: 샐 루.

제2효는 음의 자리에 양효가 있는 실위다. 하지만 하괘의 중효에 위치한 양효이면서 제1효의 진흙 위에 올라와 있는 물이므로, 덕과 재주를 겸비한 인재를 상징한다. 그러나 본 효는 제5 양효와 상응하지 않으므로, 그의 물을 길어다 쓰는 사람이 없다. 하는 수 없이 그는 자신과 그나마 어울리는 제1 음효와 가까이 지내다 보니, 평범한 사람으로 취급될 뿐이다.

누가 우물에 와서 물을 긷더라도, 물이 다 새어 흘러 골짜기의 물처럼 붕어의 등짝이나 후려칠 뿐이다. 이것이 '井谷射鮒정곡사부'의 뜻이다. 여기서 '谷' 자는 '골짜기를 흐르는 물'이고, '射' 자는 쏜살같이 떨어진다는 뜻이다. 즉 옹기에서 새어 나온 물이 골짜기의 물처럼 우물 밑으로 빠르게 떨어져 붕어를 때린다는 말이다. 그렇다면 물은 왜 새는가? 물 긷는 옹기가 깨져서 구멍이 났기 때문이니, '甕敝漏옹폐루', 즉 '옹기가 깨져 물이 새기 때문이다'라는 구절이 이를 뜻한다.

이에 대하여 『상』은 "우물의 물이 골짜기 물처럼 떨어져 붕어를 쏘는 것은, 아무도 도와주는 사람이 없기 때문이다"(井谷射鮒, 无與也)라고 해설하였다. 아무도 도와주는 사람이 없다는 것은, 제5효와 상응하지 않아서 물을 길어 가는 사람이 없거나, 물을 긷더라도 두레박이 깨져서 물이 다시 우물로 돌아온다는 뜻이다.

[제2 양효. 우물의 물이 골짜기 물처럼 떨어져 붕어를 쏘는 것은, 옹기가 깨져 물이 새기 때문이다.]

③ 九三, 井渫不食, 爲我心惻, 可用汲, 王明, 並受其福.

渫: 파낼 설. 食: 먹을 식. 爲위: 여기서는 '使(하여금 사)' 자로 쓰였음. 我: 나 아. 惻: 슬퍼할 측. 並: 아우를 병. 受: 받을 수. 福: 복 복.

제3효는 양의 자리에 양효가 있는 당위라서 재주와 능력을 소유하고 있을 뿐 아니라, 위로 올라가고자 하는 의지도 충만한 인재를 가리킨다. 그러나 그는 의지가 너무 강한 나머지, 자세는 올바르나 한쪽으로 치우쳐 중용은 지키지 못한 상태다. 또한 자신을 이끌어 줄 임금인 제5효와 양효로서 상치하고 있으니, 그는 하괘의 꼭대기에만 머물 뿐, 더 올라가 중용되지 못하는 이른바 회재불우懷才不遇로 괴로워하고 있다. 제6 음효와 상응하기는 하지만, 이는 이미 권력의 자리를 물러난 사람들의 동정에 지나지 않는다.

이것을 효사는 '井渫不食정설불식', '우물 바닥을 청소해서 깨끗해졌는데도 사람들이 먹지 않는다'라고 표현하였다. 이는 그가 수양과 공부를 통해서 덕과 재주를 갖췄는데도 임금이 자신을 인정하여 불러 주지 않음을 비유한다. 그래서 '爲我心惻위아심측', 즉 '나의 마음을 아프게 한다'라고 말한 것이다. 여기서 '爲' 자는 '使(하여금 사)' 자로 풀어야 한다.

이어서 '可用汲, 王明, 並受其福'이라고 말하고 있는데, 이는 '자신은 길어다 쓸 만한 우물물이니, 임금이 현명하여 나를 중용하면 나뿐만 아니라 백성이 아울러 복을 받을 수 있을 것이다'라는 뜻이다.

이에 대하여 『상』은 "우물물이 깨끗해졌는데도 이를 먹지 않으니, 이렇게 가는 게 슬픈 일이다. 임금님께서 현명하시기를 간구하는 것은, (나와 백성이) 복을 받기 위함이다"(井渫不食, 行惻也; 求王明, 受福也)라고 해설하였다.

[제3 양효. 우물 바닥을 청소해서 깨끗해졌는데도 사람들이 먹지 않으니, 나의 마음을 아프게 한다. (나는) 길어다 쓸 만한 우물물이므로, 임금이 현명하여 나를 중용하면, 나뿐만 아니라 백성이 아울러 복을 받을 수 있을 텐데.]

④ 六四, 井甃无咎.
甃: 벽돌 추. 벽돌로 쌓다.

제4효는 음의 자리에 음효가 있는 당위지만, 제1 음효와 상응하지 않는데다가 두 개의 양효를 아래에 두고 있어서 처신하기가 매우 힘든 처지이다. 하지만 제5효와 음양으로 상합하므로 그로부터 인정과 비호를 받는다. 즉 강직한 임금에게 순종적인 측근 신하로서 신임을 받는다는 말이다.

본 효는 상괘에 속하므로 우물 중에서 지상으로 나온 중간 부분, 즉 난간에 해당한다. 우물의 난간은 우물의 경계를 만들어 사람이 빠지지 않게도 하지만, 무엇보다도 우물 안에 이물질이 들어가서 물이 오염되지 않도록 한다. 그래서 제4효의 측근 신하는 우물의 경계에 벽돌을 쌓는 일에 힘쓰게 되는데, 이렇게 하면 인재들을 지킬 수 있어서 임금에게 신임을 받는다. 이것이 '井甃无咎정추무구', 즉 '우물에 벽돌을 쌓으니 재앙이 없다'라는 구절이다.

또한 본 효를 제3효와의 연속선상에 있는 과정으로도 볼 수 있다. 즉 제3효는 우물을 준설해서 깨끗해졌는데도 사람들이 길어 가지 않아서 매우 상심해 있으니, 이 상심이 지나치면 삐딱하게 나갈 수 있다. 이것은 윤리적으로 옳지 않은 일이므로 군자가 할 짓이 아니다. 따라서 군자는 상심을 이기고 벽돌을 쌓아서 자신의 정결함을 지켜야 한다는 말이다. 『논어』「학이學而편」에도 "남들이 알아주지 않아도 성내지 아니하면, 군자가 될 수 있지 않겠는가?"(人不知而不慍, 不亦君子乎)라는 구절이 있다.

이에 대하여 『상』은 "우물에 벽돌을 쌓으니 재앙이 없는 것은, 우물을 깨끗이 관리하기 때문이다"(井甃无咎, 脩井也)라고 해설하였다. 즉 본 효는 음유한 자질의 소유자이므로, 덕이 미치지 못하거나 강단이 부족할 수 있다. 그러므로 우물을 깨끗이 관리하듯 자신을 수양해야 한다는 말이다. 강직한 속성을 갖고 태어나지 못하였더라도 반복해서 단련하면 강한 의지를 가질 수 있기 때문이다.

[제4 음효. 우물에 벽돌을 쌓으니 재앙이 없다.]

⑤ 九五, 井洌, 寒泉食.

洌: 맑을 렬. 寒: 추울 한. 泉: 샘 천.

제5효는 양의 자리에 양효가 있으므로 당위다. 본 효는 임금의 자리로서 제2 양효와 상응하지 않아서 신하의 도움은 크게 받지 못해도, 스스로가 덕과 능력이 있는 군주로서 가운데서 불편부당不偏不黨하게 다스리므로, 백성이 그가 퍼 올리는 우물물을 시원하게 마시고 있다. 이것이 '井洌寒泉食정렬한천식', 즉 '우물물이 맑으니, 백성이 시원한 샘물로서 음용한다'라는 구절이다.

임금의 물을 백성이 시원한 샘물이라고 여기는 것은, 그가 올바르고 유능한 인재만을 발탁해서 임용하기 때문이다. 이것은 『상』에서 "시원한 샘물을 마시게 된 것은, 그가 가운데서 치우치지 않고 공정하기 때문이다"(寒泉之食, 中正也)라고 한 해설을 통해서도 알 수 있다.

[제5 양효. 우물물이 맑으니, 백성이 시원한 샘물로서 음용한다.]

⑥ 上六, 井收勿幕, 有孚元吉.

收: 거둘 수. 완성하다. 勿: 말 물. 幕: 장막 막. 덮다. 孚: 믿을 부. 元: 클 원.

제6효는 음의 자리에 음효가 있으므로 당위다. 정괘의 마지막 단계는 물이 우물 밖으로 나와서 사람들에게 음용되어야 완성이 된다. '井收정수', 즉 '우물물이 수확되다'라는 말은 이 뜻이다. 우물이 제 기능을 발휘한다는 뜻과도 같다. 그럴려면 우물을 활짝 열어 놓아서 누구든지, 언제든지 와서 마음껏 마시게 해야 할 것이니 '勿幕물막', 즉 '덮어 놓지 말라'라는 말이 이 뜻이다. 사람도 노년에 들어서면 당위인 제6효처럼 관용을 베풀어 누구든지, 무엇이든지 용납할 수 있어야 한다. 제6효의 음효(--)는 뚜껑이나 덮개가 열려 있음을 상징한다.

덮개가 언제나 열려 있으니 사람들은 의심하지 않고 언제나 와서 물을 마실 수 있으므로, 우물가는 언제나 사람들로 북적인다. 더구나 제5효와 음양으로 상합할 뿐 아니라 제3효와도 상응하니 물은 끊임없이 공급될 터, 더는 의심할 여지가 없다. 그래서 사람들이 우물가로 몰려드는데, 그 우물의 주인이 길하지 않을 수 없다. 이것이 '有孚元吉', 즉 '(물을 마실 수 있다는) 믿음이 있으니 크게 길하다'라는 구절이다.

쓰임을 받는 인재의 측면에서도, 군주가 인재의 진출을 막지도 않고 또한 신뢰도 깊어서 자기의 뜻을 마음껏 펼칠 수 있으니, 길하지 않을 수 없다. 그래서 『상』에서도 "크게 길한 분이 위에 재위하시니, 크게 거두리라"(元吉在上, 大成也)라고 해설한 것이다. 여기서 '크게 길하다'(元吉)라는 것은, 제5 양효는 강직함으로써 제6효를 밀어주고 제6 음효는 덮개를 닫지 않고 포용함으로써 신뢰를 쌓는 행위를 가리킨다.

[제6 음효. 우물물이 수확되니, 덮어 놓지 말라. (물을 마실 수 있다는) 믿음이 있으니 크게 길하다.]

49. 혁괘革卦

澤火革택화혁: 밑으로 내려가려는 못물과 위로
오르려는 불이 부딪쳐서 변혁이 일어난다.

리하태상離下兌上

❖ 개관 ❖

혁革괘는 하괘가 이離괘, 상괘가 태兌괘로 이루어졌으므로 불 위에 못이
있는 형상이다. 아래의 불이 더 크면 위의 못물이 말라서 다른 물질로 변하
고, 위의 물이 더 크면 못물이 흘러넘쳐 아래의 불을 꺼 버림으로써 다른 물
질로 변하게 한다. 불과 못물, 이 두 가지가 서로를 이길 때 변혁이 일어나
기 때문에 괘의 이름을 '革'이라고 명명하였다. 또는 불은 빛을, 못물은 기
쁨을 각각 뜻하므로, 불이 헌것을 태워 없애서 빛이 나게 만들면 사람들이
기뻐한다는 의미로 해석하기도 한다.

'革' 자의 고문자 자형字形은 새를 박제해 놓은 모양이다. 고대의 부족은
의전 행사와 전쟁 시에 언제나 토템을 데리고 다녔는데, 살아 있는 짐승이
나 새를 데리고 다니는 일이 여간 불편한 게 아니었다. 그래서 토템을 박제
해서 장대에 꽂아 들고 다녔는데, 이것이 '革' 자의 본래 모양이었다. 이때
박제는 부족 구성원들에게 생물과는 다른 새로운 신화적 의미를 갖게 되었
을 터이니, 그래서 '革' 자에 '새롭게 변화하다'라는 의미가 생겨난 것이다.

혁괘가 정井괘의 뒤에 놓인 것에 대하여 『서괘』는 "우물의 도리는 새롭

게 변혁하지 않을 수 없으므로, 그래서 혁괘로써 이를 이어받았다"(井道不可不革, 故受之以革)라고 해설하였다. 다시 말해서 우물은 오래 사용하면 이물질이 들어와 가라앉아서 오니汚泥가 쌓이므로, 정기적으로 이를 청소해주는 일이 따라와야 한다는 뜻이다. 『잡괘』에서 "'혁'이란 옛것을 제거한다는 뜻이다"(革, 去故也)라고 한 해설은 이를 가리킨다.

따라서 중국에서 혁명이란 세상을 완전히 뒤집어서 새로운 세상을 연다는 뜻이 아니라, 우물을 청소하듯 오래된 것을 제거하여 제 모습으로 돌려놓음을 의미한다. 즉 근본적으로 『공양전公羊傳』 「애공 14년」의 "난세를 다스려서 원래 자리로 돌아가게 한다"라는 이른바 '撥亂反正발란반정'의 개념에서 벗어나지 않는다는 말이다.

❖ 괘사 풀이 ❖

革, 己日乃孚, 元亨利貞, 悔亡.
己: 그칠 이. 乃: 비로소 내. 悔: 후회할 회. 亡: 없을 무. '無' 자와 같음.

인간이 만든 법과 제도, 그리고 각종 건축물 등은 그것을 만들 당시의 수요에 따라 만들어진 것이어서, 시간이 지나면 새로운 환경이 요구하는 새로운 수요를 감당하지 못한다. 따라서 시대가 바뀌면 시대적 요구에 맞도록 고쳐야 하지만, 사람이란 기존의 체제에 익숙해지면 아무리 나중을 위해 좋은 것이라 해도 당장 바꾸는 것을 싫어하고 반대하게 마련이다. 심지어 혁신하는 것이 훨씬 이득인 사람들조차 바꾸는 것을 당장은 반기지 않는 경우도 종종 있다. 공자가 "백성은 따라오게 할 수는 있어도, 그들을 모두 이해시킬 수는 없다"(民可使由之, 不可使知之)라고 하였듯이, 미래를 내다볼 여유가 없는 백성을 모두 설득해서 정책을 펼 수 없으므로, 현명한 정치인은 지도력을 발휘하여 억지로라도 개혁을 단행한다.

이렇게 해서 시간이 얼마간 지난 후에 개혁의 효과를 보게 되면, 그때서야 백성은 그의 지도력을 깨닫게 마련이다. 이것이 '己日乃孚이일내부', 즉 '(개혁은) 날짜가 지나고 나서야 비로소 (백성에게서) 신뢰를 받는다'라는 구절이 가리키는 바다. 여기서 '己日'이란 '날짜가 이미 지나가다'라는 뜻이다. 개혁이 성공해서 백성의 신뢰를 받으면, 크게 길하고 이롭고 올바르게될 터이니 후회할 만한 일은 저절로 없어질 것이다. '元亨利貞, 悔亡'는 바로 이 뜻이다.

이 괘사에 대하여 『단』은 "혁괘는 물과 불이 서로를 사라지게 만드는 것으로서, (비유컨대) 두 딸이 한데 살면서 자신의 의지를 서로 관철하지 못하므로 이를 일컬어 '革', 즉 '없애다'라고 한다. 날짜가 지나야 비로소 신뢰가생기는 법이니, 낡은 것을 없애서 이를 믿게 하고, 빛이 나도록 아름답게 꾸며서 백성을 기쁘게 해야 한다"(革, 水火相息., 二女同居, 其志不相得, 曰革. 己日乃孚, 革而信之, 文明以說)라고 해설하였다. 여기서 '두 딸이 한데 산다'라는 구절은 睽괘에도 나오는데, 둘째 딸(이괘)과 막내딸(태괘)을 각각 가리킨다. 규괘에서는 서로 다른 방향으로 가기 때문에 서로 싸울 일이 없는 반면에 여기서는 불은 위로, 물은 아래로 행함으로써 서로 부딪칠 수밖에 없는 운명이다. 이렇게 싸우다 보면 파괴가 일어나고 결과적으로 낡은 것은사라지고 새것이 나오게 되는데 이것이 '革', 즉 혁신이라는 말이다.

이렇게 해서 새것이 나오는 운동을 『단』은 천지의 이치에 기반을 두면서 "천지는 낡은 것을 없앰으로써 사계절을 이룩하였고, 탕임금과 무왕이 낡은 천명을 없앤 것은, 하늘에 순응하고 사람들의 기원에 응답한 것이니, 혁괘의 시의적절함은 크도다"(天地革而四時成, 湯武革命, 順乎天而應乎人, 革之時大矣哉)라고 해설하였다.

『상』에서는 "못 가운데에 불이 있는 게 혁괘이니, 군자는 이 이치로써 책력을 관리하고 시기를 밝혀야 한다"(澤中有火, 革, 君子以治曆明時)라고 해설하였다. '못 가운데에 불이 있다'라는 것은, 상괘가 태괘이고 하괘가 이괘인 모양인데, 이는 가운데의 불덩이를 밖에서 물로 식히는 모양이기도 하다. 개혁이란 불같은 의지만으로 백성의 신뢰를 받는 게 아니다. 만일 개혁에 실패하면 모든 비난이 그에게 돌아올 터이니, 경거망동하지 않고 신중을 기하는 것이 옳다. 그러려면 불같은 의욕이 있더라도 이를 차갑게 식히면서 이성적으로 계획해야 한다. 이것이 '책력을 관리하고 시기를 밝혀야 한다'라는 구절이다. 책력을 잘못 계산하면 사계절이 헷갈리게 되고, 시기를 명쾌히 선택하지 않으면 일을 그르치게 된다. 따라서 책력을 정확히 계산해야 농사일을 제때 할 수 있듯이, 기회를 정확히 잡아야 한다는 뜻이다.

[혁革괘: (개혁은) 날짜가 지나고 나서야 비로소 (백성에게서) 신뢰를 받는다. 그러면 크게 길하고 이롭고 올바르게 될 터이니, 후회할 만한 일은 없을 것이다.]

❖ 효사 풀이 ❖

① 初九, 鞏用黃牛之革.
鞏: 굳을 공. 黃: 누를 황. 牛: 소 우.

제1효는 양의 자리에 양효가 있으므로 당위다. 제1효는 본 괘의 맨 아래에 있으므로, 개혁이나 혁명의 초기를 의미한다. 이때는 아무리 개혁의 분위기가 무르익었어도 사람들을 설득해 움직이기가 쉽지 않다. 앞서도 언급하였듯이, 이미 구체제에 익숙해진 사람들은 개혁이 자기에게 유리하더라도 이미 적응된 상태를 바꾸려 하지 않기 때문이다. 이를테면 더욱 편리해진 신형 스마트폰이 출시되었을 때, 당장 바꾸고 싶어도 주저하게 되는 것은 이미 익숙해진 스마트폰을 버리고 새것에 다시 적응하는 게 귀찮기 때문이 아니던가. 그래서 개혁을 간절히 원하던 사람도 막상 변화의 움직임에 뛰어들려면 고려할 게 많아져서 선뜻 나서지 못하는 것이다.

이러한 현상을 말해 주는 게 바로 본 효가 제4 양효와 상응하지 않는다는 사실이다. 즉 호응을 해 줘야 할 군중이 움직이지 않는다는 말이다. 발동기를 시동할 때, 묵직한 플라이휠을 돌리는 게 힘든 것처럼 변혁의 초기에 군중은 대개 꿈쩍도 하지 않는다. 이러한 상태를 본 효는 '鞏用黃牛之革공용황우지혁', 즉 '공고함이 황소의 가죽을 쓴 것 같다'라고 말한다. 황소의 가죽은 옛날부터 갑옷을 만드는 재료로 쓰이는 등, 단단하고 질긴 물질의 대명사였다. 아무리 나쁜 정권이라도 오랜 기간 통치하다 보면, 사람들이 적응돼서 바꾸지 않으려 하는 습관이 황소의 가죽처럼 공고하다는 말이다. 이것이 바로 기득권의 장점이다.

쓰던 물건을 다른 걸로 바꾸기는 그래도 쉽지만, 자신의 관념이나 생각을 바꾸기는 여간 어려운 일이 아니다. 관념이 형성되려면 오랜 시간이 걸리기 때문이다. 그래서『상』은 "공고함이 황소의 가죽을 쓴 것 같으니, 인위적으로 만들어 낼 수 없다"(鞏用黃牛, 不可以有爲也)라고 해설하였다. 변혁의 시기가 아직 무르익지 않았다는 뜻이리라.

[제1 양효. 완고함이 황소의 가죽을 쓴 것 같다.]

② 六二, 已日乃革之, 征吉无咎.

제2효는 음의 자리에 음효가 있으므로 당위다. 하괘의 중간에 자리 잡고 있으므로 치우침이 없이 올바르게 직무를 수행하는 순종적인 신하다. 제5 양효와 상응한다는 것은, 그가 임금에게 꼭 필요한 사람임을 나타낸다. 그는 순종적이고 음유한 기질의 사람이어서 절대 능동적으로 개혁이나 변혁에 참여할 사람이 아니다. 그러나 제1효에서 일어나지 않은 변혁이 본 효에 와서는 일어난다. 그는 여기에 참여하지 않고 주저하였지만, 이미 변혁이 일어난 다음에는 거기에 따르는 수밖에 없다. 이것이 '已日乃革之이일내혁지', 즉 '날짜가 지나서 비로소 그에 따라 변혁한다'라는 구절이다.

앞의 임금에게 필요한 신하는 뒤의 임금이나 실권자에게도 필요한 신하다. 왜냐하면 변혁을 일으켰다고 해서 전체를 한꺼번에 바꿀 수는 없기 때문이다. 일상생활은 예전대로 영위해야 혼란이 야기되지 않는 법이다. 그래서 예전의 신하는 새로운 체제의 실권자에게 나아가도 길하고 재앙은 없을 터이니, '征吉无咎'가 이를 가리킨다. 여기서 '征'은 새로운 체제에 봉사한다는 뜻이다.

이에 대하여 『상』은 "날짜가 지나서 비로소 그에 따라 변혁하면, 그러한 행동에 기뻐할 일이 있을 것이다"(巳日革之, 行有嘉也)라고 해설하였다.

[제2 음효. 날짜가 지나서 비로소 그에 따라 변혁하고, (새로운 체제에) 나아가도 길하고 재앙은 없다.]

③ 九三, 征凶, 貞厲, 革言三就, 有孚.

厲: 사나울 려. 言: 말씀 언. 就: 좇을 취. 따르다. 孚: 믿을 부.

제3효는 양의 자리에 양효가 있으므로 당위다. 강직한 리더십으로 개혁 또는 혁명에 앞장서 있는데, 제6 음효와 상응할 뿐 아니라 제2 음효와 음양으로 상합한다. 이는 그의 변혁 시도가 호응받고 있으며, 아래의 약한 자들을 대변한다는 명분도 갖고 있음을 나타낸다. 즉 그의 변혁이 명분도 있고 지원하는 세력도 있다는 말이다.

제3효는 하괘인 이괘의 선두에 있으므로, 불과 같은 열정으로 상괘인 태괘를 뒤바꾸려는 형상을 나타낸다. 그런데 개혁의 대상인 태兌괘는 '悅(기쁠 열)' 자로 상징되듯이, 그들은 변혁의 시도에 맞서 싸우기보다 기쁜 마음으로 받아들이기를 원한다. 이러한 상황이라면 굳이 피를 보며 변혁할 필요가 없다. 그런데도 세게 밀어붙여서 피바람을 일으키면 백성에게 걱정과 공포를 안기게 되므로, 아무리 명분이 옳고 또 올바르게 행동한다 해도 오히려 위험에 빠지게 된다. 이것이 바로 '征凶貞厲정흉정려', 즉 '밀어붙여 나아가면 사납고 험난하게 되고, 아무리 옳게 행동해도 위험해진다'라는 구절이다.

개혁이나 혁명 등의 변혁은 명분이 가장 중요하다. 효사에서는 이를 '革言혁언'이라고 했는데, 이는 오늘날의 말로 바꾸면 혁명 공약과 같은 것이다. '三就삼취'에서 '三' 자는 개혁의 대상인 태괘의 3효를 가리키고, '就' 자는 복종하여 따른다는 뜻이다. 즉 혁명의 명분이 옳으면 그들이 저절로 복종하고 따른다는 말이다. 한 고조가 함곡관에 들어가 원로들을 모아 놓고 "살인자는 사형에 처하고, 사람을 다치게 한 자와 도둑질 한 자는 반드시 처벌하며, 나머지 진나라의 악법은 모두 폐기한다"라는 이른바 약법삼장約法三章을 약속하였더니, 모두가 두말없이 고조의 입성을 인정하였다는 고사가 대표적인 예다. 이렇게 하면 자연히 '有孚', 즉 신뢰가 생긴다.

이에 대하여 『상』은 "변혁의 명분에 모두가 순종하였으니, 또 어디를 더 가겠는가?"(革言三就, 又何之矣)라고 해설하였다.

[제3 양효. 밀어붙여 나아가면 사납고 험난하게 되고, 아무리 옳게 행동해도 위험해진다. 변혁의 명분에 모두가 순종하면 신뢰가 생긴다.]

④ 九四, 悔亡, 有孚改命, 吉.

改: 고칠 개. 命: 운명 명.

제4효는 음의 자리에 양효가 있는 실위라서 후회하거나 안타까워할 일이 잠재해 있다. 그러나 이때는 서로 용납할 수 없는 불과 물이 자웅을 겨룸으로써 자리바꿈을 해야 하는 변혁의 시기다. 평상시라면 순종이 미덕이지만 이 시기에는 단호한 결단력이 요구된다. 그래서 실위가 오히려 후회함을 사라지게 할 수 있다. '悔亡회무'는 바로 이 뜻이다.

본 효는 측근 신하, 즉 재상의 자리다. 임금을 대신해서 중대한 개혁을 시행해야 할 재상은 강력한 지도력과 함께 임기응변과 협상력도 갖추어야 하는데, 본 효가 실위인 것이 이를 가리킨다. 이때 무엇보다 중요한 것은 강직한 재상에 대한 임금의 신임이니, 이는 현명한 군주가 아니면 발휘하기 힘들다. 임금의 자리인 제5효와 본 효가 둘 다 양효임에도 어울리는 것은, 이것이 앞에서 언급한 바 있는 성군과 명재상의 관계이기 때문이다.

제4효는 제1효와 상응하지 않는데, 이는 앞에서 설명한 바와 같이, 백성의 '완고함이 황소의 가죽을 쓴 것 같아서'(鞏用黃牛之革) 개혁에 전혀 호응하지 않음을 나타낸다. 그러나 개혁을 통하여 바꾸는 일은 누구의 호응을 받느냐의 여부가 그리 중요하지 않다. 왜냐하면 그것은 당연히 해야 할 일이기 때문이니 천명, 즉 하늘의 명령에 복종하여 개혁을 밀고 나갈 때 사람들이 호응할 것이라는 말이다.

변혁을 시도할 때 천명에 복종한다는 말을 명분으로 내세우지만 기실 이는 믿음이다. 굳건한 믿음이 없으면 기득권의 저항이 만만치 않은 이 과업을 이룩할 수 없는 게 현실이다. 효사에서 '有孚改命吉유부개명길', 즉 '믿음을 갖고 옛 천명을 바꾸면 길하다'라고 하였는데, 여기서 '命'은 옛날에 기득권이 내걸었던 명분을 가리킨다.

주나라 무왕이 거사하여 주紂왕을 치러 출병할 때 결과가 어떠할지 점을 치게 하였다. 복관卜官이 점을 친 후, 상서롭지 않으니 출병을 늦추는 게 좋겠다고 아뢰었다. 강태공 여상呂尙이 점치는 도구들을 던져 버리고는 "오직 신념과 용기로 싸울 뿐이다!"라며 군대를 이끌고 나아가 주왕을 무찌르고 승리를 거두었다. 이처럼 강한 신념을 갖고 개혁을 단행해야 성공할 수 있다.

이에 대하여 『상』은 "기득권이 옛날에 내걸었던 명분을 바꿀 수 있는 행운은 굳건한 믿음의 의지 때문이다"(改命之吉, 信志也)라고 해설하였다. 이는 미신을 탈피하여 인간의 이성적 능력으로 환난을 극복하자는 유가의 이른바 '우환憂患 의식'과 맥을 같이한다.

[제4 양효. (강직함은) 후회함을 사라지게 하니, 믿음을 갖고 옛날에 내걸었던 명분을 바꾸면 길하다.]

⑤ 九五, 大人虎變, 未占有孚.

虎: 범 호. 變: 변할 변. 占: 점칠 점.

제5효는 양의 자리에 양효가 있는 당위이므로 '大人대인', 즉 큰 인물이 임금의 자리에 앉아 있음을 나타낸다. '虎變호변'은 '범처럼 변하다'라는 뜻인데, 양웅揚雄의 『법언法言』 「오자吾子편」의 "삵이 변하여 표범이 되고, 표범이 변하여 범이 된다"(狸變則豹, 豹變則虎)라는 구절을 참고하면 큰 인물이 임금이 된다는 뜻이 된다. 양웅이 '삵→표범→범'으로의 변화를 말한 것은 소인이 군자를 거쳐 성인으로 성장하는 과정을 비유한 것이므로, 여기서의 '虎變', 즉 '범처럼 변하다'라는 말은 대부나 제후의 위치에 있던 자가 변혁을 통하여 임금 자리에 오르는 일을 비유한 것으로 봄이 옳다.

그는 상괘의 중효에 있음으로써 어디에 치우치지 않고 공명정대할 뿐 아니라, 굳은 신념을 가진 현명한 측근 신하의 도움을 받고 있으므로, 이러한 큰 인물은 굳이 점을 쳐 보지 않아도 백성에게 신뢰받을 수 있다. 이것이 '未占有孚', 즉 '점을 쳐 보지 않아도 신뢰를 받게 된다'라는 구절이 뜻하는 바다.

이에 대하여 『상』은 "큰 인물이 범처럼 변하는 것은, 인품의 아름다움이 빛나기 때문이다"(大人虎變, 其文炳也)라고 해설하였다. 앞에서 언급한 '삵→표범→범'으로의 진화는 구체적으로 가죽의 무늬가 점점 아름다워짐을 가리킨다. 따라서 범으로 변한 큰 인물이란 힘이 강직할 뿐만 아니라, 인품과 덕도 아름다움을 갖췄음을 뜻한다. 힘과 덕을 갖춘 임금이 성군이라는 관념이 중국의 이상적인 제왕의 모습이다. 공자는 인품과 덕은 갖추었으나 권력의 자리에 오르지 못하였으므로 소왕素王, 즉 권력을 쥐지 않은 소박한 임금이라고 불려 왔다.

[제5 양효. 큰 인물이 범처럼 변하였으니, 점을 쳐 보지 않아도 신뢰를 받는다.]

⑥ 上六, 君子豹變, 小人革面, 征凶, 居貞吉.

豹: 표범 표. 面: 향할 면. 居: 거할 거.

제6효는 음의 자리에 음효가 있는 당위로서, 변혁이 성공하고 난 후의 마지막 국면이다. 변혁을 일으킨 자가 범처럼 변하여 임금의 자리에 올랐으니 구체제에서 복무하던 모든 관리도 섬김의 대상을 현재의 임금으로 바꾸어 복종하게 되는데, 이것이 '君子豹變군자표변', 즉 '관리들은 표범처럼 변하였다'라는 구절이다. 이때의 '君子'는 도덕군자가 아니라 '지배하는 관리'라는 뜻이다. 이들의 변화를 '豹變', 즉 '표범처럼 변하다'라고 표현한 것은, 그들이 새 임금을 섬길 때의 마음가짐이, 범의 무늬만큼 아름답지는 않아도 표범만큼은 되어야 함을 강조하는 말이다.

이에 비하여 백성에 대해서는 '小人革面', 즉 '백성은 섬기는 방향만 바꾼다'라고 말한다. 다시 말해서 생업에 종사하기에도 바쁜 백성은 굳이 인품까지 변하려고 노력할 필요 없이, 그저 섬기는 방향만 새 임금에게로 바꾸면 된다는 뜻이다. 군자와 소인이 이렇게 순종하는 것이 변혁의 마지막 국면에서 취해야 할 행동이다.

이에 대하여 『상』은 "군자가 표범처럼 변한다는 말은 그들의 인품이 아름답다는 뜻이고, 소인이 섬기는 방향을 바꾼다는 말은 순종함으로써 새 임금을 따른다는 뜻이다"(君子豹變, 其文蔚也; 小人革面, 順以從君也)라고 해설하였다.

[제6 음효. 관리들은 표범의 무늬만큼만 변하면 되고, 백성은 섬기는 방향만 바꾸면 된다. 여기서 더 나아가면 사납고 험난해지지만 올바름에 거하면 길하다.]

50. 정괘鼎卦

火風鼎화풍정: 불 아래에 나무가 있어서 솥의 밥
이 익는다.
손하리상巽下離上

❖ 개관 ❖

정鼎괘는 하괘가 손巽괘, 상괘가 이離괘로 이루어졌는데, 손괘는 나무를
상징하므로 정괘는 나무 위에 불이 있는 형상이다. 즉 나무로 불을 때서 밥
을 해 먹는 모양인데, 불로 밥을 해 먹으려면 먼저 솥이 있어야 하고, 여기
에 물을 부어 쌀과 함께 끓여야 한다. 앞의 혁革괘에서 물과 불이 서로를 이
기려 할 때 변혁이 일어난다고 했는데, 이 두 개의 힘을 조화시켜서 쌀을 밥
이 되게 하는 매개가 솥이다. 따라서 솥은 날것을 익혀서 새로운 물질을 완
성해 내는 수단이 된다.

그래서 정괘를 혁괘의 뒤에 두는 것에 대하여 『서괘』는 "하나의 물질을
다른 물질로 바꾸는 것은 솥만 한 것이 없으므로, 정괘로써 (혁괘를) 이어받
았다"(革物者莫若鼎, 故受之以鼎)라고 해설하였다. 쌀을 밥으로 만드는 솥이
야말로 확실한 변혁의 수단이라는 말이다.

하나의 왕조가 창업된 후, 그 세력과 기운을 영원히 이어 가려면 끊임없
이 개혁함으로써 오류를 수정하고 현실에 맞지 않는 것을 제거해 나가야
한다. 그러나 인간은 망각의 동물이므로 처음에는 개혁의 의지가 강했더라

도 시간이 지나면 느슨해지고 게을러지게 마련이다. 이것을 막기 위하여 제왕들은 자신을 경계하기 위한 계언戒言을 잘 보이는 곳에 써 붙여 놓고 잊지 않으려고 하였는데, 그곳이 바로 솥과 대야였다. 솥과 대야는 먹거나 얼굴을 씻기 위해 매일 보아야 하는 곳이기 때문이다. 더구나 솥은 변혁의 상징이기도 했다. 경각과 훈계의 명문銘文을 새긴 솥이 나중에는 제왕의 상징이 되어 거대하고 화려하게 제작되었으니, 천자의 권력을 상징하는 이른바 구정九鼎은 이렇게 해서 생겨난 것이다.

새로운 제왕이 새 정권을 창업하면 먼저 왕조의 이념과 원칙을 솥에 새겨서 반포하는데, 이것을 '혁정革鼎'이라고 불렀다. 『잡괘』는 이에 대하여 "'혁革'이란 낡은 것을 제거한다는 뜻이고, '정鼎'이란 새것을 취한다는 뜻이다"(革, 去故也; 鼎, 取新也)라고 해설하였으므로, 진정한 개혁은 '혁'으로 시작하여 '정'으로 완성됨을 알 수 있다.

이처럼 솥은 완성의 기물이다. 주나라도 성成왕 때 구정九鼎을 가져옴으로써 나라의 기틀이 갖춰지고 창업이 완성되었으므로, 그의 시호를 '成'이라 하고, 국호도 성주成周라고 부르게 되었다.

정괘는 효의 배열 순서가 혁괘가 완전히 뒤집힌 모양이므로, 두 괘는 서로 복괘覆卦 관계에 있다. 또한 정괘의 괘상은 전체적으로 세발솥의 모양이라고 해석하기도 한다. 즉 맨 아래의 음효는 솥의 다리를, 중간의 세 양효는 솥의 배 부분을, 제5 음효는 솥의 귀 부분을, 맨 위의 양효는 이동 시에 솥의 양 귀에 꽂는 쇠막대기 부분을 각각 나타낸다는 말이다.

❖ 괘사 풀이 ❖

鼎, 元吉, 亨.

변혁이나 혁명이 일어났다는 것은 구체제가 무너졌다는 뜻이다. 구체제가 무너지면 그 치하에서 압박과 시련을 받던 사람들은 일단은 해방감을 맛볼지 모르지만, 시급히 대안 체제가 들어서서 질서를 잡지 않으면 오히려 구체제만도 못한 대혼란이 일어나게 마련이다. 따라서 변혁이 완성되기 위해서는 속히 준비된 체제를 들여놓아 안정시켜야 한다. 이것이 혁괘 뒤에 정괘를 두는 이유다. 앞서 『잡괘』의 "'혁革'이란 낡은 것을 제거한다는 뜻이고, '정鼎'이란 새것을 취한다는 뜻이다"(革, 去故也; 鼎, 取新也)라는 해설을 상기할 필요가 있다.

이 괘사에 대하여 『단』은 다음과 같이 해설하였다. "'정鼎'은 세발솥의 모양이다. 나무로써 불의 연소에 순종하여 음식을 익힌다. 성인(천자)은 음식을 익혀서 하느님에게 제사 지내고, 또한 음식을 많이 만들어서 세상의 성현들을 길러 낸다. (하늘과 성현들에게) 공손하면 (그들로 인하여 천자의) 귀와 눈이 잘 들리고 밝아져서, (천자의) 부드러움이 더 나아가 위(제6효)와 (음양으로) 상합함과 아울러, 정가운데의 자리를 지키면서 강직함에 상응한다. 그래서 길하고 형통한 것이다"(鼎, 象也. 以木巽火, 亨飪也. 聖人亨以享上帝, 而大亨以養聖賢. 巽而耳目聰明, 柔進而上行, 得中而應乎剛, 是以元亨).

"크게 길하고 형통하다"(元吉, 亨)라는 짧은 괘사에 대하여 『단』이 내린 해석은 세발솥의 형상과 기능에 근거하고 있음을 알 수 있다. 즉 솥으로 음식을 차려서 하늘에 제사 지내고 세상의 인재들을 길러 내서, 그들에게 천자를 대신해서 다스리게 한다는 것이다. 그러면 임금 자신이 강직하지 않고 부드러워도 위의 강직함의 도움을 받아 공명정대하게 다스릴 수 있으니, 이렇게 크게 길할 수 있는 것은, 다름 아닌 솥의 형상에서 나온다는 뜻이다. 여기서 '위의 강직함'이란 제6효가 상징하는 강직한 상왕이나 은퇴한 현인들에게서 나오는 후광을 가리킨다.

이에 대하여 『상』은 "나무 위에 불이 있는 게 정괘의 형상인데, 군자는 이 이치로써 제자리를 지키고 앉아서 하늘로부터 부여받은 사명을 굳게 지킨다"(木上有火, 鼎, 君子以正位凝命)라고 해설하였다. 물과 불은 서로를 없애려는 갈등 관계에 있지만, 중간에 솥이 있으면 삶을 유지해 주는 밥을 만들어 낸다. 그래서 솥은 완성의 기물이자 수단이다. 이처럼 세상에는 상호 모순되는 요소들이 대립하고 있어도, 성인과 군자는 그 가운데에 세발솥처럼 묵직하고 위엄 있게 앉아서 하늘로부터 부여받은 사명을 다함으로써 세상의 삶을 완성한다. 이것이 바로 '正位凝命정위응명'인데, 여기서 '凝' 자는 어떠한 위협이나 유혹에도 절대 굽히지 않는 단단한 신념을 가리킨다.

[정鼎괘: 크게 길하고 형통하다.]

❖ 효사 풀이 ❖

① 初六, 鼎顚趾, 利出否, 得妾以其子, 无咎.
顚: 자빠질 전. 趾: 발 지. 出: 내쫓을 출. 否: 악할 비. 妾: 첩 첩.

제1효는 양의 자리에 음효가 있으므로 실위다. 앞서 말한 바 있듯이, 본효가 음효인 것은 세발솥의 다리를 가리킨다. 제1효는 솥의 기초여서 강직한 양효여야 함에도 음효인 것은, 이 다리가 안정되지 못하고 뒤집혀 있음을 나타낸다. 솥은 하늘에 제사 지내고 현인을 먹여 기르는 음식을 만드는 도구이므로, 밥을 짓기 전에 반드시 솥 안에 있는 잔재를 깨끗이 씻어 내야 한다. 이를 위해서 솥을 자빠뜨리면 솥 다리가 위로 올라가게 되므로 '鼎顚趾정전지', 즉 '솥이 다리가 위로 올라와 뒤집혔다'라고 표현한 것이다.

솥을 뒤집어 놓으면 안에 있는 찌꺼기를 씻어 내기에 용이해서 청소에 이점이 많으므로 '利出否리출비', 즉 '이로움이 더러운 찌꺼기를 배출할 때 생긴다'라고 말한다. 변혁이나 혁명을 일으키면 가장 먼저 해야 할 것이 구악을 일소하는 일이다. 구체제에 부역한 간신들과 백성을 착취한 혹리酷吏들을 모조리 잡아서 처벌해야 하지만, 구악 제거에만 몰두하다 보면 자칫 옥석을 가리지 못하고 현인까지 함께 축출하는 오류가 생길 수 있다. 멸망한 나라, 또는 멸망한 체제하에 있던 사람이라도 현인은 구분해서 다시 등용해야 한다. 망한 나라의 유민이라고 굴레를 씌워서 차별하면 안 된다. 이것은 마치 미천한 여인을 첩으로 들였더라도 그를 통해 아들을 얻을 수 있는 것과 같다고 할 수 있으므로 '得妾以其子, 无咎', 즉 '첩으로 들였더라도 그를 통해 아들을 얻을 수 있으니 재앙이 없다'라고 기술하였다.

이에 대하여 『상』은 "솥이 다리가 위로 올라와 뒤집힌 것은, 새것이 헌것과 섞이지 않게 하기 위함이고, 이로움이 더러운 찌꺼기를 배출할 때 생긴다는 것은, (나중에) 귀한 것을 모셔 따르기 위함이다"(鼎顚趾, 未悖也. 利出否, 以從貴也)라고 해설하였다. 여기서 '悖(어지러울 패)' 자는 솥을 깨끗이 씻지 않으면 더러운 찌꺼기와 새 쌀이 섞인다는 뜻이고, '從貴종귀'는 비록 망한 나라의 신하였더라도 그가 현인이라면 나중에 소중한 일을 해낼 수 있을 터이므로, 그 소중한 일을 위해 순종한다는 뜻이다.

[제1 음효. 솥이 다리가 위로 올라와 뒤집혔으니, 이로움이 더러운 찌꺼기를 배출할 때 생긴다. 첩으로 들였더라도 그를 통해 아들을 얻을 수 있으니 재앙이 없다.]

② 九二, 鼎有實, 我仇有疾, 不我能即, 吉.

實: 내용물 실. 我: 나 아. 仇: 짝 구. '逑(짝 구)' 자와 같음. 疾: 병 질. 결함. 해독. 即: 나아갈 즉. 가까이하다.

제2효는 음의 자리에 양효가 있으므로 실위다. 본 효는 솥의 배 부분에 해당한다. 배는 원래 비어 있는 부분인데, 여기에 양효가 있으므로 배가 채워져 있음을 알 수 있다. '鼎有實정유실', 즉 '솥에 내용물이 있다'라는 구절은 이를 가리킨다.

본 효는 제5 음효와 상응하는데, 이는 함께 혁명에 참여한 동지들을 상징한다. 이것을 효사는 '我仇아구'라고 표현하였다. 여기서 '仇' 자는 '逑(짝 구)' 자와 같으므로 동업자(partners)로 보는 게 옳다. 죽음을 무릅쓰고 혁명에 참여한 동지들이므로, 그들을 불러와서 솥의 배를 채우는 게 맞지만, 그들에게는 피치 못할 결함이 있다.

이 결함은 그들이 제4 양효의 위에 있다는 사실이다. 제5효가 음효인 것은 혁명 세력은 기본적으로 무력이어서 체제를 다스리고 관리하는 문관의 능력이 없음을 나타낸다. 따라서 실무적인 일은 구체제의 관리들에게 의존할 수밖에 없는데, 제5 음효가 제4 양효 위에 있다는 것은 바로 이를 가리킨다. '我仇有疾아구유질', 즉 '나의 동지들에게 결함이 있다'라는 구절은 이를 의미한다.

그러므로 혁명 세력임에도 제2효의 솥의 배를 채우는 일, 즉 체제의 내실을 다지는 일에는 참여할 수 없으니 '不我能即불아능즉', 즉 '나에게 가까이 다가올 수 없다'라는 구절이 가리키는 바다. 이렇게 하면 혁명 이후의 신체제가 속히 안정될 것이므로 '길하다'라고 말한 것이다. 따라서 혁명 세력이 변혁에 성공하면, 무력을 약화하여 무관들이 정무에서 손을 떼게 해야 한다. 그들이 함부로 나서면 오히려 해독을 끼치기 때문이다.

이에 대하여 『상』은 "솥에 내용물을 채울 때는 앞으로 나아갈 바를 신중히 생각해야 하고, 나의 동지들에게 결함이 있어 (들어오지 않게 하면) 끝까지 잘못이 없을 것이다"(鼎有實, 愼所之也; 我仇有疾, 終无尤也)라고 해설하였다. 여기서 '我仇有疾'이란 동지들에게 결함이 있으므로 이들을 적당히 손절損切한다는 뜻이다.

[제2 양효. 솥에 내용물을 채울 때, 나의 동지들에게 결함이 있어서, 나에게 가까이 다가올 수 없으니, 길하다.]

③ 九三, 鼎耳革, 其行塞, 雉膏不食. 方雨虧悔, 終吉.

塞: 막힐 색. 雉: 꿩 치. 膏: 살진 고기 고. 方: 바야흐로 방. 雨: 비 우. 虧: 이지러질 휴. 부족하다.

제3효는 양의 자리에 양효가 있으므로 당위다. 하괘인 손괘(☴)에서만 보자면 제1효는 솥의 다리를, 제2효는 솥의 배 부분을, 제3효는 솥의 귀 부분을 각각 나타낸다. 솥의 귀는 밥이 다 되었을 때, 양 귀의 빈 구멍에 긴 장대를 꿰어서 밥상 쪽으로 이동하기 위한 장치다. 그런데 이 솥의 귀에 변형이 생겨서 장대를 꿸 구멍이 없어졌으니, 먹으러 가는 길이 막혀 버렸다. 이것이 '鼎耳革정이혁, 其行塞기행색', 즉 '솥의 귀에 변형이 생겨서, 솥을 들고 갈 길이 막혀 버렸다'라는 구절이다. 따라서 '雉膏不食치고불식', 즉 맛있는 꿩고기도 먹을 수 없게 되었다.

제3효는 하괘의 맨 위에 위치하므로, 중용을 지키지 못하고 한쪽으로 치우치게 마련이다. 이는 혁명에 참여하는 사람들이 다혈질인 성격을 가졌음을 나타낸다. 이들이 목숨을 걸고 혁명에 뛰어들었는데도 먹을 게 없다면, 다시 무기를 들고 위로 치고 올라갈 위험이 언제나 도사리고 있다. 그런데 그 위에는 이離괘라는 불이 있어서 자칫 크게 후회할 일이 있을 수 있다. 이때 새로 등극한 임금이 이들에게 비와 같이 성은을 베푼다면 후회할 일이 없을 터이니 '方雨虧悔終吉방우휴회종길', 즉 '바야흐로 성은이 비처럼 내리면 후회할 일이 없고, 끝까지 길하다'라는 구절은 이를 가리킨다.

혁명을 완성하고 체제를 안정시키려면, 혁명 동지들과 전리품을 함께 나누자던 처음의 의지와 계획을 수정해서 나눠 먹기를 자제해야 한다. 왜냐하면 혁명 정부가 가장 먼저 해야 할 것은, 나라의 살림을 축소해서 백성의 세금을 줄이는 일이기 때문이다. 그래야 백성에게 열렬한 환영을 받을 수 있다. 이것이 '鼎耳革', 즉 솥의 양 귀를 변형시켜 장대로 꿰지 못하게 막는 것이니, 이렇게 하면 혁명의 공신들이 솥을 이동시켜 나눠 먹을 수 없게 된다. 그렇다 하더라도 그들은 어디까지나 혁명의 공로자들이므로 새 임금은 그들에게 성은을 비처럼 뿌려서 잘 살게 해 주어야 나중에 후회할 일이 없다는 말이다.

이에 대하여 『상』은 "세발솥의 양 귀를 변형시킨 것은, (혁명의) 의로움을 잃을 것이기 때문이다"(鼎耳革, 失其義也)라고 해설하였다. 여기서 '의로움'이란 혁명을 일으킨 명분을 가리키는데, 혁명에 참여한 자들이 나눠 먹기에 여념이 없으면 혁명의 명분이 사라져서 실패로 귀결됨을 경계하는 말이다.

[제3 양효. 솥의 귀에 변형이 생겨서, 솥을 들고 갈 길이 막혀 버렸으니, 맛있는 꿩고기를 먹을 수 없게 되었다. 바야흐로 성은을 비처럼 내려 주면 후회할 일이 없고 끝까지 길하다.]

④ 九四, 鼎折足, 覆公餗, 其形渥, 凶.

折: 부러질 절. 足: 발 족. 覆: 뒤집힐 복. 公: 귀인 공. 임금. 餗: 죽 속. 솥 안에 남은 음식물. 形: 몸 형. 渥: 젖을 악.

제4효는 음의 자리에 양효가 있으므로 실위다. 제4효는 원래 측근 신하나 재상의 자리로서, 임금의 뜻을 받들어 한 치의 오차도 없이 시행하는 자가 있어야 하는 곳이다. 그런데 여기에 양효가 있다는 것은, 뭔가 공을 세워 보겠다는 의지와 열정이 앞선 자가 있음을 나타낸다. 개혁을 명분으로 내세운 혁명 정부가 들어섰으니, 당연히 의욕적인 사람이 재상의 자리에 앉았을 것이다.

재상은 직접 실무를 하는 게 아니라 인재를 발탁하여 임무를 맡겼을 것인즉, 제1 음효와 상응하는 본 효는 신분을 가리지 않고 평민 가운데서 능력이 있는 자를 발탁해서 일을 맡겼다. 왜냐하면 혁명 정부는 구체제의 인사를 몰아내고 그간에 소외되었던 새 인물을 발굴하는 게 명분에 부합하는 일이었을 테니 말이다.

그러나 경험이 부족한 새 인물이 위로부터 낙점되어 내려와 기존의 관리들과 함께 새 정부의 중대 사업을 벌이게 되면, 아무리 재주가 출중하다 해도 일을 그르치기 십상이다. 새 정부의 지도자들은 되도록 많은 사업을 벌여 단시간 내에 성과를 보여야 한다는 강박 관념에 사로잡혀 있는 데다가, 사업 수행에 대한 경험이 부족하니 자연히 일이 제대로 성취될 수 없다는 말이다. 일을 맡은 자들이 능력이 부족할 수밖에 없다는 것은 평민, 즉 소외된 자를 상징하는 제1효가 음효라는 데서 드러난다. 따라서 백성을 위한 국정을 제대로 펴기 위해서는, 아무리 구체제 사람이라도 전문가는 존중해야 한다. 명분과 이념만으로는 현실의 문제를 해결할 수 없기 때문이다. 미국 속담에 "Don't throw the baby out with the bathwater"(목욕물을 버리려다 아이까지 버리지 말라)라는 말이 있는데, 이와 같은 맥락의 말이리라.

이러한 사실을 효사는 '鼎折足정절족, 覆公餗복공속', 즉 '세발솥의 다리를 부러뜨려서 귀한 분의 죽을 왕창 쏟았다'라고 기술하였다. 즉 주인의 명을 받아 손님들에게 드릴 죽을 정성스레 쑤고 있는데, 죽이 타지 않고 잘 섞이도록 열심히 젓는다고 하다가 잘못해서 솥 다리를 부러뜨렸던 것이다. 그 바람에 솥이 넘어졌고 그 안의 죽이 모두 엎질러졌다.

그런데 이 죽이 보통 죽이 아니라 주인이 손님을 위해 특별히 지시한 것이니, 난처하기가 짝이 없다. 효사는 '其形渥기형악', 즉 '주인의 몸이 죽을 뒤집어썼다'라고 하였는데, 이는 주인의 체면이 말이 아님을 나타내는 표현이다. 혁명 정부의 공약 사업이 실패하면 임금의 체면이 이와 같을 것이다. 기존의 관료들이 새 정부의 입맛에 맞추려고 과도하게 일을 추진하려 하면, 이런 낭패를 쉽게 초래할 수 있는 게 관가의 문화다.

이에 대하여 『상』은 "세발솥의 다리를 부러뜨려서 귀한 분의 죽을 왕창 쏟았으니, 정말로 어쩌면 좋으냐?"(覆公餗, 信如何也)라고 해설하였다.

[제4 양효. 세발솥의 다리를 부러뜨려서 귀한 분의 죽을 왕창 쏟았다. 그분의 몸이 죽을 뒤집어썼으니, 사납고 험난하다.]

⑤ 六五, 鼎黃耳金鉉, 利貞.
黃: 누를 황. 耳: 귀 이. 鉉: 솥귀 현. 여기서는 솥을 옮길 때 쓰는 쇠막대기를 가리킴.

제5효는 세발솥에서 양 귀에 해당한다. 임금의 자리인 본 효가 솥의 귀에 해당한다는 말이 좀 어색하기는 하지만, 이 양 귀가 있어야 솥을 옮겨서 식사를 할 수 있으므로 솥에서 중요한 부분으로 보는 것이다. 그래서 효사는 그 중요성을 나타내기 위하여 '耳' 자에 '黃' 자를 붙여 썼다. 노란색은 황제의 색이자 중앙의 색이기 때문이다.

여기서 중앙이 강조되는 것은 양 귀가 중심을 잘 잡아 줘야 솥을 옮길 때 솥이 기울어지지 않아서 국 같은 게 쏟아지지 않기 때문이다. 또한 양 귀는 무거운 하중을 견딜 수 있도록 단단히 제작되어야 하고, 여기에 꿰는 막대기도 단단한 쇠붙이로 만들었으므로 이를 '金鉉금현'이라고 부른다. 효사에 '利貞', 즉 '이로움이 올바름을 유지할 때 생긴다'라는 말은, 혁명 정부의 임금이 우왕좌왕하면 사람들이 불안해서 실패할 수 있으니, 올바름을 유지하려면 단단한 솥의 양 귀처럼 중심을 잘 잡아야 한다는 말이다.

본 효는 양의 자리에 음효가 있으므로 실위다. 즉 이 자리에는 임금의 자리로서 강직한 자가 앉아야 하는데, 여기에 음효가 있다는 것은 혁명으로 정권을 잡았으므로 그가 정통성이 결여돼 있음을 의미한다. 제2 양효와 상응하기는 하지만, 제4효가 제1효에 의존해서 실패한 것과 마찬가지로 신하, 즉 관료에 의존해서는 안 된다. 왜냐하면 관료에 의존하면 일은 쉬울 수 있으나 머지않아 그들에게 휘둘려 의존하게 될 것이기 때문이다.

정부가 아래의 관료 조직의 행정력에 의존하거나 백성의 비위만을 맞추려 하면, 이른바 포퓰리즘populism이라고 하는 대중 추수주의追隨主義에 빠져 권위를 잃게 된다. 더구나 정통성이 결여된 혁명 정부로서는 불확실하고 유동적인 아래에 초점을 맞추기보다는 위의 형이상학적인 곳을 먼저 바로 잡아야 아래를 안정시킬 수 있다.

본 괘에서 제6효가 양효로서 제5 음효와 상합하는 것은, 위의 제6효의 도움을 받으면 아래가 안정될 수 있음을 나타낸다. 세발솥에서도 솥의 양 귀가 중요한 기능을 한다는 사실은 여기에 쇠막대기를 꿰어 옮길 때 잘 드러나는 게 아닌가. 따라서 정통성이 결여된 허약한 임금과 그의 권위를 세워 주는 것은, 옛것을 대체할 새로운 정통성을 속히 세우는 일이다. 그것은 철학과 이념, 그리고 도덕성을 내용으로 하는 이른바 천명天命을 주지시키는 일이다. 한 고조는 출신이 미천하였지만, 유학을 장려하여 이 작업을 성취함으로써 왕조의 권위를 세웠을뿐더러 중국의 전통적인 정권의 기틀을 완성하였다.

이에 대하여 『상』은 "세발솥의 노란색 양 귀는, 그것이 평형을 유지해야 견실해질 수 있다"(鼎黃耳, 中以爲實也)라고 해설하였다.

[제5 음효. 세발솥의 노란색 양 귀에 단단한 쇠막대기를 썼으니, 이로움이 올바름을 유지할 때 생긴다.]

⑥ 上九, 鼎玉鉉, 大吉, 无不利.

玉鉉옥현: 옥으로 장식을 한 쇠막대기.

제6효는 음의 자리에 양효가 있으므로 실위다. 혁명의 마지막 국면에 해당하는 시기로서, 이때는 정권의 안정과 나아가 영속을 꾀하는 단계다. 정권을 오래 지속되게 하려면, 한비자韓非子가 '이병二柄', 즉 두 개의 도낏자루라고 표현한 권력의 위엄과 자비로운 시혜를 잘 운용해야 한다. 제6효가 실위인 것은, 바로 이 두 가지가 음과 양으로 서로 조화를 이루어야 함을 나타낸 것이다.

혁명 정부는 속성상 구체제의 청산에 너무 집착함과 동시에, 백성의 동향에 너무 민감하게 눈치를 보기 십상이다. 이렇게 해서는 정권의 위엄과 자애로움을 세울 수 없다. 따라서 앞서 말한 '두 개의 도낏자루'를 시행하기 위해서는 엄정한 법 집행과 시혜를 동시에 베풀어야 한다. 이것을 효사는 '玉鉉옥현'에 비유하였다. '鉉'이란 세발솥을 옮길 때 쓰는 쇠막대기인데, 이를 그냥 쓰면 너무 뜨거워서 손을 델 수가 있다. 그래서 손잡이 부분에 아름답게 아로새긴 옥을 덧씌웠는데, 이것이 '玉鉉옥현'이다. 이렇게 하면 단단하고 차가운 쇠의 속성과 부드럽고 온화한 옥의 속성이 서로 어울려 오랫동안 사용하기에 편하게 된다. 혁명으로 세운 정권은 강직한 성격을 속히 온화하고 자비로운 정책으로 감싸서 감춰야 새로운 정통성이 점차 자리를 잡아 갈 수 있다.

이에 대하여 『상』은 "옥으로 덧씌운 쇠막대기가 솥 위에 있는 것은, 강직함과 유연함을 조절한다는 뜻이다"(玉鉉在上, 剛柔節也)라고 해설하였는데, 역시 같은 맥락이다.

[제6 양효. 세발솥에 옥으로 덧씌운 쇠막대기를 맞추었으니, 크게 길하고 이롭지 않음이 없다.]

51. 진괘震卦

震爲雷진위뢰: 벼락은 우레에 해당한다.
진하진상震下震上

❖ 개관 ❖

　진震괘는 진괘(☳)를 중첩하여 하괘와 상괘를 구성한다. 『설문해자』는 '震' 자를 "벼락이 사물을 뒤흔드는 것"(霹靂振物者)이라고 해설하였는데, 진괘는 이러한 벼락이 중첩되어 일어난 모양이므로 거대한 굉음을 나타낸다. 갑자기 터진 굉음은 깜짝 놀라게도 하지만, 꽉 막힌 심기를 터뜨려 주기도 하므로 형통함을 상징한다. 아울러 공포심을 자아냄으로써 스스로 게으름을 경계하는 계기가 되기도 하고, 어떠한 돌발 상황에서도 태연자약해야 한다는 마음가짐을 갖게도 한다. 고대에는 우레를 하느님의 법 집행자가 죄인을 처벌하는 행위라고 여겼으므로, 우레가 울릴 때는 자신을 돌아봄으로써 스스로 떳떳할 수 있도록 다짐하였기 때문이다.

　진괘가 정鼎괘의 뒤에 놓인 것에 대하여 『서괘』는 "그릇을 주관하는 자로는 맏아들만 한 자가 없으므로, 진괘로써 이를 이어받았다. '震' 자는 움직인다는 뜻이다"(主器者莫若長子, 故受之以震. 震者, 動也)라고 해설하였다. 여기서 '그릇'이란 세발솥을 가리키고, '맏아들'은 진괘의 하효인 양효가 상징하는 바다. 무슨 일이든 처음 시작할 때는 북을 치며 큰 소리로 호령을 내리므로 '震'은 출발을 가리킨다. 『설문해자』에서 "'震' 자는 움직인다는 뜻이다"라고 한 해설은 이를 가리킨다.

혁명을 성공시켜 새로운 정권을 시작하면, 다음 과제는 이를 영원히 지속해 나가는 일이다. 즉 정권의 상징인 세발솥을 잘 지키는 일이니 이는 맏아들, 즉 장자가 잘 해내야 한다. 그러려면 장자에게 두 가지를 확실하게 가르쳐야 한다는 것을 진괘의 형상은 말하고 있다. 즉 첫째는 상괘의 진괘로서 하늘의 진노와 그 위엄을 깨달아야 한다는 점이다. 하늘이 진노하면 하늘에게 부여받은 천명도 하루아침에 거두어 갈 수 있기 때문이다. 둘째는 하괘의 진괘로서 이때의 '震' 자는 『서괘』에서 말한바 '움직이는 일'(動也)이다. 여기서 움직인다는 말은 하늘의 진노가 무서운 줄 알면 장자인 태자는 스스로 인격을 수양하고 정무를 돌보는 일을 게을리하지 말라는 뜻이다. 장자가 이 두 가지를 마음에 새긴다면 정권은 아무 탈 없이 영속적으로 유지해 나갈 수 있다는 것이 진괘에 담긴 의미다.

❖ 괘사 풀이 ❖

震, 亨. 震來虩虩, 笑言啞啞, 震驚百里, 不喪匕鬯.
虩: 두려워할 혁. 笑: 웃을 소. 言: 말씀 언. 啞: 웃음소리 액. 驚: 놀랠 경.
喪: 잃을 상. 鬯: 울창주 창. 匕鬯비창: 평소처럼 종묘 제사를 지내다.

괘사는 '震, 亨', 즉 '진震괘는 형통하다'라는 말로 시작하는데, 이는 뭔가 울적하거나 꽉 막혔을 때 굉음이 '뻥 뚫림'의 계기를 만들어 주기 때문이다. 이를테면 어떤 유혹에 시달리고 있을 때, 갑자기 벼락 떨어지는 소리가 들리면 정신이 번쩍 들면서 마음을 추스르게 된다. 이것을 괘사는 '震來虩虩진래혁혁', 즉 '벼락이 떨어지니 두려워 공경하는 마음을 갖게 된다'라고 표현하였다. '虩虩'은 이履괘의 제4 양효에서 '履虎尾리호미, 愬愬색색',

즉 '범의 꼬리를 밟을지도 모른다는 조심스러운 마음으로 부들부들 떨다'에서의 '愬愬'과 같은 말이다. 이렇게 두려운 마음으로 조심하면 오히려 복을 불러올 수 있으니 『단』은 '恐致福也공치복야', 즉 '두려움은 복을 불러온다'라고 해설하였다.

이렇게 벼락 떨어지는 소리를 듣고 나서 마음을 가다듬고 조심하면 재앙이 복이 될 수 있으니, 그러면 사람들이 '笑言啞啞소언액액', 즉 '웃고 떠들며 와자지껄하게 된다'라고 하였다. 『단』은 이 구절에 대하여 '後有則也후유칙야', 즉 '나중에 그 원리가 (저절로) 드러나기 때문이다'라고 해설하였다. 다시 말해서 벼락 떨어지는 소리가 나면 깜짝 놀라기는 하지만, 그로 인하여 조심함으로써 나중에는 오히려 웃고 떠들게 된다는 사실은, 일이 지나고 나면 저절로 그 원리를 깨닫게 된다는 뜻이다.

괘사는 이어서 '震驚百里진경백리'라고 하였는데, 여기서 '震' 자는 장자, 즉 태자를 가리키고 '驚' 자는 두려움, 다른 말로 위엄을 의미하므로 이 구절은 '태자의 위엄이 백 리에 떨친다'라는 뜻이 된다. 제후의 영향력이 천 리에 미치므로 태자는 백 리로 본 것이다. 이 구절을 『단』은 "멀리 있는 사람들은 깜짝 놀라게 하고, 가까이 있는 사람들은 두렵게 한다"(驚遠而懼邇)라고 해설하였다. 따라서 천둥과 같은 위엄을 갖춘 태자는 '不喪匕鬯불상비창', 즉 '종묘 제사를 모시는 일을 잃지 않을 것'이라고 말한 것인데, 이에 대하여 『단』은 "(임금이 지방으로 순수巡狩를) 나가도 종묘사직을 지킬 수 있으니, 그를 나라의 주인으로 삼을 수 있다"(出可以守宗廟社稷, 以爲祭主)라고 풀이하였다. 괘사의 '不喪匕鬯'에서 '匕비' 자는 솥에서 제사 음식을 건지는 주걱을, '鬯창' 자는 제사에 쓰는 울창주를 각각 가리키는데, 이는 제사를 상징하는 물건들이다. 따라서 장자인 태자는 위엄을 갖추었기 때문에 나라의 종묘사직을 이어 갈 수 있음을 말하고 있다.

이 괘사에 대하여 『상』은 "우레가 중첩해서 울리는 것이 진괘의 형상이니, 군자는 두렵고 떨리는 마음으로써 자신을 반성하고 수양한다"(洊雷震,

君子以恐懼脩省)라고 해설하였다.

[진震괘: 형통하다. 벼락이 떨어지니 두려워 공경하는 마음을 갖지만, 곧 웃고 떠들며 왁자지껄하게 된다. (우레처럼) 태자의 위엄이 백 리에 떨치니, 종묘 제사를 모시는 과업을 잃지 않을 것이다.]

❖ 효사 풀이 ❖

① 初九, 震來虩虩, 後笑言啞啞, 吉.

제1효의 효사는 괘사와 같은 문장으로 되어 있다. '震來虩虩진래혁혁'은 앞서 말했듯이 '우레의 굉음이 울리면 사람들은 두려운 마음으로 근신하면서 스스로 반성한다'라는 뜻이다. 다시 말해서 우레를 계기로 해서 자신을 성찰하고 미리 긴장하면, 나중에 험난한 일을 당해서는 당황하지 않고 침착하게 대처할 수 있다는 말이다. 그러면 '後笑言啞啞후소언액액', 즉 험난한 일을 극복하고 난 다음에는 웃고 떠들며 왁자지껄하게 된다는 말이다.

위 내용은 괘사와 같지만, 효사는 끝에 '길하다'라고 쓴 반면에, 괘사는 '형통하다'라는 말로 시작하는 게 다르다. 제1효는 자리가 백성에 해당하므로, 두려움을 느끼고 긴장하면서 험한 일에 대처하는 주체가 백성이니, 길한 것은 백성 개개인이다. 이에 비하여, 괘사는 진괘가 상징하는 태자의 입장이므로, 태자에게 우레와 같은 위엄이 있으면 형통하다는 의미로 쓴 것이다.

이에 대하여 『상』은 "우레의 굉음이 울리면 사람들은 두려운 마음으로 근신하는데, 이는 두려움이 복을 불러온다는 뜻이고, 웃고 떠들며 왁자지껄하게 된다는 것은 나중에 이러한 원칙이 저절로 드러난다는 뜻이다"(震來虩虩, 恐致福也; 笑言啞啞, 後有則也)라고 해설하였다. 여기서 '이러한 원칙'이란 앞서 괘사의 『단』에서 말한바, '우레의 굉음이 울리면 깜짝 놀라기는 하지만 이 때문에 긴장을 늦추지 않음으로써 나중에는 복을 받아 웃게 된다'라는 원리를 가리킨다.

　[제1 양효. 우레의 굉음이 울리면 사람들은 두려운 마음으로 근신하지만, 나중에는 웃고 떠들며 왁자지껄하게 되므로, 길하다.]

　② 六二, 震來厲, 億喪貝, 躋于九陵. 勿逐, 七日得.
　厲: 위태로울 려. 億: 탄식할 억. '噫(탄식할 희)' 자와 같음. 喪: 잃을 상. 貝: 조개 패. 재물. 躋: 오를 제. 陵: 큰 언덕 릉. 逐: 쫓을 축. 得: 얻을 득.

　제2효는 음의 자리에 음효가 있으므로 당위다. 진괘가 사람들에게 일깨우고자 하는 것은, 우레의 굉음을 통해서 자칫 태만하고 교만할 수 있는 마음가짐을 꾸짖는 일이다. 그래서 제1효는 양효로서 강직하게 출발함으로써 두려운 마음을 갖게 한 것인데, 그 반성의 시간도 잠시, 약간의 시간이 경과하면 사람이란 긴장이 풀리면서 처음의 각오를 잊게 된다. 그래서 제2효는 음효로서 제1 양효의 훈계를 무시하려 한다. 즉 여기서 당위는 긴장하라는 명령을 피하여 육신의 안이함에 굴복한다는 말이다.

　제2효가 음효이기는 해도 가운데에 처한 중효라서 중용을 지키는 것처럼 보이지만, 기실 복종하는 척하면서 속으로는 회개하지 않는 이른바 '구시심비口是心非' 상태라고 볼 수 있다. 그러면 크게 꾸짖었음에도 곤경을 당하게 되는데, 이것이 '震來厲진래려', 즉 '우레의 굉음을 울렸음에도 위태로움에 처하였다'라는 구절이다.

　이러한 마음가짐으로 곤경을 헤쳐 나갈 수 없었을 터인즉, 결국 '億喪貝억상패', 즉 '안타깝게도 재산을 다 잃게' 되었다. 여기서 '貝' 자는 재물이나 재산을 가리킨다. 그래서 목숨이라도 부지하려고 달아나 깊은 산의 꼭대기로 기어 올라갔다는 것인데, 이것이 '躋于九陵제우구릉'의 의미다. 여기서 '九陵'은 깊은 산을 가리키는 말이다.

　그러나 이렇게 달아난 사람은 잡으러 쫓아가지 않아도 이레가 되면 제

발로 걸어 들어온다는 게 '勿逐물축, 七日得칠일득'의 의미다. 여기서 '七' 자의 의미는 제2효에서 시작하여 여섯 개의 효를 한 바퀴 돌아서 다시 제2효로 돌아오는 숫자를 가리킨다. 진괘(☳)의 효 배열은 '양·음·음, 양·음·음'으로 되어 있는데, 이는 리듬 주기로 바꿔 말하자면 '강·약·약, 강·약·약'이다. 사람의 정신은 리듬이 관념에 들어가면 좀처럼 그 질서를 벗어나기 힘들고 거기에 길든다. 즉 고난의 반복을 통해서 길든 도망자는 순순히 제자리로 돌아올 수밖에 없다는 사실을 본 효사는 말한다.

이에 대하여 『상』은 "우레의 굉음을 울렸음에도 위태로움에 처한 것은, 강직한 훈계를 깔아뭉갰기 때문이다"(震來厲, 乘剛也)라고 해설하였다. 여기서 '乘剛승강'이란 제2 음효가 제1 양효의 위에 깔고 앉은 모양에 근거한 해석이다. 임금의 자리인 제5효와 상응하지도 않는 신하 주제에 조심하며 살아가는 백성을 무시하였다는 말이다.

[제2 음효. 우레의 굉음을 울렸음에도 위태로움에 처하여, 안타깝게도 재산을 다 잃게 되었으니, (목숨이라도 부지하려고) 달아나 깊은 산으로 기어 올라갔다. (이러한 자는) 쫓아가지 말라, 이레가 되면 저절로 잡힌다.]

③ 六三, 震蘇蘇, 震行无眚.
蘇蘇소소: 바르르 떨다. 眚: 재앙 생.

제3효는 양의 자리에 음효가 있으므로 실위다. 강직하게 담력을 발휘해야 할 자리에 소심한 사람이 앉아 있음을 나타낸다. 또한 본 효는 가운데 중효에 있지 못하고 한쪽으로 치우쳐 있으므로 뭔가 과실이 있는 데다가, 제6효와 상응하지도 않아서 뒷배경이 없다. 그래서 그는 멀리서 들리는 우레에도 두려워 부들부들 떠는데 이것이 '震蘇蘇진소소', 즉 '두려움에 부들부들 떨다'라는 구절이다. 여기서 '震' 자는 '두려워하다'라는 뜻이고, '멀리서 들리는 우레'라고 해석한 것은 제3효가 처음 우레가 울린 제1효에서 떨어져 있기 때문이다.

이렇게 소심한 사람이 지도자의 자리인 제3효에 있는 것은 바람직하지 못하지만, 그나마 다행인 것은 그가 소심하다 보니까 함부로 경거망동하지 않는 장점은 있다는 것이다. 그래서 '震行无眚진행무생', 즉 '두려움에 떨며 행동하면 재앙이 없다'라고 말하였다.

이에 대하여 『상』은 "두려움에 부들부들 떠는 것은, 그의 처한 자리가 온당치 않기 때문이다"(震蘇蘇, 位不當也)라고 해설하였다. 진괘는 혁명으로 새로 세운 정권의 미래를 책임질 장자, 즉 태자의 자질에 대하여 논하고 있는데, 그가 겨우 재앙이나 면하자는 소극적인 마음을 갖고 있다면 나라의 미래를 만들어 낼 수 없다. 그래서 태자가 되기에 부족하다고 말하는 것이다.

[제3 음효. (멀리서 들리는 우레에도) 두려움에 부들부들 떨고 있는데, 두려움에 떨며 행동하면 재앙은 없다.]

④ 九四, 震遂泥.
遂: 떨어질 수. '墜(떨어질 추)' 자와 같음. 泥: 진흙 니. 진창. 수렁.

진괘(䷲)는 진괘(☳)를 중복해서 이룬 중괘重卦인데, 이는 맨 아래의 양기의 힘을 기초로 해서 울림이 점차 올라가는 모양이다. 제1차 울림이 작아지려 하자 제2차 울림이 일어나는데, 이것이 제4효의 자리인 데다가 한쪽으로 치우쳐 있어서 양효의 강건함을 이어 가기가 어려워진 상태다. 그래서 결과적으로 제4효의 양효는 위아래로 네 개의 음효에 둘러싸이게 되었으니, 이것을 효사는 '震遂泥진수니', 즉 '두려워 떨다가 진창에 빠졌다'라고 묘사하였다.

원래 하괘의 진괘가 말하고자 하는 의도는 무슨 일을 하든지 두려운 마음을 갖고 늘 자신을 돌아보고 반성하라는 것이었다. 그러나 무조건 조심하는 게 능사는 아니다. 중괘를 조심하고 또 조심하라는 의미로만 받아들이면 오히려 수렁에 빠질 수 있음을 일깨우는 괘라고 보아야 한다. 다시 말해서 하괘가 두려워하고 조심하라는 권면의 말이라면, 상괘는 하괘의 소심함의 위험을 다시 경계하는 말이 되는 것이다.

제4효가 음의 자리에 양효가 있는 실위라는 것은, 겉만 강직하게 보이고 속은 배짱이 없는 상태를 가리키므로, 이런 사람은 과업을 빛나게 할 수 없다. 그래서 『상』에서도 "두려워 떨다가 진창에 빠진 사람은, (무슨 일이든) 빛을 발하게 하지 못한다"(震遂泥, 未光也)라고 해설하였다.

[제4 양효. 두려워 떨다가 진창에 빠졌다.]

⑤ 六五, 震往來厲, 億, 无喪有事.

厲: 위태로울 려. 億: 탄식할 억. '噫(탄식할 희)' 자와 같음. 喪: 잃을 상. 事: 사고 사. '故(변고 고)' 자와 같음.

제5효는 양의 자리에 음효가 있으므로 실위다. 제2 음효와 상응하지 않을뿐더러, 아래로는 제4 양효의 양강陽剛이 위로 치받아 올라오고 위로는 제6 음효와 상합하지 않으니, 앞으로 나아가도 두렵고 불안하며, 나아가지 않고 그 자리에 머물러도 두렵고 불안하다. 이것이 '震往來厲진왕래려', 즉 '두려움에 앞으로 나아가거나 머물러 있어도 위태롭게 여긴다'라는 구절이다. 부례박은 '往來'를 '왔다 갔다'라는 뜻이 아니라, 앞으로 나아가거나 머물러 있는 행위로 해석하였다.

본 효는 제1 양효와 제4 양효의 진동으로부터 위협받고 있는데, 전자는 멀리 떨어져 있어서 크게 위협이 안 되고, 후자도 실위라서 겉으로만 위협적이지 속으로는 유약하므로 역시 크게 위협이 되지 않는다. 문제는 본 효가 음효라서 기세가 약하다는 데 있다.

그런데 본 효는 임금의 자리로서 가운데를 지키고 있는 중효다. 즉 임금의 자리란 위험에 처했을 때, 우왕좌왕하지 않고 가운데의 자리를 위엄 있게 지키고만 있어도 크게 잃을 게 없다는 뜻이다. '无喪有事무상유사', 즉 '잃을 게 없고 (단지) 약간의 사고만 있을 뿐이다'라는 구절이 이를 가리킨다. 여기서 '有事'란 '有故유고'와 같은 뜻으로서 종묘사직을 흔드는 대형 사건이 아니라, 경미한 사고나 변화의 출현을 가리킨다.

다시 말해서 본 효사가 시사하는 바는, 임금의 자리에 있는 자는 위기에 빠졌을 때 두려움에 떨지 않고 의연히 중도中道를 지키고 있으면, 종묘사직을 흔드는 큰일은 없을 거라고 격려하는 내용이다.

그래서 『상』에서도 "두려움에 앞으로 나아가거나 머물러 있어도 위태롭게 여긴다는 것은 위험한 행동이다. 사건을 처리함에 중도를 잃지 않으면, 크게 잃을 게 없다"(震往來厲, 危行也, 其事在中, 大无喪也)라고 해설하였다. 여기서 '사건을 처리함에 중도를 잃지 않음'(其事在中)이 임금은 겁먹지 말고 제자리만 지켜도 된다는 격려의 말이다.

[제5 음효. 두려움에 앞으로 나아가거나 머물러 있어도 위태롭게 여기고 있으니, 아아, (가운데의 제자리만 지켜도) 잃을 게 없고 (단지) 약간의 사고만 있을 뿐인 것을!]

⑥ 上六, 震索索, 視矍矍, 征凶. 震不于其躬, 于其鄰, 无咎. 婚媾有言.

索索삭삭: 소심한. 기가 죽은 모양. 矍矍확확: 두리번거리는. 당황한 모양. 躬: 몸 궁. 자신. 鄰: 이웃 린. 婚媾혼구: 혼인. 친근한.

제6효는 음의 자리에 음효가 있으므로 당위다. 본 효는 진괘의 극단에 처해 있으므로, 제1 양효의 진동과 위협이 영향을 미치지 못하고, 제4 양효의 진동도 실위라서 겁을 주지 못한다. 그런데도 본 효는 힘도 없고 노쇠한 상태라서 이웃에서 들리는 우레에도 벌벌 떨면서 어쩔 줄 모른다. 이것이 '震索索진삭삭, 視矍矍시확확', 즉 '무서워 벌벌 떨고, 당황하여 두리번거린다'라는 구절이다. 그뿐 아니라 본 효는 제3효와 상응하지도 않으니 '征凶',

즉 이런 상태로 더 나아간다면 사납고 험난해질 뿐이다.

그러나 위협적인 우레는 제6효 자신에게 떨어진 게 아니라, 그 이웃인 제5효에서 일어난 것이므로 자신에게는 재앙이 없으니, 이것이 '震不于其躬 진불우기궁, 于其鄰无咎우기린무구'라는 구절이다. 제3·4·5효로 이루어지는 상호괘上互卦가 간괘(☶)인데, 이는 고난과 역경을 상징한다. 따라서 제6효는 이 간괘에서 벗어나 있으므로 자신에게는 재난이 없음을 알 수 있다.

본 효는 제3효와 상응하지 않아서 도움을 받을 데가 없지만, 대신에 "이웃사촌"이라는 속담이 있듯이 제5효로부터 너무 겁먹지 말라는 격려의 말이나 위협에 대비하라는 조언을 받는데, 이것이 '婚媾有言혼구유언', 즉 '친근한 이웃에게서 말씀이 있었다'라는 구절이다. 여기서 '婚媾'란 '친근한 이웃'이라는 뜻으로서 제5효를 가리킨다. 제5효와 제6효는 같은 음효로서 상합하지는 않지만, 아래의 두 양효로부터 전달된 우레의 진동이 제5효를 거쳐 가기에 저절로 조언의 형태가 될 수밖에 없다.

이에 대하여 『상』은 "무서워 벌벌 떠는 것은 (제6효가) 가운데에 자리 잡지 못해서이고, 비록 사납고 험난해도 재앙이 없는 것은 이웃의 타이름을 두려운 마음으로 받아들였기 때문이다"(震索索, 中未得也; 雖凶无咎, 畏鄰戒也)라고 해설하였다. '이웃의 타이름을 두려운 마음으로 받아들였다'(畏鄰戒也)라는 구절은 곧 '婚媾有言'을 풀이한 말이다.

[제6 음효. 무서워 벌벌 떨고, 당황하여 두리번거리고 있으니, 이런 상태로 더 나아간다면 사납고 험난해진다. (우레는 제6효) 자신에게 떨어진 게 아니라, 그 이웃(제5효)에서 일어난 것이므로 자신에게는 재앙이 없다. 친근한 이웃에게서 (두려워 말라는) 말씀이 있었다.]

52. 간괘艮卦

❖ 개관 ❖

간艮괘는 간괘(☶)를 중첩하여 하괘와 상괘를 구성한다. 산은 크고 작은
돌과 바위로 이루어졌으므로 간괘의 아래의 두 음효는 이를 상징하고, 맨
위의 양효는 하늘을 배경으로 드러나는 산등성이의 높고 낮은 곡선을 나타
낸다. 즉 산의 정상은 양강으로 표현되고, 그 아래는 음유한 기질을 품고 있
는 형상을 이루고 있으므로, 간괘는 고요히 움직이지 않는 '止(그칠 지)'의
속성을 갖는다.

이때의 '止' 자는 완전히 정지하여 그만둔다는 뜻이 아니라, 다음 움직임
을 위하여 멈춰 쉰다는 뜻이다. 이를테면 강물을 막으면 물의 움직임이 정
지하지만, 정지한 상태에서 물이 쌓이면 엄청난 힘으로 둑을 허물고 다시
움직인다. 사람이 온종일 노동하고 밤에 쉬는 것도 다음 날의 노동을 위한
멈춤이다. 그러므로 쉴 때는 산처럼 아무것도 하지 않고 쉬어야 한다.

그래서 간괘는 진震괘 뒤에 놓임과 아울러 진괘와 효의 배열 순서가 완
전히 뒤집힌 복괘覆卦를 형성한다. 『서괘』는 이에 대하여 "사람은 처음부터
끝까지 움직이고만 있을 수 없으니, 움직이면 반드시 멈춤이 있다. 그래서

간괘로써 (진괘를) 계승한 것이다. 간艮은 멈춘다는 뜻이다"(物不可以終動, 動必止之, 故受之以艮. 艮者, 止也)라고 해설하였다.

괘상으로 볼 때, 간괘는 길을 가로막는 험준한 산이나 성문을 상징하므로, 산 두 개가 중첩되어 있다는 것은 어떤 장애를 만나 앞으로 나아가지 못하고 멈춰 서 있음을 함의하기도 한다.

❖ 괘사 풀이 ❖

艮其背, 不獲其身, 行其庭, 不見其人. 无咎.

背: 등 배. 등지다. 獲: 얻을 획. 身: 몸 신. 몸의 전면. 庭: 뜰 정.

'艮' 자를 『단』에서 '멈추다'(止也)라고 해석하였으므로 '艮其背간기배'는 '(사물의) 등 뒤에 멈춰 서다'가 된다. 사람이나 사물의 등 뒤에 멈춰 있으므로 그 앞면이 안 보이는데 '不獲其身불획기신', 즉 '그 앞면의 상황을 얻을 수 없다'라는 구절이 이 뜻이다. 여기서 '身'은 '背(등 배)' 자의 반대어로서 몸의 전면을 가리킨다. '獲(얻을 획)' 자는 '보이다'라는 의미로 풀면 된다.

사람이나 사물의 앞면은 남에게 보이기 위한 표정이나 표현이 드러나는 곳이므로 이를 보게 되면 마음이 흔들리거나 달라져서 피곤한 몸이 쉬어야 할 때 쉴 수가 없는 게 현실이다. 속담에도 "모르는 게 약"이라는 말이 있듯이 말이다. 앞면의 표정이나 표현이 보이지 않으니, 쉬어야 할 때 쉴 수 있고 다시 움직여야 할 때 움직일 수 있다. 이것이 『단』의 "때가 멈출 때면 멈추고, 때가 움직일 때면 움직인다"(時止則止, 時行則行)라는 구절이다. 이렇게 해야 "움직임과 멈춤이 그 시의를 놓치지 않음으로써"(動靜不失其時), "그가 나아가는 길이 밝고 지혜로워지는 것이다"(動靜不失其時).

이어서 『단』은 "멈출 데에 멈춘다는 것은, 적절한 장소에 멈춘다는 뜻이다"(艮其止, 止其所也)라고 말한다. 여기서 적절한 장소란 사물의 등 뒤를 가리킨다. 등 뒤는 볕이 들지 않는 음지로서 밖으로 욕망이 표현되지 않은 혼돈의 영역이다. 반대로 양지는 욕망이 어떤 형태로든 표현된 영역이므로 모든 것이 밝히 보이는 여기서 사람의 탐욕이 작동한다. 그래서 멈춰 쉬운 밤에 이루어지는 것이다.

간괘가 이렇게 등 뒤에 멈춰 서는 것에 대하여, 괘사는 좀 더 핍진한 비유를 들고 있는데 '行其庭행기정, 不見其人불견기인', 즉 '집 뜰에서 거닐더라도 (뒤에 서 있는) 사람을 보지 않는다'라는 구절이다. 집 뜰과 같은 좁은 공간에서 두 사람이 서로 등지고 반대 방향을 보고 있다면, 뒤에 있는 사람에 대하여 무척 궁금하겠지만 그래도 돌아보지 않는다는 뜻이다.

이것을 『단』은 "위아래가 적대적으로 대응하며 서로 간여하지 않는다"(上下敵應, 不相與也)라고 해설하였다. 여기서 '위아래가 적대적으로 대응한다'라는 말은 간괘의 상괘와 하괘가 서로 동일한 효로써 대응하는 사실을 가리킨다. 다시 말해서 두 사람이 서로 쳐다보지도 않으면 상호 비교가 없을 터인즉, 그러면 경쟁이나 질투도 없고 나아가 상호 침범도 없을 것이라는 말이다. 노자(제3장)가 말한바 "욕심낼 만한 것을 드러내지 않으면, 백성의 마음을 어지럽히지 않게 된다"(不見可欲, 使心不亂)라는 구절과 같은 맥락이다. 그래서 마지막에 '재앙이 없다'(无咎)라고 결론지은 것이다.

이 괘사에 대하여 『상』은 "산 두 개를 겹쳐 놓은 것이 간괘의 괘상이니, 군자는 이 원리로써 자신의 자리를 넘어가지 않을 것을 생각한다"(兼山, 艮, 君子以思不出其位)라고 해설하였다. 앞서 설명하였듯이, 산은 요지부동의 사물로서 멈춤과 억제의 상징이다. 이런 산을 두 개나 겹쳐 놓았으니 이를 무시하고 넘어가기가 쉽지 않다. 모든 다툼은 다른 사람의 것을 탐하거나 침범함으로써 발생한다. 따라서 이를 막으려면 간괘처럼 산을 첩첩이 쌓아서 탐하지 못하도록 막아야 하는 법이니, 군자는 이러한 원리로써 남의 직무나 자리를 넘보지 않도록 늘 조심해야 한다는 말이다.

[간艮괘: (사람의) 등 뒤에 멈춰 섰으니, 그 앞면의 상황을 얻을 수 없다. 집 뜰에서

거닐더라도 (뒤에 서 있는) 사람을 보지 않으니, 재앙이 없다.]

❖ 효사 풀이 ❖

① 初六, 艮其趾, 无咎, 利永貞.
趾: 발 지. 永: 길 영. 貞: 곧을 정. '正(바를 정)' 자와 같음.

제1효는 양의 자리에 음효가 있으므로 실위다. 본 효는 괘의 맨 아래에 위치하면서 가운데를 지키지 못하고 치우쳐 있으므로, 출발점에서부터 뭔가 께름칙한 게 있음을 시사한다. 그래서 '艮其趾간기지', 즉 '발에서 멈춘다'라고 표현하였다. 자신이 하고자 하는 일에 뭔가 선하지 않은 부분이 있음을 스스로 깨달았다는 의미인데, 이는 제1효의 위치처럼 저 아래 깊은 곳에 있는 양심이 작동한 결과다.

힘차게 출발해야 하는 제1효에서 실위失位로 멈췄다는 것은, 사람에게는 자신을 돌아볼 수 있는 양심이 있어서 선하지 않은 행동을 할 때는 주저함이 있음을 나타낸다. 이때 멈추는 게 '발에서 멈춘다'라는 말이니, 이렇게 멈추면 당연히 재앙이 없다. 이처럼 양심에서 올바름을 지킬 때 이로움이 생길 터이므로 '利永貞리영정', 즉 '이로움이 길이 올바름을 지킬 때 생긴다'라고 말한 것이다.

이에 대하여 『상』은 "발에서 멈췄다는 것은, 아직 올바름을 잃지 않았다는 뜻이다"(艮其趾, 未失正也)라고 해설하였다. 즉 행동에 옮기지 않았음은 아직 올바름을 잃지 않은 것이므로 재앙이 없을 것이라는 의미다. 괘상의 차원에서 보더라도, 제2·3·4효로 이루어진 하호괘下互卦가 감괘(☵)인데, 이는 곤경을 의미하므로 제1효가 재앙의 밖에 있음을 알 수 있다.

[제1 음효. 발에서 멈추었으니, 재앙이 없고, 이로움이 길이 올바름을 지킬 때 생긴다.]

② 六二, 艮其腓, 不拯其隨, 其心不快.

腓: 장딴지 비. 拯: 건질 증. 들어 올리다. 隨: 따를 수. 발꿈치. 快: 즐거울 쾌.

제2효는 음의 자리에 음효가 있으므로 당위다. '艮其腓간기비', 즉 '장딴지에서 멈추다'라고 하였는데 여기서 장딴지는 다리로 움직일 때 가장 중요한 기능을 하는 부분이다. 그래서 옛날에 행군을 떠나는 군인들은 장딴지에 각반을 감아서 힘을 모았다. 이러한 장딴지에서 멈췄다는 것은 상당한 힘의 저항을 받았다는 의미인데, 그것은 위에 있는 제3 양효의 강력한 힘이 막고 있기 때문이다. 따라서 본 효가 더는 위로 올라가지 못해서 장딴지에 딸린 발꿈치를 들어 올릴 수가 없으니, 이것이 '不拯其隨부중기수', 즉 '(딸린) 발꿈치를 들어 올리지 못한다'라는 구절이다. 다시 말해서 제3 양효가 본 효를 막고 있다는 것은, 제1 음효의 멈춰 있는 발에게 발목이 잡혀 있음을 의미하는 것이기도 하므로, 본 효의 입장에서는 유쾌한 기분이 들 수 없다. 이것이 '其心不快', 즉 '그의 마음이 즐겁지 않다'라는 구절이다. 복종이 제2 음효의 자질이므로 제3 양효에게 막히는 것은 그런대로 받아들일 수 있지만, 아래의 제1 음효에게 발목이 잡힌 것은 매우 불쾌하다는 말이다.

이에 대하여 『상』은 "발꿈치를 들어 올리지 못하여 (기분이 불쾌한 것은) 뒤로 물러나 (제1 음효의 멈춤에) 복종하지도 못하기 때문이다"(不拯其隨, 未退聽也)라고 해설하였다. 여기서 '聽(들을 청)' 자는 '복종하다'라는 뜻이므로, '未退聽미퇴청'이란 뒤로 물러나 제1 음효의 멈춤에 복종하여 같이 멈출 마음이 전혀 없지만, 하는 수 없이 멈춰야 하는 심적 갈등을 말한다.

[제2 음효. 장딴지에서 멈추니, (딸린) 발꿈치를 들어 올리지 못해서 그의 마음이 즐겁지 않다.]

③ 九三, 艮其限, 列其夤, 厲薰心.

限: 한계 한. 경계. 列: 찢을 렬. '裂(찢을 렬)' 자와 같음. 夤: 등골 살 인.
厲: 위태로울 려. 薰: 태울 훈. 心: 마음 심.

제3효는 양의 자리에 양효가 있으므로 당위다. 그래서 움직임은 강하지만 음효에 둘러싸여서 나아가지 못하고 한계점에 멈춰 섰으니, 이것이 '艮其限간기한', 즉 '그 한계점에 멈춰 섰다'라는 구절이다. 여기서 한계점이란 경계를 말하는데, 제3효가 중앙에 있으므로 상괘와 하괘의 경계가 되기 때문이다.

강력한 힘을 가진 제3효가 나아가지 못하고 저지를 당하니, 그 힘이 폭발하여 가운데의 등골 살을 찢고 있으니, 이것이 '列其夤렬기인', 즉 '가운데의 등골 살을 찢고 있다'라는 구절이다. 달리 말하자면, 제3효는 몸의 허리 부분을 자르는 셈이 되는 것이니, 그 위험성 때문에 마음이 타들어 간다는 게 '厲薰心려훈심', 즉 '위태로움에 속을 태운다'라는 구절이다.

본 효의 효사가 말하고자 하는 바는, 제1효와 제2효에서 보듯이 멈추는 시간도 중요하지만, 멈추는 자리, 또는 장소도 중요하다는 사실이다. 하필 허리에서 멈춤으로써 일을 위태롭게 만들었으니, 이는 장소를 잘못 선택한 것이다.

이에 대하여 『상』은 "(위아래의) 경계에 멈춰 섰으니, 위태로움에 속이 탄다"(艮其限, 危薰心也)라고 해설하였다. 멈출 장소의 중요성을 강조하는 말이다. 『대학大學』(제2장)에 다음과 같은 구절이 있다.

"『시경』에 '예쁜 꾀꼬리가 언덕 모퉁이 머물러 있네'라는 구절이 있다. 공자께서 '멈춤에 있어 그 멈출 곳을 알아야 할 터인즉, 사람이 되어서 새만 못할 수가 있겠는가?'라고 말씀하셨다."(詩云: 緡蠻黃鳥, 止于丘隅. 子曰: 於止, 知其所止, 可以人而不如鳥乎)

[제3 양효. (위아래의) 경계에 멈춰 서서, (가운데의) 등골 살을 찢고 있으니, 위태로

움에 속을 태운다.]

④ 六四, 艮其身, 无咎.

제4효는 음의 자리에 음효가 있으므로 당위다. 본 효는 측근 신하의 자리로서 순종이 미덕이다. 신체로 비유하자면 배와 심장이 이에 해당한다. '艮其身간기신', 즉 '몸통에서 멈추다'에서 '身' 자는 구체적으로 배와 심장을 가리킨다. 이 구절의 '艮' 자는 '止(그칠 지)' 자의 의미를 함의하고 있는데, 이 글자는 '멈추다'라는 의미를 넘어 '바로잡다'라는 뜻으로 풀어야 한다.

『설문해자』는 '正(바를 정)' 자에 대하여 "옳다는 뜻이다. '止' 자를 기초로 만들어졌으니, '一' 자에다가 '止', 즉 발을 가지런히 놓는다는 뜻이다"(是也, 从止. 一以止)라고 해설하였다. 다시 말해서 '止' 자는 다섯 개의 발가락으로써 발을 형상화한 것인데, 들쭉날쭉한 발가락을 일(一)자로 된 선상에 나란히 갖다 대는 게 '正' 자라는 뜻이다. 따라서 '止' 자에는 '바로잡다' 또는 '억제하다'라는 의미가 함의된 셈이다.

그러므로 '艮其身'은 자신의 배와 심장을 가지런히 바로잡다, 즉 자신을 추스르고 수양한다는 의미가 된다. 임금을 측근에서 모시는 신하가 자신을 먼저 순종하는 마음으로 바로잡아야 한다는 말이다. 음효로서 당위인 측근에 있는 신하는 근본적인 한계가 있어서 아무리 자신을 억제하고 추스른다고 해도 세상에 영향을 줄 수는 없지만, 그래도 최소한 '재앙은 없을 것'(无咎)이다.

이에 대하여 『상』은 "몸통을 억제하는 것은, 몸 전체를 바로잡는 것이다"(艮其身, 止諸躬也)라고 해설하였다. 본 효는 음효이기에 아래에 있는 제3 양효를 감당하기 어렵지만, 다행히 제3효가 제1효와 상응하지 않아서 그로부터 도움을 받아 힘을 쓸 수 있는 처지가 아니므로 제3 양효의 방해를 받지 않고 자신을 추스를 수 있다.

[제4 음효. 자신의 중심을 바로잡으니, 재앙이 없다.]

⑤ 六五, 艮其輔, 言有序, 悔亡.

輔: 광대뼈 보. 言: 말씀 언. 序: 차례 서.

제5효는 양의 자리에 음효가 있으므로 실위다. 제5효는 임금의 자리이므로 멈추고 억제함에 있어서 가장 중요한 장소가 된다. 그런데 여기가 실위라는 것은 임금의 자질이 유약하여 후회할 일이 있을 것임을 시사한다.

'艮其輔간기보', 즉 '광대뼈에 멈춤이 있다'라는 구절에서 '광대뼈'란 이를 지탱하는 뼈이므로, 구체적으로 입을 상징한다. 따라서 '광대뼈에 멈춤이 있다'라는 말은 곧 입을 억제하고 조심하라는 의미다. 나라의 명령을 내리는 임금의 입은 엄중한 책임이 뒤따르므로 함부로 놀려서는 안 된다.

『예기』「치의緇衣편」의 "임금의 말은 실처럼 가늘지만, 그것이 명령으로 나오면 벼리처럼 굵다"(王言如絲, 其出如綸)라는 말처럼, 임금의 말은 영향력이 심대하므로 극도로 억제해야 한다. 그러려면 헛말이 아니어야 하고 반드시 그 안에 언행일치가 있어야 한다. 그것이 '言有序언유서', 즉 '말에는 조리와 근거가 있어야 한다'라는 구절이다.

『여씨춘추呂氏春秋』「중언重言편」에 다음과 같은 고사가 있다. 주 성왕이 당숙우唐叔虞와 놀다가 오동잎을 따서 그에게 주며 "이 홀로 그대를 제후에 봉하노라"라고 농담을 하였다. 이 이야기를 들은 주공이 즉시 왕에게 달려가 이 사실을 확인하고는 "천자에게 농담이란 없습니다"라고 하고는, 당숙우를 진나라 제후에 봉하는 절차를 밟았다. 이처럼 임금의 말은 농담이라도 나중에 '조리와 근거'를 채워서 헛말이 되지 않게 하는 것이 '艮其輔'의 핵심이다.

이에 대하여 『상』은 "입을 억제해야 하는 것은, 그가 중정中正에 있기 때문이다"(艮其輔, 以中正也)라고 해설하였다. 본 효가 음효로서 실위이기에 임금이 강력한 지도력을 발휘하기가 쉽지 않다. 그러나 임금 자리는 가운데에 처해 있기에 입만 억제하고 조심한다면, 임금의 역할을 하고 자리를 유지하는 데에 있어서 크게 후회할 일은 없다는 게 효사가 시사하는 의미다.

[제5 음효. 광대뼈에 멈춤이 있고, 말에 조리와 근거가 있으면, 후회할 일이 없다.]

⑥ 上九, 敦艮, 吉.

제6효는 음의 자리에 양효가 있으므로 실위다. 간괘(☶)의 주효主爻가 상효이므로 이를 중첩한 간괘(☶☶)의 주효는 제6효인 본 효가 된다. 즉 가장 강력한 권력이 맨 위에서 지배하는 모양이다. 제6효는 이미 은퇴한 자의 자리이므로, 이 자리에서 양효로서 힘을 발휘한다는 게 뭔가 어울리지 않는 듯 보이지만, 기실 이것이 '艮', 즉 멈춤의 기능을 제대로 하는 것이다.

앞의 제1효는 양의 자리에 음효가 있는 실위였는데, "양심에서 올바름을 지킬 때 이로움이 생기는 모양이어서, '利永貞리영정', 즉 이로움이 길이 올바름을 지킬 때 생기는 것"이라고 해설하였다. 즉 양심에 따라 스스로 멈춘 사람들이 마지막에 강력한 힘에 의하여 인정되고 포용되어야 한다는 말이다. 여기서 멈춤이란 스스로 억제함으로써 윤리와 질서를 지키는 행위를 가리킨다. 윤리와 질서는 누가 강제해서가 아니라 스스로 기꺼운 마음으로 지켜야 가치가 있다.

효사의 '敦艮돈간'은 '매우 돈독한 힘으로 멈추게 하다'라는 뜻이다. 여기서 '敦'이란 '강력하게 독촉하는 힘'을 가리킨다. 제6효의 실위는 이미 은퇴하여 물러난 상태지만 '멈춤'에 대한 영향력은 오히려 더욱 강력함을 나타낸다.

본 괘의 괘사에서 '艮其背', 즉 '(사물의) 등 뒤에 멈추다'라고 하였는데, 궁극적으로 사람의 뒤에서 안 보이는 사이에 막는 힘이 가장 세다. 『도덕경』에 "거대한 소리는 소리가 잘 들리지 않고, 거대한 형상은 형체가 없다"(大音希聲, 大象無形)라고 하였듯이, 너무 큰 것은 잘 보이지 않을 정도로 사람이 인식하지 못한다.

이처럼 인간에게 보이지 않으면서 거대한 억제의 작용을 하는 게 바로 프로이트가 주장한바, '죽은 아버지'다. 아들은 생전의 아버지에게 불효자라는 말을 일상으로 들을 정도로 갈등했더라도, 아버지가 죽고 난 다음에는 갑자기 효자가 되어 죽은 아버지를 권위의 상징으로 내세운다. 그러면서 자신의 자녀들에게 아버지의 권위를 빙자하여 효도를 가르친다. 제6효가 실위인 것처럼 실체는 사라졌어도 영향력은 더욱 커진 형세다. 그리고 그 영향력은 너무 커서 잘 인식하지 못할 정도다. 그래서 효사는 비로소 멈춤이 '길하다'라고 마지막 단계에서 말한다.

그래서 『상』에서도 "매우 돈독한 힘으로 멈추게 함이 길한 것은, 마지막을 도탑게 하기 때문이다"(敦艮之吉, 以厚終也)라고 해설하였다.

[제6 양효. 매우 돈독한 힘으로 멈추게 하니, 길하다.]

53. 점괘漸卦

風山漸풍산점: 나무들이 켜켜이 쌓여 산을 이루
는 것이 점漸괘다.
간하손상艮下巽上

❖ 개관 ❖

점漸괘는 하괘가 간艮괘, 상괘가 손巽괘로 이루어졌다. 간괘는 산을, 손
괘는 나무를 상징하므로 『상』에서 말하는 '山上有木', 즉 '산 위에 나무가
있는' 모양이다. 산의 모습을 바라보면, 나무가 숲을 만들고 켜켜이 쌓여서
높은 산을 형성하는 것처럼 보인다. 즉 높은 산은 하루아침에 이루어진 게
아니라, 나무들이 켜켜이 쌓여서 점차 형성된 것으로 본다는 말이다.

점괘가 간괘(☶)의 뒤에 놓인 것에 대하여 『서괘』는 "사람은 멈춤에서
끝날 수 없으므로, 점괘로써 이를 이어받았다. '漸' 자는 나아간다는 뜻이
다"(物不可以終止, 故受之漸. 漸者, 進也)라고 해설하였다. 간괘 앞에는 진괘
(☳)가 놓였는데, 이는 한 번은 우레처럼 움직이고 한 번은 산처럼 멈춤을
상징한다. 이 한 번씩의 교대는 이른바 '정正'과 '반反'의 관계로서 둘 다 '과
도함'의 교훈을 주었으므로, 양쪽을 반영하여 완화한 '합合'의 차원인 점괘
로써 이어 갔다는 뜻이다.

그래서 『잡괘』는 이를 혼인에 비유하여 "점괘는 여자가 남자가 오기를
기다렸다가 시집으로 간다는 뜻이다"(漸, 女歸待男行也)라고 해설하였다. 남

녀가 서로 좋아한다고 해서 무턱대고 결혼하는 게 아니라, 결혼에는 한 단계씩 치러야 하는 순서와 절차가 있다는 말이다. 부례박은『한비자』「현학顯學편」의 "그러므로 현명한 임금의 관리는, 재상은 반드시 지방 정부의 말단 부서로부터 일어나야 하고, 용맹한 장수는 반드시 말단 부대의 사병으로부터 시작해야 한다"(故明主之吏, 宰相必起於洲部, 猛將必發於卒五)라는 구절을 인용하였는데, 이 역시 우두머리가 되려면 밑에서부터 단계를 밟아 올라가야 한다는 점에서 같은 맥락이라 볼 수 있다.

점괘의 효 배열 순서는 뒤에 오는 귀매歸妹괘(䷵)와 완전히 뒤집힌 모양이므로 상호 복괘覆卦의 관계에 있다.

❖ 괘사 풀이 ❖

漸, 女歸吉, 利貞.

점괘의 상괘인 손괘는 장녀를 상징하는데, 이는 여자가 다 자라면 지아비에게로 시집가는 게 당연하고 또 길하다는 뜻이다. 그래서 괘사는 '女歸吉녀귀길', 즉 '여자가 시집을 가는 것은 길하다'라는 말로 시작한다. 여기서 '歸' 자는 '자기가 있어야 할 집으로 돌아가다', 즉 시집간다는 뜻이다. 오늘날에는 남녀 당사자가 서로 좋아하기만 하면 절차를 따지지 않고 결혼도 하고 동거도 하지만, 옛날에는 결혼은 둘이 좋다고 함부로 하는 게 아니라, 점괘를 구성하는 손괘와 간괘가 상징하듯이, 겸손하게 자신을 억제하면서 절차를 밟으며 기다리는 것이었다.

고대의 혼인은 육례六禮라고 하는 여섯 단계의 절차를 거쳐야 했다. 첫째가 사주단자 교환이 끝난 후, 정혼의 증거로 신랑 집에서 신부 집으로 예물을 보내는 납채納采, 둘째가 혼인하기로 한 여자의 모친 성씨를 묻는 문명問名, 셋째가 폐백을 보내기 전에 신랑 집에서 혼인이 길한지를 점쳐서 신부 집에 알리는 납길納吉, 넷째가 폐백을 신부 집에 보내서 혼인이 이루어졌음을 정식으로 알리는 납징納徵, 다섯째가 점을 쳐서 길일을 정한 후 신부 집에 묻는 청기請期, 여섯째가 신랑이 신부 집에 가서 신부를 직접 맞아 오는 친영親迎이다.

여기서는 혼인을 예로 든 것일 뿐, 기실 모든 분야에서 순서와 절차를 따르는 일은 매우 중요하다. 한 명의 처녀가 절차에 따라 혼인을 해서 나중에는 그 집안의 여주인에 이르는 것처럼, 군자도 수신·제가·치국·평천하의 절차를 밟아서 입신출세해야 함을 뜻한다. 모든 일은 이러한 과정으로 수행했을 때 이로움이 발생하는 것이므로, 괘사는 '利貞', 즉 '이로움이 올바름을 수행할 때 생긴다'라고 끝을 맺는다.

이에 대하여 『단』은 다음과 같이 해설하였다. "'漸'이란 구불구불 나아간다는 뜻이다. 여자가 시집가는 일은 길하다. (제2 음효의 남자가) 벼슬길에 나아가 자리를 얻을 때 한 발짝씩 승진하면 좋은 결과가 있을 터이니, 바른 길을 따라 승진한 사람이 나라를 바로잡을 수 있다. (제5 양효가) 임금의 자리를 유지하는 것은, 강직함으로써 가운데의 공정함을 지키고 있기 때문이다. 그가 자신을 억제하고 겸손하다면, 움직임에 막힘이 없을 것이다."(漸, 之進也, 女歸吉也. 進得位, 往有功也, 進以正, 可以正邦也. 其位, 剛得中也. 止而巽, 動不窮也) 여기서 '구불구불 나아간다'(之進)라는 말은 절차를 하나하나 밟아 간다는 뜻이다. 『단』에서 하고자 하는 말은 곧 제왕은 공정함을 지키는 게 핵심이지만, 신하는 절차와 순서에 따라 나아가는 게 중요하다는 것이다.

이에 대하여 『상』은 "산 위에 나무가 있는 게 점괘의 형상이다. 군자는 이러한 원리로써 현명한 덕에 몸을 두고, 세속을 착하게 만든다"(山上有木, 漸, 君子以居賢德善俗)라고 해설하였다. 여기서 '산 위에 나무가 있다'라는 것은, 겸손함과 인내심을 가지고 실천하는 가운데 덕을 쌓고 세속을 서서히 변화시키는 일을 상징한다.

[점漸괘: 여자가 시집을 가는 것은 길하니, 이로움이 올바름을 수행할 때 생긴다.]

❖ 효사 풀이 ❖

① 初六, 鴻漸于干, 小子厲, 有言, 无咎.

鴻: 큰 기러기 홍. 干: 물가 간. 小子소자: 아직 벼슬에 나아가지 않은 젊은 선비. 有言유언: 비방. 꾸지람을 듣다.

'鴻홍' 자는 큰 기러기를 뜻하는데, 이는 벼슬길에 나아갈 선비를 상징한다. 옛날에는 선비가 관직을 제수받으면 임금에게 기러기를 폐백으로 드렸다. 기러기는 한번 짝을 정하면 짝이 죽더라도 다시 다른 짝을 찾지 않고 홀로 살아가기 때문에 절개의 상징으로 여겨졌다. 본 괘는 기러기가 물에서 뭍으로 올라가는 과정을 여섯 개의 효를 통하여 말하는데, 이는 선비가 벼슬길에 들어가 승진하면서 어떻게 관직 생활을 영위하는지를 말하고 있다.

제1효는 하괘인 간괘에 속하는데 이는 소남少男, 즉 막내아들을 상징하므로 아직 벼슬길에 나아가지 않은 '小子', 즉 젊은 선비의 단계를 말한다. 효사의 '干간' 자는 물과 육지가 맞닿은 물가를 뜻한다. 그래서 '鴻漸于干홍점우간', 즉 '기러기가 물가로 점차 다가간다'라는 말은 관직 중에서 가장 낮은 벼슬을 맡았음을 나타낸다. 제1효가 양의 자리에 음효가 있는 실위라는 사실이 이를 시사한다. 지위가 낮고 권한도 없는 데다가 제4 음효와 상응하지 않아 지원해 줄 사람도 없으니, 그 자리가 불안할 수밖에 없어서 효사는 '小子厲소자려', 즉 '젊은 선비는 위태롭다'라고 말한다. 그뿐 아니라, 낮은 직위에 있어도 경쟁자는 있게 마련이어서 그들로부터 비방을 당할 터이니 '有言유언'이란 '참소讒訴를 당하다'라는 뜻이 된다. 그래도 그는 부적절한 방법으로 벼슬에 나아간 게 아니므로 '재앙은 없다.'(无咎)

『상』에서도 이에 대하여 "젊은 선비가 위태롭기는 해도, 적절한 절차를 거쳤으므로 재앙은 없다"(小子之厲, 義无咎也)라고 해설하였다. 여기서 부례박은 '義의' 자를 점괘의 전체 의의에 비추어 '적절한 절차'로 풀이하였다.

[제1 음효. 기러기가 물가로 점차 다가가는 단계에서, 젊은 선비는 위태롭고, 참소讒訴를 당하기도 하지만, 재앙은 없다.]

②六二, 鴻漸于磐, 飮食衎衎, 吉.

磐: 너럭바위 반. 飮: 마실 음. 食: 먹을 식. 衎: 횃대 항. 衎衎: 함께 즐거워하는 모양.

제2효는 음의 자리에 음효가 있으므로 당위다. 기러기가 물을 나와 물가의 너럭바위 위에 올라온 단계로서 벼슬길에 나온 선비에 비유하자면, 낮은 직급에서 승진하여 버젓한 지위에 올라 나라의 녹을 먹고 있음을 나타낸다. 너럭바위에 올라왔다는 것은 그의 지위가 안정되었음을 의미한다. 이것이 '鴻漸于磐홍점우반', 즉 '기러기가 너럭바위 위에 이르렀다'라는 구절이다.

그는 지위가 안정되었을 뿐 아니라, 임금의 자리인 제5 양효와 상응하여 임금에게 인정도 받아 녹봉을 많이 받게 되었다. 그래서 먹고 마시는 게 풍요로워서 가정이 화목하게 되었으니 이것이 '飮食衎衎吉음식항길', 즉 '먹고 마시는 게 풍요로워서 가정이 화목하게 되어 길하다'라는 구절이다. 여기서 '衎衎'이란 새들이 횃대에 나란히 앉아서 재잘거리는 모양을 형용한 말로서 '화목함'을 뜻한다.

이에 대하여 『상』은 "먹고 마시는 게 풍요로워서 가정이 화목하게 된 것은, 거저먹은 게 아니다"(飮食衎衎, 不素飽也)라고 해설하였다. 여기서 '素飽소포'라는 말은 '白食백식'과 같은 말로서, 대가 없이 '공짜로 먹다'라는 뜻이다.

[제2 음효. 기러기가 너럭바위 위에 이르렀으니, 먹고 마시는 게 풍요로워서 가정이 화목하게 되어 길하다.]

③ 九三, 鴻漸于陸, 夫征不復, 婦孕不育, 凶, 利禦寇.

陸: 물 륙. 높고 평평한 땅. 征: 나갈 정. 復: 돌아올 복. 婦: 지어미 부.
孕: 아이 밸 잉. 育: 기를 육. 禦: 막을 어. 寇: 도적 구. 외적.

제3효는 양의 자리에 양효가 있으므로 당위다. '陸륙' 자는 내륙에 있는
높고 평평한 땅을 뜻하므로, '鴻漸于陸홍점우륙'은 기러기가 내륙의 높고
평평한 땅까지 올라왔다는 의미가 된다. 이를 벼슬길에 비유하자면, 젊은
선비는 어느덧 장·차관의 지위까지 승진한 셈이다.

웬만한 사람이라면 이 정도에서 만족하고 멈출 만한데, 제3 양효는 당위
여서 더 올라가려 한다. 위의 제6효와 상응하지 않아 끌어 줄 사람이 없긴
하지만, 제1효와 상응하지 않는 제4 음효가 대신 양효인 본 효를 받아 줄
수 있기에 승진은 가능하다. 그래서 본 효는 제4효와 어울려 밖으로 나돌아
다닌다.

효사는 이러한 상황을 부부 관계에 비유한다. 즉 제2 음효가 아내인데
본 효는 아내를 내버려 두고 밖에 있는 제4 음효와 눈이 맞아 돌아올 생각
을 하지 않는다는 말이다. 이것이 '夫征不復부정불복', 즉 '남편은 밖으로 나
가 돌아오지 않는다'라는 구절이다.

그러자 외로운 제2 음효의 아내는 이와 상응하는 제5 양효와 맞바람을
피워 급기야 임신까지 하게 되는데, 이는 사생아이므로 키울 수가 없다. 이
것이 '婦孕不育凶부잉불육흉', 즉 '아내는 (밖에서) 임신을 하여 키울 수 없
으니, 사납고 험난하다'라는 구절이다.

이렇게 집안이 엉망이 됨에도 아랑곳하지 않고 오로지 야심에 눈이 먼
사람은 쓸모가 한 군데 있는데, 그것은 외적의 침략에 맞서 싸우는 임무를
맡기는 것이다. 그러면 그는 공을 세워 출세하기 위하여 물불을 가리지 않
고 싸울 것이기 때문이다. 이것이 '利禦寇리어구', 즉 '이로움이 외적을 방
어하는 일에 쓸 때 생긴다'라는 구절이다.

이에 대하여 『상』은 "지아비가 나가서 돌아오지 않았다는 것은 그가 뭇 배우자를 버렸다는 뜻이고, 지어미가 임신하고도 기르지 못하는 것은 도리를 잃었다는 뜻이며, 이로움이 외적 방어에 쓸 때 생긴다는 것은 서로에게 도움이 된다는 이치에 따랐다는 뜻이다"(夫征不復, 離群醜也; 婦孕不育, 失其道也; 利用禦寇, 順相保也)라고 해설하였다. 여기서 '群醜군추'란 '뭇 배우자'로서 제2효인 지어미와 제1효인 첩을 가리킨다. '醜' 자는 '配(아내 배)' 자와 기실 같은 글자이니, 두 글자의 몸통에 해당하는 '鬼(귀신 귀)' 자와 '已(이미 이)' 자는 둘 다 '귀신'이라는 의미를 가지기 때문이다('已' 자는 원래 귀신의 형상을 그린 글자임). 그리고 '서로에게 도움이 된다'(相保)라는 것은 야심이 있는 사람은 공을 세울 수 있는 기회가 주어져서 좋고, 임금은 나라의 위기를 구할 수 있어서 좋다는 뜻이다.

[제3 양효. 기러기가 내륙의 높고 평평한 땅까지 올라왔다. 지아비는 밖으로 나가 돌아오지 않고, 지어미는 (밖에서) 임신을 하여 키울 수 없으니, 사납고 험난하지만, 이로움이 외적을 방어하는 일에 쓸 때 생긴다.]

④ 六四, 鴻漸于木, 或得其桷, 无咎.
或: 어떤 것 혹. 桷: 서까래 각.

제4효는 음의 자리에 음효가 있으므로 당위다. 본 효는 '鴻漸于木홍점우목', 즉 '기러기가 큰 나무 위로 올라왔다'라는 구절로 시작한다. 기러기는 일종의 물새라서 오리처럼 물갈퀴가 있는 발을 갖고 있다. 그래서 기러기는 다른 새들처럼 나뭇가지를 잡고 살 수 없으므로, 기러기가 나무 위에 산다는 것은 불안하고 또 어울리지도 않는다. 그런데 간혹 어떤 기러기는 운 좋게 서까래처럼 평평한 나뭇가지를 만나 거기에 머무는 수도 있다. 이것이 '或得其桷혹득기각', 즉 '간혹 어떤 것은 서까래처럼 평평한 나무를 만나기도 한다'라는 구절이다.

이를 벼슬길에 비유하자면, 특별한 재능도 없는 벼슬아치가 굽신굽신하며 근근이 승진하더니 급기야 임금의 측근 신하라는 권력에 오른 경우라 하겠다. 이는 나무에 살 수 없는 기러기가 운 좋게 평평한 나무를 만나 거기에 오른 거나 다름이 없다.

그런데 음효인 본 효의 아래에는 제3 양효의 강직한 관리들이 있어서 이들을 감당하기가 버거운 게 사실이다. 본 효가 이들과 대적하는 것은 현실적으로 불가능하므로, 그는 상괘인 손괘의 속성답게 겸손하게 그들을 대하면 된다. 본 효가 겸손하게 대하여도 저들이 어떻게 해볼 수 없는 것은, 본 효의 뒤에는 임금인 제5 양효가 버티고 있기에 그의 비호를 받을 수 있기 때문이다. 본 효 자신이 주도적으로 뭔가를 할 수는 없어도 무사안일은 가능하다는 말이다. 그래서 '재앙이 없다'(无咎)라고 말한 것이다.

이에 대하여 『상』은 "간혹 어떤 것은 서까래처럼 평평한 나무를 만나기도 하는데, 이는 순종하고 겸손하기 때문이다"(或得其桷, 順以巽也)라고 해설하였다.

[제4 음효. 기러기가 큰 나무 위로 올라왔는데, 간혹 어떤 것은 서까래처럼 평평한 나무를 만나기도 해서인데, (그래도) 재앙은 없다.]

⑤ 九五, 鴻漸于陵, 婦三歲不勝孕, 終莫之, 吉.
陵: 큰 언덕 릉. 婦: 지어미 부. 歲: 해 세. 勝: 이길 승. 孕: 아이 밸 잉. 終: 끝 종. 莫: 없을 막. 아무도 ~하는 사람이 없다.

제5효는 양의 자리에 양효가 있으므로 당위다. '陵릉' 자는 '높은 언덕'이나 '구릉'을 뜻하므로, '鴻漸于陵홍점우릉'은 '기러기가 높은 언덕까지 올라와 있다'라는 의미가 된다. 기러기가 높은 언덕 위에까지 다다랐으니, 더는 높이 올라갈 데가 없다는 말이다. 이를 벼슬길에 비유하면, 가장 꼭대기에 있는 관직까지 올라갔다는 말이 되는데, 이는 기실 임금의 자리를 가리킨다. 임금의 자리는 승진에 의해서가 아니라 특별히 선택된 사람의 것이지만, 문무백관을 가장 꼭대기에서 통솔하는 자리이기에 '높은 언덕'에 해당한다고 볼 수 있다.

더는 올라갈 데가 없는 임금이 더 바랄 것은 오로지 현명한 신하를 만나 정치를 잘하여 성군의 이름을 남기는 것이다. 현명한 신하란 만나고 싶다고 하여 금세 만나지는 게 아니라, 많은 우여곡절을 겪은 후에야 가능하다. 이러한 만남을 '우합偶合', 즉 '우연히 만나다'라고 하는데, 우연히 만나기 위해서는 오래 기다려야 한다. 왜냐하면 이 두 사람 사이에는 방해자들이 많은 게 현실이기 때문이다.

효사는 이를 부부 관계로 비유하고 있다. 처녀와 총각이 아무리 서로 사랑한다고 하더라도 결혼이 바로 성사되기가 쉽지 않은 것은, 언제나 그들 사이에는 훼방꾼이 있기 때문이다. 마찬가지로 성군이 되고자 하는 임금은 현명한 신하를 찾아야 하는데, 본 효는 제2 음효와 상응하므로 그것이 가능하다. 그러나 그 둘 사이에 제3효와 제4효가 있어서 이들이 만나지 못하도록 방해하는 모양새다. 이 두 효가 만나려면 가운데의 두 효를 극복해야 하므로, 효사는 '婦三歲不勝孕부삼세불승잉', 즉 '지어미는 삼 년이 될 때까지 임신하지 못한다'라고 비유적으로 말한다.

그러나 남녀가 사랑하는 마음만 포기하지 않으면 아무도 이들의 결합을 막지 못하는 것처럼, 임금이 현명한 신하를 갈급하게 찾으면 끝내 훼방꾼을 극복하고 해후할 수 있음을 효사는 '終莫之吉종막지길', 즉 '끝내 이들을 이길 자가 아무도 없으니 길하다'라고 표현하였다.

이에 대하여 『상』에서도 "끝내 이들을 이길 자가 아무도 없으니 길한 것은, 이들이 각자 원하는 바를 얻었다는 뜻이다"(終莫之勝, 吉, 得所願也)라고 해설하였다. 임금과 신하가 안성맞춤으로 만난다는 것은, 어느 날 갑자기 이루어지는 게 아니라 오랜 기간 포기하지 않고 꾸준히 찾음으로써 가능하다는 메시지다.

[제5 양효. 기러기가 높은 언덕까지 올라와 있다. 지어미는 삼 년이 될 때까지 임신하지 못할 테지만, 끝내 이들을 이길 자가 아무도 없으니, 길하다.]

⑥ 上九, 鴻漸于陸, 其羽可用爲儀, 吉.
羽: 깃 우. 儀: 본보기 의.

제6효는 음의 자리에 양효가 있으므로 실위다. 제3효에서 썼던 '鴻漸于陸'이 본 효에서 다시 등장하고 있는데, 이것이 문맥이 맞지 않는다고 하여 주자朱子는 '陸(뭍 륙)' 자를 '逵(한길 규)' 자로 고쳐야 한다고 주장하였다. 필자도 이 주장에 동의하여 '逵' 자로 풀이한다.

'逵' 자는 도읍처럼 큰 고을에 있는 사통팔달의 큰길을 뜻하므로 '鴻漸于逵홍점우규', 즉 '기러기가 한길에까지 다다랐다'라는 의미가 된다. 물가에 사는 기러기가 복잡한 고을의 한길에 나왔다는 것은, 살아서 온 게 아니라 사람에게 잡혀 왔음을 뜻한다.

앞서 설명하였듯이, 기러기는 관직을 제수받을 때와 혼인할 때 충절의 징표로서 주고받는 예절의 물품, 즉 폐백의 수단으로 사용되었다. 그래서 사냥꾼들이 기러기를 잡아서 공급하였으므로 기러기가 '고을의 한길에 다다랐다'라고 표현한 것이다.

기러기를 예절과 예의를 수행하는 데 필요한 물품으로 활용한다면, 당연히 기러기를 산 채로 사용할 수는 없다. 그래서 기러기를 잡아 여러 가지 예물로 활용할 때 가장 많이 쓰는 게 기러기의 깃털이다. 깃털은 예관禮冠과 같은 모자나 예물의 장식품으로 많이 쓰인다. 이것이 '其羽可用爲儀吉기우가용위의길', 즉 '그 깃털이 예절의 품위를 만드는 데에 쓰일 수 있으니 길하다'라는 구절이다. 여기서 '儀의' 자는 '본보기가 될 만한 예의를 갖춘 모습'이라는 뜻이 된다.

제6효는 모든 활동을 마치고 물러나야 하는 시기여서 음효로서 당위여야 하는데도 양효로 실위인 것은, 기러기가 마지막에 자신을 희생함으로써 사람들에게 예의를 세워 주는 적극적인 행위를 하였기 때문이다. 그래서 『상』에서도 "그 깃털이 예절의 품위를 만드는 데에 쓰일 수 있어 길한 것은, 이로 인하여 사회 질서가 어지럽혀지지 않기 때문이다"(其羽可用爲儀, 吉, 不可亂也)라고 해설하였다.

[제6 양효. 기러기가 한길에까지 다다랐다. 그 깃털이 예절의 품위를 만드는 데에 쓰일 수 있으니 길하다.]

54. 귀매괘歸妹卦

雷澤歸妹뢰택귀매: 우레가 울려 못 속의 생물을
윤택하게 해 주는 게 시집가는 아가씨다.
태하진상兌下震上

❖ 개관 ❖

귀매歸妹괘는 하괘가 태兌괘, 상괘가 진震괘로 이루어졌다. 진괘는 양괘로서 우레의 진동(움직임)과 맏아들을, 태괘는 음괘로서 못물의 윤택한 기쁨과 막내딸을 각각 상징한다. 우레가 못물 속의 생명체에 생기를 불어넣어 소생하게 만드는 모양이므로, 전체적으로 괘상은 시집가는 처녀의 형상을 상기시킨다.

'歸妹'란 '시집가는 젊은 아가씨'라는 뜻이다. 여기서 '歸' 자는 흔히 '돌아가다'라는 의미로 쓰이지만, 원래 의미는 '여자가 자기 집으로 돌아가다'였다. 귀매괘가 점漸괘 뒤에 놓인 것에 대하여 『서괘』는 "앞으로 나아가면 반드시 돌아올 곳이 있을 터이므로, 귀매괘로써 이어받았다"(進必有所歸, 故受之以歸妹)라고 해설하였다. 여기서 귀매란 점진漸進의 반대 개념으로서 원래의 자기 집으로 돌아가 잠을 잔다는 의미에서 시집가는 여자로 비유한 것이다. 『잡괘』에서는 "귀매는 여자의 종착지"(歸妹, 女之終也)라고 해석하였다. 그래서 옛날에는 여자는 태어날 때부터 남의 집 식구로 취급하였을 뿐 아니라, 시집을 가면 시집의 귀신이 되어야 한다고 여겼다. '歸' 자와 '鬼

(귀신 귀)' 자가 서로 의미가 통하는 것은 이 때문이다.

귀매가 시집가는 아가씨라면, 이는 상괘인 맏아들과 하괘인 막내딸의 혼인을 가리킨다. 맏아들과 막내딸이면 나이가 서로 어울리지 않으므로, 이는 실제로 군혼제群婚制하의 혼인임을 알 수 있다. 고대 중국에서는 고을과 고을 간, 또는 씨족과 씨족 간에 혼인할 때는 집단으로 하였는데, 이를 군혼제라고 한다. '歸妹'에서 '妹(손아래 누이 매)' 자를 쓴 것은, 언니가 시집갈 때 함께 딸려 가서 둘째 부인이 되기 때문인데, 이를 당시에는 '媵(보낼 잉)'이라고 불렀다. 본 괘의 제1 양효에서 '歸妹以娣귀매이제', 즉 '시집가는 아가씨가 둘째 부인으로 간다'라는 구절은 바로 이를 가리킨다.

이러한 제도를 유지하였던 이유는, 궁극적으로 집안의 화목을 위해서였다. 다른 여자를 둘째 부인으로 맞아들이면 질투로 집안이 조용할 날이 없을 터이니, 친자매면 이런 불상사가 없을 것이라는 기대에 근거한다. 혹시 언니가 죽거나 하면 당연히 동생이 정실로 들어갔다.

앞의 점漸괘에서 언급하였듯이, 본 괘와 점괘의 효 배열 순서는 서로 정반대여서 상호 복괘覆卦의 관계에 있다.

❖ 괘사 풀이 ❖

歸妹, 征凶, 无攸利.

귀매, 즉 둘째 부인으로 딸려 가서 혼인을 한 동생은 어디까지나 정실正室이 아니므로, 지아비의 총애를 차지하려고 언니와 다퉈서는 안 된다. 이 것이 '歸妹征凶귀매정흉', 즉 '딸려서 시집온 동생이 언니와 다투면 사납고 험난해진다'라는 구절이다. 여기서 '征' 자는 '爭(다툴 쟁)' 자와 같은 뜻으로 언니와 남편의 총애를 놓고 다툰다는 의미가 된다. 그러면 집안에 이로울 게 없으니 '无攸利', 즉 '이로울 바가 없다'라고 말한 것이다.

귀매괘는 앞의 점漸괘와 정반대의 처지에 있는데, 점괘는 아무리 바빠도 절차에 따라 차근차근 진행해야 한다는 관점이고, 귀매괘는 언니와 경쟁하는 처지이므로 순서를 무시하고 다툴 수 있는 경향이 짙어서 이러한 우려를 하는 것이다.

이 구절에 대하여『단』은 다음과 같이 해설하였다. "귀매괘는 천지의 커다란 의의에 관하여 말한다. 하늘과 땅이 서로 교접하지 않으면 만물이 일어나지 않는다. 귀매괘는 사람의 끝과 (또 다른) 시작을 말한다. 기쁜 마음으로 움직이는 것은 동생의 몫으로 돌아간다. 그런데도 언니와 (총애를) 다투어 사납고 험난해지는 것은, 자신의 자리에서는 옳지 않은 행동이기 때문이고, 이로울 바가 없다는 것은, 음유陰柔한 주제에 강직함 위에 올라탔기 때문이다."(歸妹, 天地之大義也. 天地不交, 而萬物不興. 歸妹, 人之終始也, 說以動, 所歸妹也. 征凶, 位不當也; 无攸利, 柔乘剛也)

군혼제 아래에서 동생의 운명은 기실 정실인 언니에게 달렸다. 그래서 자신은 행복하지 않다고 여길 수 있지만, 그래도 언니의 자리를 넘보거나 능멸하지 않고, 태괘(☱)와 진괘(☳)의 괘상이 가리키는 것처럼 '기쁜 마음으로 움직이면' 집안이 화목해질 터이니, 이것은 그녀의 몫이라는 것이다. 끄트머리에 '음유陰柔한 주제에 강직함 위에 올라탔다'라는 말은 제3 음효가 제1 양효와 제2 양효 위에 있고, 제5 음효가 제4 양효 위에 있는 모양을 가리킨 것으로서 동생이 질서를 어기고 나댈 수 있음을 경계한 말이다.

이 괘사에 대하여『상』은 "못 위에 우레가 치는 게 귀매괘의 괘상이다. 군자는 이 원리로써 끝을 영원히 이어 가고, (질서를 어기는) 폐단을 안다"(澤上有雷, 歸妹. 君子以永終知敝)라고 해설하였다. '못 위에 우레가 치는 모양'이란 비가 와야 못의 물이 마르지 않는 것처럼, 동생은 언니를 잘 따라야 그 덕을 볼 수 있음을 말하려는 것이다.

[귀매歸妹괘: (딸려서 시집온 동생이) 언니와 다투면 사납고 험난해지고, 이로울 게 없다.]

❖ 효사 풀이 ❖

① 初九, 歸妹以娣, 跛能履, 征吉.

娣: 여동생 제. 跛: 절름발이 파. 能: 능할 능. 履: 밟을 리.

제1효는 본 괘의 가장 아래에 처하고 있어서 낭군인 제5효의 관심을 받지 못한다. 그래서 정실이 아닌 첩의 자리가 될 수밖에 없다. 본 효는 막내딸을 상징하는 대괘의 첫째 효이자 양효라서, 어린 나이에 언니 따라 시집가는 게 무엇인지도 모르고 천방지축 나대지만, 정실이 아니라서 관심을 받지 못한다. 혼인 후 시간이 좀 지나 제2효에 올라가야 제5효와 상응할 것인데도 말이다. 이것이 '歸妹以娣귀매이제', 즉 '시집가는 아가씨가 둘째 부인으로 간다'라는 구절이다.

제1효는 양효로서 혼자 올라가려 하지만 제4효와 상응하지 않아 받아줄 사람이 없으니, 신세가 마치 절름발이와 같다. 즉 언니와 함께 같은 남편을 섬기지만, 위상이 첩이므로 한쪽이 부족한 상태라는 것이다. 그러나 아무리 둘째 부인이라 하더라도 혼인의 예까지 치렀으므로, 불륜이 아니라 정통성이 있는 가족의 구성원이다. 이것을 비유적으로 표현한 것이 '跛能履파능리', 즉 '절름발이지만 걸을 수 있다'라는 구절이다. 양쪽 다리가 가지런하지 않아 절룩거리기는 하지만, 어쨌든 걸을 수는 있다는 말이다. 따라서 이러한 '혼인은 진행해도 길하다'(征吉)고 말한다. 여기서 '征' 자는 '나아가다', 즉 혼인을 진행한다는 뜻이 된다.

이에 대하여 『상』은 "시집가는 아가씨가 둘째 부인으로 간다는 것은, 그것이 정상적인 절차로써 한 것이라는 뜻이고, 절름발이지만 걸을 수 있으니 길하다는 것은, 그녀가 언니를 이어받을 수 있다는 뜻이다"(歸妹以娣, 以恒也; 跛能履, 吉, 相承也)라고 해설하였다. 여기서 '相承상승', 즉 언니를 이어받는다는 것은, 혹시 언니가 죽거나 하면 동생이 정실의 자리를 이어 간다는 의미다.

[제1 양효. 시집가는 아가씨가 둘째 부인으로 가는데, (이 혼인은 비유컨대) 절름발이지만 걸을 수 있으니, (이 혼인은) 진행해도 길하다.]

② 九二, 眇能視, 利幽人之貞.

眇: 애꾸눈 묘. 視: 볼 시. 幽: 그윽할 유. 조용하다.

제1효와 제2효는 둘 다 둘째 부인으로 시집가는 동생을 지시하는데, 전자가 시집갈 때의 상황을 묘사하고 있다면, 후자는 시집가고 난 다음의 상황을 말하고 있다. 제2효가 양효라는 것과 제5 음효와 상응한다는 사실은 그녀가 여전히 낭군을 차지하고자 하는 열정으로 갈급해 있음을 나타낸다. 그러나 본 효가 음의 자리에 있는 양효로서 실위라는 것은, 그녀의 열정에도 불구하고 그녀의 자리는 어디까지나 첩이라는 근본적인 한계에 처해 있음을 나타낸다. 이것이 '眇能視묘능시', 즉 '애꾸눈도 볼 수는 있다'라는 구절이다. 여기서 애꾸눈이란 열정이 있어도 정실이 될 수 없는 한계를 뜻하는데, 설사 애꾸눈의 신세라 하더라도 보는 기능은 있는 것처럼, 비록 첩이라 하더라도 혼인한 여인임은 틀림없다는 말이다.

본 효는 음의 자리에 양효가 있는 실위지만, 중효로서 가운데에 자리 잡고 있다. 그래서 나대지 않고 삼가면서 조용히 덕을 쌓고 정조를 지키면 이로움이 생긴다. 이것이 '利幽人之貞리유인지정', 즉 '이로움이 조용한 여인의 올바름을 지킬 때 생긴다'라는 구절이다. 본 효사에서는 길흉을 구체적으로 지시하지 않았는데, 이는 자신이 하기 나름임을 시사한다. 즉 이로움이 생기면 그것이 곧 길함으로 연결된다는 말이다.

이에 대하여 『상』은 "이로움이 조용한 여인의 올바름을 지킬 때 생긴다는 것은, 질서를 바꿔서는 안 된다는 뜻이다"(利幽人之貞, 未變常也)라고 해설하였다. 여기서 '常상' 자는 변치 않는 질서를 의미하므로, '變常변상'은 전통적으로 지켜 온 질서를 무너뜨린다는 뜻이 된다. 짐작하건대 당시는 군혼제가 내려온 지 세월이 꽤 흘렀기에, 일각에서 이 제도에 대하여 회의를 제기하며 개혁을 요구하기 시작하였던 것 같다. 그래서 이를 경계하는 기득권의 생각이 이 문장에 반영된 것으로 보인다.

[제2 양효. 애꾸눈도 볼 수는 있으니, 이로움이 조용한 여인의 올바름을 지킬 때 생긴다.]

③ 六三, 歸妹以須, 反歸以娣.

須수: 별자리 이름. 수녀성須女星. 28수宿 중의 하나. 反: 돌이킬 반.

제3효는 양의 자리에 음효가 있으므로 실위다. 또한 위치가 가운데가 아닌 한쪽에 치우쳐 있을 뿐 아니라, 아래에 있는 양효의 압박을 받고 있으므로 매우 불안할 수밖에 없다. 그래서 둘째 부인의 신분인 동생은 불안한 나머지 자꾸 언니의 자리를 넘보며 남편의 총애를 다투게 된다. 이는 윤리적 질서를 해치는 옳지 않은 행위로 당시로서는 금지되었으므로, 이러한 행위를 참지 못하고 자주 범하면 천박한 첩이라는 비난을 면치 못하였다. 이것이 '歸妹以須귀매이수', 즉 '둘째 부인으로 시집간 동생이 천박한 첩이라는 말을 들었다'라는 구절이다. 고대 천문에서는 수녀성須女星을 구성하는 네 별은 천박한 첩을 부르는 말로 통하였다.

그러다가 정 말을 듣지 않으면 마지막에는 소박疏薄하여 친정집으로 돌려보냈으니 이것이 '反歸以娣반귀이제', 즉 '친정집으로 돌려보내서 원래의 여동생이 되게 하였다'라는 구절이다. 여기서 '娣' 자는 시집가기 전의 여동생의 신분이라는 뜻이다.

이에 대하여 『상』은 "둘째 부인으로 시집간 여동생이 천박한 첩이라는 비난을 듣고 (친정집으로 소박맞아 와서 예전의 여동생이 된 것은), (둘째 부인으로서의) 도리를 다하지 못하였기 때문이다"(歸妹以須, 未當也)라고 해설하였다. 여기서 '未當미당'은 옳은 도리를 다하지 못하였다는 뜻이다.

[제3 음효. 둘째 부인으로 시집간 동생이 천박한 첩이라는 비난을 들었으므로, 친정집으로 돌려보내서 원래의 여동생이 되게 하였다.]

④ 九四, 歸妹愆期, 遲歸有時.

愆: 어그러질 건. 지나치다. 期: 기한 기. 遲: 더딜 지. 時: 엿볼 시. 여기서는 '待(기다릴 대)' 자와 같은 뜻임.

제4효는 음의 자리에 양효가 있으므로 실위다. 바로 위에 있는 제5 양효가 본 괘의 중심이라 할 수 있는 괘주卦主로서 시집가는 당사자인 언니에 해당하므로, 그 아래에 있는 본 효는 언니에 딸려 가는 동생, 즉 귀매에 해당한다. 그런데 본 효는 실위인 양효로서 개성이 강한 동생을 나타낸다. 그녀는 언니에 딸려 가서 둘째 부인이 될 의사가 별로 없어서 흔쾌히 승낙하지 않고 미적거린다. 이것이 '歸妹愆期귀매건기', 즉 '둘째 부인으로 시집가는 아가씨가 기한을 늦춘다'라는 구절이다. 여기서 '愆期'란 약속 날짜를 잡지 않고 미적거린다는 뜻이다.

그녀가 시집가기를 거절하고 늦추는 이유는 다름 아닌 언니의 자리를 원하기 때문이어서, 그녀는 시간을 끌면서 보이지 않는 줄다리기를 시도한다. 그러나 본 효는 상응하는 데가 없으므로 끝내는 시집을 갈 수밖에 없다. 이것이 '遲歸有時지귀유시', 즉 '시집가기를 미적거려도 갈 때가 온다'라는 구절이다. 여기서 '有時'는 언젠가는 결국 갈 때가 있다는 뜻이다.

본 효사는 어차피 갈 시집인데도 주위 사람들을 속 타게 만드는 동생의 상황을 묘사한 것이다. 이는 이른바 '밀고 당김'의 협상 전술로서 자신의 이익을 확보하는 데는 도움이 될지 모르나, 이런 여자는 시집에 가서도 언니의 자리를 넘보면서 말썽을 일으킬 수도 있으니, 신중히 다루어야 한다는 경고의 의미도 담고 있다.

이에 대하여 『상』은 "시집갈 날짜를 늦추는 속내는 질질 끌다가 간다는 뜻이다"(愆期之志, 有待而行也)라고 해설하였다. 여기서 '질질 끌다가 간다'(有待而行也)라는 것은, 동생이 자신에게 좀 더 유리한 조건을 획득하기 위한 일종의 협상 전술로 봄이 옳다.

[제4 양효. 둘째 부인으로 시집가는 아가씨가 기한을 늦추고 있는데, 시집가기를 미적거려도 (결국) 갈 때가 온다.]

⑤ 六五, 帝乙歸妹, 其君之袂, 不如其娣之袂良. 月幾望, 吉.

帝: 임금 제. 乙: 새 을. 君: 임금 군. 袂: 소매 메. 良: 뛰어날 량. 月: 달 월. 幾: 거의 기. 望: 보름 망.

제을帝乙은 은나라 마지막 임금인 주紂왕의 아버지로서 역사에서는 고종高宗으로 부른다. 제을은 당시 제후였던 주나라 문왕과 좋은 관계를 맺어서 자신의 친여동생을 그에게 시집을 보냈는데, 이는 신분이 높은 사람이 아랫사람에게 고개를 숙이는 겸양의 표시였다. 이 제을의 친여동생이 바로 '歸妹', 즉 '둘째 부인으로 시집가는 아가씨'의 언니, 즉 정실부인이다. 제5효는 임금의 자리이므로 시집가는 아가씨의 관점에서는 정실부인이 되는 것이다.

그런데 제5효는 양의 자리에 음효가 있는 실위로서 그녀가 유순하긴 하지만 재주가 박약함을 나타낸다. 이에 비하여 제4효의 동생은 양효로서 재주가 출중함을 시사한다. 이것이 '其君之袂기군지메, 不如其娣之袂良불여기제지메량', 즉 '정실부인의 재주는 그 동생의 재주만큼 훌륭하지 못하다'라는 구절이다. 여기서 '其君'의 '君' 자는 기실 '女君여군'으로서 임금의 아내를 일컫는 말이고, '袂' 자는 옷소매란 뜻이지만 고전에서는 흔히 재주를 상징하는 말로 쓰인다. 오늘날 능력을 중시하는 사회에서는 장자니 서열이니 하는 명분을 굳이 따지지 않지만, 고대 종법宗法 사회에서는 언니가 임

금의 자리인 가운데 중효에 자리 잡고 있으므로 이를 중시하여 그녀를 정
실로 받아들이는 것이다.

언니가 동생보다는 재주와 실력이 모자라지만, 그녀는 적장녀嫡長女여
서 임금의 부인은 적장녀여야 한다는 명분에 들어맞으므로 문왕의 정실이
되는 것이다. 이에 비하여 동생은 재주와 실력은 있지만, 명분이 결여돼 있
어서 둘째 부인이 될 수밖에 없다. 이것을 효사는 '月幾望吉월기망길', 즉
'달이 보름에 가까이 가 있을 때 길하다'라고 표현하였다. 여기서 '幾望'이
란 '보름달에 거의 가까이 간 상태'를 뜻하는데, 보름달이 명분과 실질을 모
두 갖춘 상태라면 보름달에 거의 가까운 상태는 실질은 꽉 차 있지만 명분
이 모자라는 동생의 경우를 가리킨다. 이처럼 고대 중국에서는 명분과 정통
성을 무엇보다 중시하였다. 따라서 동생이 이러한 사실을 인식하고 자신의
자리를 받아들이면 길하다고 말한 것이다.

이에 대하여 『상』에서도 "제을의 시집가는 아가씨는 그녀의 동생보다 재
주가 못하지만, 그녀의 지위가 중앙에 있으므로 귀한 신분으로 시집을 간
것이다"(帝乙歸妹, 不如其娣之袂良也, 其位在中, 以貴行也)라고 해설하였다.
여기서 '그녀의 지위가 중앙에 있다'(其位在中)라는 말은 적장녀로서의 그
녀가 임금의 자리인 제5효에 자리하고 있어서 정통성을 갖추고 있음을 의
미한다.

[제5 음효. 제을帝乙의 (여동생인) 시집가는 아가씨는, 정실부인으로서의 재주는
그 동생의 재주만큼 훌륭하지 못하지만, (그래도 동생은) 달이 보름에 가까이 가 있을
때 길하다.]

⑥ 上六, 女承筐无實, 士刲羊无血, 无攸利.

承: 받을 승. 筐: 광주리 광. 實: 열매 실. 士: 남자 사. 刲: 벨 규. 羊: 양
양. 血: 피 혈.

제6효는 음의 자리에 음효가 있으므로 당위인데, 이는 둘째 부인인 동생이 아무리 언니와의 경쟁에서 이겨서 임금(남편)의 총애를 차지했다고 하더라도 둘째 부인은 여전히 둘째 부인의 한계를 넘어서지 못함을 시사한다. 제6효인 본 효가 제5효의 위에 있다는 사실은 동생이 언니를 타고 넘었다, 즉 임금의 총애를 받게 되었다는 뜻이 된다. 이것을 효사는 '女承筐여승광', 즉 '여동생이 광주리를 이어받았다'라고 표현하였는데, 이때 광주리는 폐백을 담는 그릇으로서 종묘 제사를 지내는 행사에 참여함을 상징한다. 그런데 그녀는 이 중요한 광주리를 이어받았음에도 그 안에 채울 폐백이 없어서 '无實무실', 즉 빈 채로 남아 있다. 왜냐하면 제사에는 정실부인만 참여할 자격이 있으므로, 둘째 부인이 아무리 총애를 입었다고 하더라도 제사 참여는 제도상 불가능하기 때문이다.

만일에 둘째 부인이 억지로라도 제사에 참여한다면 이는 제사 자체를 무효화하는 행위가 되므로, 이것을 '士刲羊无血사규양무혈', 즉 '남자가 양을 잡아도 피가 나지 않는다'라고 묘사하였다. 여기서 '남자'는 제사의 주인인 남편을 가리킨다. 따라서 정실부인의 자리를 능멸하는 행위는 결코 '无攸利무유리', 즉 이로울 게 없으니, 제5효에서 '달이 보름에 가까이 가 있을 때 길하다'(月幾望吉)라고 말한 것은 이 때문이다.

이에 대하여 『상』은 "제6 음효에 채울 게 없다는 것은, 빈 광주리를 이어받았기 때문이다"(上六无實, 承虛筐也)라고 해설하였다.

[제6 음효. 여동생이 광주리를 이어받았지만 채울 게 없다. 그래서 남자가 양을 잡아도 피가 나지 않으니, 이로울 바가 없다.]

55. 풍괘豐卦

雷火豐뢰화풍: 명철함을 바탕으로 움직이니 풍
성해진다.
리하진상離下震上

❖ 개관❖

풍豐괘는 하괘가 이離괘, 상괘가 진震괘로 이루어졌다. 이괘는 불을, 진
괘는 우레를 상징하므로 우레와 번개가 한꺼번에 몰아치는 모양을 나타내
는데, 이런 상황에서는 비가 많이 와서 수확이 많을 것이므로 풍괘라고 명
명한 것이다. '豐' 자의 고문자 자형을 보면, 아래에 있는 '豆두' 자는 제사
그릇이고 그 위에 오곡 등 제물을 차곡차곡 쌓아 올린 모양이다. 이로부터
'豐' 자에 '풍성하다'라는 의미가 생겨났다.

풍괘가 귀매歸妹괘 뒤에 놓인 것에 대하여 『서괘전序卦傳』은 "귀의해 오
는 사람들을 얻은 자는 반드시 커질 것이므로, 풍괘로써 이를 이어받았다.
'풍豐'이란 '크다'라는 뜻이다"(得其所歸者必大, 故受之以豐. 豐者, 大也)라고
해설하였다. 다시 말해서 제왕의 덕이 풍성하면 사람들이 모두 그에게로 귀
의해 올 것이고, 나라도 자연히 커질 것이다. 그러면 임금은 현명한 신하들
을 골라서 이들에게 정치와 백성의 교육을 맡기면, 나라가 부강해지고 백성
이 행복해질 터인즉, 이것이 곧 풍괘가 말하고자 하는 바다. 이를 위해서 임
금은 풍괘를 구성하는 진괘(우레)의 움직임과 이괘(불)의 현명함을 본받아

서 명철한 판단을 바탕으로 해서 정확하게 움직이는 게 중요하다.

풍괘의 효 배열 순서는 여旅괘와 정반대이므로 두 괘는 서로 복괘覆卦의 관계에 있다.

❖ 괘사 풀이 ❖

豐, 亨, 王假之, 勿憂, 宜日中.
假: 이를 격. '格(이를 격)' 자와 같음. 憂: 근심 우. 宜: 마땅할 의.

'豐' 자를 『단』에서는 "'풍' 자는 크게 확대한다는 뜻이다. 명철한 판단으로써 움직이므로 커지게 된다"(豐, 大也. 明以動, 故豐)라고 해설하였다. 나라나 기업을 크게 확장하려면 혼자 할 수는 없고 현인을 모셔다 맡겨야 하는데, 이때 풍괘를 구성하는 이괘(☲)와 진괘(☳)를 본받아 불처럼 명철한 판단으로써 우레처럼 힘 있게 움직이면 부요富饒하게 커질 수 있다는 말이다.

그래서 『단』은 '王假之왕격지', 즉 '임금이 (통치의) 경지에 이르려면' '커지는 것을 숭상해야 한다'(尙大也)라고 말한다. 그런데 부강하게 커져서 모든 게 순조로우면, 다른 한편으로 이 태평성대가 언제까지 지속될 것인가, 또는 언제 위기가 닥칠까 하는 걱정이 함께 일어나는 게 사실이다. 그래서 괘사는 '勿憂물우, 宜日中의일중', 즉 '그러한 걱정을 없게 하려면, 마땅히 태양이 중천에 떠 있듯 해야 한다'라고 말한 것이다. 태양이 중천에 높이 떠서 세상을 비추면, 억울한 백성도 없어지고 구석에 숨어 있는 인재들도 모두 찾아내 임용할 수 있기 때문이다.

이에 더하여 『단』은 "해가 중천에 뜨면 곧 기울어지고, 달이 차면 곧 이지러진다. 하늘과 땅이 차고 비는 것은 때와 더불어 사라지고 다시 생겨나는 법이니, 하물며 사람의 일에 있어서랴, 귀신의 일에 있어서랴!"(日中則昃, 月盈則食, 天地盈虛, 與時消息, 而況於人乎. 況於鬼神乎)라고 해설하였다. 이것은 앞서 말한 '명철한 판단으로써 움직인다'(明以動)라는 구절을 부연한 것인데, 풍요로움을 향한 확대의 국면에서는 우환憂患 의식, 즉 이성적인 긴장을 잊어서는 안 된다는 게 역의 사상이다.

본 괘사에 대하여 『상』은 "우레와 번개가 동시에 발생하는 게 풍괘의 괘 상이다. 군자는 이 원리로써 송사를 판단하고 처벌을 단행한다"(雷電皆至, 豐, 君子以折獄致刑)라고 해설하였다. 이 말은 우레와 같은 위엄 있는 권위 와 번개의 밝음과 같은 명석한 판단력으로 송사를 판결해서 억울한 사람이 없도록 해야 백성이 마음 놓고 일해서 부요한 나라와 사회로 확장될 수 있 다는 뜻이다.

[풍豐괘: 형통하다. 임금이 (통치의) 경지에 이르렀는데, (언제 기울어질까 하는) 걱 정을 없게 하려면, 마땅히 태양이 중천에 떠 있듯 해야 한다.]

❖ 효사 풀이 ❖

① 初九, 遇其配主, 雖旬无咎, 往有尙.

遇: 맞설 우. 配: 필적할 배. 雖: 비록 수. 旬: 부역 균. 여기서는 '均(고를 균)' 자와 같음. 尙: 숭상할 상. 풍조.

제1효는 양의 자리에 양효가 있으므로 당위지만, 제4효와 상응하지 않 아서 길하지 않을 것 같은데, 효사는 '재앙이 없다'(无咎)라고 말한다. 그 뿐 아니라, 본 효와 더불어 상응해야 함에도 상응하지 않는 제4효의 효사 는 '길하다'라고 말한다. 심지어 제6 음효의 경우는 제3 양효와 상응함에도 '사납고 험난하다'(凶)라고 말한다. 이는 양효와 음효가 서로 상합함을 길하 게 여기는 일반적인 예와 다르다.

음과 양이 서로 어울리는 게 일반적으로는 길하다. 하지만 강한 자와 약 한 자, 또는 신분이 높은 자와 낮은 자가 서로 어울리면 약한 자와 낮은 자가 강한 자와 높은 자에게 일방적으로 굴종하거나 아부하는 경우가 생겨서 사악한 일이나 범죄가 일어날 가능성이 있으니, 이럴 때는 길하지 않다. 옳은 일을 시행하거나 장래의 사업이 성공하기를 바랄 때는 강한 자와 약한 자, 그리고 신분이 높은 자와 낮은 자가 힘과 지위에 얽매이지 않고 대등하게 제 생각을 양보 없이 주장해야 바람직하다. 그래서 서로 필적하는 제1 양효와 제4 양효가 길한 것이다.

이것을 효사는 '遇其配主우기배주, 雖旬无咎수균무구', 즉 '대등하게 필적하는 주인과 맞서 있으니, 비록 서로 대등해도 재앙이 없다'라고 말한다. 여기서 '대등하게 필적하는 주인'(配主)이란 본 효와 상응의 관계에 있어야 하는 제4효를 가리키고, '旬' 자는 '均(고를 균)' 자와 발음이 유사하여 '대등하다'라는 의미를 지닌다. 이렇게 하는 게 당시의 봉건 윤리에서는 불편하게 들릴지 모르나, 미래를 위해서는 이게 옳은 것이므로 효사는 '往有尙왕유상', 즉 '앞으로의 미래를 위해서는 이러한 풍조가 있어야 한다'라고 말한다. 여기서 '往' 자는 앞으로 나갈 미래를 가리킨다.

이에 대하여 『상』은 "비록 서로 대등해도 재앙이 없지만, 대등함이 지나치면 재앙이 된다"(雖旬无咎, 過旬災也)라고 해설하였다. 여기서 '대등함이 지나치다'(過旬)라는 말은 평등함의 균형이 무너진 것을 가리킨다.

[제1 양효. 대등하게 필적하는 주인과 맞서 있으니, 비록 서로 대등해도 재앙이 없다. 앞으로의 미래를 위해서는 이러한 풍조가 있어야 한다.]

② 六二, 豐其蔀, 日中見斗. 往得疑疾, 有孚發若, 吉.

蔀: 차양 부. 덮개. 見: 나타날 현. 斗: 별 이름 두. 두성斗星. 疑: 시샘할 의. 疾: 시기할 질. 孚: 믿을 부. 發: 밝힐 발. 드러내다. 若: 같을 약. '然(그럴 연)' 자와 같음.

제2효는 음의 자리에 음효가 있으므로 당위로서, 신하의 자세를 말하고 있다. 임금에게 충성하기 위해서 신하는 어떠한 어려움을 무릅쓰고서라도 간언해야 하는데, 이때는 신실한 마음으로 임하는 게 가장 중요하다는 말이다.

효사는 '豊其蔀풍기부', 즉 '돗자리를 덧대서 차양을 넓히다'라는 구절로 시작한다. 여기서 '豊' 자는 확대하여 넓힌다는 뜻이므로, 이 구절은 처마에 돗자리를 덧대서 그늘을 넓게 만든다는 뜻이다. 그래서 대낮인데도 컴컴해져서 하늘에 북두칠성이 보일 정도라는 것이다. 이것이 '日中見斗일중현두', 즉 '해가 중천에 떴는데도 북두칠성이 보인다'라는 구절이다.

본 효와 상응해야 할 자리는 제5효이다. 제5효는 음효이므로 명석한 임금이 아닌 아직 정신을 차리지 못한 혼군昏君을 상징한다. 그래서 효사는 돗자리를 덧대서 차양을 넓힌 것처럼 조정에 어두운 그림자가 짙게 드리워져서 대낮인데도 별이 보일 정도가 되었다고 묘사한 것이다. 본 효는 음효로서 임금에게 순종해야 하지만, 나라의 미래를 위해서 임금에게 양보하지 않고 간언으로써 필적해야 함을 시사한다.

이러한 마음에서 신하가 감히 간언하려 나서면 반드시 주위로부터 시샘과 질투를 받게 되는데, 이것이 '往得疑疾왕득의질', 즉 '앞으로 나서 간언하면 시샘과 질투를 받는다'라는 구절이다. 이때 신하가 임금을 설득하는 방법은 충성심, 즉 진실한 마음으로 자기 생각을 소상히 밝히는 것이니 이것이 '有孚發若吉유부발약길', 즉 '신실한 마음을 갖고서 자기 생각을 드러내면 길하다'라는 구절이다.

이에 대하여 『상』은 "신실한 마음을 갖고서 자기 생각을 드러낸다는 것은, 신실함으로써 제 의지를 밝힌다는 뜻이다"(有孚發若, 信以發志也)라고 해설하였다.

[제2 음효. 돗자리를 덧대서 차양을 넓히니, 해가 중천에 떴는데도 북두칠성이 보일 정도로 어둡다. (이때) 앞으로 나서 간언하면 시샘과 질투를 받겠지만, 신실한 마음을 갖고서 자기 생각을 드러내면 길하다.]

③ 九三, 豐其沛, 日中見沫. 折其右肱, 无咎.

沛: 깃발 패. '旆(기 패)' 자와 같음. 깃발이나 장막이 드리워진 모양. 沫: 어두울 매. 새벽의 어두움을 가리킴. '昧(컴컴할 매)' 자와 같음. 折: 부러질 절. 右: 오른쪽 우. 肱: 팔뚝 굉.

제3효는 양의 자리에 양효가 있으므로 당위인 데다 하괘인 이괘(☲)의 최상위 효여서 빛이 강렬하게 비치는 소질을 갖고 있다. 그런데 효사는 '豐其沛풍기패, 日中見沫일중현매', 즉 '장막을 더 크게 드리우니, 해가 중천에 떴어도 새벽의 어두움이 나타났다'라고 묘사하였다. '沛' 자는 제2효의 '蔀부', 즉 돗자리보다 빛을 더 많이 가리는 장막을 뜻하므로, 대낮임에도 새벽 같은 어두움이 나타났다는 것이다. 이는 군주가 어리석음을 비유하는 표현이다.

그래도 충성스러운 신하는 나라와 백성을 위하여 큰일을 하려 하지만, 임금이 오히려 장애가 되어 임무를 제대로 수행할 수가 없다. 본 효는 제6음효와 상응하고 있는데, 제6효는 가장 위에 있는 음효이므로 어두움의 최고 상태라고 볼 수 있다. 앞서 말했듯이 본 효가 강렬한 빛을 발하는 능력을 가지기는 했어도, 컴컴한 제6효의 영향 아래에 있으면 실력 발휘를 제대로 할 수 없을 터이니, 이는 오른팔이 잘리고 왼팔만 남아 있는 사람에 비유할 수 있다. 이것을 '折其右肱절기우굉', 즉 '오른팔이 꺾이다'라고 묘사하였다. 팔이 꺾였다고 생명에 지장이 있는 것은 아니고, 오히려 이를 계기로 명철보신明哲保身할 것이므로 '재앙이 없다'(无咎)라고 말한 것이다.

이에 대하여 『상』은 "장막을 더 크게 드리우니, 큰 사업을 이룩할 수 없고, 오른팔이 꺾이니 끝내 다시 쓰일 수가 없다"(豐其沛, 不可大事也; 折其右肱, 終不可用也)라고 해설하였다. 군주가 혼미하니 나라를 위해 큰일을 해낼 수 없다는 뜻과 아울러, 유능한 신하에게는 현명한 군주를 만나는 게 든든한 오른팔을 갖게 되는 거나 마찬가지인데 이제 오른팔이 잘렸으니 아무 쓸모가 없어졌다는 의미를 설명한 것이다.

[제3 양효. 장막을 더 크게 드리우니, 해가 중천에 떴어도 새벽의 어두움이 나타났다. 자신의 오른팔이 꺾였지만, 재앙은 없다.]

④ 九四, 豐其蔀, 日中見斗, 遇其夷主, 吉.
遇: 대접할 우. 夷: 평평할 이. 평등하다.

제4효는 음의 자리에 양효가 있으므로 실위다. 본 효의 효사는 제2효처럼 '豐其蔀, 日中見斗', 즉 '돗자리를 덧대서 차양을 넓히니, 해가 중천에 떴는데도 북두칠성이 보일 정도로 어둡다'라는 말로 시작한다. 어리석은 혼군昏君을 모시고 있음을 비유하는 말이다. 본 효는 측근 신하의 자리이니까 신하가 어리석은 혼군으로 인해서 매우 힘든 상황에 부닥쳐 있음을 알 수 있다. 그는 임금을 순종적으로 모셔야 하는 자리에 있지만, 스스로 강직한 자질의 소유자여서 혼군과 갈등이 있을 수밖에 없다는 말이다.

제2 음효의 신하도 제5 음효와 상응하지 않지만 그는 당위임과 아울러 중효의 위치에 있어서 순종적인 마음으로 자상하게 임금이 깨우치도록 간언할 수 있어서 길하다고 했다. 이에 비하여 본 효는 실위인 데다가 효의 위치가 치우쳐 있어서 어리석은 임금을 모시기가 쉽지 않은 게 사실이다. 그러나 그는 강직함이 있어서 저 아래 하급 관리의 의견을 대등한 차원에서 받아들일 수 있는 자신감이 넘치므로, 현인들의 도움을 받아 과감하게 정책을 펴 나갈 수 있다. 본 효가 상효인 진震괘의 첫 효여서 매우 능동적이기에 가능한 일이다. 이것이 '遇其夷主吉우기이주길', 즉 '(제2 양효를) 평등한 주체로 대우해 주니 길하다'라는 구절이다. 여기서 '夷' 자는 '평평하다'라는 뜻이므로 '夷主'는 '평등한 주체'가 된다. 즉 저 아래의 하급 관리를 평등한 주체로 대우해 주어서 그들에게 현명한 조언을 받을 수 있으니, 측근 신하의 임무를 제대로 할 수 있다는 뜻이다.

이에 대하여 『상』은 "돗자리를 덧대서 차양을 넓혀 (그늘지게 된 것은) 그의 자리가 온당치 않기 때문이고, 해가 중천에 떴는데도 북두칠성이 보일 정도로 어두운 것은 그가 그늘에 가려 능력을 발휘하지 못하기 때문이며, (아래의 관리를) 평등한 주체로 대우하였다는 것은 길하게 정책을 폈다는 뜻이다"(豐其蔀, 位不當也; 日中見斗, 幽不明也; 遇其夷主, 吉行也)라고 해설하였다. 여기서 '그의 자리가 온당치 않다'(位不當也)라는 말은 순종적이어야 하는 음의 자리에 강직한 성격의 소유자가 앉아서 임금과 관계가 원만하지 않았다는 뜻이고, '그가 그늘에 가려 능력을 발휘하지 못한다'(幽不明也)라는 말은 임금이 어리석어서 자신의 실력을 제대로 발휘하지 못하고 있다는 뜻이다.

[제4 양효. 돗자리를 덧대서 차양을 넓히니, 해가 중천에 떴는데도 북두칠성이 보일 정도로 어둡다. 그러나 (제2 양효를) 평등한 주체로 대우해 주니 길하다.]

⑤ 六五, 來章有慶譽, 吉.
章: 밝을 장. 慶: 경사 경. 譽: 기릴 예. 명성.

제5효는 양의 자리에 음효가 있으므로 실위여서 군주의 자리에 어리석은 혼군이 앉아 있다고도 볼 수 있지만, 지도력은 부족해도 겸손한 임금이 앉아 있다고도 볼 수 있다. 어떤 경우든지 백성에게 희망을 안겨 줄 환경은 아니지만, 그래도 효사는 길하다고 말한다. 왜냐하면 『계사』에서 '두 번째 효에는 명예로운 내용이 많다'(二多譽)고 기술하였듯이, 제2효의 현명한 신하가 어려운 가운데서도 충심으로 임금을 섬기고 있기 때문이다. 게다가 약간의 갈등이 있긴 하지만, 제4효의 측근 신하가 강직한 자세로 하급 관리들을 받아 품음으로써 임금을 잘 보좌하는 것도 임금에게는 큰 복이다. 이것은 임금이 유순해서 충직한 신하의 보필을 잘 받아들이기 때문이다.

효사의 '來章有慶譽래장유경예', 즉 '(신하들이) 와서 밝은 정치를 해 주니, 경사와 명성이 생긴다'라는 구절은 이를 가리킨다. 정치란 원래 군주 혼자서 할 수 있는 게 아니다. 훌륭한 인재를 뽑아서 그들에게 맡기면 선정善政은 사실상 저절로 이루어진다. 본 효에서처럼 군주 자신은 음유陰柔한 자질이어서 기대할 게 없지만, 마침 주위에 현인들이 있으니 그들 덕분에 임금은 앉아서 경사와 명성을 즐기게 되었다. 여기서 군주가 갖춘 덕은 겸손함이 유일한데도 말이다.

이에 대하여 『상』에서도 "제5 음효의 길함은 (현명한 신하들이 와서 밝은 정치를 했기에) 경사가 생긴 것이다"(六五之吉, 有慶也)라고 해설하였다. 여기서 '有慶也' 앞에 '來章' 두 글자를 보충해서 해석해야 의미가 통한다.

[제5 음효. (신하들이) 와서 밝은 정치를 해 주어, 경사와 명성이 생기니, 길하다.]

⑥ 上六, 豐其屋, 蔀其家, 闚其戶, 闃其无人, 三歲不覿, 凶.
屋: 지붕 옥. 闚: 엿볼 규. 훔쳐보다. 戶: 창 호. 闃: 고요할 격. 인기척이 없다. 歲: 해 세. 覿: 볼 적. 만나다.

제6효는 음의 자리에 음효가 있으므로 당위다. 풍괘의 맨 위 끝에 와 있으니 음효로서 물러나 있는 게 당연하지만, 제5효가 같은 음효라는 사실은 임금에게 존중과 관심을 받지 못하고 있음을 나타낸다. 임금이 지도력이 부족해도 아래의 신하들을 잘 만나서 백성에게 칭송받는다면, 은퇴한 원로들을 잘 대우함으로써 아래의 신하들을 권면해야 더욱 열심히 일할 터인데, 그렇지 못하기에 풍성함의 결과를 얻지 못하고 '사납고 험난하게'(凶) 되는 것이다.

효사는 '豐其屋풍기옥, 蔀其家부기가', 즉 '지붕을 두껍게 올리고, 그 집에 돗자리까지 덮는다'라는 구절로 시작한다. 은퇴한 원로가 먼저 지붕을 두껍게 올리고 거기에 돗자리와 장막을 덮었다는 것은, 집을 컴컴하게 만들어 다른 사람들이 들여다보지 못하게 함으로써 홀로 여생을 즐기기 위함이다. 『논어』「술이述而편」에 "나를 임용하면 나가서 도를 행하고, 버림을 받으면 자신을 갈무리한다"(用之則行, 舍之則藏)라는 공자의 말이 있는데, 여기서 은자의 행위가 '갈무리'라고 볼 수 있다.

그래서 '闚其戶규기호', 즉 저 닫힌 공간에서 뭘 하고 사는가 하고 궁금해서 창문을 통해 몰래 들여다보았더니 '闃其无人격기무인, 三歲不覿삼세불적', 즉 고요해서 거기에는 어떤 사람도 보이지 않았고, 삼 년간 사람을 만난 적도 없다는 것이다. 『논어』「자로편」에 "만일에 나를 써 주는 사람이 있다면, 일 년만 지나면 괜찮은 정도로 만들어 놓고, 삼 년이면 다 이루어 놓을 수 있다"(苟有用我者, 期月而已可也, 三年有成)라는 공자의 말이 있는데 여기서 은자의 집에는 삼 년 동안 사람이 얼씬거리지도 않았다고 하니, 나라와 백성의 처지에서는 '사납고 험난한' 일이 아닐 수 없다.

이에 대하여 『상』은 "지붕을 두껍게 올린 것은 (새처럼) 저 하늘 끝까지 날아가기 위함이고, 창문을 통해 몰래 들여다보았더니 고요해서 거기에는 어떤 사람도 보이지 않았다는 것은, 자신을 감췄기 때문이다"(豐其屋, 天際翔也; 闚其戶, 闃其无人, 自藏也)라고 해설하였다. 여기서 '(새처럼) 저 하늘 끝까지 날아갔다'(天際翔也)라는 말은 세속을 떠나서 관념 속에서 자유로운 학문의 탐구를 즐겼다는 뜻이다. 옛날 사람들은 새를 자유로움의 상징으로 여겼다.

[제6 음효. 지붕을 두껍게 올리고, 그 집에 돗자리까지 덮었다. 창문을 통해 몰래 들여다보았더니, 고요해서 거기에는 어떤 사람도 보이지 않았고, 삼 년간 사람을 만난 적도 없으니, 사납고 험난하다.]

56. 여괘旅卦

火山旅화산여: 불이 산 위로 번지듯 나그네가 발길을 재촉한다.

간하리상艮下離上

❖ 개관❖

여旅괘는 하괘가 간艮괘, 상괘가 이離괘로 이루어졌으므로 산에 불이 나서 타는 모양이다. 산불은 한번 붙으면 이리저리로 빠르게 번지는데, 이는 마치 나그네가 길을 재촉하는 것이나 군대가 진영을 이동하는 것과 같다 하여 여괘라 명명하였다. '旅' 자를 『설문해자』에서는 "군대에서 오백 명이 '려'가 된다"(軍之五百人爲旅)라고 하였으므로, 여괘는 군대가 작전을 위해서 진영을 신속하게 옮긴다는 의미를 나타낸다.

군대와 나그네는 정해진 거주지가 없이 이리저리 떠돌아다니며 살기에, 여괘는 한곳에 머물며 풍요로움을 즐기는 풍豐괘와는 달리 삶이 매우 고단하고 외롭다. 그래서 『잡괘』에서는 "풍괘는 오래된 친구가 많고, 친구가 적은 게 여괘다"(豐, 多故也. 親寡, 旅也)라고 해설하였다.

『서괘』도 풍괘 뒤에 여괘가 놓인 데에 대하여 "큰 것의 끝에 다다르면 반드시 자신의 살던 곳을 잃게 되므로, 여괘로 이어받았다"(窮大者必失其居, 故受之以旅)라고 해설하였다. 이는 극성기를 누리던 사람이 그 번영을 영원히 유지하지 못하고, 쫄딱 망한 채 떠돌이 삶을 살게 된다는 이른바 '물극필반물극필반物極必反'의 순환론 사상을 반영한다. 그래서 여괘의 효 배열 순서는 풍괘의 것과 완전히 정반대가 되는 복괘覆卦의 관계에 있다.

세상사 어느 것도 순환론에서 벗어날 수 없다. 그래서 떠돌이 신세에 처한 사람은 다음 둘 중의 한 가지 마음을 갖게 된다. 첫째는 기다리면 제자리로 돌아갈 것이니 그냥 앉아서 기다리자는 마음, 둘째는 그날을 하루속히 앞당기자는 심산으로 별의별 얕은꾀를 다 부리려는 마음이다. 그러나 이 둘 모두는 윤리가 결여된 생각으로서 자신의 마음대로 되기보다는 예기치 않은 곤경에 빠질 수 있다. 그래서 여괘는 이를 경계하기 위하여 '올바른 마음을 견지할 때 길하다'(旅貞吉)라는 괘사로써 윤리적인 삶을 살면서 기다릴 것을 강조하였다.

❖ 괘사 풀이 ❖

旅, 小亨, 旅貞吉.

집을 떠나 외지를 떠돌아다니는 나그네는 너무나 외롭고 힘든 나머지, 어디 작은 피난처라도 있으면 거기에 안주하고 싶어 한다. 그의 여행이 끝나는 곳에 고대광실高臺廣室의 호화로운 삶이 기다리고 있다고 해도, 눈앞의 작은 편안함을 그보다 더 행복하게 여기기 때문이다. 미래의 호화로운 삶을 위해서 지금까지 겪은 고생을 다시 더 한다는 게 보통 사람으로서는 엄두가 나지 않는다. 그래서 그는 여행의 본래 목적을 포기하거나 잊어버리고 현재의 작은 안일함에 만족하고 머무르려 한다. 이는 어려운 가운데서 만나는 작은 행복에 불과하기에 괘사는 '小亨', 즉 '작은 형통'이라고 말한 것이다.

그러나 큰일을 도모하는 사람은 이런 '작은 형통'의 유혹을 경계해야 한다. 작은 행복에 도취해 있다 보면 자신이 해야 할 큰일을 쉽게 잊기 때문이다. 월나라 구천句踐은 오나라에 당한 굴욕을 설욕하기 위해 복수를 준비하였으나, 날이 갈수록 이 일이 너무 힘든 나머지 굴욕을 점차 잊음으로써 복수를 포기하고 싶었다. 그러자 그는 자신을 독려하기 위하여 장작 위에서 잠을 자고, 쓸개를 문 앞에 달아 놓고 드나들 때마다 혀로 핥았다. 이것이 저 유명한 와신상담臥薪嘗膽의 고사인데, 고행길에 어쩌다 만나는 작은 행복에 안주하지 않겠다는 비장한 다짐에 다름 아니다.

진晉나라 공자 중이重耳도 이 나라 저 나라 떠도는 망명 생활에 너무나 지쳐 있는 중에, 제 환공의 은혜를 입어 그의 딸과 결혼하여 제나라에 머물게 되었다. 천신만고 끝에 우연히 얻은 행복에 너무 기쁜 나머지 중이는 제나라에 안주하려 하였다. 그러자 부인인 제강齊姜이 "가십시오. 가정에 연연하면서 이를 편안하게 여기는 것은 실로 명성을 무너뜨릴 뿐입니다"(行矣, 懷與安, 實敗名)라고 하면서 그를 진나라로 향하는 고행길로 떠밀어 보냈다. 결국 중이는 나중에 문공文公이 되어 춘추오패 중의 한 사람으로 이름을 남겼다.

이러한 고사는 아무리 정처 없이 떠돌아다니는 신세라 하더라도 자신이 해야 할 일을 잊지 않고 역경과 고난을 이겨 낸다면 반드시 길하리라는 것을 말한다. '旅貞吉여정길', 즉 '올바른 마음을 견지할 때 길하다'라는 구절이 의미하는 바다.

괘사에 대하여 『단』은 이렇게 해설한다. "여괘가 작으나마 형통한 것은, (제5효가) 음유하기는 하지만 외괘인 이괘(☲)의 가운데에 자리 잡고 있으면서 양쪽의 양효에 순응하고, (하괘인 간괘가) 아래에 머물면서 (위에 있는 이괘의) 광명에 붙어 있기 때문이다. 그래서 작으나마 형통하니, 이것이 여괘는 올바른 마음을 견지할 때 길하다는 말이다. 여괘의 시대적 의의가 크도다!"(旅小亨, 柔得中乎外而順乎剛, 止而麗乎明, 是以小亨, 旅貞吉也, 旅之時義大矣哉) 다시 말해서 제5 음효가 위아래의 양효 사이에 끼어서 편안할 수는 없는 처지이지만, 그래도 어느 쪽에 치우치지 않고 두루 잘 지내고 있으니, 이는 자신의 처지를 알고 아래에 머물면서 광명이 있는 밝은 쪽에 기대어 살고 있어서, 구차하긴 해도 살 만하다는 뜻이다. 이러한 때에 여기에 만족하고 살 것이냐, 아니면 더 큰 목표를 향하여 도전할 것이냐를 놓고 결단해야 하므로, '여괘의 시대적 의의가 크다'라고 말한 것이다.

이에 대하여 『상』은 "산 위에 불이 붙은 모양이 여괘의 괘상이다. 군자는 이 이치로써 법 적용을 투명하고 신중히 해서 사람들이 (억울하게) 감옥에 갇히지 않도록 한다"(山上有火, 旅, 君子以明愼用刑而不留獄)라고 해설하였다. 산불은 한번 붙으면 맹렬히 타오르면서 여기저기로 정해진 곳 없이 번져 나갈 뿐 아니라, 대처할 방법도 없다. 민심도 마찬가지다. 민심이 폭발하여 불타오르는 것은 크게 두 가지 경우인데, 하나는 먹고살기가 힘들 때이고, 다른 하나는 법이 공정하지 못하여 억울한 사람이 많을 때다. 따라서 산불처럼 타오르는 민심을 예방하려면, 판결을 공정하고 투명하게 해서 속된 말로 '유전무죄, 무전유죄'라는 냉소적인 말이 떠돌지 않게 해야 한다.

[여旅괘: 작으나마 형통하지만, 올바른 마음을 견지할 때 길하다.]

❖ 효사 풀이❖

① 初六, 旅瑣瑣, 斯其所取災.
瑣: 자질구레할 쇄. 斯: 이 사. 取: 취할 취. 災: 재앙 재.

제1효는 양의 자리에 음효가 있으므로 실위다. '瑣瑣쇄쇄'란 '자질구레하다'라는 뜻으로서 그간 풍요로움을 누리다가 영락하여 이제 떠돌이 신세로 고행길에 들어선 자는, 겨우 먹고라도 살아야 하므로 자질구레한 허드렛일이라도 군말 없이 해야 한다. 이것이 '旅瑣瑣', 즉 '떠돌이가 되어 자질구레한 허드렛일을 해서 먹고산다'라는 구절이다. 어떤 일이든 처음 시작할 때는 강한 의지를 갖고 힘차게 발을 내딛는 게 일반적인데, 본 괘가 음효로 시작한다는 것은, 강한 의지와 희망이 없음을 나타낸다. 따라서 본 효가 설사 제4 양효와 상응한다고 하더라도, 그 외부의 도움이 의미가 없다. "말을 물가까지는 끌고 갈 수 있어도 물은 먹일 수 없다"라는 서양 속담처럼, 본인의 의지가 없으면 어쩔 도리가 없다. 이러한 재앙은 그 자신이 초래한 것이므로 '斯其所取災사기소취재', 즉 '이것은 그가 재앙을 가져온 바다'라고 말한 것이다.

이에 대하여 『상』은 "떠돌이가 되어 자질구레한 허드렛일을 해서 먹고 살게 된 것은, 그의 의지가 궁색해서 생긴 재앙이다"(旅瑣瑣, 志窮災也)라고 해설하였다.

[제1 음효. 떠돌이가 되어 자질구레한 허드렛일을 해서 먹고살게 되었는데, 이것은 그가 재앙을 가져온 바다.]

② 六二, 旅即次, 懷其資, 得童僕, 貞.
即: 나아갈 즉. 懷: 이를 회. 다다르다. 資: 재물 자. 비용. 童: 아이 동. 僕: 종 복. 童僕: 심부름꾼 아이와 하인.

제2효는 음의 자리에 음효가 있으므로 당위다. 나그네로서 순종적이고 유순한 자질로써 중효의 자리를 지키고 있으면서, 위로 제3 양효, 즉 자신이 거처하는 땅의 주인에게 고분고분 봉사하는 모양을 나타낸다. 그래서 주인으로부터 거처할 곳을 허락받는데 이것이 '旅即次여즉차', 즉 '떠돌아다니다가 정해진 거처로 나아가게 되었다'라는 구절이다. 『좌전』「장공莊公 3년」에 "무릇 군대가 출동해서 하룻밤을 야영하는 것을 '舍사'라 하고, 이틀 야영하는 것을 '信신'이라 하며, '信'을 초과하면 '次차'라고 한다"(凡師, 一宿爲舍, 再宿爲信, 過信爲次)라는 구절이 있다. 즉 '次'라는 것은 임시로 텐트를 치고 사는 게 아니라, 주둔의 의미를 나타낸다. 따라서 '即次'는 떠돌아다니다가 일해 주고 머물 수 있는 주인을 만났다는 뜻이다.

그 주인은 나그네의 재주를 인정하고 일을 맡겼으므로 그가 객지에서 살아갈 수 있도록 생활에 필요한 물자를 공급해 주는데, 이것이 '懷其資회기자', 즉 '그의 생활 비용을 베풀어 주다'라는 구절이다. 여기서 '懷' 자는 받는 사람이 감읍할 정도로 베푼다는 뜻이다. 그리고 여기에 더하여 '得童僕득동복', 즉 집에서 잔심부름하는 아이와 하인까지 구해 주었다.

본 효는 이처럼 고행길에 행운을 만났는데, 제5효와는 상응하지 않는다. 이는 힘든 여정에서 만난 작은 행복에 젖어 자신이 궁극적으로 가야 할 제5효라는 목표를 잊고 있다는 사실을 나타낸다. 대신에 주인이 자신에게 맡긴 일을 열심히 수행하다 보니, 슬그머니 주인의 일에 간섭하고 싶은 욕심이 생겨난다. 그러나 이는 떠돌이 나그네가 가져서는 안 되는 마음이다. 그래서 본 효는 마지막에 '貞', 즉 올바른 태도를 견지하라고 경계하는데, 이는 기실 스스로 만족할 줄 알아야 한다는 말이다.

이에 대하여 『상』은 "집에서 잔심부름하는 아이와 하인까지 받았으니 올바른 태도를 견지하면, 끝내 아무런 탈이 없을 것이다"(得童僕貞, 終无尤也)라고 해설하였다. 타향에서 온 사람이 인정을 받으면 "굴러온 돌이 박힌 돌 뺀다"라는 속담을 들먹이며 토박이들의 견제를 받게 마련이므로, 이를 조심하라는 말이다.

[제2 음효. 떠돌아다니다가 정해진 거처로 나아가게 되었는데, (주인께서) 그의 생활 비용을 베풀어 주시고, 집에서 잔심부름하는 아이와 하인까지 구해 주셨으니, 올바른 태도를 견지해야 한다.]

③ 九三, 旅焚其次, 喪其童僕貞, 厲.
焚: 불사를 분. 喪: 잃을 상. 厲: 위태로울 려. 위험하다.

제3효는 양의 자리에 양효가 있으므로 당위다. 하괘인 간괘(☶)의 맨 위에 있으므로 산의 정상에 와 있음을 나타낸다. 가운데의 중효에 있지 못한다는 것은, 주인에게 인정과 신임을 받다 보니 교만해졌다는 말이다.

　본 효가 제4효와 양효로서 맞서 있는 것은 섬기는 주인과 맞먹을 정도가 되었다는 뜻이고, 제6효와 상응하지 않는 것은 그가 교만한 나머지 윗사람에게 불손할 뿐 아니라, 자기주장이 강하다는 의미다. 이사李斯가 「간축객서諫逐客書」를 상소하여 이방인에 대한 차별이 부당하다고 호소한 것은, 진나라 사람들의 텃세가 그 원인이지만 나그네로서 본인이 겸손하지 못한 잘못도 있다.

　그리고 무엇보다 본 효는 아래로 제1·2 음효를 품어 지배하고 있는데, 이는 아랫사람들에게 은전을 베풂으로써 그들의 환심을 사는 행위를 말한다. 즉 주인에게 속한 사람들을 자기 사람으로 만들려 한다는 오해를 사기 십상이다. 춘추 시기에 전성자田成子는 제나라의 재상을 지내면서, 백성에게 대두大斗로 쌀을 꾸어 주고는 소두小斗로 회수하는 방법으로 그들의 환심을 사서, 마침내 제나라를 찬탈하였다. 이는 주인이 볼 때 매우 불쾌하게 여길 만한 행위다.

　그래서 주인이 화가 나서 그에게 준 거처를 도로 빼앗았으니, 효사는 이를 '旅焚其次여분기차', 즉 '떠돌이는 자신의 거처를 불살라 버렸다'라고 표현하였다. 즉 주인에게 신임을 받았다고 해서 나그네의 신분을 망각하고 으스대다가 스스로 집을 불사른 꼴이 되었다는 말이다. 그의 재앙은 여기서 끝나지 않고 '喪其童僕貞상기동복정', 즉 그동안 부려 먹던 충직한 하인들도 회수당하였다. 이 구절에 대한 해석은 약간 분분한데, 고대 중국어의 구조와 속성을 이해하면 금세 이해된다. 즉 여기서 '其童僕'은 동사인 '喪' 자의 목적어이자 뒤에 있는 '貞' 자의 주어가 되는 이른바 겸어兼語 구조다. 따라서 직역을 하면 '자신의 하인들을 잃었는데, 그들은 충직하였다'라는 의미가 되므로, 자연스러운 번역은 '그는 충직하였던 자신의 하인들을 회수당하였다'라고 함이 옳다. 그래서 나그네의 처지가 '厲려', 즉 위태롭게 된 것이다.

　이에 대하여 『상』은 "나그네가 자신의 거처를 불살랐으니 아마 이 때문에 근심이 많을 것이다. 나그네 신분으로 아랫사람들의 마음을 사려 하면 마땅히 잃을 것이다"(旅焚其次, 亦以傷矣. 以旅與下, 其義喪也)라고 해설하였다. 여기서 '與下여하'란 아랫사람들을 편들어 주어 환심을 산다는 뜻이고, '義의' 자는 '宜(마땅할 의)' 자와 같다.

[제3 양효. 나그네는 자신의 거처를 불살라 버린 셈이 되었고, 충직하였던 자신의 하인들을 회수당하였다. 그래서 위태롭게 되었다.]

④ 九四, 旅于處, 得其資斧, 我心不快.

處: 머물 처. 資: 재물 자. 斧: 도끼 부. 我: 나 아. 快: 즐거울 쾌.

제4효는 음의 자리에 양효가 있으므로 실위다. '旅于處여우처', 즉 '나그네가 한곳에 머물러 살게 되었다'라는 구절은 고향을 떠나 타지 생활을 오래 하다가, 자신을 필요로 하는 곳이나 사람을 만나 일을 해 주다 보면, 그곳이 정처가 되고 아울러 재산도 모아 안락한 삶을 영위하게 된다는 말이다. '得其資斧득기자부', 즉 '재산과 가재도구를 갖추게 된다'라는 구절은 이를 가리킨다. 제2·3·4효로 이루어지는 하호괘下互卦인 손괘(☴)는 이익을 상징하고, 상괘인 이괘는 무기와 수레 같은 도구를 상징한다. 요즘 말로 바꾸면 자동차, 냉장고 같은 내구성 소비재를 말한다. 다시 말해서 타지에서 갖은 고생 끝에 풍요로운 삶을 살게 된 것이다.

그러면 이 사람은 제2효처럼 만족하고 살아야 하는데, 사람의 욕심은 끝이 없어서 뭔가 허전함을 감추지 못한다. 본 효가 실위인 양효라는 것은, 현재 처한 자리가 자신의 욕망에 차지 않는다는 뜻이다. 게다가 자기 위에 있는 제5효가 음효이니 그 아래에 처한 상황이 마음에 들지 않는다. 물론 제1효와 상응하고 있지만 음효라서 별 도움이 안 될 뿐 아니라, 그나마도 하괘인 간괘의 산 정상에 가로막혀 있다.

이렇게 회재불우懷才不遇한 자신에 비하면, 자신의 아래에 있는 같은 양효인 제3효는 밑에 사람을 거느리고 지배하는 자리에 있다. 자신은 그 위에 있어도 상괘의 맨 아래에 치우쳐 있을 뿐이니, 결국 자신은 주인이 되지 못하고 나그네에 지나지 않는다는 사실을 깨닫게 되니 '我心不快아심불쾌', 즉 '마음이 즐겁지 않고' 우울하다.

이에 대하여 『상』에서도 "떠돌이가 한곳에 정착하였지만, 아직 마땅한 지위를 얻지 못하였고, 재산과 가재도구를 갖췄어도 마음이 즐겁지 않다"(旅于處, 未得位也; 得其資斧, 心未快也)라고 해설하였다.

[제4 양효. 나그네가 한곳에 머물러 살게 되었고, 재산과 가재도구를 갖추었지만, 마음이 즐겁지 않다.]

⑤ 六五, 射雉, 一矢亡, 終以譽命.

射: 쏠 사. 雉: 꿩 치. 矢: 화살 시. 亡: 잃을 망. 終: 끝 종. 譽: 기릴 예. 命: 작위 명.

제5효는 양의 자리에 음효가 있으므로 실위다. 정통성이 있는 자가 앉아야 할 자리에 비주류 출신의 사람이 앉아 있는 모양이다. 본 효는 이괘의 중심이므로 불에서 밝기가 가장 낮은 가운데 부분을 나타낸다. 본 효의 아래에는 제4 양효가 치받고 있고, 위에는 제6 양효가 내리밟음으로써 양쪽에서 협공당하는 모양이다. 그래도 본 효는 가운데의 위치에서 유순한 덕으로써 윗분들을 잘 받들고, 아랫사람들은 관대하게 받아들임으로써 자신의 안전을 지킨다. 이것이 나그네가 고향이 아닌 타지에서 살아남는 방법이다.

나그네가 소망하는 삶이란, 하루속히 성공해서 부와 명예를 성취함으로써 떠돌이 신세를 청산하는 일이다. 본 효가 바로 나그네가 도달하고자 하는 최종점이라는 말이다. 그래서 효사는 '射雉사치', 즉 꿩을 쏘아 맞혔다고 비유적으로 표현한다. 꿩은 무늬가 화려해서 불, 즉 이離괘에 속한다. '離리' 자와 '雉치' 자는 발음도 가깝고 비슷하다. 밝은 불은 성공과 성취를 뜻하므로, '꿩을 쏘아 잡았다'라는 것은 고향을 떠나 마침내 성공하였음을 의미한다. 왜냐하면 '射' 자, 즉 활을 쏘는 것은 가까운 곳을 떠나 멀리에 미치는 것으로서 여행의 모양을 나타내기 때문이다.

멀리 여행을 떠나 나그네가 된다는 것은, 내 삶의 일부를 내던지는 거나 같으므로, 효사는 이를 '一矢亡일시망', 즉 '화살 하나를 잃다'라고 표현한다. 화살 하나를 버리고 꿩을 쏘아 잡았으니, 이것이 '終以譽命종이예명', 즉 '마침내 이로써 명예와 작위를 얻은 것'이다. 여기서 '以' 자는 '화살 하나를 버림으로써'라는 뜻이고, '譽命'은 명예와 작위라는 출세를 의미한다.

이에 대하여 『상』은 "마침내 이로써 명예와 작위를 얻었다는 것은, 위에 도달하였다는 뜻이다"(終以譽命, 上逮也)라고 해설하였다. 여기서 '逮체' 자는 '及(미칠 급)' 자와 같으므로, '上逮'는 출세하여 상류 사회에 진입하였다는 뜻이 된다.

[제5 음효. 꿩을 쏘아 맞혔다. 화살 하나를 잃긴 하였지만, 마침내 이로써 명예와 작위를 얻었다.]

⑥ 上九, 鳥焚其巢, 旅人先笑後號咷, 喪牛于易, 凶.
鳥: 새 조. 焚: 불사를 분. 巢: 새집 소. 笑: 웃을 소. 後: 뒤 후. 號: 부르짖을 호. 咷: 울 도. 喪: 잃을 상. 牛: 소 우. 易: 바꿀 역. 시장.

제6효는 음의 자리에 양효가 있으므로 실위다. 여괘의 가장 위까지 도달하였으므로 이제 겸손히 물러나야 함에도 그러지 못하고 강직하게 행동하고 있음을 나타낸다. 상괘인 이괘는 불과 함께 새를 상징하기도 하는데, 새는 항시 높은 곳에서 촐싹거리며 다니는 동물이므로, 나그네가 이미 성공하였음에도 겸손하지 못하고 교만함을 새를 통해 비유하고 있다. 그래서 효사는 '鳥焚其巢조분기소', 즉 '새가 자기 집을 불살랐다'라고 표현하였다. 하괘의 제3효에서도 나그네가 머물 곳이 정해지자 교만해져서 집을 불사르더니, 제6효에 다다라서도 교만함을 버리지 못하여, 또 자신의 거처를 불사르는 일이 발생한 것이다. 이러한 실책은 나그네에게는 거의 운명적인데, 이는 여정에서 겪는 모든 역경을 홀로 헤치며 살아가다 보니, 조금만 여유가 생기면 스스로 대단하다고 여기며 우쭐해지는 성격이 강화되기 때문이다.

그래서 효사는 이어서 '旅人先笑後號咷려인선소후호도', 즉 '떠도는 나그네는 처음에는 웃지만 나중에 가서는 울부짖으며 운다'라고 말한다. 다시 말해서 갖은 고초를 겪고 성공하면 누구보다 기뻐할 것은 당연하지만, 거기에 젖어 겸손한 마음으로 돌아오는 게 쉽지 않으니, 자칫 자신이 쌓아 온 것을 한순간에 잃을 수 있다는 말이다. 이것은 앞서 괘사에서 말한바, '旅貞吉여정길', 즉 '올바른 마음을 견지할 때 길하다'라는 원칙을 지키지 못한 결과다.

목적지에 다 와서 이러한 실책을 저지르는 일을 효사는 '喪牛于易상우우역', 즉 '우시장에 와서 소를 잃었다'라고 비유한다. 여기서 '易(바꿀 역)' 자는 소를 끌고 와서 서로 교환하는 우시장을 의미한다. 즉 소는 유순한 미덕을 상징하는데, 이것을 잃으면 우시장이라는 목적지에 다 와서 소를 잃는 재앙과 같다는 말이다. 그래서 '사납고 험난하다'(凶)라고 말한 것이다.

이에 대하여『상』은 "나그네로서 맨 꼭대기까지 올라가서 (교만해졌으니), 그가 쌓아 온 것이 마땅히 불살라질 수밖에 없고, 우시장까지 와서 소를 잃었으니, 끝내 아무도 그에 관해서 묻는 이가 없었다"(以旅在上, 其義焚也; 喪牛于易, 終莫之聞也)라고 해설하였다. 여기서 '義의' 자는 '宜(마땅할 의)' 자와 같고, '聞문' 자는 '問(물을 문)' 자와 같다. '끝내 아무도 그에 관해서 묻는 이가 없었다'라는 말은 그가 쌓아 온 성취와 성공에 관하여 아무도 관심을 갖지 않게 되었다는 뜻으로서, 나그네의 처지에서 성공하면 철저히 겸손해야 하는 게 옳은 처신이라는 의미다.

[제6 양효. 새가 자기 집을 불태웠다. 떠도는 나그네는 처음에는 웃지만, 뒤에 가서는 울부짖으며 운다. 우시장에 와서 소를 잃었으니, 사납고 험난하다.]

57. 손괘巽卦

風爲巽풍위손: 바람은 손괘에 해당한다.
손하손상巽下巽上

❖ 개관❖

손巽괘는 상·하괘가 모두 손괘(☴)로 이루어졌다. 비가 내리기 전에 바람이 세차게 불 때는 먼저 먹구름이 겹겹이 몰려오는데, 이것이 위의 양효 두 개다. 그러면서 바람이 세차게 불었다 그치기를 반복하는데, 이것을 맨 아래의 음효가 상징한다. 손괘 두 개가 중첩되어 있는 것은 강한 바람이 그치지 않고 불고 있음과 아울러 바람이 온 세상에 만연되어 있음을 나타낸다.

바람은 유순함을 상징하는데, 이 때문에 바람은 세상의 어떤 공간에도 들어갈 수 있다. 즉 자신을 얼마든지 낮게 굽힐 수 있으므로 누구에게도 맞춰서 적응할 수 있고 또한 어떤 누구라도 받아들일 수 있다는 말이다. 그래서 손괘가 여旅괘 뒤에 놓인 것에 대하여 『서괘』는 "여행하는 나그네는 받아들여 줄 데가 없었으므로, 손괘로써 이를 이어받았다. '巽' 자는 '(안으로) 들이다'라는 뜻이다"(旅而無所容, 故受之以巽. 巽者, 入也)라고 해설하였다.

앞서 말했듯이, 바람은 어디든지 들어가지 않는 데가 없다. 이렇게 할 수 있는 것은, 자신을 얼마든지 낮은 자세로 구부릴 수 있기 때문이다. 손괘가 손괘(☴)의 중첩인 것은, 바로 겸손에 또 겸손을 상징한다. 이것을 『설괘』에서는 "손괘는 우물쭈물한다는 뜻이고, 과감하지 못하다는 뜻이다"(巽, 爲進退, 爲不果)라고 해설하였는데, 이는 좋게 말하면 겸손하다는 의미고, 나쁘게 말하면 비굴하다는 말이다. 이러한 자세는 『맹자』「등문공滕文公하편」에서 말한바, "부귀도 내 의지를 흩트릴 수 없고, 빈천도 내 마음을 흔들 수 없으며, 위력도 내 뜻을 굽힐 수 없는"(富貴不能淫, 貧賤不能移, 威武不能屈) 대장부大丈夫의 삶을 포기하고, 그저 구차하게 살아남기만을 바라는 나약한 자의 삶에서 찾을 수 있다.

제1 음효와 제4 음효는 둘 다 강한 자인 위의 두 양효에 굴복하는 비굴한 모양을 나타낸다. 사람이 비굴해지면 당장은 삶의 안전을 보장받을 수 있지만, 이것이 심해지면 그 끝은 제6 양효에서 말하는 것처럼 '사납고 험난해지게'(凶) 마련이다. 일상을 근근이 살아가기에 바쁜 서민들은 '좋은 게 좋은 거다'라면서 옳고 그름을 따지지 않고 손해를 보더라도 대충 얼버무리며 살아간다. 중국 속담에 "唾面自乾타면자건", 즉 "얼굴에 침 뱉음을 당해 봤자 저절로 마른다"라는 말이 있다. 억울한 일이나 모욕을 당했을 때, 이를 바로잡겠다고 소송에 나서 봤자 시간과 돈만 낭비하고 실제로 얻는 것은 없는 게 현실이다. 차라리 비굴하다는 말을 듣더라도 차라리 얼굴의 침이 저절로 마를 때까지 인내하며 기다리는 게 현실적으로 더 이득이다. 현실적 이득이라는 관점에서는 맞는 말이지만, 사람들에게 우습게 보이고 부끄러움을 모르는 철면피라는 불명예를 뒤집어써도 좋은지는 그 끝을 보아야 알 수 있다.

손괘는 다음에 오는 태兌괘(☱)와 효의 배열 순서가 완전히 뒤집힌 복괘覆卦의 관계에 있다. 이에 대하여 『잡괘』는 "태괘는 밖으로 드러내 보이고, 손괘는 엎드려 있다"(兌見而巽伏也)라고 해설하였는데, 이는 태괘는 외유내강外柔內剛, 손괘는 외강내유外剛內柔의 모습을 각각 대조적으로 보이고 있음을 말한 것이다.

巽, 小亨, 利有攸往, 利見大人.

손괘는 앞서 설명했듯이 음효 하나가 두 개의 양효 밑에 있으므로 강한 자에게 엎드려 순종하는 모양이다. 이렇게 순종하면 누구에게나 쉽게 받아들여지므로, 바람이 어떤 깊은 공간이라도 파고 들어가듯이 다른 사람의 마음속에 쏙 들 수 있다. 강한 힘에 순종함은 자연의 이치인데, 이를 인사에서는 겸손이라고 한다. 사람이 강한 자에게 겸손한 자세로써 처세하고 일을 하면 큰일을 이룩하지는 못해도 일상의 작은 일은 쉽게 성사하거나, 강한 자의 비호 아래 소소한 행복을 누릴 수 있다. 거대한 권력에 맞서서 홀로 정의로운 싸움을 힘겹게 하는 열사에게 가장 견디기 힘든 말은 "이봐요, 뭘 그렇게 힘들게 살아요? 약간만 비겁하면 인생 편하게 살 수 있어요"라는 유혹이다. 여기서 비겁함이란 곧 순종이나 겸손의 유의어다. 괘사의 '小亨소형', 즉 '작은 형통'은 이를 가리킨다.

이런 자세로 살면 어려운 일은 없을 터이므로, '利有攸往리유유왕', 즉 '이로움이 앞으로 나아가는 바에 있다'라고 말한 것이다. 그리고 강한 자에게 순종하면 작은 행복을 보장받는다고 하더라도, 순종의 대상이 누구냐에 따라 행복의 강도는 달라진다. 따라서 기왕에 순종하는 거라면, 대상을 가려서 순종하는 게 중요하다. 그래서 괘사는 '利見大人리견대인', 즉 '이로움이 훌륭한 사람을 만나는 데서 생긴다'라고 말한 것이다. "지도자를 잘 만나는 것이 복 중의 복이다"라는 옛말은 여기에 근거한다.

이에 대하여 『단』은 다음과 같이 해설한다. "손괘를 위아래로 중첩한 것은 명령이 잘 펴지게 하기 위함이다. (제5 양효의) 강직함이 겸손하게 정가운데에 자리 잡고 있으면 (임금의) 의지가 잘 시행되고, (제1 음효의) 유순한 백성이 모두 강직한 군주에게 순종한다. 그래서 작은 형통이 이루어지고,

이로움이 앞으로 나아가는 바에 있으며, 이로움이 훌륭한 군왕을 만나는 데서 생긴다."(重巽以申命, 剛巽乎中正而志行, 柔皆順乎剛, 是以小亨, 利有攸往, 利見大人) 여기서 '손괘를 위아래로 중첩한 것은 명령이 잘 펴지게 하기 위함이다'(重巽以申命)라는 말은, 상괘의 손괘는 임금이 백성에게 겸손함을, 하괘의 손괘는 백성이 임금에게 순종함을 각각 의미하는데, 이렇게 하면 군왕의 명령이 백성 사이로 속속들이 잘 펴져 들어간다는 뜻이다.

이렇게 위아래가 겸손하고 순종하면 크게 형통해야 마땅할 텐데, '작은 형통'(小亨)이라 말한 것은 무엇 때문인가? 나라의 모든 사람이 각기 자기 자리를 지키면서 각자 해야 할 일을 충실히 해서, 어떠한 변고도 없이 일상이 지루할 정도로 유지되는 상태를 소강小康이라고 부른다. 소강 또는 소강 사회는 진정한 태평성대라고 말할 수 있지만, 발전이라는 관점에서 보면 정체된 사회라고도 볼 수 있다. 이러한 사회에서는 사람들이 단조롭고 지루함을 느낄 수 있으므로 '작은 형통'이라고 표현한 것이다.

『상』에서는 이 괘사에 대하여, "바람이 바람을 서로 따라가는 것이 손괘의 모양이다. 군자는 이 이치로써 명령을 퍼뜨리고 일을 진행한다"(隨風, 巽, 君子以申命行事)라고 해설하였다. 여기서 '바람이 바람을 서로 따라간다'라는 말은, 위에 있는 군왕의 바람과 아래에 있는 백성의 바람이 서로를 좇음으로써 나라의 명령이 순조롭게 내려가고 받아들여짐을 의미한다.

[손巽괘: 작은 형통이 이루어진다. 이로움이 앞으로 나아가는 바에 있으며, 이로움이 훌륭한 군왕을 만나는 데서 생긴다.]

❖ 효사 풀이 ❖

① 初六, 進退, 利武人之貞.
進: 나아갈 진. 退: 물러날 퇴. 進退: 머뭇거리다. 武: 굳셀 무. 무사.

제1효는 양의 자리에 음효가 있으므로 실위다. 힘차게 나아가야 할 자리에 나약하고 의지가 박약한 사람이 처해 있는 데다가, 괘의 맨 아래에 있어 지위까지 낮으니, 그야말로 진퇴유곡進退維谷, 즉 궁지에 빠져서 나아가지도 물러서지도 못하고 있는 모양이다. 효사의 '進退진퇴'는 이 뜻이다.

바람이란 강한 것에는 어떠한 모습으로도 자신을 굽혀 적응하는 속성이 있기에, 자신만의 정체성도 없고 주체성도 없다. 그래서 바람의 방향이 일정하지 않고, 바람의 세기도 일정하지 않으며, 부는 시간도 변덕스럽다. 그래서 우유부단하다고 묘사한 것이다.

이런 사람은 큰일을 해낼 수가 없다. 그래서 무사와 같은 결단력과 과감성을 먼저 갖춰야 나가서 무슨 일이든 감당할 수가 있다. 그래서 '利武人之貞리무인지정', 즉 '이로움이 무사의 결단력을 가질 때 생긴다'라고 말한 것이다.

이에 대하여 『상』은 "우유부단함은 의지에 확신이 없다는 뜻이고, 이로움이 무사의 결단력을 가질 때 생긴다는 말은 의지를 진작시켜야 한다는 뜻이다"(進退, 志疑也; 利武人之貞, 志治也)라고 해설하였다. 여기서 '진작시킨다'라는 말은 '治(다스릴 치)' 자를 풀이한 것으로서, 신념을 갖도록 다독거리고 격려한다는 뜻이다.

[제1 음효. 우유부단優柔不斷하니, 이로움이 무사의 결단력을 가질 때 생긴다.]

② 九二, 巽在床下, 用史巫紛若, 吉无咎.

床: 침대 상. 史: 사관 사. '祝史축사'와 같은 말. 사제司祭. 巫: 무당 무. 紛: 번거로울 분. 바쁘다. 若: 같을 약. '然(그럴 연) 자와 같음.

제2효는 음의 자리에 양효가 있으므로 실위다. 게다가 본 효는 임금의 자리인 제5 양효와 적대적으로 대응하고 있어서, 위로 올라가 가까이하지 않고 오히려 아래로 내려간다. 이것을 효사는 '巽在床下손재상하', 즉 '스스로 겸손하여서 침대 아래로 내려가 있다'라고 표현하였다. 하괘인 손괘의 괘상은 제1 음효는 침대 다리를, 제3 양효는 침상의 상판을 각각 나타내는데, 제2효는 그 중간에 있으니, 이는 침대 아래로 내려가 누워 있는 모양이다.

침대 아래에서 잔다는 것은 미천한 신분을 가리키는데, 본 효는 양효로서 침대 위에 누워 자도 되는 사람임에도 굳이 아래로 내려가 자는 것은, 예禮가 아니다. '과공비례過恭非禮', 즉 '지나치게 공손한 것은 예가 아니다'라는 말이 있다. 겸손하면서도 떳떳함을 표현하는 게 예의 정신인데, 지나치게 공손하면 아첨으로 비칠 수도 있고, 비굴함으로 오해받을 수도 있다. 『논어』「팔일八佾편」에 "임금을 섬기면서 예를 다하면, 사람들은 이를 아첨한다고 여긴다"(事君盡禮, 人以爲諂也)라는 구절이 있다. 이렇듯 예를 겸손하게 지켜도 아첨이라는 오해를 받는데, 지나치면 비굴함으로 비치는 것은 당연하다.

겸손함이 지나친 게 바람직하지는 않지만, 진심 어린 마음으로 그렇게 한다면 그렇게 나쁘지는 않다는 게, 그다음 구절인 '用史巫紛若용사무분약, 吉无咎길무구', 즉 '축사祝史와 무당 같은 마음으로써 지속해서 반복적으로 하면 길하여 탓할 게 없다'이다. 축사란 신에게 제사를 지낼 때 이를 관장하는 사제로서 신이 제사에 강림하도록 축원하는 사람이다. 축사와 무당은 신의 강림을 기원하기 위해서 신은 최고로 존중하여 올리고, 자신은 최저로 낮추고 또 낮춘다. 사람에게 이렇게 하면 비굴하다고 여기지만, 신에게 이렇게 하는 것은 누구나 당연하다고 여긴다. 사람에게 할 때와 신에게 할 때의 다른 점은 가식이 아니라 진정으로 그렇게 한다는 사실이다. 그리고 사람에게 할 때는 한두 번 정도 하고 말지만, 신에게는 지속해서 반복적으로 한다는 점도 다르다. 이것이 효사의 '紛若분약', 즉 '부지런히 한다'라는 말이다. 이처럼 겸손함에 진정성이 실려 있다면, '길하여 탓할 게 없을 것'이다.

이에 대하여 『상』은 "지속해서 겸손함이 길한 것은, (본 효가) 가운데에 자리 잡고 있기 때문이다"(紛若之吉, 得中也)라고 해설하였다.

[제2 양효. 스스로 (너무) 겸손해서 침대 아래로 내려가 누워 있지만, 축사祝史와 무당 같은 마음으로써 지속해서 이렇게 하면 길하여 탓할 게 없다.]

③ 九三, 頻巽, 吝.

頻: 찡그릴 빈. '顰(눈살 찌푸릴 빈)' 자와 같음. 吝: 주저할 린. 안타깝다.

제3효는 양의 자리에 양효가 있으므로 당위다. 이 자리는 강직한 나머지 누구에게도 머리 숙여 따르려 하지 않는다. 누굴 따른다고 해도 호불호를 따지지 않고, 자기 멋대로 따르다 말기를 반복하므로 좋은 결과를 기대하기가 어렵다.

그런데 이러한 본 효가 제6 양효와 상응하지 않아서 누구 하나 이끌어 주는 사람도 없는 데다가, 제4 음효의 밑에 들어가 그의 명령을 들어야 한다. 이것은 자기 고집이 센 본 효로서는 매우 견디기 힘든 상황이다. 그래서 그는 내심의 불평을 말로 표현하지 못한 채 얼굴을 찡그릴 수밖에 없으니, 이것이 효사의 '頻巽빈손', 즉 '얼굴을 찡그린 채 복종한다'라는 표현이다. 음효에게 복종하기는 싫지만, 지위가 높으니 어쩔 수 없이 눈살을 찌푸린 채로 말을 듣는다는 뜻이다. 이러한 상황에서 일이 제대로 될 리 만무하니, '안타깝다'(吝)라고 말한 것이다.

이에 대하여 『상』은 "얼굴을 찡그린 채 복종하는 안타까움은, 의지가 바닥이 났기 때문이다"(頻巽之吝, 志窮也)라고 해설하였다. 여기서 '의지가 바닥이 났다'라는 말은, 옛날에 자신이 한창 잘나갔을 때라면, 이까짓 별것 아닌 자의 명령은 그냥 무시했을 터인데, 이제 고립무원의 상태에서는 자신의 의지를 굽히지 않으면 생존할 수 없다는 의미가 된다.

[제3 양효. 얼굴을 찡그린 채 복종하니, 안타까운 일이다.]

④ 六四, 悔亡, 田獲三品.

田: 사냥할 전. '畋(사냥할 전)' 자와 같음. 獲: 짐승 잡을 획. 品: 등급 품.

제4효는 음의 자리에 음효가 있으므로 당위다. 본 효는 아래로 제3 양효를 내리밟고 있고, 위로는 제5 양효를 받들고 있는 모양이다. 음효 주제에 양효를 내리밟는 행위는 매우 불손하지만, 임금 자리인 제5효를 순종적으로 잘 모시는 행위는 칭찬받아 마땅하다. 즉 본 효는 불손과 겸손을 함께 가지고 있는 괘상인데, 후자의 행위가 더 중요하므로, 전자의 행위에 흠이 있다고 해도 비난받을 일은 아니다. 그래서 '후회할 일이 없다'(悔亡)라고 말한 것이다.

이런 경우를 일상에서 찾자면, 일개 교통경찰이 교통 법규를 위반한 국무총리의 차에 범칙금 스티커를 발부한 예를 들 수 있다. 교통경찰은 직위는 낮아도 법을 위반하는 자를 적발하라는 국가의 명령에 복종해야 한다. 국무총리에게 스티커를 발부하는 일은 감히 음효 주제에 양효를 내리밟는 일이긴 하지만, 법 위반을 적발하고 스티커를 발부하는 것은 총리보다 위에 있는 국가에 충성하는 일이므로 칭찬받아 마땅하다는 뜻이다.

두 개의 양효 사이에 끼인 제4 음효는, 아래의 양효를 내리밟더라도 이로써 위의 양효를 잘 받드는 모범을 보이는데, 효사는 이를 사냥에 비유한다. 『예기』「왕제王制편」에 의하면, 천자는 별일이 없으면 일 년에 세 번 사냥을 나가서 사냥감을 잡아 온다. 사냥감은 상처를 입은 부위에 따라서 세 등급으로 나뉘는데, 제1등급은 심장에 화살을 맞아 죽은 짐승으로서, 이는 금세 죽어서 고기가 신선하므로 말려서 제사상에 올린다. 제2등급은 뒷다리에 맞은 짐승으로서, 손님을 맞는 연회에 쓰고, 제3등급은 복부에 맞은 짐승으로서, 오물이 밖으로 흘러나왔으므로 다른 데는 쓰지 못하고 수라간에 들여서 임금의 식탁에 올린다.

효사의 '田獲三品전획삼품', 즉 '사냥으로 세 가지 등급의 사냥감을 잡다'에서 '三品'이란 제3등품이 아니라 세 가지 등급의 사냥감을 뜻한다. 사냥감인 짐승들은 대개 농작물에 피해를 주므로, 이들을 잡아서 농민을 보호하는 게 임금에게 겸손하게 봉사하는 일이다. 다시 말해서 강직한 짐승을 잡아서 임금에게 올리는 행위를 제4 음효의 속성으로 비유하였다는 뜻이다.

이에 대하여 『상』은 "사냥으로 세 가지 등급의 사냥감을 잡았다는 것은, 공을 세웠다는 뜻이다"(田獲三品, 有功也)라고 해설하였다. 임금에게 직위와 임무를 위임받은 관리가 법을 엄정하게 집행하는 것은, 일부 하극상으로 질서를 어지럽히는 사건으로 보일 수도 있지만, 궁극적으로 이는 임금에게 겸손하게 봉사하고 법질서를 확립하는 공적이 된다는 말이다.

[제4 음효. 후회할 일이 없을 터이니, (비유컨대) 사냥을 나가서 세 가지 등급의 사냥감을 잡은 것이다.]

⑤ 九五, 貞吉, 悔亡, 无不利. 无初有終, 先庚三日, 後庚三日, 吉.
初: 처음 초. 終: 마칠 종. 先: 앞 선. 庚: 바뀔 경. 後: 뒤 후.

제5효는 양의 자리에 양효가 있으므로 당위다. 강직해야 할 자리에 강직한 사람이 앉아 있으므로, 강직한 자세로 지도력을 발휘하는 게 옳다. 그러나 위의 제6효에는 양효가 버티고 있고, 아래의 제2 양효와도 상응하지 않는다. 따라서 강직한 지도력과 함께 겸손한 자세를 유지해야 한다. 이를테면, 폭군의 폭정 아래 신음하는 백성이 자신들을 구원할 영웅이 속히 거사해 줄 것을 바라지만, 백성이 학수고대한다고 해서 그들에게 신망받는 영웅이 함부로 경거망동했다가는 폭군에게 싹을 잘려 그나마 희망이 사라질 수도 있다. 문왕이 은나라 주왕의 핍박에도 공손하게 그를 섬기며 때를 기다린 일이 그 대표적인 예다. 이것을 효사는 '貞吉, 悔亡, 无不利', 즉 '(신하로서) 올바르게 행동하면 길하고 후회함이 없으니, 이롭지 않을 게 없다'라고 묘사하였다. 여기서 '貞吉'이란 폭군의 온갖 핍박에도 신하로서 해야 할 도리를 지킴으로써 백성에게 희망의 불씨를 살려 나가는 일을 가리킨다.

폭군을 주살하고 새 임금으로 즉위하기를 바라는데도 본 효가 신하로서 해야 할 도리를 지키고 앉아 있으면, 백성이 보기에 얼마나 답답하고 낙심이 되겠는가. 본 효가 제2효와 상응하지 않음은 바로 이를 가리킨다. 제2효는 신하의 자리지만 이는 제1효와 음양으로 상합하므로 제2효는 제1효를 포함하는 백성으로 보아야 한다.

이러한 백성의 불만에도 제5효는 제4효의 보좌를 받아서 결국에는 폭군을 주살하는 데 성공한다. 이것이 '无初有終무초유종', 즉 '처음에는 순조로움이 없지만 좋은 결과가 있게 된다'라는 구절이다. 즉 아무리 강한 사라도 상황과 조건이 여의치 않으면 겸손한 마음으로 때가 무르익을 때까지 기다려야 한다는 말이다.

이러한 겸손은 혁명이 성공하고 나서도 마찬가지로 필요하다. 아무리 폭군이 만든 악법이라 하더라도, 백성 가운데는 이 법으로 이득을 보는 자도 있고, 이 법에 이미 익숙해진 자들도 있게 마련이다. 그래서 법을 하루아침에 갑자기 바꿔 버리는 변법을 시행하면 혼란이 일어나고 불만이 생길 수 있다. 따라서 변법을 하기에 앞서 법의 취지를 충분히 설명하고, 법을 시행하고 나서도 모르고 법을 어기는 자들을 일깨울 시간을 줘야 한다. 이것이 '先庚三日선경삼일, 後庚三日후경삼일', 즉 '법을 고치기 전에 3일을 주고, 법을 고친 후 3일을 준다'라는 구절이다. 여기서 왕필王弼은 '庚' 자를 '更 (고칠 경)' 자의 뜻으로 보았다. 이렇게 겸손한 마음으로 지도력을 발휘하면 길하다는 게 효사의 취지다.

이에 대하여 『상』은 "제5 양효가 길함은, 그 자리가 정가운데에 자리하고 있기 때문이다"(九五之吉, 位正中也)라고 해설하였다. 여기서 '그 자리가 정가운데에 자리하고 있다'(位正中也)라는 말은 아무리 강하고 높은 자라도 시종일관 공정함을 겸손히 지켜야 함을 의미한다.

[제5 양효. (신하로서) 올바르게 행동하면 길하고 후회함이 없으니, 이롭지 않을 게 없다. 처음에는 순조로움이 없지만 좋은 결과가 있게 될 터이니, 법을 고치기 전에 3

일을 주고, 법을 고친 후 3일을 준다.]

⑥ 上九, 巽在床下, 喪其資斧, 貞凶.
喪: 잃을 상. 資: 밑천 자. 斧: 도끼 부.

제6효는 음의 자리에 양효가 있으므로 실위다. 이 자리는 은퇴하거나 자리에서 물러난 사람이 있는 곳인데, 양효이므로 임금의 신분이었지만 겸손한 마음으로 자리를 태자에게 물려주고 물러나 있는 상왕임을 짐작할 수 있다. 본 괘는 손괘의 맨 위에 처해 있으므로 겸손의 극단에 도달해 있다. 즉 과도하게 겸손한 나머지 임금의 자리를 총명한 태자에게 물려준 것인데, 결과는 예상과는 달리 위상이 땅에 떨어졌다. 그는 강력한 지도력을 가진 임금이 물러나 앉으면 사람들로부터 존경과 추앙을 받을 줄 알았는데, 전혀 그렇지 않고 오히려 '巽在床下손재상하', 즉 '(너무) 겸손해서 침대 아래로 내려가 누워 있게 되었다'라는 것이다.

'(너무) 겸손해서 침대 아래로 내려가 누워 있게 되었다'라는 구절은 제2 양효에도 그대로 있는데, 거기서는 그래도 '길하여 탓할 게 없다'(吉无咎)라는 말로 결론을 냈지만, 여기서는 '바르게 잡으려 해도 사납고 험난하다'(貞凶)라고 말한다. 이렇게 될 수밖에 없는 이유는, 같은 겸손이라도 제2효는 중효에 자리 잡고 있어서 공정함을 유지할 수 있지만, 본 효는 마지막 효에 치우쳐 있어서 더는 갈 데가 없을뿐더러, 더 간다고 해도 거기는 침대 아래로 다시 내려가는 길뿐이기 때문이다.

그래서 다시 권력을 회복하고자 하나, 옛날의 지도력과 결단력을 발휘할 수 있는 수단을 이미 잃어버렸다. 이것이 '喪其資斧상기자부', 즉 '그의 밑천으로서의 도끼를 잃어버렸다'라는 구절이다. 임금의 지도력과 결단력은 그냥 생기는 게 아니라, 권력이라는 밑천에서 생기는 것인데, 권력은 다름 아닌 '도끼'(斧)라는 무력이 그 본질이다. 권력을 이미 이양한 상왕이 상황을 바로잡으려고 해 봤자, 그것은 사납고 험난한 일만 발생시킬 것이다. 이것이 '貞凶', 즉 '바로잡으려 해도 사납고 험난해질 뿐이다'라는 구절이다.

이에 대하여 『상』은 "(너무) 겸손해서 침대 아래로 내려가 누워 있게 된 것은, 위로 올라갈 길이 막혔다는 뜻이고, 그의 밑천으로서의 도끼를 잃어버렸다는 말은, 바로잡으려 해도 사납고 험난해질 뿐이라는 뜻이다"(巽在床下, 上窮也; 喪其資斧, 正乎凶也)라고 해설하였다.

[제6 양효. (너무) 겸손해서 침대 아래로 내려가 누워 있게 되었다. 그의 밑천으로서의 도끼를 잃어버렸으니, 바로잡으려 해도 사납고 험난해질 뿐이다.]

58. 태괘兌卦

兌爲澤태위택: 태괘는 못에 해당한다.
태하태상兌下兌上

❖ 개관 ❖

  팔괘 중의 태兌괘(☱)는 못을 상징하는데, 못은 물이 모인 곳이다. 아래
의 두 양효는 물밑에 쌓인 퇴적층을, 위의 음효는 찰랑이며 반짝거리는 수
면을 각각 나타낸다. 이러한 괘의 모양은 겉은 부드럽지만 속은 강직한 외
유내강外柔內剛이나, 겉은 비어 있는 듯해도 속은 알찬 외허내실外虛內實
의 속성을 상징한다. 이런 사람은 못물처럼 주위 사람들의 말을 잘 받아들
여 소통을 잘하므로 늘 즐겁다. 그래서 『설문해자』에서 "'兌' 자는 즐겁다는
뜻이다"(兌, 說也)라고 해설하였듯이, 태괘를 '悅(기쁠 열)'·'說(즐거울 열)'
등으로 풀이한다. 즐겁고 기쁘려면 주위와 척져서는 안 되고, 물이 아래의
퇴적층에 달라붙듯이 그들에게 달라붙어 의존해야 한다. 일상에서 이러한
속성은 언어를 비롯하여 막내딸·첩·양羊 등에서 찾을 수 있다. 『설괘전說
卦傳』에서 "태괘는 말재간에 해당한다"(兌, 爲口舌)라고 해설하였는데, 입이
란 말을 통해서 주위와 소통하며 즐거워하는 수단이기 때문이다.
  이러한 태괘 두 개가 중첩하여 태괘(☱)를 만든다. 못물이 두 개가 위아
래로 서로 이어져 있으니, 이는 위아래가 화목하고 일치단결해서 즐겁고 기

뻐하는 모양이다. 앞의 손異괘(☴)에서 위아래가 서로 겸손함으로써 화목하듯이, 태괘는 위아래가 서로 받아들여 즐거워하는 모양을 나타낸다.

그러나 여기서 주의할 점은 "태괘는 말재간에 해당한다"라고 하였으므로, 사람을 기쁘게 하는 것은 언어라는 사실이다. 감언이설甘言利說이라는 말이 있듯이, 듣기에 좋은 말에서 간과되는 부분이 진정성이다. 귀 맛 좋은 말에 취해서 내실을 간과하면, 일을 그르치기 십상이라는 말이다. 그래서 태괘의 괘상은 아래에 두 개의 양효를 두어 내실을 다지도록 권면한다. 이웃과 말은 부드럽게 하되, 실없는 말은 조심하라는 뜻이다.

태괘가 손괘 뒤에 놓인 것에 대하여, 『서괘』는 "들어간 다음에는 그곳에서 즐거워하므로, 태괘로써 이어받은 것이다. '태' 자는 '기쁘다'라는 뜻이다"(入而後說之, 故受之以兌. 兌者, 說也)라고 해설하였다. 여기서 '들어갔다'(入)라는 말은 앞의 손괘에서 바람은 어떤 공간이든지 들어갈 수 있음을 뜻한다. 바람처럼 어느 공간이든 들어가기만 하면 그곳에 있는 이웃들과 소통하게 되므로 서로 기쁘고 즐겁다는 말이다.

본 괘의 효 배열 순서는 앞의 손괘와 정반대이므로, 태괘와 손괘는 서로 복괘覆卦의 관계에 있다.

❖ 괘사 풀이 ❖

兌, 亨, 利貞.

태괘는 앞서 말했듯이 택澤, 즉 못물과 아울러 막내딸과 말재간을 상징한다. 못물은 만물에 물을 대어 윤택하게 만들어 주고, 막내딸의 젊은 미모는 보는 이들을 기쁘게 해 주며, 청산유수 같은 말재간은 듣는 이들의 귀를 즐겁게 해 준다. 오늘날에도 상품 광고에는 젊고 예쁜 모델을 내세우고, 고객 창구에도 미모의 여직원을 앉힌다. 말을 잘하는 연예인은 슈퍼스타가 되기도 하고, 달변의 정치인은 그의 과거가 어떻든 표몰이를 하고 다닌다. "말 한마디로 천냥 빚을 갚는다"라는 속담은 결코 헛말이 아니다. 그래서 "태괘 는 형통하다"(兌, 亨)라고 말한 것이다.

그러나 앞서 말했듯이, 이런 것들은 태괘(☱)의 맨 위 효처럼 겉만을 윤 기가 흐르게 만드는 것이므로, 내적으로도 그만큼 실실(實實)한 것인지, 진정성에 대하여 회의하게 한다. 『논어』「학이편」의 "기막힌 말솜씨와 화사한 얼굴은 인자한 사람에게서 찾기 힘들다"(巧言令色, 鮮矣仁)라는 공자의 말은 이런 배경에서 나온 것이다. 겉만을 번지르르하게 꾸민 그럴싸한 말과 미모는 당 장은 형통할지 모르나, 오래가지 못해서 거짓이 탄로 나게 마련이므로 궁극 적으로는 오히려 해가 된다. 그러므로 태괘의 이로움은 거짓으로 꾸미지 않 고 바르게 행동할 때 생기는 법이니, '利貞리정'은 바로 이 뜻이다.

이에 대하여 『단』은 다음과 같이 해설한다. "'태'는 기쁘다는 뜻이다. 강 직함을 안으로 간직한 채 밖으로 온화하게 대할 때, 즐거워지는 것은 바르 게 행동함에서 이로움이 생기기 때문이다. 이 때문에 하늘에 순종하고 사람 들에게 호응을 얻는다. 즐거움이 백성을 먼저 생각함으로써 생겨나면 백성 은 자신들의 노고를 잊게 되고, (백성의) 즐거움이 나라의 위난에 과감히 대 듦으로써 생겨나면 백성은 죽음을 잊고 싸운다. 이처럼 즐거움의 위대함은 백성이 스스로 고무되는 것이도다!"(兌, 說也. 剛中而柔外, 說以利貞, 是以順 乎天而應乎人. 說以先民, 民忘其勞, 說以犯難, 民忘其死, 說之大, 民勸矣哉.) 여 기서 '강직함을 안으로 간직한 채 밖으로 온화하게 대한다'라는 말은 속으 로는 굳건한 주체성을 견지하면서도 사람들을 대할 때는 온화한 태도를 유 지한다는 뜻이다. 그리고 백성을 먼저 생각하는 데서 즐거움을 찾으면 백성 이 나라를 위해 노역을 해도 힘든 줄 모르고, 나라가 외적의 침략을 받으면 백성은 죽음을 불사하고 적과 싸운다고 설명한다. 이것이 즐거움의 본질이 니, 오늘날의 철학적 용어로 바꾸자면 감응(affection)과 같은 개념이라 하 겠다.

와신상담臥薪嘗膽의 주인공인 월나라 구천이 오나라 부차에게 복수하기 위해, 백성을 먼저 생각하는 정책을 적극적으로 펴서 그들의 열화와 같은 지지를 얻어 낸 사실을 정치의 긍정적인 사례로 흔히 소개한다. 그래서 마침내 오나라에 설욕했는데, 이는 기실 원한, 즉 철학적 용어로 말하자면, 니체가 말한바 르상티망ressentiment을 자극한 것이므로, 즐거움에 기반한 행위라고 볼 수 없다. 궁극적으로 칭송할 만한 정치의 모범적 사례라고 말할 수 없다는 의미다.

이 괘사에 대하여 『상』은 "못물을 두 개로 짝지은 게 태괘의 모양이다. 군자는 이 원리로써 벗과 더불어 글을 외우고 익혀야 한다"(麗澤, 兌. 君子以朋友講習)라고 해설하였다. 원문의 '麗(짝 려)' 자는 '짝으로 붙인다'라는 뜻이다. 공부도 재미와 즐거움이 있어야 쉽게 배우고 또 발전이 있는 법이니, 『논어』「학이편」의 저 유명한 "어떤 학우가 먼 곳에서 (우리 서당에) 공부하러 왔으니 (처음 보는 사람이라 서먹하지만 그래도) 즐겁지 아니한가?"(有朋自遠方來, 不亦樂乎)라는 구절은 여기에 근거한 말이다.

[태兌괘: 형통하다. 이로움은 (거짓으로 꾸미지 않고) 바르게 행동할 때 생긴다.]

❖ 효사 풀이 ❖

① 初九, 和兌吉.

제1효는 양의 자리에 양효가 있으므로 당위다. 태괘의 속성인 기쁨과 즐거움을 이루려면 먼저 올바름을 갖춰야 한다는 말이다. 그런데도 제4 양효와 상응하지 않고, 이웃인 제2 양효와도 음양으로 상합하지 않는데, 이것은 고립무원孤立無援의 의미가 아니라, 태괘(☱)의 아래 두 양효처럼 자신의 정체성을 꿋꿋하게 유지한다는 뜻이다. 그러면서 상·하괘가 똑같이 중복돼 있다는 것은 『천자문』의 구절처럼 '상화하목上和下睦', 즉 위아래가 서로 화목하다는 뜻을 나타낸다. 그것도 억지로 하는 게 아니라 즐거운 마음으로 어울리는 것이니, 이게 바로 '和兌화태'가 의미하는 바다.

그렇다면 개성이 강한 사람들이 모여서 어떻게 하면 화목할 수 있을까? 『논어』에 "군자는 다른 사람과 조화는 이루어도 같아지지는 않는다"(君子和而不同)라는 공자의 말이 있다. 음식을 맛있게 조리하는 방법은 요리에 들어가는 재료들이 각자의 맛을 개성 있게 내도록 하는 것이다. 재료들이 각자의 맛을 잃고 다른 재료의 맛에 휩쓸리면 그 요리는 실패다. 사람들과의 교제도 마찬가지다. 바람직한 모임은 구성원들이 누군가에게 휩쓸려 모두 똑같아지지 않고 각자의 개성을 마음껏 뽐내고, 아울러 그것을 구성원 모두가 즐겁게 감상(appreciate)할 때 이루어진다. 이렇게 하려면 태괘(☱)의 상효上爻처럼 사사로운 욕심 없이 부드럽게 사람을 대해야 한다. 그래야 안에 있는 자신의 개성을 전달하고 보여 줄 수 있다. 이를테면, 전자제품을 연결하는 케이블이나 코드도 접촉면이 깔끔해야 전기가 잘 통해서 작동이 잘되는 것처럼, 사람과의 교제도 서로 닿는 면(interface)이 부드러워야 서로를 잘 알고 또 잘 알려 줄 수 있다.

이러한 차원에서 보면, 사람 사이의 교제에서 가장 중요한 것이 언어이고, 그중에서도 인사말이다. 언어의 여러 가지 기능 중에 접촉이라는 게 있는데, 이 기능이 결핍되면 아무리 중요한 내용을 전달하려 해도 실패한다. 왜냐하면 상대방이 아예 접촉을 거부하고 대화를 회피하는데, 무슨 수로 그다음의 말을 꺼낼 수 있겠는가? 그래서 대화에서 접촉을 유지하는 게 무엇보다 중요하다.

서로 직접 닿는 면이 부드러우면 접촉이 이루어지고, 접촉이 부드러우면 나의 개성을 명확하게 보여 줄 수 있을 뿐 아니라, 상대방의 개성도 잘 느낄 수 있어서 이를 감상하는 즐거움이 생기게 되는데, 이것이 바로 '兌', 즉 '悅열'이다. 이렇게 하여 사람들이 서로 소통하면 모든 일이 잘 성사될 터이므로, '길하다'라고 말한 것이다.

이에 대하여 『상』은 "접촉이 온화하면 즐거움이 생겨 길하다는 것은, 일을 행함에 있어 의혹이 없기 때문이다"(和兌之吉, 行未疑也)라고 해설하였다. 일의 성사는 참여자들이 서로 신뢰하는가, 아니면 의심을 하는가에 의해 결정된다. 서로를 명명백백하게 이해하고 있는데 의심할 여지가 어디에 있겠는가.

[제1 양효. 접촉이 온화하면 즐거움이 생기니, 길하다.]

② 九二, 孚兌吉, 悔亡.
孚: 믿을 부. 亡: 없을 무.

제2효는 음의 자리에 양효가 있으므로 실위다. 그러나 본 효는 가운데 중효에 있을 뿐 아니라, 제3 음효와도 음양으로 상합하므로 주위의 이웃들과 화목하게 잘 지내고 있음을 나타낸다. 따라서 이때의 실위는 오히려 음유한 소질과 강직한 자질을 고루 갖춤으로써 사람들을 즐겁게 하는 긍정적인 품성으로 해석할 수 있다.

본 효는 태괘(☱)의 괘상처럼 내면에는 강직한 품성을 갖추고 있음에도 겉으로는 온유한 자세로 다른 사람들과 두루 잘 지내므로, 그들에게서 상처받을 일이 없다. 또한 내면이 강직하다는 것은 자기 신념이 확고해서 외부의 방해로 흔들리지 않는다는 뜻이니, 이런 사람은 외부의 도전이 있으면 오히려 이를 기쁘게 받아들인다. 고난은 즐거움의 다른 면이기 때문에 절대 피하지 않는다. 모험가들에게 고난의 크기는 곧 즐거움의 크기와 같음이 이를 증명한다. '孚兌吉부태길', 즉 '신념이 있으면 즐거우니, 길하다'라는 구절이 이를 가리킨다. 자신이 즐거워서 한 일이니, 설사 실패하더라도 후회는 없으므로 '悔亡회무'라고 말한 것이다.

이에 대하여 『상』은 "신념으로 즐거워서 길한 것은, 굳건한 믿음의 의지 때문이다"(孚兌之吉, 信志也)라고 해설하였다.

[제2 양효. 신념이 있으면 즐거우니, 길하다. 그래서 후회할 일은 없다.]

③ 六三, 來兌, 凶.

제3효는 양의 자리에 음효가 있으므로 실위인 데다가, 하괘의 중앙에 있지 못하고 한쪽에 치우쳐 있다. 이는 자질이 안 되는 사람이 과분한 자리에 앉아 있음을 뜻한다. 어차피 본 효는 제6효와 상응하지 않으므로, 위아래의 양효에게 잘 보이려고 아첨한다. 그런데 효사에서 '來(올 래)' 자를 쓴 것은 아래로 내려감을 뜻하므로, 여기서는 제2효에게 잘 보이려는 의도를 가리킨다. 참고로 위로 올라가는 것은 '往(갈 왕)' 자를 쓴다.

아래의 양효에게 잘 보인다는 것은, 아랫사람이 강직하고 능력이 있을 때 유약한 상사는 그에게 아첨해서 그를 기쁘게 함을 의미한다. 이것이 '來兌래태', 즉 '아랫사람에게 아첨해서 기쁘게 하다'라는 구절이다. 일상에서 이런 일은 얼마든지 찾을 수 있다. 이렇게 하면 나중에는 부하에게 휘둘려 권력을 빼앗기게 되고, 그 후과는 '사납고 험난'(凶)해질 수밖에 없다.

이에 대하여 『상』은 "아랫사람에게 아첨해서 기쁘게 하면 사납고 험난해지는 것은, 그 처한 자리가 마땅하지 않기 때문이다"(來兌之凶, 位不當也)라고 해설하였다. 여기서 '그 처한 자리가 마땅하지 않다'라는 말은, 본 효가 실위인 데다 가운데에 있지 않다는 뜻으로서, 이는 궁극적으로 자질이 안 되는 사람이 과분한 자리에 앉아 있음을 의미한다.

[제3 음효. 아랫사람에게 아첨해서 기쁘게 하니, 사납고 험난해진다.]

④ 九四, 商兌未寧, 介疾有喜.
商: 상의할 상. 寧: 편안할 녕. 介: 사이에 낄 개. 분쇄하다. 疾: 해로울 질. 喜: 기쁠 희.

제4효는 음의 자리에 양효가 있으므로 실위다. 자질이 강직한 자가 순종적이어야 하는 측근 신하의 자리에 앉아 있어서 어울리지 않는다는 말이다. 이 자리는 제1 양효와는 상응하지 않지만, 아래에 있는 제3 음효와 음양으로 상합한다. 그런데 제3 음효는 자기 능력보다 과분한 자리에 앉아 있는 자라서, 아랫사람에게만 아첨할 뿐 아니라 윗사람에게도 아부하는 소인이다.

본 효의 처지에서 보면, 제1효와 상응하지 않는 데다가 임금 자리인 제5 양효와도 상합하지 않으므로, 그는 어쩔 수 없이 제3효의 아첨을 거부하지 못한다. 자질이 강직한 그의 처지에서는 이게 바람직하지 않다는 걸 알면서도 함께 의논할 상대로 누군가는 있어야 하므로, 그의 아첨하는 소리를 들으면서 같이 일을 상의한다. 이게 '商兌상태', 즉 '함께 상의해서 즐겁다'라는 말인데, 강직한 사람에게는 이렇게 하는 게 궁극적으로 편안하지 않으므로 '未寧미녕', 즉 '편안하지 않다'라고 말한 것이다.

아무리 아첨하는 사람이라도 함께 대화하는 것이 나쁜 일은 아니다. 되도록 여러 사람의 지혜를 짜 모으는 게 여러모로 도움이 되기 때문이다. 단, 이때 주의할 점은 악한 의도를 가려내어 깨부수는 것이다. 이것이 '介疾개질'인데, 여기서 '疾' 자는 '惡악'과 같은 뜻이고, '介' 자는 '개입하다', 즉 바위를 부수듯 속을 파고들어서 깨부순다는 뜻이다. 그러면 '有喜유희', 즉 기쁜 일이 생긴다는 말이다.

이에 대하여 『상』은 "제4 양효가 기쁜 것은, 경사가 생길 것이기 때문이다"(九四之喜, 有慶也)라고 해설하였다. 다시 말해서 제4효가 실위임에도 경사가 생기는 것은, 대화 속에서 악을 발견하여 깨부술 수 있기 때문이라는 말이다.

[제4 양효. 함께 상의해서 즐겁긴 하지만 마음이 편하지는 않다. (이때) 악한 의도를 가려내어 깨부순다면 기쁜 일이 생긴다.]

⑤ 九五, 孚于剝, 有厲.

孚: 믿을 부. 剝: 벗길 박. 厲: 위태로울 려.

제5효는 양의 자리에 양효가 있으므로 당위다. 능력이 있고 지도력이 강한 사람이 임금 자리에 있으므로, 정통성과 도덕성을 겸비한 셈이다. 그런데 안타깝게도 제2 양효와 상응하지 않고 측근인 제4 양효와도 상합하지 않아 마찰이 있다. 그래서 본 효는 위에 있는 제6 음효와 친밀한 관계를 갖게 되는데, 이는 강직한 임금에게 아부하고 요염을 부리는 소인이나 여인을 가리킨다. 소인과 여인이 임금보다 높은 제6효에 있는 이유는 궁극적으로 임금이 그들에게 조종당하고 그들 마음대로 부려지기 때문이다. 이것을 효사는 '孚于剝부우박', 즉 '강직한 임금을 깎아서 벗겨 내는 자들에게 신뢰를 주다'라고 표현하였다.

'剝박' 자의 본래 의미는 '벗겨져 떨어지다'라는 뜻이다. 『서괘』에서는 "온갖 물감으로 아름답게 수식하고 난 다음에, 오래 누리다 보면 다 삭아서 없어진다"(致飾然後享則盡矣)라고 해설하였다. 즉 여기서 소인들이 임금을 농락하다 보면, 아무리 강직한 자가 임금 자리에 앉아 있어도 이들이 그를 야금야금 타락시켜서 결국에는 나라가 위태롭게 된다는 뜻이다. 마지막에 '有厲유려', 즉 '위태로움이 생긴다'라는 말은 이를 가리킨다.

당나라 현종玄宗이 초기에는 현명한 제왕으로서 정치를 잘해 개원성세 開元盛世라는 칭송을 받았지만, 나중에 양귀비를 후궁으로 들이면서 안사 安史의 난이 일어나는 등 나라가 쇠락의 길을 걷게 되었는데, 이것이 본 효의 효사가 경계하는 대표적인 예다.

이에 대하여 『상』은 "강직한 임금을 깎아서 벗겨 내는 자들에게 신뢰를 주게 되는 것은, 임금 자리에 앉은 사람이 정당하기 때문이다"(孚于剝, 位正當也)라고 해설하였다. 여기서 '자리가 정당하였기 때문'이라는 말은 매우 역설적인데, 도덕적으로 우월하다고 자부하는 순간 오히려 타락으로 전환한다는 말이다. 즉 자신의 판단과 행동이 절대적으로 옳다고 믿기에 다른 사람의 말이나 처지를 고려하지 않기 때문이다. 그래서 언제나 죄의식이나 부채 의식을 갖는 게 중요하다.

[제5 양효. 강직한 임금을 깎아서 벗겨 내는 자들에게 신뢰를 주니, 위태로움이 생긴다.]

⑥ 上六, 引兌.

引: 이끌 인.

제6효는 음의 자리에 음효가 있으므로 당위다. 본 효는 은퇴 또는 은거한 사람을 가리키는데, 이들 중에는 오랜 기간 세상에서 경륜을 쌓았거나 홀로 시간을 가지면서 공부를 넉넉히 하여 전문성을 갖춘 사람이 많다. 이들이 은거하여 경륜과 전문성을 썩힌다면 이는 사회적으로 큰 손실이 된다. 따라서 이들의 능력과 재주를 알아보고 몸소 가서 모셔 오면 나라의 기쁜 일이 될 것이다. 이것이 '引兌인태', 즉 '(은자를) 이끌어 나오니 기쁘다'라는 구절이다.

중국 역사에서 '引兌'의 대표적인 예가 주 문왕이 태공망太公望 여상呂尚을 위빈渭濱까지 찾아가 모셔 온 사건과, 유비가 남양南陽의 제갈량을 이른바 삼고초려三顧草廬하여 모셔 온 사건 등이다. 두 인재를 모셔 와서 천하를 도모한 일은 두 임금의 처지에서는 매우 기쁜 일이었지만, 은거한 두 사람의 측면에서도 기쁜 일이었는지는 기실 알 수 없다. 여상은 위수가에서 낚시를 하며 문왕이 오기를 기다렸다고 기록하고 있지만, 제갈량의 경우는 나가지 않으려고 극구 피했지만 세 번씩이나 찾아오는 바람에 억지로 끌려나간 면이 있다고 봐야 한다. 즉 유비에게는 기쁨이었을지 모르지만, 제갈량에게는 고행길이었다는 말이다. 어떤 이는 세상에 끌려 나가서라도 역사에 이름을 남긴 것을 행운이라고 주장하기도 하지만, 이는 은자가 홀로 즐기는 삶의 기쁨에 비하면 아무것도 아닐 수 있다. 그래서 본 효사에는 끌려 나와 쓰이는 기쁨이 길한지, 흉한지에 관한 언급이 없다.

이에 대하여 『상』에서도 "제6 음효에서 억지로 끌고 나와서 기쁜 것은, 빛나는 일만은 아니다"(上六引兌, 未光也)라고 해설하였다. 제6효가 당위인 것은 다 그럴 만한 이유가 있는 법이니, 물러날 때 물러나는 게 매우 자연스러운 이치이기 때문이다.

[제6 음효. (은자를) 이끌어 나오니 기쁘다.]

59. 환괘渙卦

❖ 개관 ❖

환渙괘는 하괘가 감괘(☵), 상괘가 손괘(☴)로 이루어졌으므로, 바람이 물 위로 불어 물결을 일으키며 물을 사방으로 흩뜨리는 모양이다. 그래서 괘의 이름을 '渙(흩어질 환)' 자로 쓴 것이다. 『설문해자』에서는 "'渙' 자는 흘러서 흩어진다는 뜻이다"(渙, 流散也)라고 해설하였고, 공영달은 '散釋산석', 즉 '흩뜨리고 풀어 준다'라고 풀이하였다.

환괘가 태兌괘 뒤에 놓인 것에 대하여 『서괘전序卦傳』은 "기쁘게 즐기고 난 다음에는 모임이 흩어지므로, 환괘로써 이를 이어받았다. '渙' 자는 헤어진다는 뜻이다"(說而後散之, 故受之以渙. 渙者, 離也)라고 해설하였다. 즐거운 연회가 끝나면 사람들이 뿔뿔이 흩어지는 모양을 설명한 표현이다.

바람이 물을 흩어 흘러가게 한다는 말을 백성이 환난을 만나 가족이 뿔뿔이 흩어지는 상황으로 해석하기도 한다. 그러나 못에 바람이 불면 물이 흩어지기도 하지만, 다른 한편으로 바람은 물에 떠다니는 부유물을 한데 모아 주기도 한다. 그래서 환괘는 환난을 상징하면서도 환난의 해결을 상징하기도 한다. 앞의 '흩뜨리고 풀어 준다'(散釋)라는 해석은 이를 가리킨다. 즉 '散(흩어질 산)' 자는 흩어지는 환난을, '釋(풀 석)' 자는 봄바람에 얼음이 풀리듯 환난을 해결하고 다시 모임을 묘사한 말이다.

『역』「계사전繫辭傳」에 보면, "나무를 파내어 배를 만들고, 나무를 깎아 노를 만들어, 배와 노의 이로움으로써 길이 뚫리지 않은 곳을 건너가고, 먼 곳에까지 이르게 함으로써 천하를 이롭게 하였는데, 이는 아마도 환渙괘의 상으로부터 가져온 것이리라"(刳木爲舟, 剡木爲楫, 舟楫之利以濟不通, 致遠以利天下, 蓋取諸渙)라는 구절이 있다. 물을 건너야 하는 환난을 해결하려면 배라는 도구가 있어야 하는데, 환괘가 배를 상징한다. 손괘는 나무를 뜻하는데, 이것이 물 위에 있으니 곧 배라는 말이다.

본 괘와 다음에 나올 절節괘는 효 배열 순서가 정반대이므로, 환괘와 절괘는 복괘覆卦의 관계다.

❖ 괘사 풀이 ❖

渙, 亨. 王假有廟, 利涉大川, 利貞.
假: 이를 격. '格(이를 격)' 자와 같음. 廟: 사당 묘. 涉: 건널 섭.

환괘는 앞에서 '흩뜨리고 풀어 준다'(散釋)라고 풀이하였듯이, 환난을 만들기도 하지만 해결해 주기도 하므로, 궁극적으로 형통하다. 하괘인 감괘(☵)는 물을 상징하는데, 이는 다시 고난을 상징한다. 물에서 벗어나는 방법은 배를 타는 것이니, 상괘의 손괘(☴)가 이를 가리킨다. 이처럼 환괘는 백성에게 고난을 주기도 하지만, 이를 해결하는 양면의 속성을 하고 있으니, 사람들이 이를 믿고 최선을 다하는 성심誠心이 필요하다. 그래서 지도자가 백성을 구원한 다음에 그들의 믿음을 굳건히 다지기 위하여 사당을 지어 주었는데, 이것이 '王假有廟왕격유묘', 즉 '임금님이 오셔서 사당을 지어 주셨다'라는 구절이다.

환난 속에는 이미 구원의 방법이 들어 있음을 굳게 믿는다면, 이를 헤쳐 나가는 데 크게 이로울 것이므로, '利涉大川리섭대천', 즉 '이로움이 큰 강을 건널 때 생긴다'라고 말한 것이다. 믿음으로 환난을 극복하였으므로, 진실한 마음을 속이면 안 되므로, '이로움이 올바름을 지킬 때 생긴다'(利貞)라고 부연하였다.

이 괘사에 대하여『단』은 "환괘가 형통한 것은, 제2 양효가 (제4 양효로부터) 내려와서 (환난을 극복하는) 무궁한 힘이 되었고, 제4 음효가 (제2 음효로부터) 올라가 외괘에서 자기 자리를 찾아서 임금님과 하나가 되었기 때문이다. 임금님이 오셔서 사당을 지어 주셨다는 말은, 임금님이 그 가운데 계신다는 뜻이다. 이로움이 큰 강을 건널 때에 생긴다는 말은, 나무로 만든 배를 타서 효과가 있었다는 뜻이다"(渙亨, 剛來而不窮, 柔得位乎外而上同. 王假有廟, 王乃在中也. 利涉大川, 乘木有功也)라고 해설하였다. 여기서 '제2 양효가 (제4 양효로부터) 내려와서 (환난을 극복하는) 무궁한 힘이 되었다'라는 구절은, 원래 환괘는 비否괘(䷋)에서 제4 양효가 제2 음효와 자리를 바꿈으로써 생긴 괘라고 보는 데서 나온 말이다. 따라서 제2 음효는 위의 제4효의 자리로 올라가 당위가 됨으로써 측근 신하로서 임금을 극진히 모시게 되었으므로, '임금님과 하나가 되었다'(上同)라고 풀이한 것이다.

이 괘사에 대하여『상』은 "바람이 물 위로 가는 것이 환괘의 모양이다. 선왕께서는 이 원리로써 하느님에게 제사 지내고 사당을 세우셨다"(風行水上, 渙, 先王以享于帝立廟)라고 해설하였다. '바람이 물 위로 간다'라는 말은, 배를 타고 물을 건너는 모습으로서, 배를 만들어 스스로를 구출하는 것은 사람의 몫이지만, 바람이 부는 것은 하늘의 도움이라는 뜻이다. 그래서 하느님에게 제사 지내고 사당을 짓는 것이다.

[환渙괘: 형통하다. 임금님이 오셔서 사당을 지어 주셨으니, 이로움이 큰 강을 건널 때에 생기고, 이로움이 올바름을 지킬 때 생긴다.]

❖ 효사 풀이 ❖

① 初六, 用拯馬壯, 吉.
拯: 건질 증. 馬: 말 마. 壯: 씩씩할 장.

제1효는 양의 자리에 음효가 있으므로 실위다. 고난을 상징하는 감괘(☵)의 초효初爻이므로 어려움의 시작에 처해 있음을 알 수 있다. 고난을 헤쳐 나가려면 자질이 강해야 하는데, 본 효는 유약해서 역량이 부족할 뿐 아니라 제4 음효와도 상응하지 않는다. 다행히 바로 위에 있는 제2 양효와 음양으로 상합하므로 그에게 의지하여 어려움을 빠져나가려 한다. 제2 양효 역시 제5 양효와 상응하지 않으므로, 자신을 따르는 본 효와 힘을 합쳐서 스스로를 구출하려 한다.

본 효는 원래 비否괘(䷋)의 제1효, 즉 곤효坤爻로서 순종이 미덕인 반면, 제2효는 비괘의 제4효, 즉 건효乾爻로서 '健(튼튼할 건)' 자와 같은 뜻임과 아울러 말을 상징한다. 따라서 본 효는 제2효의 건장한 말의 힘에 순종하여 그와 함께 고난을 극복해 나가니, 길한 것이다. 이것이 '用拯馬壯吉용증마장길', 즉 '구출하는 일에 말 중에서 건장한 것을 사용하니 길하다'라는 구절이다.

이에 대하여 『상』은 "제1 음효가 길한 것은, 순종함 때문이다"(初六之吉, 順也)라고 해설하였다. 힘이 부족한 상황에서 어려운 일을 해결할 때는 강한 것에 의존함이 방법임을 말하고 있다.

[제1 음효. 구출하는 일에 말 중에서 건장한 것을 사용하니 길하다.]

② 九二, 渙奔其机, 悔亡.
奔: 달릴 분. 机: 책상 궤. '几(안석 궤)' 자의 의미로 쓰였음.

제2효는 음의 자리에 양효가 있으므로 실위다. 본 효는 하괘인 감坎괘의 중앙에 있어서 환난의 가운데에 처해 있으니, 능력이 있는 강직한 군자지만 어쩔 줄 몰라서 이리저리 뛰어다닐 뿐 마땅한 해결 방법을 찾지 못하고 있다. 위로 올라가려 해도 제5 양효와 상응하지 않을뿐더러 중간에서 제3 음효가 가로막고 있다.

딱히 어디 갈 데가 없던 차에, 아래의 제1 음효가 환난을 벗어나고자 본 효에게 의존하려 하므로 그에게 가서 잠시 쉬면서 사태를 관망한다. 이것이 '渙奔其机환분기궤', 즉 '환난 중에 이리저리 뛰어다니다가 안석에 기대어 쉬다'라는 구절이다. 여기서 '机(책상 궤)' 자는 기실 '几(안석 궤)' 자를 의미하는데, 안석이란 오늘날 소파에 앉아 쉴 때 기댈 수 있는 쿠션과 같은 것이다. 이렇게 음유하게 부드러운 것에 의지하여 쉬면서 잠시 관망하면 의외로 쉽게 기회를 포착할 수 있다. 그러면 강직한 자가 음유한 자리에 처했을 때 저지를 수 있는 후회스러울 일이 없을 것이므로 '悔亡회무'라고 말한 것이다.

『삼국지연의三國志演義』에서 왕윤王允과 그의 양녀인 초선貂蟬의 관계가 이에 해당한다고 볼 수 있다. 동탁董卓의 폭정에 왕윤은 속수무책이었는데, 그에게 의탁해 살던 초선의 도움으로 여포를 움직여 동탁을 살해하였으니, 이것이 강직한 자가 음유한 여인에 의지하여 환난을 해결한 모형인 셈이다.

이에 대하여 『상』에서도 "환난 중에 이리저리 뛰어다니다가 안석에 기대어 쉰다는 것은, 원하는 것을 얻었다는 뜻이다"(渙奔其机, 得願也)라고 해설하였다.

[제2 양효. 환난 중에 이리저리 뛰어다니다가 안석에 기대어 쉬니, 후회스러울 일이 없다.]

③ 六三, 渙其躬, 无悔.
躬: 몸 궁. 자기 자신.

제3효는 양의 자리에 음효가 있으므로 실위다. 즉 강직하게 행동해야 할 자리에 음유한 자가 있음을 뜻하는데, 실위지만 제6 양효와 상응한다.

제3효는 감괘의 끝으로서 환난의 막바지를 뜻한다. 이럴 때 제3효는 임금의 신하 된 자로서 자신의 몸을 던져 백성을 구해야 하는데, 자질이 유약해서 그렇게 하지 못하고, 당장 자기 발등에 떨어진 불을 끄기에만 열중한다. 이것이 '渙其躬환기궁', 즉 '환난 중에 자기 몸만을 살핀다'라는 구절이다.

1970년대, 대학생들이 서슬 퍼런 독재 정권에 항거하던 시절, 데모를 주도하던 학생들이 체포되어 붙잡혀 갈 때, 경찰에게 달려들어 이들을 구해내지 못하고 달아난 학생이나 이러한 광경을 멀리서 바라만 볼 수밖에 없는 학생들의 심정이 '환난 중에 자기 몸만을 살핀다'라는 구절로 요약될 수 있을 것이다. 마음은 붙잡혀 가는 학생과 같지만, 용기가 없어서, 또는 부모님 생각 때문에 차마 달려들지 못하고 자기 앞가림이나 겨우 하는 신세라는 말이다. 이런 사람들은 자기의 능력으로 할 수 없는 일은 하지 않으므로, 후회할 일이 없을 터이니, '无悔무회'라고 말한 것이다.

이에 대하여 『상』은 "환난 중에 자기 몸만을 살피는 것은, 그의 뜻이 밖에 멀리 있기 때문이다"(渙其躬, 志在外也)라고 해설하였다. 여기서 '뜻이 밖에 멀리 있다'는 것은 제6 양효와의 상응을 가리키는데, 이는 지향하는 바가 당장 지금이 아니라 멀리 내다봄을 의미한다. 앞서 든 예에서 달아난 학생은 체포된 학생의 빈자리를 메워서 민주화 운동을 계속해야 하고, 마음만 가진 채 방관하던 학생은 졸업 후 들어간 직장에서라도 개혁 운동을 계속해야 한다는 말이다. 얼마 전 유행어였던 "소는 누가 키우냐?"가 가리키는 의미도 이것이었을 것이다.

이러한 생각은 『중용中庸』의 사상과 일치한다. 중용이란 한마디로 "도는 사람에게서 멀리 떨어져 있지 않다"(道不遠人)이다. 국가와 사회의 미래를 위한 이념도 중요하지만, 지금 해야 할 수양과 실천이 더 중요하다는 말이다. 자기 노부모도 못 모시면서 노인 복지 시설에 나가서 열심히 봉사하는 게 무슨 소용이 있는가. 환난의 상황에서 자신도 구원하기 힘든데 남을 구하고 사회를 구하겠다는 것은 주제넘은 생각이니, 훗날을 위하여 자신을 먼저 구하는 일이 급선무라는 게 본 효사가 의미하는 바다.

[제3 양효. 환난 중에 자신의 몸만을 살피니, 후회할 일이 없다.]

④ 六四, 渙其群, 元吉, 渙有丘, 匪夷所思.

群: 무리 군. 元: 클 원. 丘: 언덕 구. 匪: 아닐 비. '非(아닐 비)' 자와 같음. 夷: 평평할 이. 思: 생각할 사.

제4효는 음의 자리에 음효가 있으므로 당위다. 본 효는 감괘 위에 있으므로 환난을 빠져나온 상태임을 알 수 있다. 제3효에서 자신 하나라도 겨우 살펴 환난을 빠져나와 이제는 다른 사람들을 구원할 여유가 생긴 셈이다. 이것이 '渙其群환기군', 즉 '흩어졌던 무리를 추슬러 모은다'라는 구절이다. 여기서 '무리'(其群)는 백성과 그들의 나라를 가리킨다.

본 효는 제1 음효와 상응하지 않는데, 제5 양효와 제2 양효도 그렇다. 이런 상황에서 제1 음효와 제2 양효는 상합하여 한패가 되고, 제3 음효와 제6 양효는 상응하고 있으니, 주위의 분위기가 붕당의 모양새를 이룸으로써 제5효가 고립에 처하였다. 이에 본 효가 측근 신하로서 순종하는 마음으로 임금인 제5효를 도와주고 있다. 앞의 괘사에서 『단』이 "제4 음효가 (제2 음효로부터) 올라가 외괘에서 자기 자리를 찾아서 임금님과 하나가 되었다"(柔得位乎外而上同)라고 해설한 바 있는데, 바로 이를 가리킨다. 충신이 진심으로 강직한 임금을 보좌하면, 이보다 더 좋은 일이 없을 터이니, '크게 길하다'(元吉)라는 말은 바로 이 뜻이다.

그러나 이렇게 일이 순조로울 때 조심해야 한다. 본 괘의 괘상처럼 환난의 물(☵) 위에 있는 배(☴)는 잠시 안정되었다고 안심해서는 안 된다. 언제 다시 풍랑을 만날지 모르기 때문이다. 그래서 효사는 '渙有丘환유구, 匪夷

所思비이소사', 즉 '흐트러지는 시기에는 (앞길에) 높은 언덕이 있게 마련이니, 이것은 (네가) 생각하는 바대로 평탄하지 않다'라고 경고한다.

이에 대하여 『상』은 "흩어졌던 무리를 추슬러 모으니 크게 길한 것은, 이 일이 빛나도록 위대한 일이기 때문이다"(渙其群, 元吉, 光大也)라고 해설하였다. 앞에서 환난의 시기에 자기의 몸만 겨우 보살핀 것이 부끄럽게 보일 수 있었는데, 환난을 벗어나 이제 임금을 잘 섬겨 백성을 구원하게 되었으니, 이는 칭송받아 마땅한 일이라는 뜻이다. 만일 그가 자신을 보살피지 않고 명분에 구애되어 자신을 희생하였다면, 나중에 이러한 업적은 없었을 것이기 때문이다.

[제4 음효. 흩어졌던 무리를 추슬러 모으니 크게 길하다. 흐트러지는 시기에는 (앞길에) 높은 언덕이 있게 마련이니, 이것은 (네가) 생각하는 바대로 평탄하지 않다.]

⑤ 九五, 渙汗其大號, 渙王居, 无咎.

汗: 땀 한. 號: 부르짖을 호. 호령. 居: 자리 잡을 거.

제5효는 양의 자리에 양효가 있으므로 당위다. 제1효부터 제4효에 이르기까지 모든 환난은 개인이 방법을 세워 스스로 탈출하거나 유능한 신하의 도움을 받아 해결해 왔다. 그러나 이러한 해결은 환난에서 완전히 벗어나는 방법은 되지 못한다. 왜냐하면 국가의 환난은 근본적으로 지도자의 실수나 태만에서 비롯되기 때문이다. 법과 제도의 정비에 소홀한 것은 온전히 지도자의 책임이다. 따라서 궁극적으로 지도자인 임금이 나서서 '결자해지結者解之', 즉 상황을 꼬이게 만든 장본인이 푸는 것만이 근본적인 해결이 된다.

그렇다면 근본적인 해결은 어떻게 하는 것인가? 우리가 감기·몸살을 앓게 되면 가장 간단한 치료 방법이 해열제를 먹고 푹 자면서 땀을 내는 것이다. 땀을 충분히 내고 아침에 일어나면 몸이 가뿐해진다. 이처럼 나라도 병이 나면 땀을 내야 하는데, 이것이 임금이 지엄한 명령을 내리는 일이다. 임금은 법과 제도로써 나라를 다스리기 때문이다. 이것이 '渙汗其大號환한기대호', 즉 '땀을 흩뿌릴 수 있도록 임금의 지엄한 명령을 내린다'라는 구절이다. 여기서 '渙汗'은 '땀을 뿌린다'라는 뜻으로서 나라의 환난을 치료함을 상징하는 말이고, '大號'는 임금이 나라 전체에 반포하는 명령이다. 이에 대하여 부례박은 『한서漢書』「유향전劉向傳」의 『『역』에 이르기를 '땀을 흩뿌릴 수 있도록 임금의 지엄한 명령을 내린다'라고 하였는데, 이는 임금의 명령은 땀과 같아서, 한번 나오면 되돌아갈 수 없다는 뜻입니다"(易曰: 渙汗其大號, 言號令如汗, 出而不反者也)라는 구절을 인용하여 설명하였다.

이처럼 임금의 명령, 즉 법과 제도의 개혁을 통해서 환난을 극복하는 게 가장 근본적인 구원의 방법이다. 그러려면 임금의 명령이 권위가 있어야 한다. 임금이 백성의 눈치를 보면서 정책을 이랬다저랬다 하면 아무도 명령을 신뢰하지 않는다. '渙王居환왕거', 즉 '땀을 흩뿌리듯 명령을 내릴 때 임금은 자신의 자리를 굳건히 지킨다'라는 구절은 명령의 신뢰가 임금의 권위와 직결돼 있음을 말한다. 그러면 '아무 탈이 없는 것'(无咎)은 당연하다.

본 효는 제2 양효와 상응하지 않는데, 이는 아래 백성의 눈치를 보지 않는다는 뜻이고, 본 효가 제4 음효와 상합하는 것은 오로지 측근 신하인 능력 있는 참모의 조언만을 듣고 실행에 옮긴다는 뜻이니, 임금이 대중 영합주의(populism)에 빠져 있지 않음을 알 수 있다.

이에 대하여 『상』은 "임금이 자기 자리를 지키니 아무 탈이 없는 것은, 그가 강직한 속성을 유지한 채 자신의 자리에 바로 앉아 있기 때문이다"(王居无咎, 正位也)라고 해설하였다.

[제5 양효. 땀을 흩뿌릴 수 있도록 임금의 지엄한 명령을 내려야 한다. 땀을 흩뿌리듯 명령을 내릴 때 임금은 자신의 자리를 굳건히 지키니, 아무 탈이 없다.]

⑥ 上九, 渙其血, 去逖出, 无咎.
血: 피 혈. 去: 떠날 거. 逖: 멀 적.

제6효는 음의 자리에 양효가 있으므로 실위다. 본 효는 맨 위에 있을 뿐 아니라 하괘인 감坎괘로부터 멀리 떨어져 있으므로, 환난이 지나간 상태라고 볼 수 있다. 어려운 시기가 지나갔으니 이제는 뒷수습할 차례다. 이것이 '渙其血환기혈', 즉 '환난의 상처를 추스른다'라는 구절이다. 여기서 '血' 자는 환난에서 당한 상처를 의미하고, '渙' 자는 상처를 싸매고 치료하는 등 추스르는 행위를 말한다.

이렇게 뒷수습하는 사업은 앞으로 나아가는 일이 아니므로, 산전수전을 다 겪은 경륜 있는 신하가 맡는 게 제격이다. 본 효는 은퇴하여 물러난 위치에 있는 자이지만, 양효여서 재주와 능력이 있을뿐더러, 아래 제3효의 제후의 지지를 받는다. 그러나 제5효의 임금은 오로지 제4 음효의 측근 신하만을 신뢰한다. 따라서 본 효가 아무리 경륜과 능력이 있어도 자리를 얻지 못하면 환난을 뒷수습할 방법이 없다.

이럴 때는 능력과 신망이 있는 은퇴한 신하는 되도록 멀리 달아나는 게 상책이니, '去逖出거적출', 즉 '그곳을 떠나 멀리 가 버린다'라는 구절이 이 뜻이다. 왜냐하면 근처에서 어물쩍거리면 혹시나 불러 주기를 기다리는 사람으로 오인될 수도 있으니, 이는 오히려 자신에게 해가 될 수도 있기 때문이다. 나라의 환난을 뒷수습할 때, 반드시 따라오는 게 책임론과 논공행상인데, 이는 매우 정치적인 절차로서 여기에 잘못 끼어들었다가는 예기치 않은 해를 당할 수 있다는 말이다.

이에 대하여 『상』에서도 "환난의 상처를 추스를 때, (거기를 떠나서 멀리 가 버리는 것은) 당할 해를 멀리하기 위함이다"(渙其血, 遠害也)라고 해설하였다.

[제6 양효. 환난의 상처를 추스를 때, 거기를 떠나서 멀리 가 버리면, 재앙이 없다.]

60. 절괘節卦

水澤節수택절: 물이 못 위에 더해져 넘칠 수 있으니, 물을 막아 절제해야 한다.

태하감상兌下坎上

❖ 개관 ❖

절節괘는 하괘가 태괘(☱), 상괘가 감괘(☵)로 이루어졌으므로, 못 위에 물이 있는 괘상이다. 못물 위에 물이 더해지면 넘치게 마련이므로, 물을 막아 절제하는 모양을 나타낸다.

『설문해자』는 "'節' 자는 대나무처럼 다발을 지어 맺는다는 뜻이다"(節, 竹約也)라고 해설하였다. 대나무는 줄기가 마디로 이어져 있는데, 이를 '約약', 즉 '다발을 지어 맺다'라고 표현한 것이다. 이렇게 해야 대나무가 높이 자랄 수 있을뿐더러 강한 바람에도 부러지지 않는다. 무엇이든지 크게 만들고자 할 때는, 중간중간에 매듭을 지어 놓아야 소통이 원활하고 안정된다. 단체를 조직할 때도 중간 관리자라는 마디를 두어야 몸집을 크게 불릴 수 있다. 과학도 궁극적으로 자연 현상을 마디로 나누는 행위라고 말할 수 있다.

절괘가 환渙괘 뒤에 놓인 것에 대하여, 『서괘』는 "'渙환'은 흩어진다는 뜻이다. 사람은 흩어진 채로 끝날 수 없으므로, 절괘로써 이를 이어받았다"(渙者, 離也. 物不可終離, 故受之以節)라고 해설하였다. 나라가 환난을 겪어 백성이 모두 흩어졌다가 수습되어, 이제 새 사회를 재건하려는 즈음에 가장 필요한 것은 임금과 백성이 함께 허리띠를 조여 매는 일이다. 이 조여 매는 일이 『설문해자』에서 말한 '約약'이고, 마디를 맺는 일이다. 이 마디를 맺는 게 개인에게는 검소함과 절약을 실천하는 일이 되고, 나라에는 법과 제도를 개혁하는 일이 된다. 이렇게 하는 것을 경장更張, 즉 느슨해진 거문고의 줄을 바짝 조이는 일이라고 부른다. 환난 후의 나라와 개인은 이렇게 스스로 절제해야 다시 일어설 수 있다. 1894년의 갑오경장甲午更張도 이런 의미에서 붙여진 이름이다.

절괘의 효 배열 순서는, 앞의 환괘에서 설명하였듯이, 환괘(䷺)를 완전히 뒤집은 복괘覆卦다. 제1·2효는 양효로서 양기가 치우친 듯 보이지만, 이어서 제3·4효가 음효이므로 서로 상쇄되어 음과 양의 균형을 이룬다. 그뿐아니라, 제5효와 제6효도 각각 1양과 1음으로서 균형이 맞아서, 전체적으로 3:3의 균형을 형성하고 있으니, 이는 충분히 절제를 상징한다고 볼 수 있다.

❖ 괘사 풀이 ❖

節, 亨. 苦節, 不可貞.
苦: 심히 고. 과도한. 貞: 바를 정. '正(바를 정)' 자와 같음.

『잡괘』에서 "'節절'은 억제한다는 뜻이다"(節, 止也)라고 해설하였다. 환난을 겪은 후의 형통함이란 환난 이전의 상태로 돌아가는 일일 터이니, 이를 위해서는 누리고 싶은 욕심을 억제해야 한다. 욕심을 억제하려면 무턱대고 참는 게 능사가 아니라 어떤 규범이 있어야 가능하다. 그 규범이 바로 예禮와 법인데, 전자는 개인이 자발적으로 억제하는 방법이고 후자는 강제적으로 금지하는 것이다. 이렇게 해야 개인이나 사회는 일탈하지 않고 질서 있는 정체성을 갖게 된다. 우리가 절개와 지조를 높이 평가하는 것은, 여기에 가치를 부여해야 이것이 든든한 사회적 기강이 되어 마음 놓고 제 일을 할 수 있기 때문이다. 함께 일하는 동료나 거래 상대방을 믿지 못하는데, 어떻게 사업을 할 수 있겠는가. 이것이 '절괘는 형통하기 위한 방도이다'(節, 亨)라는 말의 의미다.

욕심을 억제하는 게 형통하기 위한 방도라고 해서 무턱대고 억제하는 것만이 능사는 아니다. 억제와 금지를 과도하게 강조하고 실행하면, 오히려 욕심이 더 생겨서 겉으로만 예를 지키는 허례허식이 늘고 범법자를 양산하는 후과를 낳는다. 이것이 '苦節不可貞고절불가정', 즉 '절제를 과도하게 실행하면 바로잡히지 않는다'라는 구절이다.

옛날에 우임금이 물길을 트는 방식으로 황하의 치수에 성공하였듯이, 사람의 욕심은 바른길로 터 주어야 한다. 『예기』 「예운禮運편」의 "마실 것과 먹을 것, 그리고 남녀의 일은 사람의 큰 욕구가 그곳을 향해 있고, 사망과 가난으로 힘겹게 사는 일은 사람의 큰 증오가 그곳을 향해 있다. 그러므로 욕구와 증오라는 것은 마음의 핵심이다."(飲食男女, 人之大欲存焉, 死亡貧苦, 人之大惡存焉, 故欲惡者, 心之大端也)라는 구절은 절제를 어떻게 실천해야 하는가에 대한 근거를 말해 준다.

이에 대하여 『단』은 "절괘가 형통한 것은, 강직한 양괘와 음유한 음괘가 분명하게 나누어져 있고, 게다가 (상·하괘에서) 양효가 각각 가운데에 자리를 잡았기 때문이다. 절제를 과도하게 실행하면 바로잡히지 않는다'라는 말은 그렇게 하는 방식이 결국에는 궁색해질 것이라는 뜻이다. 즐거운 마음으로 어려운 (절제의) 일을 행하는 것은, 마땅한 사람이 당연한 자리에 앉음으로써 절제를 주도하고, 가운데서 공정하게 다스림으로써 막힘이 없기 때문이다. 천지도 마디를 잘라 절제해서 네 계절을 이룩한 것이니, 절제란 도수度數를 만듦으로써 재물에 손실을 입히지 않고 백성에게 해를 끼치지 않게 하는 것이다"(節亨, 剛柔分而剛得中. 苦節不可貞, 其道窮也. 說以行險, 當位以

節, 中正以通. 天地節而四時成, 節以制度, 不傷財, 不害民)라고 해설하였다. 여기서 '강직한 양괘와 음유한 음괘가 분명하게 나누어져 있다'라는 말은 양괘인 감괘와 음괘인 태괘가 위아래로 균형을 맞춘 사실을 가리키고, '즐거운 마음으로 어려운 (절제의) 일을 행하는 것'(說以行險)에서 '즐거운 마음'은 아래의 태괘를, '어려운 절제의 일'은 위의 감괘를 각각 지시한다. 그리고 '도수度數를 만들다'(制度)라는 말은, 절제를 구체적으로 하기 위하여 눈금(degree)으로 마디를 만들어 그 수량이나 횟수를 지킨다는 뜻이다.

이 괘사에 대하여 『상』은 "못물 위에 물이 더해 있는 게 절괘의 괘상이다. 군자는 이 원리로써 수량으로 도수를 만듦으로써 덕의 시행을 평가하였다"(澤上有水, 節. 君子以制數度, 議德行)라고 해설하였다. 못이란 물을 담아 저장하는 곳인데, 관리자는 못물이 넘치거나 모자라지 않도록 절제해야 한다. 그러려면 못의 깊이를 재서 눈금을 매겨 철에 따라 물의 높이를 조절해야 한다. 정치도 마찬가지다. 관직의 등급과 직급을 매겨 그 기능과 역할을 제한하고, 사람의 능력에 따라 자리를 배정하는 게 바로 '수량으로 도수를 만듦으로써 덕의 시행을 평가한다'라는 말이다.

[절節괘: 형통하기 위한 방도이지만, 절제를 과도하게 실행하면 바로잡히지 않는다.]

❖ 효사 풀이 ❖

① 初九, 不出戶庭, 无咎.
出: 나갈 출. 戶: 지게문 호. 내원內院을 드나드는 문. 庭: 뜰 정.

제1효는 양의 자리에 양효가 있으므로 당위다. 절제가 시작되는 시기이므로 단단히 각오해야 한다는 의미에서 양효로 시작하는 것은 당연하다. 그런데 단단히 각오하고 시작하는 것은 바람직하지만, 절제를 너무 강조하면서 나대는 것은 좋지 않다. 절제할 때는 마음속으로 다져야지 겉으로 자꾸 내세우면 오히려 더 욕심이 난다. 그래서 양효의 속성인 날뛰는 것을 억제해야 하는데, 제2 양효가 위로 올라가려는 힘을 막아 주는 게 이를 가리킨다. 효사의 '不出戶庭불출호정', 즉 '지게문으로 닫혀 있는 안뜰을 나가지 못하게 한다'라는 구절이 이를 가리킨다. 여기서 '戶庭'이란 옛날에는 본채로 들어가는 문이 두 개가 있었는데, 안쪽의 문은 지게문이어서 붙여진 이름이니, 이는 곧 안뜰, 즉 내원內院을 가리킨다. 다시 말해서 절제한다는 명분을 내세우지 않도록 마음속 깊은 곳에서부터 억제한다는 뜻이다.

제1효는 태兌괘의 시작인데, 이 괘는 막내딸을 상징한다. 곱게 자란 막내딸은 호기심이 많아서 틈만 나면 겁도 없이 집 밖으로 나가려는 속성이 있다. 만일 그녀가 밖으로 나가서 세상을 본다면, 집으로 돌아와 자기 집을 세상과 비교할 텐데, 그러면 절제는 불가능해진다. 그래서 절제를 굳게 실천하려면 막내딸을 안뜰에 가둬 놓고 키우듯이, 밖의 것을 보지 않게 함으로써 비교의 기회를 차단해야 한다. 이렇게 하면 중간에 절제를 포기하는 '재앙은 발생하지 않을 것'(无咎)이다.

본 효는 제4 음효와 상응하는데, 제4효는 감괘, 즉 혹 다가올지 모르는 또 하나의 고난을 가리킨다. 절제의 당사자가 말을 하지 않으니 아무도 그의 어려움을 모르지만, 앞으로 다시 닥칠지 모르는 환난을 그는 대비하고 있다는 뜻이다.

이에 대하여 『상』은 "지게문으로 닫혀 있는 안뜰을 나가지 못하게 하는 것은, 알게 하는 것과 모르게 하는 것의 이치를 알기 때문이다"(不出戶庭, 知通塞也)라고 해설하였다. 여기서 '通塞통색', 즉 '뚫림과 막힘'은 사람들에게 알림과 알리지 않음의 이치를 뜻한다.

[제1 양효. 지게문으로 닫혀 있는 안뜰을 나가지 못하게 하니, 재앙이 없다.]

② 九二, 不出門庭, 凶.

제2효는 음의 자리에 양효가 있으므로 실위다. 본 효는 신하의 자리이므로, 신하 된 자는 임금의 명을 받들어 부지런히 나다니면서 일해야 한다. 그런데 본 효는 제5 양효와 상응하지 않으므로, 명을 따라 잘 움직이지 않으려 한다. 제1효에서 나대지 말고 조용히 절제하라 했으니, 이 원칙을 바꾸지 않고 고집한다는 뜻이다. 이것이 '不出門庭불출문정', 즉 '대문으로 닫혀 있는 뜰 밖을 나가지 않는다'라는 구절이다. 여기서 '門庭'이란 바깥으로 나갈 때 통과하는 대문이므로, 이곳을 나간다는 것은 경제 및 사회 활동을 하러 외출함을 의미한다.

그런데 아무리 절제의 시기라 하더라도, 나가서 돈을 쓸 때는 써야 한다. 그래야 경제 활동을 해서 돈을 벌어들일 수 있기 때문이다. "어려울 때일수록 투자하라"라는 격언이 있다. '어려울 때'란 경기가 저점에 와 있다는 뜻이고, '투자하라'란 앞으로 올 호황에 준비하라는 의미이니, 검소와 절약만이 능사는 아니라는 말이다. 이를테면, 절약한다고 돈을 쌓아만 놓고 쓰지 않으면 시장에 돈이 말라 버리므로, 정부는 하는 수 없이 돈을 새로 찍어 낼 수밖에 없다. 그러면 인플레이션이 일어나 내가 쓰지 않고 모아 놓은 돈의 가치가 떨어질 터이니, 이는 곧 과도한 절제로 오히려 손해를 보는 셈이 된다.

이에 대하여 『상』은 "대문으로 닫혀 있는 뜰 밖을 나가지 않으니 사납고 험난한 것은, 때를 맞춰야 함을 잃었기 때문이다"(不出門庭凶, 失時極也)라고 해설하였다. 부례박은 여기서 '極극' 자는 '중정中正'의 뜻으로 쓰였으므로, '時極시극'은 '시기가 적절하다'라고 해석하였다.

[제2 양효. 대문으로 닫혀 있는 뜰 밖을 나가지 않으니, 사납고 험난하다.]

③ 六三, 不節若, 則嗟若, 无咎.

若: 같을 약. '然(그럴 연)' 자와 같음. 嗟: 탄식할 차.

제3효는 양의 자리에 음효가 있으므로 실위다. 거기다 효가 가운데 있지 못하고 치우쳐 있으므로, 강직하게 절제하지 못하고 방종하는 모양을 나타낸다. 본 효는 아래로 제2 양효가 치받고 있고, 위로는 감(☵)괘라는 난관이 버티고 있으니, 웬만큼 강직하지 않으면 절제하기 어렵다.

그래서 본 효는 자포자기하는 심정으로 즐기는 쪽으로 기울어진 것인데, 이 즐거움이 태兌괘의 마지막에 도달하였으니, 이제 '悅열', 즉 즐거움이 지나가고 허무와 슬픔만 남은 모양이다. 이것이 '不節若불절약, 則嗟若즉차약', 즉 '절제하는 삶을 살지 않아서, 탄식하는 삶을 사는 것'이라는 구절이다.

본 효는 태괘의 마지막 효로서 못의 물을 가리킨다. 물이란 아껴 써야 하는 물건인데, 흥청망청 다 써 버린 뒤에 이제 농사지을 물이 없다고 후회하고 한탄해도 방법이 없다. 자신의 의지가 약해서 그런 것이니, 누굴 탓하겠는가. 그래서 효사는 마지막에 '无咎', 즉 '어디 탓할 데가 없다'라고 말한 것이다.

이에 대하여 『상』은 "절제하지 않아서 나온 탄식이니, 또한 누구를 탓하겠는가?"(不節之嗟, 又誰咎也)라고 해설하였다.

[제3 음효. 절제하는 삶을 살지 않아서, 탄식하는 삶을 사는 것이니, 어디 탓할 데가 없다.]

④ 六四, 安節, 亨.
安: 편안할 안. 편안히 여기다.

제1·2·3효까지는 절제를 실천하는 사람의 입장인 반면에, 제4효부터는 절제하는 사람들을 살펴 주는 사람, 즉 지도자의 입장에서 묘사한다.

제4효는 음의 자리에 음효가 있으므로 당위다. 제1 양효와 상응하고, 바로 위에 있는 제5 양효와 음양으로 상합한다. 이 말은 제4효인 측근 신하가 위로는 강직한 임금의 명을 잘 받들어 시행하고, 아래로는 제1효의 자리에서 힙겹게 절제하는 선비와 백성을 극진히 굽어살피고 있다는 말이다.

앞에서 제1효는 절제한다고 나대지 않고 조용히 실천한다고 했는데, 이렇게 하면 자칫 기층에 있는 사람들의 삶이 피폐해질 수 있다. 이를 보완하려면 측근 신하는 임금을 대신하여 이들을 자상히 보살펴야 한다. 이렇게 하면 기층에 있는 벼슬하지 않은 선비와 백성이 자신들의 절제를 편히 여기며 실천할 수 있다. 이것이 바로 효사의 '安節안절', 즉 '절제를 편안히 여기다'라는 구절이다. 어려운 절제를 편히 여기고 실천하니, 형통하지 않을 수 없다.

이에 대하여『상』은 "절제를 편히 여겨서 형통한 것은, 임금의 도리를 받들었기 때문이다"(安節之亨, 承上道也)라고 해설하였다. 여기서 임금의 도리를 받든다는 것은, 제5 양효를 본 효가 받들고, 제1효와 상응함을 가리키는데, 이것이 가능한 것은 제5효가 양효로서 강직하기 때문이다.『논어』「안연顔淵편」에 "계강자가 공자에게 정치란 무엇인지를 묻자, 공자가 '정치란 바로잡는 것입니다. 공께서 앞장서서 바로잡으면 누가 감히 바로잡지 않겠습니까?'라고 대답하였다"(季康子問政於孔子. 孔子對曰: 政者, 正也. 子帥以正, 孰敢不正)라는 구절이 있는데, 이것이 이 의미를 잘 나타내고 있다.

[제4 음효. (백성이) 절제를 편안히 여기니, 형통하다.]

⑤ 九五, 甘節, 吉, 往有尙.
甘: 달 감. 달게 여기다. 往: 나아갈 왕. 尙: 숭상할 상. 따라 하다.

제5효는 양의 자리에 양효가 있으므로 당위다. 강직한 임금이 가운데에 자리하고 있어서 어디에도 치우치지 않고 공정하게 정치를 하므로, 백성으로부터 존경을 받는다. 우선 임금 자신이 솔선해서 절제를 실천하므로, 모든 사람이 그를 지지할 뿐 아니라, 그 힘든 절제를 달갑게 여기며 함께 실천한다. 이것이 '甘節감절', 즉 '절제를 달게 여긴다'라는 구절이다.

이렇게 하다 보면, 절제의 가치를 숭상하게 되고, 나중에는 하나의 풍조를 형성한다. 이것이 '往有尙왕유상', 즉 '앞으로 나아가면서 (절제를) 숭상하는 풍조가 생긴다'라는 구절이다. 이러한 임금은 공정하기에, 절제가 너무 지나치지 않도록 조절도 하는데, 이것이 앞의 『상』에서 말한, '군자는 이 원리로써 수량으로 도수를 만듦으로써'(君子以制數度), 백성에게 해가 되지 않도록 한다는 뜻이다. 즉 절제를 수량화하여 도를 넘지 않게 한다는 말이다.

이에 대하여 『상』은 "(백성이) 절제를 달게 여겨서 길한 것은, (임금의) 자리 잡음이 가운데에서 공정하기 때문이다"(甘節之吉, 居位中也)라고 해설하였다.

[제5 양효. (백성이) 절제를 달게 여기니, 길하다. 앞으로 나아가면서 (절제를) 숭상하는 풍조가 생긴다.]

⑥ 上六, 苦節, 貞凶, 悔亡.

苦: 괴로울 고. 貞: 곧을 정. 고집하다.

제6효는 음의 자리에 음효가 있으므로 당위다. 본 효는 절괘의 극단에 있으면서, 가운데의 중도를 넘어 한쪽으로 치우쳐 있다. 절괘의 다섯 효를 지나는 동안 절제를 유지하였으므로, 이제 마지막 은퇴할 시기에 와서는 자세를 바꿀 만한데도 여전히 품고 나간다. 왜냐하면 절제를 오래 유지하다 보니, 이미 강박증이 되었기 때문이다.

애당초 절제를 시작한 것은 백성이 흩어져서 유랑하는 사고를 방지하기 위한 것이었는데, 그 가치를 강조하며 실천하다 보니 어느 사이에 절제 자체가 지상 목표가 됨과 아울러 강박증이 되어 자신을 괴롭힌다. 이쯤 되면 꽉 막혀서 누구의 말도 듣지 않는 옹고집의 상태가 되어 버린다. 일상에서도 근검절약의 품덕이 나중에는 수전노守錢奴로 변질하는 현상을 흔히 볼 수 있다.

이러한 풍조가 사회에 만연하면, 돈이 쌓이기만 하고 돌지 않아서 경제가 침체에 빠진다. 경제가 침체에 들어가면, 경제 활동이 위축되어 갈수록 더 어려워질 터이니, 절제하면 절제할수록 더욱 가난해지는 역설에 빠진다. 이런 상황에서 들고 일어나지 않을 백성이 어디 있겠는가. 이것이 '苦節고절', 즉 '절제를 괴롭게 여기다'라는 구절이다. 그런데도 절제의 정책을 바꾸지 않고 그대로 고집하면 백성의 삶이 피폐해지므로, '貞凶정흉'이라고 말한 것이다. 여기서 '貞' 자는 '고집하여 밀고 나간다'라는 의미로 쓰였다.

백성의 삶을 위해서는 절제를 완화해야 할 때가 되면 정책을 바꿔야 하지만, 임금 자신에게는 그렇지 않다. 백성은 절제를 풀고 자유롭게 경제 활동을 해야 하지만, 지도자는 여전히 자신에게 엄격하게 절제를 가해야 한다. 왜냐하면 나라와 사회가 어지럽게 되는 발단은 궁극적으로 지도자의 방탕과 방종이기 때문이다. 마지막에 '悔亡회무', 즉 '후회할 일이 없다'라는 말은 이를 가리킨다.

이에 대하여 『상』은 "(백성이) 절제를 괴롭게 여기는데도 이를 고집하면 사납고 험난해지는 것은, 갈 길이 바닥났기 때문이다"(苦節貞凶, 其道窮也)라고 해설하였다. 절제를 명분으로 해서 백성을 더는 갈 데가 없는 궁지로 내몰았으니, 이러한 상황에서는 지도자가 어떻게 할 도리가 없다는 뜻이다.

[제6 음효. (백성이) 절제를 괴롭게 여기는데도 이를 고집하면 사납고 험난해진다. 그러나 (임금이 이렇게 하면) 후회할 일이 없다.]

61. 중부괘中孚卦

風澤中孚풍택중부: 순풍이 못 위로 불어 순항하
니 믿고 있어도 된다.

태하손상兌下巽上

❖ 개관 ❖

중부中孚괘는 하괘가 태兌괘, 상괘가 손巽괘로 이루어졌으므로, 못물 위에 바람이 부는 모양이다. 손괘는 나무를 상징하므로 물 위에서 배가 바람을 맞아 순항하는 모양이기도 하다.

『설문해자』에 "'孚부' 자는 알이 깬다는 뜻이다. 또 다른 의미로는 부절 符節이란 뜻도 있다"(孚, 卵孚也. 一曰信也)라고 해설하였다. 품은 알은 때가 차면 정확히 새끼가 깨고 나오므로, '믿을 만하다'라는 뜻이 되었고, 부절이 서로 딱 맞으면 믿을 만한 서류가 되므로 이를 '信신'이라 불렀다. 부절이란 계약 당사자들이 각인한 물건을 둘로 쪼개어 나중에 원본임을 맞춰 보기 위한 증명 수단이다.

중부괘는 두 개의 음효가 가운데에 있고, 아래위 양쪽을 양효가 두 개씩 감싸고 있는 모양이다. 이것은 바닥은 나무로 되어 있고, 위는 지붕으로 덮여 있고, 가운데에는 빈 선실을 만든 배의 형상을 나타낸다. 사람은 선실 안에서 안전하게 물을 건너갈 수 있으므로, '믿을 만하다'·'안심해도 된다'라는 의미를 갖게 된 것이다. '중부中孚'란 '외실내허外實內虛', 즉 '겉은 단단한 껍질로 싸여 있고, 마음 가운데에 다른 걱정이나 욕심이 없이 텅 비어 있으니, 믿고 있어도 된다'라는 뜻이다.

중부괘가 절節괘 뒤에 놓인 것에 관하여 『서괘』는 "부절이 있으면 이를 믿을 만하니, 그래서 중부괘로써 이어받은 것이다"(節而信之, 故受之以中孚)라고 해설하였다. 여기서 '節而信之절이신지'는 '절제를 하는 사람은 믿을 만하다'라고 풀이해도 문맥이 통한다.

중부괘의 효 배열 순서는 지금까지 복괘覆卦로 이어지던 예와는 전혀 다르게, 다음에 오는 소과小過괘(䷽)와 상호 반대의 모양을 형성한다. 그래서 가운데 한 쌍의 음효를 위아래 양쪽에서 양효 쌍들이 둘러싸고 있다. 즉 두 괘는 양효와 음효가 서로 뒤바뀐 모양을 하고 있다.

❖ 괘사 풀이 ❖

中孚, 豚魚吉, 利涉大川, 利貞.
豚: 돼지 돈. 魚: 물고기 어. 涉: 건널 섭.

어떤 사람을 감동·감화시키려면 그 어떤 수단보다도 진심과 믿음이 중요하다. 작은 사심이라도 마음속에 품으면 상대방은 그것을 금세 알아차리고 더는 믿지 않는다.

개와 고양이 등은 지능이 비교적 높아서 인간과 어느 정도 교감하므로, 일상에서 반려동물로 많이 선택된다. 반면에 교감이 잘 이루어지지 않는 동물은 특별한 경우를 제외하고는 반려동물로 추천되지 않는데, 그 대표적인 동물이 돼지와 물고기다. 만일에 누군가 돼지와 물고기를 감화시켜 믿고 따르게 만든다면, 그는 어떠한 사람도 감동·감화시킬 수 있을 것이다. 괘사의 '豚魚吉돈어길', 즉 '(진실한 마음이 있으면) 돼지와 물고기까지 길하다'라는 구절은 이를 가리킨다. 이러한 신뢰가 있다면 어떠한 난관도 헤쳐 나갈 수 있을 터이니, '利涉大川리섭대천', 즉 '이로움이 큰 강을 건널 때 생긴다'라는 구절이 이를 지시한다. 여기서 신뢰란 사심이 없는 올바른 생각과 실천인데, 이것은 한 번만 보여 줘서는 상대방을 감화시킬 수 없고 처음부터 끝까지 일관돼야 한다. 그래서 '利貞', 즉 '이로움이 올바름을 군건히 유지할 때 생긴다'라고 말한 것이다. 이때 '貞' 자는 '올바름'과 '군건함'을 함께 의미한다.

이에 대하여 『단』은 "중부괘는 음유함이 안에 있고 강직함이 밖에서 가운데 자리를 차지하고 있으니, 하괘는 기쁜 마음으로 (임금을) 받들고 상괘는 (민심에) 순종한다. 그래서 진실한 마음은 나라 전체를 감화시킨다. 돼지와 물고기까지 길한 것은 신실한 믿음이 돼지와 물고기에까지 미치기 때문이다. 이로움이 큰 강을 건널 때 생긴다는 말은 속이 빈 나무배를 탔기 때문이다. 중부괘는 이로움이 올바름을 군건히 유지할 때 생긴다는 말은 곧 변치 않는 하늘을 본받았기 때문이다"(中孚, 柔在內而剛得中, 說而巽, 孚, 乃化邦也. 豚魚吉, 信及豚魚也; 利涉大川, 乘木舟虛也; 中孚以利貞, 乃應乎天也)라고 해설하였다. 여기서 '음유함이 안에 있고 강직함이 밖에서 가운데 자리를 차지하고 있다'라는 말은 가운데의 제3·4효를 위아래로 양효가 둘러싸고 있음을 뜻하고, 원문의 '說而巽열이손'은 하괘인 태괘와 상괘인 손괘의 조합인 '悅而順', 즉 '기쁜 마음으로 받들고 민심에 순종한다'를 뜻한다. 그리고 원문의 '乘木舟虛승목주허'는 한문의 특수한 구문으로서, 직역하면 '나무배를 탔는데, 그 배는 속이 비었다'가 된다. 이는 '속이 빔'을 강조한 말로서 강을 건너게 된 것은 배가 속이 비어서 가능했다는 의미가 된다.

이 괘사에 대하여 『상』은 "못 위에 바람이 부는 것이 중부괘의 모양이다. 군자는 이 이치로써 옥사를 심의하고 사형을 늦춘다"(澤上有風, 中孚, 君子以議獄緩死)라고 해설하였다. 못 위에 바람이 불면 물결이 못 전체에서 빠짐없이 일어나는데, 이는 공평무사公平無私함과 아울러 어디 한구석도 빠뜨리지 않는 치밀함을 상징한다. 그래서 군자는 이 원리로써 소송과 재판에 임한다는 말인데, 여기서 하필 사형의 신중함을 거론한 것은, 사형은 한번 시행해 버리면 결코 되돌릴 수 없으므로 억울함이 생기지 않도록 심사숙고 해야 하기 때문이다.

[중부中孚괘: (진실한 마음이 있으면) 돼지와 물고기까지 길하니, 이로움이 큰 강을 건널 때 생기고, 이로움이 올바름을 굳건히 유지할 때 생긴다.]

❖ 효사 풀이 ❖

① 初九, 虞吉, 有它不燕.
虞: 염려할 우. 헤아리다. 它: 다를 타. 다른 생각을 하다. 燕: 편안할 연.

제1효는 양의 자리에 양효가 있으므로 당위다. 본 효는 태괘의 시초이므로 즐거운 마음을 바탕으로 한 적극적인 믿음을 나타낸다. 적극적 믿음이란 보여 주는 대로 믿는 게 아니라, 스스로 따져 본 후 근거를 갖고 믿는 것을 말한다. 본 효는 제4 음효와 상응하는데, 이는 강직한 본 효가 분명하지 않은 음유한 제4효에 대하여 적극적으로 다가가서 따져 봄을 의미한다.

『논어』「양화陽貨편」의 "성실하기만을 좋아하고 배움을 좋아하지 않으면, 그 폐단은 남에게 이용당하는 것이다"(好信不好學, 其蔽也賊)라는 구절에서 알 수 있듯이, 믿음은 일방적으로 굳게 믿는다고 해서 되는 게 아니다. 왜냐하면 내가 성실히 믿고자 하는 대상이 거짓일 수도 있기 때문이다. 따라서 믿을 만한 대상인지 자세히 따져 보고 근거를 확보한 후 믿어야 한다. 이것이 '虞吉우길', 즉 '이리저리 따져 보아야 길하다'라는 구절이다. 그래서 정이程頤도 '虞우' 자를 '度(헤아릴 탁)' 자로 풀이하였는데, 이는 믿을 만한 지를 먼저 헤아린 후에 믿고 따라야 한다는 말이다.

그래서 본 효가 제4효에 대하여 따져 보려 다가갈 때 이를 방해하는 게 제2 양효다. 무슨 일이든 진실을 알아보려 하면, 언제든지 이를 방해하는 세력이 있게 마련이다. 그래서 이 세력과 다투어야 하는데, 이들은 주로 내 주위에서 이해관계가 있는 사람들이다. 이들은 언제나 이해관계를 갖고서 나를 협박하거나 회유한다. 이것을 효사는 '有它유타', 즉 '(진실과 관련이 없는) 다른 것들이 나타난다'라고 묘사하였다. 진실을 알고자 할 때면 늘 이와 관련이 없는 일들이 나타나 방해하는데, 이렇게 되면 '不燕불연', 즉 '마음이 불안해져서' 포기하게 된다는 말이다.

이에 대하여 『상』은 "제1 양효가 이리저리 따져 보아야 길한 것은, (진실을 알려는) 의지가 변치 않기 때문이다"(初九虞吉, 志未變也)라고 해설하였다. 믿음의 근거는 진실이므로, 이를 알려는 의지가 변함이 없으면 길하다는 뜻이다. 믿고자 하는 대상이 음유한 상태에서는 믿음이 갈 수 없기 때문이다.

[제1 양효. 이리저리 따져 보아야 길하므로, (진실을 방해하는) 다른 것들이 나타나면 마음이 불안해진다.]

② 九二, 鶴鳴在陰, 其子和之; 我有好爵, 吾與爾靡之.

鶴: 두루미 학. 鳴: 울 명. 陰: 그늘 음. '蔭(그늘 음)'과 같음. 은폐된 곳. 我: 나 아. 여기서는 상제上帝. 하느님. 爵: 술잔 작. 벼슬. 好爵호작: '天爵천작'과 같음. 덕행이 훌륭한 사람이 받는 하늘의 작위. 吾: 나 오. 與: 더불어. 爾: 너 이. 靡: '縻(얽힐 미)'와 같음. 서로 하나가 되어 나누다.

제2효는 음의 자리에 양효가 있으므로 실위인 데다가, 위의 제3·4 음효에 의해서 그늘에 가려져 있다. 그래도 본 효는 가운데에 자리 잡은 양효로서 강직하게 성실함을 견지하고 있다. 그뿐 아니라 본 효는 제5효와 상응하지 않아, 위에서 알아주지 않아도 어려운 이웃인 제3 음효와 음양 상합相合하여 나누며 잘 지낸다. 그렇다면 본 효야말로 '성실함'이라는 덕목의 표상인 셈이니, 이런 사람은 하늘이 알아주고 또 복을 내려 줄 것이다. 그래서 본 효는 옛날부터 내려오는 노래 가사를 효사로 삼았다.

'鶴鳴在陰학명재음, 其子和之기자화지'는 '두루미가 보이지 않는 그늘에서 울어도 새끼들은 알아듣고 화답한다'라는 뜻이고, '我有好爵아유호작, 吾與爾靡之오여이미지'는 '상제인 나에게 천작天爵이 있으니 내가 너와 더불어 하나가 되어 나누겠다'라는 의미다. 다시 말해서, 두루미 새끼들이 어미의 울음소리를 보지도 않고 알아듣듯이, 홀로 성실함을 실천하는 사람은 하느님이 알아보고 하늘의 작위를 준비해 준다는 것이다.

이에 대하여 『상』은 "두루미의 새끼들이 어미에게 화답하는 것은, 속에 있는 진실한 마음이 원하였기 때문이다"(其子和之, 中心願也)라고 해설하였다. 즉 이해관계에 의해 좌우되지 않고 오로지 성실함의 신념으로 실천하면, 아무도 알아주지 않는 것 같지만 반드시 이에 감응하는 사람이 나타날 것이라는 말이다. 『논어』 「이인里仁편」에도 "덕 있는 사람은 외롭지 않으니, 반드시 그에게는 이웃이 있다"(德不孤, 必有隣)라는 구절이 있지 않던가.

[제2 양효. 두루미는 가려진 그늘에서 울어도 / 새끼들이 어미에게 화답하네. 나에게 하늘의 작위가 있으니 / 그대와 하나 되어 나누리라.]

③ 六三, 得敵, 或鼓或罷, 或泣或歌
敵: 원수 적. 맞서다. 或~或~: 접속사. ~하다가 ~하다. 鼓: 북 고. 공격하다. 罷: 그만둘 파. 후퇴하다. 泣: 울 읍. 歌: 노래 가.

제3효는 양의 자리에 음효가 있으므로 실위다. 신실한 마음을 굳게 가져야 할 때, 밖에 유혹하는 상황이 발생하면 마음이 흔들린다. 본 효는 제6 양효와 상응하는데, 이것이 본 효를 흔든다는 말이다. 자신을 지원하는 힘이 밖에 있으므로 본 효는 앞으로 나아가 승진의 기회를 잡으려 한다.

그러나 욕심이 발동하여 나아가려 하면, 반드시 이를 저해하는 세력도 생기게 마련이니 그것이 바로 제4 음효다. 이것을 효사는 '得敵득적', 즉

'적과 맞서게 되었다'라고 표현하였다. 본 효는 음효지만 양의 자리에 처해 있으므로 제4효를 공격한다. 게다가 음효와 음효는 맞설 수밖에 없는 관계다. 그러나 적수인 제4 음효는 제5 양효와 상합하는 배경 때문에 본 효가 이길 수 없으니, 공격을 멈추고 물러날 수밖에 없다. 이것이 '或鼓或罷혹고혹파', 즉 '공격했다가 이내 후퇴한다'라는 구절이다.

싸우는 자에게는 양면성이 있으니, 하나는 공격성이고 다른 하나는 두려움이다. 전자는 양의 자리에서 발동하지만, 후자는 음의 소질에서 나온다. 그래서 공격에 실패한 군대는 이내 보복과 반격에 대한 두려움에 떨게 된다. 그런데 제4효는 음의 자리에 있는 음효라서 소질이 공격적이지 못하여 반격하려는 의사를 보이지 않는다. 두려움에 떨다가 반격이 없을 것임을 알면 안도의 숨을 쉬면서 노래를 부를 터이니, '或泣或歌혹읍혹가', 즉 '슬피 울다가 이내 노래를 부른다'라는 구절이 이를 가리킨다.

이에 대하여 『상』은 "공격했다가 이내 후퇴하고, (슬피 울다가 이내 노래를 부르는 것은) 그 처한 위치가 온당치 않기 때문이다"(或鼓或罷, 位不當也)라고 해설하였다. '그 처한 위치가 온당치 않다'라는 말은, 유혹을 당할 만한 자리에서 신실함을 잊었다는 뜻으로서, 그러면 저와 같이 일희일비一喜一悲하는 혼란한 상태에 빠진다는 의미다.

[제3 음효. 적과 맞서게 될 터이니, 공격했다가 이내 후퇴하고, 슬피 울다가 이내 노래를 부르게 된다.]

④ 六四, 月幾望, 馬匹亡, 无咎.

幾: 거의 기. 望: 보름 망. 馬: 말 마. 匹: 짝 필.

제4효는 음의 자리에 음효가 있으므로 당위다. 본 효는 측근 신하로서 제5 양효와 음양으로 상합하므로 임금에게 두터운 신임을 받을 뿐 아니라, 아래의 제1 양효와도 상응하고 있어서, 백성에게도 두터운 신망을 얻는다.

위아래로 신망을 받는다면 나라의 모든 사람이 존경한다는 뜻이니, 그는 중 부패의 중심에 있을 만하다. 그렇다면 그는 명분만 임금이 아닐 뿐이지, 실 질적으로는 임금이나 마찬가지다. 이는 비유컨대 음력 14일 밤에 뜬 달이 라 할 수 있으니, 이 달은 이름이 보름달은 아니지만 보름달에 거의 가 있어 서 보름달이나 진배없기 때문이다. 그래서 효사는 '月幾望월기망', 즉 '달이 보름달에 거의 가 있다'라고 묘사한 것이다. 명분과 덕을 모두 갖춘 사람을 '왕'이라 부르는데, 공자는 덕을 갖췄으되 명분이 없으므로 '소왕素王', 즉 '무관의 제왕'이라 부르는 것과 마찬가지 이치다.

이처럼 측근 신하가 위아래로부터 신망을 받으면, 자연히 백성을 놓고 임금과 경쟁 관계가 되게 마련이니, 이는 매우 위험한 상황이 된다. 백성의 복지를 위해서 어떤 사업을 추진할 때, 상주上奏하는 자는 측근 신하이고 승인하는 자는 임금이다. 후대의 역사는 당연히 승인하는 임금을 높이 평가 하고 신하는 잊지만, 당대의 백성은 오히려 측근 신하를 더 칭송한다. 왜냐 하면 백성의 처지에서는 신하와는 직접적인 관계이고, 임금과는 간접적인 관계이기 때문이다. 따라서 백성에게 베푸는 일을 할 때는 신하는 각별히 조심하지 않으면 오해를 사기 십상이다.

이런 배경에서 측근 신하가 해야 할 일은 신실함을 유지하는 것인데, 이 는 다름 아닌 임금에게 충성하는 것이다. 본 효는 위아래로 신망을 받고 있 지만, 둘 다 누리는 일은 기실 불가능하다. 백성으로부터 신망을 받는 일이 매력적이기는 하지만, 이는 위험을 초래할 수 있으므로 포기하고, 임금에게 만 충성하고 신임을 받는 게 현명하다. 그래서 효사는 '馬匹亡无咎마필무무 구', 즉 '말의 짝을 없애면 재앙이 없다'라고 표현한다. '馬匹'이란 '말의 짝' 으로서 똑같이 생긴 한 쌍의 말을 뜻한다. 옛날에는 마차의 품위를 높이기 위해서 쌍두마차의 경우 두 마리의 말을 크기와 색깔을 똑같이 맞춰서 끌 게 하였다. 측근 신하가 쌍두마차의 말처럼 임금과 백성의 양쪽으로부터 신 망을 받는 게 좋게 보일지는 몰라도 위험한 일이므로, 그중 한 마리를 없애

버려야 후환이 없다는 비유다.

이에 대하여 『상』은 "말의 짝을 없애면 재앙이 없는 것은, 동류와는 관계를 끊고 임금을 모시기 때문이다"(馬匹亡, 絶類上也)라고 해설하였다. 여기서 '동류와는 관계를 끊다'(絶類)의 '동류'는 자신과 통하는 부류들로서 백성을 뜻하고, 원문의 '上' 자는 '順上순상', 즉 '임금에게 복종하여 따른다'라는 뜻이다.

[제4 음효. 달이 보름달에 거의 가 있으니, 말의 짝을 없애면 재앙이 없다.]

⑤ 九五, 有孚攣如, 无咎.

攣: 매일 련. 연관되다. 如: 같을 여. '然(같을 연)' 자와 같음.

제5효는 양의 자리에 양효가 있으므로 당위다. 강직한 임금이 성실한 믿음을 견지하며 가운데에 자리 잡고 있는 데다가, 제4 음효의 측근 신하가 그를 보좌하므로 재앙이 있을 수 없다. 이것이 '有孚攣如无咎유부련여무구', 즉 '성실함을 넉넉히 가짐을 손깍지 끼듯 꼭 쥐면 재앙이 없다'라는 구절이다. 여기서 '有' 자는 '넉넉하게 많다'라는 뜻이고, '攣' 자는 '양손의 열 손가락을 서로 깍지 낀다'라는 뜻이므로, '攣如'란 양손을 깍지 껴서 잡듯이, 성실함을 견고하게 유지한다는 의미가 된다.

이렇게 임금이 신실함을 지켜야 제2효의 신하들과 소통이 되지 않더라도 그들을 감화시킬 수 있고, 더 나아가 강직한 백성을 이끌어서 국력을 키울 수 있다.

이에 대하여 『상』은 "성실함을 넉넉히 가짐을 손깍지 끼듯 꼭 쥐게 되는 것은, 강직하고 신실한 임금이 제자리에 앉아 있기 때문이다"(有孚攣如, 位正當也)라고 해설하였다. 여기서 '제자리'는 임금이란 강직해야 하고 또 성실해야 함을 나타내는 말이다.

[제5 양효. 성실함을 넉넉히 가짐을 손깍지 끼듯 꼭 쥐었으니, 재앙이 없다.]

⑥ 上九, 翰音登于天, 貞凶.

翰: 깃 한. 높이 날다. 音: 소리 음. 登: 오를 등.

제6효는 음의 자리에 양효가 있으므로 실위다. 이제 전성기를 지나 은퇴해야 할 시점에서 강직한 자질을 내세운다는 것은, 허장성세虛張聲勢, 즉 내실도 없이 옛날의 명성만 내세우는 시대착오적 행위에 불과할 뿐이다. 본효가 제5 양효 뒤에 오는 양효라는 사실이 이를 말해 준다. 즉 제5 양효는 한창 힘이 있는 중효의 자리에서 떨친 명성이었지만, 본 효는 같은 양효라 하더라도 이제 스러져 가는 소리이므로 힘이 쇠약해졌다는 말이다.

이것을 효사는 '翰音登于天한음등우천', 즉 '서서히 사그라져 가는 소리가 하늘로 올라간다'라고 표현하였다. '翰音'이란 원래 종묘 제사 시에 올리는 제물 중에서 닭을 가리키는 말인데, '翰'이 '깃'·'날개'를 가리키므로 '높이 날아가다'라는 의미를 나타내기도 한다. 따라서 '翰音'이란 소리만 하늘 높이 날아갈 뿐 아무도 듣지 않는 말을 뜻한다. 안사고顏師古는 여기에 "자신의 자리가 아닌 곳에 처한 사람을 비유하는 말로서, 명성이 그 실질을 초과한 경우를 뜻한다"(喻居非其位, 聲過其實也)라고 주를 달았다. 따라서 '서서히 사그라져 가는 소리가 하늘로 올라간다'라는 말은, 속에 진실성이 없는 말은 아무리 외쳐 봤자 하늘로 올라가서 되돌아오지 않는다, 즉 반향이 없다는 뜻이다. 이 구절을 '닭이 날개가 달렸다고 해서, 제 주제를 모르고 하늘로 날아 올라가려 한다'라고 해석하기도 한다.

이렇게 진실성이 없어서 반향이 없는 말은 죽자고 줄기차게 외쳐 봤자, 아무도 들어 주지 않으므로 결과가 사납고 험난할 수밖에 없다. 마지막의 '貞凶'은 바로 이 뜻이다. 여기서 '貞' 자는 굳건하게 고집한다는 뜻이다.

이에 대하여 『상』은 "서서히 사그라져 가는 소리가 하늘로 올라가니, 어떻게 오래갈 수 있는가?"(翰音登于天, 何可長也)라고 해설하였다. 위세가 없는 자리에서 옛날 생각만 하고 외치는 호령은 실체가 없으므로, 오래가지 못하고 사그라드는 법이다.

　　[제6 양효. 서서히 사그라져 가는 소리가 하늘로 올라가는 법이니, 이를 줄기차게
고집하면 사납고 험난해진다.]

62. 소과괘小過卦

雷山小過뢰산소과: 산에서 울리는 우레는 과실過
失이 작다.
간하진상艮下震上

❖ 개관 ❖

소과小過괘는 하괘가 간艮괘, 상괘가 진震괘로 이루어졌으므로, 산 위에
서 우레가 울리는 모양이다. 큰 우레가 산 위에서 울리면, 나무가 벼락을 맞
고 엄청난 비로 산사태가 나는 등 피해가 발생하지만, 그래도 비가 많이 와
서 얻는 이익에 비하면 손실은 미미하다고 볼 수 있다. 이런 연유로 본 괘
를 '小過', 즉 '작은 과실'이라고 명명한 것이다. 한편, 우레가 산에서 울리
면 땅에서 울리는 것보다 소리는 더 크지만, 사람에게 입히는 피해는 오히
려 적다는 의미에서 '소과'라고 지었다고 해석하기도 한다.

소과괘가 중부中孚괘 뒤에 놓인 것에 대하여 『서괘』는 "신실한 믿음을
가진 사람은 반드시 이를 실천하므로, 소과괘로써 이어받았다"(有其信者必
行之, 故受之以小過)라고 해설하였다. 신실한 믿음이 있는 사람이 실천하다
보면, 의욕이 넘쳐서 한도를 지나칠 수 있지만, 이는 작은 실수에 지나지 않
으므로 소과괘를 중부괘 뒤에 두었다는 뜻이다. 한편 원문의 '信(증거 신)'
자를 '증명서'의 의미로 보고, 증명서를 가진 사람은 반드시 관문을 통과하
여 지나가게 되므로, 중부괘 뒤에 소과괘를 두었다고 해석하기도 한다.

'過' 자의 의미는 대과大過괘에서 이미 설명하였듯이, '度(건널 도)' 자와 같아서 '건너다'·'지나가다'·'넘어서다' 등의 의미로 풀이한다. 대과와 소과의 의미는 '大'와 '小'의 차이만 있을 뿐 근본적으로 같다. 즉 전자는 비상사태에 임해서는 월권을 해서라도 구원해야 하고, 후자는 신실한 마음으로 일을 진행하다가 범한 실수는 관대하게 보아야 한다는 것이다. 그래서 두 괘가 모두 상·하경의 뒤에서 세 번째에 각각 배열돼 있다.

공무원 사회에서 흔히 듣는 말 중에 "의욕적으로 일하다가 실수하거나 민원이 발생하면, 차라리 가만히 있음만 못하다"라는 자조적인 격언이 있다. 공무원 사회의 이른바 복지부동伏地不動 행태는 여기에 근거한다. 『논어』「이인里仁편」에 "잘못을 관찰하면 그가 어진 사람인지 알 수 있다"(觀過斯知仁矣)라는 구절이 있다. 같은 실수라 하더라도 그 본질이 다를 수 있으므로, 이를 따져 보면 성실함에서 나온 실수인지, 게으름에서 저지른 실수인지를 알 수 있다는 말이다. 만일 전자를 후자와 똑같이 처벌한다면 이후부터는 아무도 적극적으로 일하려 하지 않을 것이다. 그래서 『맹자』「이루離婁(상)」에서도 "선한 마음만으로는 정치를 하기에 부족하다"(徒善不足以爲政)라고 말하였다.

세상에 완전한 사람은 없으므로 누구나 실수한다. 따라서 실수에 위축되지 말고, 적극적으로 일에 임하라는 게 소과괘가 전하고자 하는 메시지다. 경계에 실패한 지휘관은 반드시 처벌해야 하지만 작전에 실패한 지휘관은 처벌할 수 없다는 말이 있다. "이기고 지는 것은, 전략가들에게는 늘 있는 일"(勝敗, 兵家之常事)이기 때문이다.

앞의 중부괘에서 이미 언급하였듯이, 소과괘의 효 배열 순서는 중부괘(䷼)와 상호 반대다. 그래서 가운데 한 쌍의 양효를 위아래 양쪽에서 음효 쌍들이 둘러싸고 있다. 이것은 겉으로는 실수가 좀 드러나더라도 가운데에는 견고한 신실함이 있음을 나타낸다.

❖ 괘사 풀이 ❖

小過, 亨, 利貞. 可小事, 不可大事. 飛鳥遺之音, 不宜上, 宜
下. 大吉.

飛: 날 비. 鳥: 새 조. 遺: 남길 유. 音: 소리 음. 宜: 마땅할 의.

'過' 자에는 두 가지 의미가 있는데, 하나는 일정한 기준이나 목표를 지나
쳤다는 뜻이고, 다른 하나는 잘못이라는 뜻이다. 우리가 흔히 잘못을 지적
할 때 '과유불급過猶不及', 즉 '지나친 것과 미치지 못한 것은 같다'라는 말
을 자주 쓰는데, 이렇게 보면 지나침과 잘못은 사실상 같은 의미다. 그래서
사람들은 일상에서 이 두 가지를 저지르지 않으려고 무척 긴장한다. 그런데
이런 부정적 관념과 달리 '過'라는 것은 기실 매우 긍정적이고 바람직하다.

이를테면, 지나쳤다는 것은 정해진 기준을 초과했다는 의미인데, 기준
을 넘어섰으므로 이미 기준이 무엇인지를 경험하였다는 뜻이 된다. 또한 우
리가 정도正道를 간다고 할 때, 정도로 직접 갈 방법은 사실상 없고 반드시
오류 또는 잘못을 통해서만 정도에 이를 수 있다. 청나라 원매袁枚는 그의
『속시품續詩品』「용개勇改편」에서 "하나의 중대한 잘못을 안다는 것은, 하
나의 중대한 경지에 들어가는 것이다"(知一重非, 進一重境)라고 설파하였다.
이는 실수가 곧 진리를 깨닫는 수단이라는 뜻이다. 그래서 효사도 '小過亨
소과형', 즉 '작은 잘못은 형통하다'라고 말한 것이다. 그렇다고 해서 무작정
잘못을 저지르는 게 좋은 것이 아니라 늘 정도와 진리를 깨닫겠다는 마음
을 가져야 하므로, '利貞', 즉 '이로움이 올바름을 견지할 때 생긴다'라고 말
한 것이다.

앞의 대과大過괘와 달리 소과괘는 개인이 진리를 깨닫고 수양을 하는 데
에 유리한 방도이자 전략이므로, '可小事가소사, 不可大事불가대사', 즉 '작
은 일에는 가능하지만, 큰일에는 가능하지 않다'라고 말한다. 나라를 다스

주역 64괘 강해: 하경　689

리는 일에는 사소한 잘못도 용납되지 않는다는 말이다.

소과가 긍정적으로 되려면 어디까지나 작은 과실에 국한돼야 한다. 새가 너무 높이 날아서 죽을 소리를 낼 정도라면 그 새는 자기 둥지로 돌아오지 못한다. 그래서 더는 위로 올라가면 안 되고, 내려와야 한다. 이것이 '飛鳥遺之音비조유지음, 不宜上宜下불의상의하', 즉 '나는 새가 마지막 비명을 남길 정도라면, 마땅히 더 올라가지 말고 내려와야 한다'라는 구절이다. 왜냐하면 잘못을 억지로 저지르는 것은 더는 소과가 아니기 때문이다. 원문의 '飛鳥遺之音'에서 '之' 자는 '其(그 기)' 자로 풀이해야 문맥이 잘 통한다.

작은 잘못을 통해서 진리를 깨닫고 수양을 하면, 그 사람은 대과大過를 과감하게 해서 나라를 구할 수 있으니, 이는 '크게 길한 것'(大吉)이다.

이에 대하여 『단』은 다음과 같이 해설하였다. "'소과'에서 '소'란 지나쳤지만 형통하다는 뜻이다. 지나쳤는데도 이로움이 올바름을 견지할 때 생기는 것은, 시기에 맞춰 실천하기 때문이다. (제2효와 제5효의) 음유함이 가운데에 자리 잡았기에 작은 일에 길하다. (제3효와 제4효의) 강직함이 자신이 있어야 할 자리를 잃고 또 가운데에 자리 잡지 않았기에, (국사와 같은) 큰일에는 쓸 수가 없다. 날아가는 새의 형상이 이 괘 안에 있는데, 나는 새가 마지막 비명을 남길 정도라면, 마땅히 더 올라가지 말고 내려와야 한다는 뜻이니, 그러면 크게 길하다. 왜냐하면 위로는 힘을 거스르는 것이고, 아래로는 힘에 순종하는 것이기 때문이다."(小過, 小者過而亨也, 過以利貞, 與時行也. 柔得中, 是以小事吉也; 剛失位而不中, 是以不可大事也. 有飛鳥之象焉, 飛鳥遺之音, 不宜上, 宜下, 大吉, 上逆而下順也) 여기서 '시기에 맞춰 실천하기 때문'이라는 말은, 지나치는 실수를 아무 때나 하는 게 아니고, 지나침이 필요할 때 골라서 한다는 뜻이다. 아래의 『상』에서 말하듯이, 다른 사람들에게 모범을 강하게 보여야 할 필요가 있을 때 과도하게 해야 하는 법이다. 그래야 '過以利貞과이리정', 즉 유익함이 정도를 유지할 때 발생해야 지나침이 효과가 있는 법이다. 그리고 소과괘에 날아가는 새의 형상이 있다는 것은,

괘의 중간에 있는 두 개의 양효는 새의 몸통이고 양쪽 두 쌍의 음효는 두 날개를 상징한다는 데서 나온 말이다.

이 괘에 대하여 『상』은 "산 위에 우레가 울리는 게 소과괘의 형상이다. 군자는 이 원리로써 예를 실천할 때 일반적인 공경함보다 조금 더 과도하게 하고, 문상할 때는 보통의 애도哀悼함보다 조금 더 과도하게 표현하며, 씀씀이에서는 보통의 검소함보다 조금 더 과도하게 한다"(山上有雷, 小過. 君子以行過乎恭, 喪過乎哀, 用過乎儉)라고 해설하였다. 산 위에서 울리는 우레는 땅에서 울리는 우레보다 소리가 더 크기에 이 원리에 따라 약간 더 과도하게 행동한다는 뜻이다. 흔히 "지나친 공손은 예가 아니다"(過恭非禮)라고 하지만, 사회적으로 예가 느슨해졌을 때 사회 지도층 인사들이라면 약간 과도하게 예를 실천해서라도 경각심을 불러일으켜야 한다는 의도다. 『논어』에도 공자가 안회가 죽자 예를 어기고 통곡하였다는 기록이 있다.

[소과小過괘: 형통하지만, 이로움이 올바름을 견지할 때 생긴다. 작은 일에는 쓸 수 있지만, 큰일에는 쓸 수 없다. 나는 새가 마지막 비명을 남길 정도라면, 마땅히 더 올라가지 말고 내려와야 할지니, 그러면 크게 길하다.]

❖ 효사 풀이 ❖

① 初六, 飛鳥以凶.
飛: 날 비. 鳥: 새 조.

제1효는 양의 자리에 음효가 있으므로 실위다. 본 효는 하괘인 간괘의 첫 효이면서 제4 양효와 상응하는데, 간괘는 멈춤을 상징한다. 즉 아직 나는 방법을 다 익히지 않았으므로 둥지에 머물면서 더 익혀야 하는데도, 제 주제를 파악하지 못하고 높이 날아 올라간 새를 상징한다는 말이다. 앞의 『단』에서 말한바, '마땅히 더 올라가지 말고 내려와야 하는데도' 힘을 거스르고 올라갔으니, 그 새는 마지막 비명을 지를 수밖에 없다. 이것이 '飛鳥以 凶비조이흉', 즉 '새가 높이 날아 올라가서 사납고 험난하게 되었다'라는 구 절이다.

이것은 재주와 능력을 아직 갖추지 않은 자가 위에서 누가 좀 도와준다 고 하니, 함부로 나대는 소인배를 비유하는 말이라고 볼 수 있다. 우리 일상 에서 "자리가 사람을 만든다"라는 격언을 자주 듣는다. 평소 평범하게 보였 던 옆집 아저씨가 어느 날 장관이 되었다면, 갑자기 사람이 달리 보인다. 장 군이 군복을 입고 있으면 노숙해 보이지만, 평상복을 입고 있으면 40대 중 년에 지나지 않는다. 다시 말해서, 어떤 사람이 과분한 자리에 올라가 있으 면 다른 사람들은 그에게 그 자리에 걸맞은 행동을 하길 기대하는데, 그가 오히려 잘난 척하며 날뛰면 그 결과는 험난해질 수밖에 없다.

이에 대하여 『상』은 "새가 높이 날아 올라가서 사납고 험난하게 되는 일 은, 어떻게 해 줄 수가 없다"(飛鳥以凶, 不可如何也)라고 해설하였다. 능력이 부족한 자가 과분한 자리에 있으면 잘난 척하고 나대게 되는데, 이런 사람 은 누구의 조언도 들으려 하지 않으므로 어떻게 구제할 방법이 없다는 뜻 이다.

[제1 음효. 새가 높이 날아 올라가서 사납고 험난하게 되었다.]

② 六二, 過其祖, 遇其妣, 不及其君, 遇其臣, 无咎.

祖: 처음 조. 遇: 만날 우. 짝하다. 妣: 어머니 비. 及: 미칠 급.

제2효는 음의 자리에 음효가 있으므로 당위다. 임금의 자리인 제5효와 상응하지 않지만, 신하의 자리인 본 효는 가운데에 자리 잡은 채 자신의 본 분을 공정하게 시행하는 모양이다.

앞의 제1효는 양의 자리에 음효가 있는 실위인 데다가, 그나마 상응하는 제4 양효 역시 실위이기에 '사납고 험난'(凶)하였다. 그래서 이것을 본 효에서는 '過其祖과기조', 즉 '처음 시작에 잘못됨이 있었다'라고 표현한 것이다. 여기서 '祖' 자는 '처음'이라는 뜻으로 쓰였지만, 뒤에 이어지는 '遇其妣우기비'의 '妣비' 자가 '어머니'라는 뜻임을 고려할 때 '祖' 자에는 '아버지'라는 의미도 담겨 있음을 짐작할 수 있다. 다시 말해서, 집안의 초석인 아버지가 능력이 없어서 제 역할을 못 하고, 집 밖에서 어쭙잖은 사람들과 어울려 돌아다니고 있음을 알 수 있다는 말이다.

그런데 다행히도 본 효는 당위로서, 어머니가 가운데에 자리 잡고 어머니의 본분을 다하고 있다. 제5효와 상응하지는 않지만, 이에 흔들리지 않고 집안을 잘 지키고 있는 모양새다. 이것을 효사는 '遇其妣우기비', 즉 '어머니의 자리에 걸맞게 행동한다'라고 묘사하였다. 여기서 '遇' 자는 앞의 '過' 자와 반대 의미로서, '걸맞다'라는 뜻이다. 다시 말해서, 아버지는 집안을 안 돌보고 밖으로 나돌아 다니지만, 어머니는 꿋꿋하게 집안을 잘 지키고 있다는 말이다.

이와 같은 아버지와 어머니의 관계를 나라에서는 임금과 신하의 관계로 치환할 수 있는데, 그것이 '不及其君불급기군, 遇其臣우기신', 즉 '미치지 못함이 임금에게 있지만, 신하는 자리에 걸맞게 행동한다'라는 구절이다. 원문에서 '不及'이란 기준에 미치지 못한다는 말로서, 『논어』에서 공자가 말한바 '過猶不及과유불급', 즉 '지나침은 미치지 못함과 같다'라는 말을 상기한다면, '不及'은 '過'와 기실 같은 말일 뿐이다. 신하는 임금의 명을 받들어 실행해야 하지만, 임금이 제 역할을 못 하면 신하라도 제자리를 지키고 해야 할 일을 하는 게 도리라는 말이다. 이렇게 하면 '无咎무구', 즉 나라에 재앙이 없다.

이에 대하여 『상』은 "미치지 못함이 임금에게 있어도, 신하는 잘못을 저질러서는 안 된다"(不及其君, 臣不可過也)라고 해설하였다.

[제2 음효. 처음 시작에 잘못됨이 있었지만, 어머니가 자리에 걸맞게 행동하는 것처럼, 미치지 못함이 임금에게 있지만, 신하는 자리에 걸맞게 행동하니, 재앙이 없다.]

③ 九三, 弗過防之, 從或戕之, 凶.

弗: 아닐 불. '不~之'와 같음. 防: 막을 방. 從: 따를 종. 或: 간혹 혹. 戕: 죽일 장.

제3효는 양의 자리에 양효가 있으므로 당위다. 힘을 부릴 수 있는 자리에 능력을 갖춘 자가 있는 데다가 제6 음효와 상응하므로, 과신이나 과욕을 부릴 가능성이 크다.

본 효는 간艮괘의 맨 위에 있는데, 이 괘는 '막음'과 '멈춤'을 상징하므로, 자신을 억제하면서 윗사람을 간언하는 일에 책임이 있는 사람임을 알 수 있다. 그런데 그는 제6효와 상응하기에 욕심을 억제하지 못하고 위로 올라가려 애쓰고 있다. 불행히도 올라가려는 길목을 제4 양효가 가로막고 있어서 그와 대치할 수밖에 없다.

마침 측근 신하인 제4효는 음의 자리에 양효가 있는 실위인 데다가, 그 위에 모시고 있는 임금(제5 음효)이 유약하므로 그를 압박하며 농단한다. 이러한 상황이면 본 효가 제4효에게 그러지 말라고 막아서는 게 마땅하니, 이것을 '弗過防之불과방지', 즉 '나서는 것을 잘못으로 여기지 않고 그를 막는다'라고 묘사하였다. 여기서 원문의 '弗過'는 '不過之', 즉 '그것을 잘못으로 여기지 않다'라고 바꿔 말할 수 있다. 그런데 제3효는 오히려 이를 기회로 여기고는 그를 따르기로 한 것이다.

본 효는 마땅히 제4효의 행위를 막든가, 아니면 적어도 자신이 멈춰야 하는데, 위로 올라가려는 욕심에 서로 상합하지도 않는 제4효를 따라가니, 해를 입지 않을 수 없다. 이것이 '從或戕之凶종혹장지흉', 즉 '그를 따라가다 보면 그에게 죽임을 당할 수도 있으니, 사납고 험난하다'라는 구절이다. 아무리 욕심에 사로잡혔어도 따라갈 사람이 있고, 그래서는 안 되는 사람이 있는 법이다.

이에 대하여 『상』은 "무작정 따라가다가 그에게 죽임을 당할 수도 있다면, 그 사납고 험함이 얼마나 큰가?"(從或戕之, 凶如何也)라고 해설하였다. 자신에게 주어진 책무를 잊고 함부로 부화뇌동하다가 당할 수 있는 재앙을 경고한 말이다.

[제3 양효. 그것을 잘못으로 지적하여 막지 않고서, 그를 따라가다 보면 그에게 죽임을 당할 수도 있으니, 사납고 험난하다.]

④ 九四, 无咎, 弗過遇之, 往厲必戒, 勿用永貞.

제4효는 음의 자리에 양효가 있으므로 실위다. 임금의 명을 잘 받들어야 하는 측근 신하의 자리에 강직한 자질의 사람이 앉아 있어서 약간 불안하기는 하지만, 이곳이 상괘인 진괘의 맨 아래 효로서 움직임의 시작이므로, 적극적으로 나서는 게 나쁘지는 않다. 그래서 앞에 '无咎무구', 즉 '재앙이 없다'라는 말로 시작한 것이다. 따라서 '弗過遇之불과우지', 즉 '나서는 것을 잘못으로 여기지 않고 자신의 역할을 한다'라는 게 가능하다. 다시 말해서 본 효는 순종하는 게 미덕이기는 하지만, 여기서는 월권을 하더라도 강직하게 나서서 임금을 바로잡는 게 자신의 임무이기도 하다는 말이다.

그러나 월권하며 강직하게 나가는 태도가 한 번은 통할 수 있지만, 앞으로 계속 이렇게 하면 위험할 수 있으니 조심해야 한다. 이것이 그다음의 '往厲必戒왕려필계', 즉 '앞으로는 위험하니, 반드시 경계해야 한다'라는 구절이다. 이를테면, 권력자에게 명분을 따지며 당돌하게 대드는 행위는 한 번 정도는 명분에 밀려 수용될 수 있지만, 이게 늘 통하지는 않는다. 인내에도 한계가 있기 때문이다. 그래서 효사는 '勿用永貞물용영정', 즉 '올바른 일이라 해서 오랜 기간 계속하는 방법을 쓰지 말라'라고 경고한다. 『논어』「이인里仁편」에도 "임금을 섬길 때 자꾸 졸라 대면 욕을 보게 된다"(事君數, 斯辱矣)라는 자유子游의 말이 있다.

이에 대하여 『상』은 "나서는 것을 잘못으로 여기지 않고 자신의 역할을 하게 되는 것은, 그가 처한 자리가 그에게 맞지 않기 때문이고, 앞으로는 위험하니 반드시 경계해야 하는 것은, 끝까지 이런 식으로 유지할 수 없기 때문이다"(弗過遇之, 位不當也; 往厲必戒, 終不可長也)라고 해설하였다. 여기서 '그가 처한 자리가 그에게 맞지 않기 때문'이라는 말은, 제4효는 순종적인 사람이 있어야 하는 자리라는 뜻이다.

[제4 양효. 재앙이 없기에, 나서는 것을 잘못으로 여기지 않고 자신의 역할을 해야 한다. (이렇게 하는 게) 앞으로는 위험하니 반드시 경계해야 하고, 올바른 일이라 해서 오랜 기간 계속하는 방법을 쓰지 말라.]

⑤ 六五, 密雲不雨, 自我西郊, 公弋取彼在穴.

密: 빽빽할 밀. 雲: 구름 운. 雨: 비 우. 自: ~서부터 자. 我: 나 아. 郊: 성 밖 교. 公: 귀인 공. 弋: 주살 익. 取: 가질 취. 彼: 저 피. 穴: 구멍 혈.

제5효는 양의 자리에 음효가 있으므로 실위다. 임금의 자리에 강직한 임금이 앉아 있어야 마땅한데, 여기서는 임금이 임금답지 않게 소극적이다. 그러나 이 임금은 강직하지는 않지만, 덕이 많아서 백성이 모두 따르므로, 임금이 앞장서서 동원하면 백성은 언제든지 기꺼이 나설 준비가 되어 있다. 이는 기실 주나라 문왕의 일을 가리키는데, 주왕의 폭정에 시달린 백성은 문왕이 나서기만 하면 언제든지 그를 따라 정권을 전복시킬 수 있지만, 이는 윤리적으로 옳지 않을뿐더러 너무나 많은 희생이 따를 수도 있어서, 때를 기다리고 있었을 뿐이다. 이것이 '密雲不雨밀운불우, 自我西郊자아서교', 즉 '짙은 구름이지만 아직 비는 내리지 않으니, 이는 우리가 있는 서쪽 성 밖으로부터 흘러가고 있다'라는 구절이다.

'짙은 구름이지만 아직 비는 내리지 않는다'라는 말은 백성이 주왕에게 반란을 일으키고자 하는 의지는 충만하지만, 문왕의 명령이 떨어지지 않아서 이제나저제나 기다리고 있다는 뜻이다. '구름이 우리가 있는 서쪽 성 밖으로부터 흘러간다'라는 말은 주나라가 서쪽 변방에 있으므로, 그들의 충만한 의지가 서쪽에서 은나라 방향으로 세차게 향하고 있음을 나타낸다.

이렇게 분위기가 무르익었는데도 임금은 사냥하러 나가서는 주살로써 날아가는 새를 잡는 게 아니라, 동굴 속에 있는 짐승을 잡고 있으니, 사람들이 보기에 무척이나 답답하였을 것이다. 이것이 '公弋取彼在穴공익취피재혈', 즉 '과인은 주살로써 저 동굴 속의 짐승이나 잡겠다'라는 구절이다. 원문에서 '公' 자는 임금이 자신을 가리켜 쓰는 말이고, '弋' 자는 '주살'로서 줄을 매어 새를 잡는 데 사용하는 화살을 뜻한다. 따라서 짐승을 잡을 때는 필요 없는 주살을 짐승 사냥에 쓴다는 것은 불합리한 행위로 보인다.

백성은 출동 명령을 기다리고 있는데 한가하게 사냥이나 나가고, 그뿐 아니라 주살로써 동굴 속 짐승을 잡고 있으니, 사람들에게는 한심하게 보였을 것이다. 또한 본 효는 신하의 자리인 제2 음효와 상응하지 않는데, 이는 백성의 성화를 매일 듣는 신하들의 처지에서는 이렇게 꼼지락대는 임금의 태도가 마뜩잖았다는 뜻이다.

문왕이 백성과 신하들의 열망에도 이렇게 행동하는 것은 분명히 잘못된 일이다. 그러나 이는 기실 매우 계산된 행위로서 주왕이 문왕을 의심하지 않고 무방비로 있게 하기 위한 전략이었다. 결국 그의 아들인 무왕에 이르러 은나라 정권을 무너뜨릴 수 있었으니, 문왕의 위와 같은 행위는 임금으로서 할 수 있는 잘못으로서 궁극적으로 백성을 위한 '작은 잘못', 즉 소과였다.

이에 대하여, 『상』은 "짙은 구름이 아직 비를 내리지 않는 것은, 주왕을 끝내려는 것이었다"(密雲不雨, 已上也)라고 해설하였다. 문왕은 때가 익기를 기다렸으므로 백성의 희생을 최소로 줄여서 목적을 달성할 수 있었다.

[제5 음효. 짙은 구름이지만 아직 비는 내리지 않으니, 이는 우리가 있는 서쪽 성 밖으로부터 흘러가고 있다. "과인은 주살로써 저 동굴 속의 짐승이나 잡으련다."]

⑥ 上六, 弗遇過之, 飛鳥離之, 凶, 是謂災眚.

離: 만날 리. 걸리다. 謂: 이를 위. 眚: 흐릴 생. 재앙.

제6효는 음의 자리에 음효가 있으므로 당위다. 소과괘의 맨 마지막 극단에 다다랐으므로 이제 과실過失의 효능이 다 끝난 국면이다. 즉 더 이상의 과실이 필요하지도 않고 효과도 없다. 본 효는 상쾌인 진쾌의 마지막 효여서 제4효의 울림이 거의 사라질 즈음이지만, 그래도 울림은 여전히 남아 있으니 이를 즐기고 싶은 심정은 여운처럼 있다는 말이다.

그러나 이미 그러한 자리에 있지도 않고 역할도 없음에도 월권해서 뭔가 이바지해 보려는 마음을 효사는 '弗遇過之불우과지', 즉 '합당한 자리에 있지 않음에도 월권해서라도 뭔가 해 보려 한다'라고 표현하였다. 이는 앞서 말한 '올라가지 말고 내려와야 하는'(不宜上, 宜下) 새에 비유할 수 있다. 그래서 '飛鳥離之비조리지', 즉 '날아가는 새는 그물에 걸린다'라고 말한 것이다. 다시 말해서 잠깐 월권을 해서라도 적극적으로 일하는 '작은 과실'(小過)은 때와 장소가 있는 법이니, 제6효의 자리에서는 이미 효과가 없어졌으므로, 억지로 그렇게 한다면 오히려 '사납고 험난하게'(凶) 될 뿐이다. 효사는 마지막에 '是謂災眚시위재생', 즉 '이를 일컬어 재앙이라고 부른다'라고 결론지었는데, 원문의 '眚' 자는 '눈이 흐리다'라는 의미를 지니므로, 이는 판단력이 흐려서 생긴 재앙이라는 뜻이 된다.

이에 대하여 『상』은 "합당한 자리에 있지 않음에도 월권해서라도 뭔가 해 보려는 것은, 더는 갈 데가 없는 꼭대기에 이르렀다는 뜻이다"(弗遇過之, 已亢也)라고 해설하였다.

[제6 음효. 합당한 자리에 있지 않음에도 월권해서라도 뭔가 해 보려 하는데, 날아가는 새는 그물에 걸려서 사납고 험난하게 되는 법이니, 이를 일컬어 (아둔해서 생긴) 재앙이라고 부른다.]

63. 기제괘既濟卦

水火既濟수화기제: 물이 불 위에 있으니 화재는 진압되었다.
리하감상離下坎上

❖ 개관 ❖

기제既濟괘는 하괘가 이離괘, 상괘가 감坎괘로 이루어졌다. 물이 불 위에 있으므로 물이 불을 압도해서 화재를 진압한 모양이다. '既(이미 기)' 자와 '濟(건널 제)' 자로 이루어진 기제괘는 말 그대로 '위난危難을 이미 극복하고 건너갔다'라는 뜻을 기본적으로 품고 있다.

기제괘가 소과小過괘 뒤에 놓인 것에 대하여 『서괘』는 "심상치 않은 사물이 생기면 반드시 구제하게 되므로, 기제괘로써 이를 이어받았다"(有過物者必濟, 故受之以既濟)라고 해설하였다. 원문의 '過物과물'이란 일상적인 정도를 지나친 사물을 가리킨다.

본 괘와 뒤에 오는 미제未濟괘(䷿)는 효의 배열 순서가 완전히 뒤집힌 복괘의 관계일 뿐 아니라, 음효와 양효가 서로 반대의 모양을 이루고 있다. 그래서 본 괘는 다음과 같은 점에서 전체 64괘 중에서 가장 완벽한 모양을 형성하고 있다.

첫째, 상괘인 감괘는 물로서 그 속성은 아래로 내려가려 하고, 하괘인 이괘는 불로서 위로 올라가려 하므로, 위아래가 서로 잘 섞이고 융합하는 모양이다. 즉 『주역』에서 강조하는 이른바 '宜交忌分의교기분', 즉 '교류는 마땅히 해야 하고, 분열은 기피한다'라는 사상을 완벽하게 드러내고 있다는 말이다. 그래서 불이 밑에서 물을 끓이면 물 안에 담긴 음식물을 태우지 않고 익힐 수 있다.

둘째, 괘 안의 여섯 효가 모두 각자가 있어야 할 자리에, 즉 음의 자리에는 음효가, 양의 자리에는 양효가 각각 자리하고 있어서 상·하괘의 각 효가 모두 상응하는 관계를 형성함으로써 소외되는 효가 하나도 없다. 여기서 세 개의 음효는 모두 세 개의 양효 위에 있는데, 이는 비유컨대, 소인이 군자를 능멸하는 모양이다. 소인에게 능멸을 당하면, 군자는 분발해서 큰 공적을 이루게 되는데, 이는 소인이 군자의 발전을 도와주는 형국이라고 볼 수 있다. 이것도 궁극적으로 위난을 극복하고 성공하는 '기제'에 해당한다.

그런데 이렇게 상생相生하는 사물은 동시에 상극相克하는 속성도 함께 갖고 있다. 이를테면, 물을 끓여 음식물이 다 익으면 불은 곧 꺼진다. 앞서의 예에서도 군자가 공을 세우고 나면 그를 도와준 소인은 보복당하는 게 일반적이다. 강을 건너면 배는 버려지지 않던가. 토끼 사냥을 마치면 사냥개는 삶아진다는 이른바 '토사구팽兎死狗烹'은 어쩔 수 없는 역사의 운명이다. 그뿐 아니라, 어떠한 영웅도 각고 끝에 성공한 후에는 부패하게 마련이다. 처음에 모든 게 원활히 잘 돌아간다고 좋아할 게 없는 것이, 그 마지막은 언제나 혼란으로 끝난다는 게 『주역』의 가르침이기 때문이다.

❖ 괘사 풀이 ❖

旣濟, 亨小, 利貞. 初吉終亂.

'기제'란 앞서 설명하였듯이, 난관을 돌파하고 무사히 건너가는 데 성공하였음을 뜻한다. 그래서 형통하다고 말하는 것인데, 성공을 형통하다고 평가하려면 모든 사람이 건너가야 한다. 일부 사람이 여기에서 소외된다면 그렇게 말할 수 없다. 따라서 괘사는 '亨小형소', 즉 '형통함이 소수에까지 미친다'라고 말한다. '旣' 자를 쓰려면 한 사람도 빠짐없이 완전히 건너가야 하기 때문이다. 상·하괘의 각 효가 모두 상응하는 관계에 있음이 이를 가리킨다.

이렇게 완전히 성공하려면 불법이나 편법을 쓰면 안 되는데, 왜냐하면 적당히 눈가림으로 성공한 것처럼 보이게 하면, 머지않아 거짓이 드러나 낭패를 볼 수 있기 때문이다. 정당한 방법으로 성공해야 진정한 이익을 누릴 수 있으므로, '利貞리정', 즉 '이로움이 올바름을 유지할 때 생긴다'라고 말한 것이다.

본 괘는 여섯 효가 모두 각자 있어야 할 자리에 있고, 아울러 상·하괘의 각 효가 모두 상응하는 관계를 형성하기에 처음부터 모든 게 순조롭게 진행된다. 그러다 보면 잠시 쉬면서 재충전하고 싶은 마음이 들면서 숨을 돌리게 된다. 이때 긴장이 풀리면서 세상의 유혹에 솔깃해지고, 잠시 자신에게 중요한 목표가 있음을 잊는다. 이렇게 눈앞의 재미에 탐닉하는 순간, 처음의 의지가 약해짐을 넘어 혼란에 빠지고 결국에는 패가망신에 이르게 된다. 이것을 괘사는 '初吉終亂초길종란', 즉 '처음은 길하지만, 끝에 가서는 어지러워진다'라고 표현하였다. '기제'가 되려면 괘의 완벽한 형상처럼 끝까지 긴장해야 한다는 말이다.

이에 대하여 『단』은 다음과 같이 설명하였다. "기제괘의 형통함이 작은 데까지 미친다는 말은, 작은 것까지 형통하다는 뜻이다. 이로움이 올바름을 유지할 때 생기는 것은, 강직함과 유순함이 올바른 순서로 자리 잡은 게 마땅하기 때문이다. 처음이 길한 것은, (제2 음효의) 유순함이 가운데에 자리 잡았기 때문이고, 끝에 다다라 멈췄을 때 혼란스러워지는 것은, (제6 음효의) 도리가 바닥에 닿아 더는 갈 데가 없기 때문이다."(旣濟亨, 小者亨也; 利貞, 剛柔正而位當也. 初吉, 柔得中也, 終止則亂, 其道窮也) 여기서 원문의 '旣

濟亨기제형'은 기실 괘사의 '旣濟亨小'를 반복해서 가리키는 말이다. 그리고 '처음이 길한 것은, (제2 음효의) 유순함이 가운데에 자리 잡았기 때문'이라는 말은, 순종적이어야 할 때 굽힐 줄 알았기 때문이라는 뜻이고, '끝에 다다라 멈췄을 때 혼란스러워지는 것은, (제6 음효의) 도리가 바닥에 닿아 더는 갈 데가 없기 때문'이라는 말은, 마지막 제6 음효가 끝에 이르러 더는 갈 데가 없는 상황이므로, 혼란이 야기될 수밖에 없음과 아울러 새로운 변화의 시기로 진입함을 시사한다.

이 괘사에 대하여 『상』은 "물이 불 위에 있는 게 기제괘의 형상이다. 군자는 이 원리로써 평상시에 환난이 올 때를 생각해서 이를 미리 방비한다"(水在火上, 旣濟, 君子以思患而豫防之)라고 해설하였다. 물은 아래로 내려가려 하고, 불은 위로 올라가려 하는 속성처럼, 군자가 위에서 백성의 안위를 걱정해서 미리 환난에 대비해 주어야 백성도 임금을 걱정해 준다는 뜻이다.

[기제旣濟괘: 형통함이 소수에까지 미치지만, 이로움은 올바름을 유지할 때 생긴다. 처음은 길하지만, 끝에 가서는 어지러워진다.]

❖ 효사 풀이 ❖

① *初九, 曳其輪, 濡其尾, 无咎.*
曳: 끌어당길 예. 輪: 바퀴 륜. 濡: 적실 유. 尾: 꼬리 미.

제1효는 양의 자리에 양효가 있으므로 당위다. 그래서 처음의 시작이 매우 원활하고 과정마다 손발이 척척 들어맞아서 성공이 거의 눈앞에 와 있는 듯한 환상을 갖게 된다. 이러한 환상은 긴장을 늦추게 하고 득의양양한 태도를 보이게 하는데, 이런 상태로 다음 과정에 들어가면 큰 실수를 하게 될 가능성이 크다.

원래 순풍에 돛단 것과 같은 순조롭고 완벽한 시간은 극히 짧은 법이다. 시곗바늘이 정오에 도달한 순간 오전은 곧바로 오후로 변하고, 태양이 하지夏至에 도달한 순간 동지冬至의 영역으로 들어가는 것과 같다. 따라서 절정에 빨리 도달하면 그만큼 빨리 쇠퇴의 길로 들어섬을 알 수 있다.

본 효는 당위여서 원래 움직임의 속성이 강한 데다가, 제4 음효와도 상응하므로, 의욕적으로 나아가려는 힘이 강하다. 속히 나아갈수록 그만큼 속히 퇴조할 것이므로, 서두르지 않고 속도를 일부러 늦추는 것은 지혜로운 일이다. 이것을 효사는 '曳其輪예기륜, 濡其尾유기미', 즉 '수레바퀴를 (뒤에서) 잡아끌고, (여우가) 꼬리를 물에 적신다'라고 묘사하였다. 수레바퀴가 빨리 돌면 목적지에 일찍 도착하니까 이를 늦추기 위하여 바퀴를 반대 방향으로 잡아끈다는 말이다. 여우는 꼬리가 길어서 물을 건널 때 꼬리가 물에 젖으면 빨리 건널 수 없다. 이 두 가지 비유는 같은 이치로서, 모든 것이 순조로우면 더 빨리 가고 싶은 게 사람의 마음인데, 이럴 때일수록 오히려 속도를 늦춰야 사고가 없음을 말한다. 그래서 마지막에 '无咎', 즉 '재앙이 없다'라고 말한 것이다.

이에 대하여 『상』은 "수레바퀴를 (뒤에서) 잡아끌어야, 마음먹은 계획에 재앙이 없다"(曳其輪, 義无咎也)라고 해설하였다. 여기서 원문의 '義의' 자는 '儀(법식 의)'와 같은 글자로서, 애초에 세워 놓은 계획과 절차를 뜻한다. 즉 천천히 차분하게 가야 다른 사고 없이 원래 계획대로 진행할 수 있다는 말이다.

[제1 양효. 수레바퀴를 (뒤에서) 잡아끌고, (여우가) 꼬리를 물에 적시고 건너니, 재앙이 없다.]

② 六二, 婦喪其茀, 勿逐, 七日得.

婦: 지어미 부. 결혼한 아낙. 喪: 잃을 상. 茀: 머리 꾸미개 불. '髴(가발 불)' 자와 같음. 逐: 쫓을 축. 得: 얻을 득.

제2효는 음의 자리에 음효가 있으므로 당위다. 하괘인 이離괘는 중년 아낙을 상징하는데, 본 효는 중효로서 중간에 위치하므로, 순종적이면서 정절을 지키는 결혼한 여인을 가리킨다. 본 효는 제5효와 상응함과 동시에, 제1·3 양효 사이에 끼어 있다. 이는 그녀가 오늘날의 주말 부부처럼 사랑하는 남편과 떨어져 살고 있는데, 이웃의 남자들로부터 유혹을 받고 있음을 암시한다.

그러나 그녀는 정절을 지키면서 꿈쩍도 하지 않는다. 이에 화가 난 남자들이 여인을 아름답게 보이게 하는 가발을 훔쳐 갔다. 본 효는 제2·3·4효로 이루어지는 아래 호괘인 감괘(☵)의 하효인데, 감괘는 도둑을 상징하기에 이렇게 해석할 수 있다. 이것이 바로 '婦喪其茀부상기불', 즉 '아낙이 자기의 가발을 잃어버렸다'라는 구절이다.

중년 부인이면 머리카락이 많이 빠져서 가발이 없으면 외출하기가 곤란하므로 급히 찾아야 마땅한데, 이를 찾지 말라는 게 바로 '勿逐물축', 즉 '도둑을 쫓지 말라'라는 구절이다. 왜냐하면 '七日得칠일득', 즉 '칠 일이 지나면 저절로 찾게 되기' 때문이다.

이것이 가능한 것은, 제2효는 원래 명령 없이 함부로 움직여서는 안 되는 신하의 자리인 데다가, 음효로서 양쪽에 양효를 끼고 있어서 완벽하게 균형을 이루고 있기 때문이다. 다시 말해서, 음효를 중심으로 완전하게 균형을 이루고 있는 터에, 누군가 중간의 음효에서 물건을 훔쳐 균형을 깨뜨리면 전체적으로 구조 자체가 흔들리게 되므로, 균형을 복원시키기 위해서 저절로 움직이게 되는데, 이것이 도둑이 훔친 물건을 제자리에 도로 갖다 놓는 것이다. 그래서 '칠 일이 지나면 저절로 찾게 된다'라고 말한 것이다.

『논어』「자로편」에서 공자가 "가장 먼저 명분부터 바로잡을 것이다"(必也, 正名乎)라고 주장하였는데, 여기서 명분이란 사회적 질서를 바로잡을 때 가늠할 수 있는 기준을 말한다. 이 기준이 바로 서 있으면, 잠시 균형이 깨졌다 하더라도 즉시 그 기준에 맞춰 제자리로 복원할 수 있다. 남자들이 분풀이로 여인의 가발을 훔쳤다 하더라도, 사회적으로 지탄받게 되면 양심의 가책을 못 이기고 제자리에 돌려놓을 것이라는 말이다. 따라서 '칠 일'은 '머지않아'라는 수사적 표현일 뿐, 여기에 특별한 의미는 없다고 말할 수 있다.

이에 대하여 『상』은 "칠 일 만에 다시 찾게 되는 것은, 가운데에 공정하게 자리 잡은 도리 때문이다"(七日得, 以中道也)라고 해설하였다. 즉 어떤 일을 해결할 때는 무슨 수단을 써야 일을 성공시킬 수 있을까에 몰두하지 말고, 시간이 걸리더라도 정도를 걷는 것이, 오히려 일을 빨리 해결할 수 있는 길이라는 뜻이다.

[제2 음효. 아낙이 자기의 가발을 잃어버렸지만, 찾지 말라. 칠 일이 지나면 저절로 찾게 된다.]

③ 九三, 高宗伐鬼方, 三年克之, 小人勿用.

高宗고종: 은나라 임금. 무정武丁을 가리킴. 伐: 칠 벌. 鬼方귀방: 서쪽에 있던 소수 민족 나라의 이름. 克: 칠 극. 공격하다. 用: 쓸 용. 임용하다.

제3효는 양의 자리에 양효가 있으므로 당위다. 본 효는 하괘인 이괘의 꼭대기에 있는 효여서 매우 호전적이다. 왜냐하면 이괘는 병과兵戈, 즉 전쟁도 상징하기 때문이다.

은殷나라는 반경盤庚 왕 때 중흥을 이룬 후, 계속 융성했으나 소을小乙에 이르러 급격히 쇠퇴하면서 내우외환에 시달리게 되었다. 즉 오랜 태평성대로 사람들이 퇴폐해짐에 따라 나약해진 나라를 오랑캐 나라인 귀방鬼方이 수시로 침략해서 재물을 약탈해 갔다. 무정武丁이 고종에 즉위한 후, 위기에 처한 나라를 구하고자 백성을 독려하여 먼저 귀방을 정벌하였다. 이것이 '高宗伐鬼方고종벌귀방', 즉 '고종이 귀방을 정벌하였다'라는 구절이다.

그러나 백성은 나약해지고 귀방은 강력해서 토벌이 쉽지 않았다. 그래도

3년이라는 긴 세월을 죽자고 싸운 끝에 마침내 이길 수가 있었다. 이것이 '三年克之삼년극지', 즉 '3년 만에 그들을 정복했다'라는 구절이다.

경제적인 융성으로 퇴폐하고 나약해진 백성을 동원해서 3년간이나 전쟁을 수행하였으니, 그 희생이 얼마나 컸을지는 충분히 짐작하고도 남는다. 나라는 안정되었지만, 백성은 지칠 대로 지쳐서 더는 백성에게 희생을 요구할 수 없다. 따라서 이제는 함부로 백성을 움직이려 하면 안 된다.

본 효는 아래 호괘인 감괘의 중효로서, 양쪽에 두 개의 음효를 끼고 균형을 유지하고 있다. 이 모양은 감괘의 고난을 겨우 이기고 균형 잡힌 안정을 겨우 찾았는데, 여기서 더 움직이면 균형이 깨지고 백성은 다시 힘들어진다는 말이다. 기제괘의 괘사는 '형통함이 소수에까지 미치지만, 이로움은 올바름을 유지할 때 생긴다'(亨小, 利貞)라고 하였다. 저 밑의 미천한 백성까지 안정을 찾아 쉴 수 있어야 '기제'가 될 수 있기 때문이다.

그러기 위해서는 '小人勿用소인물용', 즉 '소인은 임금으로 쓰지 말아야' 한다. 앞서 말한 바와 같이, 이괘의 상효인 본 효는 호전적이어서 움직이고 싶어 한다. 더구나 전쟁에서 이겼으니, 승리에 취해서 또 다른 전쟁을 일으키고 싶어 할 가능성이 크다. 만일에 소인이 즉위해서 함부로 움직이면 전처럼 나라가 다시 위기에 빠질 터이니 이를 조심하라는 말이다. 기제괘의 안정은 그래서 위험을 안고 있다는 뜻이 된다.

이에 대하여 『상』은 "삼 년 만에 정복하였다는 말은, 극도로 지쳤다는 뜻이다"(三年克之, 憊也)라고 해설하였다.

[제3 양효. 고종이 귀방을 정벌하였는데, 3년 만에 그들을 정복하였다. (이때) 소인은 임금으로 써서는 안 된다.]

④ 六四, 繻有衣袽, 終日戒.

繻: 젖을 수. '濡(젖을 유)' 자와 같음. 衣: 옷 의. 袽: 해진 옷 녀. '絮(헌 솜 서)' 자와 같음. 終: 끝날 종. 戒: 경계할 계.

제4효는 음의 자리에 음효가 있으므로 당위다. 본 효는 측근 신하의 자리로서 임금 자리인 제5 양효를 보좌해서 사회를 안정시켜야 하는 책임이 막중하다.

현재 본 효는 제1 양효와 상응하면서, 위아래의 제3·5효 등과 음양으로 상합하므로 안정된 상태를 유지하고 있다. 그러나 앞서 말하였듯이, 완벽하게 안정된 상태는 얼마 가지 못하고 균형을 잃게 마련이다. 이를테면, 앞에서 본 효가 위아래의 제3·5효 등과 음양으로 상합하여 안정되어 있다고 했는데, 이 상합이 언제 양쪽으로부터의 압박으로 변할지, 그리고 제1효와의 상응이 또 언제 채근으로 바뀔지 알 수 없다. 그래서 순종적인 측근 신하인 본 효는 이른바 거안사위居安思危, 즉 안정된 시기에 언제 닥칠지 모를 위기를 걱정하며 노심초사하는 것이다.

이것을 효사는 '繻有衣袽수유의녀, 終日戒종일계', 즉 '물이 새는 배에 헌 옷가지로 틈을 막고서 종일토록 지켜본다'라고 비유적으로 묘사하였다. 원문에서 '繻수' 자는 '繻舟수주', 즉 '물이 새는 배'에서 '舟'가 생략된 것으로 읽어야 한다. 배에 물이 새면 헌 옷가지라도 틈새에 쑤셔 박고는 앞으로 어떻게 변할지를 예의 주시해야 하는데, 본 효가 이 상황을 잘 나타내고 있다. 왜냐하면 현재의 위아래 음양 상합은 동시에 압박으로도 작용할 수 있기 때문이다.

이에 대하여 『상』은 "종일토록 지켜보는 것은, 의심되는 바가 있기 때문이다"(終日戒, 有所疑也)라고 해설하였다. 아무리 안정된 때라 하더라도 위기의 조짐은 늘 잠재되어 있게 마련이므로, 지도자를 보좌하는 자리에 있는 사람은 늘 위기감을 느끼고 경계심을 늦추지 말아야 한다는 말이다.

[제4 음효. 물이 새는 배에 헌 옷가지로 틈을 막고서 종일토록 지켜본다.]

⑤ 九五, 東鄰殺牛, 不如西鄰之禴祭, 實受其福.

東: 동녘 동. 鄰: 이웃 린. 殺: 죽일 살. 牛: 소 우. 不如불여: ~만 못하다.

西: 서녘 서. 禴: 봄 제사 약. 祭: 제사 제. 實: 참으로 실. 受: 받을 수. 福: 복 복.

제5효는 양의 자리에 양효가 있으므로 당위다. 본 효는 임금의 자리인데, 그것도 제3·4·5효로 이루어지는 상호괘上互卦인 이괘(☲)의 가장 위에 해당하므로, 그 위세가 하늘을 찌를 듯하다. 이럴 때 하늘에 지내는 성대한 제사에서 임금의 자세가 얼마나 교만할지는 충분히 짐작할 수 있다.

이것을 효사는 '東鄰殺牛동린살우, 不如西鄰之禴祭불여서린지약제', 즉 '동쪽의 이웃 나라는 제물로 소를 잡아 바치지만, 이는 서쪽의 이웃 나라에서 보잘것없는 제물로 지내는 제사만 못하다'라고 묘사한다. 제물로 소를 잡아 바친다는 것은 성대한 제사를 뜻하고, 원문의 '禴祭약제'는 원래 봄 제사를 뜻하는데, 봄에는 먹을 것이 없어서 제물 없이 제사를 지내는 것처럼 간절한 마음만 있고 제물이 소략한 제사를 가리킨다. 여기서 동쪽 이웃은 본 효인 은나라 주紂왕을, 서쪽 이웃은 제2 음효인 주나라 문왕을 각각 가리킨다. 문왕은 당시 제후로서 주왕의 신하에 해당하기 때문이다.

주왕은 폭정을 일삼으면서 그 위세가 하늘 높은 줄 몰랐으므로, 제사도 경건한 마음이 아닌 위세를 뽐내기 위한 수단에 지나지 않았다. 반면에 문왕은 언제 주왕에게 당할지 모르는 위기를 매일 겪고 있었으므로, 늘 간절하고 공경하는 마음으로 검소하게 제사를 지냈다. 하느님은 당연히 검소하지만 간절하고 공경하는 마음의 제사를 흠향하므로, '實受其福실수기복', 즉 '(문왕이) 참으로 하느님의 복을 받는 것'이다.

앞서 말한 대로 '기제'의 시기는 그 완벽성이 극히 짧기에, 임금은 늘 경건하고 검소해야 한다. 그리고 제사를 지낼 때는 간절한 마음으로 해야 하는데, 권위를 보이기 위해 성대한 제사를 치른다거나, 전에 진 빚을 갚는다는 마음으로 하면, 이는 제사의 의미가 없다. 지금 모든 게 순조로워 보여도, 하늘이 언제 버릴지 모른다는 우환憂患 의식을 임금은 지니고 있어야 한다는 말이다.

이에 대하여 『상』은 "동쪽의 이웃 나라는 제물로 소를 잡아 바치지만, 이는 서쪽의 이웃 나라에서 때에 맞춰 지내는 제사만 못한 것은, 참으로 그들은 하느님의 복을 받아서, 길한 일이 끊임없이 나오기 때문이다"(東鄰殺牛, 不如西鄰之時也, 實受其福, 吉大來也)라고 해설하였다. 여기서 '서쪽의 이웃 나라에서 때에 맞춰 지내는 제사'란, 아무리 어려운 시기라도 잊지 않고 시기에 맞춰 지내는 제사로 그들에게 간절함이 있기 때문이라는 말이다. 간절함이 없으면, 감사할 일이 있을 때 그때그때 빚 갚는 마음으로 제사를 지내게 마련이다.

[제5 양효. 동쪽의 이웃 나라는 제물로 소를 잡아 바치지만, 이는 서쪽의 이웃 나라에서 보잘것없는 제물로 지내는 제사만 못하니, 참으로 하느님의 복을 받을 것이다.]

⑥ 上六, 濡其首, 厲.
濡: 적실 유. 물에 잠기다. 首: 머리 수. 厲: 위태로울 려.

제6효는 음의 자리에 음효가 있으므로 당위다. 제1 양효에서 현재에 이르기까지 각 효는 기제旣濟의 완벽성을 유지하기 위하여 늘 조심하였다. 본 효에서는 기제가 끝났으므로, 이제 험난한 시기로 들어갈 때가 된 것이다. 이것을 효사는 '濡其首厲유기수려', 즉 '머리가 물에 잠기게 되었으니, 위태롭다'라고 표현하였다.

옛날 제1 양효에서 창업할 때는 너무 잘나가서 오히려 바퀴를 뒤로 잡아당기고, 꼬리를 물에 적셔야 할 정도였는데, 이제는 머리가 물에 잠겨 목숨이 위태할 지경에 이르렀다. 이것은 본 효가 소인이 자리에 앉아 있어서 그런 것인데, 제3 양효와 상응까지 한다. 이는 능력도 없는 소인이 옛날 선조들의 영광과 허영에 취해서 자신이 지금 물에 빠져 있는지도 모르는 사태를 상징한다. 이것이 '기제'의 마지막 단계의 모습이다.

이에 대하여 『상』은 "머리가 물에 잠겨 위태롭게 되었으니, (완벽함이) 어찌 오래 지속될 수 있겠는가?"(濡其首厲, 何可久也)라고 해설하였다.

[제6 음효. 머리가 물에 잠기게 되었으니, 위태롭다.]

64. 미제괘未濟卦

火水未濟화수미제: 물을 건넜어도 빛이 멀리 보이니, 아직 건널 물이 남아 있다.

감하리상坎下離上

❖ 개관 ❖

미제未濟란 '未(아닐 미)' 자와 '濟(건널 제)' 자의 조합이므로, '아직 건너야 할 것이 남아 있다'라는 의미가 된다. 미제괘는 하괘가 감坎괘, 상괘가 이離괘로 이루어졌으므로, 험난한 현실 위에서 가야 할 곳의 빛이 비치는 모양이다. 감괘의 물은 험난한 현실을, 이괘의 불은 이상理想의 불빛을 각각 상징하기 때문이다.

이론적으로 보자면, 성공과 완성은 앞의 기제既濟괘에서 끝났으므로 아직 건너지 못하였다고 하는 미제괘로 이어지는 것은 모순으로 비칠 수도 있다. 그러나 세상일이라는 것은 처음과 끝이라는 단일 구조로 이루어져 있지 않다. 하나의 사건이 끝났다고 하더라도 그것은 잠깐의 일이니, 또 다른 일이 해결을 기다리고 있기 때문이다.

이를테면, 수행자가 고행 끝에 득도의 경지에 도달해서 그 기쁨을 맛보았다고 해도 그것은 잠시일 뿐이다. 이 경지의 희열을 유지하거나 더 큰 것을 느끼고 싶은 욕망에 마음이 다시 흔들리기 때문이다. 이를 이기려면 다시 처음부터 고행을 시작해야 하게 마련이니, 생명이 붙어 있는 한 욕망은 작동할 터이고, 그러면 64괘의 과정을 운명처럼 반복한다. 그래서 미제괘가 기제旣濟괘 뒤에 놓인 것에 대하여 『서괘』는 "사물은 바닥이 날 수 없으므로, 미제괘로써 이를 이어받고서는 여기에서 일단 마무리 지었다"(物不可窮也, 故受之以未濟. 終焉)라고 해설하였다.

미제괘의 효 배열 순서는 기제괘를 반대로 뒤집어 놓은 복괘覆卦의 모양이다. 기제괘는 앞서 설명한 바와 같이, 여섯 효가 모두 각자 있어야 할 자리에 있어서, 상·하괘의 각 효가 모두 상응하는 관계를 형성하는 완벽한 모양을 한 반면에, 미제괘는 여섯 효가 모두 실위다. 이는 혼란스러운 현실을 그대로 대변하는데, 그 까닭은 해결해야 할 새로운 과제가 놓여 있기 때문이다. 그렇다고 해서 미제괘와 기제괘는 괘상처럼 상호 대립의 관계는 아니다. 이제 새로 시작해야 할 현실의 과제에 맞닥뜨리니 참으로 난감할 뿐이다.

기제괘는 물이 위에, 불이 아래에 있어서, 불은 위로 올라가려 하고 물은 아래로 내려오려는 속성으로 인하여, 위아래가 서로 잘 섞이고 융합하는 모양새를 보인다. 반대로 미제괘는 불이 위에, 물이 아래에 있어서, 불은 위로 올라가고, 물은 아래로 내려가는 모양이다. 이는 현실에서 고난을 극복하려고 싸우다 보면 현실이 갈수록 험난하게 느껴지고, 빛(이상)은 갈수록 멀어져만 가는 좌절감을 상징하는 괘상일 수도 있다. 그러나 어려운 현실을 이기려면 그래도 먼 곳에서나마 비춰 주는 빛이 있어야 한다. 그것이 이제 더 건너야 할 '미제未濟'의 고행을 감당하게 하는 힘이다.

❖ 괘사 풀이 ❖

未濟, 亨. 小狐汔濟, 濡其尾, 无攸利.
狐: 여우 호. 汔: 거의 흘. 濡: 적실 유. 尾: 꼬리 미.

괘사는 '未濟亨미제형', 즉 '미제괘는 형통하다'라는 말로 시작하는데, 그 까닭을 『단』은 "음유함이 가운데에 자리 잡았기 때문"(未濟亨, 柔得中也)이라고 설명한다. 본 괘에서 가운데에 자리 잡은 것은 제5 음효를 가리키는데, 이는 기제괘에서 제2 음효가 가운데에 자리 잡아서 형통한 것과 비교된다. 즉 기제괘는 가까운 시기의 형통함이라면, 미제괘는 나중에 일어날 형통함을 가리킨다는 말이다.

하괘인 감괘는 여우를 상징하는데, 여기서 맨 밑에 있는 제1효는 '小狐소호', 즉 '작은 여우'를 의미한다. 따라서 '小狐汔濟소호흘제', 즉 '작은 여우가 거의 다 건너왔다'라는 말은, 힘든 여정을 마치고 뭍에 거의 다다랐다는 뜻이 된다. 어떤 사람이든 성공의 문턱에 다다르면 긴장이 풀어지고, 그러면서 힘은 더욱 빠지게 된다. 이것을 『단』은 "작은 여우가 거의 건너오긴 했지만, 아직 고난의 중심에서 벗어난 것은 아니다"(小狐汔濟, 未出中也)라고 부연하였다. 여기서 '고난의 중심'이란 하괘인 감괘를 가리킨다.

그래서 작은 여우는 자신의 꼬리를 늘어뜨려 물에 젖게 하는데, 이것이 '濡其尾유기미'라는 구절이다. '濡其尾'라는 말은 기제괘 제1효의 효사에도 보이는데, 이는 처음에 너무 잘나가기 때문에 오히려 속도를 조절하기 위하여 꼬리를 물에 잠기게 한 것이었다. 여기서는 마지막까지 긴장을 늦추지 말아야 하는데, 잠시 숨을 돌리는 사이에 꼬리를 떨어뜨린 것이다. 이렇게 하면 목표에 다 와서 물에 빠지는 수가 있으므로, 괘사는 '无攸利무유리', 즉 '이로울 바가 없다'라고 경계한다. 이에 대하여 『단』은 "꼬리를 물에 적시면 이로울 게 없으니, 이렇게는 끝까지 이어 갈 수 없다"(濡其尾, 无攸利, 不續終也)라고 해설하였다.

이어서 『단』은 "비록 자리가 온당하지는 않지만, 강직함과 유순함이 상응한다"(雖不當位, 剛柔應也)라고 하였는데, 이는 본 괘의 여섯 효가 모두 실위이기는 하지만, 음효와 양효가 서로 상합으로 교차하고 있음을 지적한 것이다. 양효는 군자를, 음효는 소인(백성)을 각각 상징하는데, 양효가 음의 자리에 있으면서 양의 자리에 있는 음효와 상합하는 것은 군자를 중심으로

'환난을 건넘'이 이루어져야 한다는 통념에 비추어 볼 때 받아들이기 쉽지 않겠지만, 어떻든 음과 양의 상합으로 환난을 반드시 극복할 수 있음을 뜻한다.

이 괘사에 대하여 『상』은 "불이 물 위에 있는 게 미제괘의 괘상이다. 군자는 이 이치로써 사물을 신중히 분별하고 자신이 있어야 할 곳에 처한다"(火在水上, 未濟, 君子以愼辨物居方)라고 해설하였다. 불은 위로 올라가려 하고 물은 아래로 내려가려 하니, 이는 두 사물이 서로 접점을 찾을 수 없어서 해결하기가 쉽지 않은 상황을 가리킨다. 그래도 군자는 이러한 험난한 국면에서도 세밀하게 살펴봄으로써 끝내 해결의 실마리를 찾아낼 수 있음을 이 해설은 강조한다.

[미제未濟괘: 형통하다. 작은 여우가 거의 다 건너왔는데, 꼬리를 물에 (떨어뜨려) 적시니, 이로울 게 없다.]

❖ 효사 풀이 ❖

① 初六, 濡其尾, 吝.
濡: 적실 유. 尾: 꼬리 미. 吝: 한스러울 린.

제1효는 양의 자리에 음효가 있으므로 실위다. 제1효는 강력히 움직이려는 자리인데, 여기에 유약한 사람이 앉아 있는 셈이다. 그리고 하괘인 감괘는 물을 대표하는데, 본 효는 헤엄도 못 치는 사람이 물에 뛰어드는 모양새다. 제1효는 물의 중심이 아니라 가장자리여서 좀 만만해 보이는 데다가, 제4 양효와 상응한다고 해서 무턱대고 건너가는 것이니, 위험할 수밖에 없다. 이것이 '濡其尾吝유기미린', 즉 '꼬리를 물에 빠뜨렸으니, 안타까운 일이다'라는 구절이다.

지금은 물가라서 꼬리만 물에 적셨지만, 더 나아가 물의 중심에 이르면 일이 좀 더 심각해질 것이다. 더구나 본 효는 기제괘의 제6 음효가 뒤집힌 자리이므로, '머리까지 물에 잠길' 위험이 있다. 이는 능력이 모자라는 사람이 자신의 주제를 파악하지 못하고 공명심에 무턱대고 중책을 맡은 국면을 비유한다. 그러나 미제괘는 각 효가 실위이면서도 서로 상응하고 또 음양으로 상합하는 관계이므로, 상부상조만 잘하면 어려움을 이겨 낼 수 있다.

이에 대하여 『상』은 "꼬리를 물에 빠뜨린 것은, 자신의 한계를 너무 몰랐기 때문이다"(濡其尾, 亦不知極也)라고 해설하였다. 원문의 '亦(또 역)' 자는 '너무'라는 뜻이고, '極(다할 극)' 자는 '한계'라는 뜻이다.

[제1 음효. 꼬리를 물에 빠뜨렸으니, 안타까운 일이다.]

② 九二, 曳其輪, 貞吉.
曳: 끌어당길 예. 輪: 바퀴 륜.

제2효는 음의 자리에 양효가 있으므로 실위다. 본 효는 신하의 자리로서 임금의 자리인 제5 음효와 상응하고, 험난을 상징하는 감괘의 중간에 위치한다. 본 효는 순종적이어야 할 신하의 자리에 강직한 사람이 있어서 어울리지 않을 듯하지만, 어려운 고난의 시기에 유약한 임금을 강직한 신하가 보좌하는 모양새라서 괜찮다. 이것이 '曳其輪예기륜', 즉 '수레를 앞장서서 끌고 간다'라는 구절이다.

똑같은 구절이 기제旣濟괘의 제1 양효에도 보이는데, 거기서는 수레의 속도가 너무 빨라서 바퀴를 뒤로 끌어당긴다는 뜻이었고, 여기서는 유약한 임금을 보좌해야 하므로 앞에서 끌고 가는 형국이다. 이러한 형국에서 길하려면 신하에게 다른 마음이 없어야 한다. 그런데 다행히 본 효는 실위여도 가운데에 자리 잡았으므로, 신하가 공정한 태도를 지녔음을 알 수 있다. 그래서 효사는 '貞吉정길', 즉 '올바름을 견지하고 있어서 길하다'라고 말한 것이다.

이에 대하여 『상』은 "제2 양효가 올바름을 견지하고 있어서 길한 것은, 가운데에 자리 잡고서 공정하게 시행하기 때문이다"(九二貞吉, 中以行正也) 라고 해설하였다. 능력과 재주가 있는 신하가 유약한 임금을 보좌할 때, 가장 중요한 덕목은 충성심이라는 말이다.

[제2 양효. 수레를 앞장서서 끌고 갈 때, 올바름을 견지하고 있어서 길하다.]

③ 六三, 未濟, 征凶, 利涉大川.
征: 나아갈 정. 涉: 건널 섭. 川: 내 천.

제3효는 양의 자리에 음효가 있으므로 실위다. 제1 음효가 공명심에 들떠서 자신의 역량을 가늠하지도 않고 무턱대고 물에 뛰어든 것처럼, 본 효도 능력이 안 되는 자가 강직해야 할 자리에 앉아서 고난에 도전하고 있는 형국이다. 이러한 무모함은 자신이 제6 양효와 상응한다는 데서 나온 것인데, 제6효는 이괘의 상효로서 광명을 뜻하니, 이는 공을 세워서 이름을 떨치겠다는 공명심에 불과하다.

그러나 공명심에 들뜬 의지만으로 고난을 극복하는 게 힘든 것이, 제3·4·5효로 이루어진 상호괘가 감괘(☵)여서 앞으로 나아갈수록 태산이기 때문이다. 다시 말해서 능력이 전혀 못 미치는데 극복해야 할 환난은 계속 이어지니, 그야말로 오자서伍子胥의 말대로 '日暮途遠일모도원', 즉 '날은 저무는데 갈 길은 멀다'라는 상황인 셈이다. 이것이 '未濟征凶미제정흉', 즉 '아직 물을 건너가지 못하였으니, 앞으로 나아가면 사납고 험난해진다'라는 구절이다.

상황은 이렇게 나쁘지만, 다행히 가운데 자리 잡은 제2 양효가 적극적으로 임금을 보좌하므로, 공명이라는 허영심을 버리고 그와 음양 상합으로 상부상조하면 환난을 극복할 수 있다. 이러한 형세를 반영하여 효사는 '利涉大川리섭대천', 즉 '이로움이 큰물을 건널 때 생긴다'라고 말한 것이다.

이에 대하여 『상』은 "아직 물을 건너가지 못하였으니, 앞으로 나아가면 사납고 험난해지는 것은, 있는 자리가 온당치 않기 때문이다"(未濟征凶, 位 不當也)라고 해설하였다. 여기서 '있는 자리가 온당치 않다'라는 말은, 능력을 발휘하여 환난을 극복해야 하는 자리에 음효가 있어서 무모하게 중책을 맡은 일을 가리킨다.

[제3 음효. 아직 물을 건너가지 못하였으니, 앞으로 나아가면 사납고 험난해지긴 하지만, 이로움이 큰물을 건널 때 생긴다.]

④ 九四, 貞吉, 悔亡, 震用伐鬼方, 三年有賞于大國.

震: 떨칠 진. 위세. 用용: '以(써 이)' 자와 같음. 伐: 칠 벌. 賞: 상 줄 상.

제4효는 음의 자리에 양효가 있으므로 실위다. 실위에서는 후회할 일이 생기게 마련인데 '悔亡회무', 즉 후회할 일이 없는 것은 무슨 까닭인가? 제4효는 측근 신하의 자리로서 순종해야 하지만 임금이 유약하여 제구실을 못 하므로, 신하의 강직함으로써 보좌해야 한다. 이때의 전제 조건은 신하가 다른 마음을 품지 않고 바르게 실천해야 한다는 점이다. 그래서 '貞吉悔亡정길회무', 즉 '올바름을 견지하면 길하고, 후회할 일이 없다'라고 말한 것이다.

본 효는 상괘인 이괘에 속하므로, 이미 하괘인 감괘, 즉 암울한 시기를 벗어나 광명의 안정 시기에 들어와 있다. 사회가 안정되면 생산이 늘므로 자연히 이를 약탈하려는 주변 오랑캐가 발호한다. 임금이 유약하면 이런 사건은 더욱 기승을 부린다. 그래서 강직한 신하가 나서게 되는데, 그는 유약한 임금을 보좌하므로 이른바 실세여서 임금의 권위를 압도한다. 이것이 원문의 '震진', 즉 위세와 위엄이다. 그는 임금 못지않은 위세로 오랑캐인 귀방국鬼方國 토벌에 나서는데, 이것이 '震用伐鬼方진용벌귀방', 즉 '위세로써 귀방 정벌에 나섰다'라는 구절이다. 여기서 원문의 '用' 자는 '以' 자와 같다. 그래서 '三年有賞于大國삼년유상우대국', 즉 '삼 년 동안의 전쟁 끝에 승리하여 큰 나라로부터 상을 받게 되었다'라는 것이다. 여기서 '큰 나라'(大國)는 은나라를 가리킨다.

이 사건은 기제괘 제3 양효에 나오는 '고종이 귀방을 정벌하였는데, 3년 만에 그들을 정복하였다'라는 기록과 유사한데, 고종의 귀방 정벌은 기록에 나오는 사건이지만, 본 효의 귀방 정벌은 고종 이후의 일로서 정확한 고증은 없다. 단지 전해 내려오는 이야기는 다음과 같다.

고종이 은나라의 국세를 다시 일으킨 이후, 한동안 평안한 시기가 유지되다가 무을武乙에 와서 다시 쇠락하기 시작하였다. 그러자 주변의 오랑캐들이 다시 발호하니, 주 문왕의 아버지인 계력季歷이 군대를 일으켜 3년 만에 귀방을 평정하였다. 그래서 종주국인 은나라로부터 큰 상을 받았다.

이에 대하여 『상』은 "올바름을 견지하면 길하고, 후회할 일이 없는 것은, 그의 의지와 품행이 바르기 때문이다"(貞吉悔亡, 志行也)라고 해설하였다. 힘이 있는 신하라면 제구실을 못 하는 임금에게 다른 마음을 품을 수도 있겠지만, 그가 충성을 다하는 것은 오로지 백성의 안정만을 늘 생각하기 때문이다.

[제4 양효. 올바름을 견지하면 길하고, 후회할 일이 없다. 위세로써 귀방 정벌에 나섰는데, 삼 년 동안의 전쟁 끝에 승리하여 큰 나라로부터 상을 받게 되었다.]

⑤ 六五, 貞吉无悔, 君子之光, 有孚, 吉.
光: 빛 광. 孚: 믿을 부.

제5효는 양의 자리에 음효가 있으므로 실위다. 미제괘에서 중심 효인 제5효가 실위라는 것은, 임금의 속성을 상징한다고 볼 수 있다. 본 효는 상괘인 이괘의 중효이므로 불의 중심부를 가리킨다. 불의 중심부는 기실 뜨겁지도 않고 빛도 어두워서 비어 있는 모양을 하고 있다. 이는 임금에게는 능력과 재주가 있고 없음이 중요한 게 아니라, 덕과 공정함이 무엇보다 중요함을 상징한다. 그래서 실위라 하더라도, '貞吉无悔정길무회', 즉 '올바름을 견지하니 길하고, 후회할 일이 없다'라는 것이다.

이처럼 속이 비어 있는 군자의 빛에 진실한 마음만 있으면, 세상의 모든 인재가 그에게 모여들어 그를 위해 열심히 일할 터이니, 길할 수밖에 없다. 이것이 '君子之光군자지광, 有孚吉유부길', 즉 '군자의 빛에 진실함이 있으니 길하다'라는 구절이다. 즉 임금의 자리가 실위라서 능력과 재주는 없지만, 덕이 있고 가운데에 자리 잡은 공정함 덕분에 주위의 모든 효들이 보좌해 준다. 기본적으로 음양으로 상합하는 제2·4·6효는 물론, 제1효와 제3효까지도 "꼬리를 물에 빠뜨려 가면서"까지, 그리고 "험난해져도 제2효의 도움을 받아서라도" 임금을 위해 봉사한다. 이때 임금은 그저 마음을 비운 채로 듣기만 하면 된다.

이에 대하여 『상』은 "군자의 빛은, 그것이 사방으로 퍼져 빛나서 길하다"(君子之光, 其暉吉也)라고 해설하였다. 즉 원문의 '暉(빛날 휘)' 자는 여름날의 강렬한 햇빛이 아니라, 온화하게 사방으로 퍼지는 빛을 의미하므로, 군자의 빛은 불의 중심부처럼 부드럽게 만물을 비추니 사람들이 좋아하여 몰린다는 뜻이다.

[제5 음효. 올바름을 견지하니 길하고, 후회할 일이 없다. 군자의 빛에 진실함이 있으니 길하다.]

⑥ 上九, 有孚于飲酒, 无咎. 濡其首, 有孚失是.
孚: 믿을 부. 충성심. 飲: 마실 음. 酒: 술 주. 濡: 적실 유. 首: 머리 수. 失: 잃을 실.

제6효는 음의 자리에 양효가 있으므로 실위다. 제6효는 미제괘의 마지막 단계로서, 그간 유약한 임금을 모시고 나라를 다스리던 일을 원만히 마치고 은퇴하는 시기다. 가진 능력을 다하여 임금을 보좌하는 일을 성공적으로 마쳤으니 신하의 처지에서는 여한이 없을 것 같지만, 뭔가 지울 수 없는 아쉬움이 크게 남는다. 이것이 바로 공적인 일을 열심히 한 사람들이 공통으로 느끼는 허무함이다. 즉 신하가 열심히 해서 부인할 수 없는 큰 공을 세웠어도 역사는 그것을 임금의 공으로 기록할 뿐, 신하의 공으로는 기억해 주지 않는다는 말이다. 이를테면, 만리장성은 진시황의 공으로 기억하지, 그 사업에 직접 피땀을 흘린 어느 사람도 우리는 알지 못하지 않는가. 이것이 우리 인식의 구조이자 한계이니, 스스로 자부심보다는 허업虛業을 이루었다는 자괴감은 여기서 나온다. 그래서 이게 '미제未濟'인 것이다.

이러한 마음을 달래며 여전히 충성심을 갖고 술을 마시면 재앙이 없을 터이니, 이것이 '有孚于飮酒无咎유부우음주무구', 즉 '술을 마실 때 진실한 마음이 있으면 탓할 게 없다'라는 구절이다. 그러나 제6효는 아쉽더라도 조용히 물러날 때인데도, 자신을 알아주지 않는다고 서운해서 술을 과하게 마시는데, 이게 본 양효의 자질이다. 이것을 효사는 '濡其首유기수', 즉 '머리까지 술로 절이다'라고 표현하였다. 이는 술을 과도하게 마셨다는 수사적 표현이다. 이렇게 하면 본인은 화풀이를 할 수 있을지언정, 보는 사람들은 이미 그의 마음속을 다 알아 버렸으니, 그가 남다른 충성심을 갖고 있었더라도 이 사건으로 그것을 다 잃어버리게 된다. 이것이 '有孚失是유부실시', 즉 '그에게 진실한 마음이 있더라도 이로 인하여 모두 잃었다'라는 구절이다.

이에 대하여 『상』은 "술을 마시는데 머리까지 술로 전 것은, 절제함을 너무 몰랐기 때문이다"(飮酒濡首, 亦不知節也)라고 해설하였다. 이렇게 절제를 못 한 것은 본 효가 양효로서 실위이기 때문이다.

[제6 양효. 술을 마실 때 진실한 마음이 있으면 탓할 게 없다. 머리까지 술로 절이니, 그에게 진실한 마음이 있더라도 이로 인하여 모두 잃었다.]